中国各地区 金融稳定报告摘要 (2014)

ZHONGGUO GEDIQU JINRONG WENDING BAOGAO ZHAIYAO

中国人民银行上海总部金融稳定分析小组

中国金融出版社

责任编辑：王雪珂
责任校对：潘　洁
责任印制：程　颖

图书在版编目（CIP）数据

中国各地区金融稳定报告摘要 . 2014（Zhongguo Gediqu Jinrong Wending Baogao Zhaiyao）
（2014）／中国人民银行上海总部金融稳定分析小组编 . —北京：中国金融出版社，2014.8
ISBN 978 - 7 - 5049 - 7575 - 1

Ⅰ. ①中…　Ⅱ. ①中…　Ⅲ. ①区域金融—研究报告—中国—2014　Ⅳ. ①F832.7

中国版本图书馆 CIP 数据核字（2014）第 135540 号

出版
发行　**中国金融出版社**

社址　北京市丰台区益泽路 2 号
市场开发部　（010）63266347，63805472，63439533（传真）
网 上 书 店　http://www.chinafph.com
　　　　　　（010）63286832，63365686（传真）
读者服务部　（010）66070833，62568380
邮编　100071
经销　新华书店
印刷　北京市松源印刷有限公司
尺寸　210 毫米×285 毫米
印张　27.25
字数　710 千
版次　2014 年 8 月第 1 版
印次　2014 年 8 月第 1 次印刷
定价　98.00 元
ISBN 978 - 7 - 5049 - 7575 - 1/F. 7135
如出现印装错误本社负责调换　联系电话（010）63263947

目　　录

北京市金融稳定报告摘要

2013 年，北京市金融业在宏观经济增速放缓、经济结构转型加速的背景下实现平稳发展。银行业经营效率继续提升，资产质量持续提高，非银行金融机构发展较快；证券经营机构资本实力和利润大幅提升，"新三板"市场推向全国；保险业保费规模居全国前列，寿险业务结构优化，新技术及新政策助推产品创新；银行间市场处于紧平衡状态，外汇及黄金市场交易活跃；支付、征信、反洗钱、跨境人民币结算等金融服务及基础设施建设继续改善。

一、区域经济运行与金融稳定

2013 年，北京市经济呈平稳增长态势，经济增长质量和效益继续提升，经济发展方式转变进一步加快，经济结构调整取得积极进展，为全市金融平稳运行提供了良好的经济环境。

（一）区域经济运行情况

1. 全年经济平稳增长，财政、居民收入增速放缓

2013 年，北京市实现地区生产总值 19 500.6 亿元，按可比价格计算，同比增长 7.7%，增幅与上年持平。分产业看，第一产业实现增加值 161.8 亿元，增长 3%。第二产业实现增加值 4 352.3 亿元，增长 8.1%。第三产业实现增加值 14 986.5 亿元，增长 7.6%。全年地方公共财政预算收入 3 661.1 亿元，同比增长 10.4%。城镇居民人均可支配收入 40 321 元，实际增长 7.1%，增幅低于上年 0.2 个百分点。农村居民人均纯收入 18 337 元，实际增长 7.7%，增幅低于上年 0.5 个百分点。

2. 产业结构继续优化调整，部分企业效益下滑

2013 年，北京市三次产业结构由上年的 0.8:22.7:76.5 变化为 0.8:22.3:76.9，第三产业占比持续上升。农业生产增势稳定，都市型农业稳步发展。2013 年全市规模以上工业增加值按可比价格计算，同比增长 8%，为近 3 年来最高水平。规模以上工业企业利润增速上半年波动较大，下半年相对平稳，整体延续了国际金融危机后形成的下降趋势，利润同比下降 0.2%。

3. 民间投资增长较快，投资结构改善

2013 年，北京市完成全社会固定资产投资 7 032.2 亿元，同比增长 8.8%。其中，民间投资 2 419.5 亿元，增长 15.9%，增速高于全市投资平均增速 7.1 个百分点，高于上年同期 11 个百分点。

4. 消费品市场增速有所回落，网上销售高速增长

2013 年，北京市实现社会消费品零售额 8 375.1 亿元，同比增长 8.7%，增幅低于上年 2.9 个百分点，年内增势较为平缓。网上销售继续保持较快增长，限额以上批发零售企业实现网上零售额 926.8 亿元，比上年增长 44.3%。

5. 出口增速较快回升，利用外资增速回落

2013 年，北京地区进出口总值 4 291 亿美元，同比增长 5.1%。全年实际利用外资 85.2 亿美元，同比增长 6%，增幅下降 8 个百分点。

6. 消费价格涨幅平稳，工业生产价格继续下降

2013 年，北京市居民消费价格同比上涨 3.3%，涨幅与上年持平。北京市工业生产者出厂和购进价格比上年分别下降 2.6% 和 2.2%，下降速度较上年有所加快。

（二）需要关注的问题

1. 实体经济增长动力仍面临考验

在国内经济结构调整的大背景下，2013 年北京保持了较平稳的经济增速，但实体经济增长动力仍面临考验。消费方面，由于 2008 年以来北京市人均可支配收入实际增幅一直处于较低水平，加之其他因素影响，社会消费品零售总额增速呈逐级下降趋势，2013 年同比增长 8.7%，为近年来新低；进出口增速虽然总体稳中趋升，但与国际金融危机前后相比，增长仍较缓慢。投资方面，全社会固定资产投资同比增长 8.8%，创国际金融危机以来新低。随着经济结构调整的不断深化，北京市实体经济增长可能面临更多考验，或将对金融机构的稳健经营构成一定影响。

2. 多因素增强房地产市场不确定性

在各方面因素影响下，未来北京房地产市场存在更多不确定性。2013 年北京市房地产开发投资同比增幅较快回升，但房地产开发贷款和保障性住房开发贷款增速放缓，非贷款融资渠道依赖上升。2013 年第四季度"北京市城镇居民购房状况"调查问卷显示，超过三分之二的居民认为当前房价太高，短期内购房意愿明显减弱，53.1% 的居民表示自住型商品住房政策将影响其原购房计划。此外，差别化住房信贷政策和房贷利率水平的持续攀升，对住房需求也有直接抑制作用。各方面因素交互影响使房地产市场运行存在不确定性。

3. 人口、环境压力因素增加经济转型紧迫性

2013 年末，北京市常住人口达到 2 114.8 万人，较 2004 年初增长 45.2%，由人口持续较快增长所引发的资源环境承载压力和"大城市病"将更加突出；同时，雾霾、垃圾处理等环保问题也日益凸显，促使相关治理政策加快出台与实施，将对北京市经济增长动力转换提出新要求，增加经济转型急迫性，促进京津冀经济圈更高质量区域协调合作机制的形成，并对北京产业结构发展产生深远影响。

4. 民间投资潜在问题需要关注

2013 年北京市民间投资增长 15.9%，拉动全市投资增长 5.1 个百分点，成为带动投资增长的主要因素。但同时，民间投资主要集中在房地产领域，而对其他行业、领域的投资明显不足。作为民间投资资金来源的重要渠道，影子银行体系融资因风险不断暴露，监管趋严，不排除未来民间投资可能受资金渠道收窄的影响，面临融资压力；或者在创新资金来源渠道过程中，产生新的风险问题，对全市固定资产投资和经济增长产生潜在影响。

二、金融业与金融稳定

（一）银行业

2013 年，北京地区社会融资规模基本稳定，金融机构（含外资，下同）信贷规模平稳增长，资

产质量继续提高，银行业整体运行平稳。但同时不良贷款反弹压力仍然存在，流动性风险及利率风险管理水平亟待跟进，受益权业务存在跨市场风险传染等问题，可能会影响到辖区金融稳定，值得高度关注。

1. 银行业经营情况

（1）社会融资规模基本稳定，直接融资比重有所下降。2013 年，北京地区社会融资规模 12 556.14 亿元。其中，人民币贷款增加 3 954.06 亿元，委托贷款增加 2 552.17 亿元，信托贷款增加 286.42 亿元，未贴现的银行承兑汇票增加 257.44 亿元，企业债券净融资 4 246.37 亿元，非金融企业境内股票融资 163.83 亿元。受 IPO 暂停和债券市场规范措施出台等因素影响，直接融资占比下降，股票融资和企业债券融资占社会融资规模的比重分别较上年下降 23.46 个和 11.14 个百分点。

（2）本外币贷款增长平稳，有力支持北京地区经济结构调整。2013 年末，辖内金融机构本外币各项贷款同比增长 10.86%。从贷款期限结构来看，全年辖内金融机构本外币短期贷款增长较快，中长期贷款平稳增长。2013 年末，辖内金融机构本外币短期贷款同比增长 22.53%，增速较上年同期大幅提高 8.16 个百分点；本外币中长期贷款同比增长 6.98%。从币种结构看，人民币信贷增长平稳，外币贷款增长较快。12 月末，人民币贷款同比增长 11.16%；外币贷款同比增长 12.66%，增速较上年同期大幅提高 5.17 个百分点。2013 年，北京地区银行业金融机构贷款主要投向交通运输、仓储和邮政业、批发和零售业、个人贷款、建筑业和制造业，占全部新增贷款的 88.01%。

（3）本外币存款整体增长放缓，同业存款增长较快。年内，受某商业银行北京分行调整人民币保本理财产品统计口径因素影响，辖内金融机构存款增速整体放缓。截至 2013 年 12 月末，北京市金融机构本外币存款同比增长 8.04%，增速比 2012 年末下降 5.07 个百分点。外币存款受人民币升值幅度较大和跨国公司划拨利润增多的影响增长乏力。12 月末，辖内金融机构外币存款同比增长 9.74%，增速较上年同期大幅下降 37.55 个百分点。随着总部企业设立财务公司步伐加快和交叉性金融产品创新加速，北京地区同业存款保持较快增速。年末，北京市金融机构人民币同业存款和同业拆借（扣除银行之间互存）同比增长 43.2%。

（4）经营效率继续提升，中间业务收入增长较快。2013 年，辖内银行业金融机构利润同比增长 44.08%；成本收入比率较上年同期下降 3.05 个百分点，经营效率继续提升。辖内银行业金融机构中间业务收入同比增长 22.67%。管理性中间业务收入（主要包括理财业务收入、代销类业务收入）增长较快，同比增长 32%，高于结算性中间业务收入增速近 30 个百分点。

（5）资产质量进一步提高，风险抵御能力较强。截至 2013 年末，辖内银行业金融机构不良贷款同比减少 4.33 亿元；不良贷款率同比下降 0.06 个百分点，不良贷款余额和比率连续十年"双降"，且远低于全国平均水平。年末，辖内法人银行拨备覆盖率和资本充足率远高于监管标准，风险抵御能力较强。

（6）非银行金融机构资产快速增长，经营实力明显提升。2013 年末，辖内非银行金融机构资产同比大幅增长 33.05%。其中，财务公司、汽车金融公司和金融租赁公司资产规模最高；消费金融公司、信托投资公司和货币经纪公司资产增长最快。全年辖内非银行金融机构利润同比增长 50.21%，资产利润率同比提高 0.4 个百分点，经营实力明显提升。

2. 值得关注的问题

（1）不良贷款反弹压力仍然存在。受压缩过剩产能等因素影响，制造业不良贷款上升明显。2013 年末，制造业不良贷款余额占全部不良贷款余额的 35.74%。随着实体经济风险向金融领域传导，商业银行资产质量将面临挑战。受异地风险传染等因素影响，部分银行不良贷款比年初增加。

（2）商业银行流动性风险值得关注。年中及年末，上海银行间同业拆借利率数次高企，暴露出部分商业银行流动性风险管理存在缺陷。与此同时，"余额宝"等互联网金融创新产品也明显分流了商业银行活期存款，一般性存款转化为同业存款的"存款搬家"现象更趋明显，也对商业银行流动性管理提出了新挑战。2013 年末，辖内银行业金融机构流动性缺口率同比多减 10.12 个百分点，90天内流动性风险加大；辖内银行业金融机构流动性覆盖比率同比下降 2.53 个百分点。

（3）受益权业务跨市场风险传染值得关注。2013 年以来，商业银行受益权业务出现了新动向，以信托公司为载体的信托受益权逐渐扩展到以证券公司、保险公司为载体的资产管理受益权，且业务总量不断扩大。目前受益权业务的主要风险表现为以下几点：一是资产管理受益权业务由于存在"暗保"，持有方容易忽视尽职调查和投后管理。二是由于各银行受益权业务资金来源以银行间市场短期拆借资金为主，但资金使用多为期限在一年以上的中长期项目，期限错配较为严重，并进而引发银行流动性紧张。三是受益权业务牵涉机构类型较多，业务环节复杂，易于形成风险积累并跨市场传播。

（4）部分信托产品存在刚性兑付风险隐患。目前，信托业的单一信托占比超过 70%，其业务严重依赖银行业的趋势在短期内难以改变。从法律上分析，信托产品风险理应由投资人承担。但考虑到银行和信托公司的声誉风险、信托业持续稳定的业务发展，信托产品事实上存在刚性兑付的问题。目前来看，这种方式整体风险可控，但信托公司资本实力有限，若出现集中的、规模化的信托产品收益风险，就有可能会引发信托产品兑付危机，进而触发银行声誉风险，导致群体集聚事件发生。

（5）地方融资平台贷款风险仍需关注。2013 年，辖内平台贷款总量较大并处于还款高峰期，相关风险仍需关注。一是以委托贷款、理财产品等银行渠道以及信托、保险、债券等非银行渠道进行融资，其中多数资金仍直接或间接来源于银行体系。此外，融资期限与项目建设期限还存在错配风险。二是融资平台互保、过度担保情况需要关注，被担保企业多为关联企业。三是一些隐性平台承担了政府安排的建设任务，主要还款来源仍为土地出让收入或财政资金。

（二）证券业

2013 年，北京市证券经营机构活力显著增强，资本实力和利润大幅提升，基金公司发展迎来新机遇，期货公司行业整合加快，上市公司境内再融资募集资金下降，"新三板"市场推向全国。同时，证券公司核心盈利模式、创新型业务风险和证券行业信息系统安全等问题值得关注。

1. 证券业经营情况

（1）证券公司资产总额快速增长，利润大幅度提升。2013 年末，北京市共有正常经营的法人证券公司与上年末持平；证券公司在京营业部比上年增加 3 家。辖内法人证券公司资产同比增长22.55%，净资本同比增长 20.1%，法人证券公司证券市场交易额同比增长 50.71%。北京地区证券公司营业收入同比增长 24.14%，净利润同比增长 43.34%。

（2）基金公司业务发展较快，管理资产规模大幅上升。2013 年 6 月 1 日，修订后的《基金法》正式施行，基金业在市场准入、投资范围、业务运作等方面面临更宽松的环境。全年北京市基金管理公司新发基金是上年的两倍，年末管理基金数量同比增长 36.3%。在利率市场化和互联网技术发展推动下，辖区基金管理公司主动加强与互联网公司合作，货币基金已成为广受欢迎的流动性和短期理财工具。

（3）期货公司行业整合加快，向综合业务经营转型平稳。2013 年末，北京市期货经纪公司较上年增加 1 家，期货营业部较上年增加 7 家。北京辖区法人期货公司资产总额和净资产同比分别增长 12.93% 和 16.72%。北京辖区期货公司实现期货代理交易额同比增长 60.05%。为适应金融混业经营趋势，北京地区期货公司通过引入券商等有较强实力的大股东及与其他期货公司合并等方式，实现网点及客户资源整合。随着多个重要期货品种陆续上市以及期货资管等新业务的开展，期货公司转型平稳，过去业务模式单一、收入仅靠手续费的局面有望改变。

（4）上市公司总市值下降，境外融资增长迅速。年末，北京地区主板上市公司、中小板上市公司、创业板上市公司均与上年持平。2013 年，北京地区上市公司积极利用增发、可转债等方式进行再融资，全年再融资共募集金额同比下降 42.2%。2013 年北京地区共有 4 家股份公司在香港完成境外首次公开发行上市，5 家 H 股公司完成境外增发，首发及再融资合计同比增长 98.1%。全年发行公司债的上市公司比上年减少 4 家，募集资金同比下降 41.4%。

2. 需要关注的问题

（1）证券公司盈利能力建设仍需加强。2013 年，北京地区证券公司经纪业务手续费收入占全部营业收入的比例同比上升 3.05 个百分点。证券公司盈利模式单一，收入增长与资本市场行情相关性较高等问题依然存在。2013 年，C 类营业部[①]大量成立和互联网金融发展将加剧行业经纪业务佣金率竞争，证券业营业模式过度集中于经纪业务的局面将面临重大挑战，证券公司应寻找新的盈利增长点，增强盈利的稳定性。

（2）创新型业务风险值得关注。2013 年，中国证监会进一步放宽市场准入，证券业机构的业务范围不断丰富。人民银行营业管理部对某证券公司的现场评估表明，证券公司已广泛开展银证信、银证保、银证委托贷款等通道类业务。基金子公司积极向原本属于信托产品和银行理财产品领域拓展。由于部分创新业务延长了交易链条，往往涉及多家银行、保险、信托等金融机构，将使证券公司面临新的业务风险，并有可能将证券市场风险传染到银行、保险等机构。

（3）证券行业信息系统安全问题需要高度重视。近年来证券行业信息系统建设逐步完善，但仍存在薄弱环节。证券公司交易系统一旦发生故障，很容易引发风险。2013 年某证券公司"乌龙指"事件表明，其自营交易系统的订单生成系统和订单执行系统存在程序调用错误、额度控制失效等设计缺陷。另外，随着互联网技术发展，基金公司也加强与互联网公司合作，创新产品设计及营销手段，但利用新技术的业务风险值得关注。

（三）保险业

2013 年，北京保险市场总体保持平稳发展态势，行业风险基本可控，服务领域不断拓宽，产品创新取得新进展。2013 年，北京市保险密度同比增加 237.26 元/人，保险深度同比下降 0.10 个百分点。目前看，产险公司业务结构仍较为集中，人身险公司退保率上升，保险行业可持续增长仍面临压力。

1. 保险业经营情况

（1）机构数量略有增加，保费规模位居全国前列。2013 年末，在京保险分公司和直接经营业务的保险总公司较上年增加 2 家。其中，财产险公司较上年增加 1 家；人身险公司较上年增加 1 家。保

---

① 中国证券业协会 2012 年 12 月发布券商营业部信息技术相关指引，将券商营业部分为 A、B、C 三类，其中，A 类为传统营业部，提供现场交易服务；B 类营业部提供部分现场交易服务；C 类营业部既不提供现场交易服务也不需配备相应的机房设备。

险公司总资产较年初增长 11.1%；全年原保险保费收入①同比增长 7.73%，保费规模居全国第 4 位。

（2）财产险业务较为集中，寿险业务结构继续改善。2013 年，财产险公司保费收入同比增长 8.4%。其中，车险保费收入增长 12.2%；责任保险、货运险和信用保险保费收入同比分别减少 1.7%、8.3% 和 81.5%，其余险种保费收入均有增长。人身险公司保费收入同比增长 7.45%，其中寿险业务保费收入增长 2.98%。寿险业务中，分红险保费收入占比同比下降 0.9 个百分点；普通寿险占比同比上升 0.9 个百分点。

（3）财产险公司盈利能力回升，人身险公司退保率上升。2013 年，各产险公司综合赔付率同比下降 3.9 个百分点；业务及管理费率同比下降 1 个百分点；行业承保利润率同比上升 3.5 个百分点，盈利能力有所回升。人身险公司退保率同比上升 0.99 个百分点。

（4）新技术及新政策助推产品创新。2013 年，北京保险市场创新体现出新技术及新政策推动的特点。从财产险看，推出"中小企业贷款履约保证保险"和"融资租赁履约保证保险"等服务中小企业的产品；部分公司开通微信车险理赔助手、视频查勘系统，利用新技术提升服务质量。从寿险看，寿险产品费率改革启动后，各公司推出多款预定利率达到 3.5% 的费改新产品。从意外险看，某保险公司与北京市民政局、财政局、老龄委合作开展老年人意外伤害保险项目，为在北京生活或工作的 50~60 周岁退休人员和 60 周岁以上的老年人提供意外伤害保障。

（5）政策性农业保险势头良好，商业健康险服务"新医改"。2013 年，北京市开展政策性农业保险险种较上年增加 5 个，保险标的既包括了传统成本保障型产品，又创新开发了生猪价格指数保险等价格保障型产品。北京政策性农业保险全年保费收入同比增长 8.7%。部分公司推行商业健康险，扩大新农合"共保联办"试点范围，积极服务"新医改"。据测算平谷区两年来减少医疗费用 8 000 万元。除基本医疗保险之外，目前在售健康险产品达 1 600 余种，对社保体系形成有效补充。

（6）外资保险公司保费收入快速增长，市场份额略有提高。2013 年末，北京地区外资产险公司全年保费收入同比增长 15.5%；市场份额同比上升 0.3 个百分点；保费规模居前 5 位的外资产险公司市场份额与上年基本持平。在京经营业务的外资人身险公司保费收入同比增长 27%，市场份额同比上升 3 个百分点，保费规模居前 5 位的外资人身险公司市场份额同比上升 2.2 个百分点。

2. 需要关注的问题

（1）行业可持续稳定发展面临挑战。2013 年，北京市保费收入虽保持增长，但增速同比下降 4.72 个百分点。造成这种现象的主要原因是传统销售渠道增长乏力，且保险产品定价利率较低，与银行理财、证券产品收益相比没有竞争优势。受汽车限购政策影响，车险未来增长空间受限，而非车险受宏观经济形势影响发展也面临一定瓶颈，财产险新增长点尚未形成。寿险产品较为单一，与银行理财产品等高收益率产品相比缺乏竞争力，寿险新单业务已连续三年负增长。

（2）人身险公司资产负债管理难度较大。寿险业务资金来源均为长期负债，通常需要长期稳定、收益率较高的资产相匹配。但在目前监管政策及市场环境中，保险资金大多只能投资于资本市场、货币市场等短期领域；相对长期稳定的基础设施债权投资额不能超过公司上季度末资产的 20%，且只能投资于收益低的保障性住房项目，导致人身险公司资金来源与运用上的期限错配和收益率不匹配等问题显现。随着利率及保费费率市场化改革的推进，期限错配和收益率不匹配等问题需要持续关注。

---

① 以下简称保费收入，是执行财政部《企业会计准则解释第 2 号》后的口径数据，与 2010 年及以前不具有可比性。

（3）寿险公司退保率继续增加。北京市寿险业增长乏力，寿险新单业务已连续三年下降。2013年，北京市人身险公司退保金总额同比增长63.73%，退保率同比上升0.99个百分点。人身险业务增长乏力与满期给付、产品收益率低于预期所引发的集中退保等问题，将使人身险公司面临一定现金流压力。

三、金融市场运行与金融稳定

（一）金融市场运行基本情况

1. 银行间市场资金面处于紧平衡状态，北京地区净融出资金规模同比下降

2013年，北京地区金融机构①网上拆借同比下降27.7%，占全国交易量的比例较2012年下降2.7个百分点；债券回购成交量同比下降4.6%，占全国交易量的比例较2012年下降4.8个百分点。银行间市场资金面总体维持紧平衡状态，金融机构通过优化自身的资产负债结构进行流动性管理，降低了对外部资金的依赖度，金融机构净融出资金规模下降。2013年，北京地区金融机构净融出资金同比下降14.5%。

2. 现券交易量锐减，净买入债券规模下降较多

2013年，北京地区金融机构现券买卖累计成交额同比下降52.5%，占全国交易量的比例同比下降1.6个百分点。北京地区金融机构净买入债券比2012年下降38.7%。

3. 外汇资金跨境流出放缓，即期和掉期交易活跃

2013年，全年北京地区外汇净流出规模同比下降7%；北京地区银行结售汇逆差增速降至7%。2013年，北京地区即期外汇买卖成交量同比增长34.1%。外汇掉期交易买卖成交额同比增长38.7%。外币对买卖成交额同比增长31.2%，以欧元/美元、美元/港元、美元/日元为代表的外币对交易活跃。

4. 黄金价格不断下跌，黄金市场交投活跃

2013年，美国量化宽松政策退出预期升温，国际黄金价格出现13年来的首次年度下跌。受国际黄金市场低迷影响，国内黄金价格也屡创新低。黄金价格的大幅下跌反而刺激了投资者的购买热情，成交量大幅增加。2013年北京地区交易所会员黄金买卖成交额同比增长95.7%。

5. 金融市场运行出现新变化

一是货币市场利率宽幅波动，长端利率敏感性提高。年内关键时点不同程度的流动性紧张，致使货币市场利率剧烈波动。同时，同业存单的推出，提高了货币市场长端利率的定价指导意义，其敏感性有所增强。二是非金融企业超短期融资券增长迅速，占比进一步提高。2013年，北京地区非金融企业超短期融资券发行金额同比增长13.3%，占发债总额的比例同比提高10.7个百分点。三是资产管理市场快速发展，非法人投资产品成交量大幅增加。2013年，北京地区非法人投资产品通过现券买卖和债券回购成交量同比大幅增长81.4%。

---

① 指在北京地区营业的所有金融市场成员，包括各政策性银行、各国有商业银行总行及北京市分行、各股份制商业银行总行及在京营业机构、北京银行、北京农商银行、中国邮政储蓄银行、各外资银行在京营业机构，在京各证券公司、财务公司、基金公司、保险公司、信托投资公司、资产管理公司等。

（二）需要关注的问题

1. 市场资金面紧平衡或常态化

在美国 QE 政策逐步退出以及我国坚持实施稳健货币政策等因素的综合影响下，金融市场资金面紧平衡局面有可能会常态化。同时，受季节性扰动、财政缴款、补缴存款准备金和大盘股网上申购等因素及其叠加因素影响，金融市场利率出现一定程度波动，加大资金面紧张情况。

2. 信用债发债主体信用风险值得关注

目前看，我国金融机构新增资金成本高企，并带动存量资金重估，资金价格在中长期内仍将维持高位，信用债利率中枢难以回落。随着非金融企业债务融资工具主承销商分层机制试点启动，更多地方企业、中小企业将成为发债主体。在此背景下，发债主体信用风险值得关注。

3. 黄金市场基础性制度建设亟需加强

随着我国黄金市场迅速发展，黄金业务成为商业银行积极涉足的新兴领域。但银行黄金业务的管理和规范滞后，市场风险和操作风险加大。同时，黄金市场定价体系尚不成熟，不正当竞争现象突出，亟需提高黄金市场的交易透明度，加强风险管理体系和价格管理机制等市场基础性制度建设。

四、金融基础设施与金融稳定

（一）支付系统持续完善，支付环境不断优化

2013 年，北京地区支付结算基础业务安全稳定运行。北京市大额实时支付系统和小额批量支付系统业务量快速增长，网上支付跨行清算系统处理业务增长迅猛，单位银行结算账户和个人银行结算账户存量继续保持较快增长，银行卡业务笔数与业务金额较快增长，电子商业汇票系统业务推广成效显著，手机支付试点业务取得较大进展。ACS 和第二代支付系统上线运行。支付市场监督管理强化，法人银行以身份证开立的存量账户的核实工作进度位居全国前列。在全国率先开展支付机构备付金监管到户试点，确保客户备付金风险可控制、异动可追踪，防止客户备付金被擅自挪用、占用、借用。率先建立支付机构高管考核制度。建立北京市支付机构监管信息系统，强化支付机构非现场监管。开展 2013 年北京市"改善农村支付环境现场宣传"，大力推进助农取款业务网点建设工作。

（二）征信服务显著提高，征信市场健康发展

2013 年，人民银行营业管理部创新个人信用报告查询渠道，在全国率先推出个人信用报告自助查询机具，通过人脸识别技术和身份证读取技术的结合实现个人自助查询；率先开展金融机构委托代理查询试点；开展北京地区互联网个人信用信息服务平台验证试用服务。在全国率先实施"3 锁定 + 2 结合 + 1 比对"① 的检查方法，着力加强"个人征信管理前置系统"应用。企业征信机构的备案工作进一步推进。在人民银行营业管理部、中关村管委会、海淀区政府等相关部门推动下，征信报告在信贷融资、政府补贴等领域的应用进一步拓展。农村社会信用体系建设继续加强，"三信工

---

① "3 锁定"：锁定高风险机构、高风险用户、高风险查询；"2 结合"：现场与非现场检查相结合，全量匹配与抽样核查相结合；"1 比对"：通过比对授权签字的真实性判定授权书真伪。

程"覆盖面不断扩大。金融信用信息基础数据库持续完善。"两类"机构接入征信系统稳步推进。征信宣传教育活动全面铺开，宣传活动覆盖辖内90余家中外资银行的3 000余个营业网点，参与率达90%以上。

（三）反洗钱监管综合推进，监管效能不断提升

2013年，人民银行营业管理部大力推动中国人寿保险股份有限公司和华夏基金管理有限公司开展大额和可疑交易报告综合试点工作，试点机构在确定涉嫌洗钱的风险阈值和可疑交易指标、提高可疑交易报告质量等方面取得显著成效。人民银行营业管理部综合运用多种监管工具推动反洗钱履职水平，完成对7家银行、保险类金融机构的执法检查工作，督促金融机构由注重形式合规转向加强实质合规。区域性反洗钱合作深化完善，反洗钱机制在预防和遏制洗钱犯罪方面的职能优势进一步显现。反洗钱宣传力度不断加强，开展"2013北京'反洗钱十年'"主题宣传活动。

（四）外汇检查效率增强，外汇经营秩序进一步规范

北京外汇管理部坚持检查资源合理配置和效率优先的原则，充分利用非现场检查系统中的基础数据进行核查、筛选和分析，迅速确定检查对象和检查重点，提高了打击"热钱"的主动性和精确性。2013年，北京外汇管理部共立案232件，结案260件，结案率112.1%，案件查处力度加大，市场环境进一步净化。年内，北京外汇管理部先后开展对银行的外汇业务合规性全面检查及专项检查、对辖内财务公司及房地产企业的外汇业务专项检查、企业转口贸易检查等一系列大规模、高强度的外汇检查，对各种违法违规外汇经营行为形成震慑，维护了辖区外汇经营秩序，提高了各外汇经营主体的合规经营意识。2013年，北京外汇管理部与北京海关缉私局签署了《打击走私和外汇违法行为合作备忘录》，正式启动了北京地区外汇管理与海关缉私部门监管专题合作机制。

（五）跨境人民币结算量显著增长，经常与资本项目人民币业务稳步发展

2013年，北京地区跨境人民币实际收付额同比增长69.6%，高出全国平均增速14.75个百分点；北京地区跨境人民币实际收付额居全国第4位，在全国占比11.96%，同比提升1.04个百分点。2013年，北京地区经常项目人民币实际收付额同比增长58%；资本与金融项目跨境人民币实际收付额同比增长1.57倍。

（六）金融生态环境建设情况

2013年，人民银行营业管理部大力推进首都金融生态环境建设，启动中关村零信贷小微企业金融服务拓展活动，发布《2013北京文化金融发展报告》，着力构建"科技金融"、"文化金融"的长效机制；农村综合金融服务示范村和大兴区农村金融改革试验区建设取得积极进展；稳步推进跨国公司总部外汇资金集中运营试点，进一步优化首都总部经济发展政策环境。有序推进人民币冠字号码可查询工作，北京市上万台自助取款机全部实现冠字号码可查询；第九届北京国际金融博览会、2013首都文化金融服务季等活动在京成功举办，金融交流与合作不断加强；坚持金融知识宣传与打击违法犯罪并举，开展金融安全、反假货币等宣传活动，严厉打击违法违规行为，加强对金融消费者权益的保护，有力维护首都金融市场秩序，提高社会公众的金融意识。

五、总体评估与政策建议

（一）总体评估和定量评价

2013 年，北京市经济增长总体平稳，银行业资产规模稳步增加，资产质量改善；证券业活力增强；保险业总体呈平稳发展态势；金融市场整体运行平稳；金融基础设施建设继续加强。人民银行营业管理部金融稳定定量评估模型结果显示，北京市 2013 年金融稳定状况综合得分 83.54 分，较 2012 年略有回落，但仍在稳定区间。此次金融稳定综合得分下调主要有以下几个原因。一是企业部门盈利及经营效率指标下降；二是产寿险业务缺乏新增长点；三是房价涨幅较大。

（二）政策建议

1. 规范引导民间投资，提高经济自主增长动力的可持续性

一方面，要从"防风险"的角度矫正当前民间投资过度追求短期收益带来的结构性问题，通过规范渠道、调节规模，避免民间投资继续高度集中于房地产市场等高风险领域。另一方面，从"促发展"的角度，通过财税、金融政策配合，引导资金流向符合产业结构调整方向，具有较好发展前景的战略性新兴产业，加速经济结构调整优化，增强中长期经济活力。

2. 关注经济周期和行业风险，增强金融体系抗风险能力

金融机构必须加速调整业务模式和资产结构，增强风险管理能力，避免金融风险通过同业业务等隐蔽渠道积累，着力提高资产质量和经营稳健性。同时，还应主动配合金融管理部门，做好逆周期调节，降低经济波动对金融体系稳定的冲击。

3. 确定差异化经营战略，加快发展非息业务

为应对利率市场化挑战，商业银行应尽快制定并实施差异化经营战略，进一步细分市场，加快开发高收益和高附加值中间业务，努力提高非息收入比重，减少对贷款利息收入的过度依赖。

4. 完善全面风险管理体系，强化信用风险和流动性风险管控

商业银行在准确把握战略转型方向的同时，不仅要重视信用风险、流动性风险、市场风险、操作风险等传统风险，还应重视法律风险、声誉风险等更全面的风险因素，以防止风险因素之间的叠加触发。

5. 进一步加强黄金市场管理，加快市场基础制度建设，促进市场规范运行

加强对商业银行涉足黄金市场创新业务的管理，加大业务监管力度，加快风险管理和价格管理机制等基础性制度建设，维护市场秩序。

6. 发展多层次资本市场，提升机构盈利能力及风险管理能力

证券业机构应以直接融资和多层次资本市场发展为依托，寻找新的盈利增长点，完善盈利模式；完善创新型业务风险管理流程与制度，重点加强技术风险、流动性风险的管理，规范基金子公司资产管理业务。全方位审视证券高频交易系统的稳定性，寻找可能存在的漏洞，并予以完善。

7. 提升保险行业核心竞争力，加强保险消费者权益保护

保险公司应加强设计与社会经济发展相适应的保险产品，特别是寿险公司应充分利用产品费率改革良机，加强产品创新，提升行业核心竞争力。以治理保险产品销售误导和理赔难为重点，持续

加强保险消费者权益保护，提升保险服务保障水平。有针对性地开展保险业风险监测，重点关注人身险公司的流动性状况和偿付能力，完善相关风险监测指标，促进行业持续健康发展。

总　　纂：严宝玉
统　　稿：董洪福　项银涛
执　　笔：刘文权　田　娟　马凌霄　张素敏　孙伊展
其他参与写作人员（以姓氏笔画为序）：
　　　　　　　卜国军　王　栋　王新宇　卢　静
　　　　　　　许　莹　吕潇潇　李　甲　李雪飞
　　　　　　　李瑞敏　陈　岩　张英男　吴逾峰
　　　　　　　赵晓英　武　逸　周　翔　殷　奎

天津市金融稳定报告摘要

2013 年，天津市大力发展实体经济，积极推进经济转型发展，经济发展实现稳中有进、稳中有优的良好态势。全年金融体系建设不断完善，新型金融服务业态集聚发展，金融服务经济社会发展作用进一步显现，金融业呈稳健运行的态势。

一、经济与金融稳定

（一）天津市经济继续保持良好发展势头

2013 年，天津市实现生产总值 14 370.16 亿元，同比增长 12.5%，增速在全国名列前茅。分三次产业看，第一产业增加值 188.45 亿元，同比增长 3.7%；第二产业增加值 7 276.88 亿元，同比增长 12.7%；第三产业增加值 6 905.03 亿元，同比增长 12.5%。其中，滨海新区实现生产总值 8 020.40亿元，同比增长 17.5%，对天津市经济发展的带动效应明显。

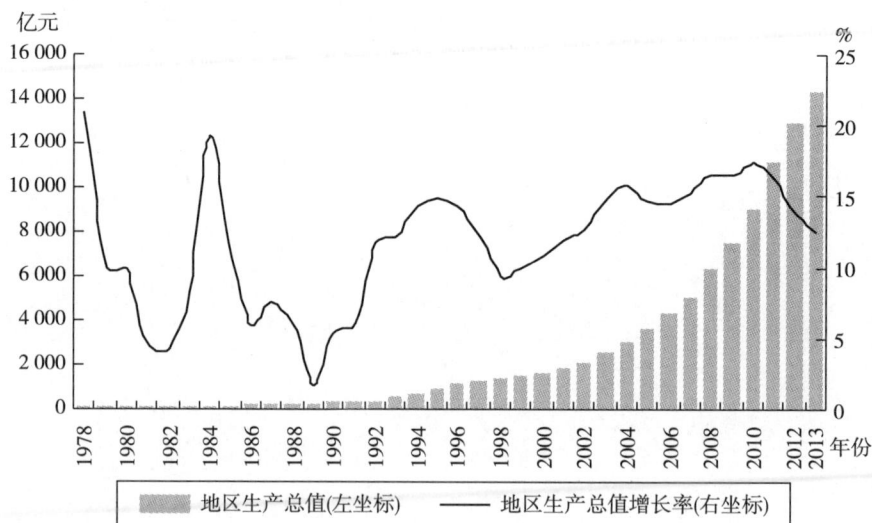

图 1　1978—2013 年天津市 GDP 增长情况

1. 实体经济支撑有力，产业结构优化升级

2013 年，天津市第一、第二、第三产业占全市生产总值的比重分别为 1.3%、50.6% 和 48.1%，第三产业占比持续上升，同比提高 1.1 个百分点。粮食生产连续十年丰收，主要农副产品供应稳定，都市型农业发展迈出新步伐，现代农业示范园区带动能力不断增强。工业结构调整出现积极变化。

新一代信息技术、生物技术与健康、高端装备制造业等战略性新兴产业不断发展壮大，建成 7 个国家级新型工业化示范基地，产业聚集效应进一步显现。服务业发展迈上新台阶，总部经济、服务外包、文化创意等新兴服务业取得新进展。全年港口货物吞吐量突破 5 亿吨，同比增长 5.0%；离岸服务外包执行额 10.6 亿美元，同比增长 41.8%；共接待国际旅游人数 242 万人次，同比增长 13.3%。

2. 投资消费平稳增长，对外贸易规模继续扩大

投资结构不断优化。全年全社会固定资产投资 10121.20 亿元，同比增长 14.1%。民生领域投资增长较快，教育、卫生、文化等民生行业投资 257.17 亿元，同比增长 20.3%，增速较上年提高 3.7 个百分点。消费市场呈现新亮点。全年社会消费品零售总额 4 470.43 亿元，同比增长 14.0%。文化消费快速增长，体育娱乐用品类零售额同比增长 62.5%，书报杂志类零售额同比增长 73.2%。网上零售持续升温，互联网销售企业零售额同比增长 79.8%。外贸进出口规模继续扩大。全年外贸进出口总额 1 285.28 亿美元，同比增长 11.2%。其中，进口 795.03 亿美元，同比增长 18.1%；出口 490.25 亿美元，同比仅增长 1.5%；贸易逆差 304.8 亿美元，同比扩大 60.4%。

3. 财政收入增速稍降，企业效益平稳增长

全年地方财政收入 2 078.30 亿元，同比增长 18.1%，增速较上年下降 2.9 个百分点。全市地方税收收入 1 309.91 亿元，同比增长 18.5%。其中，增值税、营业税、企业所得税、个人所得税同比分别增长 50.7%、6.0%、8.7% 和 17.6%。企业生产和效益实现同步增长。2013 年，全市规模以上工业企业主营业务收入 2.70 万亿元，同比增长 13.1%。利税总额 3 170.05 亿元，增长 6.4%，其中，利润总额 1 992.76 亿元，同比增长 2.2%。

4. 社会融资规模总量继续扩大，结构变化较为明显

2013 年，天津市社会净融资规模为 4 910 亿元，同比多增 470 亿元。从融资结构来看，企业直接融资快速发展，全年实现融资 841 亿元，同比多增 282 亿元，占全部融资规模的 17.1%，同比上升 4.5 个百分点。银行业金融机构表外融资业务迅速扩大，全年表外融资 1 477 亿元，同比多增 176 亿元，占全部融资规模的 30.1%，同比上升 0.8 个百分点。本外币各项贷款平稳增长，全年增加 2 464 亿元，同比少增 5 亿元，占全部融资规模的 50.2%，同比下降 5.4 个百分点。

（二）经济运行中需关注的方面

1. 关注经济发展转型升级面临的压力

一是地方财政收支压力增大，后续投资项目不足，投资需求面临回落压力，对经济增长拉动作用减弱，全年天津市全社会固定资产投资增速比上年回落 4 个百分点。二是人均消费水平较低，服务业相对滞后，难以满足消费转型升级意愿，内生增长动力不足，全年全市社会消费品零售总额增速比上年回落 1.5 个百分点。三是外需大幅下滑，面临发达经济体在金融危机后工业回归的战略冲击，外需拉动经济增长的作用有限，全年全市出口增速比上年下降 7.1 个百分点。其中，对美国、日本、欧盟等经济体出口分别下降 0.6%、6.7% 和 12.0%。经济增长动力减弱使产业结构优化升级难度增加，且随着节能减排、淘汰落后产能等结构调整步伐加快，相关领域风险对金融机构资产质量将带来不利影响。

2. 关注民营经济发展的核心竞争力

2013 年，天津市出台 27 条支持民营经济政策，全年新注册民营企业 30 343 户。全年实现民间投资 5 103.52 亿元，同比增长 23.5%，占全社会投资的比重为 50.4%；民营工业企业增加值同比增长

25.0%，高于规模以上工业增速 12.0 个百分点；民营企业出口额 93.31 亿元，同比增长 16.4%，高于同期天津市出口总额增速 14.9 个百分点。在保持较快增长的同时，天津市民营经济尽管规模不小，但与先进地区相比，在核心竞争力方面还存在明显差距。天津市民营经济多数规模普遍偏小，产品科技产量不高，生产经营存在上市少、融资难、成本高等问题，龙头骨干企业相对较少，民营经济集约集群集聚发展的优势远未形成，民营经济的核心竞争力有待提高。

二、金融业与金融稳定

2013 年，天津市金融业认真贯彻落实国家金融调控政策，积极推进金融改革，创新业务和服务手段，金融服务经济社会发展作用进一步显现。全年金融业增加值占 GDP 比重达到 8.4%，成为天津市国民经济的重要支柱产业。

（一）银行业整体运行平稳

2013 年，天津市银行业金融机构资产负债规摸稳步扩张，盈利结构不断改善，贷款损失准备充足。但同时，也需关注部分行业信贷资产质量下滑、部分金融机构盈利能力下降和同业业务过快发展等方面存在的问题。

1. 银行业基本情况

截至 2013 年末，天津市共有中外资银行业金融机构 77 家。其中，在 53 家中资银行业金融机构中，法人机构 22 家；在 24 家外资银行业金融机构中，法人机构 3 家。

截至年末，天津市银行业金融机构资产总额 41 271.19 亿元，同比增长 17.5%。其中，本外币各项贷款余额 20 857.80 亿元，同比增长 13.4%，增速较上年下降 2.1 个百分点。负债总额 39 632.05 亿元，同比增长 17.5%。其中，本外币各项存款余额 23 316.56 亿元，同比增长 14.9%，增速较上年下降 0.5 个百分点。2013 年，天津市银行业金融机构实现净利润 580.68 亿元，同比增长 19.6%，增速较上年下降 4.7 个百分点。

2. 银行业稳健性评估

（1）资产质量出现下滑。截至 2013 年末，天津市银行业金融机构不良贷款余额 162.64 亿元，比年初增加 37.53 亿元；不良贷款率为 0.69%，比年初上升 0.09 个百分点。

（2）贷款损失准备充足。截至 2013 年末，天津市银行业金融机构贷款损失准备金余额 472.94 亿元，比年初增长 15.59%；贷款损失准备充足率 299.32%，比年初上升 3.72 个百分点；拨备覆盖率 290.80%，比年初下降 36.24 个百分点。

（3）盈利能力保持稳定。2013 年，天津市银行业金融机构资产利润率为 2.0%，与上年基本持平，成本收入比率为 27.8%，同比下降 0.8 个百分点；中间业务收入继续保持快速增长，中间业务收入比率为 16.8%，同比提高 1.8 个百分点。

（4）单位存款增加明显。2013 年，天津市银行业金融机构本外币新增单位存款 1 918.19 亿元，同比多增 268.64 亿元，增量占全部新增存款的比重达 64.4%，同比提高 3.9 个百分点。

（5）贷款结构进一步调整。截至 2013 年末，天津市银行业金融机构短期贷款占比持续提高，达 30.0%，比 2012 年末、2011 年末分别提高 2.1 个和 3.8 个百分点，而中长期贷款占比则分别下降 2.4 个和 6.4 个百分点。

3. 国有商业银行管理创新不断深入

工商银行天津市分行推出"高净值型"、"工银财富"等多款个人理财产品以及人民币法人理财产品，并针对目标客户发放了约 45 万张区域产品"牡丹津通卡"。农业银行天津市分行加大产品和业务创新，强化信息科技的支撑作用，顺利完成 BoEing 系统上线工作，推动基础平台的研究与开发建设；自主研发移动营销平台、团购平台、电商融资等多个项目，有效支持经营转型和业务创新。中国银行天津市分行制定《操作风险经济资本实施细则（试行）》和《操作风险管理评价方案（试行）》，建立健全以资本和资本回报指导业务发展的经营机制和操作风险管理体系。建设银行天津市分行加快推进机构调整以及基层营业机构建设，对辖区网点结构进行优化，年内新建网点型支行 12 个，升格基层营业机构 38 个。交通银行天津市分行积极组织开展业务连续性管理，优化工作流程，操作风险管理水平得到提高。

4. 银行业发展中需要关注的方面

（1）关注部分行业资产质量下滑的风险。2013 年，天津市近半数行业不良贷款余额出现反弹。其中，批发和零售业不良贷款余额增加最多，比年初增加 39.88 亿元，不良贷款率比年初上升 1.1 个百分点；交通运输、仓储和邮政业、水利、环境和公共设施管理业及制造业分列二至四名，不良贷款余额比年初分别增加 5.38 亿元、3.00 亿元和 1.49 亿元，信用风险呈加速扩散的趋势。

（2）关注部分机构盈利能力下降的问题。2013 年，天津市多数机构盈利能力出现了不同程度的下降。分类型看，外资机构整体资产利润率下降了 0.43 个百分点；在 30 家主要中资商业银行中，有 17 家机构资产利润率出现下降，其中 7 家机构资产利润率下降幅度超过 0.3 个百分点。据调查，部分机构存贷款利差出现明显收窄，是造成盈利能力下降的主要原因，此外少数机构成本收入比率上升、中间业务收入比率下降加剧了这种趋势。

（3）关注同业业务快速发展背后蕴藏的风险。截至 2013 年末，天津市银行业金融机构同业资产①共计 5 996.99 亿元，比 2011 年末增长 57.1%；同业负债②共计 8 536.14 亿元，比 2011 年末增长 97.2%。同业业务的快速发展及其横跨信贷、货币和资本等多个市场的特质，一方面，使金融机构间的风险互联性增强，跨市场、跨机构风险发生的可能性增大；另一方面，以"过桥"方式开展的同业业务大幅提高了实体经济融资成本，还在一定程度上创造并增加了银行体系整体流动性，消弱了宏观调控的效果。

（二）证券期货市场发展态势持续向好

2013 年，天津市法人证券公司盈利水平大幅提高，基金管理公司产品创新成效显著，期货公司发展基本平稳，上市公司市值有所增加。但同时，也需关注部分机构盈利水平较低以及业务创新中蕴藏的风险。

1. 证券业基本情况

截至 2013 年末，天津市共有法人证券公司 1 家，基金管理公司 1 家，期货公司 6 家，上市公司 38 家。天津市证券公司开立的资金账户数为 49.22 万户，同比下降 2.0%，客户交易结算金额余额为 36.28 亿元。

---

① 同业资产主要包括存放同业、拆放同业和买入返售资产。
② 同业负债主要包括同业存放、同业拆入和卖出回购。

2. 证券业稳健性评估

（1）法人证券公司盈利水平大幅提高。截至 2013 年末，渤海证券资产总额 140.80 亿元，比年初增加 24.64 亿元。全年实现营业收入 11.51 亿元，同比增长 26.9%。其中，代理买卖证券手续费净收入 4.51 亿元，同比增长 30.7%；证券承销收入 1.29 亿元，同比增长 94.5%。2013 年，渤海证券实现盈利 3.04 亿元，同比增长 65.2%。

（2）法人基金公司创新成果显著。截至 2013 年末，天弘基金资产总额 3.25 亿元，比年初增加 1.32 亿元。业务及管理费用依然较高，导致公司全年亏损 92.52 万元，但同比减亏 1 379.93 万元。本年度公司旗下新成立 4 只开放式基金，其中与支付宝合作推出的"余额宝"，即增利宝货币市场基金规模迅速扩张。年末该公司管理的基金总数达到 14 只，基金总份额 1 963.13 亿份，基金净值 1 943.62 亿元。

（3）法人期货公司业务规模持续扩大。截至 2013 年末，天津市 6 家法人期货公司资产总额 27.98 亿元，比年初增加 4.23 亿元。全年代理交易量 3 683.20 万手，代理交易额 3.68 万亿元，手续费收入 9 960.86 万元，同比分别增长 50.0%、54.6% 和 2.9%。6 家公司中有 2 家公司全年实现盈利，净利润合计 1 802.62 亿元，其余 4 家公司均亏损。

（4）上市公司市值增加。截至 2013 年末，天津市境内上市公司 38 家，上市公司总股本 434.46 亿股，总市值 3 589.87 亿元，同比增长 28.1%，其中流通市值 3 264.28 亿元。全年天津市上市公司新增融资 49.10 亿元，同比下降 14.4%。

3. 证券业发展中需要关注的方面

（1）关注期货公司盈利能力问题。2013 年，天津市 6 家期货公司的代理交易量和代理交易额均有较大幅度的增长，增长幅度在 50% 左右，而手续费收入增长缓慢，还不足 3%。6 家期货公司中 1 家盈利状况良好，1 家公司刚刚扭亏为盈，其余 4 家公司依然处于亏损状态，提高天津市期货公司的总体竞争力是当务之急。

（2）关注"余额宝"快速增长中潜在的风险。2013 年 6 月，天弘基金与支付宝合作打造"余额宝"，至年末其累计申购金额较 6 月末相比增长了 64 倍。虽然余额宝方便客户支付的同时也为客户提供了较高的收益，但在经营过程中也存在风险揭示不足，受网购促销活动或货币市场波动等因素的影响，申购和赎回的波动性较大，流动性管理要求较高等问题。

（三）保险业服务社会和经济作用进一步增强

2013 年，天津市保险保障覆盖面不断扩大，服务社会和经济作用持续加强，较好地发挥了经济补偿和社会风险管理功能。但同时，也需关注汽车限购政策对财产险公司保费收入增长以及退保金持续攀升对人身险公司稳健运营可能形成的不利影响。

1. 保险业基本情况

（1）经营主体稳步增加。2013 年，平安健康保险公司在津设立分支机构。截至年末，天津市保险市场共有总、分公司 54 家，专业中介机构 67 家，兼业代理机构 3 112 家，基本形成了种类齐全、布局合理的保险市场体系。截至 2013 年末，天津市保险公司总资产 1 000.55 亿元，比年初增长 13.6%。其中，财产险公司资产总额 61.23 亿元，比年初增长 4.9%；人身险公司资产总额 939.32 亿元，比年初增长 14.2%。

（2）保费收入较快增长。2013 年，天津市保险业共实现保费收入 276.8 亿元，同比增长

16.2%。其中，财产保险业务实现保费收入102.28亿元，同比增长12.7%；人身保险业务实现保费收入174.52亿元，同比增长18.4%。人身保险中，寿险业务和健康险业务同比增幅较大，同比分别多增9.9个百分点和19.7个百分点。

（3）赔款支出持续增加。2013年，天津市保险业赔付支出102.01亿元，同比增长25.9%。其中，财产险赔付支出58.98亿元，同比增长31.8%；人身险赔付支出43.03亿元，同比增长18.6%。

（4）保险保障覆盖面不断扩大。2013年，天津市保险业新增承保保单1 057.32万件，同比增长51.9%；新增保险金额71 666.36亿元，同比增长53.9%。其中，财产险公司新增保险金额45 411.63亿元，同比增长20.3%；人身险公司新增保险金额26254.73亿元，同比增长197.9%。

（5）专项领域保险取得新进展。一是天津市农委等四委（局）制定了《关于规范政策性农业保险协保费用有关事项的通知》，加强农业保险工作费用管理，确保农业保险保费补贴资金的安全和规范使用。二是天津保监局联合市金融办落实小额人身保险方案，支持符合条件的保险公司开展小额人身保险业务，推动了小额人身保险创新发展。三是人保集团、人寿集团、太平洋保险债权投资计划顺利实施，"泰康—天津地铁债权投资计划"成功获批，保险资金在天津市债权投资规模达到356亿元。

2. 保险业稳健性评估

（1）财产险公司赔付效率持续提高。2013年，天津市财产险公司赔款支出59.81亿元，同比多支出14.47亿元。年末，天津市财产险业务结案率为84.5%，同比提高0.7个百分点。其中，车险业务结案率为85.2%，同比提高0.6个百分点。

（2）寿险产品向传统业务回归。2013年，普通寿险和分红险分别实现保费收入16.78亿元和129.23亿元，同比分别增长26.2%和16.0%，增速较上年分别提高21.6个和8.6个百分点；万能寿险和投资连结保险发展相对平稳，分别实现保费收入2.40亿元和0.14亿元。

（3）法人机构经营较稳定。截至2013年末，华夏人寿、光大永明、恒安标准、渤海财险和爱和谊日生同和偿付能力充足率分别为171.8%、203.4%、265.7%、372.8%和1299.0%，均符合正常类公司标准。全年，五家公司分别实现投资收益14.96亿元、13.21亿元、3.31亿元、1.47亿元和0.09亿元，同比分别增长503.2%、51.5%、31.9%、26.7%和0.2%。

3. 保险业发展中需要关注的方面

（1）关注汽车限购政策对财产险公司保费收入增长的影响。2013年，天津市机动车辆保险业务保费收入78.70亿元，同比增加12.42亿元，占财产险公司全部保费收入的75.2%，车险保费收入的较快增长来源于承保车辆数的增加。然而，自2014年1月起全市将实施小客车增量配额指标管理，短期内可能会对保费收入的持续稳定增长形成不利的影响。

（2）关注退保金持续攀升对人身险公司稳健经营的影响。2013年，天津市人身险公司退保金共计41.30亿元，同比增长28.6%，增速较上年提高25.4个百分点。鉴于退保金的大幅增加将对人身险公司运营的现金流形成一定压力，因此应持续关注人身险公司的退保问题，力保公司的稳健运营。

三、金融市场与金融稳定

2013年，天津市金融市场总体呈平稳发展态势。货币市场同业拆借交易量下降，市场利率波动较为明显；银行间债券市场交易趋于活跃，市场收益率持续上行；外汇市场成交量持续保持较快增长，市场结汇意愿增强。

（一）货币市场同业拆借交易量下降，市场利率波动较为明显

1. 同业拆借市场交易量有所下降

2013 年，天津市银行间同业拆借市场共完成信用拆借 2 462 笔，同比增长 15.4%；拆借金额 8 047.0亿元，同比下降 14.6%；净融入资金 3 775.7 亿元，同比增长 26.3%。从期限看，隔夜和七天拆借作为同业拆借市场的主要交易品种，占全部拆借成交金额的 82.9%。

2. 银行间回购交易量稳步增长

2013 年，天津市债券回购成交额 50 009.1 亿元，同比增长 23.4%。其中，质押式回购成交 48 623.6亿元，同比增长 20.3%；买断式回购成交 1 385.5 亿元，同比增长 9.4 倍。从期限看，在回购交易中，期限在七天以内的投资品种也是主要的交易对象，全年的交易金额达 46 367.1 亿元，占全部回购交易量的 92.7%。

3. 市场利率波动较为明显

2013 年，天津市银行间市场同业拆借利率出现较大波动。其中，前 5 个月同业拆借利率基本平稳，6 月受企业税收集中清缴、端午节假期现金需求、外汇市场变化、商业银行半年末指标考核以及市场传闻扰动等因素的影响，同业拆借利率较快上涨后迅速回落，之后恢复平稳运行，第四季度有所上升。全年同业拆借拆入加权平均利率为 3.6495%，同比提高 0.5206 个百分点；同业拆借拆出加权平均利率为 3.3077%，同比提高 0.5461 个百分点。

（二）银行间债券市场交易趋于活跃，市场收益率持续上行

1. 交易量稳步回升

2013 年，天津市银行间债券市场成员现券买卖成交量出现回升，成交金额达 8 759.9 亿元，同比增长 7.1%。其中，现券买入量 4 465.1 亿元，同比增长 15.1%；现券卖出量 4 294.8 亿元，与上年基本持平。

2. 市场收益率持续上行

2013 年，天津市银行间债券市场成员现券买入收益率为 5.9639%，现券卖出收益率为 5.9504%，同比分别提高了 0.4205 个和 0.5777 个百分点。从交易券种看，企业债、中期票据和政策性金融债仍是现券市场的主要交易券种，市场占比达到 81.9%。

3. 企业通过银行间债券市场融资规模不断扩大

2013 年，天津市非金融企业债务融资工具发行金额为 785.5 亿元，是上年发行金额的 1.5 倍。其中，短期融资券发行金额为 193.5 亿元，中期票据发行金额为 254 亿元，非公开定向债务融资工具发行金额为 338 亿元，同比分别增长 47.7%、75.8%和 43.8%。

（三）外汇市场成交量持续保持较快增长，市场结汇意愿增强

1. 市场结汇意愿增强

2013 年，天津市结售汇规模持续增长。全年结售汇总额 995.8 亿美元，同比增长 16.6%；结售汇逆差 71.2 亿美元，同比缩小 40.6%。分项目看，经常项目逆差 85.7 亿美元，同比缩小 23.1%；资本项目顺差 14.5 亿美元，扭转了上年逆差 8.5 亿美元的局面。

2. 外汇贷差规模和贷存比创历史新高

2013 年人民币升值趋势再现，市场主体资产本币化、负债外币化意向明显，企业倾向于外币存款结汇、增加外币贷款。截至年末，天津市外汇贷差规模 126.7 亿美元，外汇贷存比为 222.2%，均创本市历史新高。

3. 银行间外汇市场成交量快速增长

2013 年，天津市银行间外汇市场成交额 124.9 亿美元，同比增长 47.0%。其中，人民币外汇即期、远期、掉期、外币买卖市场成交量均保持增长态势，同比分别增长 42.7%、178.7%、32.0% 和 36.6%。

四、金融基础设施与金融稳定

2013 年，人民银行天津分行稳步推进金融基础设施建设，金融基础设施的不断健全和完善，在营造安全有序的金融环境、促进金融业稳健运行方面发挥了重要作用。

（一）支付体系建设稳步推进

1. 支付系统应用进一步提升

一是顺利推进第二代支付系统成功上线，进一步满足了银行业金融机构灵活接入的需求，完善了流动性风险管理机制，提高了支付系统应对突发事件的能力，拓展了业务功能和服务对象。二是稳步扩大支票截留业务范围，继续在滨海新区推广支票截留业务，将蓟县纳入支票截留试点范围。2013 年，支票截留业务共发生 22.64 万笔，金额 123.60 亿元，平均每日可使近 5 000 万元资金提前 1~2 个工作日到账。三是集中代收付中心在公共服务领域的业务进一步推广。全年共发生业务 147.45 万笔，清算资金 63.63 亿元，在方便缴纳各类费用、有效节约社会资源、提高资金清算效率方面发挥了积极作用。

2. 银行卡产业发展加速

一是顺利完成银行卡刷卡手续费标准调整工作。此次适当下调部分偏高刷卡手续费标准，减轻了商户负担，方便了群众持卡消费，为持续改善天津市银行卡受理环境，发挥银行卡在扩大内需、促进流通和消费等方面起到积极的促进作用。二是继续做好金融 IC 卡受理市场建设。全年发行 ETC 速通卡 5 万余张，有效缓解假日期间高速收费站拥堵情况；推动公交领域受理金融 IC 卡、天津市出租车行业受理金融 IC 卡、医院受理金融 IC 卡，整合银行卡市场资源，方便百姓生产生活。

3. 农村地区支付环境建设持续改善

一是大力推动"农村金融服务站"项目建设。充分利用天津农商银行等涉农银行扎根于农村的地理优势，加强与村委会合作，建立"农村金融服务站"，使广大村民享受到便捷的金融服务。2013 年末，天津市农村地区共建设金融服务站近 1 000 个。二是持续搭建农村地区金融基础设施，方便农民日常支付活动。年末，天津市农村地区银行网点总数 317 家，银行网点乡镇覆盖率达到 100%，账户管理系统网点覆盖率和联网核查系统覆盖率达到 100%，人民银行跨行支付系统网点接入率为 94.64%，同比提高 5 个百分点。

4. 支付机构稳健发展

一是稳步推进支付业务许可申请工作，加快天津市支付业务许可申请的步伐，推动地区产业发展。二是制定《天津市支付机构分公司管理暂行办法》、《天津法人支付机构设立分公司管理办法》，加强支付机构日常经营规范、变更事项规范以及创新业务规范，引导企业注重品牌建设、加强服务管理与规范经营。三是建立客户投诉调处机制和社会舆论引导机制，全年受理并解决客户投诉 11 起，加强媒体引导，妥善解决市民和媒体反映的关于支付机构的各类共性问题。

（二）征信体系建设不断深入

1. 地方信用体系建设有效推进

一是推动天津市政府将"扩大中小企业信用体系试验区建设"作为支持企业扩大融资规模的重要措施，列入《2013 年促进天津市经济发展的 8 条措施》。二是联合天津市发改委等部门印发《天津市社会信用体系建设工作方案》等，为天津市推进社会信用体系建设提供制度安排。三是制定2013 年基层社会信用环境建设工作综合评价考核方案，将信用体系建设纳入区县综合治理评价考核范畴。四是推动机构信用代码作为天津市企业征信数据库的辅助代码。

2. 中小企业和农村信用服务机制初现成效

一是启动保税区中小企业信用体系试验区建设，推进滨海高新区中小企业信用体系试验区建设，147 户企业获得信贷资金支持 29.04 亿元，其中信用贷款 14.77 亿元。二是与天津市农委联合开展农民专业合作社信用体系建设，为 57 户市级专业合作社等建立电子信用档案并进行了信用等级评价，引导天津市各区县农业部门和金融机构支持现代农业发展。

3. 信用服务市场得到培育发展

一是组织评级机构对全市近 90% 的融资性担保机构和小额贷款公司开展了信用评级工作，信用评级等级将成为监管部门实施差别化管理和金融机构与其开展不同层级合作的重要参考。二是依托中小企业信用体系试验区建设，推动信用评级报告成为试验区中小企业申报政府贷款贴息、享受信用贷款和信用担保的必备要件。

（三）反洗钱工作高效开展

1. 反洗钱协调机制作用凸显

一是高效贯彻落实反洗钱协调机制工作要求。积极履行天津市反洗钱工作联席会议办公室职责，召开天津市反洗钱工作司法会商会议，总结和交流打击洗钱犯罪工作经验，推动扩大反洗钱工作成果；召开反洗钱司法会商联络员会议，研究部署天津市洗钱类型分析工作，加强对反洗钱工作的理论和实践指导。二是不断加深部门间反洗钱合作。全年与本市侦查、司法部门举行情报会商 21 次，与天津市公安局等单位共同举办了"打击防范经济犯罪 携手平安法制建设"社会宣传活动，与天津市通信管理局就防范比特币洗钱风险达成加强监管合作意向。

2. 反洗钱监管针对性持续增强

一是完成对 62 家银行机构、70 家证券机构和 45 家保险机构的反洗钱工作考核、风险评估和工作测评；二是对 3 家法人金融机构实施了反洗钱"5C"评估；三是对 21 家影响力较大的银行机构实施了反洗钱非现场监管走访；四是对 3 家银行机构实施了反洗钱现场检查；五是辅导 15 家新开业金融机构或特定非金融机构建立健全反洗钱内控制度和监测系统，部署 4 家法人支付机构开展反洗钱履职情况自查。

3. 金融机构识别和管理洗钱风险的能力进一步提升

39 家法人金融机构均已制定了洗钱风险评估及客户分类办法，所有法人银行和国有商业银行、全国性股份制商业银行的在津机构均根据自身业务特点开展了洗钱类型分析工作；部分机构稳步推进大额和可疑交易报告综合试点工作，可疑交易报告质量有显著提升。

（四）跨境人民币业务取得新进展

1. 跨境人民币业务结算量成倍增长

2013 年，天津市共办理跨境人民币结算 1 272.05 亿元，同比增长 1.01 倍，占同期银行代客国际收支结算量的 11.5%，成为仅次于美元的第二大跨境收付货币。全年共有 1 789 家企业办理跨境人民币结算业务，同比增加 783 家，涉及 83 个国家和地区，同比增加 15 个国家和地区。

2. 跨境人民币业务工作水平持续提升

一是制定出台《天津市经常项下跨境贸易人民币结算银行审核流程优化指导意见》，简化业务审核流程，提高跨境人民币结算效率，扩大人民币在跨境贸易、投融资中的使用。二是创新跨境人民币业务领域，支持渤海商品交易所开展现货商品跨境交易人民币结算业务。2013 年 4 月，正式启动了渤海商品交易所现货商品跨境交易人民币结算试点工作。

（五）金融消费权益保护步伐加快

1. 金融消费权益保护机制不断健全

成立金融消费者维权中心，建立"金融机构投诉统计数据库"、"金融消费者维权中心申诉统计数据库"和"业务咨询统计数据库"、"金融机构管理台账"四个管理系统，通过本地报纸、电视台、互联网等方式向社会公布投诉热线和网络邮箱，为金融消费者提供多种反映问题的途径。在了解消费者诉求的基础上，及时向金融机构调查情况，加强与监管部门的沟通，依法合规地提出纠纷处理意见。

2. 金融知识宣传教育工作全面展开

一是利用报纸、网络等媒体，向金融消费者宣传征信、支付、现金业务等专业领域的金融知识。二是开展"金融知识进社区、进农村、进高校"活动，对金融消费者进行金融维权和金融业务知识宣传教育。三是组织金融机构开展专题宣传。全年共举办 240 场金融知识讲座，现场咨询活动 1 824 次，有效普及了各类金融知识。

3. 金融消费权益保护工作成效进一步提升

金融机构在建立金融消费权益保护制度的基础上，建立健全投诉处理机制，明确金融消费者权益保护工作、个人金融信息保护工作与客户投诉处理工作的责任部门与具体职络人，负责接洽投诉转办、办理回复等相关事宜。个人金融信息保护意识不断增强，保护措施不断完善，有 32 家银行建立了专门的个人金融信息保护制度，25 家机构与相关涉密岗位工作人员签订了《个人金融信息保密承诺书》。

五、政策建议

（一）加快经济发展方式转变，为金融稳定创造良好环境

一是要根据天津市独特的地理区位和产业优势，抓好航空航天、节能与循环经济、重型装备制造、物联网云计算等产业链构建工程，落实好战略性新兴产业发展规划。二是要根据行业发展周期

和消费升级趋势，充分考虑现实和未来的市场容量，优化服务业发展布局，推进生产性服务业和先进制造业互动发展。三是要加大对企业产品转型、自主创新的支持力度。通过加强对中小企业融资支持力度、简化手续降低行政成本、设立创新基金等形式引导企业技术创新和产业转型升级。

（二）加大金融改革创新力度，提高服务实体经济综合水平

一是要加强金融与产业结合，支持企业发展方式转变和产业结构优化升级，加大对经济社会发展重点领域和薄弱环节的金融支持，增强金融服务实体经济能力，引导全市信贷投放和社会融资规模平稳增长，盘活存量，优化增量，提高资金使用效率。二是大力支持金融机构设立为科技企业和小微企业服务的专营机构，积极推动村镇银行、乡镇农业贷款中心和农村金融服务站等为城乡居民和小微经济组织服务的金融服务机构发展，提高便民惠民金融服务功能。三是继续推动银行、证券期货、保险公司深化改革创新。坚持以业务创新、服务创新和管理创新为重点，提升金融业服务实体经济水平。

（三）强化重点领域风险管控，增强系统性、区域性风险防范有效性

一是要引导金融机构主动调整贷款投向结构，严格执行贷款用途管理，严控对产能过剩、受经济波动影响较大行业和集团客户的授信额度。推动金融机构健全风险防控机制，加大对不良贷款监测控制力度，制定好应对资产质量下滑的措施，严防不良贷款大幅反弹。二是要积极引导金融机构尽快适应市场化的调控方式，督促金融机构做好防范资金价格波动对流动性管理产生的不利影响，增强金融机构流动性管理的敏锐性、前瞻性和有效性。推动银行业金融机构，尤其是中小型机构规范同业业务和理财业务发展，合理控制资产负债期限错配结构。三是要关注地方政府性债务情况。要了解和掌握债务总量、类型分布、举债主体、使用投向、偿债期限、偿债安排等方面的情况，加强对负债率、偿债率、债务率等指标的监测和分析，切实做好对地方政府债务可能出现风险的日常监测和评估，设计和完成好应对债务集中偿付风险的应急预案。

（四）完善维护区域金融稳定的工作机制，提升维护金融稳定的合力

一是要立足风险多维监控，持续完善金融稳定工作机制，探索建立严密的风险监测体系，识别、监控、预警各机构与相关交叉性金融业务中潜在的风险点和风险发展趋势，督促相关金融机构不断完善信息披露和风险揭示制度。二是要进一步加强金融监管协调，完善金融信息共享机制，统筹和协调金融监管行动，强化应对区域性风险的联动工作机制，有效提升系统性风险防范和处置能力。三是要加强与地方监管部门的沟通与合作，建立健全适合影子银行发展特点的统计分析制度，了解和掌握相关行业发展动态，在此基础上尝试开发设计风险监测体系，加强对与金融业机构关联大、可能引发系统性风险的机构和组织的监测，构建风险防火墙，防止其向金融业交叉传染风险。

总　　纂：李文茂

统　　稿：李泽军　夏江山　李晓迟

执　　笔：李晓迟　杨彩丽　曾薇　刘振斌　孙勇军

其他参与写作人员：杨冬梅　周中明　徐　力　钟　辉　宁　悦

崔　乐　安瑞萍　贾　科　李　师　刘丹丹

郭　佳　李　磊　刘皎瑶　金　艳

河北省金融稳定报告摘要

2013 年,河北省着力稳增长、调结构、抓改革、惠民生、优环境,全省经济社会平稳健康发展。金融行业面对复杂多变的经济形势,通过不断深化改革,整体实力和抵御风险能力进一步增强。

一、河北省宏观经济

2013 年,面临近年来少有的复杂严峻经济形势,河北省全力打好"四大攻坚战"①,着力推进"稳增长、调结构、抓改革、惠民生",国民经济平稳运行,保持了稳中向好的发展态势,为金融业稳健运行创造了良好的外部环境。

(一)河北省经济运行概况

经济运行平稳。2013 年,河北省实现地区生产总值 28 301.4 亿元(初步核算,全省),同比增长 8.2%,超过全国增速 0.5 个百分点,连续 6 年高于全国总体增长水平,季度地区生产总值同比增速放缓。

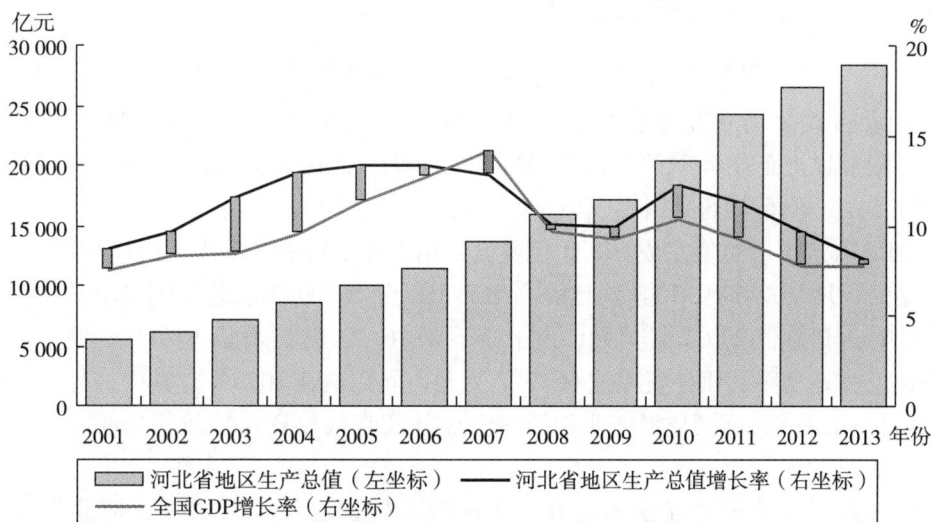

图 1 2001—2013 年河北省年度地区生产总值总量与增速

---

① 全力打造沿海地区率先发展的增长极,大力培育环京津地区新的发展增长极,下大力量把县域经济和县城搞大搞强,下大决心推动工业转型升级和环境治理。

三次产业平稳发展，粮食生产再获丰收，工业生产稳中趋缓。2013 年，河北省第一产业增加值 3 500.4 亿元，增长 3.5%，增速同比放缓 0.5 个百分点；对河北省经济增长的贡献率为 4.8%，同比下降 0.1 个百分点。第二产业增加值 14 762.1 亿元，增长 9.0%，增速同比放缓 2.5 个百分点；对河北省经济增长的贡献率为 60.2%，同比下降 4 个百分点；规模以上工业增加值 11 711.1 亿元，同比增长 10%，增速较上年回落 3.4 个百分点。第三产业增加值 10 038.9 亿元，增长 8.4%，与上年持平；对河北省经济增长的贡献率为 35.2%，同比下降 0.1 个百分点。

投资结构继续改善，消费市场运行平稳，利用外资结构优化。消费需求对经济增长的贡献率为 46.6%，同比提高 0.8 个百分点；投资需求贡献率为 59.1%，同比回落 1.1 个百分点；货物和服务净出口贡献率为 -5.7%，同比提高 0.3 个百分点。全社会固定资产投资完成 23 194.2 亿元，同比增长 18.0%，增幅较上年下降 2.0 个百分点。重点区域投入加大，民间投资和亿元以上在建项目投资占比提高。

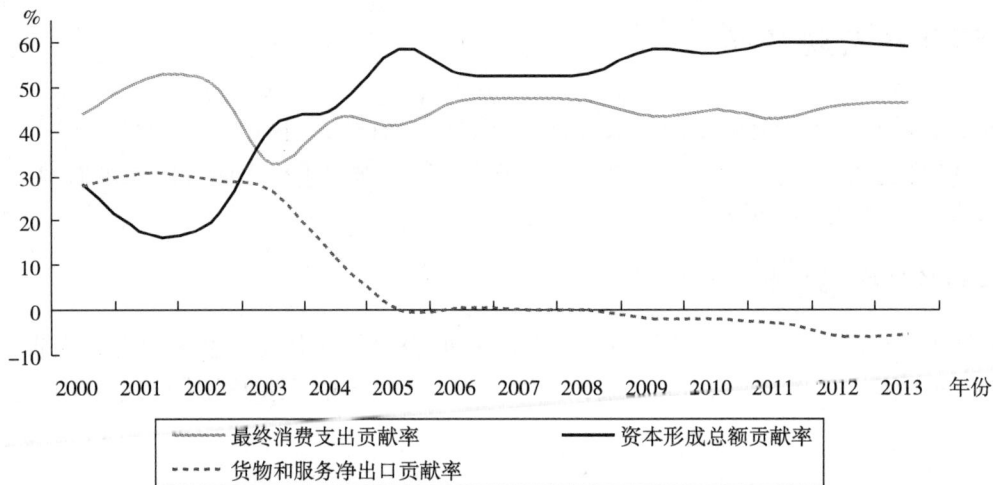

图 2　2000—2013 年河北省三大需求贡献率变化趋势图

2013 年，河北省社会消费品零售总额首次突破万亿元大关，达到 10 400.7 亿元，同比增长 13.6%。其中，限额以上企业（单位）消费品零售额 2 917.2 亿元，增长 13.9%。城镇市场增长快于农村，金银珠宝类、汽车类商品销售成亮点。

2013 年，河北省进出口总值完成 548.8 亿美元，由上年下降 5.7% 转为增长 8.5%。其中，出口总值 309.6 亿美元，增长 4.6%，增速同比提高 1.0 个百分点，纺织服装、钢材等传统劳动密集型产品出口增长较快；进口总值 239.2 亿美元，由上年下降 16.3% 转为增长 14.1%，铁矿石进口额的增加带动进口快速反弹；实际利用外资完成 66.7 亿美元，同比增长 10.6%，其中，外商直接投资 64.5 亿美元，同比增长 11.1%，高新技术产业和第三产业外商直接投资保持较快增长，大项目外商直接投资支撑作用明显。

财政收入增速放缓，企业效益稳步提升，居民收入较快增长。2013 年，河北省财政收入完成 3 641.5 亿元，同比增长 4.7%，增速较上年下降了 10.6 个百分点。河北省规模以上工业企业实现主营业务收入 45 766.3 亿元，同比增长 6.8%；实现利润 2 560.9 亿元，同比增长 13.3%，增速比上年同期提高 8 个百分点；主营业务收入利润率 5.6%，比年初提高了 1.9 个百分点；亏损企业亏损面逐月下降，由年初的 18.6% 下降至 11.5%。全年城镇居民家庭人均总收入 24 143 元，同比增长

10.2%，其中，城镇居民人均可支配收入 22 580 元，同比增长 9.9%；农村居民人均纯收入 9 102 元，同比增长 12.6%，增速快于城镇居民人均可支配收入。

居民消费价格小幅上涨，生产价格同比下降。2013 年，河北省居民消费价格同比上涨 3.0%，涨幅比上年扩大 0.4 个百分点；食品价格上涨是影响居民消费价格上涨的最主要因素，影响程度达 62.0%。工业生产者出厂价格和购进价格继续延续 2012 年双下降态势，同比分别下降 3.4% 和 3.2%，降幅比上年分别缩小 2.1 个和 1.6 个百分点。

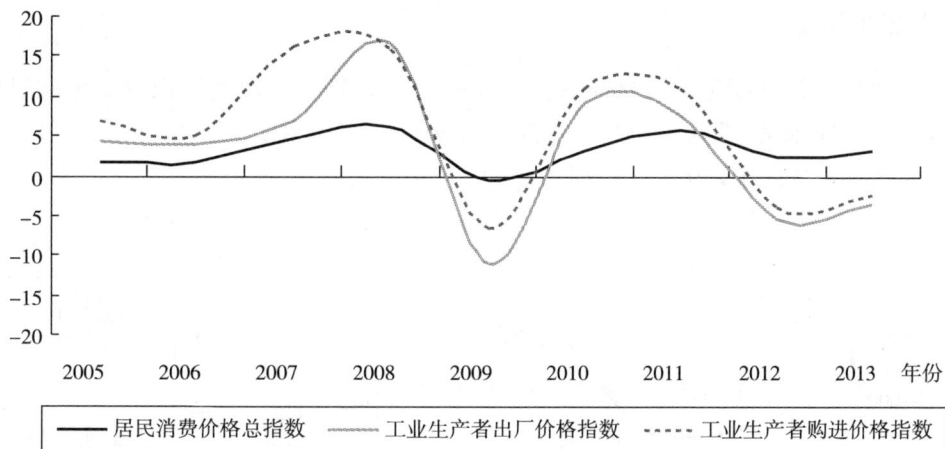

图 3   2005—2013 年河北省主要价格指数趋势图

（二）河北省经济运行中需关注的问题

经济可持续增长的后劲不足。受经济增速放缓，市场有效需求偏弱等因素影响，企业投资能力和盈利预期不强，制造业投资受到制约。受地方财政收入增长放缓和政府投融资平台融资渠道变窄、偿债压力加大等因素影响，基础设施投资力度继续减弱。中低收入者消费能力提升需要一个过程，服务消费需求潜力巨大但有效供给不足，消费内生增长动力有待增强。出口增速低位徘徊，新签合同外资额下降，项目储备不足，利用外资后劲不足。

产业转型升级阵痛加剧。2014 年，河北省将确保压减粗钢产能 1 500 万吨，水泥产能 1 100 万吨和平板玻璃产能 1 800 万重量箱，化解产能过剩压力较大；长期以来，过剩产能行业在河北省经济中所占比重一直较高，随着一批企业压减产能，关停限产，即期经济增长必将受到影响，一旦企业债务、职工安置等问题处置失当，有可能引发社会问题。同时，河北省战略性新兴产业受制于创新能力较弱、人才储备不足等短板，短期很难形成大的增长点。

经济提质增效困难较多。河北省经济长期以来资源能源消耗高、产品附加值低的状况尚未根本改变。受经济效益下滑和多重减收因素影响，财政收入增速下降，医疗、社保等民生支出增加，地方政府偿债进入高峰期，财政紧张状况加剧。企业用工、融资成本和污染治理投入还会持续上升，而工业品出厂价格反弹空间有限，企业盈利能力减弱，不少企业仍将处于增产不增收、增收不增利的困境。洁净煤、天然气供需矛盾有可能进一步加剧，农业比较效益持续下降影响农民粮食生产积极性。

二、河北省银行业

2013 年，河北省银行业改革顺利推进，机构布局、组织体系进一步得到优化，风险管控能力逐步提升，主要风险监管指标持续向好，银行业服务实体经济的能力和水平得以增强，河北省银行业总体保持稳定。

（一）总体发展情况

银行业资产负债规模继续扩大，但增幅有所收窄。2013 年末，河北省银行业金融机构资产总额 47 204.5 亿元，较上年增加 5 776.84 亿元，增长 13.9%，同比减缓 2.7 个百分点。负债总额 45 749 亿元，较上年增加 5 480 亿元，增长 13.6%。

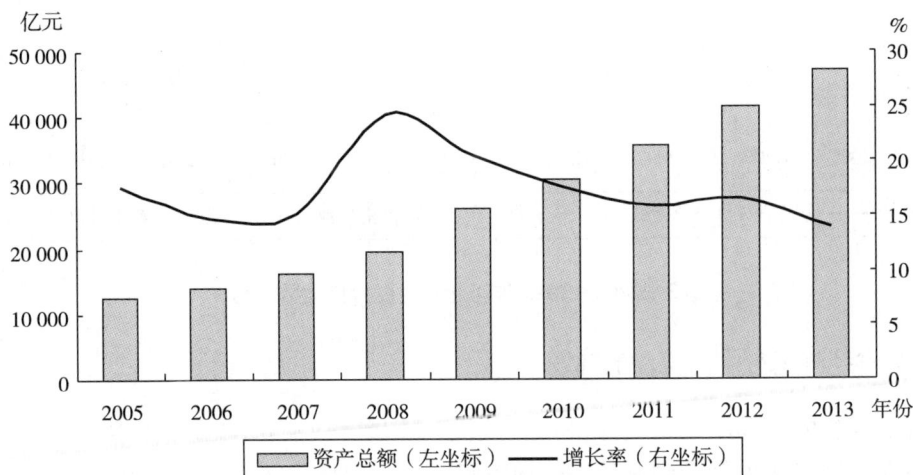

图 4   河北省银行业金融机构资产总额及变化

银行业组织体系趋向完善，金融服务的深度和广度进一步提升。2013 年，河北省股份制商业银行网点布局大为改善，城市商业银行基本实现了县域全覆盖。农村合作金融机构改革稳步推进，新型农村金融机构蓬勃兴起，农村金融服务体系逐步完善。

表1   河北省金融机构网点分布

机构类别	营业网点			法人机构（个）
	机构数（个）	人员数（人）	资产总额（亿元）	
国有商业银行	3 222	77 664	21 482.2	
政策性银行及开发银行	164	3 647	2 812	
股份制商业银行	199	7 139	4 771.9	
城市商业银行	548	14 579	5 533.4	11
农村合作机构	4 840	48 976	9 283.6	181
邮政储蓄机构	1 449	9 634	2 602.5	
金融性公司	11	554	589.3	7
农村新型机构	61	1 275	124.5	45
外资银行	2	72	34	
合计	10 496	163 540	47 233.3	244

存款总体保持平稳增长，单位存款增速明显，个人存款增速减缓。2013 年末，河北省银行业本外币各项存款余额 39 444.45 亿元，全年新增 5 181.06 亿元，同比多增 675.30 亿元，较上年增长 15.12%，增速同比基本持平。存款月度波动明显、季末月份冲时点现象已成常态。从结构看，单位存款增量同比多增，个人存款增量同比减少，委托存款增速加快。从期限看，存款增量以定期存款为主，但增量和增速下降，活期存款增长回升。

贷款投放平稳、均衡，信贷结构进一步趋向优化。2013 年，河北省银行业贷款月度平稳增长，季度增量逐季放缓，全年基本保持了均衡投放。年末本外币各项贷款余额 24 423.22 亿元，当年新增 3 031.83 亿元，比年初增长 14.57%，同比多增 182.07 亿元。中长期贷款恢复性增长，短期贷款增量、增速下降。生产经营、保障性安居工程建设、绿色信贷等方面的投放力度加大，金融服务能力显著增强。

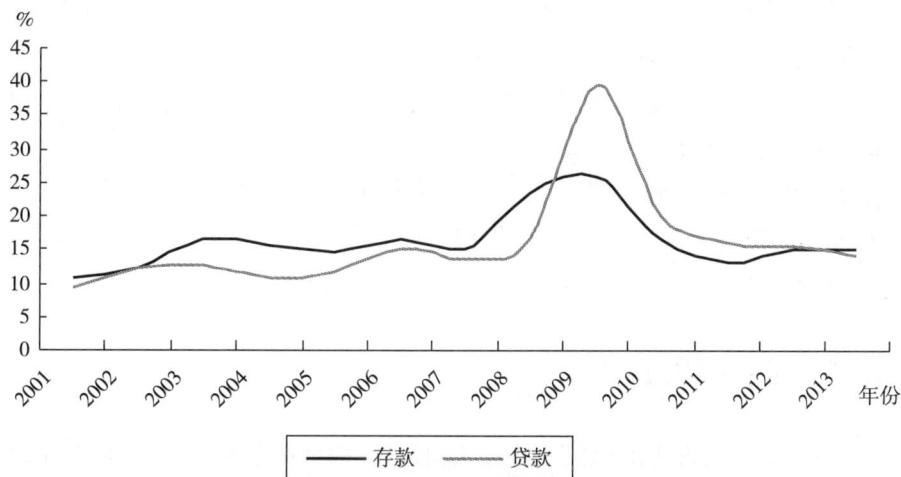

图 5　2001—2013 年存贷款增速变化趋势图

票据市场成交量大幅增加。2013 年，河北省累计签发商业汇票 8 003.41 亿元，同比增加 1 868.31 亿元，增幅 30.45%。累计办理票据贴现业务 12 983.84 亿元，同比增加 6 248.19 亿元，增幅 92.76%。年末票据贴现余额 586.68 亿元，较上年末增加 46.09 亿元，增幅 8.53%。

非金融企业债务融资工具健康发展。截至 2013 年末，河北省非金融企业债务融资工具余额 832 亿元，占全国比重为 1.54%，累计募集资金 1 328.3 亿元，占全国比重为 1.19%，在全国排名第 16 位。2013 年，河北省企业共注册发行 40 只非金融企业债务融资工具，募集资金 247.6 亿元，在全国排名第 23 位。

改革和创新取得成效。国有商业银行在业务转型、金融服务、"三农"支持、产品创新等方面改革深入推进。农村合作金融机构改革成效明显，农村商业银行组建和股份制改革步伐进一步加快，农合机构开始走向健康、持续发展的"快车道"。城商行改革稳步发展，县域支行数量达到 179 家，实现了城商行县域支行全覆盖；7 家城商行实施增资扩股，增加注册资本 40.84 亿元。新型农村金融组织飞跃发展，达到 52 家，其中，村镇银行 51 家，农村资金互助社 1 家；当年新批准 21 家村镇银行开业，批筹 7 家，银监会备案核准 24 家。

（二）稳健性评估

经营效益快速增加，盈利能力进一步增强。2013 年，河北省银行业累计实现净利润 610 亿元，为 2009 年以来最高，同比增盈 104.3 亿元，增长 20.63%，增幅扩大 3.1 个百分点，年内各季度实现利润额保持稳定，各类银行业金融机构均实现同比增盈，国有商业银行盈利能力最强。

不良贷款余额和占比继续"双降"，信贷资产质量总体持续向好。截至 2013 年末，河北省银行业不良贷款余额 478.73 亿元，比年初减少 87.31 亿元；不良贷款率 1.96%，比年初下降 0.69 个百分点。次级类、可疑类、损失类贷款余额和占比均呈下降趋势，银行业信贷资产质量总体继续向好发展。但股份制商业银行、城市商业银行不良贷款出现"双升"，当年分别新增不良贷款 5.9 亿元和 5.4 亿元，不良率分别提高了 0.24 个和 0.14 个百分点。

法人机构资本充足率提升，风险抵补能力增强。截至 2013 年末，河北省法人银行业金融机构资本净额 1 084.63 亿元，比年初增加 302.42 亿元；资本充足率 12.02%，比年初上升 2.02 个百分点；各项减值准备余额 357.43 亿元，比年初增加 59.83 亿元，其中当年新提取减值准备 93.93 亿元；拨备覆盖率为 118.34%，比年初上升 41.52 个百分点。

地方法人机构流动性有所增强。2013 年末，河北省银行业金融机构存贷款比为 61.92%，比年初下降 0.51 个百分点。地方法人金融机构流动性指标向好发展，但经历两次"钱荒"事件后，流动性管理压力加大。年末流动性比例为 62.57%，比年初上升 3.49 个百分点。

三、河北省证券期货业

2013 年，河北省证券经营机构同比净利润大幅增长，期货经营机构同比净利润略降，证券期货业整体状况依然面临严峻挑战，三成以上证券经营机构和过半期货经营机构亏损；境内上市公司直接融资同比略降，但仍处历史较高水平；股权交易市场规范发展，为优质中小微企业提供融资平台。

（一）总体发展情况

证券机构数量增加，经营效益成倍增长。2013 年，河北省共有法人证券公司 1 家，证券投资咨询机构 1 家，证券分公司 5 家，证券营业部 179 家。投资者证券账户 453 万户、资金账户 274 万户，分别增长 4.38% 和 4.98%，账户数量继续增加。实现证券交易额 16 782 亿元，同比增长 68.83%，达到历史最高，市场活跃程度上升。客户资产 1359 亿元，同比增长 0.37%；代理买卖证券款 94 亿元，同比下降 12.96%；指定托管市值 1 265 亿元，同比增长 1.52%。融资融券信用资金账户 19 295 个，信用证券账户 38 061 个，同比均增长 2.3 倍。

2013 年，河北省证券经营机构营业收入 17.5 亿元，同比增长 36.41%；利润总额 6.67 亿元，同比增长 134.61%；净利润 6.28 亿元，同比增长 1.46 倍。辖内盈利机构 110 家，数量占比为 63.95%，盈利金额 7.25 亿元。

期货市场活跃，经营机构过半亏损。2013 年，河北省有期货公司 1 家，期货营业部 32 家，期货交割仓库 17 家、交割厂库 8 家。期货经营机构实现营业收入 1.09 亿元，同比增长 9.82%；实现手续费收入 1.04 亿元，同比增长 10.99%；实现净利润 378.91 万元，同比下降 3.73%。32 家期货营业部中 17 家亏损。

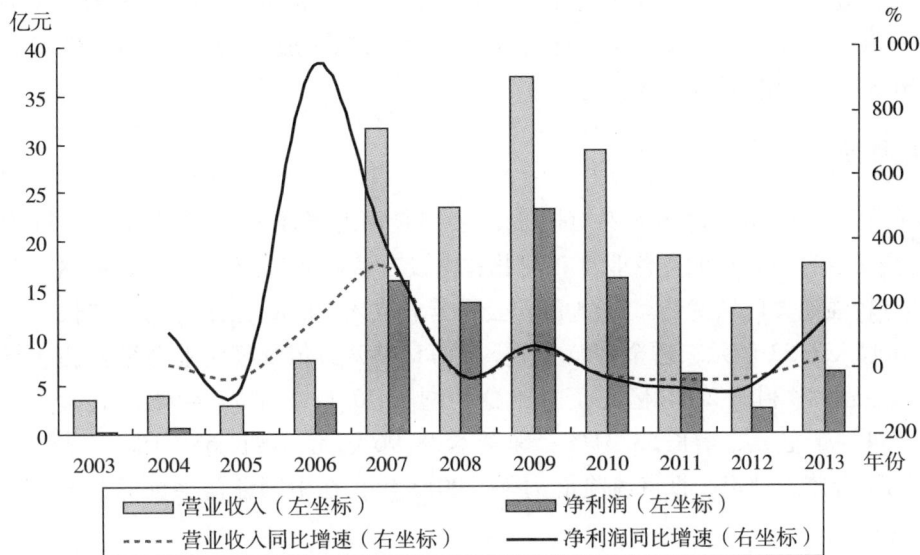

图6 河北省证券经营机构营业收入和净利润变化示意图

2013年，河北省期货投资者客户数为3.99万户，同比增长18.89%，年内新开0.63万户。客户保证金总额14.11亿元，同比增长14.44%。期货机构代理交易量和代理交易额分别为3 666.35万手和39 254.52亿元，分别增长45.47%和58.01%。

境内上市公司直接融资额与上年基本持平。2013年，河北省有境内上市公司48家，占全国上市公司的1.92%；上市公司流通股本316.52亿元，占沪深上市公司流通股的1.05%；上市公司总市值3 895.60亿元，占沪深上市公司总市值的1.63%。2013年，河北省境内上市公司直接融资总额154.9亿元，较上年减少9.36亿元，同比下降5.7%。其中，6家主板上市公司通过增发融资104.9亿元，1家上市公司通过发行公司债券融资50亿元。

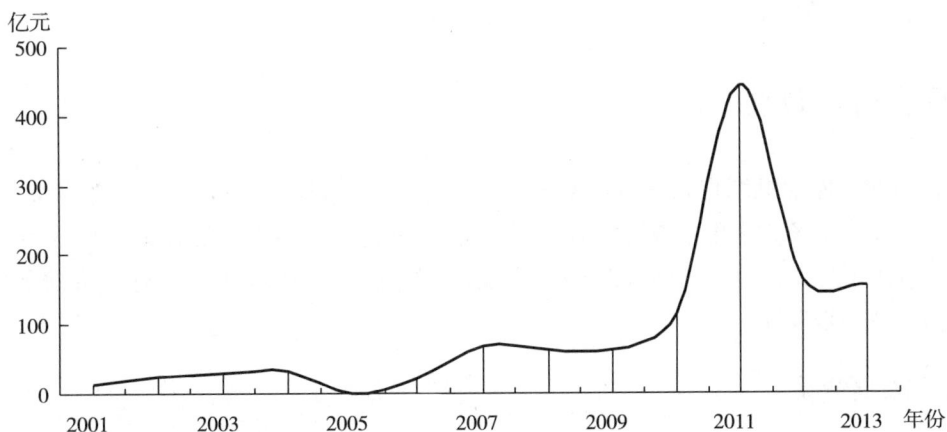

图7 河北省境内上市公司直接融资额变化示意图

（二）股权交易市场规范发展，拓宽中小微企业融资渠道

2013年10月，石家庄股权交易所开业运营，为河北省中小微企业开辟了又一直接融资渠道，中小微企业融资难问题在一定程度上得到缓解。截至2013年末，河北省共有118家中小微企业在股权交易市场挂牌，其中，在天津股权交易所挂牌84家，在石家庄股权交易所挂牌30家，在上海股权交易中心挂牌4家，累计融资16.6亿元。

（三）稳健性评估

财达证券有限责任公司。财达证券有限责任公司是河北省唯一一家证券法人机构，注册资本22.1亿元，在全国设有106家证券营业部，河北省内设有营业部93家，占河北辖区证券营业部总数的56.7%，具有较强地方区域优势。2013年，公司营业收入10.58亿元，同比增长23.71%；其中，手续费及佣金净收入7.52亿元，占全部营业收入的71.08%，传统经纪业务依然占主导地位。实现利润总额3.33亿元、净利润2.41亿元，同比分别增长76.11%和71.44%，效益大幅改善。2013年，公司净资产47.77亿元，增长53.31%；净资本38.96亿元，增长65.31%。公司资本充足性好，各项风控指标均符合监管规定，抵御风险能力强。2013年，在中国证监会证券公司分类评价中，继续保持A类证券公司。

河北恒银期货经纪有限公司。河北恒银期货经纪有限公司是河北省唯一一家期货法人机构，注册资本为5800万元，设有营业部6家，均为省内营业部，占河北省营业部总数的近1/5。年末客户数10 416个，同比增长6.24%；客户保证金1.56亿元，同比下降4.88%；代理交易量382.29万手，同比增长51.41%；代理交易额4 199.91亿元，同比增长65.58%。年内公司实现营业收入2 044.18万元，同比增长19.77%，其中手续费收入占比为84.61%。所属6家营业部中，3家盈利3家亏损。公司净资产5 148.46万元，增长15.94%；净资本4 383.25万元，增长26.31%，各项风险指标均高于监管标准。

河北省境内上市公司。2013年，河北省境内上市公司整体盈利能力有所下降，房地产、新能源和钢铁行业受政策影响较大。辖区高风险公司5家，关注类公司12家，高风险和关注类公司占全省境内上市公司总数的35.42%，较上年增加1倍。河北省境内上市公司的估值水平略高于全国平均水平，平均市盈率为86.04倍。

四、河北省保险业

2013年，河北保险业继续保持平稳较好的发展态势。市场规模继续扩大，整体实力不断增强，改革创新深入推进，市场竞争更加充分，业务结构逐步优化，营销渠道协调发展，中介机构规模壮大，行业风险整体可控，保险业与河北省经济发展协调适应程度逐步加强，对经济发展的保障功能和服务作用得到进一步发挥。

（一）总体发展情况

分支机构数量增加，营业网点不断增多。2013年，河北省共有保险公司省级分公司57家，其中，财产保险省公司25家，人身保险省公司32家，中资保险省公司52家，外资保险省公司5家；保险公司分支机构4 172家，较上年增加120家；1家法人财产保险公司获批筹建。

整体实力不断增强，总资产增速逐年放缓。2013年末，河北省保险业总资产2 048.99亿元，同比增长11.38%；其中，财产保险公司总资产为132.68亿元，同比增长20.76%，人身保险公司总资产为1 916.31亿元，同比增长10.79%。河北省保险业总资产比年初增加209.37亿元，增速较上年回落4.49个百分点，已连续三年增速放缓，降至2006年以来最低水平，低于全国增速；其中，财产保险公司总资产增速高于全国水平，人身险公司总资产增速连续四年回落，低于全国水平。

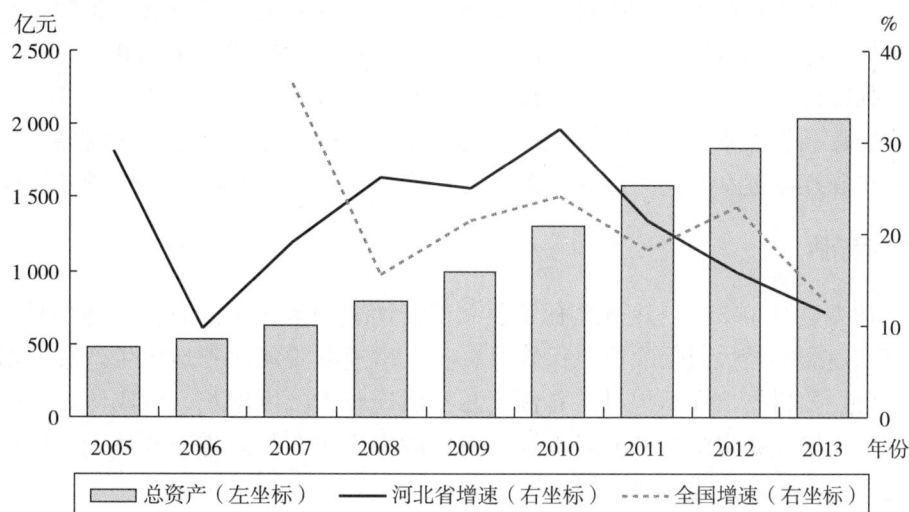

图8 2005—2013年河北省保险业总资产额与总资产增速

保费收入持续增加，增长速度有所提升。2013年，河北省保险业累计实现原保险保费收入837.59亿元，较上年增加71.43亿元，同比增长9.32%，增速较上年增加4.78个百分点，但仍低于全国增速1.88个百分点。其中，财产保险业务原保险保费收入同比增长19.76%，低于全国水平4.40个百分点；人身保险业务原保险保费收入同比增长4.00%，高于全国增速3.21个百分点。

保险密度与保险深度双升，但均低于全国同期水平。2013年，河北省保险深度为2.96%，初步推算保险密度为1 147.38元/人。保险密度和保险深度依然双双低于全国水平，其中，保险密度较全国水平低118.96元/人，保险深度较全国水平低0.07个百分点。

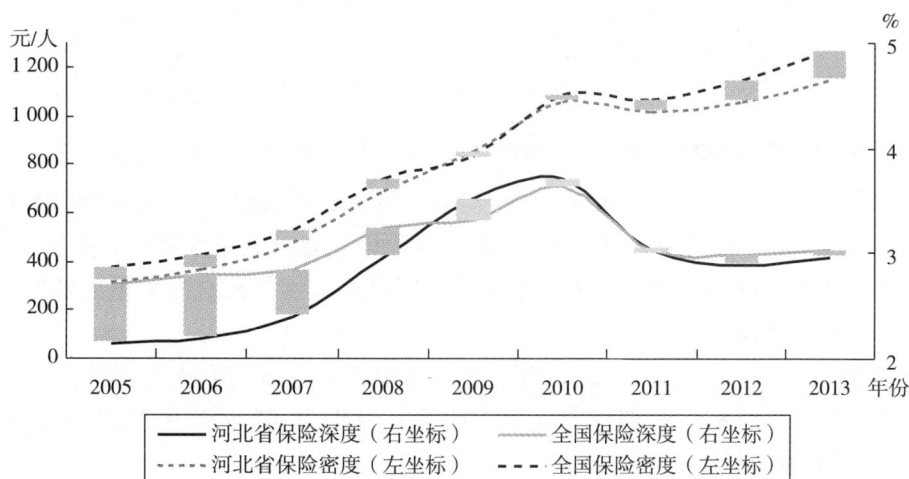

图9 2005—2013年河北省保险深度和保险密度与全国总体情况变化比较

承担风险总额持续增长，累计赔付支出增速加快。2013年，河北省保险业累计承担风险总额

14.52 万亿元，较上年增加 4.09 万亿元，同比快速增长 39.24%，继续保持较高增速。累计赔付支出 315.66 亿元，较上年增加 97.11 亿元，同比大幅增长 40.99%，为五年来最高增速；其中，财产保险业务赔款支出同比增长 19.94%，人身保险业务赔付支出同比大幅增长 72.13%。

改革创新为发展提供新动力。2013 年，河北省在发展农业保险，启动大病保险试点，推进保险业参与社会保障体系建设，做好"保险护城河工程"等方面继续推进改革创新，为保险业发展提供动力。工程险、保证保险、信用保险、责任保险等其他重点保险业务均衡发展，环境污染责任险、安全生产责任险、食品安全责任险等新险种有序推进，打造北方金融保险后援服务基地取得进展，消费者权益保护机制逐步健全，违法违规行为查处取得实效，保险行业外部环境得以改善。

（二）稳健性评估

保障作用更加突显。2013 年，河北省保险业总资产增速与地区生产总值增速仍具有较为紧密的联动性，受经济增速影响最大。保险业原保险保费收入增速摆脱河北省地区生产总值增速下滑的影响，出现向好态势。赔付支出和承担风险总额近几年出现较大幅度增长，对实体经济的保障作用更加突显。综合来看，河北省保险业服务经济社会发展的作用正在得到进一步体现，但保险业发展与省内经济发展适应度尚未形成完全协调统一。

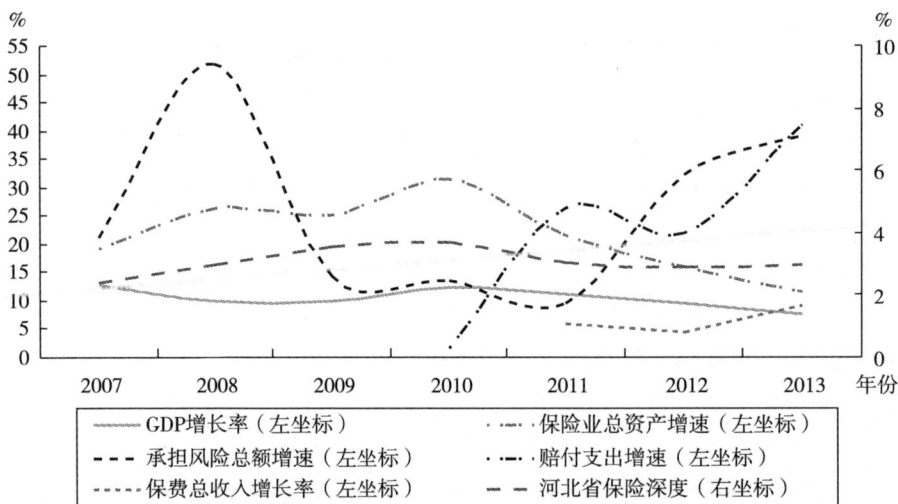

图 10　河北省部分保险业运行指标增速与河北省年度地区生产总值增速比较

行业风险总体可控。2013 年，河北省人身保险公司退保金增长较快，达到 109.16 亿元，较上年增加 53.18 亿元；退保率为 4.27%，低于 5% 的退保风险警戒线，退保风险基本可控。财产保险公司平均应收保费率 2.85%，批减保费率 1.96%，风险控制良好。年内没有发生重大群体性事件和突发事件，未出现非正常集中退保事件。

主要机构市场集中度进一步降低。2013 年，河北省财产保险公司和人身保险公司 CR4（业务规模前四位的公司保费收入总和占全部保费收入的比重）分别为 72.54% 和 70.75%，同比分别下降 1.99 个和 0.75 个百分点。

险种集中度趋向优化。2013 年，河北省机动车辆保险保费收入在财产保险公司保费收入中的占比依然高达 83.09%；分红型产品保费收入在人身保险公司保费收入中的占比达到 80.26%。但从近几年发展趋势来看，呈现出逐步优化的向好态势。

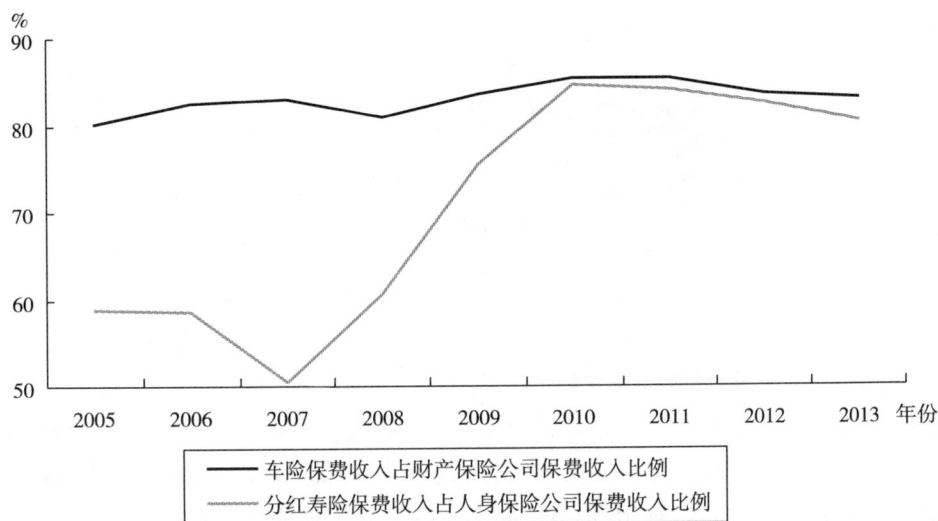

图11 2005—2013 年河北省财产保险公司和人身保险公司中车险、分红寿险保费收入占比

销售渠道向着均衡方向协调发展。2013 年，河北省保险公司营销人员达到 17.27 万人，通过保险中介渠道实现保费收入 785.25 亿元，同比增长 17.36%，占河北省保费收入总额的 93.75%。其中，保险专业代理机构代理保费占比提高到 9.44%，保险经纪机构代理保费占 0.82%，保险兼业代理机构代理保费占 39.63%，保险营销员占 50.12%。过度依赖某一渠道的营销局面有所改善。

中介机构满足市场发展需要。2013 年，河北省有保险专业中介法人机构 104 家，保险专业中介分支机构 797 家，新增 1 家保险中介服务集团，保险兼业代理机构有 11 503 家。专业保险中介机构资产总额合计达到 14.59 亿元，同比增长 41.79%，资本实力显著增强。河北省保险专业代理机构数量占全国总数的 12.01%，高居全国第 1 位；保险经纪机构数量占全国总数的 2.78%，居全国第 11 位；保险公估机构数量占全国总数的 3.32%，居全国第 8 位。

财产保险公司主要效益指标全国领先。2013 年，河北省财产保险公司累计实现承保利润 11.93 亿元，居全国第 4 位，同比增长 9.36%，各项主要效益指标继续领先全国。但河北省财产保险公司产品非理性价格竞争仍然存在，对持续提升自身盈利能力产生了影响。

五、河北省社会金融活动

2013 年，河北省社会金融活动逐渐进入活跃期，小额贷款公司、融资性担保公司、典当行等地方融资性非金融机构得到快速发展，满足了部分小微企业的融资需求，丰富了融资渠道，融资补充功能得到有效发挥。

小额贷款公司发展初具规模，对小微企业和县域支持成效显著。截至 2013 年末，河北省小额贷款公司注册资本合计 313.25 亿元，从业人员 7 100 余名。小额贷款公司总数已达 542 家，特色小额贷款公司得到较快发展，科技小额贷款公司已经发展到 161 家，扶贫小额贷款公司 48 家，成立了专门支持妇女创业的巾帼小额贷款公司，机构遍布各行政区划。2013 年，河北省小额贷款公司实现净利润 11.63 亿元，同比增长 31.26%；不良贷款 0.36 亿元，不良贷款率 0.11%；贷款余额 303 亿元，同比增长 27.90%，约占到河北省社会融资总规模的 4.8%。

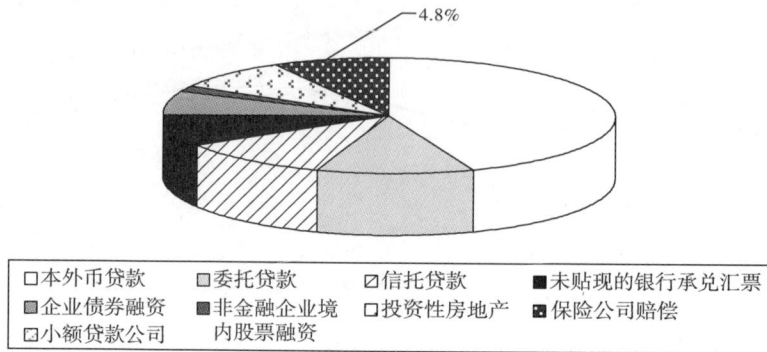

图12　2013年小额贷款公司占河北社会融资规模之比

融资担保体系得到进一步完善，实现行政区划全覆盖。截至2013年末，河北省融资性担保机构注册资本金总量551.9亿元，共有615家，其中，省级担保机构10家，市级担保机构13家，县级担保机构592家；已开展担保业务的机构共437家。全年完成担保额1 119亿元，平均放大倍数2.86倍，较上年增加204亿元。

典当行融资服务的拾遗补缺作用凸显。截至2013年底，河北省共有典当企业252家，分支机构87家，典当行实收资本59亿元。全年典当总额为343.57亿元，同比增长30.8%，利息及综合费收入6.15亿元，同比增长26%；实现净利润1.86亿元，较上年增长20.6%。

企业民间融资规模呈现递降趋势。人民银行石家庄中心支行对河北省民间融资中介机构每季开展的问卷调查显示：2013年企业民间融资规模总体呈现递降趋势。2013年第一季度至第四季度末，河北省企业民间融资借入资金余额分别为531.7亿元、451.6亿元、470.3亿元、432.7亿元；企业民间融资借入资金余额占同期金融机构对企业贷款的3.7%、3.17%、3.36%、3.01%，占全部人民币贷款余额的2.5%、1.98%、2.0%、1.86%。

六、河北省金融生态环境

2013年，河北省行政环境逐步优化，金融基础设施不断完善，为河北省金融业稳健运行打造了良好的外部环境。

行政金融环境进一步优化。2013年，河北省政府进一步加大对金融生态环境建设的支持力度，出台了多项政策和措施支持金融稳健发展，建立健全了地方政府主导下的风险应对和处置机制，大力推进金融生态市、县建设，积极营造有利于河北金融产业发展的环境和氛围，有效查处各类外汇违法违规行为，加大对金融犯罪查处力度，防范和化解了各类风险。

支付清算系统建设运行情况良好，第三方支付机构规范发展。2013年，河北省人民银行支付系统由第一代成功切换至第二代，支付系统参与者7 918家，共处理往来业务11 714.10万笔、703 344.07亿元。河北省第三方支付机构业务规模继续攀升，截至2013年末，共有3家法人支付机构，12家非法人支付机构。法人支付机构业务总量达到56.29万笔，增长6.51%，完成业务金额0.95亿元。

社会信用体系建设继续推进。2013年，河北省征信系统日益健全和完善，农村信用体系和中小企业信用体系试验区建设成效初显，农户和中小企业信用信息征集工作稳步推进，小额贷款公司和融资性担保公司信用评级工作试点开展。截至2013年末，企业和个人征信系统已收入河北省367 377户企业和26 896 377位自然人信用信息，提供677.73万次信用报告查询。

跨境人民币业务较快发展。2013 年，河北省完成跨境人民币结算 472 亿元，同比增长 170%；货物贸易结算量约占同期海关进出口总额的 8.8%，较上年提高 5.8 个百分点；人民币收付占国际收支的 11.98%，人民币跃居河北省国际结算第二大货币。截至 2013 年底，共有 1 442 家企业办理业务，271 家商业银行分支机构办理实际收付，境外结算地域拓展至 140 个国家和地区。

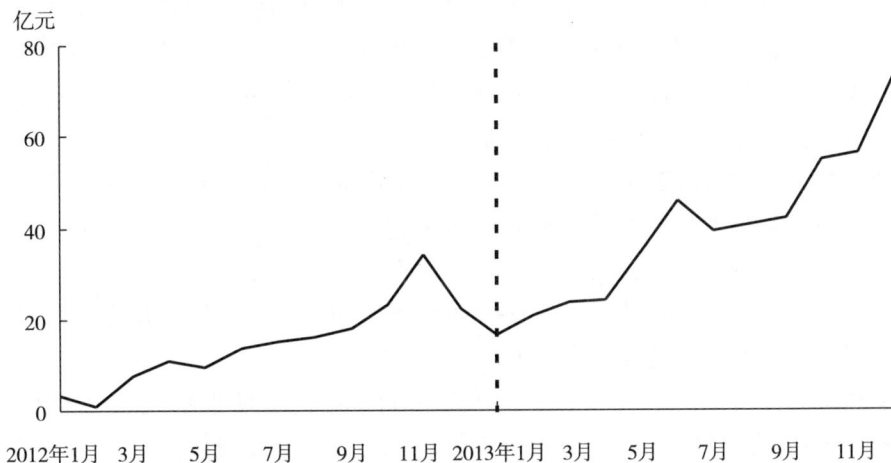

图 13　2012—2013 年河北省各月跨境人民币实际收付总额

反假货币工作长效机制取得成效。河北省通过建立反假货币工作长效机制，充分发挥其作用，深入反假宣传活动，积极同公安、检察、法院、工商和银行业金融机构等相关部门就打击假币犯罪活动、防范假币侵害等进行联合督导，对假币犯罪形成了巨大威慑力。2013 年，河北省收缴假人民币面额总计 1 101.71 万元，同比增长 5.15%。

反洗钱各项工作稳步推进。2013 年，河北省共对 53 家金融机构进行了反洗钱现场检查，对 31 家金融机构进行了反洗钱风险评估，组织 50 家法人机构开展洗钱和恐怖融资风险评估，建立了 692 家金融机构反洗钱监管档案。全年各金融机构书面报告可疑交易线索 58 份，同比增加 45%，对其中的 32 份进行了反洗钱调查。

加强金融监管，防范和化解金融风险。2013 年，中国人民银行石家庄中心支行会同河北省政府相关部门及各金融监管部门，督促和协调各金融机构加强内控管理，强化风险防范，规范市场秩序，维护资产安全。河北银监局加强融资平台贷款风险、房地产信贷风险等各类风险的防控，重点支持辖内银行业金融机构推进小微企业、涉农金融服务工作，引导银行业主动对接河北省战略重点。河北证监局促进资本市场健康稳定发展，推动企业利用多层次资本市场发展壮大，加强执法力度，净化资本市场发展环境。河北保监局建立诉调对接工作机制和保险纠纷调解或仲裁机构，成功调解保险纠纷 870 件，涉及金额 5 046.45 万元；查处保险公司利用中介业务和中介渠道违法违规问题，对 146 家保险机构和保险中介机构实施现场检查，对 30 家机构和 35 名个人依法予以行政处罚。

七、总体评估与政策建议

（一）总体评估

当前，河北省已进入经济增长换挡期、结构调整阵痛期、前期刺激政策消化期叠加的特殊阶段，经济运行中的不稳定、不确定因素依然很多，经济存在的突出矛盾和问题对金融业的稳健运行影响较大，金融体系中潜在的风险不容忽视，金融稳定任务依然严峻。

1. 经济运行稳中有忧，潜在风险不容忽视

河北省经济发展仍存在一些不利因素，经济结构不合理，经济发展内生动力、活力尚未完全激活，存在下行压力；地方政府融资平台债务风险显现，化解过剩产能、产业转型升级阵痛加剧；新兴产业支撑作用还不明显，现代服务业发展滞后，财政收支矛盾突出，企业融资渠道狭窄且经营效益不高，污染严重等问题仍较突出等因素，致使与经济转轨相伴随的一些潜在金融风险不断聚积。

2. 金融业发展面临新挑战，改革创新仍需加强

经营潜在风险加大，地方融资平台贷款集中到期，政府偿债压力加大；银行不良贷款上升的潜在压力增加，信贷投放集中度过高使风险处置化解难度加大；表外业务风险隐患增加；机构超范围经营、从事非法金融业务现象增多。随着利率市场化稳步推进和新机构、新业务不断涌现，贷款增速下降、利率波动加大、存款稳定性减弱、银行间市场流动性趋紧等形势使金融业的经营发展和风险管理面临新挑战，区域性、系统性风险加大。

金融市场融资能力尚需进一步提升，非金融企业债务融资工具业务量在全国所占比重仍很低；资本市场投融资、并购重组等资源配置功能未充分发挥，股权交易融资处于起步阶段，上市公司数量、市值在全国占比小，资产证券化水平较低；证券期货业务盈利模式单一，创新意识不足，服务实体经济的能力有限。

3. 社会融资活动抗风险能力较弱

社会融资活动抗风险能力较弱。对小额贷款公司、融资性担保公司、典当行等社会融资机构监督管理没有统一牵头部门，部门间协调机制不完善，未形成完整、统一的统计评估、监测管理体系，一些小贷公司、融资性担保公司的违规经营难以有效治理，监测管理手段仍需提高。在产业结构调整升级、环境治理等大环境下，社会金融活动主体因规模较小、业务单一、资金投入领域集中等因素制约，抗风险能力较弱，单个风险易演变为局部性风险进而威胁区域金融稳定。民营担保机构受规模和企业性质限制，担保业务范围仍受较大制约，分散风险功能未充分发挥。

4. 金融生态环境仍需优化

信用体系和执法体系不够完善，各种非法金融活动时有发生，金融风险防范难度较大；征信信息共享机制较为薄弱，信用信息的有效归集和评估能力不足，建立良好社会信用环境和规范的社会信用秩序仍任重道远；农村经济基础薄弱，金融市场不健全，资金外溢现象比较突出，农村金融生态环境仍有待改善；金融市场发展相对滞后，分割严重，经济发展对资金的需求无法充分满足，中小企业融资难问题仍未彻底得到解决；金融主体服务创新意识不足，业务单一、营销策略趋同，金融服务水平和质量有待进一步提高；监管理念和手段仍较滞后，金融机构和金融产品创新受到限制。

（二）政策建议

1. 树立"转型升级、金融先行"理念，构建良性金融生态环境

当前宏观经济形势下，要充分发挥金融在助推经济发展、促进经济发展方式转变中的核心作用，立足河北省实际，努力构建多元化、多层次的金融市场体系，打造良好的金融生态环境以促进经济发展。一是培育和发展地方资本市场，探索建立网络金融和银行间金融超市，创造条件试点打造银行承兑汇票交易市场等各类企业和机构区域性金融资产交易市场，推出区域性资金价格指数，促进

和提高金融机构间与企业间的交易活跃度；二是建立健全增信机制，创新运用中小企业集合类债务融资工具，拓宽融资渠道；三是发挥毗邻京津优势，打造金融服务外包交付中心，引进培育保险中介、信用评级、融资担保、金融仓储等特色型金融机构，大力吸引各类金融中后台机构聚集以形成重要的金融后台服务基地；四是大力发展各类仲裁和协商、协调机制，促进非政府背景的各类行业协会的发展和功能的正常发挥，提高金融机构和金融细分行业的自律水平；五是密切关注实体经济发展中的薄弱环节和风险隐患，防范实体经济风险向金融体系传导，切实维护河北省金融体系的安全稳定，为支持社会经济发展作出更大贡献。

2. 提高金融服务效率，优化金融资源配置

金融业应抓住经济结构调整、转型升级的有利时机，积极推动金融综合改革和专项改革，与河北省经济社会发展融为一体，建立与经济实力相适应的现代化金融体系，盘活存量、用好增量，在推进产业结构调整、化解过剩产能、环境治理、构建沿海地区发展战略中发挥积极的引导和支持作用。一是优化金融结构，促进消费信贷、消费服务业和中小企业的金融服务供给。建立健全服务涉农和小微企业的金融组织体系，打造中小企业融资信息平台；探索地方法人金融机构分支机构的民营化，推进社区银行建设；稳步扩大公司（企业）债、中期票据和中小企业私募债券、集合债券发行。二是提高金融效率，支持经济转型升级。发展各类银行非传统信贷融资业务，促使科技成果产业化和产业自主创新；创新运用各类保险工具，探索改善民生保障的保险服务，推进农村互助保险、政策性险种和地方特色险种等保险产品技术创新，证券机构积极参与资产证券化、新型资产管理、场外市场、金融衍生品交易等创新业务，加快向全方位的财富管理服务模式转型，创新利用多层次资本市场推进企业规范化股份制改造；充分发挥期货风险管理作用，帮助企业建立风险管理制度，增强企业抵御商品市场风险能力。三是扩大金融总量。努力拓展针对中小微企业的融资担保新方式，创新开展应收账款质押贷款、商标专用权质押贷款和网络联保贷款业务；引导中小微企业积极利用债券市场和股权交易市场扩大直接融资，支持符合条件的中小微企业发行集合债券、集合票据与集合信托产品，拓宽保险覆盖面和保险资金运用范围。

3. 加强重点领域风险监测分析，防范系统性、区域性风险

金融机构要做好经济运行形势分析和判断，及时发现和预见经济金融运行中可能出现的新情况、新问题，切实做好信用风险、市场风险以及操作风险管理。一是高度关注地方融资平台债务；二是加大对实体经济的监测评估和风险防范力度，防止部分支柱行业、企业经营活动因产业调整和结构升级，而出现贷款违约情况；三是做好流动性测算，切实防范商业银行因资金价格波动和期限错配而引发的系统性、区域性流动性风险；四是建立监管机构信息共享平台，实现监管经营数据共享。

总　　纂：贾广军
统　　稿：李　伟　陈　芳　王丽英
执　　笔：高　远　靳凤菊　杨辉平　杨　冀　李　鹏　王聿孜　林红家
参与写作人员：薛秀丽　尹　洁　杜彦尊　王　超　肖正午
　　　　　　　赵　倩　谢瑞芬　李建令　孙刚强　赵　娜　王治宇

山西省金融稳定报告摘要

2013年，面对错综复杂的国内外形势和较大的经济下行压力，山西省认真落实中央宏观调控政策和各项决策部署，经济总体稳中有进、稳中向好，各项主要经济指标平稳增长。全省金融业保持平稳健康运行，社会融资总量稳定增长，服务和支持实体经济的能力进一步提升，经济金融呈现良性互动的态势。金融法制环境持续改善，支付体系运行良好，反假货币工作保持常态，征信与社会信用体系建设系统推进，反洗钱监管不断深入，全省金融生态环境持续向好。

一、区域经济运行与金融稳定

2013年，山西省积极应对经济下行压力，着力推进改革开放，转型综改区建设实现新突破，全省经济发展质量不断提升，投资结构持续优化，社会消费进一步扩大，进出口稳定增长，总体保持了平稳健康的发展态势，为区域金融稳定奠定了基础。

（一）经济运行总体稳中有进

1. 经济增速趋缓

2013年，山西省完成生产总值12 602.2亿元，增长8.9%，增速比上年回落1.2个百分点，高

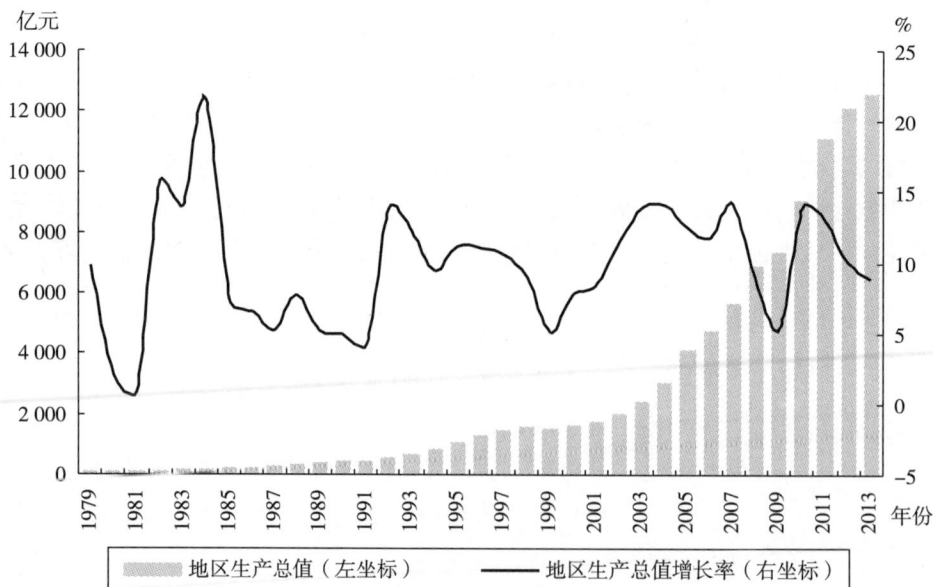

数据来源：山西省统计局相关资料。

图1　山西省地区生产总值及其增长率

于全国平均水平 1.4 个百分点。第一、第二、第三产业增加值分别完成 773.8 亿元、6 792.7 亿元和 5 035.8 亿元，分别增长 6.0%、10.9% 和 9.5%。

2. 经济结构不断优化

2013 年，全省农业生产再获丰收，粮食总产量 131.3 亿公斤，创历史新高，增长 3%，高于全国 0.9 个百分点，连续四年实现突破。全省规模以上工业增加值增长 10.5%，分别较上年同期回落 1.4 个百分点，为 2010 年以来最低水平。三次产业占地区生产总值比重由 2012 年的 5.8:57.9:36.4 变为 6.1:53.9:40.0，经济结构进一步趋好。

3. 投资规模破万亿元，消费稳定增长

2013 年，全省固定资产投资规模达 11 200.2 亿元，同比增长 22.1%。第一、第三产业投资增速分别较上年同期加快 46.3 个、0.5 个百分点，第二产业投资增速较上年同期减缓 10.2 个百分点，投资结构更趋合理。全省社会零售品消费总额完成 4 988.3 亿元，增长 14%，消费增速与投资增速的差幅不断缩小，由 2012 年的 8.5 个百分点缩小为 2013 年的 8.1 个百分点。

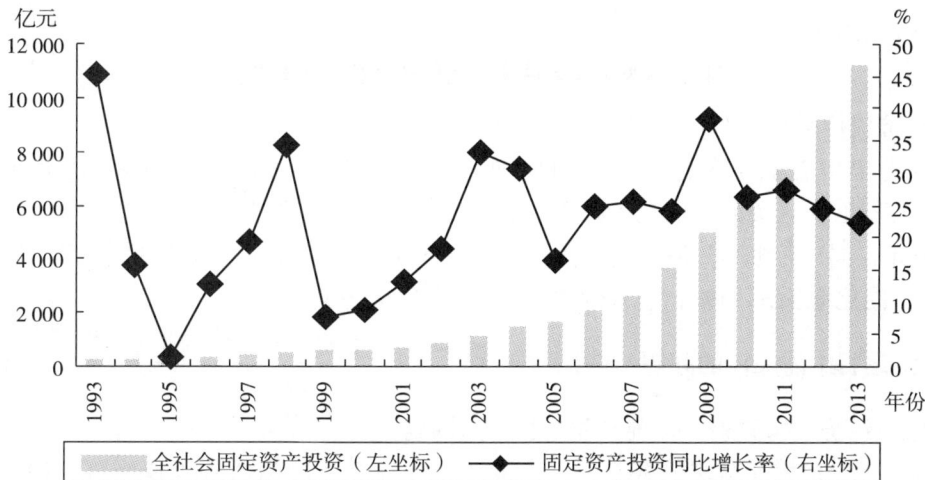

数据来源：山西省统计局相关资料。

图 2　山西省固定资产投资及其增长率

4. 财政收支平衡压力加大

2013 年，全省公共财政预算收入完成 1 700.2 亿元，增长 12.1%，增幅较上年同期下滑 12.9 个百分点；全省公共财政预算支出完成 3 030.5 亿元，增长 9.7%，较上年同期下滑 6.9 个百分点。财政支出中，民生支出力度加大，医疗卫生、社会保障和就业、农林水事务、住房保障分别增长 12%、18.1%、10.1%、10%。财政预算支出继续大于收入，差额由 2012 年的 111.1 亿元变为 2013 年的 1 330.3 亿元，大幅上升。

5. 物价水平基本稳定，居民收入继续增加

全年居民消费价格指数上涨 3.1%，高于上年同期 0.6 个百分点，快于全国 0.5 个百分点。其中，食品价格上涨 2%，拉动 CPI 上涨 1.95 个百分点，贡献率达 62.9%。全年全省城镇居民人均可支配收入 22 450 元，同比增长 10%；农村居民人均纯收入 7 100 元，增长 12%，增幅快于城镇居民人均可支配收入 2 个百分点。

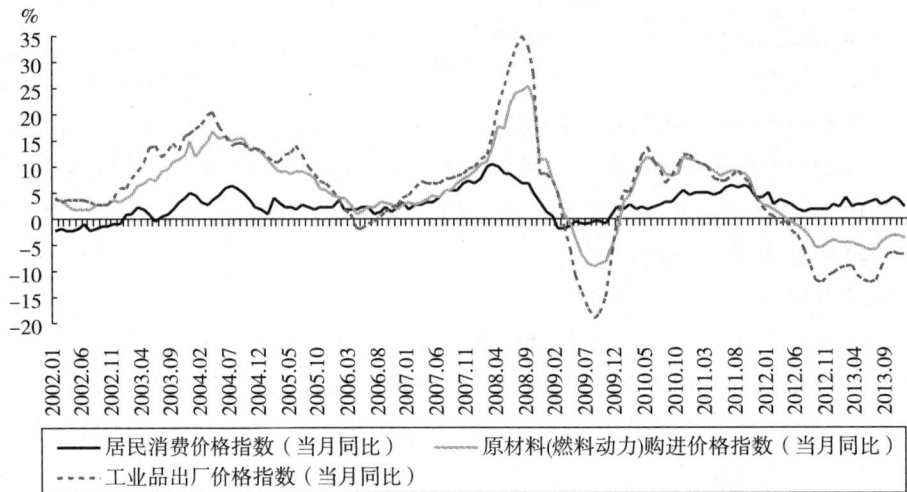

数据来源：山西省统计局相关资料。

图 3　山西省居民消费价格和生产者价格变动趋势

6. 对外经济保持平稳

全年全省进出口总额 158 亿美元，同比增长 5.1%。其中，出口总额 80 亿美元、同比增长 13.96%；进口总额 78 亿美元、同比下降 2.7%；进出口由逆转顺，小幅顺差 2 亿美元。国际收支总额 315.1 亿美元，同比增长 43.8%。其中，外汇收入 154.7 亿美元、同比增长 55.1%；外汇支出 160.4 亿美元、同比增长 34.5%，逆差额比上年减少 13.9 亿美元。

（二）经济运行中需关注的问题

1. 关注山西经济结构调整中传统产业增长乏力问题

在国内外宏观经济增速减缓的背景下，以能源为支柱产业的山西省工业经济遇冷，占全省工业比重超 80% 的煤焦冶金等传统行业，面临外部市场需求萎缩、供给过剩等挑战，增长动力不足，主要表现在以下几个方面。一是工业企业效益下降，亏损面加大。2013 年，全省规模以上工业企业销售收入增长 2.0%，同比回落 7.7 个百分点，实现利润下降 31.4%，亏损面同比提高 3.2 个百分点。二是主导产品价格下滑明显。截至年末，山西省吨煤平均价格下降 90 元左右，不锈钢价格同比下降 3 100 元/吨，二级冶金焦炭价格同比下降 240 元/吨。三是大中型工业企业产值增长缓慢。2013 年以来，增加值占全省工业比重 70% 以上的大中型企业增长仅为 4%~5%，对全省工业经济增长贡献度不断减弱，而装备、食品、医药等新兴产业增长较快，但规模偏小，短期内难以弥补煤炭等传统产业增速下滑的影响。

2. 关注小微企业贷款利率高企的问题

随着利率市场化的加快推进，金融机构"以价补量"的经营思路逐步强化，提高议价能力、增加资金收益率成为金融机构的取向，小微企业作为金融机构寻求利益补偿的重点，在融资可得性提高的同时，融资成本略有上升。2013 年全省金融机构小微企业贷款执行上浮利率的占比为 87.34%，同比提高了 0.84 个百分点，其中利率上浮超过 30% 的贷款占比为 66.82%，同比提高了 7.36 个百分点。

3. 关注部分行业信贷违约风险上升问题

2013 年，由于宏观经济增速放缓、需求不足、产能过剩、成本上升以及部分行业兼并重组影响，山西省煤炭、煤化工、焦炭和钢铁等主导产业经营状况均出现了下滑，企业负债率较高，同时依附于这些主导产业的贸易流通企业经营压力加大，部分企业资金紧张不能按时还款，贷款违约风险增大。山西某国有煤焦集团 2008 年以来共投入 400 亿元用于煤炭资源整合，企业资产负债率高达75%，超过警戒线；山西某煤炭运输企业因无法按期还款，导致辖内某银行新增 6.67 亿元不良贷款；山西某民营煤炭集团发生违约风险事件，涉及全省多家银行业金融机构，金融负债规模较大，对全省金融体系的安全稳健运行带来一定影响。

二、金融业与金融稳定

2013 年，山西省金融业认真贯彻落实国家宏观调控政策，保持了平稳健康运行的良好态势，服务实体经济的能力进一步提升，实现了经济金融的良性互动，但制约金融业稳健发展的因素增多，需引起关注。

一）银行业

2013 年，山西省银行业坚守风险底线，强化金融服务，资产质量基本稳定，经营效益保持平稳，总体运行稳健，但信用风险和流动性风险压力加大。

1. 银行业运行和发展情况

（1）资产规模适度增长，存贷款业务平稳发展。截至 2013 年末，全省银行业资产总额同比增长10.6%，比年初增加 3 053 亿元；负债总额同比增长 10.1%，比年初增加 2 860 亿元。各项存款余额同比增长 8.75%，比年初增加 2 033.10 亿元；各项贷款余额同比增长 13.73%，比年初增加1 814.16亿元。存贷比同比上升了 2.60 个百分点，为近 5 年来最高水平。

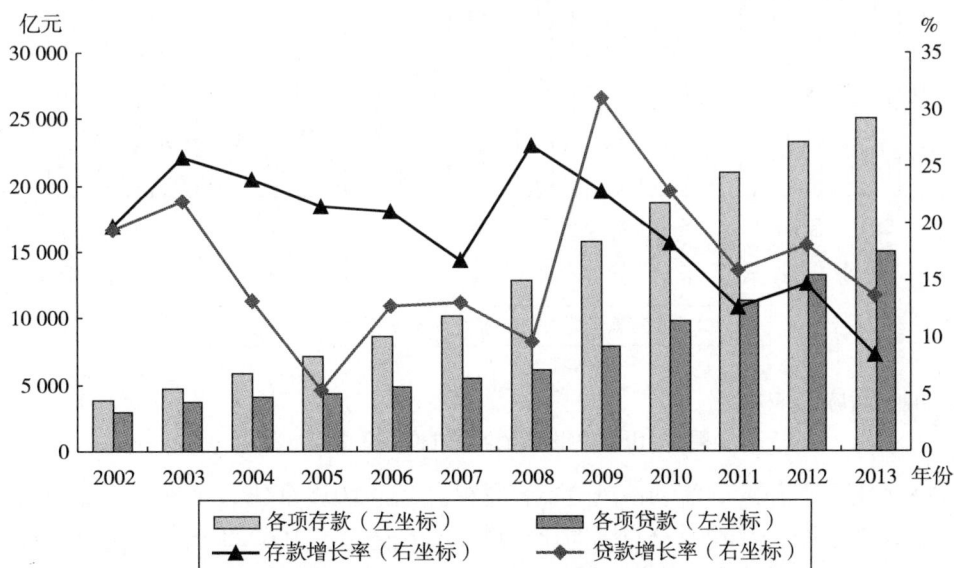

数据来源：人民银行太原中心支行相关资料。

图 4   山西省各类银行业金融机构存贷款余额及其增长率

（2）住户和小微企业贷款力度加大，信贷投向结构不断优化。截至 2013 年末，全省住户贷款同比增长25.4%，较年初增加453.4亿元，占各项贷款增量的26%，较上年同期提高9个百分点。其中，个人消费性贷款同比多增127亿元，成为金融机构贷款业务的主要增长点。全省小企业贷款增速为33.6%，分别高于大、中型企业25.6个和27.1个百分点，小微企业新增贷款占全部新增贷款比重由上年同期的21%上升到24%，金融对小微企业支持力度进一步加强。

（3）经营实力继续壮大，盈利能力稳步提升。截至2013年末，全省银行业所有者权益比年初增加193亿元，增长26.4%。全省银行业本年利润同比增加72亿元，增长23.9%。银行业资产利润率同比上升0.11个百分点，盈利能力有所增强。

（4）买入返售和卖出回购业务量下滑明显，同业业务结构有所好转。2013年，受国内流动性风险事件影响，全省银行业不断压缩同业业务规模，买入返售资产和卖出回购业务逐月下降。买入返售资产由2013年4月末的1 747亿元下降至12月末的1 171亿元，卖出回购业务由3月末的1 304亿元下降至12月末的755亿元。同时，存放央行、存放同业、存放系统内及拆放同业总量为1 343亿元，比年初增加409亿元。

2. 银行业稳健性评估

（1）不良贷款出现反弹，信用风险压力增大。截至2013年末，全省银行业不良贷款余额比年初增加232.09亿元，不良贷款率比年初上升1.15个百分点；除国有商业银行外各类机构不良贷款均有反弹，出现反弹的银行机构数不断增多，由上半年的11家增加至年末的18家；出现反弹的地区已遍及全省11个市，尤其是煤焦钢铁行业民营企业较为集中的地区。

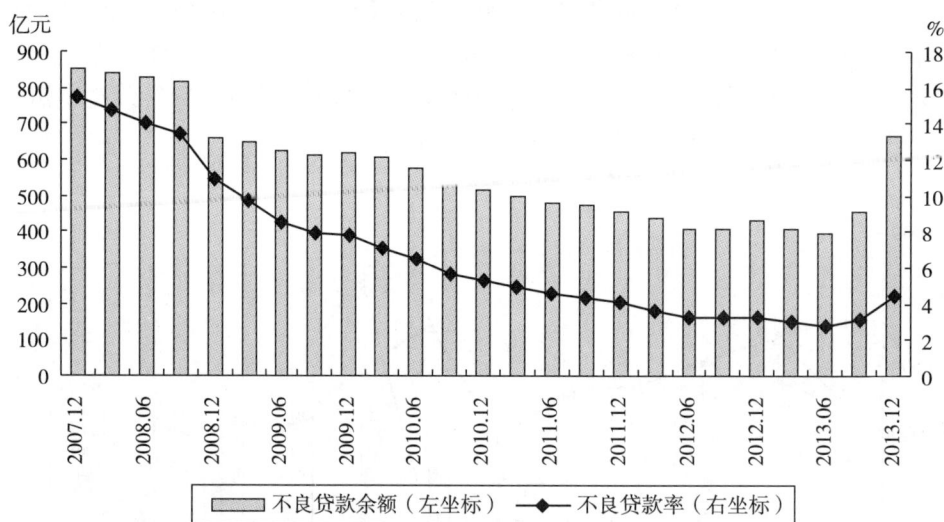

数据来源：山西银监局相关资料。

图5　山西省银行业金融机构不良贷款情况

（2）资金来源稳定性下降，流动性风险不容忽视。截至2013年末，全省银行业储蓄存款、单位存款增速同比回落3.6个、12个百分点，同比少增202.6亿元、1 067.8亿元。资金来源不稳定加剧了存贷款的期限错配，容易引发流动性问题。同时，监管指标也显示流动性呈趋紧态势。全年全省银行业新增存贷比同比上升29.7个百分点，年末全省法人银行机构流动性比率和存贷比比上年分别下降7.01个、上升1.77个百分点。

（3）中小机构资本充足和风险覆盖状况出现下滑。全省城商行和农村中小金融机构资本充足率比年初分别下降 2.36 个、0.09 个百分点。同时，全省农村中小金融机构贷款损失专项准备金缺口比年初扩大 27.21 亿元，贷款损失准备充足率比年初下降 7.61 个百分点。

（4）部分机构存在"脱实向虚"的问题。部分农村金融机构资金虽然宽裕，但支持实体经济不足，倾向于通过票据融资和购买理财产品、同业拆借市场上出让资金获取利润。截至年末，全省地方金融机构票据融资比年初增加 139.21 亿元，余额和增量分别是全省金融机构的 75.74% 和 1.17 倍。更有个别机构出现"借钱炒钱"现象，这种脱离实体经济，过度金融的行为不利于地方经济的发展和金融体系的安全。

（二）证券期货业

2013 年，山西省证券期货经营机构显著增加，直接融资规模和比重明显扩大，融资工具不断创新，上市公司资本运作能力进一步提升，但证券公司业务结构单一，期货公司抗风险能力较弱，上市公司后备资源不足、行业结构失衡等问题仍需关注。

1. 证券期货业运行和发展情况

（1）证券期货经营机构不断增加，市场交易规模稳步扩大。截至 2013 年末，山西省共有 2 家法人证券公司，19 家证券分公司和 139 家证券营业部，比上年新增 15 家证券分公司和 18 家证券营业部。全年辖区证券市场交易量同比增长 41.40%。全省共有 4 家法人期货公司和 30 家期货营业部，比上年新增 2 家期货营业部。期货投资者开户数、代理交易量和交易额增长迅速，同比分别增长 54.29%、21.25% 和 26.18%。

（2）基金产业快速发展。截至 2013 年末，山西省尚无公募基金管理机构，但山西证券股份有限公司申请公募基金管理业务资格的工作正在积极推进，晋商银行获批开放式基金销售资格，多家具备基金销售资格的银行及独立销售机构在山西省设立分支机构。全省私募基金产业呈现出快速发展势头。据第三方机构清科私募通统计，截至 2013 年末，全省注册登记的创投基金 70 家、股权投资企业 37 家，其中 80% 以上的机构均为 2011 年之后挂牌成立，各类基金募集资金累计实现 97 亿元。

（3）直接融资规模稳步扩大，融资工具不断创新。2013 年，全省股票和债券直接融资规模 1 251.98 亿元，其中，股票市场上市公司定向增发 94.58 亿元；债券市场融资 1 157.40 亿元，其中，企业债 216 亿元、中期票据 101 亿元、短期融资券 234.4 亿元、非公开定向融资工具 544 亿元、公司债 57 亿元、资产支持证券 5 亿元。此外，新型融资工具发展迅速，其中，私募股权基金 48 亿元，创投基金 30 亿元，股权质押、定向资管计划、约定式回购等证券创新业务 83.53 亿元。

（4）上市公司平稳发展，融资方式趋于多元化。截至 2013 年末，全省共有 A 股上市公司 34 家，与上年持平，其中主板 29 家，中小板 3 家，创业板 2 家；总股本 526.87 亿股，流通股本 492.68 亿股；总市值 3 633.64 亿元，流通市值 3 321.48 亿元，总市值在全国排第 14 位，在中部六省排第 5 位。全年全省上市公司直接融资 236.58 亿元，其中，股票定向增发 94.58 亿元，公司债 57 亿元，短期融资券 75 亿元，非公开定向债务融资工具 10 亿元。

（5）上市公司并购重组对资源和产业整合带动作用明显。漳泽电力与同煤集团完成重组，化解了漳泽电力的暂停上市风险，开创了全国煤电一体化先河；国新能源成功借壳重组 *ST 联华，实现了立足资本市场平台，通过资本运作和产业整合，加快"气化山西"步伐。积极推动美锦能源并购重组，开创煤焦化一体化经营模式；大力推动通宝能源和晋能集团重组，拓展煤电一体化示范效应。

2. 证券期货业稳健性评估

（1）证券公司抗风险能力较强，盈利模式有待改善。2013 年，2 家法人证券公司净资本/净资产、净资本/负债、净资产/负债连续三年保持平稳，均高于40%、8%、20%的监管标准，流动性充足，负债水平较低，抵御风险能力较强。山西证券收购格林期货、合并大华期货，大同证券实现增资扩股，法人公司核心竞争力和抗风险能力明显增强。同时，法人证券公司仍存在盈利模式单一，业务创新不足的问题。2013年，法人证券公司经纪业务收入占营业收入的60.54%，其他创新业务尚未明显形成新的盈利点。

表1　　　　　　　　　　　　山西省法人证券公司经营及风控指标情况

项目	2011 年	2012 年	2013 年
资产总额（亿元）	145.79	143.47	158.22
负债总额（亿元）	79.99	76.12	81.43
净资产（亿元）	65.80	67.35	76.80
净资本（亿元）	47.73	48.91	45.69
营业收入（亿元）	11.00	9.32	12.37
净利润（亿元）	2.49	2.34	3.63
净资本/净资产（%）	72.53	72.62	59.49
净资本/负债（%）	59.67	64.25	56.11
净资产/负债（%）	82.26	88.47	94.31

数据来源：山西证监局相关资料。

（2）期货公司抗风险能力较弱，服务实体经济的深度不够。全省4家期货公司注册资本规模较小，注册资本在5 000万元以上的仅有2家，人才短缺情况较严重，业务结构单一，抵御风险的能力不强。同时，辖区期货客户以中小散户为主，机构户数量严重不足，特别是在辖区产业中占比较大的相关行业、企业参与期货市场进行套期保值的较少，期货市场服务实体经济的功能尚未充分发挥。

（3）上市公司退市风险有效化解，后续经营能力仍需关注。2013年，关铝股份和太工天成完成重大资产重组，＊ST生化通过解决资金占用、优化股改承诺消除了公司恢复上市的实质性障碍，＊ST天龙大股东通过债务豁免、现金捐赠等方式解决公司净资产连续两年为负的问题，上市公司的退市风险和暂停上市风险均得到有效化解。但全省ST公司仍有3家，同时风险化解后的上市公司经营能力和盈利状况还需持续关注。

（4）企业上市储备资源不足，上市公司行业结构不均。受股市低迷和企业改制进程缓慢等因素影响，2013年末，全省在证监会排队等候IPO审核的企业仅有3家，进入上市辅导期的备案企业仅有12家。同时，全省现有上市公司多集中在煤炭采选业、化学原料及制品制造业、炼焦、电力等传统行业，新兴产业和高科技企业较少，行业结构有待优化。

（三）保险业

2013年，山西省保险业保费收入稳步增长，赔付支出增幅较大，业务结构调整有序推进，保险资金投资力度不断加大，风险保障功能进一步发挥。但人身险业务增长和资金管理压力加大，寿险退保金额出现上升等问题值得关注。

1. 保险业运行和发展情况

（1）市场主体不断增加，资产规模稳步扩大。截至2013年末，山西省有法人保险公司1家；省级分公司43家，其中，财产保险公司24家，新增1家，人寿保险公司16家，养老保险公司2家，健康保险公司 1 家。保险中介方面，保险代理法人机构 65 家，保险公估法人机构 3 家，保险经纪分支机构 11 家。保险业资产总额 997.69 亿元，同比增长 9.48%。

（2）保费收入稳中有升，赔付支出大幅增长。截至 2013 年末，全省保费收入同比增长 7.21%。其中，财产险公司保费收入同比增长 13.55%；人身险公司保费收入同比增长 3.91%。赔款和给付支出同比增长 41.90%，较保费增速高 34.69 个百分点。其中，财产险赔款支出同比增长 27.21%，人身险赔款和给付支出同比增长 59.69%。

（3）保障型险种发展迅速，险种结构不断优化。2013 年，财产险非车险保费收入同比增长 13.66%。其中，责任保险、农业保险、信用保险、保证保险同比分别增长 30.16%、21%、19.52%、240.2%，占比分别提高 0.57 个、0.21 个、0.02 个和 0.25 个百分点。人身险保障度高、保障期和缴费期长的业务快速发展，普通寿险新单保费同比增长近 10 倍。健康险、意外险增势良好，分别增长 23.15%、21.9%，占比上升 1.75 个、0.13 个百分点。

（4）风险保障作用突出，渗透度进一步提升。截至 2013 年末，行业有效保单承保保额同比增长 25.08%，保额增速高于保费增速。财产险保额同比增长 27.54%，财产保障度（财产险保额与地区生产总值的比例）同比提高 13.78%。人身险新增保额同比增长 20.27%，人身保障度（人身险保额与总人口比例）同比提高 18.95%。全省保险密度 1 142.08 元/人，比上年末增加 71.16 元/人；保险深度 3.27%，比上年末提高 0.1 个百分点。

（5）保险资金投资力度加大，投资范围不断扩大。截至 2013 年末，保险资金在山西省基础设施建设投资总额为 318.76 亿元，涉及 4 家保险集团资产管理公司发起的 12 个省内重点建设工程项目。其中，2013 年新增基础设施建设投资额 155 亿元。除基础设施建设投资以外，2013 年部分保险集团以贷款等方式向山西省其他行业注入资金 39 亿元。合并计算，2013 年保险资金当年新增在晋投资 194 亿元，累计在晋投资额达 357.76 亿元。

2. 保险业稳健性评估

（1）人身险业务增长和资金管理压力加大。2013 年是分红险满期给付高峰期，受资本市场低迷影响，保险分红水平不理想，加之物价上涨、理财热销、银行揽储等因素影响，分红险满期给付后转保难度加大，二次投保意愿不强，保单流失较严重。全省全年寿险同比增长仅为 3.91%，低于全国 7.86% 的增长率。同时，满期给付导致资金大量流出，保险公司偿付压力和资金管理的难度加大。2013 年，全省赔款和给付支出同比增长 41.90%。

（2）"一险独大"和市场集中度较高的局面仍未改变。截至 2013 年末，车险保费收入在财产险保费收入中的占比和分红险保费收入在人身险保费收入中的占比分别为 80.56% 和 73.22%，占据绝对比例。同时，财产险市场，人保财险 1 家公司市场份额占 41.82%，最大五家公司市场份额占 82.21%，最小十家市场份额仅占 3.35%；人身险市场，中国人寿 1 家公司市场份额占 37.80%，最大五家公司市场份额占 85.53%，最小十家市场份额仅占 3.50%。

（3）寿险退保问题值得关注。受保险产品投资收益持续走低、银保渠道存在销售误导和客户不注重保险保障功能等因素影响，近年来山西省保险业退保金额不断增加。2013 年，全省寿险市场退保金额同比增长 55.67%，增幅较上年上升 36.19 个百分点；寿险退保率较上年上升 0.88 个百分点。寿险退保增长较快，且主要集中在分红险和银邮渠道，相关风险需引起关注。

（4）保费区域分布仍不均衡。2013 年，全省保费规模较低的朔州、阳泉、忻州保费收入增长较快，分别增长 10.65%、12.72%、12.83%，均高于全省 7.21% 的保费增速，保险区域发展不均衡有

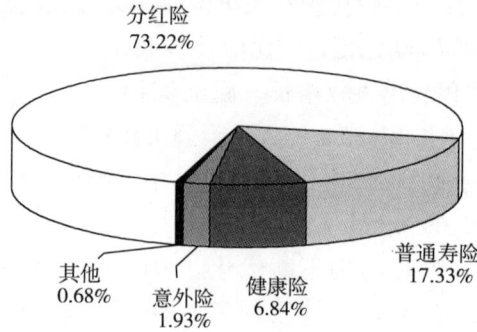

数据来源：山西保监局相关资料。

图 6   2013 年山西省人身险主要险种占比

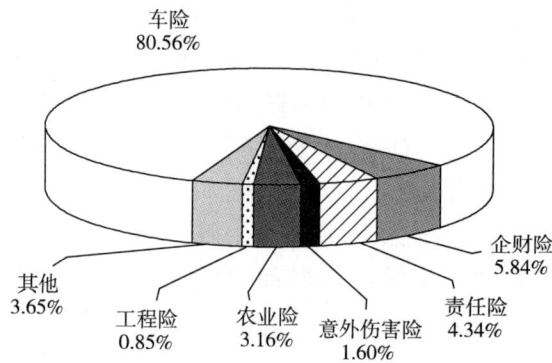

数据来源：山西保监局相关资料。

图 7   2013 年山西省财产险主要险种占比

所改善。业务量居前三位的太原、运城、晋中三市保费收入占比 68.97%，其中省会太原占比高达
36.42%，业务量最小的市占比仅为 4.97%。

三、金融基础设施与金融稳定

2013 年，山西省金融基础设施建设不断稳固和加强，金融法制宣传及执法力度加大，反假货币
工作保持常态，支付体系平稳高效运行，征信体系建设成效显著，反洗钱工作深化和创新并重，金
融生态环境持续改善。

（一）金融法制环境进一步优化

金融业运行的法制基础进一步夯实。《证券法》、《公司法》、《消费者权益保护法》、《商标法》
等法律的修订为金融业持续、健康发展创造了更为公平的市场环境，也为金融创新提供了法律支持。
全省金融机构在人民银行太原中心支行的牵头组织下，采取多种形式面向社会开展了反洗钱、征信
知识、票据管理、反假货币、支付结算、银行卡管理、金融消费权益保护等方面的金融法制宣传活
动，社会公众办理金融业务时遵守金融法律的自觉性和依法维权意识明显提高。加大了对金融违法
行为的查处力度。2013 年，人民银行山西辖内各级分支机构共作出行政处罚决定 200 件，共计处以

罚款 242.59 万元，有力地维护了辖区金融秩序，确保了辖区金融市场稳健运行。

金融消费权益保护工作深入开展。2013 年，人民银行太原中心支行单独设立法律事务处（金融消费权益保护处），完善了基层人民银行金融消费权益保护工作的组织架构和工作体系，为金融消费权益保护工作的规范高效开展提供了新的平台。全省人民银行全年共受理金融消费者投诉 273 件，已办结 273 件，消费者满意度 100%；受理金融消费者咨询 1 895 件。

（二）反假货币工作全面推进

反假货币工作保持常态。2013 年，全省人民银行继续强力推进银行业金融机构对外误付假币专项治理工作，广泛开展反假货币宣传，加大反假货币知识培训力度，加强对银行业金融机构的监督检查，全面深化和规范反假货币管理，积极配合公安部门严厉打击和防范假币犯罪活动，为全省金融稳定健康发展奠定了较好的基础。

假币收缴力度加大。全省全年累计收缴假人民币 1 058.33 万元、119 236 张，同比分别增长 16.10%、18.96%，增幅分别上升 4.4 个和 18.56 个百分点。其中，公安机关没收假人民币 8.68 万元、903 张，同比分别下降 89.01%、88.96%；金融机构收缴假人民币 1 044.32 万元、117 532 张，同比分别增长 26.52%、29.61%。假币收缴工作有力地维护了健康的人民币流通环境。

（三）支付结算环境持续改善

支付系统安全、稳定运行，参与者规模及业务量持续增长。2013 年，第二代支付系统阶段性上线和支付管理信息系统的上线工作顺利完成；全省 178 家银行业金融机构加入现代化支付系统，73 家银行机构加入账户管理系统，43 家机构加入电子商业汇票系统，44 家机构加入同城票据交换系统。全省各类支付系统①共处理业务笔数和金额同比分别增长 24.71%、12.7%。

非现金支付工具投放和使用量持续上升，在农村地区的推广工作取得新进展。2013 年，银行卡发卡量同比增长 18.01%，特约商户、POS、ATM 累计数量同比分别增长 29.57%、25.41% 和 29.56%。农村地区发放惠农卡、福农卡、邮政绿卡、社保卡等银行卡张数同比增长 15.7%；办理助农取款服务业务 258.84 万笔、金额 8.87 亿元；各行政村平均布设助农银行卡终端机具 2.25 台，覆盖率达 100%。

支付结算检查、监管工作有序展开，支付服务市场秩序有效规范。对 308 个单位进行了支付结算现场检查；22 家拟退市的支付机构中，16 家完成退市工作，6 家停止新增发卡；4 家机构获得《支付业务许可证》，办理银行账户开立 160 350 户、撤销 93 460 户、变更 42 305 户；受理并上报总行联网核查社会公众投诉 73 笔，协助人民法院查询结算账户 5 021 户；各地方性金融机构及外资银行存量个人人民币银行存款账户信息真实性核实进度 100%。

（四）征信与社会信用体系建设系统推进

征信系统运行平稳，防范信贷风险和社会服务的功能日趋完善。截至 2013 年末，山西省企业和个人征信系统共为 22 万户企业和 1 460.3 万自然人建立信用档案，全年查询企业系统 50.9 万次、个人系统 183 万次，累计受理公检法、审计、保险、海关等部门查询 537 次。系统信息量及查询量均比上年同期有明显增长。金融机构通过查询征信系统拒绝有潜在风险的贷款 188.8 亿元。

---

① 包括大额实时支付系统、小额批量支付系统、同城票据清算系统、银行业金融机构行内支付系统、银行卡跨行支付系统、网上支付跨行清算系统和全国支票影像交换系统。

中小企业和农村信用体系建设有效推进。截至2013年末，全省共为5.46万户小微企业建立信用档案，数据库累计提供查询40万余次。全年共为385万农户建立了信用档案，评定信用户290万户，信用村6 804个，信用乡（镇）207个，涉农贷款余额6 624.85亿元。2013年累计投放贷款32.17亿元，支持了4.4万名农村青年创业，实现了"少数带动多数、局部带动全局"的创业致富效应。

信用评级和机构信用代码工作健康平稳运行。2013年山西省推荐参加主体资信评级共1 154户，同比增长55.82%。截至2013年末，全省共完成44.7万户机构的信息采集和代码证发放工作。机构信用代码在人民银行、商业银行以及地方信用体系建设等领域得到了大力推广和应用，对有效防范金融风险和预防腐败具有重要意义。

《征信业管理条例》专项检查工作成效明显。对辖内28家金融机构的征信业务开展情况及相关活动进行了现场检查，共调阅各类资料5 000多件（套），纠改各类问题500多个，有效规范了金融机构征信及相关业务行为。

（五）反洗钱监管不断深入

一是加强监管。按照"风险为本"的监管理念，组织辖内人民银行各市中支及省内部分金融机构开展"5C评估标准"意见征求及试点工作，实现对金融机构的差别化管理；应用现场检查及走访方式，对辖内银证保及支付等法人机构进行检查督导，强化对地方法人机构的监管。全省2013年度共检查金融机构89家、支付机构1家。二是积极改革创新。推进山西证券股份有限公司可疑交易标准自主设定改革；指导晋商银行、省联社开发新的反洗钱监管系统，提高其反洗钱履职水平。三是加强多部门合作。人民银行太原中心支行与山西省税务部门共同签署反洗钱《合作备忘录》，有效打击涉税犯罪、遏制洗钱活动。四是提升监测和防范能力。组织金融机构开展洗钱类型研究，准确掌握本地区洗钱类型发展变化动向；根据辖内重点可疑交易发生特点，及时向全省金融机构提示风险。

四、总体评估与政策建议

（一）总体评估

参照人民银行上海总部定量评估方案，采用专家调查法、层次分析法等技术方法，对山西省金融稳定状况进行了综合评价。结合山西省经济金融发展对部分指标阈值及标准值计算方法进行修正，在纵向比较中为排除指标权重变化对评价结果的影响，全部采用2013年专家调查法的权重进行计算。评估结果表明，2013年山西省综合得分保持在金融稳定等级评估B类较好区间，经济增长以结构调整和质量提升为主要特征，规模性指标对评估结果贡献度降低；对比三年的评估结果，区域经济和金融业保持平稳发展的态势。总体上区域金融稳定状况良好，但外部经济形势严峻复杂，不稳定、不确定性加大，山西省传统产业增长乏力，新兴产业对经济的拉动作用有限，经济面临的增长和转型压力加大；部分行业信贷违约风险加大，银行不良贷款整体反弹，信用风险和流动性风险问题突出，理财产品、互联网金融等金融业态对银行存款冲击较大，信托领域兑付风险显现；资本市场持续低迷，证券机构创新业务发展不足，期货公司综合实力较弱，企业利用期货进行套期保值的深度不够，上市公司行业分布不均，储备资源不足，退市或暂停上市风险化解后的上市公司后续盈利能力还需关注；保险业满期给付和退保的压力加大，受高收益理财产品影响，保单满期后的续保难度加大，新单增长缓慢，市场集中度和单一险种占比仍较高，区域发展不均衡，保险风险保障功能有待进一步有效发挥。

（二）政策建议

1. 加快转变经济发展方式，夯实金融业稳健运行基础

促进投资合理增长，不断优化投资结构，提升消费对经济的拉动作用，进一步扩大对外贸易；加快改造提升传统产业，加大技术改造力度，大力发展新兴产业，积极发展生产性和生活性服务业；全面深化改革，强化创新意识，释放发展动力和市场活力；推进国家综合能源基地建设，开创以煤为基、多元化发展的产业格局，实施创新驱动发展战略，提升经济发展的质量和效益。在转型综改区建设向纵深推进的同时，实体经济为金融业稳健运行提供更加牢固的基础，实现经济金融的良性互动。

2. 深化金融改革创新，提升服务实体经济的能力和水平

加强银企对接，创新金融产品，扩大股权、债权融资，积极发展私募基金，深化产融结合，加大对小微企业、"三农"和结构调整的金融服务力度，发展普惠金融。银行机构应积极深化机构改革，合理配置金融资源，控制同业业务规模，盘活信贷存量，提高信贷资金使用效率，合理加大信贷投放，确保重点领域和薄弱环节的信贷需求；证券机构要建立资本约束机制，加强风控体系建设，大力发展专业化、差异化的投资类财富管理业务，改善业务结构，引导企业利用期货工具对冲现货市场风险，积极推动上市公司并购重组；保险机构应加快调整业务结构，创新产品和服务方式，大力发展农业保险，以转型综改试验区建设为契机，大力引导保险资金入晋投资。

3. 强化监管协调合作，切实防范和化解金融风险隐患

深化金融稳定工作协调机制，加强信息共享，建立定期联席会议制度，开展主导行业和产能过剩行业信贷风险、政府融资平台贷款风险、银行表外业务、寿险满期给付和退保等重点领域风险和以理财产品为主的跨行业、跨市场交叉性金融风险的监测工作，围绕突出问题开展联合调研和联合执法检查，合力守住风险底线。发挥人民银行太原中心支行牵头开发的山西省金融风险监测系统的作用，逐步将民间借贷、支付机构等纳入监测范围，不断扩大风险监测覆盖面；继续做好金融机构稳健性评估工作，开展对银行同业业务、不良贷款反弹、流动性风险等问题的专项现场评估，逐步加大对证券业和保险业的现场评估力度。

4. 加强金融基础设施建设，优化金融生态环境

大力开展宣传教育，增加社会公众对金融知识及相关法律法规的了解，完善金融业运行的法制及制度基础，积极推进金融消费者权益保护工作；持续开展反假货币管理工作，维护合法健康的人民币流通环境；进一步完善支付结算体系，提高清算服务的安全、稳健、便利性；深化社会信用体系建设，加大对违规评级机构处罚力度，净化评级市场环境；建立健全反洗钱制度，加大对金融机构的现场检查力度，扎实推进反洗钱工作；建立防范非法金融活动的长效机制，严厉打击高利贷、非法集资等非法金融活动。

总　　纂：赵志华　毛德君

统　　稿：孟来亮　任桂花

执　　笔：吴晋科　杨　明　张晓红　李坚强

其他参与写作人员：武　洋　刘仕俊　刘羽静　张小红　薄利华　马　丽

张雅婷　马儒静　刘　飞　王　军

内蒙古自治区金融稳定报告摘要

2013 年，面对错综复杂的国内外形势，内蒙古经济实现了稳中有进，三大产业平稳推进，增长的质量和效益有所提高，增长方式不断优化，社会进步和民生改善同步推进。金融业认真贯彻稳健货币政策。银行业整体平稳运行，各项贷款平稳增长；证券机构经营稳健，直接融资能力明显提升；保险业平稳健康发展，业务领域不断拓展。金融市场交易活跃，金融基础设施逐步完善，金融生态环境持续改善，为区域金融稳定奠定了良好的基础。

一、内蒙古经济运行与金融稳定

2013 年，内蒙古自治区经济总体保持了平稳运行态势，实现了稳中有进。三大产业平稳推进，增长的质量和效益有所提高，增长方式不断优化，社会进步和民生改善同步推进。但部分主要经济指标回落较为明显，经济发展的支撑要素和外部环境发生了较大的变化，未来经济发展面临的不确定性因素增多。

（一）经济运行基本情况

1. 整体经济平稳发展，增长稳定在合理区间

2013 年，初步核算全区实现生产总值 16 832.38 亿元，居全国第 15 位；按可比价格计算，增长 9%，增速回落 2.7 个百分点，但高于全国平均增速 1.3 个百分点。人均生产总值 67 498 元（折 10 900美元①），增长 8.7%。

2. 产业结构继续调整，三次产业稳步发展

2013 年，全区实现第一产业增加值 1 599.41 亿元，增长 5.2%；第二产业增加值 9 084.19 亿元，增长 10.7%；第三产业增加值 6 148.78 亿元，增长 7.1%。三次产业结构由上年的 9.1:55.4:35.5 调整为 9.5:54:36.5。

第一产业增势较好，粮食生产实现"十连丰"，农畜产品产量稳步增加。2013 年，粮食产量达 554.60 亿斤，居全国第 10 位，再次取得新突破。全区牧业年度牲畜存栏达到 1.18 亿头（只），连续 9 年超过 1 亿头（只）。全区牛肉产量 51.79 万吨，增长 1.2%；羊肉产量 88.80 万吨，居全国首位，增长 0.2%；牛奶产量 767.30 万吨，下降 15.7%。

第二产业平稳增长，工业生产"稳增长"与"调结构"并重。2013 年，全区规模以上工业增加值增长 12%，高于全国平均增速 2.3 个百分点。工业产品销售率为 97.3%，比上年提高 0.1 个百

---

① 按年均汇率折算。

分点。

第三产业比重有所上升，交通能力和基础建设成果突出。2013 年，交通运输仓储及邮政业完成增加值 1 303.73 亿元，占第三产业增加值的 21.2%，增长 6.3%。全区 57% 的嘎查村通沥青水泥路，12 个盟行署（市政府）所在地全部"接入"高速公路网，铁路运营总里程达到 1.1 万公里，居全国首位。旅游业蓬勃发展，已经成为容纳社会就业最多的行业之一。

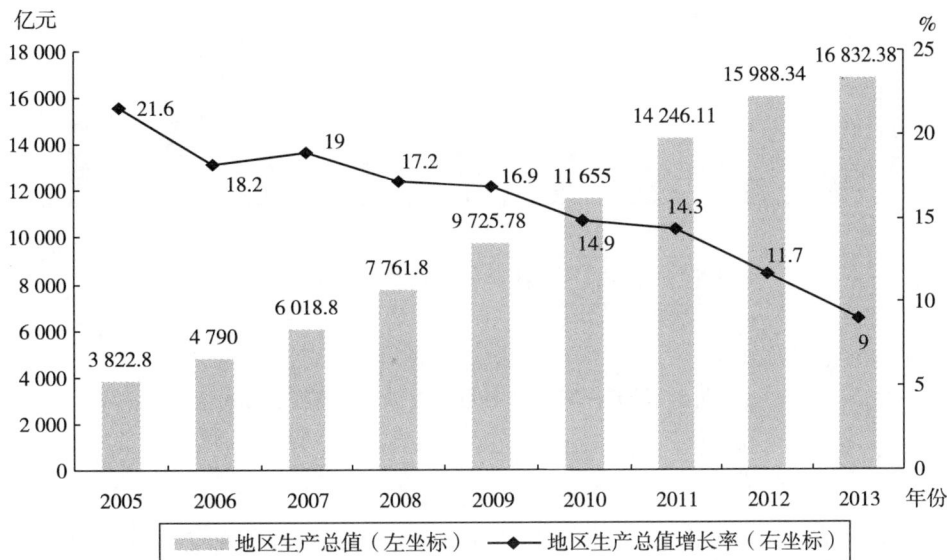

数据来源：内蒙古统计局相关资料。

图1　2005—2013 年全区年度生产总值及增长率变化图

3. 社会总需求协调增长，对外贸易规模企稳回升

固定资产投资持续平稳增长。2013 年，全区 50 万元以上项目固定资产投资额完成 15 375.73 亿元，增长 18.4%，增速回落 2 个百分点。从产业看，第一产业完成投资 895.93 亿元，增长 40.5%；第二产业完成投资 7 938.70 亿元，增长 21.6%，其中，工业完成投资 7 830.77 亿元，增长 22.2%；第三产业完成投资 6 541.09 亿元，增长 12.4%。房地产市场平稳增长。全年完成房地产开发投资 1 479 亿元，增长 14.5%；房屋施工面积 16 623.28 万平方米，增长 6.7%；商品房销售面积 2 737.70 万平方米，增长 8.5%；三项指标增速均实现由负转正。

消费市场交易活跃，城镇增长好于乡村。全区社会消费品零售总额首次突破 5 000 亿元，达 5 075.16 亿元，增长 11.8%（扣除价格因素实际增长 9%），低于全国平均增速 1.3 个百分点。城镇实现社会消费品零售额 4 461.30 亿元，占全部消费品零售总额的 87.9%，增长 12%，增速高于乡村市场 1.5 个百分点。

对外贸易稳定增长，经济外向度有所增强。2013 年，全区海关进出口总值达 119.93 亿美元，增长 6.5%，低于全国平均增速 1.1 个百分点。其中，出口总值 40.95 亿美元，增长 3.1%；进口总值 78.98 亿美元，增长 8.4%；贸易逆差 38.03 亿美元，扩大 4.87 亿美元。从贸易对象看，内蒙古前五大贸易伙伴分别是蒙古、俄罗斯、日本、韩国和美国，其中与蒙古和俄罗斯贸易额合计 57.83 亿美元，占全区总贸易额的 48.2%。实际利用外资 46.45 亿美元，增长 18%。

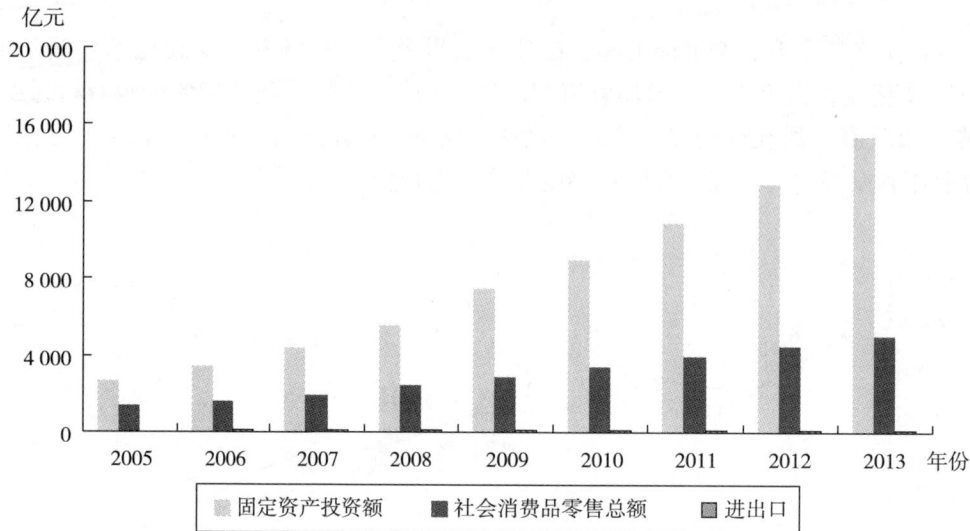

数据来源：内蒙古统计局相关资料。

图2　2005—2013 年社会总需求及构成变化图

4. 财政收入增长放缓，财政支出向民生倾斜

2013 年，全区地方财政总收入完成 2 658.42 亿元，增长 6.5%，增速回落 3.9 个百分点；其中，公共财政预算收入完成 1 719.54 亿元，增长 10.7%。全区公共财政预算支出达 3 682.15 亿元，增长 7.5%，增速回落 7.2 个百分点。财政支出向民生领域倾斜。全年民生支出 2 340 亿元，占公共财政预算支出的 63.6%。其中社会保障和就业支出最多，达 488.20 亿元，增长 12.1%；城乡社区事务支出增速最高，支出 479.13 亿元，增长 31.9%。

5. 城乡居民收入增速放缓，居民消费价格控制在合理区间

2013 年，全区城镇居民人均可支配收入 25 497 元，低于全国平均水平 1 458 元，增长 6.5%[①]，增速高于全国平均增速 0.4 个百分点。农牧民收入增速高于城镇居民，收入差距有所缩小。农牧民人均纯收入 8 596 元，低于全国平均水平 300 元，增长 9.8%，高于城镇居民收入增速 3.3 个百分点，高于全国平均增速 0.5 个百分点。城乡居民收入比由上年的 3.04:1 缩小为 2.97:1，自 2003 年以来城乡居民收入比首次回到 3 倍以下。

全区居民消费价格上涨 3.2%，控制在预期目标 3.5% 之内，高于全国平均涨幅 0.6 个百分点。从具体类别看，八大类呈"七升一降"态势，除交通和通讯类下降 0.5% 外，其余均呈上涨态势，其中食品类价格涨幅最大，上涨 6.3%。由于消费需求不振及企业竞争加剧，工业企业购进、出厂价格均有所下降。2013 年，全区工业生产者购进价格指数下降 0.7%；出厂价格指数下降 3%。

（二）经济运行中存在的不利于金融稳定的主要因素

1. 经济下行压力较大，扩散效应已显现

2013 年，内蒙古经济发展面临近年来少有的复杂局面。在全球经济总体低迷，全区经济正处于增长速度换挡期、结构调整阵痛期、前期刺激政策消化期"三期"叠加阶段的背景下，市场需求严

---

① 城镇居民人均可支配收入和农牧民人均纯收入增速已扣除价格因素。

重不足，地区生产总值增速明显回落，2013 年各季度地区生产总值增速平均回落 2.5 个百分点左右。受此影响，出现了一些扩散效应，如部分行业不景气，用工率大幅下降，就业压力不断加大；部分市场主体信心不足，企业融资困难；居民消费意愿不强，消费市场不够活跃；财政收入增长乏力等，这种状况在 2014 年可能会继续存在。

2. 企业效益下滑，部分企业经营困难

2013 年，全区规模以上工业企业利润总额 1 682.55 亿元，下降 3.6%；规模以上工业亏损企业亏损总额 195.33 亿元，增长 13%，其中国有企业亏损额增长 34.6%。此外，全区工业生产者出厂价格也一直处于下降的走势中，企业陷入成本上升与产品价格下降并存的困境。

3. 财政收入增长缓慢，地方政府债务偿还风险加大

2013 年，全区财政收入增长缓慢，低于 2012 年增速近 4 个百分点。全区财政支出增长也明显下降，政府投资的部分基础设施建设项目受到了制约，进度及效果受到影响。同时，财政收入增长缓慢将直接影响地方政府债务特别是地方政府融资平台贷款的偿还，加上未来几年集中进入还款期，财政偿还压力较大，未来偿债存在一定的风险。

4. 产业结构转型升级面临较大压力，潜在金融风险需关注

进入 21 世纪以来，随着内蒙古经济持续快速发展，工业化进程明显加快。但长期粗放式增长带来的结构性矛盾日益突出，资源型产业比重大、服务业比重低，产业布局分散、结构单一、产能过剩的问题十分明显，自主创新能力不强，新的产业增长点不多，抵御市场风险能力较弱，节能减排压力较大。在经济结构调整时期，转变经济发展方式任务尤为艰巨，个别企业或行业的低迷可能带来行业整体资产质量下降，潜在金融风险压力加大。

（三）政策建议

1. 继续优化信贷投放结构，加大对经济结构调整的金融支持力度

加强信贷政策与产业政策的协调配合，引导金融机构按照有保有压的原则，重点支持符合产业政策的中小企业，支持民生工程尤其是保障性安居工程，加大对节能减排、战略性新兴产业、文化产业等重点领域的信贷支持，执行好差别化房贷政策，严格控制对高耗能、高排放行业和产能过剩行业的贷款，加强对地方政府融资平台的放贷管理，促进经济结构调整。创新金融产品和服务方式，进一步加大对中小企业特别是小微企业和"三农三牧"的有效信贷投入。

2. 将地方政府债务清偿纳入预算管理，切实保证债务偿还

逐步建立规范的地方政府债务管理机制，将其纳入预算管理，逐步形成管理规范、运行高效的地方政府举债融资机制。规范对融资平台债务的清偿保障管理，健全偿还保障机制，避免出现地方政府债务危机。

3. 加强风险监测，提高突发性风险应对能力

对受宏观调控政策和产业结构调整影响较大的房地产、煤炭、钢铁、水泥、玻璃等行业，相关部门应提早研究应对措施，对企业的发展规划、资金使用、还款安排、负债能力进行动态评估和监督，防止行业不良贷款集中爆发。加强对重点地区、重点行业和重点领域的风险监测和排查，对可能导致区域性金融风险的事件及时进行风险提示，提高主动防范风险的意识。

二、银行业与金融稳定

2013 年，全区银行业金融机构认真贯彻落实稳健的货币政策，坚持"有保有压"的信贷原则，着力调整和优化信贷结构，实现了平稳运行，金融服务水平进一步提升。

（一）银行业总体运行情况

1. 金融服务体系逐步完善，资产规模稳步增加

2013 年末，全区银行业金融机构及营业网点共计 4 678 个，从业人员 9.11 万人，其中，地方法人银行业金融机构 164 家，营业网点 2 556 个，初步形成了种类相对齐全、覆盖范围较广的地方金融服务体系。全区银行业金融机构资产突破 2 万亿元，达到 21 335.53 亿元，增长 13.4%。负债结构保持稳定，负债总额 20 372.01 亿元，增长 13.3%。

2. 利润实现平稳增长，但增速明显回落

2013 年，在利差收窄、资本约束增强等压力下，银行业金融机构实现净利润的平稳增长。年末，实现税后利润 362.52 亿元，增长 8.3%，增速回落 17.8 个百分点，创近年来新低。其中，全区大型商业银行实现净利润 155.93 亿元，增长 4.5%，占全区银行业利润总额的 43%（见图 3）。股份制银行、城市商业银行、农村金融机构①实现净利润分别为 55.70 亿元、45.97 亿元、50.89 亿元，增长 29.3%、3.8%、0.9%。

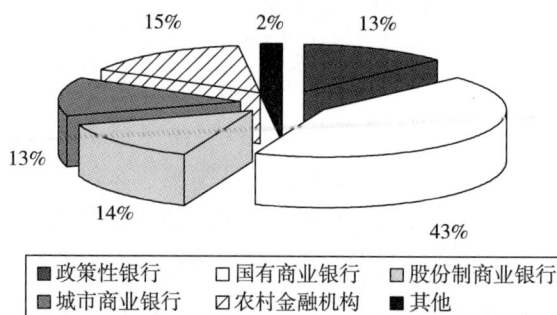

数据来源：内蒙古银监局相关资料。

图 3　内蒙古银行业净利润占比情况图

3. 存款增速放缓，贷款增长相对平稳

全区银行业金融机构存款增速放缓。年末，本外币各项存款余额 15 263.80 亿元，增长 11.6%，同比回落 3 个百分点，低于全国同期 1.9 个百分点。各金融机构认真贯彻落实稳健的货币信贷政策，各项贷款实现了平稳增长，本外币各项贷款余额 13 056.70 亿元，增长 14.6%，高于全国 0.7 个百分点。

4. 地方法人金融机构贷款市场份额逐步提高

2013 年末，全区地方法人银行业金融机构本外币各项贷款余额 3 183.54 亿元，增长 24%，占全区银行业贷款总额的 24%，占比上升 1.8 个百分点。地方法人银行业金融机构新增贷款的市场份额

---

① 农村金融机构包括农村商业银行、农村合作银行、农村信用社、村镇银行、贷款公司和农村资金互助社。

明显上升，新增本外币贷款 615.52 亿元，占全区银行业的 35.7%，占比上升 7 个百分点，是近年来的最高水平。

5. 法人金融机构资本较为充足，但资本充足率水平略有下降

2013 年末，全区法人金融机构资本净额 619.03 亿元，增长 8.9%，资本充足率 13.5%，下降 2.2 个百分点。各类机构资本充足率水平均符合监管要求。分机构看，农村商业银行资本充足率水平较快提高，主要是由于 3 家农村合作银行转制为农村商业银行；城市商业银行和农村信用社资本充足率均有所下降，其中城商行资本充足率 13.7%，下降 2.4 个百分点。

（二）银行业稳健性评估

2013 年，全区银行业金融机构不良贷款快速反弹，利润增速明显下滑，一些风险监管指标有所下降，但风险主要集中在部分地区、个别机构，全区银行业风险总体可控。但一些影响金融稳定的风险和问题需要关注。

1. 储蓄存款增速放缓，存贷比高企，流动性风险压力加大

受银行理财业务和互联网金融快速发展等因素的影响，储蓄存款分流严重。2013 年末，全区银行业本外币储蓄存款增长 15.1%，增速回落 7.7 个百分点，从 4 月起，全区存款增速开始低于贷款增速（见图 4）。全区银行业存量存贷比 85.1%，是自 2005 年以来的最高水平。增量存贷比 103%，上升 3.5 个百分点。作为银行业主要资金来源的储蓄存款增速持续减缓及存贷比持续上升，金融机构流动性管理压力明显加大。

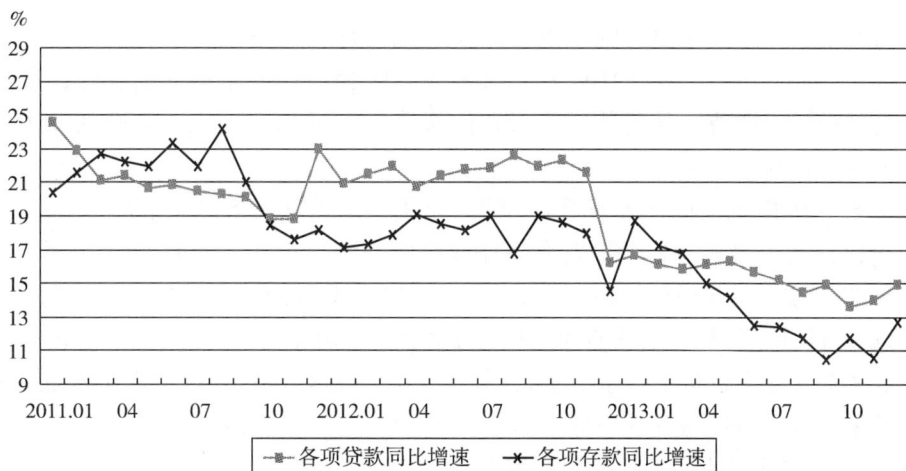

数据来源：人民银行呼和浩特中心支行相关资料。

图 4 内蒙古银行业存贷款同比增速变化情况图

2. 不良贷款持续反弹，信用风险防控压力大

2013 年，全区银行业金融机构不良贷款快速反弹，年末不良贷款余额 295.11 亿元，增长 60.8%，增量和增速均为近年来上升最快的一年。不良贷款率 2.2%，上升 0.6 个百分点，改变了自 2005 年以来全区银行业不良贷款不断下降的趋势（见图 5）。2013 年以来全区不良贷款总体呈"双升"态势，全年有 11 个月不良贷款表现为环比增加。

分机构看，除政策性银行外，各类机构不良贷款均表现出"双升"态势。国有商业银行、股份制银行分别比年初增加 11.81 亿元、6.82 亿元，不良率分别为 0.7%、0.8%，分别上升 0.1 个、0.4 个百分点。地方法人银行业金融机构不良贷款急剧增长，余额为 157.16 亿元，增长 149%，占全区银行业金融机构的 53.3%。不良贷款率 4.99%，上升 2.52 个百分点，高于全区银行业金融机构 2.79 个百分点。

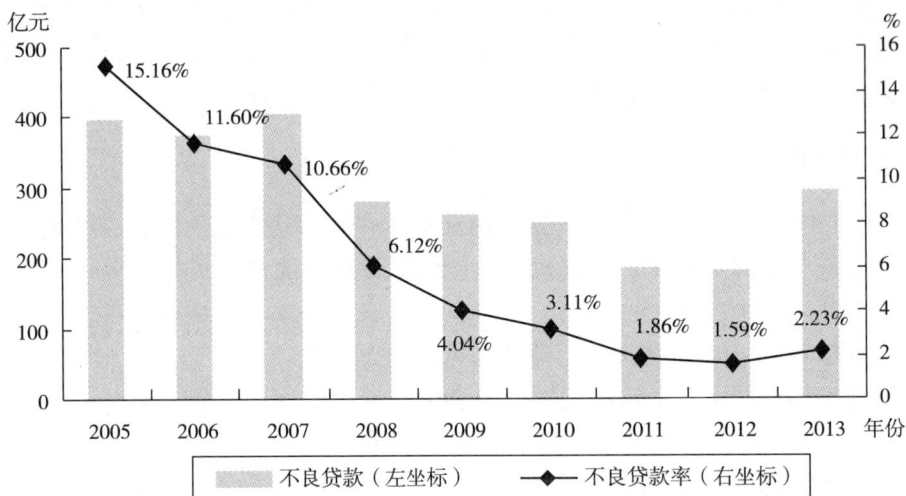

数据来源：内蒙古银监局相关资料。

图 5   内蒙古银行业不良贷款变化情况图

不良贷款的大幅反弹，凸显出内蒙古银行业金融机构存在应对经济下行的能力不足、风险管理水平不高等问题。特别是一些农村信用联社，重发放、轻管理的现象仍普遍存在，风险管理和内控机制落后，风险管理意识淡薄。随着外部监管和信贷资产质量真实性检查力度的加大，农村信用联社的风险将会进一步暴露。

3. 地方法人金融机构风险抵补水平明显下降，个别机构贷款拨备严重不足

2013 年，全区法人金融机构贷款损失准备提取稳中有增，但由于不良贷款快速增加，拨备水平明显下降。年末法人金融机构贷款损失准备金余额 136.70 亿元，增加 34.66 亿元；拨备覆盖率 87%，下降 74.6 个百分点，低于监管标准 63 个百分点。其中，农村信用社拨备覆盖率最低，仅为 47.5%，低于全区法人金融机构平均水平 39.5 个百分点。全区共有 15 家法人机构低于监管标准，增加 6 家，个别超标机构拨备覆盖率甚至低于 10%。

4. 房地产业不良贷款快速增长，风险不容忽视

2013 年末，全区房地产业贷款余额 2 292 亿元，增长 15.7%，高于全区银行业各项贷款增速 1.5 个百分点，占全区银行业各项贷款的 17.3%，上升 0.9 个百分点，占比逐年上升。2013 年，房地产业不良贷款快速增长，年末全区房地产业不良贷款余额 16 亿元，增长 113.1%，不良贷款率 0.1%。虽然目前房地产业不良率相对较低，但不良贷款快速增长的态势不容忽视。

5. 融资平台贷款风险监管面临挑战

一是平台贷款过度依赖地方财政可能引发还款风险。2013 年，全区财政收入增速趋缓，地方融资平台贷款偿还压力加大。二是管理信息不对称可能带来银行资金和金融体系风险。在现行的贷后管理模式下，对于融资平台的资金运用，银行的贷后管理较为困难，银行难以监测信贷资金的真实流向和严格的贷后管理，增加了银行的信用风险。

6. 具有融资功能的非金融机构风险逐渐显现

2013 年末，内蒙古融资担保法人机构 203 家，注册资本金总额 180.7 亿元，在保余额 341 亿元；全年新增担保额 277 亿元，同比少增 9.9%，代偿率 1.8%，低于同期银行业金融机构贷款不良率，行业整体运行平稳。小额贷款公司法人机构 567 家，注册资本金 415.12 亿元，增加 7.35 亿元；各项贷款余额 385.90 亿元，存量贷款 2.81 万户。典当行 231 家，资产规模 38 亿元。据调查，内蒙古中西部地区小额贷款公司、融资性担保公司及典当行等准金融机构已关门歇业，风险开始显现。由于对准金融机构的监管不足，其运营模式造成风险过度积累，目前尚缺乏其风险向金融体系内传导的有效防范机制，需密切关注其风险。

7. 理财业务风险应予关注

2013 年末，全区银行理财产品存续 6 680 只，增加 161 只；本外币资金余额合计为 1 008.66 亿元，增长 68%，增速提高 29 个百分点，占全区本外币各项存款的 6.6%。全区理财产品累计募集资金 6 257.08 亿元，增长 56.7%，累计兑付资金 5 848.93 亿元。

理财业务的快速发展，导致银行资金来源不足，存款竞争日益激烈。金融机构为满足日均存款、存贷比考核要求，竞相上浮存款利率或通过发行短期理财产品招揽客户，理财资金在表内外频繁大量迁移，存款搬家现象严重。一旦流动性抽紧，资金链可能断裂，其中隐含的流动性风险可能会迅速暴露，尤其是作为主要资金融入方的中小银行业金融机构，将面临严峻的考验。

8. 民间借贷问题凸显，增加了向金融聚集的风险

由于银行与民间借贷市场高度关联，企业、个人同时参与民间与金融借贷市场，民间借贷风险向正规金融传递。以鄂尔多斯地区为例，随着房地产、煤炭等行业乃至全市的经济发展走向低迷，当地民间借贷案件的逐渐爆发，地方法人金融机构信贷资产质量明显下降，不良贷款快速攀升。2013 年末，鄂尔多斯市地方法人金融机构不良贷款余额 75.72 亿元，占全区地方法人金融机构不良贷款余额的 48.2%，不良贷款率为 12.8%，高于全区 8.4 个百分点，金融机构风险日益显现，民间借贷风险向金融体系渗透迹象正在显现。

（三）政策建议

1. 加强信用风险管控，防控不良贷款继续反弹

一是认真落实信贷调控政策，合理安排信贷投向和投量，完善授权授信管理，严格贷款三查制度；二是坚持分类指导，严控大额及单户超比例贷款、限控行业贷款、持续关注重点行业和领域的风险；三是强化信贷监督检查，做实贷款质量分类，严格五级分类操作和认定程序，真实反映贷款质量形态，严防隐匿不良贷款现象；四是加大不良贷款处置力度，落实责任清收，积极采取市场化手段加快不良贷款的处置进度，多渠道、多途径化解不良贷款存量；五是根据经济、行业的发展变化，采取动态计提拨备，逐步提升整体风险抵补水平。

2. 积极推进风险处置化解工作，逐步提升风险管理水平

一是引导高风险金融机构积极争取外部扶持，在政策、资金上给予帮助，支持其加快化解风险；二是加强指导和管理，支持高风险机构积极引进先进理念、优化治理结构，强化内控管理，逐步进入良性轨道；三是加强对高风险金融机构的监测和监督，持续关注其经营管理和风险管理情况，对可能出现的财务状况下降、对外支付能力不足等情况，指导其及时妥善应对，有效控制风险。

3. 注重风险防范，促进稳健经营

加强房地产业贷款的风险监测分析，引导金融机构对房地产相关行业谨慎放贷，防止由于政策

因素所导致的风险。继续强化地方政府融资平台贷款风险管理，严把新增平台贷款的投向和流向关口，支持政府融资平台的合理需求，同时在控制风险的前提下，支持有还款能力的项目建设，避免资金链断裂。

4. 密切关注具有融资功能的非金融机构的风险，切实维护金融稳定

加强对小额贷款公司、担保公司、典当行等非金融机构融资活动的监测分析，加强对具有融资功能的非金融机构管理，引导其规范发展，防止其风险向金融机构扩散。

5. 加强对民间融资的风险监测

密切关注民间融资风险状况，建立对民间融资风险监测机制，创新监测方法，丰富监测手段，提高对民间融资监测工作科学性和有效性。加大对民间融资风险的分析、排查力度，切实防范民间融资风险向正规金融传导。

三、证券业与金融稳定

2013 年，内蒙古证券业金融机构继续坚持业务与风险控制并重的原则，内控建设和执行情况总体良好，各项业务运行平稳，经营较为稳健。

（一）证券业总体运行情况

2013 年末，全区有恒泰证券和日信证券 2 家法人证券公司，下设证券营业部 61 家（其中区内 44 家；区外 17 家），新增 5 家。员工总数 1 137 人。

1. 两家法人证券公司利润一增一减，投资者队伍继续壮大

2013 年末，法人证券公司资产、负债萎缩，总资产 106.80 亿元，下降 4.6%；总负债 52.46 亿元，下降 12.2%。营业收入和支出大幅增长，实现营业收入 12.60 亿元，增长 50.4%；营业支出 8.29 亿元，增长 26.4%。证券交易量和利润快速增长，实现证券交易额 6 362.49 亿元，增长 37.2%；实现利润总额 4.32 亿元，增长 1.37 倍。托管股票总市值 428.08 亿元，增长 26.7%。股民开户总数达 86.79 万户，增加 32.08 万户，增长 58.6%，股民开户数大幅增加虽然有恒泰证券收购 5 家营业部的原因，但也透露出在 2013 年市场持续疲软的情况下投资者开户热情依然较高。

2. 期货业成交量和成交额较快增长，利润总额大幅下降

2013 年末，全区期货公司营业部 11 家，新增 1 家；员工总数 92 人；开户数 5 698 户，增加 2 035 户；客户保证金 3.59 亿元，下降 8.2%；成交量 1 039.99 万手，增长 11.2%；成交金额 16 913.67亿元，增长 10.6%；总收入 3 187.06 万元，下降 1.8%；利润总额 104.97 万元，下降 87.8%。

全年实现盈利的营业部为 3 家，因盈利能力较强、佣金收入高的营业部管理费用发生金额较大，抵消了部分佣金收入，导致期货业利润总额大幅下降。

3. 上市公司总市值小幅增长，股票市场融资额大幅增长

2013 年末，全区境内上市公司 25 家，由于证监会 IPO 停发，全年无新上市企业。总市值 3 037.88亿元，增长 2.3%。上市公司累计募集资金 220.15 亿元，增长 24.8%。其中，股票市场募集资金 150.2 亿元，增长 2.26 倍；债券市场募集资金 70 亿元，下降 36.7%。

（二）证券业稳健性评估

2013 年，内蒙古各证券、期货机构各项风控指标均保持在监管标准的预警阈值之上，总体风险可控，但存在一些问题需要关注。

1. 证券业持续经营能力仍然不足

2013 年，内蒙古证券业在经纪业务和自营业务方面实现了较好的收益，行业竞争力得到了进一步增强。但证券发行收入出现下滑，代理买卖证券业务同比减少，传统业务仍然不容乐观，持续经营能力需要增强。

2. 法人证券公司规模较小，业务创新不足，收入结构单一

虽然在新产品的开发方面作出了一定努力，但传统的经纪业务手续费收入占比仍然较大，收入结构单一，尚未走出主要依赖于行情走势的经营方式，业务易受政策和市场变化影响，起伏较大，抵御市场下跌风险的能力不足。

（三）政策建议

1. 注重创新发展

证券公司应进一步壮大资本实力，大力开展资产管理业务，发展融资融券等新业务，努力改变以传统的经纪业务手续费为主的收入结构，拓宽盈利渠道，减少行情走势的影响。期货公司营业部应围绕资本市场的中介服务，积极引导与农产品、有色金属和能源化工等大宗商品生产、消费相关联的企业有效利用期货市场价格发现、套期保值功能，扩大经营规模。

2. 强化风险防控工作

证券公司应继续重视风险管理，在建立健全和严格落实各项风控制度、监测系统的基础上，加大合规专项检查力度，切实防范和化解风险。

3. 积极培育和引导理性投资者

加大股票市场、股票投资知识和市场风险的宣传力度，增强投资者的风险意识，培育理性投资群体。应积极改善投资环境，规避或减少投资者风险，增加自身盈利能力。

四、保险业与金融稳定

2013 年，内蒙古各保险机构进一步转变经营理念和发展方式，不断拓展业务领域，保险业保持了平稳健康的发展态势。

（一）保险业总体运行情况

2013 年末，全区共有保险公司各级分支机构 2 025 家，其中省级分公司 37 家，新增 1 家；中心支公司（分公司）276 家，新增 31 家；支公司及以下分支机构 1 712 家，新增 114 家，保险机构数量稳步增加。

2013 年，全区实现原保险保费收入 274.69 亿元，增长 10.9%。其中，财产险公司原保险保费收入 135.42 亿元，增长 9.5%，占总保费收入的 49%；人身险公司原保险保费收入 139.27 亿元，增长 12.2%。累计赔付支出 100.56 亿元，增长 17.8%。其中，财产险公司赔付支出 69.82 亿元，增长

13%，占总赔付支出的 69.4%；人身险公司赔付支出 30.74 亿元，增长 30.3%。保险公司资产总计584.92 亿元，增长 17.6%；保险深度 1.6%，保险密度 1 100 元/人。保险业经营实力进一步增强。

保险业运行的主要特点：一是车险业务增长乏力。全区车险业务增速仅为 0.7%，低于全国平均增速 6.7 个百分点。其中车损险增速为 -8.1%，低于全国平均增速 26 个百分点，是影响车险业务增长的主要原因。二是农业保险快速发展。全区农业保险实现保费收入 27.84 亿元，增长 45%，居全国第二位，创近 5 年新高，占财产险业务的 21.5%，成为财产险发展的重要力量。全年农业保险承保数量 4.64 亿亩（头、只），其中政策性森林保险实现突破，承保林木 3.77 亿亩，实现保费收入6.44 亿元，居全国第一位；承保各类牲畜 124.29 万头（只），实现保费 1.79 亿元，增长 69.7%。累计赔付支出 14.39 亿元，多增 3.36 亿元，294 万户次农牧民受益，风险保障作用较为明显。三是财产险公司盈利能力较强。财产险公司累计实现承保利润 12.38 亿元，承保利润率 10.6%，高于全国平均水平 10 个百分点，居全国第二位。

（二）保险业稳健性评估

2013 年，保险业运行平稳，总体风险可控，但随着保险机构的不断增加，市场竞争日趋激烈，保险业存在着一些需要关注的问题。

1. 创新能力不足

近年来，保险产品种类迅速增加，但保险产品结构雷同、创新不足，制约了保险企业的后续发展能力。

2. 退保风险隐患较大

保险产品过多强调投资价值，部分分红型人身险分红水平未能达到客户的预期水平，甚至低于银行理财产品的收益；个别地区银行代理的保险产品收益分配达不到预期水平，退保事件时有发生。2013 年，全区人身险公司短险赔付率达到 55.5%，高于上年 2.7 个百分点，高于全国 5 个百分点。财产险应收保费率相对较高，应收保费风险不容忽视。

3. 管理风险和道德风险隐患值得关注

一是各保险公司仍以营销代理为主要营销方式，存在重保费、轻理赔的现象。二是利用保险价格进行恶性竞争和盲目承保来占取市场份额，对保险产品风险管理的控制重视不足，制度缺失造成监管不力，销售误导、赔付不及时等现象频发。三是基层保险业务监管弱化，保险市场秩序不规范。目前，基层保险机构不断增加，但监管部门只设在省一级，难以及时发现基层保险机构业务发展中存在的问题，如销售误导、弄虚作假、银行代理保险业务规范性较差等问题。四是车险理赔过程中拖赔、惜赔、积压赔案等行为比较普遍。

4. 农业保险风险大，保险公司动力不足

农业保险是一种收费低、风险大、赔付率高的险种。自然灾害、疫病突发的大面积和不可预期性，使保险公司经营农业保险的风险远大于其他产险产品，制约了保险公司开办农业保险的积极性。

（三）政策建议

1. 不断转变发展方式，增强自主创新能力

保险公司应进一步改善经营管理，优化市场主体结构、业务结构、渠道结构和区域结构，创新发展方式，走差异化发展道路，促进保险市场的均衡协调发展。

2. 创新农业保险经营机制和发展模式，不断完善农业保险发展框架

在借鉴国外巨灾保险发展经验的基础上，结合实际，鼓励农业保险经营主体多元化，加快建立多层次的巨灾保险体系。

3. 加强风险管理，防范经营风险

保险公司应进一步加强内部管理，完善风险防控机制，提高风险管理水平，健全资金运用风险监控机制，防范投资风险。强化内部员工风险意识和责任意识，防范道德风险。同时应加强宣传解释，提高客户对保险产品的认知能力和对风险的识别能力，切实防范退保风险。

4. 加强基层保险市场监管，规范保险市场秩序

应进一步加强对县域保险市场的监督管理，强化风险防控，消除监管盲点，提高对保险产品的管理水平。进一步规范保险市场营销行为及保险公司中介管理和经营活动，建立健全保险消费者权益保护制度，切实保护被保险人利益。

五、金融市场运行与金融稳定

2013 年，银行间同业拆借市场利率波动幅度增大，债券市场回购交易持续升温，银行间债券市场成为企业融资的主渠道，贴现业务和黄金交易量迅猛增长。

（一）金融市场运行情况

1. 银行间同业拆借交易量高速增长，利率波动幅度增大

2013 年，全区银行间同业拆借市场成员中有 15 家机构发生了业务，累计进行信用拆借交易 917 笔，总成交金额 2 049.27 亿元，增长 89.2%。从利率走势看，1－5 月的加权平均利率为 3%，6 月同业拆借价格创历史最高，加权平均利率达到 7.4%，7 月以后银行间市场流动性紧张状况得到缓解，资金利率在波动中回落，7－12 月加权平均利率维持在 3.7% 以上。

2. 债券回购交易持续升温，现券交易大幅减少

2013 年，全区银行间债券回购市场累计成交 16 512 笔，成交金额 35 744.20 亿元，增长 27.8%。其中，质押式回购金额 34 232.58 亿元，增长 37.8%，仍然是债券市场的主流；买断式回购金额 1 511.62 亿元，减少 51.6%。从利率走势看，全年债券回购市场利率与同业拆借利率走势保持同步，1－5 月加权平均利率为 3.2%，6 月达到了最高点，加权平均利率为 9.4%，第四季度央行停止公开市场逆回购操作后，市场利率再次上涨，7－12 月加权平均利率为 4.4%。

2013 年，全区银行间债券市场现券交易累计成交 10 914 笔，金额 5 018.51 亿元，减少 49.8%。现券市场收益率水平平稳，加权平均利率维持在 4.9%～6.4%，变动较小。

3. 企业通过银行间市场融资积极性提高，融资工具种类日渐丰富

2013 年，银行间市场交易商协会、人民银行呼和浩特中心支行、内蒙古金融办共同签署了《借助银行间市场助推内蒙古经济发展合作备忘录》，企业融资积极性提高，融资工具种类日渐丰富。2013 年，全区非金融企业共在银行间债券市场融资 400.50 亿元，其中，发行短期融资券 159 亿元，中期票据 74 亿元，企业债 74 亿元，非公开定向债务融资工具 93.50 亿元，银行间债券市场已成为辖内企业直接债务融资的主渠道。

4. 贴现增长迅猛，承兑汇票稍有减少

2013 年，全区金融机构累计办理商业汇票贴现 7 854.85 亿元，增长 347%，贴现余额 192.73 亿

元，增长 38.4%。受监管部门加强对银行承兑汇票业务管理的影响，全区金融机构累计签发银行承兑汇票 2 555.16 亿元，下降 14.7%；2013 年末，银行承兑汇票余额 1 236.13 亿元，下降 6.8%。

5. 黄金交易量大幅增加

2013 年，在国际市场黄金价格大幅波动的背景下，内蒙古乾坤金银精炼股份有限公司（内蒙古唯一一家上海黄金交易所综合类会员）交易量大幅增加，全年累计交易黄金 144.01 公斤，增长 87.6%，累计交易金额 3.98 亿元，增长 51.9%。

（二）金融市场发展中需关注的问题

1. 关注借"同业存款"之名行"同业拆借"之实现象

2013 年，银行业同业存款业务迅猛发展。银行业金融机构通过同业存款市场吸收同业存款后又定向存出以获取利差。所谓"自进自出"的同业存款业务，其实质是"同业拆借存款化"，由此获得利差在 0.5% ~ 1.0% 之间的利益。由于同业存款没有银行间拆借市场在交易主体资格、限额、期限、用途等方面的明确要求，这就使得大量资金借"同业存款"之名行"同业拆借"之实，由明转暗进行资金交易，使大量资金游离于全国同业拆借市场之外，摆脱了监管部门的有效监管，形成一定的风险隐患。

2. 关注地方中小银行跨市场的系统性风险

随着地方中小银行在同业拆借市场、债券市场、票据市场、外汇市场业务量的增加，货币市场利率及汇率变化对整个货币市场供求的灵敏度显著增强，地方中小银行风险管理能力相对较弱，应采取有效措施防范利率及汇率风险，防范利率或汇率波动带来的市场风险。

3. 关注银行承兑汇票垫款风险

2013 年，受监管要求的影响，银行承兑汇票业务量有所下降，但受经济下行、中小企业资金链断裂和违规签发银行承兑汇票行为的影响，银行承兑汇票垫款大幅增加。部分金融机构银行承兑汇票业务存在较大的风险。

六、金融基础设施建设与金融稳定

2013 年，内蒙古金融基础设施建设不断稳固和完善，支付结算体系稳健高效运行，反洗钱工作取得新突破，社会信用体系建设日益完善，反假币工作继续深入推进，金融法制建设不断强化，金融生态环境继续改善，为维护辖区金融稳定提供了有力支持。

（一）支付体系基础设施建设全面推进

2013 年，内蒙古第二代支付系统建设工作稳步推进，支付结算管理和服务水平进一步提高。全区各类支付系统共处理支付业务笔数和金额分别增长 24.1% 和 20.5%。办理非现金支付业务笔数和金额分别增长 25.2% 和 14.9%。电子支付业务笔数和金额分别增长 30.2% 和 38%。农村支付环境得到改善。全区共设立银行卡助农取款服务点 1.16 万个，累计取款金额 1.02 亿元。开展了农副畜产品购销非现金结算试点工作，为农牧民提供了极大的便利。银行卡使用范围明显扩大。全区累计发行银行卡 7 286.47 万张，增长 24.9%，人均 3.04 张。全年累计银行卡消费笔数和金额分别增长 66.8% 和 41.5%，银行卡渗透率 44.5%，增长 3.3 个百分点，达到全国平均水平。

支付体系运行过程中还存在农村牧区金融组织体系资源配置不足、支付功能未能充分发挥，农村牧区金融基础设施建设有待进一步改善等问题。

（二）反洗钱工作成效显著

2013 年，内蒙古深入推进风险为本的反洗钱监管理念，多措并举提升反洗钱监管有效性。建立"反洗钱·正能量"微信交流平台、印发《反洗钱现场巡查管理办法（试行）》、开展对支付机构反洗钱检查指引的运用情况评估工作、与海关建立陆路口岸反恐怖融资和反洗钱联动工作机制等，成功搭建了反洗钱工作平台。通过开展约见谈话、上门辅导等方式，使反洗钱监管呈现立体化、多样化，监管的有效性显著增强。工行内蒙古分行及包商银行大额和可疑交易报告综合试点工作圆满完成。启动了洗钱类型分析试点工作，发布区域性《洗钱风险提示》，为风险监管奠定了基础。反洗钱调查和协查工作效果凸显。协助公安等部门成功告破"7·20"特大非法集资诈骗案，内蒙古地区首次以"洗钱罪"对 3 名罪犯进行宣判。

当前反洗钱监管工作面临着洗钱活动的手法和类型变化多端，金融从业人员参与或是协助犯罪分子进行洗钱活动的风险进一步加大等严峻形势，有效预防和遏制洗钱等风险仍然面临较大的挑战。

（三）征信体系建设进一步完善

2013 年，内蒙古征信体系建设成效明显。全区征信系统实现银行类金融机构全覆盖，系统共收录企业和其他组织信息 1 900 多万户，收录自然人信息 8.4 亿人，月均查询 31.16 万次。通过查询征信系统，共拒绝个人贷款 2 万笔、企业贷款 2 000 笔、金额共计 17 亿元，信贷风险得到有效防范。2 家信托公司各类业务全部纳入征信监管范围，8 家小贷公司和 3 家担保公司完成接入数据库的初审工作。信用报告被推广使用于政协代表选举、招投标等多个方面，系统风险防范功能得到充分体现。积极推进中小企业信用体系试验区建设。全区共建立中小企业信用档案 4.11 万户，增长 12%；完成借款企业信用评级 77 户，担保机构评级 7 户，小额贷款公司评级 12 户，为参评中小企业获得银行贷款提供了信用支持；完成债项评级 14 笔，发行债券近 140 亿元，有效缓解中小企业融资难题。积极推进农村信用体系建设。农户电子信用档案建设工作已覆盖全区 81% 的农村信用社，共为 245 万农户建立了信用档案，占全区农户总数的 68%。有 91 个旗县区建立了农户信用评价体系，评定了 191 万信用农户，对近 200 万户已建立信用档案的农户累计发放贷款 813 亿元。

（四）国库信息化建设稳步推进

2013 年，内蒙古国库信息化建设进程进一步加快，核算业务量不断增加。共办理国库各类业务 1 485.5 万笔，增长 28.2%，核算资金总量 17 971.24 亿元，增长 3.7%。以国库信息处理系统（TIPS）为核心的财税库银横向联网已开通至旗县区一级财政、税务、人民银行、各商业银行金融机构，确保了全区税收电子化改革的拓展。2013 年末，全区税收电子签约率达到 88.2%，增长 32.8 个百分点；电子缴税业务量占比 55.4%，增长 33.4 个百分点。同时，人民银行与财政、社保、工会、商业银行等单位协作，推动工会经费集中汇算清缴和社保资金电子缴库等改革，进一步强化和规范非税收入管理。

（五）跨境人民币业务有序发展

2013 年，跨境人民币业务继续推进。全区累计完成跨境人民币结算业务 207.64 亿元，增长

4.4%，其中，收入业务77.67亿元，下降2.1%；支出业务129.97亿元，增长8.8%。人民币跨境资金净流出52.3亿元。全区已有812家企业参与跨境人民币结算业务，15家金融机构的114个分支行已办理跨境人民币结算业务，开发、创新跨境人民币业务产品20余种，涵盖了贸易结算、跨境融资、跨境担保、直接投资等多个领域。跨境人民币结算地域范围拓展至中国香港、俄罗斯和蒙古等57个国家和地区，其中，对蒙跨境人民币结算业务发展迅速，全区结算量占全国的86.4%。为解决蒙古国中资企业融资难问题，选择包商银行作为境外项目贷款首家行，开发创新业务品种"贷汇通"，累计向境外中资企业发放境外项目贷款3700万元。

（六）反假货币工作深入开展

2013年，全区银行业金融机构进一步加强反假货币工作，对外误付假币专项治理行动取得一定成效。假币收缴张数和面额分别增长20.7%和23.1%。公安机关破获假币案件2起，其中，假人民币1起，1189张、面额合计11.89万元；假美元2起，面额合计1.90万美元。全区各级金融机构交存人民银行的回笼款实现了全额清分，自助取款机实现了付出现金冠字号码的查询。2013年末，金融机构交存人民银行回笼款夹杂假币平均浓度0.5%，下降91.7%。加强反假货币联席会议成员单位间的沟通、协作，反假货币工作合力明显增强。利用网络、金融机构LED显示屏开展反假货币宣传，组织开展反假货币宣传月活动，取得较好成效。

（七）金融消费权益保护环境持续优化

2013年，内蒙古金融消费者权益保护工作稳步推进，完善金融消费权益保护工作机制建设，成立了金融消费权益保护工作领导小组；研究制定了《金融消费者权益保护工作管理暂行办法》、《处置金融消费权益保护群体性事件应急预案》和《金融机构金融消费权益保护工作评估办法》等多项规章制度，明确人民银行金融消费权益保护工作的组织分工，完善投诉受理和处理工作流程，畅通投诉咨询渠道，加强监督检查，初步形成了全区金融消费权益保护工作体系。

人民银行受理金融消费者投诉稳中有降，金融消费者投诉办结率较高。2013年，全区人民银行各级金融消费权益保护中心共受理投诉113件，下降16.3%；其中，人民银行法定职责范围内的投诉58件，占比51.3%；直接处理办结10件、转交其他监管部门办理14件、转交金融机构处理后办结59件、经金融消费权益保护部门调解后办结30件，办结率99.1%，较上年上升了16.2%。

七、总体评估

按照人民银行上海总部的定量评估方案，从宏观经济、金融机构和金融生态环境三方面对全区金融稳定状况进行定量评估，结果显示，2013年全区金融稳定综合评估值为76.46分，虽然较上年有所下降，但仍处于较稳定的水平①。

评估结果表明，2013年，在全球经济形势总体有所改善、国内经济加快发展方式转变的背景下，全区经济总体保持了平稳运行态势，并由高速增长进入了平稳增长时期。金融业总体运行平稳，贷款总量保持适度增长，为地区经济发展提供了有力保障；证券业机构坚持业务与风险控制并重的原

---

① 将定量评估结果进行五大区间的等级评估：非常稳定（95分以上）、稳定（85～95分）、较稳定（75～85分）、较不稳定（60～75分）和不稳定（60分以下）。

则，经营状况继续改善；保险保障覆盖面继续扩大，服务社会和经济的作用持续加强。金融基础设施建设不断加强，金融生态环境持续改善，为区域金融稳定奠定了良好的基础。

金融稳定状况出现下降的主要原因：一是受经济下行、市场需求不足等因素影响，主要经济指标增速明显回落。地区生产总值、第三产业增加值、全社会固定资产投资、社会消费品零售总额及城乡居民收入的增速均放缓，导致宏观经济得分下降21.2%。二是由于银行业金融机构不良贷款反弹，利润增速下滑，地方法人银行业金融机构机构资本充足水平有所下降，并暴露出一些影响金融稳定的风险和问题，使银行业得分下降7.8%。保险业受应收保费和退保率较快上涨的影响，得分下降2.3%。这些因素导致全区金融稳定评估值下降。

总　　纂：余文建　朱新春

统　　稿：尹志成　高晓芬

执　　笔：郭　研　吕明旭　方松叶　道日娜　高　菲　赵　婧

其他编写人员：师月娟　魏　敏　伊丽琪　李晓霞　李英俊

　　　　　　　郑　楠　范玉红　张海霞　周雪峰　李连俊

　　　　　　　乔　莉　肖　文

辽宁省金融稳定报告摘要

2013 年，辽宁省贯彻执行"稳中求进、稳中有为"的经济发展总基调，实现了经济总体稳定增长，但宏观经济面临较多挑战，经济增速有所放缓。金融业运行总体平稳，风险防控能力不断提高，服务实体经济的作用进一步加强，金融基础设施继续健康发展，金融生态环境不断改善，金融稳定状况总体良好。

一、区域经济运行与金融稳定

（一）辽宁省经济运行状况

1. 经济增速有所放缓，但仍高于全国平均水平

2013 年，辽宁省地区生产总值总量达到 2.71 万亿元，同比增长 8.7%，占全国比重为 4.76%。从产业结构上看，第一、第二、第三产业增加值占地区生产总值比重分别为 8.6%、52.7% 和 38.7%；第一、第二、第三产业增加值同比分别增长 4.8%、8.9% 和 9.2%，增速较上年均有所回落。

2. 投资增速下降明显，消费增速略有下降

2013 年，辽宁省固定资产投资增速不断下降。全年固定资产投资完成额累计达到 24 791 亿元，同比增长 15.1%，增速同比下降 8.4 个百分点，低于全国 4.5 个百分点。辽宁省名义社会消费品零售总额 10 524.4 亿元，同比增长为 13.7%。扣除物价因素的影响后，辽宁省社会消费品零售总额实际增速为 11.3%，比上年降低 1.6 个百分点。

3. 贸易总量增长较快，外商投资降幅较大

2013 年辽宁省进出口总额 1 142.8 亿美元，同比增长 9.9%。出口总额 645.4 亿美元，同比增长 11.8%，进口总额 497.4 亿美元，同比增长 8.0%。2013 年，货物贸易外汇收入 487.11 亿美元，比上年增长 8.85%；货物贸易外汇支出 399.67 亿美元，比上年增长 2.02%，顺差 87.44 亿美元，比上年增长 56.84%。根据辽宁省资本项目信息系统统计，2013 年外商直接投资流入 67.97 亿美元，同比大幅下降 38.03%，连续两年下降幅度超过 30%。辽宁省外债余额保持稳步增长态势，截至 2013 年 12 月末，辽宁省登记外汇债务余额 439.15 亿美元，同比增长 45.4%。

4. 居民消费价格涨幅显著回落，生产领域价格水平负增长

2013 年辽宁省物价平稳运行。居民消费价格上涨 1.6%，低于全国水平 1 个百分点，低于上年 1.2 个百分点。生产领域价格负增长，工业生产者出厂价格指数下降 1.2%；工业生产者购进价格指数下降 2.3%。

5. 跨境收支总量创历史新高，人民币结算业务量大幅增长

2013 年，辽宁省跨境收支总量 1 285.8 亿美元，同比增长 7.4%，比 2012 年高 3.7 个百分点。辽宁省共发生跨境人民币业务 927.3 亿元，同比增长 47.4%，占同期国际收支的比重为 11.83%（11.2%）。自试点开始至 2013 年 12 月末，全省跨境人民币结算金额累计达 1 879.9 亿元。

6. 居民收入较快增长，财政收支保持较低增速

2013 年，辽宁省城镇居民人均可支配收入为 25 578 元，比 2012 年增加 2 355 元，同比增长 10.1%，扣除物价因素实际增长 8.5%；农村居民人均纯收入 10 523 元，比 2012 年增加 1 136 元，同比增长 12.1%，扣除物价因素实际增长 10.5%。辽宁省公共财政预算收入 3 341.8 亿元，完成年度预算的 97%，同比增加 236.4 亿元，增长 7.6%。公共财政预算支出 5 200.9 亿元，同比增加 642.3 亿元，增长 14.1%，增速比 2012 年下降 2.4 个百分点。

7. 房地产市场平稳运行，主要城市房价大幅增长

2013 年，辽宁省房地产市场总体健康平稳。房地产开发投资 6 450.75 亿元，同比增长 18.2%。住宅开发投资 4 666.03 亿元，同比增长 17.8%。商品房销售面积 9 292.33 万平方米，同比增长 5.3%。辽宁省沈阳、大连、丹东、锦州四个监测城市房价指数同比增幅逐月扩大。12 月末，沈阳、大连、丹东、锦州新建商品住房价格分别同比增长了 13.2%、9.5%、9%、10.2%，环比增长分别为 0.3%、0.4%、0.4%、1.2%。

（二）经济运行中需要关注的问题

1. 实体经济增长乏力，企稳基础弱于全国

2013 年，全国经济表现企稳增长并小幅回升，但辽宁省整体经济走势与全国有所不同，经济增速持续放缓，企稳趋势较弱。辽宁省企稳基础弱于全国主要原因为经济传导问题和政策因素。

2. 经济结构调整困难，产能过剩行业风险较大

从产业结构看，辽宁经济较为单一，以重工业为主，第二产业占经济比重约为 60%，虽然近几年第三产业发展迅速，但很多第三产业是围绕装备制造业、冶金化工行业等产业进行的，依然受第二产业影响很大。从产能过剩的行业来看，钢铁、电解铝、船舶等行业利润大幅下滑，部分企业经营困难，相关行业领域凸显信贷风险。

3. 企业生产经营状况略有改善，但未来压力不减

从业已公布的工业增速数据和 PPI 数据来看，近期辽宁省工业生产并无显著改善。但是，根据人民银行沈阳分行 12 月进行的部分企业调研的情况来看，工业企业整体生产经营状况略有好转。值得关注的是，企业未来盈利压力依旧不减。

4. 三、四线房地产市场风险值得关注

当前，房地产市场的风险总体可控，但分化趋势愈加明显，一、二线城市房价仍将高位运行，三、四线城市由于需求不足，面临价格回落的风险较大。目前辽宁省房地产市场价格较为合理，刚性需求占主导地位，其中沈阳地区房地产市场发展较为平稳，其他三、四线城市去库存压力较大。

5. 违规跨境资金流动渠道隐蔽，市场主体套利交易和违规结汇增多

一是虚构转口贸易，成为引发系统性风险的导火索。二是境内空壳公司"出口零收汇"导致出口虚增。三是企业集团资金集中运作，模糊结汇资金流向。

二、金融业与金融稳定

（一）银行业稳健性评估

1. 运行状况

资产负债规模稳步增长。2013 年末，辽宁省银行业金融机构资产总额 50 962.08 亿元，比上年同期增长 8.66%；负债总额 48 946.07 亿元，比上年同期增长 8.03%。

存贷款增速有所下降，现金净投放回落。2013 年末，辽宁省金融机构本外币各项存款余额 39 418.02 亿元，同比增长 11.66%；本外币贷款余额 29 722.04 亿元，同比增长 12.99%。辽宁省现金投放总量首次突破 3 000 亿元，同比增长 9.7%。

贷款利率微幅下滑，存款利率显著提高。2013 年，辽宁省金融机构的各期限人民币贷款加权平均利率为 7.21%，比上年下降 30 个基点。辽宁省金融机构存款利率水平显著提高。人民币同业存款利率创历史新高，全年定期同业存款的加权平均利率为 4.89%，同比上升 79 个基点。

2. 审慎性分析

资产质量总体呈下滑趋势。2013 年末，全省银行业金融机构不良贷款余额 788.22 亿元，比年初减少 8.9 亿元；不良贷款率 2.65%，比年初下降 0.38 个百分点，不良贷款余额、不良贷款比率虽保持"双降"态势，但扣除农发行核销等因素导致的不良贷款下降 20.78 亿元的影响外，其他金融机构不良贷款较年初均有不同程度增加。

盈利水平持续提升。2013 年，辽宁省银行业金融机构实现盈利 660.22 亿元，同比增长 32.67%。

信贷投放分化明显。大型银行信贷投放收缩，地方法人金融机构贷款扩张意愿强烈。2013 年，全国性大型银行机构累计新增本外币各项贷款 1 453 亿元，同比少增 164 亿元；辽宁省地方法人金融机构人民币贷款余额 8 224 亿元，比年初增加 1 153.7 亿元，比上年同期多增 83 亿元。

3. 需要关注的问题

资产质量应引起关注。2013 年末，辽宁省银行业金融机构不良贷款余额 788.22 亿元，较年初减少 8.9 亿元，但国有银行、股份制商业银行和城商行不良贷款余额较年初分别增加 3.8 亿元、6.22 亿元和 13.52 亿元，需引起关注。资产质量向下迁徙趋势需警惕。

部分机构流动性紧张。2013 年末，辽宁省法人机构平均流动性比例为 52.51%，较年初下降 3.76 个百分点；人民币超额备付金率为 7.01%，较年初下降 2.46 个百分点。随着央行对利率市场化的逐步推进，部分法人机构资产负债结构面临调整，融资成本和难度增加，流动性风险压力进一步加大。

银行业案件风险隐患加大。2013 年以来，辽宁省银行业案件涉案金额呈上升趋势，案件几乎涉及所有类型的金融机构，包括国有银行、股份制银行、城商行、农信社。

地方政府融资平台贷款潜在风险不容忽视。2013 年末，辽宁省银行业地方政府全口径融资平台 256 家，贷款余额 2 756.12 亿元，不良贷款余额 6.76 亿元，潜在风险不容忽视。

房地产贷款风险管控需进一步加强。2013 年末，辽宁省银行业房地产贷款余额 3 743.92 亿元，比年初增加 683.88 亿元，增长 22.34%。在国家宏观调控政策持续影响下，房地产市场分化局面不断加剧，二、三线城市房地产市场存量较多，短期内难以消化，这些城市的房地产开发贷款可能面临着较大的风险。

（二）证券业稳健性评估①

1. 运行状况

上市公司运行较好，资产重组工作进展顺利。截至 2013 年末，辽宁省共有 41 家境内上市公司，比上年减少 2 家。上市公司总股本 329.54 亿股，与上年基本持平；总市值 1 831.46 亿元，非限售 A 股流通市值 1 498.17 亿元。2013 年，辽宁省上市公司资产重组工作进展顺利。

证券公司改革创新有序推进，业务范围不断扩大。截至 2013 年末，辽宁省共有法人证券公司 2 家，证券投资咨询公司 2 家，外资代表处 1 家，基金分公司 3 家，证券分公司 8 家，证券营业部 170 家；据初步统计，2 家法人证券公司净利润 0.27 亿元，170 家证券营业部净利润总额为 5.7 亿元，证券营业部平均净利润为 349.62 万元。2013 年，辽宁法人证券公司不断推进改革创新，中天证券取得开办融资融券、约定式购回、股票质押式回购等多项创新业务资格，业务范围逐步扩大。

证券市场交易活跃。截至 2013 年 12 月末，辽宁省证券投资者开户数达到 487 万户，同比增长 2.1%；证券累计交易额达到 20 712 亿元，同比增长 49.47%；股票交易额为 14 274 亿元，同比增长 37.5%；基金交易额 341 亿元，同比增长 49.96%。

法人期货公司数量有所减少，发展较为平稳。截至 2013 年末，辽宁省共有期货经纪公司 2 家，比去年减少 1 家。截至 2013 年 12 月末，辽宁省期货市场累计成交量 3 294.17 万手，累计成交额 32 470.34 亿元，累计保证金总额 212.62 亿元，累计实现手续费收入 1.05 亿元。

2. 风险分析

上市公司境内融资额度下降，股票融资占比不高。2013 年，辽宁省没有一家公司进行首发融资，再融资活动也有所下滑，全年上市公司再融资金额 32.81 亿元，同比下降 69.57%。2013 年，辽宁省当年境内股票筹资占当年银行贷款增加额的比重为 0.96%，比上年下降了 2.17 个百分点。

证券公司资产规模较小，盈利模式单一。目前，辽宁省 2 家法人证券公司资产规模在全国证券公司排名中处于中下游位置，经营规模相对较小。2013 年，中天证券开展了多项创新业务，但创新业务收入占比仍然较小。2013 年，辽宁法人证券公司净利润 2 707.01 万元，同比下降 26.13%。

（三）保险业稳健性评估②

1. 运行状况

整体实力增强。2013 年，全省保险业共实现保费收入 446.7 亿元，同比增长 11%，规模居全国第 15 位，资产合计 1 275.9 亿元，同比增长 9.6%。截至 2013 年末，共有保险经营主体 62 家。共有保险公司法人机构 1 家，分支机构 1 948 家。共有保险专业中介法人机构 98 家，分支机构 240 家。

功能有效发挥。在自身业务发展的同时，全省保险业以服务地方经济、承担社会责任为切入点，保障功能不断增强，服务领域不断拓宽，全年累计为社会提供风险保障 11.9 万亿元，累计赔付支出 179.8 亿元，及时发挥了风险保障和经济补偿功能。在管理社会风险方面，以责任保险为载体，积极化解各类风险和矛盾纠纷，责任保险保费收入达 5 亿元，同比增长 17.5%。在服务"三农"方面，不断加大农业保险政策协调力度，有效解决农户参保难题，惠农成果不断显现，农业保险业务规模

---

① 本部分内容除特殊标注外，均不包含大连。

② 本部分内容除特殊标注外，均不包含大连。

已达 9.8 亿元，同比增长 42%，参保农户已达 337.8 万户。

业务结构优化。主要体现在寿险领域。一是内含价值有效提升。全省人身保险公司共实现标准保费 61.4 亿元，同比增长 15.4%。二是渠道结构继续调整。个险渠道实现保费收入 142.6 亿元，同比增长 12.2%；直销渠道实现保费收入 35.9 亿元，同比增长 106%；银代渠道实现保费收入 90.7 亿元，同比下降 11.9%。三是保障型业务积极推进。全省普通寿险新单保费同比增长 403.4%，远远高于同期分红、投连、万能寿险新单业务的增长幅度；保障功能较强的长期健康保险保费收入 13.6 亿元，同比增长 20.2%，其新单保费增幅达 30%。

服务质量提升。财产保险领域，通过清理积压未决赔案、优化理赔服务流程、推进三者直赔制度等一系列工作措施，全省车险理赔服务水平进一步提高。人身保险领域，通过一系列监管措施，行业合规意识明显增强，市场销售行为进一步规范。

2. 风险分析

行业持续发展能力较弱，经营风险值得关注。目前全省保险市场尚未形成相对成熟的增长模式，传统业务领域由于需求接近饱和而增速不断下降，新兴业务领域由于市场开发能力和行业发展水平等方面的制约难以形成规模，导致产品替代升级过程缓慢，行业增长点不突出。

人身险退保和满期给付大幅增加，流动性风险突出。由于近几年保险资金平均收益率低于五年期银行存款利率，寿险产品投资收益率未达到预期水平，寿险业面临退保压力比较大，同时 2013 年也是寿险满期给付的高峰，个别公司可能面临现金流不足的风险。

财产险竞争压力不断加大，承保效益继续下滑。由于市场经营主体盲目追求规模以及市场份额的经营理念有所回潮，部分保险机构"低投入、高成本、高消耗、低效率"的增长模式仍然没有改变，价格战不断升级，并且由于赔付成本和费用成本的大幅上升，行业整体盈利水平大幅下降。

三、金融市场运行与金融稳定

（一）金融市场运行情况

1. 同业拆借市场交易量萎缩，拆借利率在年中和年底明显走高

2013 年，受紧平衡的货币政策及加强业务监管的影响，辽宁省辖内机构成员在全国银行间同业拆借市场交易量萎缩，累计拆借资金 425 笔，金额 1 552.85 亿元，同比减少 688.37 亿元，下降 30.71%。拆借利率在 6 月末和 12 月末明显走高。

2. 债券市场交易量减少，国债发行量大幅下降

2013 年，辽宁辖内市场成员在银行间债券市场交易总量 60 360.04 亿元，同比下降 4.15%。辽宁省记账式国债柜台交易量为 1 301.23 亿元，较同期大幅减少 1 640.96 万元。发售储蓄类国债 137.30 亿元，同比下降了 10.67%。

3. 票据市场签发量平稳增长，6 月份以后贴现利率持续走高

2013 年，辽宁省票据签发量平稳增长，截至 2013 年 12 月末，辽宁省内票据签发余额 3 980 亿元，同比增加 549 亿元，增长 16.0%。2013 年 6 月之后受银行间市场资金紧张、利率上涨影响，贴现利率持续走高，6 月以来，银行间市场同业拆借利率大幅攀升，资金紧张局面导致辽宁省票据贴现利率持续走高。

4. 黄金价格走低，黄金市场呈大幅波动态势

2013年，受美国经济持续向好、美联储退出量化宽松货币政策预期等多种因素影响，黄金作为避险资产的吸引力开始下降，国际黄金价格出现大幅下跌。第四季度，辽宁省内各商业银行代理上海黄金交易所业务累计成交6 360.1千克，比上年同期增长454.1千克，增幅7.6%；成交金额16.3亿元，比上年同期增加1.2亿元，增幅7.9%。

5. 外汇市场总体运行平稳，询价交易仍是即期交易主要方式

2013年，辽宁省银行间外汇市场即期交易萎缩。全年共成交3 561笔，成交金额折合848 859.18万美元，同比下降5.89%。在即期交易中，以竞价方式成交的金额占0.22%，以询价方式成交金额占99.78%。

6. 民间融资规模较小，企业对其依赖性不强

截至2013年12月末，推算辽宁省企业民间融资余额约为592亿元，占辽宁省金融机构本外币企业贷款余额的2.97%，比2012年底下降1.98个百分点。企业通过民间融资渠道借入资金量为11 745万元，占企业借入资金总量的2.3%，并比2012年底下降0.5个百分点，97.7%的企业资金还是来源于银行等金融机构的贷款。

（二）存在的问题

1. 民间融资存在风险隐患

一是民间融资的法律界定模糊，借贷手续不规范，容易引起纠纷。二是民间借贷利率较高，对资金链的各环节敏感性强，一旦某环节出现问题，极易产生整体风险。三是民间融资良莠不齐，容易出现诈骗行为，从而引起社会群体事件。

2. 黄金市场存在结构上不均衡

辽宁省内金融机构开办的黄金业务品种单一，且以全国性银行为主，地方法人金融机构开办黄金业务少。金融机构开办的黄金业务主要集中于上海黄金交易所的代理交易业务，创新型业务如黄金进口、黄金质押、黄金租赁等业务没有开展。

四、金融基础设施与金融稳定

（一）支付结算体系

1. 辽宁省支付环境与体系运营现状

支付结算参与方和业务量快速增长。截至2013年末，辽宁省支付系统直接参与方76家，与上年持平；间接参与方5 296家，较上年增加578家。共处理大额支付系统业务3 153.21万笔、金额109.58万亿元，同比分别增长18.71%和28.69%。小额支付系统共处理业务4 864.95万笔、金额6 420.73亿元，同比分别增长42.52%和63.42%。

助农惠农业务覆盖率稳步提高。至2013年末，全省共有银行卡助农取款服务点10 280个，同比增长10.23%。覆盖7 172个村级行政区，覆盖率74.36%。涉农机构在各服务点布放银行卡助农取款服务终端机具14 666台，惠及农村人口1 303.43万人。农村地区银行卡发卡量3 123.8万张，人均持卡达到1.35张，同比分别增长9.34%和10.65%。银行卡特约商户3.42万户，覆盖村级行政区

4 526 个，覆盖率 46.93%。布放 POS 机具的行政村 8 352 个，覆盖率达到 86.59%。

"十二运"支付环境建设成果显著。开展并拓展"刷卡无障碍通道，加快支付产品的开发和推广应用工作，为"十二运"营造优质高效的金融支付环境与支付平台。全年增设银行营业网点或自助场所数量 109 个，实现赛区全覆盖。延长营业时间的网点同比增加 672 个，累计延长服务 15 445 小时。重点区域能够受理人民币卡的特约商户普及率达到 90%，ATM 和 POS 终端受理成功率达 99.97%，POS 终端全部能够受理 PBOC2.0IC 卡。

2. 支付结算体系建设中需要关注的问题

支付机构创新业务的监督管理体系尚不健全，监督管理模式尚未成熟。支付机构的违规成本较小，监管规范文件法律位阶不高，人民银行的监管难度较大，监管成本较高。支付机构的创新业务、创新产品层出不穷，现有的监管手段能否满足不断变化的支付市场监管需求的问题亟待解决。防控因业务创新引发的风险问题和避免可能出现的过度监管制约创新问题两者之间需要寻找有效的平衡点。

（二）法律环境

1. 辽宁省法律环境有关情况

辽宁省立法机制不断健全，立法质量显著提高，立法工作取得新成效。全年提请辽宁省人大审议地方性法规草案和制定省政府规章 20 件，共受理行政复议案件 358 件。行政执法工作机制不断完善，执法行为更加规范，监督机制日趋完善，执法水平不断提升。全省法院系统全年累计受理各类案件 573 549 件，审执结案件 10 410 件。全省检察机关依法全年批准逮捕各类犯罪嫌疑人 29 369 人，提起公诉 47 516 人。通过多种形式的金融法律宣传，广大人民群众的金融风险防范意识和法律意识得到提高。

2. 法律环境需要关注的问题

互联网金融健康发展的相关法律问题值得关注。网络金融业务适用的规则少，对风险暴露后所涉及的责任认定、责任承担等问题，立法相对滞后。

（三）反洗钱体系

1. 辽宁省反洗钱工作开展情况

对法人机构进行逐级审核，实施联合监管。同时，应用 5C 指标体系开展地方性法人金融机构洗钱风险评估工作，客观、公正地反映金融机构面临的洗钱风险。对辽宁省内 22 家机构开展全面现场检查，将检查范围扩大到地方性法人机构及支付机构，加快地方法人机构和支付机构按照"风险为本"原则开展反洗钱工作的进程。

金融机构重点可疑交易报告质量不断提高。对辖区 13 家金融机构可疑交易报告的分析机制进行专项督导，金融机构可疑交易识别能力得以提升。全年，经金融机构筛选、甄别后上报的可疑交易线索 503 条；向公安机关报案 9 起，涉及金额 33.06 亿元。

村镇银行反洗钱基础工作扎实开展。结合村镇银行规模小、系统支撑力度有限等现状，指导省内 23 家村镇银行借由其发起行网络专线完成主体资格申请工作，在不增加村镇银行负担的前提下，实现了反洗钱数据的独立报送。

反洗钱观念得到进一步普及。组织辽宁省各金融机构、支付机构开展了以"警惕洗钱陷阱"为主题的反洗钱集中宣传月活动,采取多种宣传形式,通过发放折页、设置咨询台、公众风险提示、知识问答等方式,向社会公众普及和传播反洗钱知识。全省参加宣传人数达 9 万多人,受众 18 万人次。

2. 反洗钱工作需要关注的问题

一是反洗钱合作机制作用需进一步发挥。目前,辽宁省反洗钱合作机制体系已经初步建立,需在此基础上搭建反洗钱多方合作平台,更好地发挥合力作用。二是反洗钱工作的复杂性不断提高。随着金融机构的产品和业务不断丰富,尤其是网上银行、手机银行等非面对面业务的广泛开展,使反洗钱工作与金融机构各项业务紧密度越来越高,提高了反洗钱工作的难度。

(四)征信体系

1. 辽宁省征信体系现状

征信系统平稳运行。《征信业管理条例》于 2013 年 3 月 15 日正式实施,为我国征信业平稳发展提供了充分的法律依据。截至 2013 年末,企业征信系统共征集辽宁省 36 万户企业及其他组织的信用信息,开通查询用户 4 661 个,月均查询量 13.63 万次,比上年同期增长 28%;个人征信系统共收录辽宁省 1 628 万人、4 031 万户个人信贷账户,收录辽宁省 3 019 万个自然人的信用信息,开通查询用户 1.67 万个,月均查询量达 40 万次。应收账款质押和融资租赁登记公示系统运行稳定,全省累计审核通过常用户 176 个,接受登记 1.56 万笔,查询量达到 2.21 万次。小额贷款公司和融资性担保机构信用评级试点工作稳步推进。全年共完成评级业务 347 家(含部分非试点担保机构),其中小贷公司 59 家,担保公司 288 家。

中小企业信用体系建设继续推进。辽宁省累计建立中小企业信用档案 68 435 户,通过成立中小企业信贷俱乐部、发放"小企业联保贷款"和创办中小企业信用体系试验区等方式有效解决中小企业贷款难问题,目前已有 20 242 户中小企业取得了金融机构授信意向。

征信服务水平进一步提高。全年累计提供查询服务 46 万次,比上年增加 52%。辽宁省内个人信用报告互联网查询试点工作稳步推进,在沈阳引入自助查询终端提供信用报告查询服务,已累计提供个人信用报告查询服务 1.44 万次,日均 380 次,占全部查询量的 66.3%,大幅提高了查询效率,有效满足了社会公众的征信需求。

2. 征信体系建设中需要关注的问题

一是征信法律法规需要尚不完善,应尽快出台征信业务管理办法、征信权益保护制度和征信业标准。二是互联网金融的出现推动征信需求快速增加,征信机构更加多样、信用信息的范围不断扩大,同时也让信息安全存在较大风险,给信息主体权益保护带来诸多挑战。

(五)金融生态环境

1. 辽宁省金融生态环境有关情况

政务诚信建设不断深化。通过信用建设宣传月、建立省直单位"信用辽宁"建设工作评议考核管理系统,细化信用工作量化考核,切实加强政府机关的诚信建设。

建立执行"失信黑名单"制度,推进"信用辽宁"建设。辽宁高院建立执行"失信黑名单"制度,明确今后凡是具有履行能力却拒不履行法院判决的被执行人,不仅将在辽宁高院"执行信息公开平台"上公布,还要上报辽宁省失信曝光平台,直至上报最高法院列入失信被执行人名单库。

建立失信企业数据库，规范企业市场经营行为。依托辽宁省信用数据交换平台，建立失信企业数据库黑名单，并实现外网可查询。省公共信用信息征集系统已覆盖全省工商注册企业（含个体工商户）429.3 万户，民政系统注册的 2 万户民办非企业和社会团体，7 648 家司法机构等企业公共信用信息，涉及 115 个指标集、1 736 个指标项，共计 4.3 亿笔信用信息数据。对失信企业建立 14 条惩戒措施，由各行业主管部门联动实施。

2. 金融生态环境建设中需要关注的问题

一是执行公信建设仍需进一步加强。清积案范围仍有待扩展，对长期未结执行案件需要进一步分类清理。二是企业信用信息应用和行业信用体系建设仍需要加强。

五、总体评估与政策建议

（一）总体评估

2013 年，人民银行沈阳分行继续采用层次分析法和专家评价法相结合的多指标综合评价法，从宏观经济、金融机构和金融生态环境三方面对辽宁省的金融稳定状况进行定量评估。经过计算，2013 年辽宁省金融稳定状况综合得分为 81.5 分，较上年的 80.5 分上升 1.0 分，稳定状况良好，属 B 类地区。

辽宁省金融稳定状况出现向好的主要原因，一是 2013 年宏观经济各项指标表现良好，且指标结果充分体现出国家经济结构调整的相关要求；二是 2013 年辽宁省银行业金融机构不良贷款率下降明显。

（二）政策建议

1. 深化行政体制改革，建立服务型政府

政府除了发挥监管引导作用外，在行政体制的改革中也必须简政放权，减少不必要的行政审批事项，为企业的发展提高良好的外部环境，促进社会资源的高效流动，为经济发展和各类市场主体公平竞争营造良好环境。创新行政体制和管理方式，整合行政资源，解决职权交叉、互相推诿扯皮的现象，提高政府的效率。服务型的政府既要服务于企业，也要服务于人民。建立健全地方公共服务体系，为群众提供更多的义务教育、基本医疗和社会保障，减少群众的后顾之忧，这样就能隐性地增加人们的收入，提高社会的消费水平，进一步促进经济的发展。

2. 切实提高银行业信贷资产质量

一方面要加强存量不良资产的清收工作，防止不良贷款反弹；另一方面要严把入口关，严格信贷业务审查，贷前调查突出前瞻性，贷后管理落到实处，贷款分类确保真实、有效。要加强调研和日常监测，严密监控产能过剩行业、周期性行业、集团客户的授信风险，建立定期检查和报告制度，发现问题及时采取针对性措施，避免重大资产损失和系统性风险。

3. 增强证券公司资本实力，不断提升公司内生创新动力

一是加快证券公司资本积累，推动股权结构多元化，择优选取融资渠道，增强公司资本实力、风险抵补能力和业务创新支持能力。二是积极转变证券公司经营理念，拓展传统业务基础功能，加强业务协同发展，从全方位的客户服务、多样化的财富管理、专业化的投资顾问等方面大力推进业

务转型，以证券行业创新发展为机遇，切实从公司发展实际出发，合理安排创新目标与计划，扎实、稳妥地推进业务创新，着力提升内生创新动力。

4. 继续调整保险业业务结构

以结构调整促进发展方式的转变，抓住发展保障型业务、服务民生这条主线，形成新的竞争优势。按照突出主业的原则，以市场需求为导向，注重发展长期型业务，增强保险保障功能。促进销售渠道调整，充分发挥个人代理、团险、银邮等不同销售渠道的优势，形成不同渠道相互补充、共同发展的格局。促进保险资产管理结构调整，顺应市场变化，进一步调整保险资产配置，合理确定固定收益资产、权益资产和流动资产的比例，建立保险产品设计、销售和投资的协调机制，切实加强资产负债匹配管理。

5. 以黄金业务为手段，提高法人金融机构中间收入

鼓励金融机构利用自身的特点和优势，在防范风险、整体合规的前提下，立足市场，不断推出满足更多的市场层面与客户群体需求的黄金系列产品。推动地方法人金融机构在传统的存贷款业务范围外，探索开展黄金业务，增加中间业务收入。

总　　纂：李立君　薛　静　金庆鹏
统　　稿：刘　涛　姜　林
执　　笔：高　鹏　由　华　许　胜　谭福梅　王　珏　张新宜
其他参与写作人员（以姓氏笔画为序）：
　　　　　于松涛　王占军　王　姝　邓吉宁　安英俭　刘昊然
　　　　　刘　萍　李士涛　李璐媚　阿荣别曼　张晓玲
　　　　　陈庆海　苗丽光　郭宝华

吉林省金融稳定报告摘要

2013 年吉林省经济结构调整迈出新步伐，改革开放取得新成效，农业生产再上新台阶。金融机构改革取得新进展，创新业务发展迅速，信贷支持经济力度加大，社会融资结构持续改善，保险业社会保障功能有效发挥。金融市场平稳发展，金融监管合作机制进一步完善，基础设施建设不断完善。与此同时，银行机构不良贷款反弹压力加大，金融机构创新业务风险控制机制不完善等问题仍需密切关注。

一、区域经济运行与金融稳定

2013 年，吉林省地区生产总值实现 12 981.5 亿元，同比增长 8.3%，高于全国水平 0.7 个百分点。地区生产总值居全国第 21 位，比 2012 年前进 1 位，吉林省经济发展的质量和效率继续提升。

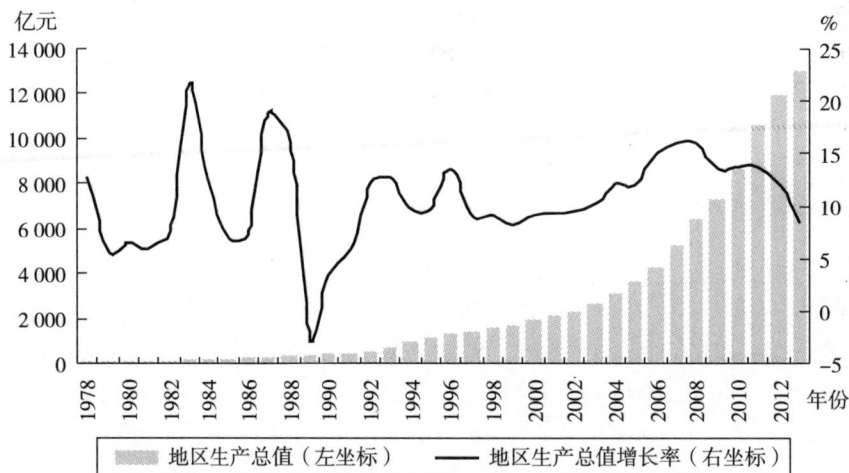

数据来源：吉林省统计局相关资料。

图1　1978—2013 年吉林省地区生产总值及其增长率

（一）社会总需求继续扩张

2013 年，吉林省固定资产投资增速始终保持在 20% 以上，投资完成 9 880 亿元，投资总量居全国第 20 位，投资的主导地位进一步强化。分产业看，第一、第二、第三产业投资分别同比增长62.1%、19.7% 和 18.7%，第一产业投资的高速增长对全省投资的平稳增长起到重要的支撑作用。

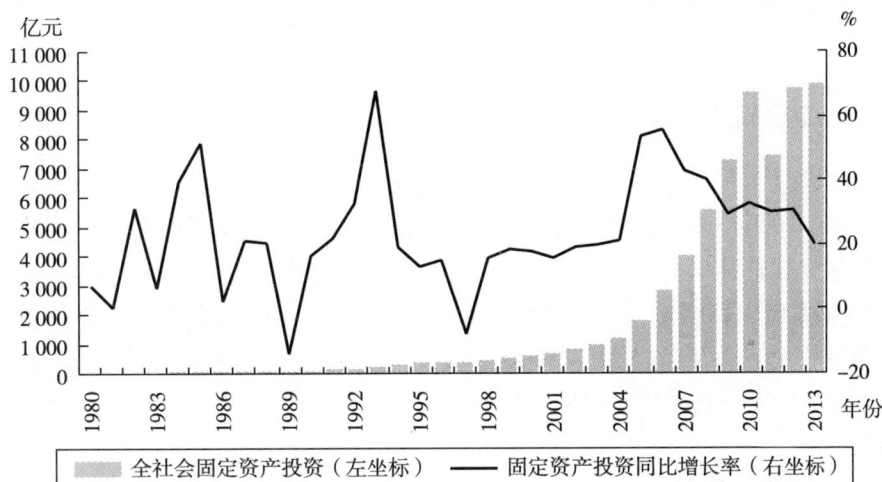

数据来源：吉林省统计局相关资料。

图2　1980—2013 年吉林省全社会固定资产投资总额及其增长率

（二）三次产业发展势头良好

2013 年，吉林省加快经济发展方式转变步伐，加大对第三产业扶持力度，三次产业协调发展，三次产业比重为 11.6:52.8:35.6，第三产业比重同比提高 0.8 个百分点。

1. 农业获得大丰收，粮食产量跃上新台阶

稳定粮食作物面积，加强农业基础设施建设，粮食总产量达到 710.2 亿斤，创历史新高，比上年增产 41.6 亿斤，总产量由上年的全国第 5 位上升到第 4 位。粮食单产 988.49 斤/亩，继续位居全国第 1 位。

2. 工业生产稳中趋缓，经济效益高水平增长，民营经济势头强劲

受市场需求不足、产能过剩、新的工业增长点不多等因素影响，工业经济压力加大，全年工业增速呈缓慢下滑趋势。汽车、石化、食品三大支柱产业分别同比增长 11.3%、8.8% 和 9.5%，对全省工业的贡献率高达 56.6%。工业增速虽然有所回落，但工业经济效益保持高水平增长，全年同比增长 14.9%，居全国第 12 位。

3. 服务业总体向好，金融业增速明显加快

2013 年，吉林省继续推动 16 个省级服务业综合改革试点，第三产业增长 8.7%，高于地区生产总值增速 0.4 个百分点，五年来第三产业增速首次超过地区生产总值。其中，金融业同比增长 22%，较上年加快 6.4 个百分点。

（三）居民消费和价格指数总体平稳

2013 年，吉林省城镇居民人均可支配收入和农村居民人均纯收入分别同比增长 10.2% 和 11.9%。在城乡居民收入增长的带动下，消费稳定增长，全年吉林省实现社会消费品零售总额 5 426.4 亿元，同比增长 13.7%。

2013 年吉林省 CPI 继续延续上一年的平稳走势，总体呈温和上涨态势，全年累计上涨 2.9%。其中食品类价格上涨 5.7%，推动 CPI 上涨 1.87 个百分点，占全部上涨因素的 64%，是推动 CPI 上涨

的主要因素。工业品价格在较低水平运行，全年工业品出厂价格指数下降1.3%，持续呈现负增长状态。

（四）对外贸易企稳回升趋势明显

从2013年第二季度开始，吉林省对外贸易呈现逐渐向好趋势，全年实现5.3%的增长速度。吉林省机电产品进口降幅止步，汽车产品进口止跌回升，粮食进口增长平稳。对东盟进出口快速增长，对俄罗斯进出口始终保持负增长的态势。对外经济合作进展顺利。全年实际利用外资额同比增长16.3%，直接利用外资额同比增长10.4%。从资金来源情况看，主要外资来源地投资比较稳定，18个国家（地区）中除德国、俄罗斯以外均有所增长。外资投资主要分布在第二产业，占77.3%。

（五）房地产市场稳中趋降

2013年，吉林省房地产市场供需总体稳定，开发投资热度有所下降。开发投资累计完成1 252.43亿元，较上年下降4.4%；房屋施工面积和新开工面积分别增长11.4%和－22.4%；房屋竣工面积增长16.9%，比上年同期增长14个百分点。其中，保障性住房建设完成投资286.9亿元，为年初计划投资的129.2%，保障房新开工建设16.5万套，开工率103.8%，竣工17.2万套，竣工率120.4%。商品房销售面积和销售额同比增速分别为－9.7%和－2.4%；商品住房平均价格4 326元/平方米，同比增长2.9%。全省商品住宅销售22.74万套，其中，90平方米以下和90～144平方米住宅套数占比分别达到70.9%和23.5%。

（六）财政收入结构改善，支出向民生倾斜

2013年，吉林省财政一般预算收入1 156.96亿元，同比增长11.1%。虽然经济下行、生产事故和自然灾害冲击及落实结构性税费减免政策等因素造成吉林省财政收入增长速度放缓，但财政收入结构明显改善，主要是税收收入增长较快，全年增长12.6%。地方级财政收入占比达到55.4%，比上年提高0.9个百分点，地方可直接支配财力进一步增强。

保障和改善民生成效突出。2013年，吉林省公共预算财政支出2 744.8亿元，同比增长11.1%，并继续将新增财力的70%用于民生，有力地支持了教育、"三农"、就业和社会保障、医疗卫生、"暖房子"、农村安全饮水、食品安全等重点民生项目及工程建设。

二、金融业与金融稳定

（一）银行业分析

2013年末，吉林省银行业金融机构资产总额20 501.13亿元，同比增长10.83%，增速同比下降14.44个百分点；负债总额19 885.87亿元，同比增长10.49%，增速同比下降14.7个百分点。本外币存款余额14 885.9亿元，增长16.2%，本外币贷款余额10 805.2亿元，增长16.6%。

1. 资产质量和利润稳步提升

2013年，吉林省银行业金融机构不良贷款持续"双降"，不良贷款余额比年初减少12.78亿元，

不良贷款率比年初下降 0.91 个百分点。全年吉林省银行业金融机构累计实现利润同比增长 12.88%。

2. 银行业改革扎实稳步推进

全国性银行机构在吉林省各市（州）分支机构和经营网点数量稳步增加，吉林省金融资源覆盖面逐步扩大。邮政储蓄银行吉林省分行个人信用消费贷款开办范围进一步扩大，网点覆盖吉林省乡镇总数的 78%。吉林省信托投资公司与吉林银行合作，推出中小企业贷款扶持信托，为中小企业提供资金支持。年内，有 4 家农村信用社改制为农村商业银行，7 家村镇银行组建成立，农村金融机构改革取得新进展。

3. 金融支农力度不断加强

随着吉林省农村金融改革不断深入，信贷创新产品不断涌现，特别是在全国首创的直补资金担保贷款、土地收益保证贷款取得了良好的社会、经济双重效应，有效发挥了金融服务"三农"的作用，有力支持了区域农村地区经济社会发展。截至 2013 年 12 月末，全省金融机构涉农贷款余额 3 426.3 亿元，同比增长 28.8%，增幅高于全部贷款 12.2 个百分点。2009—2013 年的涉农贷款年均增长率达到 24.7%，超过全部贷款年均增速近 7 个百分点，农户贷款覆盖率由试点初期的不足 60% 上升到 80% 以上。2013 年，县域贷款增速达到 24.6%，高于全省贷款增速 8 个百分点。

当前吉林省银行业虽然保持了稳健运行，但发展中仍面临着一些困难和问题，主要表现在不良贷款压降难度加大，部分机构出现"双升"；个别农村信用社风险控制压力较大；政府融资平台贷款问题仍需关注；表外业务风控机制不完善，潜在一定风险隐患。

（二）证券业分析

1. 证券业务规模大幅提高，总体结构保持稳定

截至 2013 年末，吉林省法人证券公司 2 家，证券公司营业部 107 家；法人期货公司 3 家，期货公司营业部 20 家，境外期货业务持证企业 1 家。受益于全国资本市场行情的整体好转，吉林省证券市场交易活跃度明显改善。一是从总量规模看，2013 年吉林省证券市场交易总额 8 463.05 亿元，同比增长 62.13%；股票基金交易额合计 5 852.8 亿元，同比增长 47.29%，扭转上年交易规模大幅下滑的颓势。二是从交易品种看，融资融券规模迅猛增长，东北证券融资融券年末余额 23.4 亿元，同比增长 5.6 倍。

2. 多层次资本市场体系不断完善，资本市场融资功能有效发挥

2013 年，富奥汽车零部件股份有限公司成功借壳 *ST 盛润在深交所上市，全省上市公司增至 39 家，其中沪市 18 家，深市 21 家。吉林省全年实现资本市场融资 69.09 亿元，其中长春燃气、华微电子、均胜电子、通葡股份、利源铝业和吉电股份等 6 家公司，通过定向增发募集资金合计 50.09 亿元；东北证券发行公司债券，募集资金 19 亿元。

3. 券商创新业务效果明显，盈利水平大幅提高

2013 年，东北证券相继取得债券质押式回购、约定回购、金融产品代销等创新业务资格，其中年末债券质押式回购余额 14.49 亿元，约定回购余额 2.98 亿元。同时，东北证券还发起设立东证融达另类投资子公司，注册资本 5 亿元，开展金融产品等投资业务，拓宽公司业务范围。

4. 法人机构资本补充取得新进展，抗风险能力持续提升

东北证券 2012 年非公开增发股票 3.39 亿股后，2013 年继续通过发行公司债券等方式调整资本结构，强化资本补充机制，提升抗风险实力。11 月，东北证券公开发行公司债券 19 亿元，各项风险

控制指标不断改善，抗风险能力持续提升。

（三）保险业分析

2013 年，吉林省保险机构组织体系不断完善，保费收入规模快速增长，财产险公司非车险地位不断提升，人身险公司结构调整稳步推进，保险服务实体经济水平不断提高，行业抗风险能力不断提升，市场整体保持平稳发展态势。

1. 保险资产规模平稳增长，市场组织体系不断完善

2013 年，吉林省保险业年末资产总额 916.83 亿元，同比增长 14.66%。吉林省共有法人保险公司 3 家，分别为安华农业保险公司、都邦财产保险公司以及鑫安汽车保险公司。省级保险分公司 27 家，按业务性质划分，财产险公司 12 家，人身险公司 15 家。

2. 保费收入较快增长，风险保障功能有效发挥

2013 年，吉林省保费收入规模 266.44 亿元，同比增长 14.58%，实现 2010 年以来的最高增速。其中，财产险保费收入 91.09 亿元，同比增长 12.98%；人身险保费收入 175.35 亿元，同比增长 20.92%。保险保障功能进一步发挥，全年保险赔款给付 100.6 亿元，同比增长 40.8%。其中，财产险赔付支出 50.41 亿元，同比增长 10.48%；人身险赔付支出 50.19 亿元，同比增长 18.67%。保险密度达到 969 元/人，同比增长 6.84%；保险深度为 2.05%，比上年提高 0.1 个百分点。

3. 服务领域拓宽，业务结构持续优化

2013 年，吉林省财产险公司非车险保费收入 28.31 亿元，同比增长 20.67%。非车险保费行业增长贡献度为 32.15%，较上年提高 1.36 个百分点。同时，吉林省农业保险市场继续保持稳定发展态势，全年实现保费规模 9.27 亿元，同比增长 4.98%。人身险市场保障型产品加速发展，2013 年普通寿险、意外险和健康险等保障型险种保费收入合计 42.34 亿元，占人身险公司保费总额的 24.69%，较上年提高 4.06 个百分点。

三、金融市场与金融稳定

（一）社会融资规模

据统计，2013 年，吉林省社会融资规模 2 172.39 亿元，较上年增加 682.87 亿元，实现 2010 年以来最大幅度的增长，并创历史新高。其中，本外币贷款增加 1 529.52 亿元，委托贷款增加 279.67 亿元，信托贷款增加 61.36 亿元，未贴现银行承兑汇票 10.16 亿元，企业债券融资净增 116.70 亿元，非金融企业境内股票融资 50.09 亿元，保险公司赔偿 100.60 亿元，贷款公司类新增贷款 24.33 亿元。从融资结构看，银行贷款间接融资方式仍占主导，截至年末吉林省本外币贷款余额 10 805.2 亿元，增长 16.6%。信贷对实体经济和社会经济薄弱环节的支持力度持续增加。涉农贷款余额同比增长 28.8%，高于人民币各项贷款增速 12.2 个百分点。在汽车贷款和住房贷款的带动下，个人消费贷款发展迅速，同比增长 30.7%。全年新增小微企业贷款 373.4 亿元，是上年新增额的 1.7 倍，全省银行机构对民营经济的支持力度显著提升。

（二）贷款利率走势

2013 年以来，受贷款利率管制全面放开等因素影响，吉林省金融机构贷款利率震荡下行。吉林省金融机构全年贷款加权平均利率由上年的 7.65% 下降至 7.22%，同比降低 0.43 个百分点。地方法人金融机构积极适应利率市场化改革，自主定价和风险管理进一步增强。在国家允许的利率浮动范围内，金融机构积极根据自身情况调整存、贷款利率定价，体现出了较大的差异化，市场竞争机制进一步体现。

（三）货币市场运行

货币市场交易活跃，市场投融资功能有效发挥。2013 年，吉林省金融机构流动性相对趋紧，市场交易量活跃。吉林省金融机构在全国银行间市场拆借成交 1 003.2 亿元，同比增长 1.2 倍，回购交易成交 4.7 万亿元，同比增长 39.4%，融资意愿明显增加。受债券市场波动影响，现券交易大幅减少，全年成交 1.0 万亿元，同比减少 65.3%，净卖出债券 167.0 亿元，资金大幅流向同业存款、理财、信托等业务。受市场流动性偏紧影响，同业市场利率水平上行，拆借利率和回购利率分别上升 78 个和 53 个基点。

（四）外汇收支情况

2013 年吉林省跨境收付规模与去年同期基本持平，全年跨境收付总额 287.1 亿美元，同比增长 2.38%。结售汇规模略有下降，售汇降幅较为明显，主要是跨境人民币结算对购汇需求形成了一定的替代效应。全年银行结售汇总额 193.9 亿美元，同比下降 16.49%，其中，结汇 58.9 亿美元，同比增长 3.44%；售汇 134.9 亿美元，同比下降 23.01%；结售汇逆差 75.9 亿美元，同比下降 35.77%。

2013 年，全省经常项目跨境收付总额 263 亿美元，同比下降 0.37%；跨境收付逆差 148 亿美元，同比下降 2.63%，其中，货物贸易跨境收付总额占比 81%。经常项目结售汇总额 179.9 亿美元，同比下降 17.85%；结售汇逆差 77.3 亿美元，同比下降 36.11%。外债贷款和境外直接投资的快速增长带动资本和金融项目收支规模增长。全年吉林省资本和金融项目跨境收付总额 24.2 亿美元，同比增长 51.25%；收支顺差 6.8 亿美元，同比增长 13.34%。资本和金融项目结售汇总额 14 亿美元，同比增长 7.7%；结售汇顺差 1.4 亿美元，同比下降 53.33%。

四、金融基础设施与金融稳定

（一）征信体系建设

2013 年，吉林省征信体系建设稳步推进，收录信息数量不断增加，截至 2013 年末，金融信用信息基础数据库累计收录吉林省 15.6 万户企业，1 743 万个自然人信用信息。征信系统信息服务功能不断加强，全年向金融机构提供查询 280 万次，为金融机构支持经济发展提供了有力信息支持。小微企业与农村信用体系建设稳步开展，累计为全省 4.6 万户小微企业与 363 万户农户建立了信用档案。全省组织开展信用宣传培训活动 20 余次，覆盖公众 50 余万。信用报告查询数量大幅增加，全年超过 30 万个人主动查询本人信用报告，同比提高 1.1 倍，社会公众信用意识得到有效提高。

（二）支付体系建设

2013 年吉林省支付体系安全、稳定运行，支付业务量保持较快增长，社会资金交易规模进一步扩大，零售支付服务市场持续改善。吉林省各支付系统全年共处理支付业务 2.58 亿笔、金额 59.03 万亿元，同比分别增长 15.02% 和 3.09%。

非现金支付业务量稳步增长，全年共发生票据支付业务 704.47 万笔、金额 2.98 万亿元；银行卡支付业务 7.57 亿笔、金额 6.43 万亿元；汇兑、托收承付、委托收款等结算方式支付业务 1 627.52 万笔、金额 9.86 万亿元，同比分别增长 14.23% 和 2.81%。

银行卡受理环境持续改善，交易量稳定增长。截至 2013 年末，吉林省银行卡跨行清算系统联网商户 13.33 万户、联网 POS 机具 17.90 万台、ATM 9 856 台，同比分别增长 42.46%、44.37%、27.55%。全省累计发行银行卡 6 759.37 万张，同比增长 16.62%，全省人均持有银行卡 2.46 张。2013 年，吉林省共发生银行卡存现、取现、消费、转账等交易 7.57 亿笔、金额 6.43 万亿元，同比分别增长 21.02% 和 31.64%。全年实现银行卡消费业务 1.62 亿笔、金额 3.24 万亿元，同比分别增长 41.24% 和 54.07%。

（三）反洗钱体系建设

2013 年，吉林省金融机构建立健全以客户为中心的反洗钱风险管理机制及流程控制措施，74 家地方法人金融机构制定了《金融机构洗钱和恐怖融资风险评估及客户分类管理指引》的工作方案。吉林银行、东北证券 2 家地方法人机构开展大额和可疑交易报告综合试点工作。反洗钱协同机制继续得到加强，人民银行长春中心支行与吉林省银监、证监、保监部门召开了反洗钱工作座谈会，与吉林省保监局共同对辖区保险业金融机构洗钱风险进行排查，并对 10 家机构进行了联合现场督导检查，在探索反洗钱监管新模式和新途径上进行了有益尝试。人民银行与司法机关加强了在打击、防范洗钱犯罪方面的信息共享、情报交流和相互配合。全年与吉林省公安厅、检察院就毒品、涉黑、职务犯罪等可疑交易线索会商 10 次，协查 128 次，协查账户 500 余个，涉案金额近 76 亿元。

（四）金融监管建设

2013 年，吉林省金融监管部门积极推进金融监管转型，加强监督管理，促进金融机构规范经营，维护市场秩序。监管协调进一步加强，人民银行长春中心支行与吉林省证监局签署了吉林省证券业监管合作备忘录。人民银行长春中支全面推进"两管理、两综合、一保护"工作，全面对金融机构执行金融法规政策情况进行评价和指导。全年省内人民银行共接报金融机构重大事项 1 755 件，对接报的风险事件及时进行了处置，有效对辖区风险"早发现、早预警、早处置"。金融消费者权益保护机制不断完善，吉林省政府金融办、人民银行长春中支、吉林银监局、吉林证监局等部门共同召开金融消费者权益保护履职协调会议，厘清有关金融消费者权益保护方面的监管职责。

开展重点地区假币专项整治工作，采取有效措施防范人民币跨境现钞调运过程中存在假币的风险，将打击假币工作纳入社会综治考核办法，联席会议成员单位之间加强协调配合、明确责任、突出重点，打防并举，标本兼治，使假币犯罪得到有效遏制，形成打击假币的长效机制。

五、总体评估与政策建议

(一) 总体评估

2013 年，面对需求不足的考验和经济转型升级的要求，吉林省经济实现了平稳增长，经济结构进一步优化。金融部门在实现自身稳健运行的基础上，积极发挥服务和促进经济结构调整的作用，有力支持了区域经济发展。社会融资规模显著增长，金融体制改革继续深化，金融产品和服务创新活跃。金融业整体规模、结构和效益稳步提升，抵御风险的能力进一步增强。金融机构经营质量提高，盈利水平保持稳定，金融市场交易活跃，金融基础设施建设不断完善。各方面有利因素对于实现区域金融稳定提供了较强的支撑，各方面潜在风险得到有效的控制和化解。

2014 年是吉林省全面深化改革的第一年，也是东北新十年振兴的起点之年，是实施"十二五"规划的关键一年。在继续坚持稳中求进，改革创新，推进吉林省金融体系稳健发展的同时，还需密切注意防范金融体系中潜在的结构性问题可能造成的冲击。密切关注经济下行压力以及消费支撑能力不足，外贸进口增长乏力等方面对金融体系形成的影响；加强房地产行业贷款和政府融资平台贷款潜在风险的发展变化趋势的监测；关注金融机构表外业务和创新性业务的风险控制机制建设问题。

(二) 政策建议

1. 加强政策引导和宏观调控

引导金融机构抓住东北地区振兴、支持粮食主产区发展、加快沿边开放、在哈长等东北有条件地区发展城市群等一系列有利政策机遇，围绕区域经济金融发展实际，继续认真执行稳健的货币政策，更好地支持吉林经济结构调整和转型升级。坚持"区别对待，有扶有控"的方针，积极增加对优势支柱产业、重点项目建设、新兴产业、中小企业、节能减排等关键领域和经济薄弱环节的信贷支持力度，持续优化"三农"金融服务。

2. 深化金融改革，提高金融系统的抗风险能力

继续深化和完善政策性银行和大型国有商业银行股份制改革，扎实推进农业银行"三农金融事业部"改革。促进吉林银行、东北证券、农村信用合作社等法人金融机构进一步充实资本金，稳步推进农村信用社向农村商业银行转型。提高辖区上市公司经营质量，加快构建多层次资本市场体系；充分发挥保险业保障功能，不断优化保险机构业务结构。金融机构经营应向重视平衡风险与利润、重视质量与效益的集约型模式转变，实现风险可控，持续发展。

3. 加强重点领域和高风险金融机构的风险监测工作

加强对地方政府融资平台、房地产和产能过剩行业等领域的风险监测，及时发现风险。紧盯流动性风险，加强对地方高风险中小法人金融机构的监测，特别是在利率市场化改革不断深入的背景下，督促金融机构针对流动性风险管理的不足，及早调整风险偏好，完善风险管理手段，确保不出现流动性风险问题。密切关注影子银行活动对金融风险，规范交叉性理财业务操作，构筑金融机构与小额贷款公司、民间借贷的防火墙，防止民间融资等风险向金融业传导。

4. 完善金融安全网建设，继续打造良好金融生态环境

进一步落实金融监管协调机制建设，加强监管合作。加大打击非法集资、高利贷等非法金融活

动力度。强化信用卡风险管理，大力推进农村地区支付结算服务网络建设。完善社会信用体系建设，健全中小企业和农户征信信息系统。健全全方位的反洗钱体系，严厉打击洗钱犯罪。建立健全区域金融消费者投诉解决机制，加大对金融消费者合法权益的保护力度。打造健康、高效、稳定的金融生态环境，形成区域金融业稳健运行的良好基础。

主　　任：张文汇
副主任：王春生
总　　纂：刘仁龙　李柏秋
统　　稿：刘健　冯叶
执笔（按姓氏笔画排序）：于晓东　王春萍　车巧怡　白云峰　石磊　刘大为
　　　　　　　　　　　　刘镇　安立环　李志刚　李红梅　张建平　杨珩
　　　　　　　　　　　　周飞虎　赵文瑞　赵新欣　袁春旺　曹楠　董凯军

黑龙江省金融稳定报告摘要

2013 年，黑龙江省全面贯彻落实国家宏观调控政策，牢牢把握"稳中求进"的工作总基调，积极推进"十大重点产业"，经济社会呈现结构优化、质量提升、民生改善的良好态势。农业生产进一步巩固全国产粮第一大省地位，工业重点产业项目建设稳步推进，第三产业呈良好发展态势，财政支出继续向民生领域倾斜，地方政府债务风险总体可控，对外经贸稳步发展，居民收入及消费能力持续提高，物价总水平保持平稳。金融业经营运行总体稳健。银行业存贷款规模合理增长，结构进一步优化；资本市场融资功能有所提升；保险市场规模继续壮大，风险分担和经济补偿作用发挥更加明显；具有融资功能的非金融机构适度发展，对传统金融业形成积极补充。各项金融基础设施建设稳步推进，有力确保了金融体系稳健运行。

一、经济运行与金融稳定

（一）经济运行基本情况

1. 经济平稳运行

2013 年，黑龙江省实现地区生产总值 14 832.9 亿元，同比增长 8%，增幅比上年回落 2 个百分点，高于全国平均水平 0.3 个百分点。

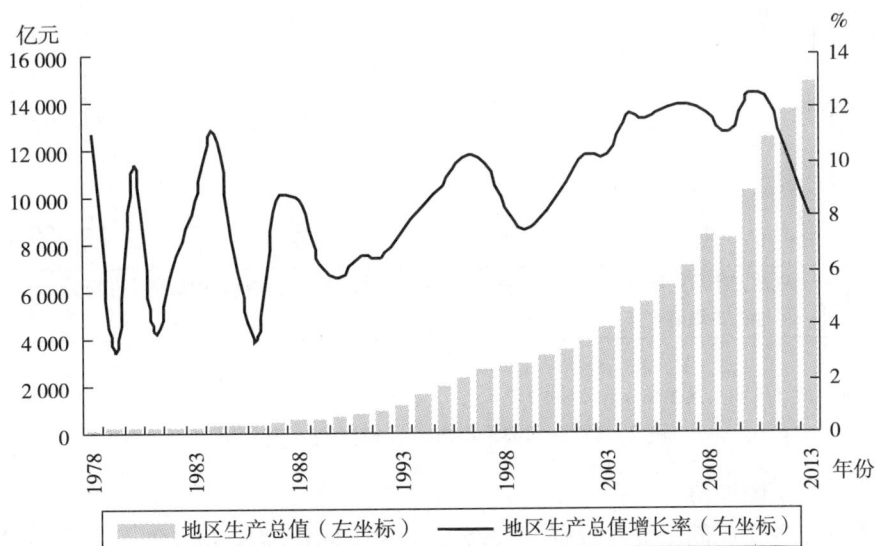

数据来源：《黑龙江统计年鉴》，《黑龙江统计月报》。

图1　1978—2013 年黑龙江省地区生产总值及其增长率

2. 产业结构进一步理顺

2013 年，第一、第二、第三产业构成由 2012 年的 15.4:47.2:37.4 调整为 17.5:41.1:41.4，第二、第三产业占比基本持平。农业生产再夺丰收。2013 年，粮食生产再获丰收，总产量达到 1 200.8 亿斤，实现"十连增"，粮食总产量、商品量、商品率、调出量等多项指标均位居全国之首。工业生产增速放缓。2013 年，全省规模以上工业企业实现增加值 4 857.3 亿元，同比增长 6.9%，增幅较上年下降 3.6 个百分点，低于全国平均水平 2.8 个百分点。装备、石化、能源、食品四大主导行业实现增加值 4 142.9 亿元，同比增长 4.4%。第三产业呈良好发展态势。2013 年，黑龙江省物流、信息等现代服务业呈现良好发展势头，尤其是旅游业在规模、质量等方面得到进一步提高。全省旅游业总收入达到 1 384 亿元，同比增长 6.44%，国内旅游人数约 2.92 亿人次，同比增长 15%。冬季滑雪成为旅游重头戏。目前，黑龙江省拥有雪场 289 家，占全国雪场总数的 60%。

3. 财政收支平稳增长

2013 年，全省公共财政预算收入实现 1 277.4 亿元，同比增长 9.8%，较上年下降 6.8 个百分点。税收收入实现 912.8 亿元，同比增长 9%，占公共财政收入的比重为 71.5%，较上年下降 0.5 个百分点。完成公共财政预算支出 3 369.2 亿元，同比增长 6.2%，较上年下降 7.3 个百分点。其中民生支出 1 970.9 亿元，同比增长 6.8%，占公共财政支出的 58.5%，民生保障水平明显提高；"三公经费"和会议费等一般性支出大幅压缩，省级四项经费支出同比下降 19.8%。截至 2013 年 6 月，全省 127 个融资平台公司负债 724.7 亿元，所涉债务大多有相应资产和收入作为偿债保障。政府债务风险总体可控。

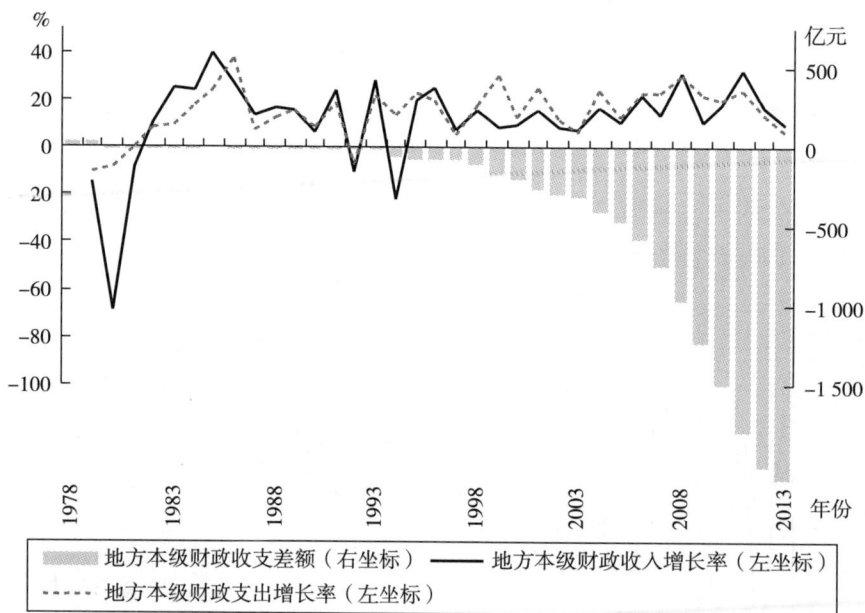

数据来源：《黑龙江统计年鉴》，《黑龙江统计月报》。

图 2　1978—2013 年黑龙江省财政收支状况

4. 固定资产投资增幅回落

2013 年，黑龙江省完成固定资产投资 12 096.2 亿元，同比增长 23.7%，比上年回落 6.3 个百分点。2013 年是"三年产业建设"的最后一年，很多项目都是在 2011 年和 2012 年完成投入；加之年初全省各地普遍受持续降雨影响，项目难以施工，部分重点建设项目开工晚、进度缓慢，导致 2013

年产业项目投资增幅回落。

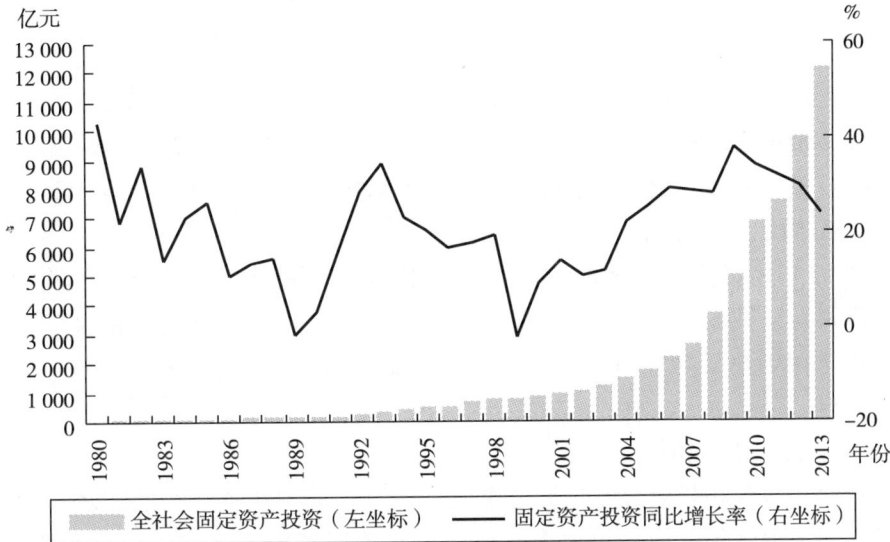

数据来源：黑龙江省发展和改革委员会相关资料。

图3 1980—2013 年黑龙江省固定资产投资及其增长率

5. 对外贸易实现突破

2013 年，黑龙江省进出口总值388.8 亿美元，同比增长3.4 ％，超历史峰值（2011 年）3.6 亿美元。其中，出口总值162.3 亿美元，进口总值226.5 亿美元，累计贸易逆差64.2 亿美元。完成对俄罗斯进出口总值223.6 亿美元，同比增长5.8%，增速高于全国平均水平2.4 个百分点，占全国同期对俄罗斯进出口总值的25.1%，占比首次超过1/4，列全国第一位。全省实际利用外资46.4 亿美元，同比增长16.3%；外商直接投资46.1 亿美元，同比增长18.3%。俄罗斯依然是黑龙江省境外投资主要目的地。

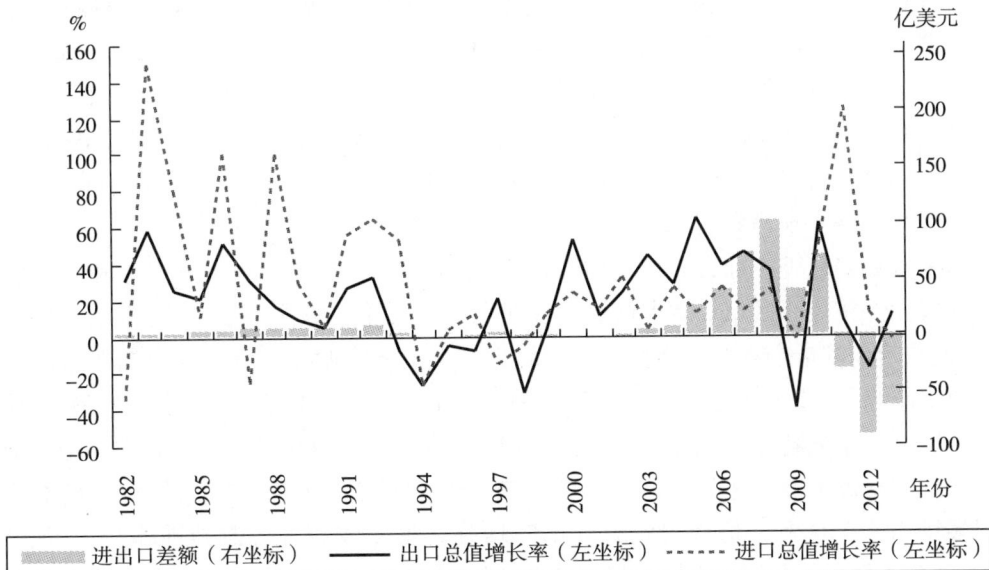

数据来源：《黑龙江统计年鉴》、《黑龙江统计月报》。

图4 1982—2013 年黑龙江省外贸进出口变动情况

（二）宏观经济运行中存在的问题

1. 经济下行压力持续加大

作为能源工业大省，能源、石化、装备工业占规模以上工业增加值的70%。受全国经济增长放缓、能源价格低迷、市场需求疲弱等因素影响，规模以上工业企业增加值增长6.9%，低于上年3.6个百分点；全年工业经济利税总额同比下降3.8%；全社会用电量增速低于上年1.2个百分点。

2. 劳动力市场结构性矛盾突出

黑龙江省于2012年将最低工资标准和小时最低工资标准调涨了30%，从而使劳动力价格连续较快增长，劳动力需求有所减弱。2013年，需就业的劳动力在30万人以上，就业形势异常严峻。同时，部分行业出现"用工荒"，大量适应产业转型升级的技术工人和专业人才岗位空缺，劳动力市场结构性矛盾比较突出。

3. 产业核心竞争力有待提高

随着土地、资源、能源和劳动力等各类要素成本上升，黑龙江省企业的传统竞争优势弱化，但在技术创新、创造和维护品牌，提升出口商品质量，完善服务体系等方面的新竞争优势尚未形成，利用现有资源形成经济增量遇到挑战。

二、金融业与金融稳定

（一）银行业

1. 银行业基本情况

2013年，黑龙江省银行业金融机构认真贯彻国家宏观调控政策，坚持以创新提升金融支持实体经济的能力，优化信贷结构，加强风险管控，整体竞争力进一步提高，运行态势总体良好。

资产规模稳步增长，盈利能力不断提高。截至2013年末，黑龙江省银行业金融机构资产总额达2.57万亿元，比年初增加2 166亿元，同比增长9.2%；负债总额达2.48万亿元，比年初增加2 027亿元，同比增长8.9%。银行业金融机构各项存款余额1.83万亿元，同比增长10.6%；各项贷款余额1.18万亿元，同比增长14.8%。存贷比64.4%，比年初提高2.3个百分点。银行业金融机构盈利能力不断提高，全年共实现净利润290.81亿元，同比增盈36.11亿元。

信贷资源配置更趋合理，加大支持实体经济重点领域。2013年，在政策引导和利润驱动下，银行信贷更多地投向经济核心区域、重点产业、农业主产区、中小微企业、"三农"等实体经济领域。截至2013年末，哈尔滨市全年新增贷款占全省的51.3%，齐齐哈尔、牡丹江市当年新增贷款超过百亿元且均创历史新高；"十大重点产业"贷款余额达到1 532.5亿元，同比增长37.7%。佳木斯、绥化等农业主产区贷款余额超过千亿元，全省县域贷款余额突破3 000亿元；全省中小微企业贷款余额和保障性安居工程贷款余额增速分别为16.9%、16.1%；全省本外币涉农贷款当年新增758.1亿元，较上年同期多增154.7亿元，信贷支农力度不断增强。批发零售业、制造业本外币贷款分别增加473.5亿元、165.2亿元，分别占全部新增贷款的31.1%和10.8%，分别比上年提高9.8个和1.7个百分点。

金融改革不断深化，机构体系不断完善。一是法人城商行完善公司治理，加强内部控制，改进

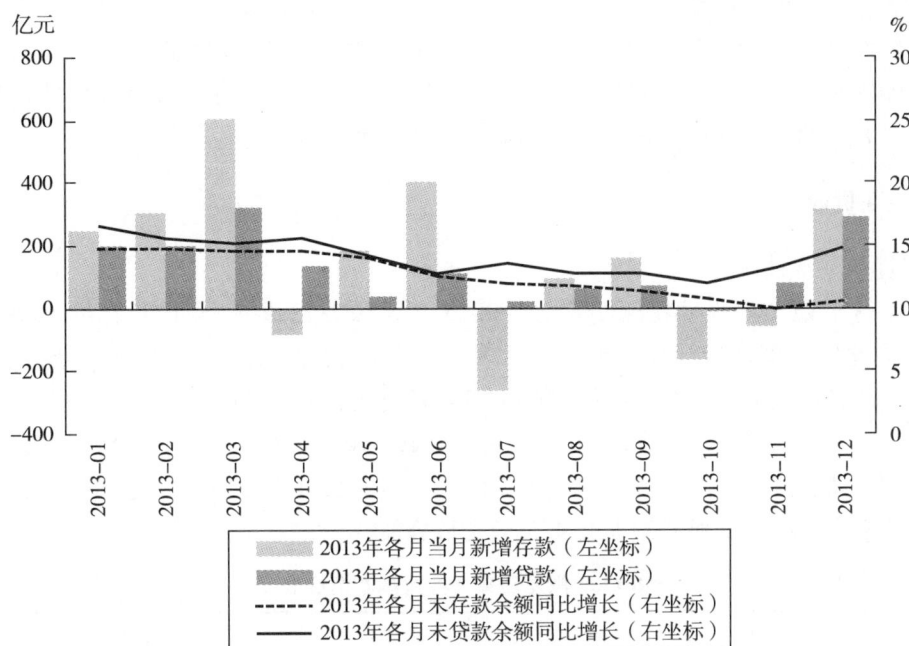

数据来源：中国人民银行哈尔滨中心支行相关资料。

图 5　2013 年黑龙江省金融机构存贷款变化情况

IT 系统和绩效考评，强化并表管理，增强经营稳健性，编制资本规划。哈尔滨银行准备在 H 股上市和发行 40 亿元二级资本债。二是农信社积极改制农商行。完成了牡丹江绥芬河农商行批筹和哈尔滨城郊联社清产核资，大庆市区联社不良贷款置换稳步推进，省联社通过政府注资、综合治理等形式，完成了 6 家高风险联社综合改革，推动解散黑河农联社、撤销大兴安岭办事处，逐步建立独立完善的稽核管理体系。截至 2013 年末，全省共有银行业金融机构网点 6 474 个，比上年增加 83 个。其中，法人机构 106 家，数量与上年持平。三是法国兴业银行完成筹建工作，正式落地生根。

不良贷款持续"双降"，内部实现零发案。截至 2013 年末，全省银行业金融机构不良贷款率比年初下降 0.8 个百分点。全年银行业机构案防工作扎实推进，内部未发生重大案件，案防成果继续巩固。

2. 银行业面临的主要问题

部分行业信贷资产质量下行压力较大。2013 年，受多重自然灾害的影响，农林牧渔业不良贷款增加 10 亿元，个人不良贷款增加 3.5 亿元，信用卡和住房按揭贷款出现不良"双升"。

房地产潜在金融风险增大。2013 年，虽然黑龙江省商品房销售价格仍比上年增长了 16.5%，但全省房地产开发投资和商品房销售面积增速分别比上年回落 21.5 个百分点和 23.2 个百分点，表明黑龙江省房地产投资者信心有所下降，开发商资金短缺、还贷能力下降风险凸显。在抽样调查的 40 户房地产开发企业中，40% 的企业已经出现项目资金紧张的状况，而 68.8% 的企业认为引起资金紧张的原因是销售资金回笼不畅造成的，增加了银行的信贷风险。

理财业务流动性风险依然存在。2013 年，黑龙江省共有 21 家银行业金融机构销售本行或代销他行理财产品，总体市场规模小幅上升。由于理财产品市场存在着"资金—资产池"业务整改不够深入；信息披露不够充分；理财资金短融长投现象突出；利用新发产品揽储，进行"冲时点"做法依然普遍；投资者金融知识及风险教育不到位等问题，易引发流动性风险和群体投诉行为。

案防形势依然严峻。2013 年，黑龙江省银行业案防工作形势整体向好，但也出现部分机构员工失踪、刑拘、涉嫌参与票据诈骗等风险事件，针对银行自助设备等的外部侵害案件也呈上升趋势，危及银行员工和客户的生命财产安全，案防形势整体上依然严峻。

（二）证券期货业

1. 证券期货业基本情况

证券市场运行平稳，融资功能逐步增强。2013 年，黑龙江省 A 股上市公司 31 家，总市值为 1 943.1 亿元，同比增长 22.0%，仅"S 佳通"未启动股改程序。31 家上市公司分布于制造业、农业、电力及水生产和供应业等 9 个行业。其中，18 家公司集中于制造业，占辖区上市公司总数的 58.6%。2013 年，辖区 3 家公司（国中水务、龙江交通、哈飞股份）完成非公开发行，募集资金共计 25.9 亿元，发行股份购买评估价值资产 33.2 亿元，拟非公开发行募集资金 50 亿元。中小企业私募债券试点成功推进，向上交所备案发行 4.5 亿元私募债。

表1　　　　　　　　　　　　2013 年黑龙江省证券业基本情况表

项目	数量
总部设在辖内的证券公司数（家）	1
总部设在辖内的基金公司数（家）	0
总部设在辖内的期货公司数（家）	2
年末国内上市公司数（家）	31
当年国内股票（A 股）筹资（亿元）	25.9
当年发行 H 股筹资（亿元）	0
当年国内债券筹资（亿元）	170.2
其中：短期融资券筹资额（亿元）	26
中期票据筹资额（亿元）	93

数据来源：黑龙江证监局相关资料。

证券期货交易总额大幅增长，机构经营效益有所好转。截至 2013 年末，辖区共有 1 家法人证券公司（江海证券）、4 家分公司、123 家证券营业部，分公司比上年增加 1 家。2013 年，辖区证券机构开立资金账户 236.1 万户，代理证券交易总额 16 849.6 亿元，同比增长 60.5%；实现营业收入 13.7 亿元，同比增长 26.9%；实现净利润 4.4 亿元，同比增长 147.2%。

辖区共有期货公司 2 家（大通期货、时代期货）总资产合计约 1.6 亿元，同比增长 40%；实现营业收入 904.3 万元，同比增长 10%；全年成交量 2 136.9 万手，同比增长 4.4%；成交额 21 346.7 亿元，同比增长 30.1%；手续费收入 5 639.4 万元，同比增长 14.5%。

2. 证券期货业面临的主要问题

市场份额偏低，发展相对缓慢。从总量分布看，2013 年黑龙江省地区生产总值约占全国总量的 2.6%，而上市公司总市值仅占全国总量的约 0.8%，资本市场发展水平与经济社会总体发展水平严重失衡。从上市公司分布看，截至 2013 年末，全国上市公司 2 468 家，黑龙江省只有 31 家，全国排名 22 位，仅占全国总数的 1.26%，远远低于全国平均 77 家的水平；全国证券公司 166 家，而黑龙江省仅 1 家法人机构，低于全国平均 3.2 家的水平；全国期货公司 160 家，黑龙江省仅 2 家，低于全国平均 5 家的水平；基金公司尚处空白，没有具备证券期货业务资格的法人类会计师事务所和资产评估师事务所。

规模偏小，运行质量和效益不高。从规模上看，法人券商——江海证券净资本仅 15.6 亿元，同比呈下降趋势，规模偏小。从质量上看，黑龙江省上市公司仍然存在着治理结构不规范、同业竞争、关联交易等问题，证券机构还存在不正当竞争、经营模式单一、经营行为不规范等问题，有期货公司因违规行为被暂停业务进而关闭。从效益上看，2013 年上市公司前三个季度实现净利润 24 亿元，平均每股收益 0.09 元；证券机构 2013 年实现净利润 4.5 亿元，期货机构实现净利润 575.8 万元，盈利能力均低于全国平均水平。

资本市场服务经济大局的能力不强。2013 年，省委省政府深入推进"十大重点产业"建设，但作为资本市场各方主体，参与经济建设的深度和广度远未达到预期的程度，龙江经济发展战略并未成为资本市场各方主体发展壮大和提高竞争力的内生动力，资本市场服务、支持实体经济发展的功能远没有发挥出来。

（三）保险业

1. 保险业基本情况

2013 年，黑龙江保险业积极服务地方经济社会建设，保险保障功能进一步发挥，保险市场秩序明显改善，抗风险能力进一步增强，继续保持平稳健康的发展势头。

市场规模不断壮大，盈利能力稳步提高。截至 2013 年末，全省保险市场主体 39 家，分支机构 2 467 家，从业人员近 11 万人，资产合计 1 060.7 亿元，比年初增长 12.9%。全年累计实现原保费收入 384.3 亿元，同比增长 11.7%。各类赔付合计 154.4 亿元，同比增长 57%。保险深度为 2.6%，保险密度为 1002.1 元/人。

表 2 　　　　　　　　　　　　2013 年黑龙江省保险业基本情况表

项目	数量
总部设在辖内的保险公司数（家）	1
其中：财产险经营主体（家）	0
寿险经营主体（家）	0
保险公司分支机构（家）	39
其中：财产险公司分支机构（家）	17
寿险公司分支机构（家）	22
保费收入（中外资，亿元）	384.3
其中：财产险保费收入（中外资，亿元）	115.6
人身险保费收入（中外资，亿元）	268.7
各类赔款给付（中外资，亿元）	154.4
保险密度（元/人）	1 002.1
保险深度（%）	2.6

数据来源：黑龙江保监局相关资料。

服务经济能力不断提升，农业保险发挥重要作用。2013 年，全省保险业积极服务地方经济社会建设，行业提供风险保障5.8万亿元，同比增长18.5%；积极应对各类灾害事故，各类赔付金额154.4亿元，同比增长57%。农业保险保费收入和赔款支出均列全国首位。积极应对省内部分区域严重洪涝灾害，累计支付农业保险赔款27.2亿元，有力支持了灾民安置和灾后恢复重建工作。保险资金服务领域不断拓展，出口信用保险提供风险保障31.2亿美元，同比增长5.8%；养老险公司企业年金业务累计受托资金规模53.1亿元，较上年同期增加11.3亿元。

2. 保险业面临的主要问题

农业保险仍需加强，业务领域有待拓展。黑龙江省农业保险发展虽有长足进步，但与粮食第一大省的地位还不匹配，还不能满足黑龙江省农业生产发展的需要，农业保险产品种类还需要进一步开发，覆盖面还需要进一步拓宽，服务能力还需要进一步提高。目前，大病保险已在全国25个省的144个统筹地区全面推开，但黑龙江省部分市（地）才刚刚启动大病保险承保工作，大病保险试点工作推进力度需加大。黑龙江省在环境污染责任险、食品安全责任险、科技保险等一些新兴重要领域业务发展还处在试点阶段，试点经验、典型做法需加快推广和拓展。

市场集中度仍然偏高。从市场份额看，人保、平安、太保、阳光互保等几个大公司仍占据大部分市场份额。中小保险公司抢占市场份额难度越来越大，部分中小机构微利经营，甚至已经出现亏损，企业的后续发展值得关注。从区域分布看，哈尔滨、大庆、齐齐哈尔、牡丹江保费收入占全省总量的近70%，区域发展不均衡现象较为突出。

（四）具有融资功能的非银行金融机构

1. 基本情况

近年来，以小额贷款公司、融资性担保公司为代表的具有融资功能的非银行金融机构在黑龙江省快速发展，一定程度上满足了部分小微企业的资金需求，对传统金融业形成良好的补充。截至2013年末，全省共有小额贷款公司398家，注册资本金201亿元，全年累计投放贷款269亿元，余额179亿元，实现净利润4.3亿元；融资担保机构186家，融资性担保责任余额387.4亿元，融资性担保代偿率1.49%，注册资本口径的融资担保放大倍数约1.9倍。当年为小微企业提供担保贷款余额163.5亿元，占融资担保公司在保余额的42.2%，占小微企业贷款余额的11.96%。

2. 存在的问题

缺乏有效性监管。小额贷款公司、融资性担保公司涉及工商管理、金融办、人民银行、银监局等多个监管部门，运行过程中，存在监管职责范围模糊，监管标准不明确，多头监管无人管的监管真空地带等问题，影响对这些非金融机构风险作出及时准确地判断，对可能出现或突发的违规行为和信息监管存在滞后性，造成监管效率下降，监管缺乏有效性。此外，社会上以贷款公司、经纪公司、投资咨询公司名义进行非法集融资活动尚处于监管盲区，影响了依法设立、合规经营的机构的社会形象，扰乱了金融市场秩序。

缺乏可持续发展能力保障。尽管小贷公司、担保公司等机构具有紧贴市场、经营灵活等优势，但受其身份限制，从其他途径获得资金支持的条件相对苛刻，可持续发展大多依靠自身积累，虽然可以从银行融入不超过注册资金50%的资金，但大多小额贷款公司不具备充足的抵押和质押资产，造成其融资能力不足。调查显示，目前全省仅哈尔滨市区的小贷公司能够实现银行融资。

三、金融市场与金融稳定

（一）金融市场稳健运行

1. 间接融资仍占主导地位

2013 年，黑龙江省融资总额①同比下降 7.9%，贷款融资占融资总额的 88.5%，比上年提高 7.4 个百分点，仍为主要融资渠道。受第四季度以来银行间直接债务融资市场利率提高、融资企业发行企业债券成本上升进而延迟发行等因素影响，债券融资总额同比下降近 50%，导致直接融资比重有所下降。

2. 直接债务融资品种和主体多元化

2013 年，黑龙江省直接债务融资实现两个创新突破：一是"区域集优"集合票据成功发行，实现东北三省区域集优债务融资"零"的突破；二是发行企业类型实现突破，首家政府融资平台类企业在银行间市场进行债务融资。

3. 同业拆借市场呈现净融出资金局面

2013 年，黑龙江省银行间同业拆借累计成交 1 260.3 亿元，同比下降 22.9%。其中，拆入资金 263.4 亿元，拆出资金 996.9 亿元，净融出资金 733.5 亿元。全省债券回购交易量累计成交额 5.87 万亿元，同比下降 24%。

4. 票据融资量缩价涨

2013 年，黑龙江省金融机构累计签发承兑汇票 1 294.9 亿元，同比下降 18%；累计办理票据贴现 3 968.9 亿元，同比下降 28.3%。受货币市场利率和票据市场供求变化等因素影响，全年票据贴现加权平均利率为 6%，比上年提高 0.39 个百分点，票据转贴现利率水平也高于上年。

（二）金融市场发展需关注的问题

1. 货币市场参与主体及其交易权限有待进一步扩大

目前黑龙江省共有 11 家金融机构获取银行间同业拆借市场成员资格，10 家金融机构获取银行间债券市场成员资格，但实际参与同业拆借交易的只有 7 家机构，参与债券交易的也只有 8 家机构，且交易成员中没有全国性金融机构。一是辖内 3 家农村信用联社自取得市场成员资格后，从未参与同业拆借交易；2 家农村信用社从未参与债券交易。二是多数商业银行出于风险考虑将交易权限上收总行统一操作，这在一定程度上影响了商业银行省级分行参与银行间市场的程度。

2. 金融市场交易量占比极少

截至 2013 年末，从全国来看，黑龙江省银行间同业拆借成交额仅占全国同业拆借市场总成交量的 0.35%；银行间市场直接债务融资额仅占全国银行间市场直接债务融资总额的 2.9%，金融市场参与度、交易量有待提升。

---

① 融资总额包括贷款融资、债券融资和股票融资。

四、金融基础设施与金融稳定

（一）金融基础设施建设情况

1. 支付系统安全平稳运行

2013 年，黑龙江省支付体系运行安全平稳，支付业务量保持增长趋势。3 家法人非金融支付机构获得人民银行总行颁发的支付业务许可证，15 家非金融支付机构分公司进行了备案。非现金支付工具使用范围逐步扩大。全年支付系统资金流动总量4.23亿笔，金额50.8万亿元；全省共办理非现金支付业务9.3亿笔，金额30.7万亿元。全省累计发行银行卡9 802万张，其中信用卡687.2万张；开立银行结算账户8 629.7万户，其中单位银行结算账户69.8万户。

2. 征信系统应用效果日益明显

截至2013年末，金融信用信息基础数据库已收录全省企业及其他组织16.4万户，同比增长4.5%，企业信用报告查询31.5万份；收录了2 297万个自然人信息，同比增长2.1%，个人信用报告查询611万份。依托征信系统协助省农业开发办落实国家贷款贴息政策，配合全省统战部门开展非公有制经济代表人士的法人企业资信情况综合评价，为地方党政部门提供查询服务411次。农村信用体系建设助力现代农业初见成效，全省首家县域信用信息中心在克山县成立，形成了以县域农民专业合作社为依托的"政府主导、央行推动、多方参与、共赢受益"的农村信用体系建设"克山模式"。小微企业信用体系建设稳步推进，大庆以高新技术产业开发区产业园为突破口，初步形成了大庆特色的中小企业信用体系建设新模式。尝试开展了对全省64个县域金融生态环境发展状况的综合评估，推动地方政府优化县域金融生态环境。

3. 反洗钱监管工作扎实有效

2013 年，成功研发黑龙江省反洗钱监管评价系统，覆盖全省人民银行系统"省—市—县"三级机构，实现了反洗钱业务的信息化、系统化、规范化监管。全年共对995家金融机构分支机构进行反洗钱动态风险评估，引导金融机构有效堵塞反洗钱工作风险点；对108家金融机构分支机构进行反洗钱现场检查，督促金融机构规范履行反洗钱义务。共受理银行业金融机构上报重点可疑交易线索6起，经研判后上报反洗钱监测分析中心2起，移交公安机关立案侦查1起。协助公安机关开展反洗钱调查21次，对300余个可疑账户在相关银行业金融机构进行调查。

4. 金融法制环境得到进一步改善

2013 年，进一步加大金融法制宣传力度，深入开展综合执法检查工作，促使金融机构进一步增强依法合规经营意识。签署"一行三局"合作备忘录，建立和完善金融消费权益保护协调机制。成立全国首家省级金融消费权益保护协会，构建政府、金融管理部门、金融消费者桥梁纽带。协助黑龙江省人民检察院制定出台《关于规范黑龙江省检察机关办理查询金融信息事宜的指导意见》，进一步规范检察机关查询工作。

（二）金融基础设施建设的薄弱环节

利用银行卡预授权交易规则，实施大额信用卡套现的风险事件开始出现，影响了银行卡市场受理秩序，银行卡风险防范急需提档。"信用身份证"意识有待提高，信用信息使用渠道需规范。反洗钱监管合作有待深化，配套制度亟待健全。

五、2014 年展望与相关建议

2014 年是全面深化改革的元年，黑龙江省将把握机遇、迎头赶上，深入实施"两大平原"现代农业综合改革试验、黑龙江省和内蒙古东北部地区沿边开发开放规划、大小兴安岭林区生态保护与经济转型规划、全国老工业基地调整改造规划、全国资源型城市可持续发展规划等"五大规划"发展战略。全省金融机构将继续认真贯彻落实稳健的货币政策，严守金融风险底线，提高金融服务实体经济的质量和水平，保持货币信贷和社会融资总量平稳适度增长，进一步促进龙江结构转型和经济可持续发展。初步预计，2014 年末，全省金融机构本外币各项存贷款余额将分别达到 2 万亿元和 1.3 万亿元，同比增长 13% 左右。

（一）继续加快经济发展方式转变，创造良好金融生态环境

结合黑龙江省省情，把握产业发展周期趋势，找准市场定位，扎实推进重点产业建设，努力使供给结构更好地适应市场需求变化。大力促进科技和经济紧密结合，充分利用黑龙江省高校及科研院所密集优势，聚拢人才，发挥科技创新对产业升级的核心作用，着力增强创新驱动发展新动力。同时，顺应制造业与服务业融合发展趋势，加快发展新兴服务业，着力破解工业发展面临的瓶颈制约。

（二）推动地方金融改革，夯实金融稳定的微观基础

深化农村金融机构改革，全力支持"两大平原"现代农业综合配套改革。推动新型农村合作金融机构股份制改革、农业银行"三农金融事业部"改革。依托证券联合监管合作框架，推动证券业加强内控制度建设和业务流程改造，提高风险防御能力。引导保险公司培育新的业务增长点，研发契合市场需求的个性化产品，加大农业保险产品开发力度，充分发挥保险的经济补偿、资金融通和社会管理等功能。对小额贷款公司、融资性担保企业、典当行等具有融资功能的非金融机构要把握总量控制、质量提高、规范业务、防范风险的原则，引导其健康稳健发展。推动具备条件的民间资本依法发起设立民营银行，积极引进和建立金融租赁公司、消费金融公司等非银行金融机构。

（三）推进金融稳定协调机制建设，提升维护金融稳定合力

加强人民银行与地方政府、金融监管机构、行业主管部门、行业自律组织以及金融企业之间的长效联系机制，推动地方金融稳定协调机制建立，促进信息交流和共享。总结试点地区工作经验，探索建立跨区域金融稳定工作联系机制，在属地监管的原则下，加强监管协调、风险监测和信息共享机制，防范风险的跨区域传导。

总　纂：林佐明
统　稿：黄丽新　关立群
执　笔：梁　蒙　董　磊
参与写作人员（以姓氏笔画为序）：
别丹丹　包艳龙　卢　刚　孙丽颖　那　颂　刘　恕
刘　爽　李　丹　刘　帆　金明慧　杨　捷　高　磊
高　扬　窦凌蛟　蔡志力

上海市金融稳定报告摘要

2013 年，上海市面对错综复杂的外部形势和自身深化转型的压力，认真贯彻落实党的十八大及十八大二中、三中全会精神，牢牢把握住稳中求进的工作总基调，加快转变经济发展方式，创新转型积极效应进一步显现，经济运行总体平稳有序，结构调整稳中有进。国际金融中心建设、金融支持实体经济工作稳步推进，上海自贸区建设全面启动，深化改革取得重大突破，金融业保持稳健运行态势，为上海市经济转型提供有力支持。

一、经济与金融环境

（一）上海经济金融运行总体平稳有序

2013 年，上海市实现生产总值 21 602.12 亿元，按可比价格计算，同比增长 7.7%。第三产业增加值占全市生产总值的比重达到 62.2%，比 2012 年提高 2.2 个百分点。

1. 固定资产投资增长较快

2013 年，上海市完成固定资产投资总额 5 647.79 亿元，同比增长 7.5%。从三大投资领域看，基建投资增长 0.5%，房地产开发投资增长 18.4%，工业投资下降 4.4%。从结构看，第三产业投资和非国有经济投资快速增长，同比分别增长 11.1% 和 9.5%，占全市投资总额的比重分别为 77.7% 和 65.9%。

2. 消费增长保持平稳

2013 年，上海市社会消费品零售总额 8 019.05 亿元，同比增长 8.6%。互联网金融和消费金融正在为消费增长注入新的动力，新型业态消费和汽车消费保持快速增长。一是互联网金融为无店铺消费提供了便利的网络支付平台，无店铺零售额等新型零售业态快速增长，增速居各零售业态之首。二是消费金融继续支持大宗耐用消费品等消费领域的合理信贷需求。

3. 外贸形势逐渐好转

2013 年，上海市全年进出口总额 4 413.98 亿美元，同比增长 1.1%。其中，出口 2 042.44 亿美元，同比下降 1.2%；进口 2 371.54 亿美元，同比增长 3.1%；贸易逆差 329.1 亿美元。

4. 财政收入增速提高

2013 年，上海市完成地方财政收入 4 109.51 亿元，同比增长 9.8%；土地出让收入大幅增长，对地方政府收入的支撑作用明显提升。地方财政支出为 4 528.61 亿元，同比增长 8.2%，增速比 2012 年提高 1.3 个百分点。

5. 工业企业效益有所提高

2013 年，上海市规模以上工业企业实现利润总额 2 415.5 亿元，同比增长 13.1%，增速同比提高 15.9 个百分点；产成品存货增长 4.6%，应收账款增长 10.7%。

6. 居民收入持续增长

2013 年，上海市城市和农村居民家庭人均可支配收入分别为 43 851 元和 19 208 元，同比分别增长 9.1% 和 10.4%，分别比 2012 年回落 1.8 个和 0.8 个百分点。

7. 金融业稳步发展

2013 年，上海市实现金融业增加值 2 823.29 亿元，同比增长 13.7%。全国银行间货币和债券市场成交金额 235.3 万亿元，同比下降 10.7%。上海黄金交易所总成交金额 5.22 万亿元，同比增长 48%。上海证券市场上市证券 2 786 只；其中，股票 997 只。上海证券交易所各类有价证券成交金额 86.51 万亿元，同比增长 58%。中国金融期货交易所总成交金额 141.01 万亿元，同比增长 85.9%。

（二）促进经济增长和金融稳定的重要举措

1. 深化经济结构战略性调整

2013 年，上海市传统工业生产企稳回升，第三产业保持领先增长，战略性新兴产业创新稳步推进。全年规模以上工业总产值同比增长 4.4%，增速比 2012 年提高 4.8 个百分点；第三产业增加值同比增长 8.8%，占全市生产总值的比重为 62.2%；节能环保、新一代信息技术、生物医药、高端装备、新能源、新材料和新能源汽车等战略性新兴产业制造业完成工业总产值 7 743.53 亿元，同比增长 1.4%。

2. 继续实施稳健的货币政策

2013 年，人民银行上海总部继续发挥差别准备金动态调整工具的逆周期调节作用，引导地方法人金融机构平稳适度投放信贷；完善短期再贷款管理制度，支持地方法人金融机构的合理流动性需求；积极开展信贷政策导向效果评估，推动信贷结构优化；严格实施差别化房地产信贷政策，配合市政府做好房地产市场调控；贯彻落实各项利率改革政策，加强对利率政策执行情况的监督和指导。

3. 上海国际金融中心建设取得新进展

2013 年 1 月至 11 月，上海新设功能性金融机构 69 家，在沪总数达 188 家，比 2012 年增长 58%。大型银行纷纷在上海设立第二总部。上海第三方支付机构获牌数继续增加。金融支持实体经济力度加大。2013 年，上海市继续大力发展非金融企业债务融资工具，研究拓宽小额贷款公司发债融资渠道，增强小额贷款公司服务小微企业的能力。合格境内有限合伙人（Qualified Domestic Limited-ed Partner，QDLP）试点率先在上海推出。

4. 积极支持上海自贸区建设

2013 年，中国人民银行、中国银监会、中国证监会和中国保监会相继出台《中国人民银行关于金融支持上海自贸区建设的意见》、《中国银监会关于上海自贸区银行业监管有关问题的通知》、《中国证监会关于支持促进上海自贸区若干政策措施》、《中国保监会支持上海自贸区建设八项措施》，上海自贸区金融工作协调推进小组正式成立，金融多部门、全方位推进上海自贸区发展的体制和政策正在逐步形成。

（三）经济金融运行中需要关注的方面

1. 关注人口老龄化问题

近几年上海市人口老龄化问题比较突出，60 岁及以上人口数逐年递增，截至 2012 年末占总人口数比例已达到 25.7%，远高于全国水平。人口老龄化在带来社会问题的同时也会改变未来劳动力供给的总量和结构，对提高劳动生产效率和发展高新技术产业带来挑战；会造成储蓄率和投资率下降，社会潜在经济增长力放缓，人口红利逐渐衰减，在一定程度上对经济的可持续发展产生负面影响。

2. 关注科技创新能力对上海经济发展的影响

2013 年，上海市用于研究与试验发展（R&D）的经费支出为 737 亿元，占地区生产总值的比例为 3.4%；受理发明专利申请量 39 157 件，同比增长 5.4%。上海市全年战略性新兴产业增加值为 2 997.5 亿元，同比增长 7%，占地区生产总值的比重为 13.9%。科技对上海市经济社会发展的支撑引领作用尚未充分发挥，战略性新兴产业对经济发展的拉升作用仍不明显，产业的培育与发展有待进一步加强。

3. 关注政府融资平台贷款风险

截至 2013 年末，上海市政府融资平台贷款余额 5 478.62 亿元，同比下降 5.64%。年内上海市融资平台贷款减少 327.36 亿元，同比多减 189.83 亿元。截至年末，全市政府融资平台不良贷款已全部清理化解，资产质量总体保持优良。虽然当前债务总体安全，但部分借款人负债率较高，部分贷款通过"过桥"资金暂时缓解了还款压力，但人为拉长融资期限所蕴含的风险不容忽视。因此，仍需要密切关注进入还款高峰期后地方融资平台的还款能力，特别是防范潜在财政风险可能转嫁为银行信贷风险。

二、银行业

（一）上海银行业发展运行情况

1. 积极推动上海自贸区建设的工作

截至 2013 年末，累计 22 家银行业金融机构正式获批在试验区设立机构 25 家；其中有 9 家中资银行分行，15 家中外资银行支行，1 家金融租赁专业子公司。

2. 资产负债规模增长平稳，增长幅度回落

截至 2013 年末，上海市银行业金融机构本外币资产总额 9.79 万亿元，同比增长 8.39%；负债总额 9.46 万亿元，同比增长 8.28%。各项存款余额 6.93 万亿元，同比增长 8.96%；各项贷款余额 4.44 万亿元，同比增长 12.93%。

3. 贷款规模增速放缓，信贷结构不断优化

2013 年，上海市银行业贷款适度增长，信贷结构不断调整优化，有力地促进了地区经济的发展。中资金融机构新增本外币贷款 3 156.4 亿元，同比少增 744.5 亿元；外资金融机构新增本外币贷款 141.1 亿元。从贷款结构看，中长期贷款增速较快且同比增多，短期贷款同比少增，票据融资收缩明显。按借款企业规模分，上海市中外资银行投放的企业贷款以大型和小型企业为主，对中小型企业的信贷倾斜力度加大，信贷支持经济结构调整和改善民生的作用增强。

4. 拨备覆盖率保持高位，风险抵补能力较强

截至 2013 年末，上海市金融机构拨备覆盖率平均达到 296.23%，同比上升 82.81 个百分点；贷款损失准备充足率平均达到 285.13%，同比上升 49.40 个百分点。截至 2013 年末，上海市银行业法人机构资本充足率为 13.21%；贷款损失准备充足率和拨备覆盖率稳步上升，平均贷款损失准备充足

率、拨备覆盖率分别为279.02%和238.08%，同比分别上升43.30个百分点和42.48个百分点。

（二）上海银行机构稳健性评估

1. 资本充足率监管标准不断提高，资本工具创新迫在眉睫

截至2013年末，上海中资法人商业银行平均资本充足率达12.44%，同比下降1.06个百分点；外资法人银行平均资本充足率达18.16%，同比下降0.60个百分点。2013年1月1日，《商业银行资本管理办法（试行）》正式实施。新资本办理办法对银行资本管理提出更高的要求。当前上海经济处于调整结构、转型发展阶段，不良贷款反弹压力加大，资本补充机制亟待完善。

2. 经济增长放缓，资产质量反弹压力不减

截至2013年末，上海市银行业不良贷款余额357.72亿元，较年初增加86.79亿元；不良贷款率为0.8%，高出年初0.15个百分点。受经济增速放缓和产能过剩的影响，上海市股份制银行不良贷款余额和不良贷款率同比增幅较大。截至2013年末，股份制商业银行不良贷款余额增加45.60亿元，比2012年同期增长59.75%；不良贷款率1.42%，上升0.48个百分点。

3. 银行存款波动性加大，流动性管理面临挑战

2013年，上海市银行业新增人民币存款5 093.4亿元，其中第一至第四季度分别增加1 668.7亿元、1 495亿元、1 072.4亿元和857.3亿元，存款增幅逐季递减。受市场流动性变化、金融机构季末考核，以及第三方理财渠道分流等多种因素的影响，资金稳定性有所下降，人民币存款依旧显现季末翘尾、季初回落的规律性特征，且月度增量波动较大。存款的大起大伏既削弱了银行传统资金来源的稳定性，也放大了市场利率的波动性，加剧市场筹资难度。

4. 银行盈利整体出现负增长，股份制银行利润降幅明显

2013年，上海市银行业金融机构累计实现净利润991.22亿元，同比下降3.18%。分机构看，大型银行和城商行盈利增长情况明显好于股份制银行。5家大型银行全年累计净利润同比增长15.91%，14家城商行全年累计净利润增长8.92%，11家股份制银行受钢贸不良贷款核销和减值准备计提的影响，全年累计净利润减少56.27%。

（三）上海银行业发展中需要关注的方面

1. 关注房地产贷款风险

截至2013年末，上海市房地产贷款余额达到11 864亿元，占各项贷款余额的27%；再加上以房地产作为抵押物的非房地产贷款，与房地产直接或间接相关的贷款占各项贷款的比例为40%。上海市的房地产贷款集中于房价高位时期发放，三分之二的贷款于近三年发放。因此，上海市房地产贷款对房价波动较为敏感，潜存较大的信用风险。

2. 关注钢贸行业及其他部分重点行业风险

截至2013年末，上海市38家中资商业银行钢贸贷款余额为844.21亿元，风险敞口为703.96亿元，钢贸贷款不良率为11.88%。现阶段，产能过剩行业是信贷风险的多发地，并有从钢贸、光伏、船舶等行业向上下游行业和关联产业链蔓延的势头；钢贸类违约业务模式也存在被复制到其他大宗商品交易领域的迹象，容易造成信贷风险的集聚，影响地区金融稳定。

3. 关注部分表外业务高速膨胀下的风险

2013年，部分银行表外业务增长迅猛。截至2013年末，跟单信用证总量同比增长79.97%，保

函总量同比增长 35.33%。整体来看，表外业务多涉及低风险担保类业务，总体信贷风险可控，但部分跟单信用证业务付款期限较长、行业集中度高、与国际市场价格变化关系密切，可能对银行的风控管理带来一定压力。

4. 规范银行的类信贷业务，提高资金的运作效率

经历了监管收紧和 2013 年 6 月"钱荒"后，2013 年末，上海市银行业机构的同业资产占总资产的比重比年初下降，机构去杠杆趋势明显。年末同业负债的比重比年初微升，但在季末与年末等考核时点，同业负债转化为一般存款，规模有所下滑，其余时段呈稳步上升的状态。由于同业资产中相当一部分挂钩房地产、政府融资平台、"两高一剩"等受调控和限制的行业，因此应尽快规范银行同业"类信贷业务"的发展，更多发挥市场的作用，有效支持实体经济的健康发展。

5. 密切关注操作风险

目前，上海市处于经济增速适度回调、产业结构调整持续推进的过程中，部分行业、企业不可避免地遭遇经济困难、资金紧张，银行业金融机构也处于案件和操作风险的多发期和暴露期。主要集中在三个方面：一是信贷诈骗案件多发；二是操作风险集中，内部案件较多；三是民间借贷风险仍向银行体系蔓延，其中银行从业人员，尤其是银行基层分支机构负责人违约参与民间借贷引发的案件持续高发。

三、证券业

（一）证券业发展运行情况

截至 2013 年末，上海市共有证券公司 20 家，总资产 4 571.6 亿元，净资产 1 687.8 亿元，净资本 1 233 亿元，同比分别增长 17.70%、5.98% 和 8.17%。共有基金公司 44 家，管理公募基金 674 只，基金总净值 9 407 亿元，同比分别增长 28.63% 和 3.33%。共有期货公司 28 家，总资产 618.22 亿元（含客户权益），净资产 103.40 亿元，净资本 89.94 亿元，客户权益 501.94 亿元，同比分别增长 13.1%、16%、9.8% 和 12.2%。

1. 合规和风险管理水平稳步提高

2013 年，上海市证券公司继续深化风控指标动态管理，进一步完善以净资本为核心的风控指标体系，加强对流动性风险的关注与管控。基金公司内幕交易防控等机制进一步健全，创新业务、突发事件处理等风控措施进一步完善，行业自律管理机制运作顺畅。期货公司合规管理水平不断提升。2013 年分类评价中，上海市 4 家证券公司被评为 A 类 AA 级，7 家期货公司被评为 A 类。

2. 行业创新能力进一步增强

2013 年，上海市证券公司积极引进国外先进理念、技术、系统，拓展理财服务模式，提升投融资服务能力，发挥资本中介作用。1 家公司获批行业首单公募基金管理人牌照，并发行了首只公募基金；3 家公司成为行业首批转融券试点券商。2013 年上海市新增基金公司专业子公司 23 家，香港子公司 2 家；基金公司相继推出了"T+0"货币基金、国债 ETF、黄金 ETF 等创新产品；海外子公司继续推进 RQFII 业务。8 家取得资格的期货公司陆续正式开展资产管理业务，3 家期货公司成功注册设立风险管理子公司，部分期货公司与基金公司、证券公司在资产管理业务上的合作与竞争不断加强。

3. 国际化取得新进展

截至 2013 年末，上海市共有合资证券公司 6 家，占全国的 43%；合资基金公司 25 家，占全国

的 52%；合资期货公司 2 家，占全国的 1/2；外资代表处 77 家，占全国近一半。已有 5 家证券公司、8 家基金公司在香港设立分支机构并取得相关业务牌照。5 家证券公司的香港子公司共设立 55 只基金，受托资产总额达 190 亿元。4 家证券公司、5 家基金公司借助香港子公司获准开展 RQFII 业务，截至年末，获批规模达 266 亿元。

4. 证券市场融资呈现多元化

截至 2013 年末，上海市共有上市公司 204 家，占全国的 8.2%，市值约占全国的 11.3%。2013 年，上海市上市公司境内资本市场直接融资 462.88 亿元，其中，股票再融资 167.28 亿元，债券融资 295.60 亿元。

（二）上海证券机构稳健性评估

1. 证券公司资产规模增长，证券公司风控体系运行良好

截至 2013 年末，上海证券公司总资产 4 571.6 亿元，同比增长 17.7%；净资产 1 687.8 亿元，同比增长 5.98%。净资本与净资产的比例为 73.05%，净资本与各项风险资本准备之和的比例为 775.2%，均远远高于监管指标（分别为 40%、100%），这显示上海市证券机构净资本覆盖风险的能力保持在较高的水平。

2. 盈利水平明显上升，经纪业务收入比重有所恢复

2013 年，上海 20 家证券公司实现营业收入 307.78 亿元，同比上升 18.7%；实现净利润 91.89 亿元，同比上升 11%。由于融资融券等增值服务的开展，同时受益于交易量尤其是债券回购交易量的上升，上海 20 家证券公司经纪业务收入得以恢复性增长，2013 年全年共计 148.91 亿元，同比增长 52.5%，占总营业收入的比重为 48.38%，较 2012 年的 37.67% 有大幅上升。

3. 信用类业务快速扩张

截至 2013 年末，上海证券机构融资融券业务规模 793.5 亿元，较 2012 年末增长了 209.9%；融资融券利息净收入 39.78 亿元，同比增长 144.6%，收入占比从 2012 年的 6.29% 提高到 12.92%；约定购回交易待购回金额 71.4 亿元，利息收入 2.6 亿元；股票质押回购 6 月启动后发展迅速，已远远超过约定购回的规模，待购回金额 195.4 亿元，利息收入 4.4 亿元，是约定购回交易的 1.7 倍。

4. 资产管理业务快速发展，在金融领域的影响力增加

2013 年，上海证券机构资产管理收入 17.06 亿元，为 2012 年的 2.4 倍，受托资金规模 1.1 万亿元，是 2012 年的 2.2 倍，但主要是定向规模的增加（1.04 万亿元）。从业务收入占比看，资产管理业务收入占总营业收入的比重为 5.54%，比 2012 年的 2.69% 有所提升。

（三）上海证券业发展中需要关注的方面

1. 关注跨市场金融风险的传递和叠加

证券经营机构通过投行、资管、资产证券化、金融产品销售等业务，与地方融资平台、房地产、信贷、中小企业等实体经济领域的联系越来越紧密。在现有的分业经营、分业监管体制下，容易导致缺乏对金融体系整体风险的监测和判断，应加强金融管理部门间的信息共享和协调配合，对金融行业实施功能监管，共同防范和化解跨行业金融风险。

2. 关注创新业务风险的防范

伴随证券业深化改革、对外开放和简政放权的步伐，行业各类组织、业务、产品创新将纷纷涌现，行业"走出去、引进来"的速度加快，外部竞争日益激烈，受到互联网冲击的影响力度加大，

行业生态将面临较大变化。与此同时，原有的风险边界将被打破，风险敞口加大，并不断出现新的风险因素，对行业现有的风险管理和内部控制机制带来较大挑战。

3. 关注流动性风险的防控

2013 年以来，上海证券机构通过各类融资工具拆入资金，积极推动负债类业务创新，快速放大经营杠杆，提高了资金运用效率和资产收益率。但同时，证券公司面临的流动性风险也随之显著增长。从债务融资结构来看，主要为三个月以内的负债，而 2013 年以来发展迅速的信用类业务中，资产期限通常在三个月以上甚至长达一年，期限错配的风险增大。同时，若货币市场利率升高，将影响银行间拆借资金等融资渠道，可能进一步引发公司的流动性风险。

4. 关注金融产品兑付及非法集资等风险

证券行业正在实现以经纪业务通道服务为核心向以财富管理和提供金融产品为核心的盈利模式转变，金融产品不仅包括传统资产管理产品，还包括资产证券化产品、公募基金产品、私募债产品等；除了自身发行的产品外，还包括代销的信托产品、基金专户产品等。在整体投融资结构有待平衡的背景下，金融产品兑付风险可能逐步发生。同时，非法集资、配资乃至金融诈骗等违法活动有可能乘虚而入，从业人员道德风险防范和投资者教育力度需进一步加强。

四、保险业

（一）上海保险业发展运行情况

1. 保险市场主体稳步增加，保费收入保持稳定

截至 2013 年末，上海市共有 124 家保险公司、保险资产管理公司 6 家和保险专业中介机构 352 家。法人注册地在上海的保险机构（不含保险中介机构）共有 49 家，2013 年新增了国内首家互联网保险公司——众安在线财产保险股份有限公司，市场主体多样化明显。截至 2013 年末，上海市原保险保费收入累计 821.43 亿元，同比增长 0.1%；保险赔付支出累计 301.95 亿元，同比增长 18.05%。

2. 保险业改革稳步推进

一是积极支持上海自贸区建设。2013 年，上海市保险业积极贯彻落实保监会支持上海自贸区建设八项举措，鼓励保险机构入驻自贸试验区，为各类保险机构入驻自贸试验区开辟绿色通道。截至年末已有 4 家机构入驻。二是不断提升农业保险保障功能。2013 年，上海市农业险总保险金额近 150 亿元，占全市农业总产值超过 40%。三是服务实体经济发展。科技型中小企业短期贷款履约保证保险为企业提供了贷款支持额度，为不良贷款顺利进行了赔付；并为小微企业提供了保单质押贷款。

（二）上海保险机构稳健性运营情况

1. 整体实力不断增强，人身险公司盈利能力显著提高

截至 2013 年末，上海市法人保险机构[①]总资产共计 5 391.12 亿元，同比增长 24.02%。2013 年，共实现净利润 40.1 亿元，同比大幅增长 45%。其中，人身险公司实现净利润 23.45 亿元，同比增

① 包括法人注册地在上海的 37 家保险公司和 5 家保险资产管理公司全国分支机构的汇总数据，未包括东方人寿保险股份有限公司（2004 年起停业整顿至今）和 2 家再保险公司。由于太保集团尚未披露 2013 年上半年年报，因此未包括太保集团、太保寿险、太保产险和太平洋资产管理公司的数据。下同。

长 601.33%。

2. 偿付能力充足率总体良好，风险整体可控

截至 2013 年末，上海市 36 家保险公司①偿付能力充足率情况整体良好，有 34 家保险公司偿付能力充足率高于 150%，属于充足 II 类公司，仅有 2 家属于关注类公司。上海市法人保险公司风险整体可控，没有出现系统性和区域性风险。

3. 保险资金运用余额稳步增长，投资收益大幅提升

截至 2013 年末，上海市法人保险机构保险资金运用余额达 4 874.69 亿元，同比增长 21.3%；实现投资收益 212.54 亿元，同比大幅增长 52.8%；投资收益率 4.36%，比 2012 年提高 0.9 个百分点。

（三）上海保险业发展中应关注的方面

1. 产险公司盈利能力大幅下降值得关注

2013 年，上海市法人产险公司实现净利润仅为 5.25 亿元，同比下降 70.9%，盈利能力大幅下降。2012 年亏损的 5 家产险公司中有 3 家扭亏为盈，2 家继续亏损，2013 年共有 6 家产险公司出现不同程度亏损，占上海市法人财产险公司总数的 1/3，值得引起关注。

2. 产险公司综合成本率明显上升需引起关注

截至 2013 年末，上海市 18 家法人产险公司平均综合成本率为 104.04%，较 2012 年末上升 3.2 个百分点；其中 11 家公司较 2012 年上升。18 家法人产险公司平均费用率为 42.6%，较 2012 年上升 1.45 个百分点；平均赔付率为 61.44%，较 2012 年上升 1.74 个百分点。

3. 人身险公司业务结构仍需进一步优化

2013 年，除万能险增长缓慢外，其他人身险险种保费收入均大幅增长，但分红险收入占比仍过大，人身险公司业务结构仍需优化。截至 2013 年末，上海市法人保险机构分红险实现保费收入 773.08 亿元，同比增长 36.28%，占人身险保费收入的比例较 2012 年上升 0.75 个百分点；而保障功能较强的普通寿险占比为 8.69%，较 2012 年下降 0.34 个百分点。

4. 人身险公司退保风险整体可控，但仍需保持高度关注

2013 年，上海市法人人身险公司退保金共计 100.4 亿元，同比增长 33.98%。各法人人身险公司均未出现群体性退保现象，退保风险管控情况良好。其中，分红险退保金共计 90.54 亿元，同比增长 32.14%，占人身险退保金总额的 90.18%；而普通寿险退保金共计 7.42 亿元，同比增长 64.35%，占人身险退保金总额的比例也由 2012 年的 6.03% 上升至 7.39%，需要引起关注。

五、基础设施建设

（一）支付体系建设稳步推进

2013 年，人民银行上海总部顺利完成了上海支付结算综合业务系统二期项目、支付系统上海城市处理中心（上海 CCPC）和国家处理中心上海中心上线工作。开展财务公司电子商业汇票线上清算业务试点工作，推进电子商业汇票业务在跨境贸易项下的应用，结合上海市实际情况细化了《银行

---

① 不包括长江养老保险公司和保险资产管理公司。由于长江养老保险公司经营信托型企业年金管理业务和养老保障委托管理业务，故不适用偿付能力信息披露要求。

票据凭证印制管理办法》的相关规定。积极处置伪造支票的风险事件，并结合多起伪造、变造银行承兑汇票案件情况，向上海市各银行发出案件通报并做出针对性部署。对上海市 11 家商业银行、8 家支付机构进行了现场检查，进一步规范了上海市支付服务市场秩序，提升了上海市支付结算服务水平。启动了支持支付机构跨境支付外汇业务试点工作，积极研究中国（上海）自由贸易试验区支付结算服务的各项措施。

（二）征信体系建设不断完善

截至 2013 年末，上海市各金融机构共开通企业征信系统查询网点 1 722 个，查询用户 5 122 个；个人征信系统查询网点 2 265 个，用户 3 857 个。2013 年，人民银行上海总部继续配合金融中心建设，不断扩大征信系统覆盖范围，与上海市金融服务办共同牵头组织推动上海市小额贷款公司和融资性担保公司接入金融信用信息基础数据库；动产融资质押登记系统在上海市平稳运行，审核开通 116 家应收账款质押登记系统常用户。不断完善借款企业、集团企业评级制度，稳步开展借款企业评级工作，推动信用评级结果在政府部门、商业银行等领域的应用。2013 年共对 7 079 家借款企业、56 家集团企业开展评级工作，对 76 家小额贷款公司、28 家融资性担保公司开展了信用评级试点。

（三）反洗钱工作深入开展

2013 年，人民银行上海总部结合国际国内反洗钱要求和自贸区试点工作推进情况，拟定了自贸区反洗钱、反恐怖融资以及反税收犯罪工作方案，初步总结了自贸区洗钱风险领域及拟采取的反洗钱控制措施。有序推进对国际反洗钱标准和创新业务洗钱风险控制的研究，加强对创新业务洗钱风险的研究，开展了以"互联网支付机构的洗钱风险分析及对策"和"证券创新业务洗钱风险研究"为主题的专题调研。继续规范开展反洗钱行政调查和现场检查工作，2013 年接收、分析重点可疑交易报告 20 份，经反洗钱局审核同意后向侦查机关移送可疑交易线索 8 件；进一步加强与金融监管部门的反洗钱交流和合作，协同公安、海关做好对有关涉嫌洗钱重大案件的查处工作。

总   纂：凌 涛
统   稿：杜要忠 王新东
执笔人：王新东 谢 斌 张雅楠 张国文 郭 芳
参与写作人员（以姓氏笔画为序）：
                    李冀申 白 龙 金艳平 黄 宇 唐 杰 李 倩
                    周 婧 钱国根 董宝茹 徐 刚 陈 露 朱 晔

江苏省金融稳定报告摘要

2013 年，面对世界经济复苏艰难、国内经济下行压力加大、自然灾害频发、多重矛盾交织的复杂形势，我国政府坚持稳中求进工作总基调，统筹稳增长、调结构、促改革，创新宏观调控思路和方式，采取一系列既利当前、更惠长远的举措，经济社会发展稳中有为、稳中提质、稳中有进，各项工作实现了良好开局。2013 年，我国国内生产总值达到 56.9 万亿元，比上年增长 7.7%。

一、江苏经济运行

2013 年，江苏经济向着宏观调控的预期方向发展，综合实力明显增强。一是经济保持稳定增长，经济活力持续增强。据江苏省统计局核算，全年全省地区生产总值 59 161.8 亿元，比上年增长 9.6%。其中，第一产业增加值、第二产业增加值、第三产业增加值同比分别增长 3.1%、10.0%、9.8%。全年非公有制经济增加值 39 756.7 亿元，比上年增长 10.4%；占地区生产总值比重达 67.2%，比上年提高 0.5 个百分点。二是国内需求稳步增长，国外需求保持稳定。全年全省完成固定资产投资 35 982.5 亿元，比上年增长 19.6%，社会消费品零售总额 20 656.5 亿元，比上年增长 13.4%，出口总额 3 288.5 亿美元，比上年增长 0.1%。三是财政收入稳定增长，城乡居民收入稳步增加。全年全省实现公共财政预算收入 6 568.5 亿元，比上年增长 12.1%，基金预算收入 5 018.1 亿元，比上年增长 38.9%；城镇居民人均可支配收入和农民人均纯收入分别为 32 538 元和 13 598 元，同比分别增长 9.6% 和 11.4%。四是居民物价水平有所回落。全年全省居民消费价格比上年上涨 2.3%，涨幅同比回落 0.3 个百分点。

二、企业与居民部门

（一）企业

2013 年，江苏省企业部门生产经营活动总体保持增长势头，各项指标增速小幅回升。

1. 企业部门生产经营活动指标增速企稳回升

至 2013 年末，人民银行南京分行监测的 595 户工业企业主营业务收入同比增长 2.21%，增速同比上升 1.46 个百分点。595 户企业利润总额同比上升 17.23%，升幅较年初扩大 8.78 个百分点。资产利润率和资本收益率分别为 5.41% 和 32.73%，较上年同期分别上升了 0.46 个和 2.66 个百分点。

2. 企业营运能力和资金周转效率有所降低，偿债能力基本保持稳定

至 2013 年末，595 户企业营业周期为 115.94 天，较上年同期增加 5.47 天；企业应收货款周转

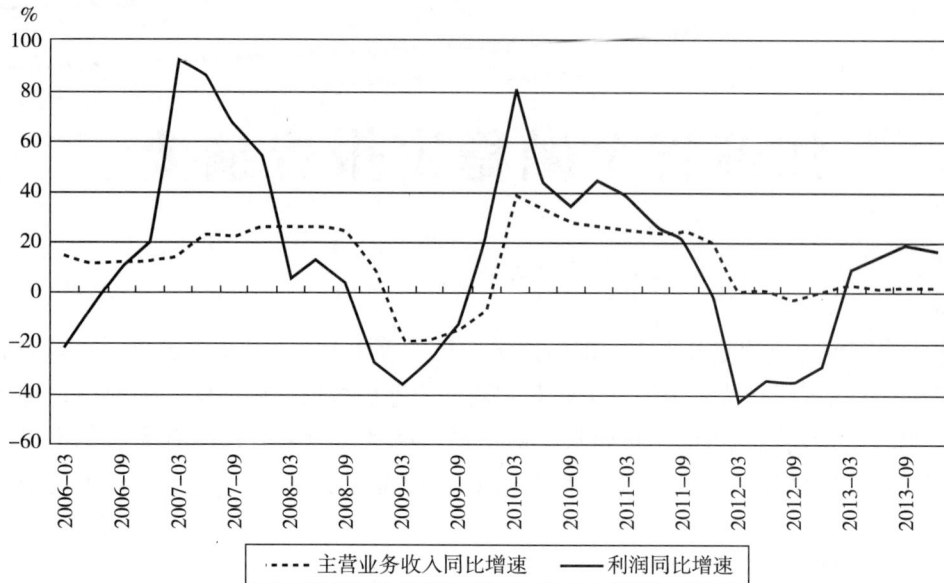

数据来源：人民银行南京分行调查统计处相关资料。

图1　595户企业主营业务收入、盈利水平同比增速走势图

天数 63. 86 天，较上年同期增加 4. 68 天，应收货款周转天数上升，意味着应收账款占用资金增加，资金周转效率有所降低。

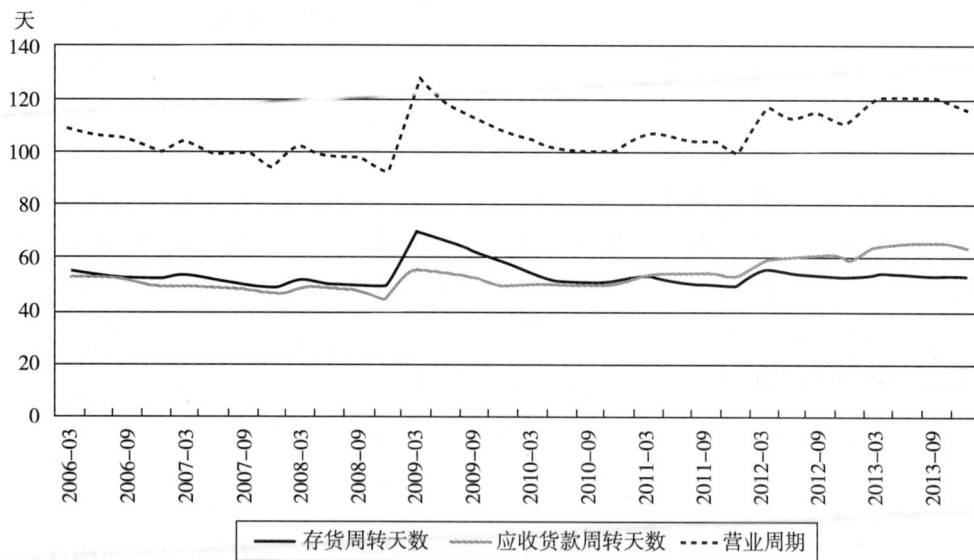

数据来源：人民银行南京分行调查统计处相关资料。

图2　595户企业资金营运情况走势图

　　从短期偿债能力来看，至 2013 年末，595 户企业流动比率为 116. 28%，比上年同期下降 1. 15 个百分点，速动比率为 86. 29%，与上年同期基本持平，表明企业短期偿债能力基本保持稳定。从长期偿债能力看，至 2013 年末，595 户工业企业资产负债率为 55. 54%，比上年同期持平，表明企业长期偿债能力保持稳定。

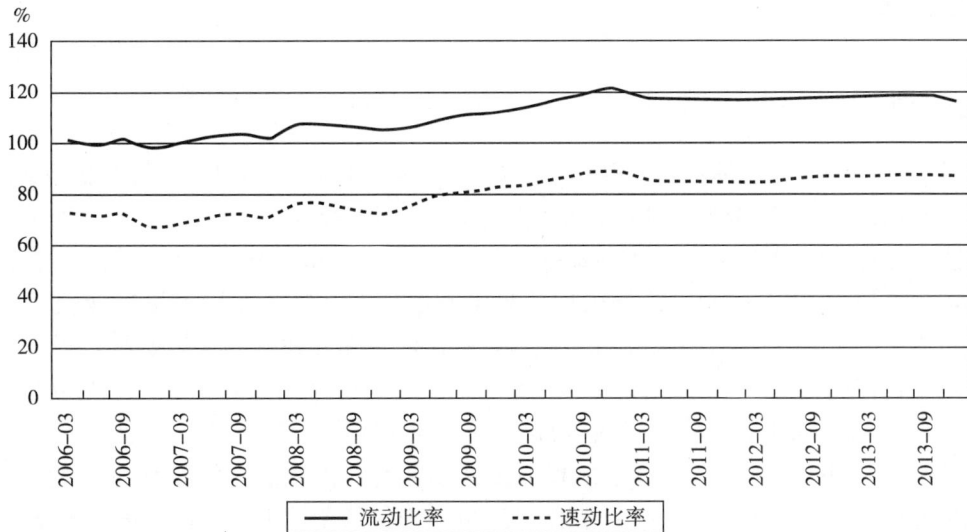

图3　595户企业偿债能力走势图

（二）居民

2013年江苏省住户部门贷款继续保持稳定增长，杠杆率维持在较高水平，居民储蓄意愿继续回升。

1. 住户部门负债规模稳定增长，杠杆率维持在较高水平

2013年江苏省住户部门贷款余额为15 143.29亿元，增长19.14%。从贷款期限看，短期贷款占比为26.63%，中长期贷款占比为73.37%。住户部门人民币贷款余额占全省人民币各项贷款余额的比重为23.33%，与上年同期基本持平。数据显示虽然2013年信贷政策总体从紧，但住户部门贷款热情不减，杠杆率依然维持较高水平。我们以贷款与存款之比来测算其杠杆率水平，住户部门贷款/存款为42.74%，与上年同期基本持平，较全国平均水平高0.2个百分点。较高的负债水平将会使居民对收入、利率及资产价格变化的敏感性显著提高。

2. 居民储蓄意愿小幅回落，金融投资热情有所提高

调查显示，2013年第四季度居民当期利率判断指数①为24.48%，比上季度下降1.07个百分点，继续处于较低水平。其中，有53.21%的居民表示利率"低"，比上季度提高1.38个百分点，仅2.17%的居民表示利率水平"高"。由于对银行存款利率的认可度较低，加上资产配置多元化背景下，房地产市场回暖、理财产品投资等因素分流，居民储蓄存款意愿小幅回落。调查显示，在目前情况下，第四季度选择"更多地储蓄存款"最合算的居民占比为46.25%，虽然仍处于历史较高水平，但分别较上季度和上年同期下降1.58个、4.17个百分点。与此同时，家庭主要金融资产为"储蓄存款"的居民占比为71.37%，分别较上季度和上年同期下降0.86个、5.17个百分点，也同步下降。

---

① 当前利率判断指数＝认为现在存款利率"高"的居民占比＋0.5×认为现在存款利率"适度"的居民占比。该指数越高，表明居民对利率水平越满意。

三、金融业

（一）银行业

2013 年，江苏省银行业总体运行平稳。一是资产负债平稳增长。至 12 月末，银行业金融机构资产总额 10.79 万亿元，比年初增加 1.19 万亿元，负债总额 10.45 万亿元，比年初增加 1.15 万亿元。其中，地方法人银行业金融机构资产总额 2.91 万亿元，比年初增加 0.39 万亿元，负债总额为 2.68 万亿元，比年初增加 0.38 万亿元。二是机构数量不断增加。全省共新增中资商业银行分行 26 家、外资商业银行 6 家（1 家法人和 4 家分行开业、1 家分行获准筹建）、财务公司 3 家、村镇银行 14 家，改制组建农村商业银行 2 家。至 12 月末，全省政策性银行及国家开发银行一级分行 4 家，二级分行 13 家；大型银行一级分行 9 家，二级分行 75 家；股份制商业银行一级分行 23 家，二级分行 59 家；邮政储蓄银行一级分行 1 家，二级分行 13 家；外资银行法人 2 家，分行 33 家；地方法人银行业金融机构包括城市商业银行 4 家、农村商业银行 58 家、农村信用社 4 家、村镇银行 63 家。三是盈利继续保持增长。2013 年全省银行业金融机构共实现净利润 1 540 亿元，同比增长 7%，增速较上年同期下降 0.6 个百分点。

（二）证券业

2013 年以来，江苏证券期货业继续保持稳健发展态势。一是在 IPO 暂停下实现再融资。据江苏证监局统计，2013 年江苏无新增上市公司，但辖内上市公司实现再融资 283.7 亿元。二是证券公司经营实力不断增强。至 12 月末，全省共有法人证券公司 6 家，净资产总额 529.3 亿元，同比增长 4.47%，全年营业收入 104.19 亿元，同比增长 28.61%，净利润 30.96 亿元，同比增长 56.6%。三是期货公司资本实力进一步加强。至 12 月末，全省共有法人期货公司 10 家，净资本合计 30.69 亿元，同比增长 16%，全省期货公司营业部 119 家，同比增加 18 家。

（三）保险业

2013 年以来，江苏保险业呈稳健运行态势。全省全年累计实现保费收入 1446.08 亿元，同比增长 11.13%。其中，财产险保费收入 518.61 亿元，同比增长 17.62%；人身险业务保费收入 927.47 亿元，同比增长 7.8%。人身险业务中，寿险保费收入 809.17 亿元，同比增长 5.65%；健康险保费收入 76.41 亿元，同比增长 28.89%；意外险保费收入 41.88 亿元，同比增长 18.97%。至 12 月末，全省共有保险主体 90 家，其中法人公司 4 家（紫金产险、乐爱金产险、利安人寿、东吴人寿），省级分公司 89 家。4 家法人保险公司资产总额 136.8 亿元，同比增长 44.92%。2013 年，全省保险公司累计支付各类赔款 527.02 亿元，同比增长 36.19%。

四、具有融资功能的非金融机构

（一）小额贷款公司

至 2013 年 12 月末，全省共有 566 家小贷公司，实收资本合计 866.77 亿元，贷款余额为

1 085.37 亿元①。

（二）融资性担保公司

至 2013 年 12 月末，全省共有 492 家融资性担保公司，比年初减少 252 家②。据人民银行南京分行银保监测系统显示，2013 年全省融资性担保公司新发生担保额累计 2 008 亿元。

（三）农民资金互助合作组织

至 2013 年 12 月末，全省共有 385 家农民资金互助合作社，股金余额为 15.51 亿元③。

（四）典当行

至 2013 年 12 月末，全省共有 411 家典当企业，典当余额 97.83 亿元，利润总额为 3.81 亿元④。

五、互联网金融

2013 年以来，江苏省内以 P2P 网络借贷平台为代表的互联网金融发展迅速。调查显示，至 12 月末，全省共有 P2P 网络借贷平台 37 家，其中法人平台 18 家，非法人分支机构 19 家。除 P2P 网络借贷平台以外，传统金融机构也开始尝试借助互联网技术推出服务平台或相关产品，28 家金融机构（4 家国有商业银行、12 家股份制商业银行、9 家城市商业银行、1 家法人证券公司、2 家法人保险公司）建立了电商平台，其中 13 家银行（6 家股份制商业银行、7 家城市商业银行）通过手机银行、微信银行等工具介入互联网金融业务。此外，以"电商＋金融"模式为代表的互联网金融其他形式也在快速发展，如以苏宁易购、宏图三胞、同程网为代表的电商企业积极寻求互联网金融的突破口，谋求打造全金融产业链。如苏宁依托旗下易付宝支付平台，与广发基金、汇添富合作推出类似余额宝的产品"零钱宝"，设立苏宁保险销售有限公司并在网上发售保险产品，等等。

六、金融改革与创新

（一）银行业

1. 政策性金融改革继续推进

国家开发银行江苏省分行突出同业引领，创新满足江苏多样化融资需求：一是发挥开行银团品牌优势，成功组建南京青奥会、江苏斯尔邦、徐州文化街区、中电投滨海码头等 16 个重点建设项目银团，引导其他商业银行资金 470 亿元，保证了省内重大项目的资金需求。二是与省外金融机构建立差异化发展的合作格局，通过信托贷款、债券销售、"棚改"债权保险资金、开行子公司协同等业

---

① 数据来源：江苏省金融办相关资料。
② 数据来源：江苏省经信委相关资料。2013 年 6 月，省经信委对融资性担保机构的经营许可证进行年检，取消了 252 家年检不合格担保机构的融资性担保业务经营资质。
③ 数据来源：根据辖内各地市中心支行统计数据汇总。
④ 数据来源：江苏省商务厅相关资料。

务，共引进省外金融机构资金595亿元，对支持江苏省经济建设起到了积极的促进作用。三是创新融资工具，扩大直接融资规模，成功承销南京城建20亿元中票和60亿元短融、徐工集团70亿元短融、海州湾10亿元企业债等15个项目353亿元债券的注册发行工作，满足了省内重点客户多种金融服务需求，优化了社会融资总量结构。其中，完成江苏省政府首只153亿元政府债发行，推动江苏首只徐州新盛27亿元"债贷组合"棚改专项债券上报发改委审批，河西国资35亿元保障房私募债成为全国首单以城市为主题开展保障房私募债试点的项目。四是旗下国开金融与江苏省金农公司合作设立江苏"开鑫贷"互联网融资服务平台，上线一年即聚集社会资金23亿元，支持了江苏1 082家小微企业发展，社会效益逐步显现。农业发展银行江苏省分行基础管理转型升级，强化依法合规经营。一是研发上线内部监督管理信息系统，将决策审议、班子考核、岗位履职、平台建设、问题台账等管理内容统一纳入电子化平台，内部管理信息化的创新经验得到总行肯定并在全系统推广。二是深入推进主管履职、支行晨会、内控评价、办贷流程等管理标准化建设，出台各类制度办法和工作标准65项，省行内部监督委员会跟踪分析问题3 989个，检查发现问题整改率96.5%。进出口银行江苏省分行注重金融创新，推动业务发展。一是利用出口基地建设贷款、旅游文化国际化贷款、出口企业固定资产投资贷款、国际物流基础设施建设贷款等创新业务产品，积极推动重大产业化项目和出口高新区的建设，充分发挥和提升政策性金融的职能作用。二是深化"银政合作"和"银银合作"两个平台建设，加大对重大产业化项目、重点企业和科技型、外向型中小企业的支持力度，牵头筹组银团贷款与建立业务代理关系等方式，充分利用金融同业优势，加大对江苏省各地市外向型经济的支持力度。

2. 大型商业银行改革进一步深化

工商银行江苏省分行一是积极开展业务创新。业务管理方面推出如"小企业贷款资金流向监测"、"国际业务综合查询"、"业务运营风险信息分析平台"等创新项目，在投资理财方面共发行理财产品177款，其中个人理财产品121款，对公理财产品56款，在渠道结算方面，相继开发并投产了社保卡、江苏省人民医院银医通项目等重点项目；二是继续提升内部管理水平。实施"底薪＋提成"的分配机制，建成913人的零基营销团队。开展城区网点柜员核编，314名柜员转至营销岗位或开展弹性营销。加强不良贷款催收、银行卡收单、电话营销等专业团队建设。深入推进网点布局调整。抓好网点分类优化工作，完成网点调整42家。建成"自助＋理财"网点45家，释放110人做强优势网点。加大自助机具投放力度，建成系统内首家智能银行。在部分行试点城区网点扁平化改革，激发网点的经营活力。农业银行江苏省分行一是加快推进小微企业业务发展，制定出台《关于加快推进小微企业业务发展的意见》，对现有信贷经营模式进行改造，建立起市场反应灵敏服务快捷高效、风险防控有力、绩效考核科学的经营管理体系，支持江苏小微企业持续健康发展；二是投产上线BoEing系统三期，将全行贷款、对公存款、现金管理、保证金存款、专项资金托管、支付结算、集中版理财等核心业务纳入系统运行，极大提高了业务运行和服务客户的能力；三是加强员工行为管理，建立员工行为管理联席会议制度，定期开会研究员工行为管理工作，出台员工行为管理责任制考核办法，强化各部门管理职责，落实各级"一把手"，尤其是网点负责人的管理职责，加强直线经理对所辖员工行为管理的行为管理和引导；发挥网点管理部作用，加强对各级机关人员行为管理，切实提高机关的管理效能。建设银行江苏省分行一是进一步优化营业机构布局，全年共对50个营业机构进行了布局调整；二是进一步完善营业机构功能，至12月末，分别将符合总行和银行业监管机构规定条件的41个储蓄所升格为支行，营业机构结构得到进一步改善；三是进一步加快营业机构新设步伐，全年共新设支行36个，有效弥补了新兴市场和新兴经济区域空白点。交通银行一是贯彻落实"人工网点＋客户经理＋自助银行"三位一体的经营理念，设立了259家离行式自助银行，2013年新增自助银行64家，做到机构设立体系丰富完善、网点设立规范合理、分布区域有序广泛；二是构建以综合型网点为主体、传统型基础网点为依托、特色型和专业化网点为补充的人工网点渠道，在全省开展特色金融，创新发展科技银行、文化银行、在市场条件成熟区域打造出国金融服务中心，满足出国留学、移民、商务等客户群体全方位的金融服务需求，树立国际业务品牌形象。

（二）证券业

1. 多层次资本市场加快推进，促进经济转型的作用进一步显现

2013年江苏省直接融资保持稳定增长，全年多家上市公司成功通过非公开发行、公司债等方式获得融资283.7亿元。中小企业融资渠道进一步拓宽，"新三板"扩容后江苏首批挂牌企业数居全国各省区第一位，私募债试点工作也走在全国前列。同时江苏全年有23家上市公司通过资产重组，实现了产业整合、产业结构调整和盈利能力提升。

2. 创新发展持续深化，证券期货经营机构的综合竞争力进一步提升

证券公司多项新业务积极发展，其中，融资融券收入已占总收入的近20%。期货业方面，分别有两家期货公司获准开展资管业务和设立风险管理子公司。

3. 监管转型全面启动，市场运行秩序进一步规范

根据中国证监会的统一部署，江苏证监局全面启动把工作重点从事前审批向事中、事后监管的转型，进一步强化简政放权，完善日常监管，提高信息披露质量，督促中介机构归位尽责，切实强化稽查执法效能。

4. 投资者保护机制更加健全，市场生态环境进一步优化

2013年，江苏现金分红的上市公司比例达到80%以上，高出全国平均水平13个百分点，市场投资功能进一步显现。同时强化证券期货业适当性管理，重点打击非法证券活动等扰乱市场秩序行为，投资者教育机制更为有效，保障投资者合法权益机制进一步完善。

（三）保险业

1. 构建保险放心消费环境

一是营造浓厚创建氛围，通过《保险@生活》、政风热线等栏目塑造保险业诚信经营的形象。二是创建安全消费环境，通过开展销售误导综合治理评价工作和构建理赔指标测评体系提升保险行业服务水平。三是构建全覆盖消费投诉体系，实现了保险消费者投诉办理社会全覆盖。四是创新惠民举措，营造便利消费环境，不断提升保险消费者服务保障。2013年，江苏保险业拥有省级放心消费创建行业组织2个，示范单位4个，先进单位10个。

2. 大病保险试点工作稳步推进

一是建立大病保险事前、事中和事后监管体系。江苏保监局与省医改办等5部门联合制定了江苏《关于开展城乡居民大病保险工作的实施意见》，参与制定《江苏省城乡居民大病保险承办机构招标管理若干规定》。二是加强重点环节、重点领域监管。严把资质准入关，对经营大病保险资质提出9项具体要求，通过实地抽查、人员测试、查验信息系统及操作流程等程序，公示了两批18家省级分公司经营资质名单。三是大病保险覆盖面提高。2013年，江苏省大病保险在全省12个地市全面铺

开（镇江除外），基本完成省政府年初制定的每地市至少1个县区参与试点的目标，大病保险已覆盖2 794万人，实现保费收入5.12亿元。根据已进入实际运作的大病保险项目统计，全年保险公司共接到理赔报案46 548人次，已赔付40 136人次，补偿金额1.1亿元，平均补偿水平2 740元/人，为缓解人民群众因病致贫返贫的突出矛盾发挥了巨大的作用。

3. 农业保险工作迈上新台阶

江苏保监局推动省政府办公厅下发《省政府办公厅关于贯彻落实〈农业保险条例〉的通知》，推动省农业保险领导小组办公室下发《关于完善江苏省政策性农业保险条款费率的通知》，优化条款，保额提高了11%，费率降低了10%，农险支农惠农强农力度增强。2013年，全省农险保费收入及农险基金共计31.49亿元，支付各类农险赔款12.13亿元，378.38万户次农民从中受益，主要种植作物小麦和水稻的承保覆盖面均超过90%。高效农业保险发展迅速，全省实现高效农业保险保费15.37亿元，同比增长117%。

4. 科技保险发展迅速

2013年，江苏省科技保险发展迅速，全省13个地市都相继推动了科技保险工作。全年实现科技保险保费收入1.66亿元，为536家（次）科技企业提供了1 000多亿元的科技创新与经营风险保障，保费收入及投保企业数量增长均超过30%。苏州成为全国唯一保险与科技结合综合创新试点地区，全国首单知识产权综合责任保险在苏州承保。

5. 重点领域责任保险工作深入推进

2013年，环境污染责任保险为全省3 854家投保企业提供了34.22亿元风险保障；食品安全责任保险为全省422家企业提供了8.55亿元的食品安全保障。医疗责任保险实现保费收入1.88亿元，承保了2 713家医疗单位，提供风险保障14.15亿元。

七、金融基础设施

（一）支付体系

1. 进一步规范支付服务市场，强化日常监督管理

2013年人民银行南京分行进一步强化了银行机构加入支付系统的准入管理，全年受理并审核1 500余次银行机构加入大小额支付系统、支票影像交换系统、电子商业汇票系统和网上支付跨行清算系统等支付服务系统的申请。初步建立了支付机构非现场监管指标，通过支付机构各类数据、报表、自查报告及日常监测等来源采集信息，实现对其经营情况评判和对风险趋势的判断。强化对支付机构的日常监督管理。

2. 促进助农取款服务稳步发展，提升农村地区支付服务水平

人民银行南京分行探索建立"农村金融综合服务站"，整合了涉及支付、发行、信贷、征信、国库、消费者权益保护等多个部门的共计14项服务性内容，更加契合农民生产生活实际需求。通过实现人民银行监督指导、商业银行日常管理、村委会和派出所重点联系加强服务点管理，同时通过统一服务形象、对站点工作人员进行系统培训进一步规范服务流程。试点"政府预借备用金 + 小额无担保信用贷款"模式，通过协调地方政府预借备用金、集中发放涉农补贴，指导银行合理设置服务点、开展小额无担保信用贷款的方式，有效解决助农取款服务网点备用金不足问题，提升服务点效

率和业务量，缓解银行柜面压力。

3. 鼓励创新支付方式，推广支付工具应用范围

根据人民银行总行部署，圆满完成全省 56 万余户商户的银行卡刷卡手续费标准调整实施工作，进一步发挥银行卡在扩大内需、促进流通和消费方面的积极作用。推动金融 IC 卡在公共服务领域应用、鼓励电话支付、手机支付、互联网支付等新兴支付方式的发展。

（二）信用环境

1. 大力推动《征信业管理条例》（以下简称《条例》）贯彻实施

人民银行南京分行印发《人民银行南京分行办公室关于开展〈征信业管理条例〉专题宣传活动的通知》，通过召开新闻发布会、金融系统电视电话会议等形式全面启动省、市、县三级联动的《条例》专题宣传活动，组织开展"百姓征信知识问答"和"金融机构征信知识竞赛"活动，深入机关、社区、乡村、企业、校园，针对不同群体开展特色宣传。开展金融机构执行《条例》情况专项检查，基本实现了对省内各金融机构的全面覆盖。同时，组织开展人民银行个人信用报告查询情况的全面自查工作。

2. 不断规范和培育信用评级市场

人民银行南京分行组织信用评级机构加强了违约率系统数据、统计月报、年度工作报告的报送，通过对报表及报告的深入分析，掌握并及时反映信用评级机构业务经营动态。强化对评级质量的评价和监测，针对经营状况出现较大波动、跟踪评级报告级别下调幅度较大的担保机构信用评级报告组织开展专家评审。组织开展省担保机构信用评级与银保合作信息监测管理系统运行情况及效果的调查研究，加强数据核对，有效提高系统数据质量。开展小贷公司信用评级试点，苏州、无锡、镇江、盐城、扬州等地共组织开展了 14 户小贷公司的试点评级。

3. 深入推进农村信用体系试验区建设工作

人民银行南京分行在全省选择了 17 个积极性较高、条件较为成熟的地级市、县（市、区）深化农村信用体系试验区建设工作，进一步完善了试验区建设的组织领导与推进机制，明确了总体工作目标、各部门的工作内容与职责分工。对照总行《农村信用体系建设数据项指引》，完善江苏省农户信用档案；会同行内法律事务部门强化农户系统的授权机制，组织各市中心支行加大协调力度、推动农户系统建设。目前，全省已有 69 个县区开展了农户系统建设工作，共采集 160 万农户 1 100 万条信息，1 779 户农村合作经济组织 9 300 条信息。推动涉农金融机构依据农户信用档案及评价结果，加大信贷支持力度。

（三）反洗钱

1. 大力开展预防和打击洗钱等犯罪行为工作

强化对金融机构报送重点可疑交易的研判调查工作。规范金融机构重点可疑交易报送流程，指导辖内金融机构做好对高风险客户、高风险业务和高风险环节的持续监测。进一步深化与省公安厅、省国税、南京海关缉私局等部门深化在预防打击洗钱犯罪中的合作。

2. 有序推进金融机构反洗钱风险评估

依托人民银行总行 5C 评估指标体系框架，研究制定了风险评估实施方法，并通过举办培训班，向人民银行分支行讲解反洗钱风险评估的指标体系、操作流程及注意事项，保证风险评估工作在全

辖有序、规范开展。

　　3. 积极探索反洗钱工作信息化建设

　　开发反洗钱通用数据分析系统和反洗钱重点可疑交易报送系统，规范优化处理流程、加强"大数据"信息化管理，为日常反洗钱信息的分析汇总提供系统支持。指导人民银行分支机构开发反洗钱风险评估系统，并利用该系统完成了对法人机构评估数据的统一集中管理，达到风险监管扁平化管理的预期效果。

（四）金融生态环境建设

　　1. 金融生态县动态考评制度逐步完善

　　针对近年来县域金融生态环境的薄弱环节和突出问题，着眼于金融生态环境长效机制建设，人民银行南京分行制定了《关于进一步完善金融生态县考核 强化金融生态环境动态评估的意见》，对考核指标、考核标准、考核程序、约束机制等方面进行了完善。增加了金融基础设施、金融风险防范、直接融资、金融消费者权益保护等方面的考核内容；加大对非法金融活动、地方政府是否存在干预金融机构正常经营的行为等方面的考核；将金融市场发生的重要风险事件以及具有融资功能的非金融机构发生挤兑、重大违规经营、经济犯罪案件等也纳入考核；建立健全监督检查及时跟进机制，完善摘牌降级制度，加大问责力度。修订出台了《江苏省金融生态县创建考核办法》，作为今后一段时期全省金融生态县考核工作依据。

　　2. 金融生态县申报考核工作深入推进

　　在县级申报、市级初审的基础上，人民银行南京分行组织对各申报单位进行省级非现场审核，广泛征求15个省金融稳定协调小组成员单位和45家主要省级金融机构的意见，结合非现场审核情况抽取部分县（市、区）开展现场督察工作。对于获得"金融生态优秀县"称号满三年的7个县（市、区）同时开展"回头看"工作。组织召开全省15个厅局参加的县域金融生态环境专题评审会，新评定产生8家金融生态优秀县和3家金融生态达标县，金融生态县覆盖率达到82.9%，提前两年完成金融生态优秀县创建目标。

　　3. 县域金融投资者教育工作成效显著

　　人民银行南京分行联合江苏证监局、江苏保监局在多个县域地区开展了以民间借贷、防范和打击非法集资、投资理财为主要内容的县域金融投资者集中宣传教育活动，增强农民、个体工商户、私营企业投资风险意识，优化县域金融生态环境。指导人民银行县支行不断丰富投资者教育活动的内容和形式，提升活动的实际效果。

　　　　　　　　　　　　　　　　总　　纂：李　军
　　　　　　　　　　　　　　　　统　　稿：马军伟
　　　　　　　　　　　　　　　　执　　笔：卜建明　宋　磊　张　曦　杨　洋
　　　　　　　　　　　　　　　　其他参与写作人员：周晨阳　倪海鹭　王　凡

浙江省金融稳定报告摘要

2013 年，浙江省经济保持平稳发展势头，稳定性和质量效益有所提高，转型升级积极推进，基本实现年初制定的目标，为区域金融稳健运行创造了良好的环境。银行业存贷款规模增长平稳，信贷结构持续优化，法人银行机构经营状况良好，总体运行情况较为稳健。证券业呈现体系不断丰富、深度不断拓展的稳健发展态势，证券期货机构经营情况有所好转，法人证券公司创新业务发展迅速，区域多层次资本市场建设不断推进。保险市场体系日益完善，资产规模稳步增长，服务领域进一步拓宽，现代保险经济补偿和风险保障功能有效发挥。小额贷款公司、融资性担保公司、典当行等具有融资功能的非金融机构继续发挥补充作用，温州、丽水、义乌等区域金融改革稳步推进，互联网金融创新兴起，金融基础设施持续完善。总体来看，2013 年浙江省金融稳定状况良好，但未来面临的形势仍然不容乐观。

一、区域经济

2013 年，浙江省经济运行的稳定性和质量效益有所提高，呈现"稳开稳走"态势，转型升级积极推进，基本实现年初制定的各项目标。

（一）经济运行概况

1. 经济增长稳中有升，产业结构持续优化

2013 年，浙江省实现地区生产总值 37 568.5 亿元，比上年增长 8.2%，增幅提高 0.2 个百分点；人均生产总值 68 462 元，比上年增长 7.9%，增幅提高 7.9 个百分点。第三产业占比稳步提高，三次产业结构由 2012 年的 4.8:50:45.2 变为 4.8:49.1:46.1。工业经济发展总体平稳，规模以上工业增加值 11 701 亿元，比 2012 年增长 8.5%，增幅提高 1.4 个百分点。

2. 内需增长保持平稳，外需增速有所回升

2013 年，浙江省全社会固定资产投资 20 194 亿元，比上年增长 18.1%，增幅同比下降 3.3 个百分点。社会消费品零售总额 15 138 亿元，扣除价格因素实际增长 11.8%，增速同比上升 0.4 个百分点①。进出口增速有所回升，进出口总额 3 358 亿美元，比 2012 年增长 7.5%，增幅提高 6.6 个百分点，全年实现进出口贸易顺差 1 618 亿美元，比 2012 年扩大 249 亿美元。

3. 物价涨幅温和上扬，进出价差有所缩小

2013 年，浙江省居民消费价格同比上涨 2.3%，涨幅比上年提高 0.1 个百分点。从价格走势看，

---

① 如果包括未纳入现行统计制度的无证个人网店零售额测算数据，则社会消费品零售总额同口径增长速度可达 13.7%。

下半年开始略有回升。工业品出厂价格和原材料购进价格同比降幅有所收窄，分别比上年下降1.8%和2.3%，降幅分别收窄0.9个和1个百分点；出厂价格和原材料购进价格涨幅差0.5个百分点，比上年下降0.1个百分点，价差略有缩小。

4.创新驱动作用增强，转型升级稳中有进

2013年，浙江省高新技术产业和装备制造业保持快速增长，分别增长10.3%和9.4%。专利申请量29.4万件，比上年增长17.9%。转型升级各项工作扎实推进。工业投资中设备工器具购置费用2 941亿元，增长17%，占工业投资的41.8%；淘汰关停1.8万家企业，淘汰1 658家企业落后产能；实现网络零售3 821亿元，比上年增长88.5%，网络零售额相当于社会消费品零售总额的25.2%，比上年提高10.2个百分点。

（二）经济运行中需要关注的问题

1.出口增长较为乏力

当前，浙江省出口企业仍然以加工装配、来料加工等低附加值环节生产为主，受外需持续疲软、人民币汇率持续升值、要素价格上涨等综合因素影响，出口增速回升力度不足，尤其是9月以后义乌国际贸易综合改革基数效应消失，累计出口增长率由1—8月的12.5%降至全年的10.8%。

2.部分企业生产经营困难

一是部分周期性行业和船舶、光伏等产能过剩的新兴行业大面积亏损的风险依然存在。二是部分小微企业经营依旧困难。小微企业制造业PMI指数仅为46.9%，仅3月、4月PMI在50%的荣枯线以上。

3.地方财政收支平衡压力加大

2013年，全省公共财政预算收支缺口达934亿元，公共财政预算收入增速低于支出3.4个百分点。当前，土地出让收入不稳定，房地产、制造业和金融业税收增长趋缓，民生相关重点支出不断增大，地方财政收支平衡压力加大。

二、银行业

2013年，浙江银行业正确处理保增长与防风险的关系，存贷款增长平稳，信贷结构持续优化，法人银行机构经营状况良好，总体运行情况较为稳健，为浙江经济企稳回升提供了坚实金融保障。

（一）银行业稳健性评估

1.存款增速有所回升，稳定性仍显不足

年末，浙江省银行业金融机构本外币存款余额73 732.4亿元，比上年增长10.58%，增速上升1个百分点。全年新增存款7 051.5亿元，同比多增1 261.9亿元。存款季末冲高现象有所减弱，但月度间波动仍较明显。1月、3月和9月存款增量为全年新增存款的90%。

2.贷款继续平稳增长，小微贷款增加较多

年末，浙江省银行业金融机构本外币各项贷款余额65 338.8亿元，比上年增长9.8%，增幅回落2个百分点。全年新增贷款5 704.9亿元，同比少增561.7亿元。全年小微企业贷款比年初新增1 717亿元，同比多增238亿元，增量占全部企业贷款增量的54.0%。

3. 利润水平出现下滑，中间业务收入占比提升

2013 年，浙江省银行业金融机构实现利润 1 144.06 亿元，比上年减少 49.02 亿元，降幅为 4.11%，已经连续两年出现下降。利润出现下降主要是由于不良贷款余额的攀升及处置力度的加大，各银行大幅计提了拨备。中间业务收入率 14.74%，比年初上升 1.88 个百分点。

4. 不良贷款持续反弹，资产质量下行压力较大

年末，浙江省银行业金融机构不良贷款余额为 1 199.74 亿元，比年初增加 248.43 亿元，不良率为 1.84%，比年初提高 0.24 个百分点。年末浙江省银行业金融机构关注类贷款余额 2 084.93 亿元，关注类贷款比例达 3.17%，虽比年初有所下降，但仍处于较高水平。

5. 中小法人银行机构经营状况较为稳健

年末，浙江省法人银行机构①存款余额 25 026.39 亿元，增长 17.85%；各类贷款余额 17 577.19 亿元，增长 16%；实现本年利润 409.97 亿元，增长 11.97%；不良贷款率 1.29%，低于全省平均水平。加权核心资本充足率和资本充足率分别为 11.81% 和 13.47%，拨备覆盖率达 279.40%，抗风险能力较强。

（二）银行业运行中需要关注的主要问题

1. 信用风险防控压力不减

一是企业经营仍显困难。浙江省经济平稳复苏，各项宏观经济指标趋好，但微观主体经营仍显困难。二是担保链风险仍在延续。尽管未出现短期内集中出险的大型担保链风险，但担保风险影响区域更广，更为普遍。三是不良贷款处置面临种种困难，企业恶意逃废债现象有所抬头。

2. 法人机构存在流动性风险隐患

从日常监测指标看，法人银行机构的流动性指标均符合监管要求，流动性水平总体稳定，没有出现大的流动性风险事件。但部分法人机构为追求高收益，资产期限错配严重、杠杆率偏高，对外部融资的依赖程度较高，再加上自身流动性管理水平不足，存在流动性风险隐患。

3. 盈利能力出现下滑

浙江省银行业净利润出现连续下滑态势。虽然银行大幅计提了拨备是主要原因，但其他趋势性的因素也不容忽视：一是经济增速放缓，二是利率市场化收窄净息差，三是金融脱媒挤压盈利空间。预计未来浙江省银行业将进入利润低速增长期。

4. 案件风险应引起警惕

银行机构及基层行从业人员在展业过程中存在违规甚至违法行为。部分银行工作人员为追求自身利益，利用职务之便和信息不对称，违法发放贷款甚至非法吸收公共存款，造成了不良影响。

（三）银行业发展展望

2014 年，浙江省经济总体将继续企稳回升，有利于银行存贷款的增长，但制约存贷款增长的各项因素仍将继续存在，预计全省银行业存贷款将保持平缓增长势头。经济结构调整带来的阵痛将持续考验银行信贷质量，信用风险仍将持续暴露，不良贷款将继续小幅增长。银行存贷利差将进一步收窄，伴随信贷规模增速放缓、信用风险暴露，银行业利润仍将小幅下滑。

---

① 包括浙商银行、城市商业银行、农村商业银行、农村合作银行、农村信用社、村镇银行、农村资金互助社、贷款公司和外资法人银行。

三、证券业

2013 年，浙江省证券行业表现相对良好，证券期货机构经营情况有所好转，法人证券公司创新业务发展迅速，上市公司融资持续下降，区域多层次资本市场建设不断推进。

（一）证券业稳健性评估

1. 证券期货机构经营形势有所好转

2013 年，浙江省证券经营机构累计代理交易额 13.54 万亿元，比上年增长 52.65%；实现利润总额 35.08 亿元，比上年增长 114.82%。期货经营机构代理交易额 60.07 万亿元，比上年增长 53.16%；实现利润总额 8.29 亿元，比上年增长 3.88%。

2. 法人证券公司经营状况良好

三家法人证券公司资产规模不断扩大，积极参与业务和产品创新，资产管理、融资融券、约定式购回等新型业务快速发展，净利润增长 242.94%，且经纪业务手续费收入占比逐年下降。净资本/净资产、净资本/负债等均高于监管标准。

3. 上市公司融资持续下降

2013 年，浙江省境内上市公司累计融资 244.6 亿元，比上年下降 27.67%，占全省社会融资规模比例为 2.93%。全年无新增首发上市公司。增发融资 173.7 亿元，比上年增长 77.01%；公司债融资 54.2 亿元，比上年下降 44.58%。

4. 区域股权交易市场迅速发展

浙江股权交易中心发展迅速，年末挂牌企业 737 家，其中成长板企业 150 家，创新板企业 587 家。私募债备案企业 32 家，备案金额 35.6 亿元，完成发行 17 单，发行金额 16.4 亿元。实现股权融资 32.6 亿元，股权质押融资 15.8 亿元。

（二）证券业运行中需要关注的问题

1. 部分跨行业"通道"业务隐含风险

一是定向资管业务为其他机构提供监管套利。二是相当一部分资金投向限制性行业。三是业务交叉放大整体杠杆率。四是同业补充协议潜藏法律风险。

2. 上市公司类金融业务有待规范

上市公司委托理财与委托贷款、信托投资等类金融业务得到快速发展，加剧了资金市场的资源错配，影响了上市公司主营业务发展，部分业务已经有违约事件出现。

3. 证券公司创新业务层次仍需提升

浙江省三家证券公司大部分创新业务和产品还停留在对银行理财和信托计划的模仿阶段，自主创新能力不高。期货公司业务同质化程度较高，收入结构单一，交易所的保证金结息成为收入的主要来源。

四、保险业

2013 年，浙江省保险业积极推进改革创新，市场体系日益完善，资产规模稳步增长，服务领域进一步拓宽，保险深度达到 3.0%，保险密度达 2 025.4 元/人，现代保险经济补偿和风险保障功能有效发挥。

（一）保险业稳健性评估

1. 行业格局日益完善，资产规模稳步增长

2013 年末，浙江省共有保险市场主体 76 家，各类保险机构 3 602 家，保险专业中介机构 154 家，兼业代理机构 11 160 家，保险业总分机构、中介机构、行业社团共同繁荣的市场格局日益完善。全省保险公司资产总额 2 274.3 亿元，增长 13.82%。

2. 业务规模平稳增长，保险补偿功能有效发挥

2013 年，浙江省保险业共实现原保险保费收入 1 109.9 亿元，排名全国第 4 位，保费收入增长 12.7%，高于全国平均水平 1.5 个百分点。保险业赔付支出 451.0 亿元，增长 31.6%，与全国平均水平基本持平。

3. 保险覆盖面继续扩大，服务领域稳步拓宽

政策性农业保险健康发展，2013 年共为 349.7 万户农户提供了 381 亿元的风险保障，参保率达到 83.4%，保费收入 6.5 亿元，增长 62.5%。出口信用保险保障作用显著，共保障出口额 404.0 亿美元，增长 14.7%；大病保险顺利推进，承保人口达 1 369.6 万人。

4. 行业效益继续下降，人身险公司结构优化明显

财险公司赔付支出增幅比上年提高 5.6 个百分点，导致全行业亏损 25.0 亿元。人身险公司受退保风险高企影响行业亏损持续扩大，全年共亏损 78.0 亿元，比上年增加 23.4 亿元。人身险公司结构调整进展显著，分红险一险独大的局面有效改善，保费收入占比大幅下降 13.0 个百分点。

5. 法人机构偿付能力分化，投资收益情况良好

三家法人保险机构偿付能力情况有所分化。信泰人寿通过补充资本①偿付能力充足率为 181.0%，新开业的中韩人寿偿付能力充足率达到 129.9%。浙商财险偿付能力有所下降，偿付能力充足率 159.93%，已接近 II 类公司监管标准。法人公司投资收益情况总体良好，投资收益率均高于 3%。

（二）保险业运行中需要关注的问题

1. 人身险公司退保率持续高企

人身险公司 2013 年退保率达到 4.7%，比上年上升 0.5 个百分点，高于全国平均水平 0.9 个百分点，已接近 5% 的警戒线。

2. 财险公司经营难度加大

财产险全行业陷入亏损，同业竞争压力增加，经营难度加大，机构非理性经营行为有所抬头，不严格执行报批报备费率、攀升手续费等行为明显增多。

3. 商业化模式难以应对巨灾风险

浙江地处东南沿海，是台风灾害多发的省份，灾情具有分布地域广、发生频率高、灾害损失重的特点。2013 年，台风"菲特"导致全省直接经济损失 275.58 亿元，财险公司赔付大幅上升，赔付支出 47.9 亿元，占全省财险赔付总额的 10.6%。

---

① 信泰人寿增资尚在走流程之中。

4. 农业保险覆盖面偏窄

政策性农业保险发展进程仍较缓慢，覆盖面偏窄，全省农业保险保费收入占全部财险保费收入的比重仅为 1.3%。主要原因是保险品种以水稻等普适性品种为主，投保门槛偏高且部分险种保险责任范围不适应实际需求。

五、社会金融活动

2013 年，浙江省具有融资功能的非金融机构[①]业务增速有所放缓，三类机构的资产质量均有所下降，个别机构经营较为困难。

（一）小额贷款公司稳健性评估

1. 贷款总量保持增长

年末，浙江省正式注册小额贷款公司 314 家，比 2012 年末增加 37 家。2013 年，浙江省小额贷款公司累计发放贷款 3 222.09 亿元，比上年增长 21.25%；年末贷款余额 899.72 亿元，比上年末增长 22.85%。

2. 贷款方式以保证担保为主

年末，浙江省小额贷款公司抵押、质押和保证等非信用贷款余额共计 872.77 亿元，占全部贷款余额的 97%，其中，保证贷款余额 762.91 亿元，占全部贷款余额的 84.79%。

3. 贷款利率相对较高

相关调查[②]显示，小额贷款公司贷款利率为 10%～15% 的占 13.2%，15%～20% 的占 77.4%，20%～25% 的占 9.4%。虽然小额贷款公司的放贷利率低于民间融资，但仍达到同期银行基准利率的 3～4 倍。

4. 盈利能力缓慢回升

2013 年，浙江省小额贷款公司实现营业收入 133.53 亿元，比上年增长 21.92%；实现净利润 71.98 亿元，比上年增长 10.81%。从单家机构看，每家小额贷款公司全年平均实现净利润 2 292.36 万元，比上年增长 3.81%。

（二）典当行稳健性评估

1. 机构数量略有增加

截至 2013 年末，浙江省共有 483 家典当企业，比上年末增加 34 家。注册资本总额 88.51 亿元，比上年末增加 12.83 亿元，资金实力有所增强。

2. 典当业务量增势微弱

年末，浙江省典当行典当余额 75.24 亿元，增长 11.17%。全年累计发放典当贷款 392.98 亿元，仅增长 1.02%；从季度变化来看，典当贷款量在经历了第二季度大幅下降后第三、第四季度微弱回升的先抑后扬的态势。

---

① 包括小额贷款公司、典当企业和融资性担保公司。
② 数据来源：人民银行杭州中心支行调统处在全省范围内选择 53 家小额贷款公司开展的专题调查结果。

3. 盈利能力继续下降

2013 年，浙江省典当行业实现利息与综合服务费收入 8.23 亿元，同比下降 1.25%；实现税后利润 19 430 万元，同比下降 2.77%；综合息费率 2.12%，较上年同期下降 0.2 个百分点。

（三）融资性担保机构稳健性评估

1. 机构实力略有增强

截至年末，浙江省共有融资性担保机构 558 家，比上年末减少 31 家。实收资本 353.35 亿元，与上年同期基本持平；净资产 367.42 亿元，比上年末增加 7.55 亿元。平均单家机构实收资本达 6 677.08 万元，比上年末提高了 5.5%。

2. 业务规模继续下降

2013 年，浙江省融资性担保机构担保责任发生额 1 089 亿元，比上年下降 6.03%，其中，融资性担保责任发生额 935.06 亿元，同比下降 11.05%。担保准备金 26.83 亿元，比上年末增加 1.07 亿元。

3. 业务收入有所上升

2013 年，浙江省融资性担保机构共实现担保业务收入 16.55 亿元，比上年增加 0.66 亿元，增长 4.15%，其中融资性担保费收入 14.09 亿元，比上年增加 1.65 亿元。全省融资性担保机构实现净利润 1.73 亿元，增长 32.06%。

（四）值得关注的问题

1. 信用风险持续上升

部分小额贷款公司不良率较高，而且机构资产质量真实性较差，小额贷款公司资产质量下行压力较大。典当行业逾期贷款占全部典当贷款余额的比例比上年上升 1.53 个百分点，呈持续上升态势。融资性担保公司担保代偿风险加大，未担保代偿率为 2.68%，上升了 1.52 个百分点。

2. 内部管理相对薄弱

三类机构人员总体素质不高，资金实力不强，运营管理运作尚不规范，除了少数机构建立了较为精细的内部管理外，多数机构治理结构与风险控制机制不够健全，风险管控手段参差不齐，有效抵御和疏散风险的能力明显不强。

3. 行业发展参差不齐

三类机构发展不平衡，机构之间经营业绩和管理水平差距悬殊。部分机构竞争力较弱，不能适应行业规则约束与严峻的外部形势，机构经营较为困难，出现亏损甚至关停、倒闭现象。

六、金融改革与创新

（一）温州金融综合改革

1. 推动民间融资阳光化和规范化

《温州市民间融资管理条例》已经浙江省人大常委会审议通过，将于 2014 年 3 月 1 日正式实施。7 家民间借贷服务中心开业，设立 11 个备案登记服务网点，已累计登记借入借出需求总额 75 亿元，成交总额 25 亿元，场内借贷成功率 38%。编制"温州指数"，并扩展到全国 31 个地市。

2. 健全地方金融组织体系

村镇银行实现县域"全覆盖"，分支机构达 22 家。23 家农村资金互助社开业，共向会员投放互助金约 2.5 亿元。小额贷款公司开业 44 家，累计放贷 447.3 亿元。民资入股金融机构 133 亿元，成立一批商业保理公司、中小企业票据服务公司、小微企业再担保中心和应急转贷管委会。

3. 拓展应用资本市场工具

2013 年直接融资金额达到 153 亿元，比上年增长 59.4%，是新增贷款的 71.01%。组建 11 家具有地方特色的民间资本管理公司，累计组织资金 20.8 亿元支持 618 个项目发展，参与化解银行机构不良贷款 8.2 亿元。保障房项目定向债务融资首期拟发行 36 亿元已经注册。区域资本市场挂牌 28 家。

4. 深化金融产品和服务

创新 80 多种金融产品服务小微企业，新增支持小微企业 5.6 万户，新增小微贷款 288 亿元，新增金融服务网点 85 个。发展出口信用保险、国内贸易信用险、小额贷款保证保险等业务，利用保险工具深化对小微企业的金融服务。深化信用体系建设，成立首家资信评估机构和征信服务公司。

5. 健全地方金融管理机制

地方金融管理局和金融仲裁院、金融犯罪侦查支队和金融法庭等机构工作有序开展。建设金融业综合统计信息平台及温州金融监测报数平台，建立非法金融大案要案挂牌督办工作制度，完善金融突发公共事件应急预案，立案的非法集资案件、涉案金额和涉及人数分别比上年都有大幅度下降。

（二）丽水农村金融改革

1. 促进金融支农工程拓展深化

一是引导金融机构进一步加大涉农贷款投放力度，年末涉农贷款余额 657.45 亿元，增速连续五年居全省第一位。累计发放林权抵押贷款 10.76 万笔、89.69 亿元。二是推进农户、社区居民和中小企业"三位一体"的社会信用体系建设，探索开展"城乡一体化"的信用体系建设。三是实现银行卡助农取款服务终端联网通用，推进涉农补贴资金发放"一卡通"。

2. 丰富涉农金融产品

开办小额农贷业务，为 5.8 万信用农户、累计贷款 23.99 亿元。探索开展农村土地流转承包经营权和农房抵押贷款，分别发放 1 298 万元和 24.21 亿元。深化茶园抵押贷款、石雕抵押贷款、农副产品仓单质押贷款、低收入农户小额贷款等金融支农特色产品，推动丽水特色养殖订单农业贷款项目试点。

3. 完善组织体系建设

完善农村支付服务体系。扩大农村地区 POS 机、ATM 等机具的布放范围，引导支付机构参与农村地区银行卡受理市场建设。推进网上支付业务在农村地区的广泛应用，网银用户数和全年交易量同比分别增长 95%、46%。推进政府财政出资、行业协会组建、商业性运作、村级担保基金等四个层次的农村担保体系建设。

（三）义乌金融专项改革

1. 推进"市场采购"贸易方式

根据"市场采购"新型贸易方式的特点，以"简洁易行、便于操作"为宗旨，研究拟定《浙江省个人贸易外汇管理办法（试行）》。围绕"市场采购"贸易方式，探索建立有义乌特色的"市场采购"贸易信用体系建设长效机制。

2. 加大贸易融资支持力度

引导金融机构探索与"市场采购"新型贸易方式相配套的供应链金融、贸易融资等创新产品。截至 2013 年末，义乌市贸易融资余额 59.26 亿元。出台《义乌市金融支持电子商务发展指导意见》，缓解电商企业融资难的问题。

3. 推进个人跨境人民币业务试点

个人跨境贸易人民币结算试点申请获批，是全国唯一的试点城市。制定《浙江省个人跨境贸易人民币结算试点管理暂行办法》及实施细则，累计开展个人跨境人民币结算 12 388 笔，结算金额 85.81 亿元。

（四）互联网金融创新

1. 浙江省互联网金融发展现状

一是阿里巴巴一枝独秀。2013 年 6 月 13 日，支付宝公司与天弘基金管理有限公司合作，推出了"余额宝"业务。截至 2014 年 2 月末，"余额宝"规模已突破 5 000 亿元，约为全国储蓄存款余额的 1%，其对接的天弘增利宝货币基金占全国货币市场基金的 40% 左右。二是 P2P 网络借贷较为活跃。从"网贷之家"的统计来看，已在"网贷之家"注册的浙江 P2P 平台为 39 家，高于北京（28 家）和上海（23 家）。三是银行互联网业务尚处于起步阶段。大型银行在浙江的分支机构率先发力，工商银行和工银瑞信合作推出类余额宝项目"天天益"，首先在浙江地区试点。杭州银行推出"综合金融移动平台"，在城商行中率先开展金融互联网战略。

2. 存在的问题

一是"余额宝"可持续性发展存疑。"余额宝"对接的货币市场基金 90% 投资于银行协议存款。2013 年以来银行资金面较为紧张，货币市场基金议价能力较强，协议存款利率较高。随着资金面的逐步宽松以及银行机构的危机意识增强，协议存款的高利率无法持续，"余额宝"的年化收益率很可能逐步走低，可能出现大幅赎回的现象，可能出现流动性风险并波及存放备付金机构。二是 P2P 平台风险开始暴露。P2P 平台规模较小，缺少控制信贷风险的手段，抵御风险能力差。同时，部分 P2P 平台已完全背离了 P2P 的初衷，做起了自融和非法投资的活动，影响了行业声誉。据不完全统计，2013 年下半年以来，浙江省至少有 17 家 P2P 平台倒闭，不少涉及自融性问题①。

七、金融基础设施

（一）支付体系稳健性评估

2013 年，支付清算系统业务管理持续加强，全年办理清算业务量和金额分别增长 31.31% 和 30.92%，未发生一起重大支付清算系统安全事故。农村支付服务环境大幅改善，网银用户达 2 917 万户，网上支付交易笔数和金额分别增长 48.0% 和 73.3%；手机支付交易笔数和金额分别是 2012 年

---

① 数据来源：《P2P 网贷平台爆发提现危机 浙江倒闭 17 家》，《都市快报》。

的 4.9 倍和 5.4 倍。推动银行卡助农代理转账服务的应用，解决偏远地区农民办理公用事业费缴纳难、转账难等问题。银行机构支付业务规范性不断提升，完成 1.37 亿户存量个人人民币银行账户身份信息核实工作和银行卡刷卡手续费标准调整实施工作。建立协作监管、窗口指导和高管考试等新监管机制，探索对大型网络支付机构开展现场检查，建立浙江省支付机构管理信息系统。

（二）征信体系稳健性评估

2013 年，征信系统覆盖的经济主体规模进一步扩大，已为 3 490 万自然人和 62.7 万户企业建立了信用档案。征信系统数据来源日益丰富，已涵盖全省所有银行业金融机构，部分小微金融组织、地方政府部门、公用事业单位等。征信系统社会效应日益显现，开通系统查询用户 3.8 万个，金融机构月均查询量 375.75 万次，成为金融机构防范信贷风险的重要工具。征信市场稳健发展，累计完成 80 家小贷公司和 301 家担保机构的信用评级；推动企业信用评级，完成 1 233 家小微企业，8 832 家借款企业的信用评级。将台州、义乌等地作为第二批中小企业信用体系试验区，探索符合地方实际的中小企业信用体系建设模式。借助温州、丽水、义乌等地改革契机，将中小企业信用体系建设工作纳入改革试点范畴。

（三）反洗钱体系稳健性评估

2013 年，全省反洗钱工作持续推进。省内各级人民银行在现场检查中贯彻风险为本理念，不断创新检查方式方法，提升现场检查效果。优化监管资源配置，开展反洗钱风险评估；突出全面覆盖，不断增强法人监管有效性。利用通报情况、集中研判、举办案例分析会，多形式、多渠道提升可疑交易价值，建立风险为本的可疑交易报告管理模式。开展洗钱类型分析工作，对辖内洗钱、上游犯罪案件和可疑交易报告进行汇总统计、综合分析。深化成果转化，全年向公安机关移送案件线索 66 起，成功推动两起洗钱定罪案件。通过主办或组织各类宣传活动、制作专题系列节目、开展反洗钱知识有奖竞答等形式，扩大反洗钱工作的社会影响力。

八、金融稳定总体评估

2013 年，浙江省经济增长缓慢回升，金融业总量合理增长，金融改革与创新不断推进，金融结构相对合理，社会金融活动补充功能有效发挥，金融基础设施较为完善，整体金融稳定状况良好。人民银行杭州中心支行运用区域金融稳定定量评估模型对浙江省 2013 年区域金融稳定状况进行定量评估，结果显示，总分较 2012 年增加 1.51 分，区域金融稳定状况总体较好。从分项指标看，宏观经济得分较 2011 年增加 1.51 分；金融机构部分指标有所下降，但仍大幅好于最低监管标准，因此得分继续保持满分，金融总体运行质量和效益保持平稳；金融生态环境得分与 2012 年持平，金融活动发展基础仍然稳固。

总　　纂：陆志红

统　　稿：胡卫华　潘晓斌

执　　笔（以姓氏笔画为序）：

　　王　勇　吴　云　芦华征　邵荣平　陈一烯　周　望

　　胡虎肇　翁　磊　潘佳峰　潘晓斌

安徽省金融稳定报告摘要

2013 年，面对错综复杂的国内外经济环境，安徽省坚持稳中求进的工作总基调，统筹稳增长、调结构、促改革、惠民生，保持了经济持续健康较快发展的良好势头。银行业总体运行平稳，银行业金融机构资产负债规模持续扩大，利润持续增加，不良贷款实现"双降"，抵御风险能力进一步提升；证券期货新设网点机构步伐加快，创新业务较快发展，市场交易活跃度有所提升，盈利能力显著提高；保险业整体保持良好发展态势，服务领域继续拓宽，保障功能和服务作用进一步发挥。但经济金融运行中的机遇与挑战并存，新老问题交错叠加，可能使潜在风险有所暴露，防范区域性金融风险面临新的压力。

一、经济运行与金融稳定

2013 年，安徽省抓住国家扩大内需和促进中部崛起战略机遇，努力克服各种不利因素的影响，稳步推进结构调整，实现了经济持续健康较快发展，经济增速高于全国、位于中部地区前列。初步核算，全年地区生产总值 19 038.9 亿元，按可比价格计算，比上年增长 10.4%，增速高于全国 2.7 个百分点，连续 10 年保持两位数增长。其中，第一、第二、第三产业增加值分别增长 3.5%、12.4% 和 9.5%。

（一）经济发展特征分析

1. 经济增速波动较小，长期发展趋势稳健

全年四个季度生产总值累计分别增长 11.2%、10.9%、10.7% 和 10.4%，季度间波动幅度在 0.3 个百分点以内，经济保持平稳较快增长的基本趋势。人均生产总值由 2007 年过 1 万元、2010 年过 2 万元、2013 年过 3 万元，相当于全国比例由 2007 年的 59.7% 提高到 2013 年的 75.6%。

2. 发展方式加快转变，结构调整成效明显

第一、第二、第三产业比例由上年的 12.7:54.6:32.7 调整为 12.3:54.6:33.1。工业对经济增长贡献率为 60.8%，比上年提高 2.6 个百分点，拉动经济增长 6.3 个百分点；服务业增加值占地区生产总值比重由上年的 32.7% 提高到 33.1%，对经济增长贡献率由上年的 29.9% 提高到 30%，拉动经济增长 3.2 个百分点。其中，交通运输业增加值增幅回落，房地产、金融业增速加快。

3. 三大需求平稳增长，结构有所改善

一是消费稳中有升，消费结构优化。全年社会消费品零售总额增长 14%，增幅位列全国第 3 位、中部第 1 位。零售额增速呈逐季加快之势，农村消费市场增长高于城镇，吃、穿、用类商品消费稳步增长，耐用品消费增长加快。二是投资较快增长，投资结构改善。全年固定资产投资增长 21.2%，

增幅比全国高 1.6 个百分点。固定资产投资季度间波动幅度较小，各地区增长较为均衡，第一、第三产业固定资产投资得到加强，六大高耗能行业投资增幅持续回落，民间投资较快增长。三是对外贸易触底回升，利用外资较快增长。全年进出口总额增长 16.2%，进出口、进口增幅分别高于全国 8.6 个和 31.3 个百分点，出口增幅则低于 2.3 个百分点；进出口总额、出口额、进口额居中部地区第 2 位，进出口、进口增幅居首位，出口增幅居末位。出口波动 U 形增长，进口加快增长，加工贸易增长较快，机电设备进出口大幅增长。实际利用外商直接投资额增长 23.7%，增幅高于全国 18.4 个百分点，总量居中部地区第二位、增幅居首位。

（二）经济运行中应予以关注的问题

当前全省经济面临着有利的发展机遇，但也面临一些问题和挑战。

1. 外部经济复苏缓慢，外部贸易环境较为复杂

全球工业生产和贸易疲弱，世界经济复苏缓慢，国际贸易保护加剧。人民币国际化进程加快、美联储量化宽松政策的调整等因素导致国际金融市场波动，外向型企业面临着复杂的汇率变动环境。国内经济企稳的基础还不稳固，经济发达地区向内地的产业转移和资金流动趋缓，利用外部资金发展后劲仍显不足。

2. 内需增长动力有待提升，经济增长转型压力大

近年来，全省投资增速发展快，对经济增长贡献度和拉动力高，但后续投资稳定增长的压力较大。全年固定资产投资增幅比上年回落 3 个百分点、比全国多降 2 个百分点。从投资意愿看，新开工项目规模偏小、资金约束大、增长放慢。从产品市场需求环境看，产品市场需求低迷，设备利用能力不足。同时，消费短期难以出现明显提振，市场消费需求回升缓慢。社会消费品零售总额增幅比上年回落 2 个百分点、比全国多降 0.8 个百分点。从消费意愿看，居民收入增长有所放缓，物价持续上涨，居民储蓄理财持续增长，抑制居民即期消费的影响因素较多。全年全省城镇居民人均可支配收入和农村居民人均纯收入分别比上年回落 3.1 个和 1.8 个百分点。全省人均 GDP 不高，在一定程度上制约社会消费增长，2013 年全省人均 GDP 仅为全国的 75.6%。从消费市场环境看，市场需求回升缓慢，市场建设有待完善。农村市场规模小、基础弱、消费环境相对滞后等状况没有根本改变，网络购物对传统零售业冲击越来越明显，部分购买力外流对消费品市场产生一定影响。

3. 节能降耗压力较大，部分行业产能过剩矛盾依然存在

全年规模以上工业综合能耗比上年增长 5.7%，增幅比上年提高 0.6 个百分点，规模以上工业能耗增幅"先抑后扬"，单位工业增加值能耗降幅收窄，新上高耗能项目、老企业产能扩张对节能影响较大。随着工业化进程的稳步推进，工业能源消费将保持较快增长，节能降耗压力较大。钢材、水泥、平板玻璃、房间空气调节器、彩色电视机等的产能利用率相对较低，煤炭、有色、化工、纺织等传统优势产业也面临产能过剩压力。

4. 劳动适龄人口比重下降，劳动力市场结构性矛盾凸显

根据 2013 年人口抽样调查数据测算，全省人口年龄中位数达 40.12 岁，年龄中位数的连续增加和老年人口比重的持续提高，人口老龄化程度不断加深。典型调查显示，全省企业用工人数平稳增长，企业用工形势总体向好，但招工难问题仍不同程度存在，企业员工流失率居高不下，企业普通技工缺口较大，用工成本增加。

二、非金融部门财务分析

（一）非金融部门财务基本情况

1. 政府部门

一是财政收入稳定增长，质量稳步提升。全年财政收入 3 365.1 亿元，增长 11.2%，比全国高 1.1 个百分点。地方收入中税收收入比重由上年的 72.8% 提高到 73.3%。各县公共预算收入同比增长 12.6%，高于全省平均水平 1.4 个百分点，有 47 个县公共预算收入增速超过全省平均水平。二是财政支出增长放缓，县域、民生支出占比提升。全年财政支出 4 351.6 亿元，增长 9.9%。社会保障与就业、城乡社区事务、科学技术、医疗卫生、农林水事务等重点民生支出占总支出比重由上年的 41.7% 提高到 44.4%。区县级（含乡）公共预算支出增长 18.0%，在全省支出中占比达 56.5%，比上年提高 3.3 个百分点。

2. 非金融企业部门

一是工业生产平稳较快，大中型企业生产形势趋于好转。全年规模以上工业增加值 8 559.6 亿元，增长 13.7%，增幅比全国高 4 个百分点。大中型企业生产形势趋于好转，对全部规模以上工业增长的贡献率为 52%，比上年提高 24 个百分点。二是企业效益水平逐步提高，民营企业利润大幅提高。规模以上工业经济效益综合指数 294.6，比上年提高 13.3 个百分点，比第一季度、上半年和前三个季度分别提高 22.2 个、17 个和 18.4 个百分点。规模以上工业企业实现利润增长 16.9%，增幅比上年提高 5.6 个百分点，比第一季度、上半年分别高 11.4 个和 5.1 个百分点，比全国高 4.7 个百分点。规模以上民营工业企业利润增速比全省高 1.5 个百分点，对全省利润增长的贡献率达 78.8%。

3. 住户部门

一是居民收入稳定增长，经营性收入贡献度增加。全年城镇居民人均可支配收入 23 114 元，比上年增长 9.9%，比全国高 0.2 个百分点。其中，经营净收入、财产性收入分别增长 18.7% 和 51.6%，对收入增长的贡献度显著增加。全年农村居民人均纯收入 8 098 元，比上年增长 13.1%，比全国高 0.7 个百分点。其中，工资性收入、家庭经营收入分别增长 15.1%、12.7%，家庭经营收入比重有所增加。全省农民人均纯收入过万元的县（区）已由 2012 年的 19 个增加到 41 个。二是消费性支出增速放缓，居民家庭恩格尔系数上升。城镇居民人均消费性支出 16 285 元，增长 8.5%，增幅回落 5.4 个百分点。农村居民人均生活消费支出 5 725 元，增长 3%，增幅回落 9.1 个百分点。城镇和农村居民家庭恩格尔系数分别为 39.1% 和 39.6%，同比均上升 0.4 个百分点。

（二）非金融部分财务稳健性分析

1. 财政收入增收制约因素较多，政府性债务风险总体可控

"两高一剩"和房地产业税收占比较高，贷款增速放缓、利差收窄使得银行业税收增速放缓，"营改增"改革使主要间接税、非税收入占比下降，财政收入增长潜力不足。全年煤炭、电力、化工等"两高一剩"行业以及房地产业税收收入占全省税收的 36.8%。从经济发展水平、政府性债务的现状，以及资产与负债的相互关系看，全省政府性债务风险总体可控。但也存在地方政府负有偿还责任的债务增长较快、部分地方和行业债务负担较重、对土地出让收入有一定程度的依赖性等问题。

2. 非金融企业生产要素成本上升，盈利能力有待提高

一是企业生产成本上升较快，企业盈利能力有待提高。全年规模以上工业主营业务成本增长16.6%，增幅比主营业务收入高0.5个百分点，占主营业务收入比重为86.5%，比上年提高0.4个百分点，比全国高1.2个百分点。39个工业大类行业中，24个行业主营业务成本占收入的比重比上年提高。二是企业资金周转较为紧张，小企业生产经营仍面临较大困难。全年规模以上工业企业应收账款增长22.5%，增幅比上年末上升1.2个百分点；产成品库存增长5.7%。在剔除新增企业影响后，小企业增加值、主营业务收入仅增长9.3%和12.1%，比上年回落8.4个和5.9个百分点，比大、中型企业低1.4个和1.3个百分点；但主营业务成本增长12.5%，两项资金占用比重高达42.1%。

3. 住户部门内部收入分配不均衡，债务负担水平持续增加

一是不同群体及地区收入差距较大。城乡居民绝对收入差距由1985年的265元扩大到2013年的15 016元，相对收入差距（城乡收入比，以农民人均纯收入为1）由1985年的1.72扩大到2012年的2.85。全省最高市与最低市的城镇居民人均可支配收入之比由2000年的1.54倍扩大到2013年的1.63倍，农民人均纯收入由2000年的1.71倍扩大到2013年的1.82倍。二是债务负担水平持续增加。住户部门衣食住行刚性消费支出不断攀升，城镇居民消费性支出增长高于其实际收入增速。随着消费升级转型和住房刚性需求，汽车和住房等消费信贷需求明显增加，城镇居民债务负担增速持续高于可支配收入的增长。

三、银行业与金融稳定

（一）银行业发展基本情况

至2013年末，安徽省银行业机构资产3.51万亿元，比年初增长17.93%，增幅同比下降3.66个百分点。其中，银行业法人机构资产比年初增长20.67%，占全省银行业资产总额的29.95%。

1. 存款稳定增长，存款季节性、期限性、机构性和区域性特征显著

至2013年末，全省银行业机构本外币合计各项存款余额2.69万亿元，同比增长16.1%，增幅比上年同期下降2个百分点。前三个季度存款季末冲高、季初回落特征依然存在。财政性存款同比增速提升，单位存款和个人存款新增较多。新增存款主要集中于国有大型商业银行和农村合作金融机构，部分股份制银行存款增长乏力。定期类存款占比持续提升，皖北地区存款增长相对较快。

2. 各项贷款较快增长，投放结构趋于合理

至2013年末，全省银行业机构本外币合计各项贷款余额1.97万亿元，同比增长17.2%，增幅较去年同期下降1.5个百分点。各季度信贷投放节奏较为均衡，各月贷款余额增速趋势总体平稳。中长期贷款波动较大，短期贷款快速增长，票据融资同比少增。单位贷款占比高，个人消费贷款增长较快。重点风险关注领域贷款投放放缓，薄弱领域信贷稳步增长。地方法人机构贷款增量占比较高，非银机构贷款增长较快。

3. 利润持续增加，收入结构趋于优化

全年全省银行业机构实现利润总额441.94亿元，同比增长16.27%。中间业务收入增长

29.09%，净利息收入增幅同比下降6.48个百分点，营业费用增幅同比回落5.43个百分点，成本收入比同比下降0.37个百分点。

（二）银行业发展中应予以关注的问题

1. 不良贷款防控压力加大

至年末，银行业机构不良贷款余额比年初减少24.21亿元，不良贷款率比年初下降0.43个百分点。一是信贷资产质量波动幅度大，部分机构关注类贷款和逾期贷款增长偏快，不良贷款实际压降难度高。全年有8个月不良贷款持续环比增加，9月和12月受贷款重组分类上调和农金机构改制影响，不良贷款下降幅度大。部分机构信贷资产质量向下迁徙，政策性银行和股份制商业银行关注类贷款增幅较大，国有大型商业银行和股份制商业银行逾期贷款增加较快。信贷资产质量向下迁徙主要受小微企业和承接东部地区产业转移企业的资金链紧张，以及钢贸、造船等产能过剩行业在短期内仍无法摆脱经营困境的影响。二是重点行业和重点领域信贷风险仍需关注。地方政府融资平台贷款余额持续增加，年末融资平台贷款余额比年初增加134.71亿元；房地产贷款快速增长，部分银行开发贷款增长偏快；制造业、批发零售业、建筑业、信用卡、住宿餐饮业以及住房按揭不良贷款增加，钢贸、光伏和船舶行业等产能过剩行业不良贷款防控压力大。

2. 利润增速趋缓，机构间盈利分化，资产增值水平下滑

全年银行业机构利润增幅较上年同期下降3.41个百分点。利率市场化不断推进和市场流动性成本上升使得净利息收益率收窄，净利息收入占比高但增幅回落，是利润增速减缓的主要原因。全省银行业金融机构资产利润率1.60%，比年初下降0.03个百分点，其中法人银行业金融机构资产利润率和资本利润率下降明显。一些影子银行业务不合理高企收益率和互联网金融产品加剧了市场竞争，股份制银行网点相对较少，邮储银行资金运用范围较窄，制约了该类机构利润增长，亟须盈利模式转型。

3. 表外业务和同业业务快速发展，跨市场、跨机构的交叉性金融风险有所显现

一是表外业务快速增长，风险管理亟待规范。至2013年末，全省银行业机构表外业务余额增长26.88%，增速较上年同期提高13.14个百分点。其中，委托类业务余额增量最大，承兑汇票新增较多。二是同业业务较快增长，机构间风险敞口增多。至年末，银行业金融机构同业资产（主要指存放同业、拆放同业和买入返售，不含同业间投资）余额增长16.64%，其中，存放同业多增，拆放同业和买入返售下降。部分机构同业负债依存度偏高，同业负债增长较快。三是对信托受益权、定向资产管理计划和他行理财产品等其他类投资余额迅速增长。全省其他类投资余额增长27.99%，股份制银行增长较快。

四、证券业与金融稳定

（一）证券业发展基本情况

至2013年末，安徽省共有2家法人证券公司、7家证券分公司、202家证券营业部，证券从业人数4 336人；共有3家法人期货公司、39家期货公司营业部，期货从业人员数838人。

1. 证券市场交易量大幅增长，期货市场交易量增速趋缓

至2013年末，证券客户保证金余额75.38亿元，同比下滑14.7%；期货客户保证金余额33.37

亿元，同比增长 9.34%。全年证券机构累计交易量 17 461.52 亿元，同比增长 59.39%；期货机构代理交易额 18.49 万亿元，同比增长 27.15%，增速同比下降 67.92 个百分点。

2. 资产规模下降，盈利水平分化

至 2013 年末，全省证券、期货经营机构总资产分别达 94.63 亿元和 23.36 亿元，分别下降 7.68% 和 23.43%。全年省内证券营业机构实现利润总额 8.2 亿元，同比增长 137.14%。期货经营机构实现净利润 0.51 亿元，同比下降 23.61%。其中，期货公司实现净利润 0.6 亿元，同比增长 6.43%。

3. 上市公司市值规模平稳增长，区域资本市场建设不断推进

至 2013 年末，全省境内上市公司总数 78 家，上市公司总股本 609.27 亿股、总市值4 732.66亿元，同比分别增长 16.59% 和 4.65%。上市后备企业储备丰富，13 家企业跻身"新三板"首批挂牌行列，家数居全国第 7 位、中西部第 1 位。省股权托管交易中心正式运行，挂牌企业 22 家、托管企业 127 家。

（二）证券期货业发展中应予以关注的问题

1. 证券公司风险控制状况总体较好，但抵御风险能力有所降低

从偿还能力分析，证券公司资产变现能力减弱，抵御非预期风险冲击能力微降。从资产配置和抵御预期损失能力分析，证券公司风险指标值有所下降。

2. 期货公司抗风险能力总体改善，但发展较为缓慢

从净资本变化趋势分析，期货公司净资本均保持较快增长，风险补偿能力有所增强。从净资本对客户权益的保障程度分析，期货公司净资本与营业部家数的比值以及净资本对客户权益比率维持较高水平，但保障能力总体有所下降。从资产和负债结构分析，期货公司的净资本与净资产比例、负债与净资产比例指标值变化较为稳定。但制约发展因素较多：盈利能力不佳，多数营业部处于亏损经营状态；创新能力不足，主要盈利点仍是传统期货经纪业务；专业人才缺乏，从业人员流失较为严重；缺少财税等政策优惠措施。

3. 证券公司创新业务风险管理亟待提升

当前证券公司创新业务层出不穷，融资融券、约定式购回、股票质押式回购、债券质押式报价回购、代销金融产品、中小企业私募债等新业务陆续推出，各种业务的风险特征各不相同，风险暴露也往往具有滞后性，证券公司的创新业务风险研究及风险管理往往滞后于创新业务的发展。证券公司从事创新业务过程中加大融资力度，财务杠杆增长较快。另类投资业务资金投向宏观政策限制行业，面临一定的信用风险。

4. 合规性风险和信息安全风险管理压力增大

随着证券公司分支机构经营范围的拓宽、轻型营业部的试点，证券公司的经营管理模式也呈现出新的趋势，部分证券公司将管理架构调整为"中心营业部"和"次级营业部"两个层级，经营管理模式变化将增大证券公司合规管理工作压力。当前信息系统建设进入新时期，而行业应用软件集中由少数几家供应商开发，供应商的开发资源有限，产品未经严格测试仓促上线运行，信息系统建设将面临新挑战。

五、保险业与金融稳定

(一) 保险业发展基本情况

至 2013 年末，安徽省共有保险法人机构 1 家，省级分支机构 47 家，专业保险中介机构 52 家。保险公司资产总额 1109.9 亿元，同比增长 5.13%。保险深度和保险密度分别为 2.5%和 801 元/人。

1. 保费服务领域继续拓宽

全年实现保费收入 483.01 亿元，同比增长 6.48%。其中，财产险保费收入 203.85 亿元，同比增长 20.58%；人身险业务保费收入 279.17 亿元，同比下降 1.89%。森林保险、大病保险、环境污染责任保险试点先后启动，保险服务领域继续拓宽。

2. 保险赔付支出增速较快

全年累计赔款与给付 222.99 亿元，同比增长 46.08%。其中，财产险业务赔付支出 115.26 亿元，同比增长 26%；人身险业务赔付支出 107.73 亿元，同比增长 76.11%。

3. 产品结构调整继续推进

财产险方面，保证险、家财险、责任险和工程险等业务得到较快发展，保费收入同比分别增长 96.72%、87.75%、32.72%和 28.84%，增速均高于财产险平均增速。人身险方面，产品结构不断优化，健康险业务得到较快发展，保费收入同比增长 42.25%，健康险保费收入占人身险保费收入的比重较上年提高 3.07 个百分点。

(二) 保险业发展中应予以关注的问题

1. 保险业发展仍处调整期

寿险业面临传统险保证利率放开和营销员管理体制改革的双重压力，以银保渠道为主销售投资储蓄型产品的发展模式继续面临变革压力。全年银邮代理保费收入 96.13 亿元，同比下降 23.15%；占寿险保费收入的比重为 39.63%，同比下降 8.87 个百分点。产险市场竞争继续加剧，产险企业承保盈利回落。全年产险应收保费率为 4.1%，同比提高 0.61 个百分点。

2. 保险偿付和退保增加较快

一是受车险赔付大幅上升及人身险满期给付等因素影响，保险赔付支出大幅增长。全年财产险赔付支出增速超出保费收入增速 39.6 个百分点；人身险赔付支出同比增长 76.11%，而同期保费收入则下降 1.89%。二是保险退保额大幅增加。全年保险退保额和退保率较年初分别同比增加 23.6 亿元和 1.25 个百分点。

3. 产品结构不均衡仍较突出

财产险对车险业务依赖程度依然较高，全年车险业务占财产险保费收入比重为 79.12%，较上年提高 1 个百分点。普通型寿险产品发展进展较慢。全年普通寿险业务保费收入占寿险保费收入的比重为 12.05%；分红险保费收入同比下降 9.5%，但占寿险保费收入比重仍高达 86.95%；投连险比重最低，但增速高达 892.17%。由于投资型业务主要依赖投资收益，受资本市场影响较大，寿险业务保障功能发挥受到制约。

4. 外汇保费收入增幅放缓，外汇赔款支出增加较多

全年外汇财产保费收入 3 069.62 万美元，同比仅增长 4.67%，同比下降 47 个百分点，增速明显

放缓。外汇赔款支出 2 936.48 万美元，同比增长 49.57%。受人民币升值影响，出口信用险外汇赔付额大幅增加。

六、金融市场与金融稳定

（一）货币市场作为市场参与者短期头寸调节工具的重要性增强

1. 同业拆借市场交易明显减少，拆借交易机构、品种分布较为集中

全年全省银行间市场累计信用拆借 363 笔，成交金额 1 089.3 亿元，同比下降 50.81%。参与交易机构较为集中，交易期限多集中于短期品种，呈净拆入态势。

2. 债券回购交易略有减少，短期质押式回购交易主导地位增强

全年全省债券回购市场累计成交 58 662.72 亿元，同比下降 3.2%。质押式回购依然占整个回购市场的主导地位，买断式回购交易大幅下降，回购交易短期化趋势加强。

3. 票据市场利率先降后升，利差有所扩大

全年全省票据贴现加权平均利率为 5.81%，同比提高 18 个基点；转贴现加权平均利率为 5.05%，同比上升 1 个基点。贴现和转贴现之间利差为 77 个基点，较上年提升 17 个基点。

（二）债券交易明显减少，债务性融资小幅增长

1. 银行间债券交易明显减少，交易机构和品种相对集中

全年全省现券买卖交易累计成交 14 020.79 亿元，同比下降 52.69%。成交量集中于少数机构，债券资金呈净回笼态势。

2. 债务性融资额小幅增长，融资结构改善

全年全省发行各类债务性融资工具和金融债券 560.5 亿元，同比增长 8.71%，分别占债券融资和直接融资的 76.2% 和 52.3%。实现了超短期融资券、小微企业专项金融债在安徽首次发行。

（三）银行间外汇市场快速增长，银行结售汇有所增长

1. 银行间外汇市场交易快速增长，美元结算的交易占比明显下降

全年完成即期结售汇交易 77.62 亿美元，同比增长 109.82%。

2. 银行结售汇有所增加，经常项目结售汇顺差增幅回落

全年结汇总额 193.79 亿美元，同比增长 21.11%；售汇总额 137.3 亿美元，同比增长 9.54%。结售汇顺差 56.49 亿美元，同比增长 62.7%。

（四）商业银行黄金业务快速发展

1. 商业银行黄金代理业务发展较快，代理个人黄金延期交易比重较高

全年商业银行代理上海黄金交易所产品业务累计成交 22.91 亿元。其中代理个人黄金延期 7 325 千克，占比 87.67%。

2. 商业银行境内开展的账户金业务占比较高，黄金积存业务明显增加

全年商业银行境内其他自有黄金业务成交金额 168.9 亿元。其中，账户金业务成交量约占商业

银行境内自有黄金业务总量的 53.55%，代理品牌金和定投业务相对较少。商业银行开展了黄金质押、黄金租赁和黄金远期业务。

七、金融基础设施与金融稳定

（一）支付系统运行安全稳健

1. 支付系统业务量和交易额稳步增长

一是大、小额支付系统业务大幅增长。全年 54 家现代化支付系统直接参与者和 5 549 家间接参与者通过大、小额支付系统共处理支付清算业务 8 715.1 万笔、金额 60.01 万亿元，同比增幅分别为 33.36% 和 18.41%。二是支票影像交换系统业务量保持平稳增长。全年共处理支票业务 2.1 万笔，同比增长 108.89%；金额 6.38 亿元，同比增长 20.57%。三是同城票据交换系统业务量下降。全年共处理支付清算业务 256.30 万笔，清算资金 6 632.46 亿元，同比分别下降 15.2% 和 7.3%。四是银行机构行内支付系统交易额增速有所放缓。全年共处理支付业务 16 445.90 万笔、金额 67 819.60 亿元，同比分别增加 15.1% 和 1.4%。五是银行卡跨行交易较快增长。全年银行卡跨行信息交换系统成功处理交易 27 093.79 万笔，同比增长 53.9%；交易金额 7 266.74 亿元，同比增长 57.6%。

2. 非现金支付工具平稳较快发展

全年共办理非现金支付业务 136 914.99 万笔，金额 340 454.58 亿元，分别增长 25.8% 和 16.5%。票据业务发生笔数下降 11.5%，金额增长 4.4%；银行卡业务笔数和金额分别增长 26.7% 和 20%，分别占非现金支付工具业务量的 96.2% 和 35.5%；汇兑、委托收款等结算方式业务笔数和金额分别增长 26.2% 和 34.2%，分别占非现金支付工具业务量的 2.2% 和 37.1%。

3. 支付体系发展中需关注的问题

移动通信、智能终端等新信息技术在支付领域的广泛应用，创新出各种支付产品和服务方式，使支付体系风险变得更加复杂，呈现出高技术性、虚拟性、跨地域性等特点。非金融支付机构构成支付市场的新兴力量，但也存在以规避监管为目的和脱离经济发展需要的所谓"创新"。消费者使用银行卡、票据等非现金支付结算工具以及利用汇兑、网上支付、手机支付、电话支付等支付结算方式办理个人支付结算业务时，金融消费者保护受到挑战。

（二）征信体系的应用增多

1. 征信系统服务应用水平增强

一是企业征信系统接入网点数继续增加，收录企业和其他组织数、有效信贷记录的企业和其他组织数、查询量均稳步增长。至 2013 年末，全省累计接入机构 29 家，收录企业和其他组织约 18.95 万户，开通查询用户 4 389 个，查询网点数 3 082 个，日均查询 4 032 次。二是个人征信系统收录自然人数不断增加，金融机构用户数逐月递增，查询量不断攀升。至年末，个人征信系统安徽省自然人数达 3 209.68 万人，同比增加 78.05 万人；各金融机构共开立用户 17 302 个，同比增加 1 555 个；日均查询 21 586 次，同比提高 2 605 次。三是动产融资登记公示系统应用不断增多。至年末，全省共审核通过 253 个常用户，同比增加 47 个；累计登记 25 891 笔，同比增长 35%；累计查询 42 295 笔，同比增长 35%。

2. 信用体系建设取得积极成效

继续扩大农村信用体系试验区覆盖范围，组织开展"安徽省农村信用信息共享服务平台"升级活动、农户和农民专业合作社信息采集与评价、农村青年信用示范户工作全面试点工作，农村信用体系建设不断推进。至 2013 年末，全省收集中小企业信用档案 48 822 户，已累计录入企业信用信息基础数据库 46 358 户，中小企业信用体系建设取得新成效。强化银行间债券市场信用评级管理，确立了融资性担保机构信用评级框架，印发《安徽省融资性担保机构信用评级工作暂行办法》，外部信用评级体系管理进一步规范。

3. 征信体系发展中需关注的问题

小额贷款公司、村镇银行等各类小型贷款机构数量激增，推动该类机构接入征信系统具有现实需要。非银行信息异议处理机制不健全，影响了非银行信息的准确性和及时性。随着金融产品和信贷业务不断创新发展，征信系统面临着产品单一，创新性不足等问题。

（三）反洗钱工作成效显著

1. 推进反洗钱合作机制有效运作

全年共接收可疑交易线索 111 份，协查案件 26 起，协助公安机关破获案件 74 起。加强与公安、国安等部门的合作，联合开展打击传销"皖剑－2013"行动和"打击利用境外卡为国内恐怖活动提供资金的专项行动"，成效显著。

2. 加强反洗钱非现场监测评估和现场监督检查

全年对 262 家银行、127 家证券公司、391 家保险公司、11 家 6 类机构，共 791 家金融机构开展非现场监管评价。综合运用非模块化检查和条线化检查等模式，全年共对 28 家银行业机构、6 家证券业机构、41 家保险业机构开展了反洗钱执法检查。强化对支付机构、财务公司等新设机构的管理。

3. 反洗钱工作需关注问题

农村中小法人金融机构反洗钱工作较为薄弱，对反洗钱工作的重视程度、工作水平都相对较低。支付机构在可疑交易信息报送方面落实不到位，履行反洗钱义务较弱。

（四）反假币工作扎实推进

1. 有效发挥联席会议机制作用

促进形成以政府为核心、人民银行为主导、公安机关为拳头、其他相关部门为主体的反假货币工作格局。与省公安厅开展重点整治联合督导，加强重点地区、重点案件、重点线索、重点部门监测。2013 年，全省假币违法犯罪活动立案 45 起、破案 39 起。

2. 反假货币基础逐渐夯实

推进反假货币知识宣传普及活动，参加安徽省消费者权益保护协会组织的"3·15"大型广场宣传活动，将反假货币宣传有机融入省公安厅组织的"5·15 打击经济违法犯罪活动宣传日"主题活动。开展以"假币专项治理"、"假币重点整治"和"反假货币宣传进农村"为主要内容的防伪反假宣传周活动。

3. 反假货币考核监督机制加强

坚持假币"零容忍"，强化金融机构堵截防线。组织钞票清分质量和现钞设备配置专项检查，督促完成不力单位加大设备配置力度或升级力度。组织反假货币上岗资格电子化考试，启动假币实物技能测试。

（五）金融消费权益保护工作加强

2013 年，人民银行合肥中心支行加强了金融消费者权益保护工作，加强和完善投诉受理、处理的组织体系建设和制度机制建设，妥善处理金融消费者投诉，有力地维护了金融消费者权益和金融稳定。

1. 建立管理框架

2013 年 4 月，人民银行合肥中支成立金融消费权益保护处。至年末，全省人民银行系统 74 家分支机构成立了金融消费者权益保护工作领导小组，建立市、县级维权中心 47 个，分中心、工作站 166 个。全年全省人民银行系统共受理投诉 463 件、受理咨询 2 748 件，投诉办结率 98.49%，投诉人满意度 100%。

2. 搭建合作处理机制

探索金融消费争议处理机制，推进农村金融维权网络机制建设，构建合作机制，加强与证券、保险、银行监管部门等合作，与省消费者协会共同发布了消费维权报告。

八、总体评估与政策建议

（一）总体评估

2013 年，安徽省经济持续健康发展，金融体系整体保持稳健，但存在着一些不确定、不稳定因素。

1. 宏观经济方面

外部经济复苏缓慢，对外贸易环境较为复杂；内需增长动力有待提升，经济增长转型压力大；财政收入增收制约因素较多，地方政府负有偿还责任的债务增长较快；非金融企业生产要素成本上升，企业资金周转较为紧张；住户部门内部收入分配不均衡，债务负担水平持续增加。

2. 金融业方面

银行业信用风险防控压力趋增，利润增速放缓，表外业务和同业业务快速发展，跨市场、跨机构的交叉性金融风险有所显现，法人机构风险管理能力有待加强。证券期货业机构经营模式转型较慢，期货公司增量不增收，创新业务风险管理能力有待提升，信息化建设与信息安全保障工作面临挑战。保险业保险偿付和退保增加，亟待继续推进保险业发展方式转变和结构调整，建立健全监管协调、应急处置和金融消费权益保护机制。

（二）相关政策建议

1. 加快经济发展方式转变，为金融业稳健运行创造良好环境

加快产业结构优化升级，促进信息化与工业化融合，推动企业加快技术改造，增强传统产业竞争力。大力实施创新驱动发展战略，发挥科技创新对产业升级的核心作用。激发民间投资潜力，促进民营经济发展。加强地方政府性债务管理，有效防控政府性债务风险。

2. 推动金融机构持续深化改革，强化风险管控能力

巩固和深化金融改革成果，推进现代金融企业制度建设，健全金融机构公司治理结构，完善业

务流程和内控体系，强化资本配置效率，提高金融体系的抗风险能力。推动金融机构加快业务转型和结构调整，规范开展产品与服务创新，优化盈利模式，不断提升风险管控能力。持续推动融资性担保企业、小额贷款公司等影子银行机构健康发展。

3. 加强金融风险监测分析，建立健全风险评估预警机制

完善各类金融风险监测、评估和预警体系，加强对跨区域、跨行业、跨市场、跨机构金融风险的监测分析。加大风险排查力度，及时掌握重点地区、重点机构、重点领域的潜在风险点和风险因素。建立健全金融监管合作机制，完善监管合作内容，加强信息共享。

总　　纂：张　燕
统　　稿：吴丹果　梁　斌
执　　笔：季　军　王　亮　张　媛　鲁玉祥
其他参与写作人员：孙　韦　石少功　薛晓倩　方德发　宋　莹　肖扬零
　　　　　　　　　　毛瑞丰　徐　愜　陈海波　张晓萍　丁成林　周　浩
　　　　　　　　　　王　娟　陆秉炜　罗　婷　王祥峰

福建省金融稳定报告摘要

2013 年，面对国内外错综复杂的经济金融形势，福建省把握稳中求进的总基调，全面实施"三规划两方案"，① 坚持统筹稳增长、调结构、促改革、惠民生，全力推进科学发展跨越发展，持续释放市场活力，全省经济社会发展稳中有进、稳中向好。全年金融业整体运行稳健，金融市场继续保持健康发展，金融基础设施进一步完善，金融生态环境持续优化，金融服务实体经济发展的成效加大，有力促进全省经济保持平稳发展态势。

一、区域经济运行与金融稳定

（一）区域经济运行总体情况

1. **产业发展步伐稳健**

初步统计，全省实现生产总值 21 759.64 亿元，同比增长 11%，比全国高 3.3 个百分点。第一产业增加值 1 936.31 亿元，增长 4.4%。第二产业增加值 11 315.30 亿元，增长 12.9%，规模以上工业增加值 8 944.27 亿元，增长 13.2%，增速较上年回落 2 个百分点。第三产业增加值 8 508.03 亿元，增长 9.6%，其中，金融业增加值增长 16.1%，房地产业增加值增长 17.4%。三次产业对 GDP 增长的贡献率分别为 3.2%、63.6% 和 33.2%。

2. **固定资产投资保持较高增速**

福建省投资仍保持较快增长，全省完成社会固定资产投资达 15 526.87 亿元，同比增长 22.2%，比上年回落 3.3 个百分点。其中，固定资产投资（不含农户）15 245.24 亿元，增长 22.4%，高于全国 2.8 个百分点；农户投资 281.63 亿元，增长 9.4%。民间投资贡献提高，全年民间投资（不含农户）8 674.11 亿元，增长 35.5%。房地产开发投资 3 702.97 亿元，增长 31.1%，增速比上年大幅提升 13.7 个百分点。

3. **消费品市场平稳发展**

全省社会消费品零售总额 8 150.35 亿元，同比增长 14%，高于全国 0.9 个百分点，地区生产总值比重较上年提升 1.17 个百分点。城镇消费品零售额 7 456.82 亿元，增长 13.6%，高于全国 0.7 个百分点；乡村消费品零售额 818.5 亿元，增长 18.1%，高于全国 3.5 个百分点。城镇市场与乡村市场增幅差距由上年正 1.4 个百分点变成负 4.5 个百分点。限额以上企业零售额增长 18.9%，网上零售企业零售额增长 1.2 倍。

---

① 指《海峡西岸经济区发展规划》、《平潭综合实验区总体发展规划》、《海峡蓝色经济试验区发展规划》、《厦门综合配套改革试验区总体方案》及《泉州金融服务实体经济综合改革试验区总体方案》。

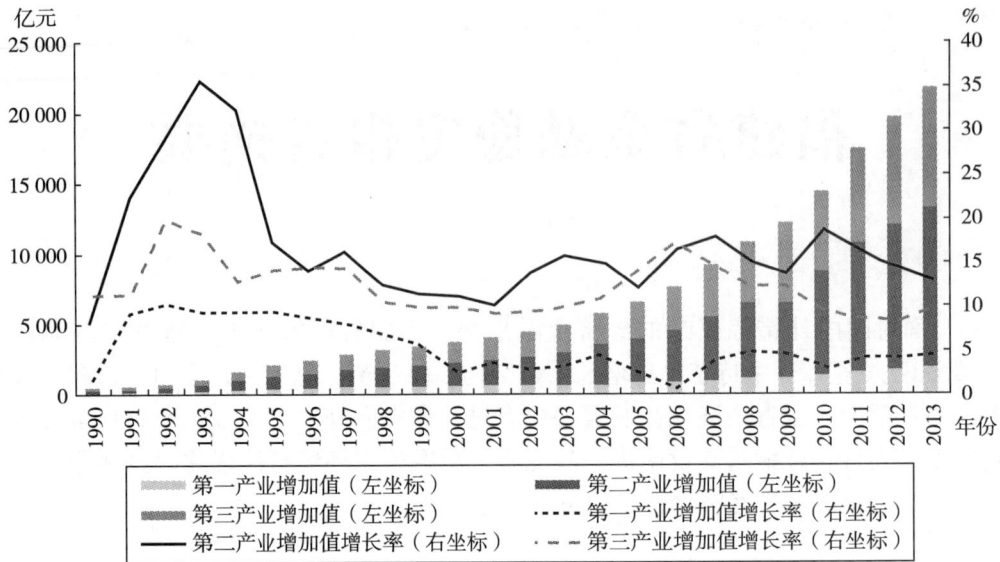

图1　福建省三次产业结构走势

4. 对外经贸形势依然不容乐观

全年外贸进出口 1 693.52 亿美元，同比增长 8.6%，同比回落 0.1 个百分点，高于全国 1 个百分点。其中，进口 628.48 亿美元，增长 8.2%，同比回落 6.4 个百分点；出口 1 065.04 亿美元，增长 8.9%；累计实现贸易顺差 436.56 亿美元。进口及出口增速分别比同期全国平均水平高 0.9 个和 1 个百分点。闽台贸易总额 128.5 亿美元，增长 7.4%。利用外资有所放缓，全年共新批外商直接投资项目 840 个，合同外资金额 83.4 亿美元，下降 10.3%；实际利用外商直接投资 66.8 亿美元，增长 5.4%。其中，实际利用台资 10.73 亿美元（含第三地转投），增长 38.2%。

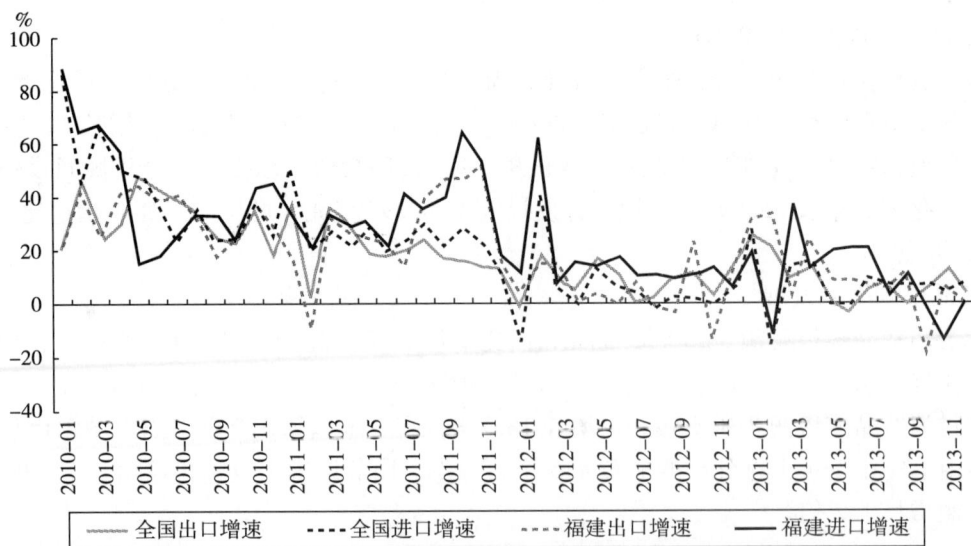

图2　福建省进出口增速与全国比较

5. 财政收支仍保持较快增长

全省公共财政总收入 3 428.76 亿元，同比增长 14.0%，增幅比上年回落 1.9 个百分点。其中，地方公共财政收入 2 118.67 亿元，增长 19.3%；地方级税收收入增长 19.6%，对地方公共收入的贡献率达 82.4%；房地产业税收增长 39.1%，比上年提高 24.2 个百分点。全省公共财政支出 3 056.48 亿元，增长 17.2%，增幅较上年回落 1.1 个百分点。全年各级财政与民生直接相关的支出占全省财政总支出的 72.2%。

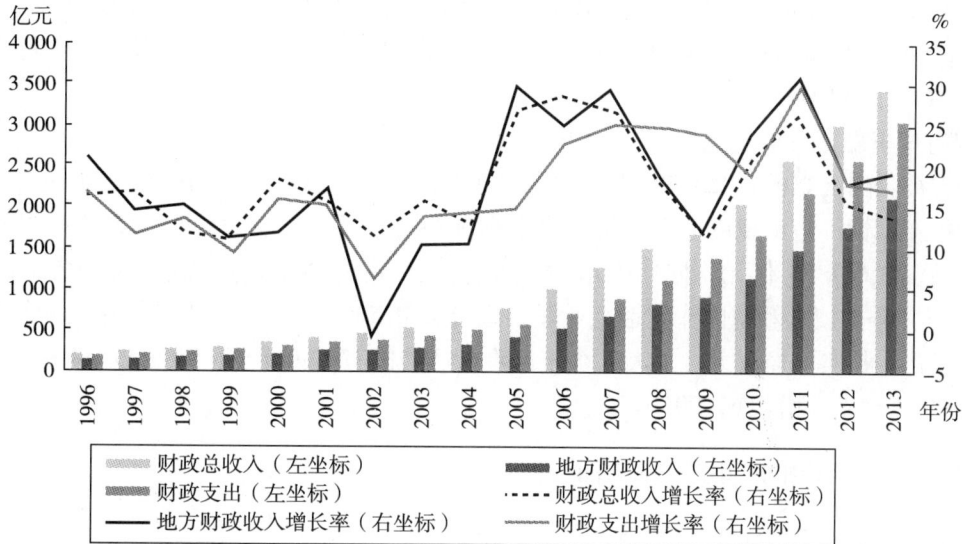

图3　福建省财政收支变动情况

6. 居民人均可支配收入增速有所回落

全省城镇居民人均可支配收入 30 816 元，同比增长 9.8%；扣除价格因素，实际增长 7%，增幅回落 3 个百分点。农民人均纯收入 11 184 元，增长 12.2%；扣除价格因素，实际增长 9.7%，增幅

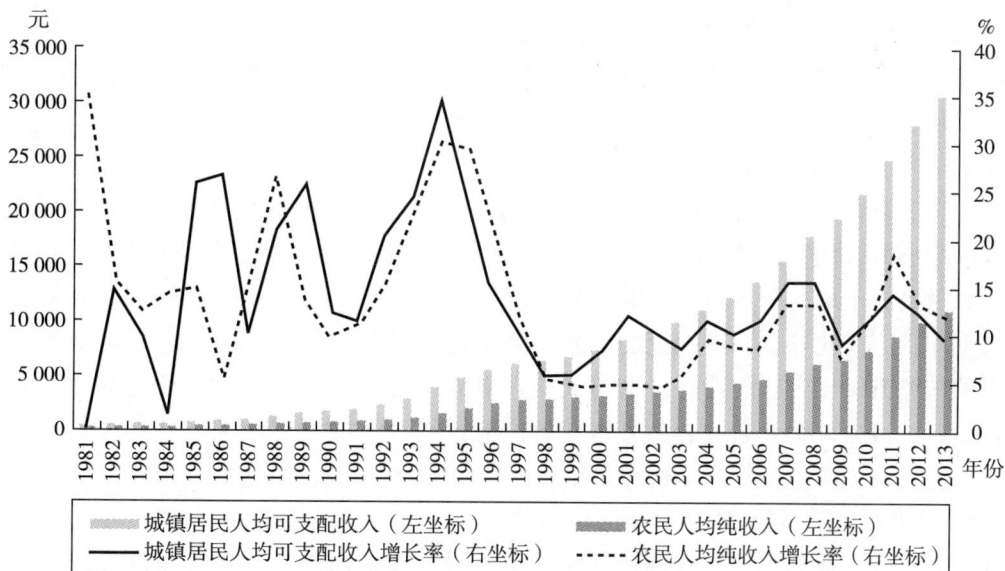

图4　福建省城乡居民收入变动情况

回落 1.1 个百分点。全省城镇新增就业 65.87 万人，城镇失业人员再就业 12.66 万人，其中城镇就业困难人员再就业 3.7 万人；城镇登记失业率 3.55%，比上年回落 0.08 个百分点；农村劳动力转移就业 44.53 万人。

7. 市场价格总体稳定

全省居民消费价格上涨 2.5%，较全国低 0.1 个百分点。其中，城市上涨 2.6%，农村上涨 2.3%。食品、居住类产品二者共同拉动全省居民消费价格总体水平上涨 2 个百分点。工业生产者购进价格下降 1.6%，农业生产资料价格下降 0.5%。固定资产投资价格全年上涨 0.1%，商品零售价格上涨 1.1%。中心城市房价上涨明显，福州、厦门、泉州三个城市新建商品住宅销售价格同比分别上涨 9.5%、11.7% 和 4.3%。

8. 非银行信贷融资发展迅速

全年全省社会融资规模 6 923.79 亿元，同比增长 3.91%。其中，非银行信贷融资高速增长，增量已接近全年新增银行信贷规模。金融机构以未贴现银行承兑汇票、委托贷款和信托贷款等表外融资方式合计融资 2 647.55 亿元，同比多增 168.45 亿元，占社会融资规模的 38.24%，同比提升了 1.04 个百分点。企业债券和境内非金融企业股票融资合计 569.22 亿元，占社会融资规模的 8.22%。非银行金融机构支持实体经济力度加大，全年保险公司赔偿 123.9 亿元，增长 17.78%；小额贷款公司新增贷款 99.2 亿元，增长 62.09%。

（二）区域经济运行中值得关注的方面

1. 经济增长的内生动力仍有待加强

从需求方面看，投资、消费和进出口的持续增长仍面临较大不确定性。2013 年全省经济增长依赖投资的格局还在持续，但投资继续保持高速增长面临较大不确定性。受人均可支配收入增速放缓等因素影响，消费增速上行空间也受到限制，2013 年全省社会消费品零售总额增速同比回落 1.1 个百分点，继续保持放缓态势。此外，企业外贸形势仍不容乐观。从供给方面看，经济增长过度依赖工业，1990—2013 年的 24 年间，工业对全省经济增长的贡献率均超过 40%，其中有 16 年达 50% 以上。工业内部结构中劳动密集型工业比重过高，技术密集型工业占比偏低，而且高技术产业实力整体较弱。同时，资本、劳动力、国土空间、环境容量等支撑传统工业增长的关键要素的增长潜力已经下降。

2. 部分企业生产经营和转型升级面临较大压力

一是部分企业存在资金链断裂问题。2013 年前三个季度全省监测发现资金链断裂风险事件 255 起，涉及贷款余额 50.2 亿元，形成不良贷款 21.3 亿元。二是综合成本上升削弱了企业竞争力。近年来，能源、原材料、土地、劳动力等成本不断上升。全省 300 户企业调查显示，82.66% 的样本企业用工成本较上年提高。此外，利率中枢的不断上升也提高了企业的融资成本。三是产能过剩行业企业面临较大的转型升级压力。随着经济增速放缓，部分产能过剩行业风险存在向本行业上下游企业和其他行业蔓延的迹象，企业通过转型升级化解产能过剩矛盾的压力较大。此外，企业具有自主知识产权的高新技术和创新产品较少，也在一定程度上制约企业的转型升级。

3. 影子银行潜在风险对经济的影响应引起关注

一是部分影子银行业务削弱宏观调控效应。影子银行资金来源与银行体系高度关联，部分资金投向了资本市场和投机性的交易活动，提高了整个金融体系的关联度，加大了宏观调控难度。此外，部分资金通过影子银行绕道投向宏观调控限制的行业和领域，削弱了调控的效应。二是部分影子银行机构和业务内在脆弱性凸显，影响其服务实体经济的能力。部分融资性担保公司受企业资金链断裂等影响，面临较大的经营困境，削弱了其为企业提供担保的能力；部分典当行存在闲置资金使用不当、股东违规拆借等现象，导致资金难以回笼，业务无法正常开展；部分小额贷款公司贷款投向不合理，经营模式偏离"小额、分散"的目标，服务小微企业的水平有待提升。

二、金融业与金融稳定

（一）银行业稳定评估

1. 银行业运行评估

（1）银行业总体运行稳健。2013 年末，全省银行业金融机构资产总额 49 602.97 亿元，同比增长 20.2%，其中，各项贷款余额 25 963.45 亿元，增长 15.77%，高于全国 1.87 个百分点；负债总额 46 859.43 亿元，增长 20.46%，其中，各项存款余额 28 938.81 亿元，增长 15.49%，高于全国 1.99 个百分点。银行业整体资金运用充分，年末存贷比 89.72%。实现净利润 474.8 亿元，增长 9.3%，比上年回落 2.9 个百分点。不良贷款持续反弹，年末不良贷款率 1.28%，比年初上升 0.51 个百分点。案件风险防控有力，银行业机构案件防控机制建设得到进一步加强。

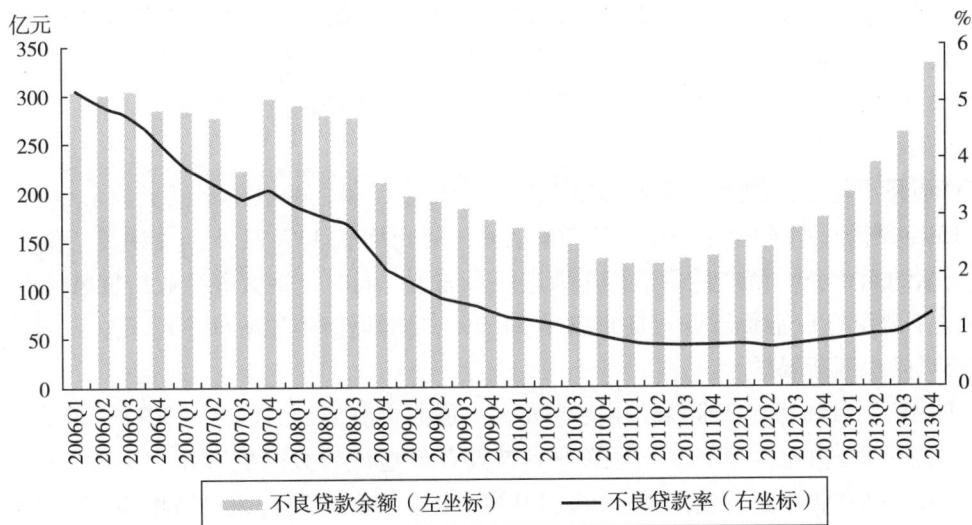

图 5　福建省不良贷款变动趋势

（2）银行业服务实体经济水平提升。一是小微企业金融服务持续完善。2013 年末小微企业贷款余额 8 741 亿元，同比增长 17.7%，增量占全部企业贷款的 49.6%。二是"三农"金融服务进一步改进。金融支农力度加大，涉农金融业务不断创新，积极探索和拓展林权、海权抵押等新型抵押贷款业务。全年涉农贷款增长 19.6%，高于全部贷款增速 3.9 个百分点。三是文化、海洋、节能等新兴产业金融服务提升。全年文化产业贷款增长 29.3%，海洋产业重点项目新增贷款 17.64 亿元，节能减排贷款增长 16.2%。四是民生金融服务力度加大。全年首套住房贷款笔数占全部个人住房贷款的比例维持在 90% 以上，累计发放生源地助学贷款 2.85 亿元，增长 39.9%，发放各类促就业小额贷款 8.4 亿元。

（3）中小法人银行机构整体向好。年末福建省中小法人银行机构各项资产总额 5 330.21 亿元，同比增长 29.70%。各项存款余额 4 187.13 亿元，增长 25.07%；各项贷款余额 2 682.51 亿元，增长 22.45%。盈利能力显著提升，实现净利润 90.38 亿元，增长 36.82%。资本充足率保持较高水平，城市商业银行、农村合作金融机构和村镇银行的整体资本充足率分别为 12.75%、14.52% 和 38.52%，均高于监管要求；不良贷款余额 33.21 亿元，比年初增加 3.73 亿元。2013 年末，全省共有城市商业银行 4 家、农村合作金融机构 68 家（其中农村商业银行 15 家、农村信用社 53 家）、村镇银行 30 家，中小法人机构经营发展整体向好。

（4）组织体系不断健全。全省银行业机构继续向金融服务薄弱的地市和县域延伸，新设地市分行 10 家，支行 94 家；村镇银行组建步伐加快，全年新组建村镇银行 22 家；组建社区支行 84 个；全省阳光信贷标准化网点覆盖率达 85.7%，金融便民服务行政村覆盖率达 100%。引进台资银行和外资银行取得积极进展，彰化商业银行、合作金库商业银行董事会通过到福州设立分行的决议，东亚银行申请设立福州分行。

（5）改革创新持续深化。一是国家开发银行、中国进出口银行和中国农业发展银行福建省分行继续深化各项改革，提升支持经济的广度和深度。二是大型商业银行持续深化改革，不断推出改革创新措施，促进经营模式和发展方式的转型，提升了可持续发展能力与企业竞争力。三是农业银行福建省分行持续深化"三农金融事业部"改革，信贷资源进一步向"三农"倾斜，并加快构建农村金融信息化服务体系，不断加强"三农"金融产品和服务创新。四是金融业务改革创新扎实推进，省内银行机构创新"无间贷"、"连连贷"等无还款续贷方式；探索和推广林权、土地承包经营权、宅基地使用权、海域使用权等"四权"抵押贷款、小微企业"助保贷"业务。

2. 银行业运行中需要关注的问题

（1）资产质量下行压力加大。截至 2013 年末，全省银行业金融机构不良贷款余额 331.56 亿元，比年初增加 159.43 亿元；各项垫款余额 77.88 亿元，同比增长 117.71%；关注类贷款 1 048.27 亿元，占全部贷款的 4.04%，资产质量下行压力进一步加大。同时，钢贸等行业信贷风险进一步暴露，11 月末全省（不含厦门）钢贸行业不良贷款率 24.2%，到期违约金额 71.3 亿元；部分企业多头授信、过度融资风险也逐渐暴露。

（2）地方融资平台和房地产业偿债压力较大。一是资金流出压力增大。2013—2015 年福建省地方融资平台应偿还债务占比为 60%，对融资平台按期还款造成较大的资金压力。随着房地产信贷风险的累积，流入房地产业的资金也大幅减少，2013 年全省住房开发贷款仅新增 26.25 亿元。二是融资成本上升。平台公司、房地产公司通过银行非信贷融资的规模增长加快，其成本大大高于银行信贷。第三季度末，全省（不含厦门）平台公司通过非信贷渠道融资占平台公司融资总量的 33.04%；房地产公司通过非信贷方式融资占同期贷款余额的 43.9%。

（3）流动性风险应引起关注。一是对同业存款依存度较高，全省（不含厦门）股份制银行同业负债占负债总额比重连续 5 个季度超过 20%，年末降至 13.73%，但仍高于监管临界值。二是资产负债期限错配，部分银行买入返售信托受益权、买入返售资产管理计划等期限相对较长、变现能力相对较差的应收类资产快速增长，容易出现大的现金流缺口。三是部分银行同业业务会计核算不规范，资本、拨备计提不足，风险管控不到位。四是个别机构流动性风险管理水平跟不上业务模式和风险的变化，在政策研判上出现偏差。此外，随着利率市场化的不断推进，个别中小法人银行机构可能面临更大的流动性压力。

（4）操作风险隐患依然存在。一是个别银行机构管理漏洞和盲点较多，制度执行力逐级衰减，案件风险排查流于形式、屡查屡犯现象依然存在等。二是有章不循、违规操作现象突出。三是民间融资等外部风险诱发银行机构案件风险的形势不容乐观。民间融资行为的参与方为寻求资金安全、转嫁风险，经常以利益拉拢、诱惑银行员工为其违规办理业务，或盗取挪用客户资金，可能给银行带来案件风险隐患。

（5）互联网金融的潜在影响不容忽视。互联网金融使资金流向和用途难以有效监管，同时在一定程度上分流了银行存款、提高了筹资成本、改变了金融消费方式，对银行业金融机构，特别是中小法人银行机构的经营产生影响。此外，互联网金融在资金存管、内部控制、信息安全等方面存在的风险隐患也可能影响与之合作的银行业机构。

（二）证券业稳定评估

1. 证券业运行评估

（1）证券期货经营机构运行总体平稳。2013 年末，福建省共有 3 家法人证券公司、5 家法人期货公司，2 家基金管理公司。法人证券公司总资产为 411.22 亿元，同比增长 43.66%；净资本 115.58 亿元，增长 26.94%；累计实现营业收入 35.1 亿元，增长 28.99%；实现净利润 9.29 亿元，增长 45.90%。证券经营机构积极推进业务创新与行业转型，各类非通道业务稳步开展，收入结构进一步优化。全省期货经营机构客户保证金余额 86.01 亿元，期货交易总额 40.9 万亿元，营业收入 8.21 亿元，增长 36.15%，实现净利润 1.23 亿元，下降 5.38%。

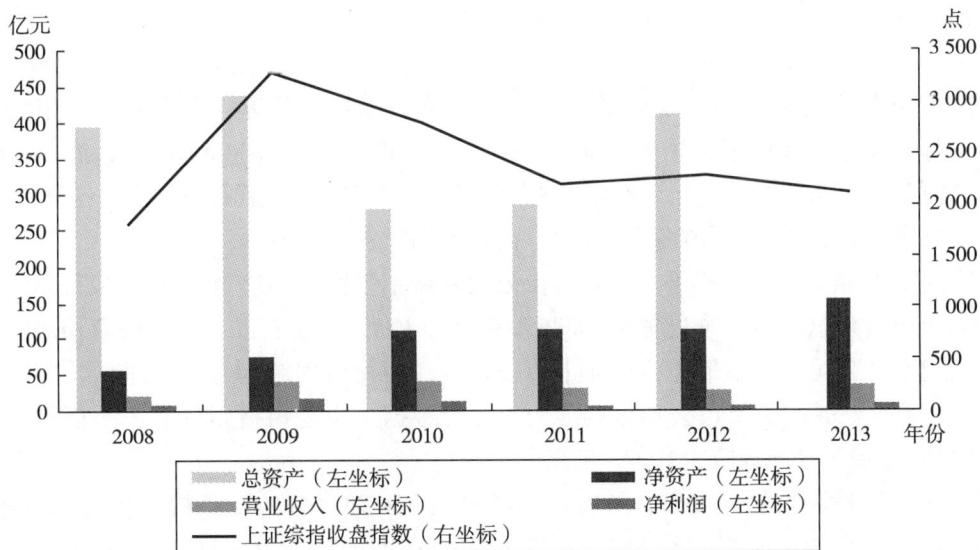

图 6　福建省法人证券公司经营情况变动

（2）以净资本为核心的动态风险控制机制建设不断推进。全省各法人证券期货经营机构积极推动从传统的合规管理向全面风险管理为中心的转变。兴业证券建立了风险偏好体系，对净资本等风险指标开展了压力测试；华福证券也开展了流动性压力测试。3 家法人证券公司以净资本为核心的各项风控指标均持续符合监管标准，未发生触及预警标准、监管标准的情况和涉稳事件。

（3）上市公司整体经营状况良好。截至年末，福建省共有境内上市公司88家，其中主板46家，中小板31家，创业板11家，总市值6 386.75亿元，占福建省GDP的29.35%。总资产、净资产分别居全国第4位和第8位，平均每股收益、平均净资产收益率分别是全国平均水平的1.38倍和1.27倍。63家上市公司实施了现金分红，累计派发现金股利145.38亿元，占全省上市公司净利润总额的27.79%。并购重组持续活跃，17家公司开展了并购重组工作，涉及金额150.49亿元。

（4）直接融资渠道稳步拓宽。福建省全年共有23家上市公司实现直接融资188.75亿元。其中5家上市公司通过非公开发行和配股实现股票再融资78.75亿元，18家上市公司通过发行公司债、短期融资券、中期票据等合计筹集资金110亿元。富贵鸟、诺奇股份在香港联交所发行上市，实现了福建8年来H股发行上市零的突破。截至2013年末，全省有40家拟上市公司和上市公司提出IPO或再融资申请，合计拟募集资金超过410亿元，26家拟上市公司或上市公司正在计划或已经启动H股发行上市的相关工作。

（5）场外市场建设取得重大进展。海峡股权交易中心和泉州、龙岩运营中心顺利开业，在股权转让、定向融资、信贷服务、项目合作等方面为福建小微企业提供了高效便捷的对接平台。年末该中心已经与12家银行机构签署了战略合作协议，合计授信200亿元，银行授信企业10家，授信金额14 480万元，实际到资7 180万元。挂牌展示企业320家，挂牌交易企业16家，累计成交量27万股，有效缓解了中小微企业融资难、融资贵等问题。

（6）市场秩序得到有效维护。全年福建证券监管部门向有关部门移送非法证券活动线索7个，协助各级公安等部门出具性质认定函4份，对4家机构违法行为进行认定，协调证券经营机构为各级公安机关固定有关证据资料4份，调取涉案账户资料18份。一系列加强监管合作、加强稽查执法的工作有效维护了市场秩序，全年未发生重大风险事件。

2. 证券业运行中需要关注的问题

（1）资本市场规模仍然偏小。截至2013年末，广东、浙江、江苏、山东4省上市公司分别有388家、247家、238家和157家，是福建省的2~4倍；总市值分别达34 531.34亿元、14 895.66亿元、12 621.24亿元和9 835.95亿元，比福建省高出50%~450%。在证券期货法人经营机构数量上，广东、浙江、江苏分别有45家、16家和16家，而目前福建省仅有10家。

（2）市场主体质量需进一步提升。一是上市公司发展不平衡，2013年末兴业银行总市值、净利润分别占全省上市公司总市值、净利润的30.25%和89.13%。二是上市公司中民营控股占比大，多数上市公司规模小、公司发展不平衡，优质上市公司少，公司治理结构有待于进一步完善、规范运作尚需进一步提高。三是部分上市公司盈利能力不强，根据上市公司披露的第三季度报告，全省共有15家公司出现亏损，亏损金额达10.75亿元。

（3）证券业流动性风险趋于突出。随着市场的发展和开放，省内证券机构积极推进业务转型，大力发展融资融券、约定购回式证券交易、股票质押式回购交易、直接投资等资本中介业务，经营杠杆率逐步提高，经营风险呈多元化趋势，流动性风险日益突显。

（4）证券期货业发展模式亟待转变。一是证券机构创新发展、合规管理、人才储备与风险管理、服务实体经济等方面的能力还有待持续提高，经营业绩分化的格局还可能加剧。二是省内期货公司仍以经纪业务收入为主，偏低的手续费无法支持公司的持续发展。三是客户结构有待进一步优化，服务水平有待提高，重营销、轻服务的局面未得到根本改观。四是部分期货机构负责人的合规经营意识和风险处置能力有待进一步加强，部分经营机构对居间人依赖度过高，带来合规风险隐患。

（5）市场后备力量不足。2013年末，省内通过证监会IPO发行审核、向证监会申报IPO和向福建证监局备案辅导的企业只有40家，全省新三板挂牌储备企业也只有41家，约占全国新三板拟挂企业数的2%，不利于市场规模的有效扩大和充分发挥资本市场的资源配置功能。

（6）非法证券活动仍时有发生。当前涉非活动更趋小型化、分散化、网络化，不法分子利用投资者迅速致富的想法，以外汇投资、汇市交易、模拟股市等不断翻新的手段从事非法活动，具有更强的欺骗性与隐蔽性。

（三）保险业稳定评估

1. 保险业运行评估

（1）保险业发展势头良好。一是行业发展稳定。全省保险业实现增加值51.5亿元，与上年基本持平，占全省生产总值的0.24%。二是保费收入较快增长。全省保险业累计实现保费收入575亿元，保费规模居全国第12位，增长20.3%。其中，财产险保费205亿元，增长17.1%；人身险保费370亿元，增长22.2%。三是保险主体数量保持稳定。全省保险公司主体数量51家（其中财产险公司23家，人身险公司28家），其中外资保险公司10家；保险公司分支机构网点2 357家；保险专业中介机构主体108家。四是资产规模逐步壮大，全省保险公司总资产1 348亿元，增长16.6%。

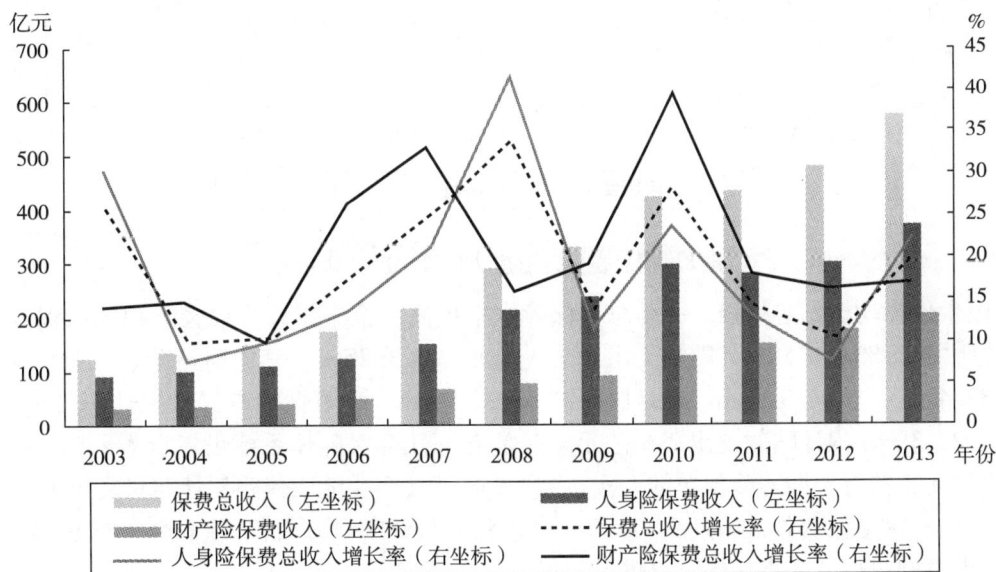

注：2012年度保险业指标按执行《2号会计准则解释》后采用的新口径计算。

图7　福建省保险业保费收入变动趋势

（2）保险市场总体运行平稳。财产险市场方面，车险引领财产险业务快速增长，非车险总体发展相对疲软。省内（不含厦门，下同）车险累计实现保费收入122.9亿元，同比增长19.2%，占财产险保费的比重创历史新高达78.2%；非车险业务保费收入34.3亿元，增长11.7%；大陆对台投资保险首单在福建省签发，专利执行保险取得突破，特种设备责任险、环境污染强制责任保险启动试点。人身险市场方面，省内人身险公司实现新单保费139.8亿元，增长34.2%；人身险公司标准保费63.8亿元，增长24.2%；个人代理渠道实现保费收入175.4亿元，增长15.2%，占人身险公司总保费的比例近六成；银邮代理渠道实现保费收入85.7亿元，增长31.8%。

（3）助推经济的作用持续发挥。一是社会经济生活的渗透率提高。全省保险密度 1 523 元/人，增长 19.5%；保险深度 2.64%，同比上升 0.22 个百分点。二是拓宽服务相关产业。大力发展车险、货运险、工程险等业务，保障金额分别为 2.7 万亿元、7 592 亿元、1 468 亿元，分别增长 30.5%、15.9% 和 23.2%。三是促进对外贸易增长。中国信保在闽机构为全省出口企业提供风险保障 213 亿美元，增长 15.5%；保险项下为企业提供融资金额达 47 亿美元，增长 10.4%；7 个地区的出口信用保险区域统保试点稳步推进。

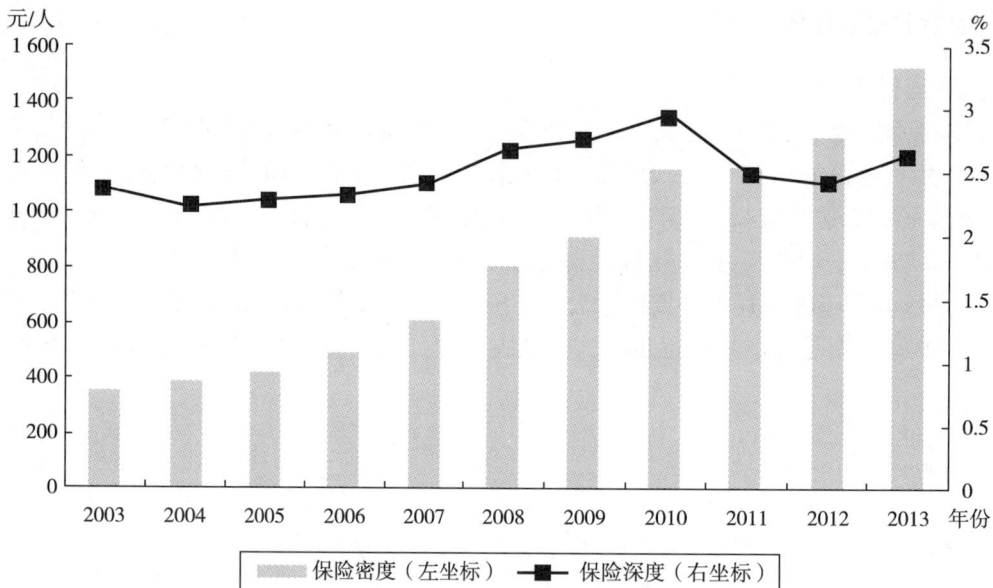

图 8　福建省保险密度、保险深度变动趋势

（4）民生保障功能日趋增强。一是总体保障水平提高。全年累计为社会承担风险保障总额 18.2 万亿元，同比增长 33.2%，累计赔付支出 187.3 亿元，增长 25%。其中财产险、人身险累计赔付支出分别为 82.4 亿元、104.9 亿元。二是服务"三农"发展。政策性涉农保险累计实现保费收入 4.6 亿元，增长 20.3%，累计赔款支出 2.6 亿元。三是支持社会保障体系建设。全省寿险责任准备金累计达 1 245 亿元，持有长期寿险保单的人次达到 1 258 万；商业健康保险累计赔付支出 14.7 亿元，增长 34.4%；大病保险保费收入超过 9 200 万元，参保人数约 760 万人；"新农合"试点稳步推进，为 423 万农民提供健康保障；责任保险提供风险保障 2.2 万亿元。

（5）区域特色与服务继续推进。一是推动闽台保险业务合作。截至 2013 年末，全省共有台资保险经营主体 4 家（其中台资保险法人机构 2 家），各级机构网点达 30 家；实现保费收入 5.7 亿元，增长超过五成。相关台资背景公司积极开展两岸异地核赔理赔、"闽台保险服务一条龙"等对台延伸服务。全年出口信保福建分公司为支持省内对台贸易积极提供风险保障约 3.7 亿美元。二是支持泉州金融改革实验区发展。全年累计实现保费收入 119 亿元，同比增长 19.8%，提供风险保障金额 2.3 万亿元，累计各项赔款给付支出 35.5 亿元。三是服务平潭综合实验区建设。全区实现保费收入近 4.3 亿元，增长 30.6%，累计赔付支出近 1.1 亿元。

2. 保险业运行中需要关注的问题

（1）中小产险公司生存情况不佳。市场份额靠前的 3 家产险公司的保费收入占产险公司总保费收入的比例超过七成。2008—2013 年，虽然省内新增了 7 家产险公司，但上述 3 家产险公司以外的

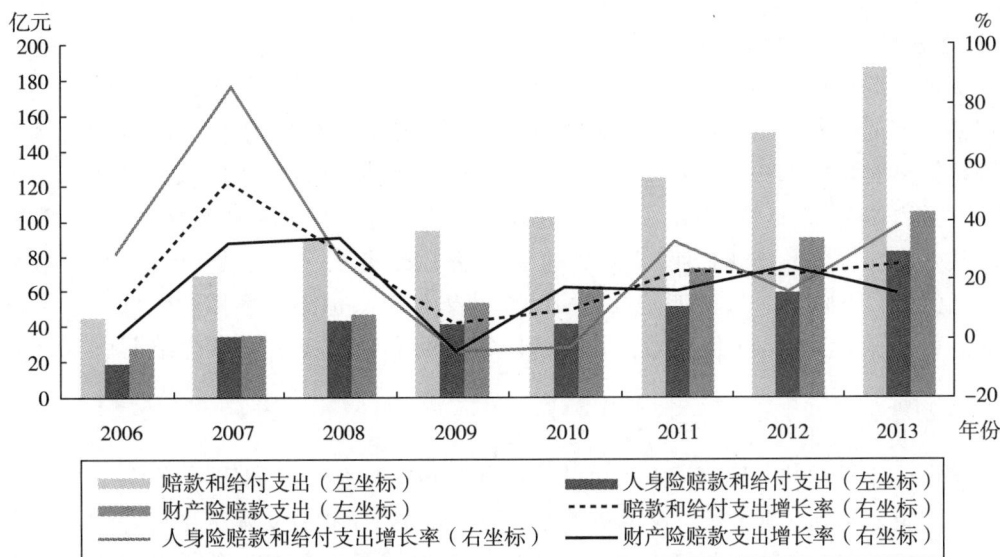

图9　福建省保险业赔款和给付支出变动趋势

中小产险公司的保费市场占有率一直在27%左右。

（2）人身险业务波动性可能加大。虽然全年人身险保费收入快速增长，但热销产品多为趸缴或期缴短期化的高现金价值品，该类产品可持续缴费能力偏弱，易引发业务大起大落。2013年，省内人身险公司新单期缴率为31.8%，同比下降6个百分点，回到2009年水平。从业务增长较快的普通寿险看，新单期缴率下滑更为明显，同比下降54个百分点。

（3）人身险现金流压力仍然较大。福建省保险业采取多项措施有效防范和应对满期给付和退保等风险，但今后两年仍需密切关注该类风险可能对人身险业务发展的不利影响，特别是部分主要销售渠道的部分险种。此外还应关注随着网络销售渠道的发展可能带来的风险形式的变化，提高保险公司相关应对风险能力。

三、金融市场运行与金融稳定

（一）金融市场运行状况

1. 货币市场交易量总体下降

一是银行间拆借市场和债券市场交易涨跌互现。2013年福建省同业拆借、债券回购、现券交易三项成交总额95 913.65亿元，同比下降19.77%。其中，拆借市场成交23 628.7亿元，下降44.05%；债券回购成交50 583.51亿元，增长15.28%；现券交易成交21 701.44亿元，下降35.1%。全省共有51家企业在银行间市场发债融资金额合计510.3亿元，同比增加50.9亿元。二是票据融资量价齐降。全省票据融资（含银行承兑汇票、贴现、转贴现）余额4 085.44亿元，比年初减少121.86亿元。票据市场全年加权平均利率中票据转贴现5.1442%，下降17个基点；票据贴现6.0972%，下降6个基点。三是衍生品市场同比微增。人民币利率互换累计交易额1 955.45亿元，增长1.62%。其中，固定利率本金交易额989.2亿元，同比减少8.1亿元；浮动利率本金交易额

966.25 亿元，同比增加 39.34 亿元。

2. 外汇交易市场运行总体平稳

全年共实现外汇交易 5 588.58 亿美元，同比增长 20.5%；净结汇 451.58 亿美元，增长 33.7%。一是货物贸易净结汇年末翘尾，贸易顺收顺差基本匹配。全省货物贸易净结汇 441.27 亿美元，增长 40.9%；贸易偏离度为 0.31%，物流资金流基本匹配。二是转口贸易净流入冲高回落，转口贸易净收入 9.19 亿美元，净结汇 2.77 亿美元。外汇管理局福建省分局在全国率先通过总量监测发现实质性违规行为，共查实转口贸易违规企业 12 家，违规金额 1.83 亿美元。三是个人净结汇触底，全年净结汇 13.23 亿美元，下降 61.8%。四是投资资本金流入回升，但结汇率依然较低。全年投资资本金收入 44.54 亿美元、结汇 31.47 亿美元，分别增长 22.9% 和 20.2%，资本金结汇率 70.6%，处于较低水平。

3. 跨境人民币结算业务实现平稳增长

全年全省银行业机构共办理跨境人民币结算业务 1 594.46 亿元，同比增长 49.74%。参与跨境人民币结算业务的企业达到 3 865 家，较年初增加 1 575 家，占全省有实际进出口经营业绩企业总数的 36%。与福建省外经贸企业发生跨境人民币结算的境外地域扩大至 170 个国家和地区，比上年末增加 26 个。其中，全省对台跨境人民币结算量为 216.77 亿元，台湾地区已成为仅次于香港的福建第二大境外人民币结算地。全省跨境人民币业务已从货物贸易结算延伸至服务贸易、其他经常项目、跨境资本交易、跨境融资等业务。

4. 黄金交易量同比上升

2013 年省内开办账户黄金交易的六家金融机构共实现纸黄金交易额 410.72 亿元，同比增长 14.34%；办理实物黄金交易业务的商业银行共办理实物黄金交易 54.3 亿元，增长 30.43%；代理金交所黄金交易的商业银行共代理金交所黄金交易 174.78 亿元，增加 124.55 亿元；省内上海黄金交易所的 4 家会员单位成交总量 530 266.2 公斤，增长 56.43%。

5. 民间融资活跃度高

2013 年全省监测样本共发生民间融资 6.58 亿元，年末余额 5.19 亿元，增长 23.96%。26.16% 的样本企业参与了民间融资，同比上升 2.65 个百分点。第四季度样本企业民间融资平均月利率为 17.7‰，一个月以内的融资平均月利率达到 23.48‰。调查显示，企业能够承受的中长期融资月利率在 15‰~18‰，当前民间融资利率已经触及企业可以承受的上限。企业民间融资期限明显缩短，第四季度新发生民间融资加权平均借贷期限为 6.77 个月①，同比大幅缩短 3.04 个月。

（二）金融市场运行中应关注的问题

1. 民间借贷对金融市场稳健运行造成一定影响

一是民间借贷违约引发的案件数量持续增加。54 个监测样本中认为第四季度民间借贷市场违约风险上升的占 46.3%，较前三个季度分别上升 14.8 个、3.7 个、1.9 个百分点，民间借贷市场违约风险呈现逐季上升的趋势。二是民间借贷引发银行承兑汇票风险。因钢贸行业整体下行，加上民间借贷纠纷影响，部分金融机构出现驻沪钢贸企业银行承兑汇票到期无法偿还的风险情况。三是民间资本管理公司潜藏风险。如个别公司资本金以股东借款等形式转出，存在抽逃资本金的嫌疑。

---

① 计算加权平均借贷期限时，借贷期限中，1 个月及以内按 0.5 个月计算，1~6 个月（含）按 3.5 个月计算，6~12 个月（含）按 9 个月计算，12 个月以上按 15 个月计算，各借贷期限乘以其借贷余额权重并加总即为加权平均借贷期限。

2. 同业业务运作不规范易导致资金市场失序

随着商业银行同业业务的快速增长，同业业务带来的金融风险不容忽视。如同业存款型理财产品在实际操作中可以用于调剂金融企业间的资金头寸，使同业存款成为实质上的拆放同业，资金游离于同业拆借市场之外，导致监管部门无法了解真实的资金缺口，也不利于市场竞争，也容易造成资金市场的失序。此外，金融风险容易通过同业业务渠道进行传染，且传导速度更快、更隐蔽，一定程度增加了金融市场的不稳定性和整体流动性风险缺口。

3. 外汇市场部分产品和业务潜藏一定风险

一是银行融资套利组合产品通过构造贸易背景进行套利。如部分企业利用黄金等高价值商品或利用特殊监管区域进出口空转构造贸易背景，从事境内外资金套利活动等。二是异常和套利资金借助转口贸易流动容易虚增外贸收支。三是银行人民币融资性对外担保持续大幅增长值得关注。截至2013年末，全省人民币对外担保余额同比增长2.28倍。由于银行人民币融资性对外担保既不受银行年度担保余额指标控制，其所担保项下境外融资资金的用途也没有诸如不得调回境内的限制，为部分主体进行跨境套利提供了便利。

四、金融基础设施与金融稳定

（一）支付体系

福建省支付体系建设加速推进，对优化区域金融生态环境起到积极促进作用。一是支付清算系统进一步完善。第二代支付系统顺利上线；两岸人民币代理清算群建设快速推进，共有15家机构与17家台湾地区银行机构建立人民币代理清算关系，全年累计转汇结算金额超过90亿元。二是银行账户实名制基础不断夯实。全省银行机构完成存量个人银行结算账户客户身份信息核实工作，共核实个人银行账户875.24万户。三是农村金融支付服务环境建设向纵深发展。城乡结合部共新增银行网点6个，新增ATM、POS和电话POS机具1 143台，新设立流动银行4个，支付服务覆盖率达到100%。四是新兴支付工具得到广泛应用。全省电子商业汇票系统业务量突破2 000亿元，银行承兑汇票电子化率达12.4%；电子商业汇票再贴现金额16.6亿元，占全部再贴现金额的15.3%；全省共有手机支付客户2 166万户、占全省总人口的59%，处理业务1.88亿笔、金额1.81万亿元。五是金融IC卡产业快速发展。全省累计发放金融IC卡1 479.78万张，占同期发放银行卡数量的67.90%，已经拓展到公交、住房公积金、医疗、物业、超市等多个行业运用。六是非金融机构支付服务业务蓬勃发展。全省有法人支付机构9家，备案展业的省外支付机构22家，全年累计清算金额较上年增长近4倍。

（二）信用环境

人民银行福州中心支行全面实施《征信业管理条例》，在与福建省发改委联合组成的"双牵头"组织框架下，牵头做好金融领域的信用体系建设。一是企业和个人征信系统的建设和应用进一步加强。企业征信系统收集福建省各类企业户数28.99万户，涉及贷款余额1.92万亿元，日均查询2.76万次；个人征信系统入库自然人数2 360.6万人，涉及信贷余额9 874.62亿元，日均查询4.98万次；应收账款质押登记公示系统累计登记数量77 257笔，累计查询75 679笔，登记数量和查询量均名列全国第 5 位。二是小微企业和农村信用体系建设有序推进。全省累计建立中小企业信用档案 104 786 户，同比增长 4.2%；为 483.96 万户农户建立信用档案，约占农户总数的 68%。三是机构信用代码应用范围不断拓展。全省累计发放机构信用代码 66.74 万个，其中 2013 年发放 11.32 万个；反洗钱应用进一步加强，累计查询 7.58 万笔，其中 2013 年查询 2.23 万笔。四是信用评级工作平稳开展。全年信贷市场信用评级企业 4 974 家，同比增加 210 家，其中，借款企业评级 4 872 家，增加 1 630 家，担保机构评级 90 家。此外，全年共接收银行间债券市场信用评级报备 98 份。

（三）反洗钱

全省人民银行系统紧紧围绕"风险评估"和"风险监管"两条主线，反洗钱工作取得积极成效。一是积极开展风险提示。通过开展非法传销等诈骗活动风险提示，成功遏制 1 起涉及多地、多家银行网点、七百余名客户的非法传销诈骗活动；针对麻黄碱类毒品犯罪交易等特点发布风险提示，全省共发现、报送涉毒重点可疑交易线索 9 条。二是探索开展法人监管试点，研究构建"网格状"法人监管框架，重点开展"整体评估"体系试点工作。试点单位预警量平均下降 77.3%，监测有效性提升 4.42 倍。三是深入践行"风险为本"监管方式。全省开展现场检查项目 34 个、检查相关机构 108 家，发现反洗钱违法违规问题 59 万户/笔。现场检查发现重点可疑线索 33 条，其中向侦查机关报案线索 23 条、破案 2 起。四是不断提升资金监测有效性。指导兴业证券、兴业信托建立反洗钱自主监测系统；全省共收集处理重点可疑交易线索 556 条，向公安机关报案线索 113 条。五是推动侦查、司法机关形成打击洗钱犯罪合力。全年反洗钱调查立项 61 项，调查 429 次，涉及 29 家义务主体的 89 个分支机构，涉及金额达 618 亿元；协查案件 24 起（督办案件 7 起），协助侦破集资诈骗案件等 12 起。

（四）司法环境

福建省金融司法环境进一步改善。全省各金融管理部门着力推进金融消费权益保护工作，福州中心支行制定金融消费权益保护投诉受理与处理暂行规定，畅通金融消费投诉渠道。全年全省人民银行系统共计受理金融消费投诉 192 件，接受金融消费咨询 283 件，已办结投诉 185 件，办结率为 96.35%，切实维护了金融消费者权益。在福州中心支行的积极推动下，福建省法院系统与全省 21 家银行业金融机构间的"点对点"网络执行查控系统正式运行，实现通过网络自动查询、自动反馈被执行人在全省范围内存款信息的功能。系统运行后，全省法院系统已通过该系统查询案件 6.8 万余件，查询 177 万余次，有力地缓解了执行难问题。在此基础上，全省法院系统累计冻结金额 4.24 亿元，扣划金额 2.79 亿余元，执结案件 4 122 件。全省全年审结民商事案件 33.07 万件，诉讼标的总额 741.14 亿元，其中走私、非法集资、金融诈骗等破坏市场经济秩序犯罪案件 3 628 件。全省法院一审案件中当事人服判不上诉为 33.07 万件，占 92.54%。办理两岸司法互助案件 3 636 件，占全国法院的 12.54%。

（五）金融宣传

福建省金融部门通过开展金融宣传为全省金融稳定营造了良好的舆论环境。一是围绕中心工作，开展专题宣传。开展福建省《征信业管理条例》专题宣传活动；举办福建省首届"逐梦校园·诚信人生"学生资助暨征信知识电视大赛活动，同时启动全省校园征信知识网络竞赛，参赛人员覆盖全省 151 万在校学生；开展"金融知识普及月"专题宣传活动，参与宣传金融机构 782 家，发放宣传材料 87 万册；开展反洗钱、支付结算、金融 IC 卡业务知识大型宣传活动；开展爱护人民币和反假货币专项宣传活动、反假货币宣传周活动；开展首个全国保险公众宣传日活动以及十大保险理赔典型案例和《农业保险条例》宣传，组织人民日报、新华社等 8 家中央主要新闻媒体来闽采访。二是突出地域特色，凸显宣传亮点。借助"6·18"平台宣传金融支持实体经济成效，福州中心支行牵头组织举办第十一届中国·海峡项目成果交易会金融服务馆，金融监管部门、24 家省级金融机构和其他融资性机构参与，积极宣传金融支持科技自主创新和中小微企业发展的工作成效。建立投资者网络互动平台，举办投资者保护短语、海报、动画短片设计大赛等。

五、总体评估与政策建议

（一）总体评估

2013 年，在复杂的国内外经济环境下，福建省把握稳中求进的总基调，全面实施"三规划两方案"，全省经济保持了较好的增长态势，体制改革和产业结构调整取得新进展，经济发展后劲潜力逐步显现。全省金融业健康快速发展，金融体系更加完善，金融改革不断深化，金融生态环境持续优化。2014 年，随着省委省政府对海西建设决策部署的贯彻落实，福建经济仍有望保持平稳向好的态势，但经济增长压力加大、信贷资产质量下降、上市公司发展质量有待优化、保险市场人身险现金流压力较大等问题仍值得关注。

（二）政策建议

1. 加快转变经济发展方式，夯实金融体系稳健运行基础

一是进一步优化产业结构，促进产业升级，形成以高新技术产业为先导、基础产业和先进制造业为支撑、现代服务业全面发展的产业格局。二是扩大内需，平衡经济结构，统筹城乡发展，加快城镇发展水平的同时，逐步缩小城乡居民差距。三是优化信贷结构，加大金融体系对实体经济的支持力度，尤其应加强对重点领域和薄弱环节的支持，缓解农户和中小企业融资难题，积极扩大直接融资，拓宽融资渠道。

2. 深化闽台港澳金融合作，加快建设两岸经济金融合作先行先试区域

强化厦门两岸区域性金融服务中心、福州海西现代金融服务中心、平潭综合实验区和泉州金融服务实体经济综合改革试验区政策优势，用好《海峡两岸服务贸易协议》赋予的先行先试政策，积极推动上述地区在引进台资银行机构和组建闽台合资证券公司方面的优惠政策尽快落地。支持金融机构通过备案办理新台币现钞兑换业务。支持海峡股权交易中心业务创新，更多吸引台港澳侨资企业挂牌，支持省内台港澳侨资企业在大陆各级市场上市融资。积极推进金融机构或台资企业在台湾发行"宝岛债"，探索推动法人银行、具有"走出去"意愿的企业在港发行人民币债券。

3. 持续推动金融改革，不断提升金融系统抗风险能力

加快农村合作金融机构改革步伐，支持村镇银行等农村金融机构发展，稳步发展小额贷款公司等新型金融组织，不断完善区域金融组织体系。推动存款保险制度的出台和实施，并加强地方中小法人金融机构改革。支持证券公司开展业务创新，拓宽收益来源，提高盈利水平。积极培育优质上

市公司后备资源，推动各类企业上市融资和上市公司再融资。进一步推进债券产品创新，增加债权融资规模。进一步规范保险市场，促进业务创新，优化业务结构，扩大保险覆盖面，拓宽保险服务领域，完善保险服务体系。

4. 强化重点领域风险管控，突出防范系统性风险

密切关注国际国内经济运行情况，强化对重点领域风险管控，加强对地方政府融资平台、房地产、产能过剩行业的风险监测和预警，关注企业资金链状况、企业主出逃事件等风险因素。密切监测影子银行、第三方支付机构、互联网金融以及民间融资活动发展中出现的违规和异常经营行为，防范非正规金融及相关领域风险向金融体系传导。关注交叉性金融业务发展中存在的突出问题。健全风险防范机制和应急预案，确保不发生系统性金融风险。

5. 推进金融基础设施建设，进一步优化金融生态环境

进一步推进支付体系建设，加快产品创新，推动支付结算法规制度完善，加强市场监督管理。大力推进信用体系建设，进一步拓宽征信系统信息覆盖面，营造良好的社会信用环境。严厉打击高利贷和非法集资、地下钱庄、非法证券等非法金融活动，积极开展投资者教育宣传，建立长效机制。加强反洗钱、反假币工作力度，严厉打击洗钱、制贩假币等犯罪活动。进一步健全金融消费者权益保护机制，维护金融消费者合法权益。加强金融管理部门与相关部门之间的沟通协作，实现金融监管信息共享。

总　纂：吴国培

统　稿：陶　诚

执　笔：赖永文　杨　敏　沈理明　林　晖　郑　平　郑境辉
　　　　江　颖　黄　静　魏　芳　胡炎仁

江西省金融稳定报告摘要

2013 年，面对世界经济复苏艰难、国内经济下行压力加大、自然灾害频发、多重矛盾交织的复杂形势，全省上下紧紧围绕建设富裕和谐秀美江西的奋斗目标，坚持稳中求进工作总基调，金融业运行总体平稳，融资性非金融机构运行平稳，金融市场健康发展，金融基础设施安全高效运行。金融稳定状况处于稳定的安全区域，经济金融发展呈现稳中有进的良好态势。

一、区域经济运行

2013 年，全省实现生产总值 14 338.5 亿元，增长 10.1%，增速高于全国平均水平 2.3 个百分点。

（一）三次产业稳定增长，金融稳定基础牢固

1. 粮食生产再获连丰，农业基础地位稳固

全省加大投入，农业经济继续保持良好发展势头，农林牧渔业增加值 1 605 亿元，增长 3.5%。粮食总产 423.2 亿斤，增长 1.5%，喜获"十连丰"。

2. 工业生产企稳回升，非公经济活力增强

全省规模以上工业增加值 5 755.5 亿元，增长 12.4%，增速高于全国平均水平 2.7 个百分点，在全国排第 11 位。39 个工业行业大类中 37 个实现增长，增长面达到 94.9%。非公有制工业实现增加值 4 575.7 亿元，增长 13.3%，对工业增长的贡献率达 84.1%。

3. 服务业发展势头良好，产业结构进一步优化

全省服务业投资增长 20.8%，高于全省平均水平 0.8 个百分点。"旅游强省"战略建设加快。全年旅游接待人数 2.5 亿人次，增长 22%；旅游收入 1 896.1 亿元，增长 35.2%。

（二）三大需求保持稳定，增长动力协调提升

1. 投资平稳较快增长，民间投资贡献较大

全省 500 万元及以上项目固定资产投资 12 450.8 亿元，增长 20.0%，增速高于全国平均水平 0.4 个百分点；民间投资完成 9 336.1 亿元，增长 25.9%，高于全省平均水平 5.9 个百分点，对投资增长的贡献率达 92.6%；新开工项目 14 377 个，同比增加 1 254 个，完成投资 7 684.8 亿元，增长 18.8%，对投资增长的贡献率达 58.6%。

2. 消费保持稳定增长，市场活跃热点凸显

全年社会消费品零售总额 4551.1 亿元，增长 13.6%，增速高于全国平均水平 0.5 个百分点。限

额以上乡村市场零售额增长 16.7%，比城镇市场快 1.8 个百分点。限额以上批发零售业家具类、金银珠宝类、日用品类、电子出版物及音像制品类销售额分别增长 34.0%、25.7%、25.5% 和 25.4%。

3. 贸易出口形势好转，外商直接投资增长

全年实现外贸进出口 367.4 亿美元，增长 10.0%，较上年提高 3.8 个百分点，高于全国平均水平 2.4 个百分点，在全国排第 15 位。其中，出口额 281.7 亿美元，增长 12.2%，高于全国平均水平 4.3 个百分点。实际利用外商直接投资 75.5 亿美元，增长 10.7%，高于全国平均水平 5.4 个百分点。

（三）转型升级成效初显，持续发展能力增强

1. 新兴产业发展提速，技术创新步伐加快

全省十大战略性新兴产业实现增加值 2 077.2 亿元，增长 12.2%，较上年加快 5.7 个百分点，完成投资 3 118.4 亿元，增长 19.6%，较上年加快 0.2 个百分点。1－11 月，高新技术产业完成总产值首次突破五千亿元，达 5 312.6 亿元；实现增加值 1 256.5 亿元，增长 10.7%。

2. 生态环境继续优化，节能减排进展顺利

全省共完成造林面积 253.7 万亩，新增国家园林城市 3 个。10 个设区城市环境空气质量均稳定达到国家Ⅱ级标准。全年万元 GDP 能耗下降 3.6%，超额完成全年下降 3% 的预定目标。

（四）运行质量稳中向好，收入效益企稳提升

1. 财政收入运行平稳，收入质量稳步回升

全省实现财政收入 2 357.1 亿元，增长 15.2%，连续第四年增量超 300 亿元；预算收入 1 620.2 亿元，增长 18.1%，完成年初预算的 107.6%。税收收入 1 914.7 亿元，增长 15.9%，占财政总收入的比重为 81.2%，提高 0.5 个百分点。

2. 工业主营收入增长，工业大类全部盈利

全省规模以上工业企业实现主营业务收入 23 493.1 亿元，增长 17.6%，增速较 1－10 月提高 1.3 个百分点；实现利润 1 367.7 亿元，增长 24.6%，较 1－10 月提高 3.0 个百分点，38 个工业行业大类全部实现盈利，3 个行业扭亏为盈。

3. 城乡居民收入增长，社会保持和谐稳定

全省城镇居民人均可支配收入 21 872.7 元，增长 10.1%；农民人均纯收入 8 781.5 元，增长 12.2%。居民消费价格指数 CPI 同比上涨 2.5%，比全国平均水平低 0.1 个百分点，低于年初确定调控目标 1 个百分点。

（五）区域发展布局优化，民生保障继续完善

1. 城乡一体化稳步推进，区域发展新格局形成

全省城镇化率 49%，提高 1.5 个百分点。城镇新增就业 54 万人，新增转移农村劳动力 57.5 万人。重点支持和扶持 28 个省级示范镇和 8 个民族乡的建设发展。昌九经济体规模以上工业企业 1 978 家，同比增加 110 家，占全省的 27.0%；实现工业增加值 1 944.3 亿元，占全省的 33.8%，提高 1.3 个百分点。

2. 财政民生支出加大，社会保障更趋完善

全省教育、社会保障和就业、医疗卫生、社区事务、住房保障等六大民生领域支出 2 135.8 亿

元，增长 14.8%，占预算支出的 61.6%。再次上调最低工资标准，调幅为 13%；城市低保平均标准提高到 400 元，企业离退休、养老金标准连续 9 年以不低于 10% 的幅度提高。建立了城镇居民大病保险制度，21 种大病纳入新农合保障范围。率先在全国出台"三房合一、租售并举"制度。棚户区改造开工 13.97 万套，基本建成 8.66 万套；开工建设保障性住房 32.4 万套、基本建成 23.7 万套。

（六）需要关注的方面

1. 主导行业生产低位徘徊，淘汰过剩产能任重道远

受基础设施和房地产投资回调等因素影响，钢铁、建材和化工等原材料工业生产低位徘徊，工业品价格持续下降，部分行业产能过剩的矛盾突出，将导致产能过剩行业的信贷风险加剧，影响区域金融稳定。

2. 要素制约仍然偏紧，影响企业正常生产

受整体经济放缓和市场预期等因素影响，人工和资金等要素价格上涨较快，导致生产成本居高不下，直接影响部分企业正常生产，直接影响企业盈利能力提高和金融资源配置的主动性和有效性。

3. 财政支出增长较快，平衡压力仍难缓解

受市场和政策等因素影响，主要经济指标呈回落态势，其中财税收入回落态势明显，导致财政收支矛盾突出、财政平衡压力进一步加大，政府性债务风险压力进一步增大，导致信贷风险复杂化加剧。

4. 投资增长动力趋缓，投资结构有待优化

在整体经济增长放缓的大环境下，市场预期和投资需求减弱，企业投资意愿和投资能力下降，投资增长动力趋缓，将可能进一步降低信贷结构转型效率。

5. 消费刺激政策淡出，消费增长依然乏力

受市场和政策等因素影响，全省城乡居民收入增长放缓，预期支出增加，制约了消费扩大，影响了消费潜力的释放，加上国家一些消费政策淡出，致使消费热点降温，社会消费增长乏力，从而使企业扩大资金循环缺乏有效动力，将影响信贷资金周转效率的进一步提升。

二、金融业发展与稳定状况

（一）银行业

1. 存款保持较快增长，季节波动特征明显

全省本外币各项存款余额 19 582.71 亿元，比年初增加 2 742.33 亿元，增长 16.28%，增速在全国排名第 8 位，在中部六省排名第 3 位。第一至第四季度存款增长分别为 20.1%、17.4%、17% 和 16.3%，呈现先升后降的减速态势。受消费的季节倾向和工资奖金年初发放等因素影响，各季存款增量之比为 56.14∶11.74∶20.11∶12.00。

2. 贷款继续平稳增长，信贷结构不断优化

全省本外币各项贷款余额 13 111.73 亿元，增长 17.81%，高出全国平均增速 3.94 个百分点。贷款增速在全国排名第 7 位，在中部六省排名第 1 位，均与上年持平。

（1）信贷期限结构进一步改善。全省短期贷款、中长期贷款和票据融资余额占比分别较年初上

升 2.11 个、下降 1.32 个和 0.84 个百分点；短期贷款、票据融资和长期贷款增量占各项贷款增量比重分别同比下降 0.78 个、8.39 个和上升 9.02 个百分点。短期贷款比年初增加 1 070.51 亿元，中长期贷款增量 962.63 亿元，同比多增 261.98 亿元。

（2）薄弱环节贷款满足目标实现。全省小微企业贷款、涉农贷款 2 746.67 亿元、5 104.73 亿元，分别比年初增长 23.93%、22.29%，高于全部贷款增速 6.13 个、4.49 个百分点。其中，涉农贷款占全部贷款比重为 39.04%。县域贷款增速 22.12%，比同期全省贷款增速快 4.03 个百分点。县域金融机构余额贷存比 53.90%，同比上升 2.0 个百分点。

（3）民生领域信贷支持力度加大。全省金融机构累计发放小额担保就业贷款 98.29 亿元，直接扶持个人创业 8.86 万人次，带动就业 40.47 万人次。新增保障性安居工程开发贷款、个人消费贷款、助学贷款、服务业贷款分别为 155.86 亿元、2533.52 亿元、16.46 亿元、4 848.62 亿元，分别增长 18.91%、30.2%、22.84%、19.83%，分别高于全部贷款增速 0.61 个、12 个、5.03 个和 2.02 个百分点。

3. 资产规模稳步扩大，运行质量不断提升

（1）资产质量平稳提高，风险抵御能力增强。全省银行业金融机构资产总额 24 497.89 亿元，增加 2 974.14 亿元，增长 13.82%。不良贷款余额 223.45 亿元，减少 53.12 亿元，不良贷款率 1.70%，下降 0.79 个百分点。全省 5 家城商行、28 家村镇银行及 2 家财务公司资本充足率均提前达到 10.5% 的过渡期末监管要求；61 家农合机构资本充足率达到或超过 8.5%，增加 8 家；资本充足率为负的农合机构降至 2 家，减少 9 家。中小法人机构贷款损失准备金 189.49 亿元，增加 37.20 亿元；农商银行、农合银行和农信社拨备覆盖率分别上升 89.25 个、149.63 个、87.78 个百分点。

（2）盈利能力继续提升，运行效率稳步提高。全省银行业金融机构实现净利润 350.72 亿元，增加 2.92 亿元，增长 0.84%，与上年大体持平。年末全省贷存比达到 66.96%，同比提高 1.16 个百分点，金融资源得到进一步充分运用。

4. 体系建设稳步推进，案防基础逐步夯实

（1）机构组织体系建设不断深化。进出口银行江西省分行顺利开业，实现了政策性银行种类齐全。股份制商业银行数量达到 7 家；城市商业银行省外分行达到 5 家。农村商业银行 16 家，其中赣昌等 5 家农商银行成功开业。上饶等 3 家农商银行获批筹建。批准 3 家村镇银行开业、1 家筹建，村镇银行机构数量达到 80 家，县域覆盖面达到 60%。

（2）治理改革转型发展不断深化。全省各类银行业金融机构合理市场定位，积极开展绩效考评制度评价工作，科学设定经营目标和考核指标。城商银行积极完善公司治理，董事长行长"一肩挑"的限期分设工作积极推进，积极开展薪酬管理制度专项评价；分支机构积极向县域延伸。省联社逐步淡出行政管理职能，逐步形成"小银行＋大平台"行业服务机制。资产管理公司、信托公司、财务公司等机构大力推进转型发展。

（3）风控案防联动机制初步形成。全省银行业机构进一步完善了辖内案件处置工作机制、案件（风险）信息报送机制、案防工作联动机制，案件风险管控能力明显提高。全省人民银行开展综合执法和专项执法检查，对违规金融机构处罚 135.7 万元；全省银监部门检查机构网点 346 个，整改问题 673 个，处罚机构 3 家，处理人员 166 人。

5. 跨境结算快速发展，业务领域不断拓展

全省累计办理跨境人民币实际收付金额 409.55 亿元，为 706 家企业提供跨境人民币结算服务，涉及境外国家和地区 106 个，跨境人民币结算业务在全省 11 个设区市实现全覆盖。跨境人民币实际

收付金额 264.77 亿元，增长 111.93%，比全国平均水平高 57.48 个百分点，为 560 家企业提供跨境人民币结算服务，增长 83.23%，涉及境外国家和地区数 91 个，增长 35.82%。

6. 需要关注的方面

（1）产能过剩行业信用风险不断凸显。产能过剩现象在工业经济领域多个行业持续蔓延加深，产能过剩矛盾较为突出。全省企业产能利用率仅为 75% 左右，低于 85% 左右的合理范围。短期内，考虑到钢铁等大多数产能过剩行业转型相对较为困难。过去积聚的潜在信贷风险也可能显性化，银行业不良贷款将逐步暴露。

（2）政府融资平台风险结构日趋复杂。全省融资平台贷款风险整体可控，但仍然存在一些结构性风险隐患。未来土地储备贷款规模或有较大增幅，信托公司平台贷款等政信合作项目贷款增长较快，总量控制难度较大，还款高峰期不断后移，一些平台筹资方式多样化，直接给银行贷款风险评价管理等带来困难。

（3）房地产市场贷款风险进一步加大。南昌地区房价继续上涨，一些中小地区则由于城市小、人口少、总需求不大和房地产过度开发的原因，出现空置率较高现象。大型房地产企业仍保持一定销售增速，小型房地产企业则易受到单个项目波动影响，资金链较为紧张。房地产市场分化式的变化将对相关贷款质量带来较大冲击。

（4）流动性风险管理挑战因素增多。全省银行机构流动性情况总体正常，但流动性风险隐患仍然存在，"冲时点"现象较为普遍，加之表外业务迅速发展，对金融市场的依赖度提高，流动性风险不再仅局限于传统的挤兑，更多是通过金融市场波动来暴露。

（5）同业理财业务存在系统性风险隐患。全省信托贷款余额 2 377.83 亿元，增长 62.75%，借助信托机构通道贷款明显增加。突出存在非标准化债权投资前尽职调查执行不到位、风险管理缺位等问题，导致非标债权容易低估和隐匿风险，使大量银行资金配置到房地产、融资平台和"两高一剩"等限制领域，使风险突然和集中连锁爆发，蕴含着较大的系统性风险隐患。

（二）证券期货业

1. 股票成交量回暖，机构盈利能力增强

全省累计开立资金账户 241.18 万户，增加 7.35 万户；客户保证金余额 75.22 亿元，下降 11.79%；累计成交 18 980.70 亿元，增长 34.69%。实现营业收入 15.88 亿元，增长 44.23%；净利润 7.17 亿元，增长 129.20%。其中两家法人机构共实现营业收入 10.63 亿元，增长 24.18%；净利润 2.52 亿元，增长 237.35%。

2. 证券公司经营稳健，抵御风险能力增强

全省两家法人证券公司资产总额 110.62 亿元，增长 22.42%；负债总额 67.09 亿元，增长 8.96%。两家法人机构各项风险控制指标均达到监管要求。

3. 期货市场运行良好，经营效益稳步提升

全省共有法人期货公司 1 家，期货营业部 28 家。期货投资者账户数 2.89 万户，增长 18.34%。累计代理交易量 3 256.26 万手，增长 52.47%；累计交易金额 34 783.39 亿元，增长 65.71%。累计实现营业收入 1.73 亿元，增长 30.07%；实现净利润 0.48 亿元，增长 106.84%。

4. 融资方式呈现多元化，上市后备企业资源丰富

全省上市公司 48 家，包括境内上市公司 33 家，境外上市公司 15 家。辖区上市公司在资本市场

再融资累计 57.13 亿元，其中股票融资 33.63 亿元，债券融资 23.5 亿元。全省首单中小企业私募债企业华春色纺在深交所发行融资 2 亿元。上市后备企业资源丰富，通过证监会审核的企业 5 家、辅导验收的企业 2 家。

5. 严厉打击违法违规行为，资本市场环境不断优化

全省打击非法证券期货活动持续开展，调查处理涉嫌非法证券活动 3 起。投资者保护工作专项检查深入开展，建立健全热线投诉处理制度，共妥善处理信访事件 402 件。

6. 需要关注的方面

（1）资本市场规模总体偏小，机构综合实力有待增强。全省资本市场发展水平明显滞后于同期经济发展水平，股票、债券融资规模较小。两家法人证券公司净资本在全行业处于较低水平，资本实力较弱，注册资本金仅为 0.56 亿元。

（2）机构盈利模式较为单一，传统业务面临发展转型。全省法人证券机构盈利模式单一，两家证券公司经纪业务手续费收入占比分别为 50.78%、62.29%。受 IPO 暂停影响，两家证券公司投资银行业务收入下降较为明显，分别下降 17.08%、56.20%。新型业务基础较为薄弱，短期内难以改变证券公司单一盈利模式。

（3）上市公司数量仍然偏少，抗风险能力有待增强。全省上市公司数量较少，占全国境内上市公司比例仅 1.32%，低于全国平均水平。上市公司以传统制造业为主的产业结构，在经济增速放缓的背景下，钢铁、陶瓷、光伏等行业盈利能力下降，抗风险能力有待进一步增强。

（三）保险业务

1. 市场运行总体平稳，整体实力不断增强

全省保费收入 317.95 亿元，增长 17.0%。保险资产总额 680.28 亿元，较年初增长 13.4%。（1）产险业务稳中有进。全省产险实现保费收入 116.2 亿元，增长 19.2%。赔付支出 66.64 亿元，增长 17.9%，增速在稳定增长区间。

（2）寿险增长先抑后扬。寿险全年实现保费收入 144.2 亿元，增长 7.7%。赔付支出 52.88 亿元，增长 70.8%。普通寿险实现保费收入 17.54 亿元，增长 30%。保障型险种实现保费收入 18.98 亿元，增长 27.3%。

2. 服务水平稳步提升，保障功能有效发挥

（1）社会管理保障功能增强，大力支持实体经济建设。全省累计赔付 126.99 亿元，增长 36.3%。责任保险保费收入 3.97 亿元，增长 12.8%；赔款 1.83 亿元，增长 11.3%。启动环境污染责任险试点，大力推动"险资入赣"。

（2）健全社会保障体系，服务新型城镇化建设。全省补充医疗保险实现保费收入 2.1 亿元。计划生育保险实现全覆盖，参保群众 135.1 万人次，实现保费收入 2 058.7 万元。签约委托管理资产 6.2 亿元，投资管理资产 6 亿元。

（3）发挥信用保险杠杆作用，积极打造"外向型"经济。全省保险业支持外贸出口 28.6 亿美元，增长 9.1%。服务出口企业 785 家，新增 524 家，支持服务小微企业 637 家，新增 498 家。累计支持企业海外投资 4 300 万美元，增长 258.6%。

3. 农业保险稳步发展，服务"三农"持续推进

全省农业保险实现保费收入 6.62 亿元，增长 6.3%；共为 629.27 万户次参保农户提供 701.82

亿元风险保障；累计赔款支出 3.81 亿元，增长 16.8%。全省进一步规范农业保险业务流程，有效推动农业保险常态化、标准化和专业化发展。

4. 市场体系逐步健全，行业风险有效防范

（1）市场体系逐步健全。全省共有 34 家省级保险公司，其中财产险公司 15 家，寿险公司 19 家，包括专业养老公司 3 家，专业健康公司 1 家。共有分支机构 2 641 家。专业中介机构 81 家，兼业代理机构 7 559 家。

（2）行业风险有效防范。开展由公估机构参与的车险理赔技能大赛，开展现场测评和未决赔案清理活动。建立人身险产品第三方评点制度，推动各地市成立保险合同纠纷第三方调解委员会，建立第三方司法鉴定中心。

5. 需要关注的方面

（1）寿险推出快速返现产品，加剧满期给付压力。部分寿险公司推出通过银保渠道销售的一系列高现金价值产品，助长了保险公司之间不良竞争，进一步加剧了满期给付的压力，不利于寿险市场的稳健运行。

（2）退保率上升趋势明显，公司预期利润下降。全省寿险主体中有 9 家公司的退保率超出全省平均水平，占全省寿险机构的 47.37%、寿险机构退保率最高达 28.34%。

三、融资性非金融机构发展与稳定状况

（一）小额贷款公司

1. 业务规模发展迅速，涉农贷款大幅增长

全省批复筹建小贷公司 220 家，其中批复开业 215 家，增加 30 家。开业小贷公司注册资本总额 231.3 亿元，增长 26%。累计为全省 4 万余客户发放贷款 509 亿元，贷款余额 266.8 亿元，增长 36.14%。其中纯农贷款余额 140.9 亿元，增长 47%。

2. 银行融资占比偏小，不良贷款显著增加

全省开业小额贷款公司银行融资余额 18.8 亿元，占注册资本总额比例为 8.13%。不良贷款出现"双升"，不良贷款余额 3.2 亿元，增长 215.7%；不良率 1.2%，增加 0.82 个百分点；出现不良贷款的小额贷款公司 55 家，增加 32 家。

3. 需要关注的方面

（1）风险管理水平有待提高。全省小贷公司经营管理层经营行为短期化，盲目追求短期收益而忽视信贷业务风险，甚至出现违规经营的情况。内部管理体系建设滞后，风险控制措施执行不到位，部分小贷公司信贷风险集中度较高。

（2）融资来源渠道狭窄。全省通过开展股东增资的小贷公司仅有 8 家，占小贷公司总数量的 3.72%。部分银行对小贷公司融资条件较为严格，甚至禁止或限制向小额贷款公司提供融资，造成小贷公司提供贷款能力有限。

（二）融资性担保公司

1. 资本实力明显增强，担保余额有所提高

全省融资性担保机构 175 家，减少 22 家；注册资本金额 141.97 亿元，增加 19.47 亿元。累计提

供担保330.5亿元，增长2.3%；在保责任余额306.1亿元，增长10.1%；担保平均放大倍数2.2倍，与上年基本持平。

2. 抗风险能力稳步提升，经营效益进一步改善

全省"两金"提取比例上升，其中提取未到期责任准备金2.8亿元，增长40%；担保赔偿准备金6.5亿元，增长22.6%。全省担保机构实现担保业务收入3.4亿元，增长9.7%；实现净利润2 429万元，增长5.1倍。

3. 需要关注的方面

（1）银担合作渠道不畅。由于大部分担保公司注册资本金规模普遍较小，很难符合银担合作条件，全省仍有62家担保机构未与银行开展合作。银担合作渠道不畅导致个别担保机构从事民间融资担保业务，偏离了服务银行中小企业信贷主营方向。

（2）代偿金额出现上升。全省担保机构盈利水平参差不齐，其中净利润为零或负值的融资性担保机构72家，占比近四成。全年有46家担保机构出现代偿，累计担保代偿户数206户、金额3.8亿元，分别增长16.5%、5.26%。

（3）担保业务出现收缩。全省担保机构发展缓慢，部分融资性担保业务量出现下降，其中规模较小的民营担保公司出现亏损主动退出担保行业，全年退出担保行业的机构有36家，占比为20.57%。

（三）典当行业

1. 机构规模不断扩大，典当总额增幅较快

全省典当法人机构148家，同比增加16家；注册资本16.34亿元，增长38.45%。典当笔数39 237笔，增长27.1%；典当余额9.83亿元，增长74.9%；绝当金额810.25万元，增长244.8%。

2. 房地产典当发展较快，盈利能力进一步增强

全省房地产业务典当总额19.73亿元，增长112.7%。典当机构主营业务收入1.20亿元，增长50.47%；税后利润2 116.9万元，增长29.87%。128家典当行实现盈利，同比增加12家。

3. 需要关注的方面

（1）发展水平总体偏低，业务结构较为单一。典当机构行业发展水平总体偏低，全省平均注册资本为1 104万元。典当行业盈利能力普遍较弱，经营亏损机构20户，占机构总数的14.2%。大部分机构不重视动产典当业务，业务单一，房地产抵押贷款业务占比过高，占典当总额的65.35%。

（2）违规经营行为频现。全省典当行业存在资本金来源涉嫌违规、违规抽逃注册资本金；违规融入资金进行放贷，或超比例向房地产企业提供融资；部分典当业务没有严格履行抵质押登记手续等违法违规问题和现象。有8户典当行因涉嫌违规被商务部通报。

（3）外部发展环境严峻。典当行业外部发展环境不容乐观，民间融资机构违规从事贷款业务，挤占了典当机构正当利益。相关职能部门办理各种抵质押物登记手续时不给予支持和配合，典当机构合法权益不能得到有效保护，典当行监管方式有待转变。

（四）融资租赁公司

1. 发展处于起步阶段

全省融资租赁公司目前尚处于刚起步阶段，机构数量较少，内资试点融资租赁公司3家，注册

总资本 4.6 亿元，从业人员 57 人，资产总额 11.99 亿元。

2. 盈利水平大幅提高

全省融资租赁业客户以中小型企业为主，业务收入 9 820 万元，增长 92.44%；实现利润 4 157 万元，增长 46.32%。

3. 需要关注的方面

（1）总体规模相对较小，融资授信难度较大。全省融资租赁试点企业仅 3 家，占全国总数的 2.44%。作为准金融类机构，融资租赁公司在申请融资授信业务时被当作一般性企业对待，难以获得金融租赁公司同等待遇，融资授信难度较大。

（2）优惠政策落实不到位，发展面临政策瓶颈。国家有关融资租赁税收优惠政策得不到有效落实，在提坏账准备金方面与金融租赁公司享受待遇不同。由于合同法与税法对融资租赁定义解释没有完全统一，融资租赁企业在日常经营过程中面临许多司法解释障碍，经营发展面临政策瓶颈。

（五）私募投资基金

1. 机构处于初步发展阶段

全省私募股权投资基金起步较晚，已备案创业投资企业 12 家，已备案股权投资企业零家。已备案创业投资企业累计投资项目 61 个，投资总金额达 44 亿元。成立首只产业投资基金——兴铁产业投资基金，基金规模 150 亿元。

2. 经营方式灵活多样，资金运作较为规范

全省已备案创业投资企业投资对象主要为处于起步期的中小企业，退出方式以上市转让、协议转让、股权回购为主。创业投资企业总体运行平稳，在项目资金使用、募集以及闲置资金保管等方面运作规范，未发生非法集资、发放高利贷的情况。

3. 需要关注的方面

（1）数量总体偏少。创业投资产业宣传引导力度不大，财税政策等相关扶持措施不足，与经济发达省份相比，创业投资企业发展较为滞后，数量整体偏少。规模以上股权投资企业发展也较为缓慢，目前尚无 1 家股权投资企业备案。

（2）机构分布不均。全省私募股权投资企业呈现地区分布不均的特点，已备案投资企业 12 家全部集中在南昌和赣州，其中南昌 8 家，赣州 4 家，其他 9 个设区市为空白。

四、金融市场运行与金融稳定

1. 债券发行实现五连增，直接融资跨越式发展

全省非金融企业累计在银行间市场发行债券 414.5 亿元，增长 44.27%。全省直接融资市场实现跨越式发展，共计 16 家省内企业发债。江西高速公路投资集团成为全国首只地方企业超短期融资券发行企业，顺利发行 6 亿元。南昌银行成功发行全省首只小微企业金融债 50 亿元。

2. 银行间市场交易量下降，市场利率宽幅波动

全省金融机构银行间市场累计交易量 26 404.16 亿元（不含外汇市场交易），下降 34.89%。同业拆借累计拆借资金 162.19 亿元，增长 263.82%。累计债券交易量（不含外汇市场交易）26 241.97 亿元，下降 35.22%。债券市场交易利率宽幅震荡，市场成员质押式回购和买断式回购 6

月成交利率水平分别为 6.55% 和 7.09%，12 月辖内市场成员现券成交利率 6.83%。

3. 票据市场稳步发展，市场利率持续提高

全省银行业金融机构累计签发银行承兑汇票 3 419.94 亿元，增长 5.95%。累计办理票据贴现业务 7 593.65 亿元，增长 122.25%。全省票据直贴和转贴加权利率水平分别为 6.51% 和 5.67%，分别提高 146 个、118 个基点。

4. 黄金交易价格下挫，市场交易快速增长

全省金融机构各类黄金交易均价 276 元/克，下降 19.22%。除账户金以外的黄金交易均价下降均超过了 20%。累计发生各类黄金业务成交量和成交额分别为 78.36 吨和 216.32 亿元，分别增长 160.33% 和 110.28%。黄金远期、黄金租赁和实物黄金成交量分别为 10 吨、13.85 吨和 13.84 吨，分别增长 14.4 倍、10.44 倍和 5.1 倍。

5. 外汇收支增幅放缓，管理服务有效提升

全省跨境收支总额 302.96 亿美元，增长 6.5%；银行结售汇总额 208.16 亿美元，下降 2.6%。跨境收支顺差 78.34 亿美元，增长 14.4%；银行结售汇顺差 77.91 亿美元，增长 41.9%；获准办理结售汇业务银行网点 1 304 家，新增银行网点 54 家。

6. 需要关注的方面

（1）产业结构调整带来企业偿债能力的变化问题。全省钢铁、光伏等产能过剩行业面临政策调整和产业升级带来偿债压力的困境。

（2）部分市场成员流动性管理压力有所增加。全省中小银行机构由于自身流动性管理不足，导致其在货币市场运营资金成本急剧上升，流动性管理压力增大。

（3）贸易融资和贸易信贷引发跨境资金流动风险。企业可能利用复杂多样的贸易融资产品及贸易信贷业务，实现跨境资金的快速流动，以套取境内外利差汇差，影响正常的外汇收支运行环境。

五、金融基础设施

（一）支付清算体系建设状况

全省大小额支付系统共有 2 256 家参与者，处理业务笔数和金额分别增长 39.89% 和 20.33%；同城清算系统共有 4 408 家参与者，处理业务笔数和金额分别增长 4.38% 和 16.55%。农村支付服务环境不断改善，设立银行卡助农取款点 12 087 个。对 11 家银行机构和 9 家支付机构开展支付结算业务现场检查。

（二）金融消费权益保护体系建设状况

出台《南昌中心支行金融消费权益保护办法》多项制度和办法。共受理投诉 133 件，投诉办理满意率达 100%。开展金融知识普及教育，及时解决与个人金融信息保护相关的争议。

（三）征信体系建设状况

全省近 23.8 万户企事业单位和近 2 598 万个人信息接入金融信用信息基础数据库，查询 506 万次。建立完善征信信息异议公示系统。监测各设区市和县域金融生态环境建设情况。共为 5.4 万户

中小企业建立信用档案，其中 1.1 万户中小企业获得银行的信贷支持；建立农户信用档案 457.6 万份，贷款余额 1 189.9 亿元。

（四）反洗钱工作状况

全年共对 48 家金融机构开展了现场检查，对 59 家金融机构进行现场走访。开展区域反洗钱类型分析。全年受理省内金融机构上报重点可疑交易报告 33 件，协助省纪委、公安、检察机关侦破案件 6 起。

（五）金融信息科技建设状况

全省支付系统等 9 个央行金融服务与管理的业务系统有效运行，金融城域网已接入各类机构和部门 125 家，同比增加 44 家。共有 75 个重要系统完成等级保护测评整改，银行业三级及以上信息系统测评率达到 100%。省联社、省内 5 家城商行完成 6 个应用级同城灾备中心建设。累计发行银行卡 10 240 万张，增加 28.02%，其中金融 IC 卡累计发卡 2 193 万张，新增 392.81%。

（六）人民币流通环境建设状况

全年发行基金投放、发行基金回笼、净回笼分别比增长 23%、16% 和 2%，确定小面额现金主办银行 97 家，主办网点 844 家。共有 6 578 台取款机、3 397 台存取款一体机及 2 603 个银行网点实现了人民币冠字号码查询。回笼券物流系统已覆盖发行库 39 个、钞票处理中心 4 个和开户金融机构 334 家。

（七）国库业务管理体系建设状况

全省财税库银横向联网系统、国库管理信息系统、国库会计数据集中系统应用水平不断提升。正式启用 TBS 系统作为 TCBS 应急备用系统。各级国库通过柜面监督发现不合规业务 4 698 笔。全年改征增值税共计入库 27.12 亿元。累计办理政府补助资金国库直接支付业务 1 342.67 万元，增加 459%。组织发行凭证式国债 4 期 13.42 亿元、储蓄国债 10 期 18.3 亿元。

（八）金融稳定体系建设情况及需要关注的方面

在全省部署开展地方法人银行信贷风险分类真实性现场评估工作。建立存款保险舆情日常监测分析制度。对 104 家金融机构执行人民银行金融稳定和金融管理政策情况进行综合评价。人民银行南昌中支与江西证监局共同签署证券期货监管合作备忘录。

六、政策建议

（一）全面深化经济体制改革，优化结构推动经济增长

一是大力发展混合所有制经济，鼓励非国有资本参股政府新投资项目，以增强发展的动力和活力。二是着力推进实施三大国家战略，加大政府科技投入，促进产业转型升级。三是加大民生投入力度，创新扶贫开发工作机制，扎实推进安居工程建设。四是加大对农村转移人口进城就业创业的

政策支持力度，把进城落户农民纳入城镇住房和社会保障体系。五是推动民间资本进入基础设施和产业、金融服务等领域，落实支持措施和清费减负等政策。六是完善促进城乡居民增收的政策措施，积极拓展绿色、健康、文化等消费业态。

（二）继续实施稳健货币政策，大力推进金融改革发展

一是继续实施稳健的货币政策，不断完善调控方式和手段，优化信贷结构，引导货币信贷总量和社会融资规模平稳适度增长。二是加强"一行三局"与地方政府间金融政策与财政政策、产业政策的协调配合，增强金融服务于经济发展的能力。三是全面推进全省金融体制改革，努力在金融重点领域和关键环节实现新的突破，加快金融服务业发展。四是完善中小企业融资担保体系，推广"财园信贷通"等融资模式，推进中小企业信用示范区、融资超市等建设。

（三）提升金融风险防控能力，坚守区域金融稳定底线

一是建立健全区域系统性金融风险监测和预警体系，密切关注和评估地方政府融资平台、房地产贷款、产能过剩行业和融资性非金融机构等风险状况，防范非正规金融及相关领域风险向金融体系传导。二是加强"一行三局"金融监管合作，进一步提升金融管理能力。探索市县人民银行证券期货业监管合作模式，扎实做好存款保险制度出台的准备工作。三是进一步做好区域金融风险监测评估工作，建立健全重大金融舆情快速反应和应急处置机制，完善处置应对预案。

（四）推进资本市场改革创新，促进辖区市场深化发展

一是积极参与协调解决上市面临的障碍，培育优质上市资源，推动国家级高新区加入"新三板"试点扩容园区，支持实现再融资和并购重组，发行债务融资工具。完善非上市公众公司和问题上市公司监测管理。二是大力推动证券期货机构完善风险控制和合规管理，支持法人机构引进大股东或战略投资者，推动产品和组织创新。三是对违法违规行为保持"零容忍"的高压态势，完善和落实内幕信息知情人登记制度，加强对非法证券活动信息的监控。

（五）加大保险转型创新力度，促进保险服务经济社会

一是推动辖区保险公司业务转型和发展方式转变，积极开展保险产品、保险服务、保险营销和经营管理创新。二是建立健全保险市场风险监测机制，着力做好非正常大规模集中退保和案件风险的防范化解工作，规范保险中介内控管理和经营活动，推进行业诚信建设。三是积极发展与工业化、城镇化关系密切的工程险、企财险、货运险等非车险业务。发展农业保险、旅游保险和环境污染责任险。促进寿险公司发展保障型、长期储蓄型险种，以及风险保障型、期交型等业务和小额人身保险产品。

（六）推进金融服务体系建设，营造良好金融生态环境

一是健全支付服务市场监督管理机制，鼓励各类支付业务创新，加强新业务和新产品监测预警工作，大力推进银行账户改革和农村支付服务环境建设，完成支付信息统计分析系统上线运行。二是进一步完善洗钱类型分析和洗钱预警体系，督促证券业机构做好创新金融产品洗钱风险防范工作。完善商业银行可疑交易报告综合试点工作和反洗钱集中化管理模式改革试点工作。三是继续推进人民币流通管理和反假币工作，健全人民币流通预警监测体系，强化反假联动协调机制和信息共享机制。四是加快金融业检测认证基础设施建设，推动安全可信服务平台应用。推进地方法人银行灾备中心和技术平台建设。五是推进国库集中收付业务代理银行监管制度建设，加强国库资金监测与分析，密切关注地方政府性债务风险及其对金融体系的影响。六是完善金融消费权益保护工作机制和功能定位，加强监督检查和投诉调查，加强对交叉性金融产品消费权益保护新业务、新领域的调查研究。七是开展个人征信机构准入审批和企业征信机构备案工作，建立健全征信机构分类监管机制，加大征信系统数据开发应用力度，优化辖区金融生态环境。

总　　纂：吴豪声
统　　稿：赵峰林　刘向东　曹军新
执　　笔：曹军新　孙　静　丁林江
参与写作人员：胡　锐　郭　斐　花象清　袁晋华　熊晓宇　宋名穗　肖　忠
　　　　　　　胡晓璎　周　伟　贾　健　黄　晖　王晓峰　黄　甜　钱　正
　　　　　　　章　璇　彭振江　黄　昕　欧阳坚　冷　平　周陈曦　胡　颖
　　　　　　　徐展峰　黄春华　刘　强

山东省金融稳定报告摘要

2013 年，山东省深入贯彻落实中央各项决策部署，积极应对复杂严峻的国内外环境，全省经济呈现稳中有进、稳中向好的发展态势。金融业继续保持快速健康的发展势头，社会融资总量稳定增长，金融生态环境和基础设施建设进一步加强，地方金融业发展活力进一步释放，为全省经济转型升级和持续健康发展营造了良好的金融环境。但区域经济稳中向好发展的基础尚不够稳固，受宏观经济环境影响，各类金融风险因素明显增多，部分区域、行业和重点企业风险暴露呈多发态势，金融机构稳健性经营面临较大压力。

一、宏观经济与金融稳定

（一）经济运行基本情况

1. 经济运行稳中有进，三次产业协调发展

2013 年全省实现生产总值 54 684.3 亿元，增速 9.6%，高于全国 1.9 个百分点。其中，第一、第二、第三产业增加值占地区生产总值比重分别为 8.7%、50.1%、41.25%，第一、第二产业分别比上年降低 0.1 个、1.3 个百分点，第三产业增加 1.25 个百分点，产业结构更趋优化。

2. 内需拉动作用进一步增强，进出口稳中有升

2013 年全年完成固定资产投资 35 875.9 亿元，增长 19.6%，与全国投资增速持平。社会消费品零售总额 21 744.8 亿元，增长 13.4%，高于全国平均水平 0.3 个百分点。进出口总额 2 671.6 亿美元，增长 8.8%，高于全国 1.2 个百分点。其中，出口 1 345.1 亿美元，增长 4.5%；进口 1 326.5 亿美元，增长 13.5%。

3. 发展质量稳步提高，收入水平显著增长

2013 年全省规模以上工业增加值和利润总额比上年分别增长 11.3%、12.4%，高于全国 1.6 个和 0.2 个百分点。高新技术产业产值占规模以上工业比重达到 30.2%，比上年提高 1.1 个百分点。全省公共财政预算收入 4 560.0 亿元，增长 12.3%，高于全国 2.2 个百分点。全省城镇居民人均可支配收入 28 264 元，增长 9.7%，高于全国平均水平 1 309 元。全省农民人均纯收入 10 620 元，增长 12.4%，高于全国平均水平 1 724 元。

4. 物价水平总体平稳，就业形势保持稳定

2013 年全省居民消费价格比上年上涨 2.2%，低于全国平均涨幅 0.4 个百分点。其中，城市上涨 2.1%，农村上涨 2.5%。工业生产者出厂、购进价格均下降 1.6%。城镇新增就业 119.98 万人，新增农村劳动力转移就业 133.3 万人。年末城镇登记失业率 3.24%，低于全国 0.8 个百分点。

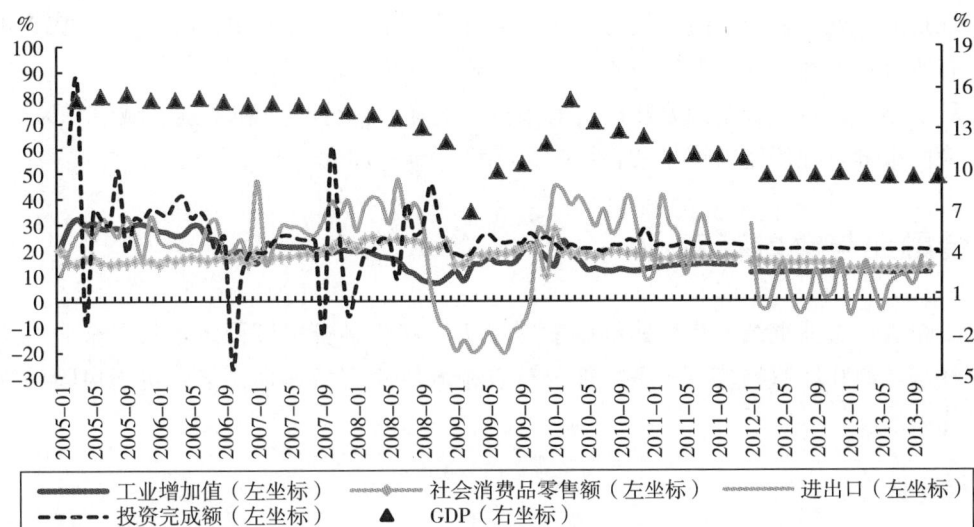

数据来源：山东省统计局相关资料。

图 1 2005—2013 年主要经济指标月度增速变动图

5. 区域发展布局更加完善，县域经济实力不断壮大

全面推进"两区一圈一带"规划建设，山东半岛蓝色经济区、黄河三角洲高效生态经济区、省会城市群经济圈和西部经济隆起带生产总值增速超过全省 0.8 个、1.3 个、0.4 个和 1.3 个百分点。公共财政预算收入过 10 亿元的县（市、区）达到 112 个，比上年增加 18 个。全省城镇化率达 53.75%，比上年提高 1.32 个百分点。

（二）经济运行中存在的问题

1. 经济转型升级任务艰巨

产业结构偏重，轻重工业比重为 31.7:68.3，重工业增加值增速比轻工业高出 1.6 个百分点。全年六大高耗能行业①规模以上工业增加值增速 12.5%，高于全国平均水平 2.4 个百分点。服务业占地区生产总值比重低于全国平均水平 4.9 个百分点，对经济增长的贡献率同比下降 1.5 个百分点。

2. 工业经济运行存在下行压力

全省规模以上工业增加值增速较上年回落 0.1 个百分点。部分行业和企业效益下滑，生产经营仍面临较大压力。规模以上工业企业主营业务成本增速高出主营业务收入增速 1.6 个百分点，企业利润空间进一步压缩。

3. 出口形势不容乐观

2013 年全省企业接受国外贸易救济调查 61 起，同比增长 15.1%，涉案金额 5.7 亿美元。出口竞争优势减弱，部分订单向东南亚市场转移。

---

① 六大高耗能行业包括：石油加工 炼焦及核燃料加工业、化学原料及化学制品制造业、非金属矿物制品业、黑色金属冶炼及压延加工业、有色金属冶炼及压延加工业、电力、热力的生产和供应业。

4. 资源环境约束持续增强

部分传统行业所处产业分工层次较低，产品附加值不高，资源能源消耗较大。2013 年全省大气污染物浓度有所反弹，经济社会发展与资源环境承载力不足的矛盾突出。

受经济环境影响，企业资金回笼和运转效率有所下降，部分企业和个别区域信贷风险暴露增多，实体经济风险向金融系统传递渠道复杂，维护金融稳定难度加大。

二、金融业与金融稳定

2013 年，全省金融业继续保持快速健康发展势头，社会融资规模稳定增长，金融机构稳健性不断提高。在经济转型和增速趋缓背景下，部分重点领域风险有所显现，金融机构风险管理和案件防控压力明显加大。

（一）银行业

1. 总体发展状况

（1）资产负债规模增势趋缓。2013 年全省银行业机构资产、负债总额同比分别增长 14.3% 和 14.2%。本外币存、贷款额同比分别增长 14.3% 和 11.5%，增速分别下降 3.8 个和 2.7 个百分点。本外币新增贷款占社会融资规模的 46.4%，较上年下降 11.2 个百分点。

（2）地方法人银行机构市场份额继续上升。地方法人机构资产、负债占比分别为 28.58% 和 27.52%，同比提高 1.57 个和 1.52 个百分点。新增存、贷款的市场份额比上年分别提高 8 个和 2.2 个百分点。

（3）信贷对重点领域和薄弱环节的支持力度进一步增强。黄三角、半岛蓝色经济区、省会城市群经济圈、西部经济隆起带新增贷款分别占全省新增贷款的 15%、51.8%、28.9% 和 23.3%。全省服务业新增贷款占比提高 6.4 个百分点。小微企业、涉农贷款增速分别高于全部贷款 15.1 个和 4.4 个百分点。

（4）银行业改革取得新成效。5 家已改制上市大型商业银行业务发展态势良好，组织架构及制度建设不断改善，风险管控体系不断健全。农业银行继续深化"三农金融事业部"改革，年末"三农"贷款增量居系统内第一位，增速高于全行平均水平 3.7 个百分点，新设惠农通服务点 4 770 个，布放电子机具 15.8 万部。

（5）金融机构组织体系更加健全。全省国有商业银行、政策性银行、股份制银行二级分行以上机构共有 189 家。法人银行业机构改制重组和向县域延伸步伐加快，年内上报、组建农商行 18 家，村镇银行达 67 家，城商行年内增设县域支行 20 家，县域覆盖面达 93.1%。外资银行分支机构新开业 4 家，总数达 19 家。

（6）风险状况持续好转。全省银行业不良贷款率 1.35%，较年初下降 0.26 个百分点。拨备覆盖率、贷款损失准备充足率分别比上年提高 36.46 个和 32.31 个百分点。净利润增长 13.7%，中间业务收入占比提高 1.22 个百分点。法人银行机构平均资本充足率 12.96%，提高 0.2 个百分点；流动性指标均持续符合监管要求。

2. 稳健性评估

（1）部分法人机构资本充足率下降，资本补充压力较大。全省法人银行业机构资本净额较年初

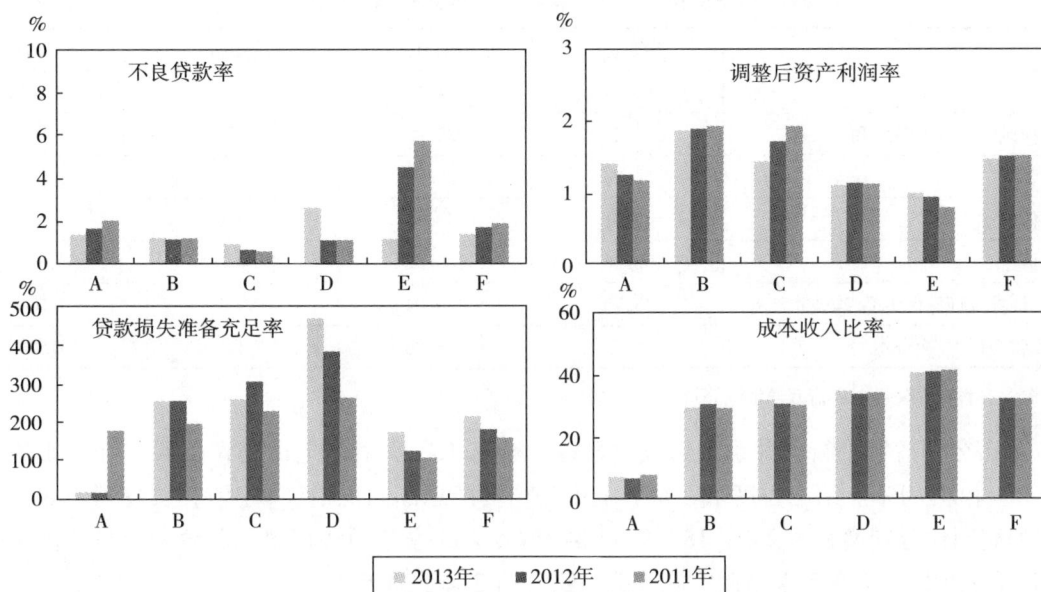

注：A 政策性银行，B 国有商业银行，C 股份制商业银行，D 城市商业银行，E 农村合作金融机构，F 银行业机构合计。

数据来源：山东银监局相关资料。

图 2　2011—2013 年银行业主要评价指标状况

增加 430.57 亿元，全省法人银行业机构资本充足率 12.06%，一级资本充足率 10.99%。97 家法人银行机构资本充足率较年初下降，11 家农村信用联社资本充足率低于 8%。

（2）流动性状况总体良好，影响流动性的因素更趋复杂。2013 年，全省法人机构主要流动性监管指标总体达标。部分中小法人机构流动性风险管理存在不足，其中，27 家法人机构备付率不足 1%，部分机构前 10 大户存款余额占比过高。部分机构资金来源过度依赖货币市场和同业，以短期同业负债支持中长期资金运用的现象突出。全省法人银行机构同业负债增速高于各项存款增速 9.11 个百分点，个别机构同业负债占比超过 40%。

（3）不良贷款暴露增多，部分领域信用风险上升。2013 年，银行业机构不良贷款暴露明显增多。全省银行业机构贷款质量向下迁徙率 3.93%，高于向上迁徙率 3.32 个百分点。12 家法人银行机构不良贷款率超过 5% 的监管标准。70.20% 的大额信用风险暴露集中在制造业。

（4）银行业机构案防、舆情控制和应对群体性事件面临较大压力。2013 年，全省银行业机构共发生案件 7 起，较上年增加 3 起。部分机构因内部案件和管理问题引发负面舆情报道和群体性事件，对正常经营和行业形象造成不利影响，凸显了金融机构内控文化建设亟待加强。

（二）证券期货业

1. 总体发展状况

（1）证券市场运行平稳，运营机构大幅增盈。2013 年全省新增证券营业部 27 家，市场交易金额和证券托管市值分别达到 45 258.6 亿元和 9 795.9 亿元，同比分别增长 55.7% 和 23.5%。齐鲁证券、中信万通证券 2 家法人券商连续三年被评为 A 级，营业收入和净利润同比分别增长 37% 和 83.8%，各项风控指标均好于预警和监管标准。

表1　　　　　　　　　　　2013年末山东法人证券机构净资本核心风险监控指标　　　　单位：亿元，%

项　目	齐鲁证券	中信万通	预警标准	监管标准
净资本	67.37	24.7	>2.4	>2
净资本/各项风险资本准备之和	313.27	922.92	>120	>100
净资本/净资产	58.03	81.99	>48	>40
净资本/负债	62.01	148.01	>9.6	>8
净资产/负债	106.86	180.52	>24	>20
自营权益类证券及证券衍生品/净资本	28.73	4.04	<80	<100
自营固定收益类证券/净资本	75.01	8.26	<400	<500

数据来源：齐鲁证券公司、中信万通证券公司相关资料。

（2）上市公司盈利上行，并购重组成效显著。全省153家境内上市公司总股本和总市值同比分别增长6.2%和49.0%。第三季度末，全省上市公司资产总额同比增长9.4%，实现营业收入、营业利润和净利润同比分别增长8.2%、18.1%和14.9%，135家公司实现盈利，盈利面较全国平均水平高1.98个百分点。全年有5家企业实施并购重组，有3家企业重组获批。

（3）期货市场快速发展，服务产业和实体经济能力提升。全年新增期货营业部8家，投资者开户数、保证金余额同比分别增长1.72万户、8.9亿元，分别增长59.4%、78.7%，交易金额在全国市场占比同比上升0.4个百分点。3家法人期货公司总资产、净资产和净利润同比分别增长14.0%、6.4%和16.6%。

（4）齐鲁股权交易中心发展良好，影响力不断扩大。2013年末，齐鲁股权交易中心挂牌企业已达291家，市值239亿元，托管企业405家，与国内27家银行、18家证券公司签署了战略合作协议，吸引股权投资机构150家。成功发行了国内首只针对区域性股权交易市场的信托理财产品和规模为1亿元的区域市场股权投资基金，挂牌托管企业累计实现各类融资超过百亿元。

（5）加强证券期货监管合作，跨部门风险防范机制建设取得进展。2013年4月26日，人民银行济南分行和山东证监局签署了《关于加强证券期货监管合作共同维护金融稳定的备忘录》，就上市公司和经营机构日常监管、市场主体违法违规、金融消费者保护、监管信息共享等五个方面开展监管合作。

2．需关注的问题

（1）法人券商盈利结构单一。2家法人券商经纪业务收入占比较全国平均水平分别高16.3个和19.5个百分点。承销业务收入同比下降31.1%。自营股票占净资本比重分别为27.7%和4.04%，远低于80%的监管风控标准。齐鲁证券两融市场份额占有率较经纪业务低0.3个百分点。

（2）股市债市融资量大幅下降。2013年山东上市公司证券市场融资同比下降80%，首发融资为零，增发融资额同比减少136.62亿元。仅4家企业发行公司债31亿元，同比下降了71.3%。

（3）上市公司成本压力加大，投资风险上升。前三个季度，全省上市公司三项费用同比上涨11.7%，43%的公司盈利同比出现下滑。上市公司可供出售与交易性金融资产、持有到期投资、投资性房地产同比分别增长50.9%、43.3%和31.8%，前三个季度投资收益增速同比下降13.5个百分点。

（4）违法、违规证券活动仍然突出。全年监管部门查处4起违法与违规证券期货活动，完成协查案件16起。部分上市公司暴露较大风险隐患，其中＊ST金泰主业停顿，被实施暂停上市；＊ST

亚星经营风险较大。

（三）保险业

1. 总体发展状况

（1）业务发展稳步回升。全年实现保费收入1 280.4亿元，同比增长13.51%，较上年提高5.11个百分点。财产险保费收入增长17.93%，增幅提高2.8个百分点；人身险保费收入增长11.16%，增幅提高5.23个百分点。

（2）整体实力持续增强。全省保险业总资产较年初增长14.8%，保险资金运用新增83亿元。吸引保险资金到账金额232亿元。新增保险省级分公司2家，第二家保险业法人机构——德华安顾人寿保险公司开业。

（3）经营质量稳居前列。财产险公司全年实现承保利润20.9亿元，承保利润率高于全国平均水平6.2个百分点。人身险公司标准保费居全国第3位，普通寿险新单保费同比增长79.05%。

（4）服务能力进一步提升。全省保险业提供风险保障29万亿元，同比增长52.6%。全年保险赔付支出同比增长36.08%，较上年提高16.42个百分点。农业保险保费收入同比增长16.85%，覆盖134个县市。订单农业和小微企业贷款保证保险试点稳步推进。出口信用保险提供融资便利200亿元，赔付支出4.8亿元。率先以省为单位推行新农合大病保险。

2. 需关注的问题

（1）满期给付和退保风险突出。2013年，满期给付和退保持续处于高位。全省寿险公司满期给付同比增长92.97%；退保金同比增长73.23%。满期给付大幅上升的主要原因是2008年五年期分红险产品集中到期，以及产品收益率不高导致转保率较低。

（2）实现平稳增长的难度较大。财产险方面，与经济周期波动联系紧密的险种发展压力大，如企财险增速低于产险平均水平11.54个百分点，船舶保险同比下降12.93%。人身险方面，主要销售渠道仍受瓶颈制约，主要依靠短期性理财产品，业务发展的持续性值得关注。

（3）保持较好发展质量的压力较大。财产险市场出现了保费充足率下降、赔付成本上升、销售费用增加等情况，综合赔付率为52.54%，较上年同期提高2.65个百分点。人身险期交业务发展相对放缓，寿险新单期交率较上年下降4个百分点，低于全国平均水平。

（4）非理性竞争较为突出。部分市场经营主体争规模、抢份额的经营模式有所抬头，价格战、手续费的过度竞争对行业经营秩序造成不利影响。

（四）金融业综合经营

1. 金融控股公司

（1）总体发展状况

山东省国际信托有限公司（以下简称山东信托）控股泰信基金、鲁信资产管理两家金融业公司，原子公司鲁信保险代理公司变更为鲁信资产管理咨询公司。莱芜钢铁集团有限公司（以下简称莱钢集团）控股齐鲁证券一家金融子公司，是莱商银行第一大股东。2013年末，山东信托管理的信托规模同比增长58.83%；净利润同比下降3.73%；银信合作业务规模同比下降11.14%。莱钢集团主营业务收入同比增长3.57%，投资收益同比增长28.25%，同比少亏损0.2亿元。

（2）问题及风险点

一是信托行业发展面临一定挑战。2013年，"通道"类业务同业竞争压力加大，对信托业务形成"挤出"效应。在银行体系去杠杆形势下，银信合作中的资金池类业务总量下降，进而导致新增单一资金信托业务规模持续下降。信托行业信用风险加大，国内已出现矿产类信托、钢贸类信托违约风险事件。二是钢铁行业短期仍难走出经营困境。钢铁行业多年粗放式发展积累的矛盾和问题不断显现，多数企业微利或亏损仍是常态。受信贷政策和产业政策影响，莱钢集团资金紧张压力持续存在，2013年末，莱钢集团贷款余额同比增长3.67%，融资难度依旧较大。

2. 交叉性金融业务

（1）整体发展情况

2013年，经济增速趋缓和金融市场大幅波动对交叉性金融业务产生了较大影响。对595家①样本金融机构及分支机构调查显示：一是银行业理财产品持续高速增长。2013年，全省银行机构发行及代销理财产品募集资金增长40.17%，同比上升26.63个百分点。期限在3个月内和6个月内产品募集资金占比分别为75.02%和88.79%。二是同业业务快速扩张。银行与证券、基金、信托、保险及其他机构开展债券回购交易额增长106.18%，其中与证券公司交易额占比43.35%。三是委托贷款业务模式不断创新。全省银行机构委托贷款余额同比增长34.3%，相当于各项贷款余额的11.6%。证券公司和资产管理公司委托银行发放的贷款占全部委托贷款的28.6%。四是跨市场、跨机构融资稳步发展。银行机构向其他类金融组织贷款规模大幅增长，全年业务笔数及业务金额同比分别增长50%和42.71%。股票质押贷款业务额增长128.91%。五是资金结算类业务发展趋缓。证券交易结算资金第三方存管累计业务额同比下滑4.29%，银基通、银保通业务额仍然较小。六是合作代理类业务市场分化明显。2013年，银行机构代理保险、基金、国债、其他债券等产品销售额同比分别增长30.7%、19.4%、75.76%、40.98%；信托产品、证券公司理财计划、黄金产品等销售额同比分别减少63.04%、12.44%、5.01%。七是交叉性保险产品发展受阻。2013年，投资分红类保险发展趋缓，万能保险、投资连结保险金额同比分别减少14.79%和7.99%。履约保障类保险产品两极分化明显，住房贷款配套保险金额、保费收入同比分别增长26.14%和9.91%，个人贷款附加意外伤害险金额及贷款金额"双降"，同比分别减少6.94%和3.86%。八是企业年金业务增势迅猛。2013年，被调查机构托管企业年金财产净值大幅增长48.59%，主要投向银行存款、企业债、金融债等收益稳健的金融产品，委托方以垄断性行业、国有企业为主。

（2）问题及风险点

一是理财产品信息披露仍不规范，声誉风险事件时有发生。在购买过银行理财产品的受访者中，72%的受访者表示遇到过不同程度的理财产品销售误导，将保险产品当作银行理财产品或将保险产品当作储蓄销售的现象最为普遍，二者合计占被调查客户的32.66%。二是部分银行通过委托贷款避让信贷总量控制。部分商业银行通过"银证合作"、"银证信合作"、"银资合作"等通道形式，由银行提供资金、选择客户并承担贷款风险，借道非银行金融机构发放委托贷款，实现信贷资产出表。

三、金融市场与金融稳定

2013年，山东省金融机构市场业务平稳运行，结构性变化显著。债券市场走势分化，票据签发爆发式增长，银行间流动性维持紧平衡状态，整体利率上行、波动加大，融资总量小幅下降。

---

① 包括277家银行机构、44家证券机构、272家保险机构、2家信托机构及分支机构。部分保险机构的数据由当地保险业协会提供。

（一）货币市场交易分化，资金价格大幅上升

2013 年，山东省货币市场交易呈现以下三大特点：一是交易量出现分化。同业拆借成交 4 464.7 亿元，同比下降 17.6%，累计净融入资金同比减少 30.65%；现券买卖成交 23 274.35 亿元，同比下降 53.2%；债券回购成交 98 182.77 亿元，同比增长 30.9%。二是资金价格大幅上升。同业拆入、拆出资金加权利率分别上升 36 个和 61 个基点，现券买卖加权到期收益率上升 56 个基点，质押式回购融入、融出加权利率分别上升 60 个、66 个基点。三是交易趋于集中。拆借交易主要集中在短期品种，交易量最大的两个品种成交金额占全部成交量的 89.32%；现券交易集中在政策性金融债、中期票据、企业债，三者交易金额合计占 74%；回购交易主要集中于短期质押式回购，其中隔夜质押式回购占比 77.71%。

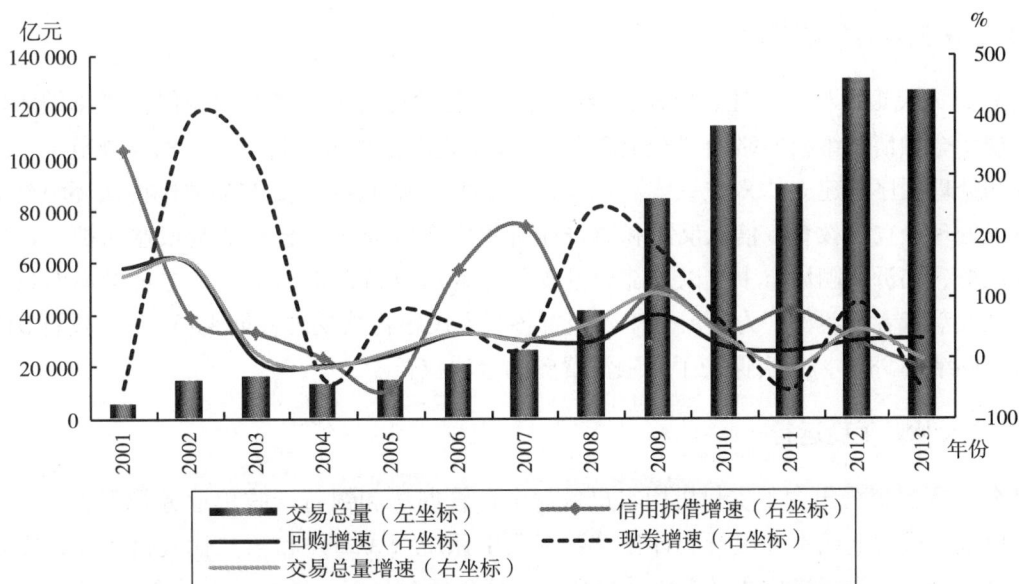

数据来源：中国人民银行济南分行相关资料。

图 3 2001—2013 年货币市场成员交易量变动状况

（二）结算代理业务萎缩，非金融企业债务融资工具发行再创新高

受债券市场行情和资金价格变化影响，2013 年 4 家结算代理行代理客户结算金额 97.69 亿元，大幅下降 73.4%。非金融企业债务融资工具全年发行 1 430 亿元，同比增长 35.8%。截至年末，山东省累计发行非金融企业债务融资工具 4 403 亿元，中小企业集合票据累计发行量约占全国的 1/4，融资规模居全国第一位。

（三）票据签发规模大幅增长，贴现价格呈 V 形反转

2013 年，山东省金融机构银行承兑汇票签发余额 10 100 亿元，同比增长 17.96%，全年累计签发额 20 249 亿元，同比增长 16.71%。受市场资金面收紧影响，票据贴现利率呈现 V 形走势，由年初 5.55% 逐步降至 5 月的 4.64%，进入 6 月后屡创新高，12 月达到 7.9%。

（四）黄金市场交易活跃，成品金利润大幅上升

黄金市场交易活跃，全省 14 家上海黄金交易所会员单位全年累计成交量 1 282.26 吨，同比增长 68%，增幅同比上升 49 个百分点。产金炼金企业为交易主力，占全部交易量的 45%，与上年基本持平。各类纸黄金成交量与成交额同比分别增长 21.27% 和 2.1%，买卖基本持平。

四、金融服务与金融稳定

2013 年，山东省金融服务水平进一步提升，金融生态环境有效改善，促进了金融体系的稳健运行。

（一）金融消费者权益保护工作成效显著

2013 年，人民银行将银、证、保各类金融机构及支付机构金融消费权益保护工作纳入监督管理范畴，实现了金融消费维权网络的"全覆盖"。印发了金融消费者投诉管理办法，规范了金融消费者投诉受理和处理程序。建立"六位一体"的金融机构自评估制度，要求金融机构从环境建设、义务履行、争议处理、宣传教育、信息反馈和监督评价等六个方面建立金融消费权益保护工作自评估制度。选取威海、临沂、聊城市中支以及部分县支行作为试点行，推动组建地方金融消费权益保护协会，不断壮大消费者权益保护力量。全年，全省各级人民银行共受理咨询 4 134 件，投诉 512 件，办结 501 件，办结率 98%，切实保护了金融消费者的合法权益。

（二）支付体系平稳运行

2013 年，人民银行出台了支付机构客户备付金存管办法和银行卡收单业务管理办法，对相关业务进行了规范。成功上线中央银行会计核算数据集中系统（ACS）和第二代支付系统，支付系统高效平稳运行。全年各银行机构通过支付系统办理结算金额 148.4 万亿元，增长 22.37%，电子商业汇票系统处理商业和银行承兑汇票金额分别上涨 248.14% 和 68.39%，银联信息转接系统处理银行卡跨行清算的金额上涨 37.6%。全省共发生网上支付、电话支付和移动支付交易等非现金支付业务金额 70.0 万亿元，增长 10.87%。

（三）信用体系建设有序推进

2013 年，山东金融信用信息基础数据库运行平稳，全省企业信用信息基础数据库收录量增长 5.74%，个人信用信息基础数据库收录量增长 1.55%。稳步推进小额贷款公司和担保公司两类机构接入金融信用信息基础数据库和评级试点工作。认真做好征信机构许可备案的各项准备工作，推进信贷市场信用评级管理方式改革，开展商业银行征信业务专项检查。不断提高服务水平，新核准发放贷款卡和年审贷款卡数量增长 49.89% 和 13.83%，受理个人信用报告查询 93.4 万人次，增长 137.81%。依法为公安、检察、法院等部门提供查询 1 368 笔，协助财政、审计等部门查询相关机构信息，共涉及企业和高校 441 家。深入开展农村信用体系建设，创建信用乡镇 450 个，信用村 3.21 万个，为 1 150.2 万户农户建立了信用档案，评定信用农户 1 010.8 万户，贷款余额 2 685.3 亿元，增长 2.63%。

（四）反洗钱工作力度不断加大

人民银行济南分行全面实施金融机构洗钱风险评估工作，有效建立反洗钱监管档案工作，灵活推进分类监管。建立健全涵盖公安、海关、工商、税务、反贪局等多部门联动机制，提升反洗钱工作合力。全年共举行情报会商165次，开展行政调查、案件协查225次，涉及金额116.35亿元。移送线索38个，被立案9个，侦破1个。

（五）货币流通管理水平不断提升

山东省虚拟发行库信息管理系统建设和金融机构现金横向调剂工作全面推进，现金综合管理平台初步搭建完成，现金流通环境进一步改善。2013年流通中小面额人民币的"宜流通"比例为84.25%，提高了2.75个百分点，流通状况有效改善。人民币各券别平均满意率达95.54%，提高了0.27个百分点，居民满意度不断提高。反假货币义务宣传点已覆盖全部县（市、区）、乡镇和行政村，覆盖面达100%，有效拓宽了城乡反假网络。

（六）金融知识宣传培训和投资者风险教育不断深入

全年开展征信、反洗钱、反假币宣传逾9 940场次，受众超过379万人次，发放宣传资料近468万份，提供咨询逾90万人次，开展专业培训近1 700次，培训人数逾10万人。人民银行济南分行组织山东辖区各级行借助"3·15"国际消费者权益日，广泛开展金融消费者权益保护和投资者风险教育宣传活动。继续深化"送金融知识进村社企校"工作，截至2013年末，全省金融知识宣传的影响面在村庄和社区达60%以上，在企业和学校达45%以上，有效普及了金融知识，受到社会各界的广泛赞誉。

五、总体评估与政策建议

按照统一的层次分析模型和权重，对山东金融稳定状况定量评估显示，2013年综合评分78.26分，比上年略降0.6分，总体保持稳定。其中，除金融生态环境得分较去年上升0.15分外，宏观经济、银行业、证券业、保险业得分均有所下降。宏观经济得分同比下降0.61分，主要影响因素体现在经济增速放缓，工业结构过重，落后产能和过剩产能问题突出，消费、投资增长动能不足，部分行业和企业效益下滑，资源环境约束持续增强。银行业得分下降0.02分，影响因素体现在不良贷款增加、资本补充压力增大、资产利润率下降。证券业得分下降0.02分，影响因素体现在券商盈利能力不强，资本充足性有所下降。保险业得分下降0.1分，主要受退保金额大幅增长等因素影响。

2014年是全面贯彻落实党的十八届三中全会精神、全面深化改革的第一年，也是完成"十二五"规划目标任务的关键一年。全省经济发展长期向好的基本面没有改变，改革创新动力不断激发，转型升级出现积极变化，内需潜力依然巨大，经济金融发展具备较多有利条件。应继续坚持稳中求进的工作总基调，切实落实好党中央、国务院深化金融改革发展的各项政策措施，提升金融支持地方经济发展的效率，强化金融业风险管理和稳健性经营水平，牢牢守住不发生区域性、系统性金融风险的底线，确保辖区金融稳定。

（一）认真贯彻稳健的货币政策，保持信贷和社会融资规模合理适度增长

进一步健全对金融机构落实稳健货币政策的监测、评估，不断完善逆周期调控的工具和手段，均衡把握贷款投放总量和节奏。综合运用多种货币政策工具，引导金融机构逐步建立主动调节信贷投向、自我约束风险的长效机制，合理控制信贷总量，提高资金使用效率。

（二）进一步优化金融资源配置，加大对全省经济"转、调、创"的金融支持力度

继续坚持"有扶有控"，引导金融机构紧紧围绕促进经济转型升级，加大对战略性新兴产业等重点领域和薄弱环节的支持力度。确保"三农"和小微企业贷款增速不低于各项贷款平均增速、贷款增量不低于上年。

（三）强化金融风险监测全覆盖，及时预警、报告各类风险

进一步完善金融风险监测、评估和预警体系，提高风险监测预警水平。加强对脆弱性金融机构的监测分析和风险排查，加强流动性风险指标实时监测。密切关注重点领域风险，防范企业资金链断裂对区域金融的冲击。加大对交叉性金融产品、跨市场金融创新和融资性非金融机构的监测分析，防范跨行业、跨市场风险传递。

（四）深入推进公司治理和内部控制体系建设，提升金融机构稳健性水平

督促各金融机构进一步健全现代金融企业制度，妥善处理好发展、效益与审慎经营的关系，强化资本约束理念。强化对分支机构、营业网点和重要岗位的风险排查，提高稳健经营水平。完善应急预案，提高应对突发事件、负面舆情事件和群体性事件的能力和水平。

（五）完善金融风险应对处置措施，形成维护区域金融稳定的长效机制

健全地方政府主导下的风险应对和处置机制，加强金融监管协调和合作。加强金融市场秩序综合治理，严厉打击非法金融活动，协调处置和化解各类金融风险隐患。

总　　纂：苑治亭
统　　稿：霍成义　郑宇明　李来实
执　　笔：于明星　王　冠　孔　哲　张　宁　居　立　林　毅
　　　　　杨　猛　崔西强　张　诚　张　勇　殷成城

河南省金融稳定报告摘要

2013 年，面对经济下行压力和错综复杂的形势，河南省坚持稳中求进的总基调，全省经济增速稳中趋升、质量稳中有进、趋势稳中向好。金融运行总体保持平稳，银行业快速健康发展，质量、效益同步提升，抗风险能力进一步增强；证券期货业市场规模和质量稳步提升，市场秩序逐渐规范；保险业综合实力进一步增强，业务结构持续优化，服务领域不断拓宽；金融市场融资规模加快增长，市场交易活跃。金融基础设施建设稳步推进，支付系统安全运行，信用建设深入开展，反洗钱、反假币工作进一步深入，金融生态环境持续优化，全省金融体系稳健性进一步增强。

然而，经济金融运行中仍存在较多不稳定的因素。经济增长缺乏有力支撑，结构性矛盾突出；有效信贷需求持续下降，信贷风险防控形势严峻，银行流动性波动加剧，利率市场化对银行盈利能力产生较大影响；部分上市公司信息披露质量不高，持续经营风险和财务风险突出；保险市场发展不均衡，产品不能满足社会需求，非正常退保和满期给付风险加剧；金融市场贴现余额波动较大，票据市场环境亟待规范。

一、经济运行与金融稳定

（一）基本情况

1. 经济增长稳中趋升，发展后劲持续增强

2013 年，河南省实现国内生产总值 32 155.86 亿元，同比增长 9%。产业结构持续优化，第二产业占比向第三产业转移 2.7 个百分点，第三产业贡献率同比提高 3.57 个百分点。全年服务业增加值同比增长 8.8%，货物运输量增长 11.8%，货物周转量增长 9.7%，随着航空港和富士康 IT 产业园建设的推进，以现代物流、信息服务等为代表的新型服务业增长动力强劲。

2. 农业基础更加稳固，现代农业加快发展

2013 年，河南省扎实推进粮食生产核心区建设，新建高标准粮田 951.7 万亩，达到 2 687 万亩，新认定示范性现代农业产业化集群 139 个，农民专业合作社新增 2.5 万户、达到 7 万户，稳步提高粮食综合生产能力，巩固了农业基础。全年粮食总产量达到 1 142.7 亿斤，实现粮食生产"十连增"，连续 8 年超千亿斤。同时加大农业自主创新，河南粮食作物协同创新中心入选国家首批协同创新中心，"小麦矮抗 58 选育及应用"等 3 项成果获国家科技进步一等奖。

3. 工业结构渐趋优化，集聚带动作用增强

2013 年，河南省规模以上工业增加值同比增长 11.8%。高成长性、高技术产业占规模以上工业增加值的比重同比分别提高 2.1 个百分点、0.6 个百分点，传统行业、高载能行业占规模以上工业增

加值的比重同比分别下降 0.5 个百分点、1.7 个百分点。产业集聚区规模以上工业增加值同比增长 18.1%，对全省规模以上工业增长的贡献率达到 73.7%，同比提高 9.8 个百分点。

4. 投资带动增长强劲，消费需求略显不足

2013 年，河南省加强了交通、信息化、能源等重大基础设施建设，全年累计完成固定资产投资 25 321.5 亿元，同比增长 23.2%，亿元及以上在建项目完成投资占全省投资的 68.2%，对全省投资增长的贡献率达到 108.8%。民间投资占全省投资比重为 81.9%，对全省投资增长的贡献率达到 86.7%。全年社会消费品零售总额为 12 276.6 亿元，同比增长 13.8%，增速回落 1.9 个百分点。

5. 开放水平持续提升，对外贸易平稳增长

2013 年，河南省与央企新签订战略合作协议 18 项、重大合作项目 64 个，京东商城、惠普全球软件服务中心等一批龙头型项目落户河南，渣打银行郑州分行正式开业。双汇集团、洛阳钼业实现海外并购，河南航投收购卢森堡货运航空公司部分股权。全年实际利用外商直接投资、实际利用省外资金分别同比增长 11.1%、23.3%。货物贸易进出口总额同比增长 15.9%，增幅高于全国平均水平 8.3 个百分点，富士康在豫企业进出口总额同比增长 20.6%，占全省进出口总额的 59.1%，对全省对外贸易增长拉动作用明显。

6. 财政调控作用增强，民生工程有效保障

2013 年，河南省地方财政总收入 3 686.81 亿元，同比增长 12.3%，公共财政预算收入 2 413.1 亿元，同比增长 18.3%，其中地方税收收入增长 19.9%；税收占公共财政预算收入的比重为 73%。公共财政预算支出 5 578.2 亿元，增长 11.4%，下半年统筹运用财政资金 130 亿元，分别用于支持郑州航空港实验区基础设施建设、城镇化建设和培育优质产业等；"十项重点民生工程"财政投入 930 亿元，全省财政民生支出 4 049 亿元，占公共财政预算支出的 72.6%，同比提高 0.3 个百分点。

7. 居民收入持续增长，市场物价涨幅平稳

2013 年，河南省城镇居民人均可支配收入 22 398 元，同比增长 9.6%，农民人均纯收入 8 475.3 元，同比增长 12.6%；全年居民消费价格总指数同比上涨 2.9%，较上年提高 0.4 个百分点，食品仍是推动物价上涨的主要因素。传统工业生产领域供大于需，工业生产者出厂价格指数和购进价格指数累计分别下降 1.5%、0.7%。

8. 中原经济区发展更加坚实，航空港窗口效应初步显现

2013 年，郑州"米"字形快速铁路纳入国家规划，郑徐高铁和城际铁路建设积极推进，中原国际陆港加快建设；内联外通高速公路建设快速推进，中原城市群纳入国家新型城镇化规划。疆电入豫工程建成调试，辐射全部省辖市的多气源网络初步形成，中原经济区发展基础更加坚实。郑州航空港经济综合实验区建设实现良好开局。郑州机场二期及配套工程建设加快，郑欧国际铁路货运班列开通，郑州跨境贸易电子商务服务试点全面启动，与菜鸟科技等知名企业战略合作持续深化，郑州机场开通全货运航线 23 条，其中国际货运航线 19 条，仅 2013 年新增 15 条。郑州机场旅客吞吐量 1 314 万人次、货邮吞吐量 25.6 万吨，分别增长 12.6% 和 69.1%。

（二）经济运行需关注的问题

1. 结构性矛盾依然突出，经济增长缺乏有力支撑

当前河南省经济处于攻坚转型的关键阶段，总量大的行业增速放缓，增速高的行业规模较小。全省增加值总量最大的前 10 个行业中有 6 个行业增速出现回落，同比少拉动经济增长 1.3 个百分点。

增速超过全省平均水平5个百分点的13个行业实现增加值仅占全省的23.6%。目前，河南省多数工业产品仍集中在产业链上游和价值链低端，技术含量较低，竞争力不强。即使在装备制造、食品、建材、化工、钢铁等优势产业中，也存在传统产品和初加工产品比重大，高端新产品少等问题。2013年，河南工业生产者出厂价格指数低于购进价格指数0.8个百分点，凸显产品层次低、市场竞争力不强；而以高科技、新技术、新产品为核心的新增长点和竞争优势尚未形成。

2. 部分传统行业经营存在较大不确定性，要素成本叠加经营下滑

市场需求不足、企业资金紧张、部分传统行业生产经营困难等问题是制约工业经济增长的重要因素。2013年12月，河南省工业生产者出厂价格指数（PPI）同比下降1.5%，连续26个月下降。在资金紧张和要素成本上升双重因素制约下，企业成本上升幅度已高于收入增长幅度1.1个百分点。部分传统行业亏损企业较为集中，全年全省前5位的行业亏损企业亏损额占全省亏损企业亏损额的59.5%。

3. 中小微企业抵御市场风险能力较弱，经营压力持续加大

在当前宏观经济仍处在盘整震荡周期，结构调整和改革同步推进的新形势下，中小微企业经营压力持续加大：一是河南省中小微企业主要集中在市场贸易、初级产品加工等领域，产品技术含量普遍偏低，缺乏自主知识产权，经营较为分散，抵抗市场风险能力弱；二是部分有银行贷款的中小微企业通过民间借贷、小额贷款公司、担保公司等影子银行渠道进行多头融资，其资金成本压力日益沉重，资产质量监控难度加大。

4. 房地产行业不确定性较大，部分实力较弱的房地产企业资金链可能断裂

2013年，河南省房地产开发投资和销售在波动中保持快速增长，商品房销售面积增长22.5%，金融机构房地产贷款余额同比增长34%，房地产开发贷款占房地产贷款的23.33%。但随着房地产市场调控的持续推进，房地产业后期市场走势存在较大不确定性，伴随国家对影子银行宏观审慎监管的加强，银行表外业务及市场非正规融资行为将进一步规范，将促使房地产业非正规融资渠道进一步收窄，部分实力较弱的房地产企业资金链可能断裂，会对相关行业和金融机构产生较大冲击。

二、银行业与金融稳定

（一）基本运行情况

1. 发展规模持续扩张，资产负债快速增长

截至2013年末，河南省银行业金融机构网点12 161家，比年初增加208家。非地方法人一级分行26家，比年初增加2家；地方法人机构230家，比年初增加13家。从业人员191 572人，比年初增加4 540人。河南省银行业金融机构本外币资产总额45 800.84亿元，同比增长16.87%；本外币负债总额44 255.07亿元，同比增长16.61%。

2. 存款快速增加，季度时点波动较大

截至2013年末，河南省银行业金融机构本外币各项存款余额37 591.7亿元，同比增长17.6%；较年初增加5 652.3亿元，同比多增456.6亿元。受季节性因素、全国银行业流动性紧张及监管政策等影响，河南省银行业金融机构全年存款季度时点波动明显，如4月、7月、10月人民币各项存款月度增加额分别为－473.5亿元、－55.55亿元、－106.72亿元，同比分别少增225.43亿元、

228.96 亿元、172.3 亿元。从分机构人民币各项存款月度增加额同比增减情况来看，全国性中小型银行及区域中小型银行存款稳定性压力较大。

3. 贷款大量增加，重点突出结构优化

截至 2013 年末，河南省银行业金融机构本外币各项贷款余额 23 511.4 亿元，同比增长 15.8%；较年初增加 3 144.2 亿元，同比多增 493.4 亿元；其中，中长期贷款同比多增占全部贷款新增比重提高 12.6 个百分点，增速回升主要是受房地产市场回暖、个人住房贷款需求增加和河南省基础设施建设拉动。贷款投向重点突出，个人贷款领域以及制造业、批发零售业、房地产业、农业、建筑业等五大行业新增贷款占比达 90.43%。小微企业、"三农"领域贷款余额同比增速分别高出全部贷款增速 12.1 个百分点、4.2 个百分点，分别占各项贷款新增量的 32.5%、54.7%。

4. 资产质量稳步提高，盈利水平持续增强

截至 2013 年末，河南省银行业金融机构不良贷款余额和不良贷款率分别比年初减少 13.01 亿元、下降 0.35 个百分点，不良贷款继续"双降"。2013 年，除渣打银行新开业外，全省其他机构均实现盈利，全年实现盈利 634.62 亿元，同比多增 138.68 亿元，增长 27.96%，特别是农村中小金融机构盈利增速更快，农村信用社、村镇银行、农村商业银行盈利分别增长 87.13%、70.28%、50.14%。

5. 地方法人银行业金融机构流动性趋好，风险抵抗能力提高

截至 2013 年末，河南省法人银行业金融机构流动性比例比年初提高 4.7 个百分点，城市商业银行、农村中小金融机构超额备付率分别为 6.74%、5.53%。核心资本充足率较年初提高 0.69 个百分点，贷款损失专项准备较年初增加 35.5 亿元，贷款损失专项准备金实现零缺口，贷款损失准备充足率比年初提高 99.22 个百分点，法人银行机构抵御风险能力进一步增强。

6. 银行改革不断深化，综合实力得到强化

2013 年，河南省银行业金融机构改革稳步推进，国有商业银行内部管理体制更加完善，农业银行"三农金融事业部"改革有序开展，"三农"服务水平不断得到提升。地方法人金融机构改革步伐加快，城市商业银行机构布局不断优化，新设分支机构 36 家，县域覆盖率达到 100%；13 家城市商业银行改革重组方案稳步实施。农村信用社加快股权改造，138 家机构全部完成资格股转换，88 家五级社全部实现达标升级。农村信用社改制农村商业银行步伐加快，全年改制 10 家，城区农村商业银行启动整合组建。村镇银行组建成效显著，截至 2013 年末，全省共有村镇银行 61 家，2013 年新增 12 家，村镇银行法人机构覆盖 76 个县（市），覆盖率达到 77%。

7. 平台融资总量控制，结构优化风险可控

2013 年，河南省银行业金融机构稳妥推进平台贷款信贷结构优化和风险缓释。截至 2013 年末，省内注册的全口径未结清平台贷款余额比年初增加 40.54 亿元，其中，监管类平台新增 49.84 亿元，监测类平台贷款减少 9.3 亿元。全年省内各法人金融机构严格贯彻落实总量控制的要求，除信托公司信托贷款规模增加外，其他各法人金融机构全口径融资平台余额均不超过 2011 年末规模。平台信贷风险总体可控，不良贷款实现"双降"，全口径平台不良贷款、不良率分别较年初下降 3.13 亿元、0.25 个百分点。

（二）银行业发展需关注的问题

1. 经济呈现弱势增长格局，有效信贷需求持续下降

2013 年下半年以来河南省经济增速小幅回升，但主要靠有色、化工等基础性行业拉动，这些行

业受宏观环境与调控政策的影响大，经济回升的基础不稳固。经济弱势增长造成实体经济有效信贷需求持续下降，人民银行郑州中心支行开展的河南省银行家问卷调查显示，2013 年第三季度银行贷款需求景气指数较第二季度回落 4.3 个百分点，第四季度较第三季度进一步回落 2.5 个百分点，农业、制造业、建筑业、房地产业贷款需求景气指数均不同程度回落。

2. 流动性季节波动加剧，机构竞争转型压力加大

2013 年，特别是 6 月以来，银行间市场利率波动明显加大，资金价格总体上升，12 月，7 天银行间同业拆放利率最高达 8.84%，高出年初 6 个百分点。受此影响，下半年以来，河南省金融机构贷款期限明显缩短，票据等高风险资产大量减少，上浮利率贷款占比显著提升。金融机构间的竞争正日益由单纯追求规模扩张向追求综合风险收益转变。随着利率市场化加快推进，金融体系流动性波动可能继续放大，金融机构将在"量、价、流动性"等方面临更大挑战，金融机构竞争也将更趋多元化和差异化。

3. 信贷风险防控形势严峻，信贷资产质量下迁压力较大

2013 年，河南省部分工业生产形势欠佳，部分地区担保链和中小企业风险集中暴露，一是电解铝、光伏、煤炭、钢铁、造纸等行业产能过剩严重，企业经营形势低迷，不良贷款时有发生。二是个别地区企业担保链条较长，个别企业资金链断裂，风险波及整个地区。三是部分银行为追求短期利益，贷款跟风进入、发现风险快速退出，致使中小企业资金链断裂。受此影响，信贷资产质量下迁压力较大，正常类下迁至关注类贷款同比增加 19.24 亿元。在组织对河南省城市商业银行信贷资产质量专项评估中发现，部分银行不良贷款四五级分类偏离度较大，存在不同程度的隐性不良贷款。

4. 影子银行规模增长较快，潜在风险隐患较多

因受到信贷规模限制和高额利润驱使，商业银行人力开展同业业务、投资业务、表外理财业务，变相为企业融资，规避了信贷规模控制，监管套利行为增多，虚增业务指标，信贷投向政策限控领域，削弱了宏观调控效果。同时河南省影子银行业务发展较快，主要表现为理财、信托、小贷公司和融资性担保公司相关业务，部分商业银行资金借道理财、信托、小贷公司和融资性担保公司进入地方政府融资平台、房地产领域、"两高一剩"行业和低效企业，潜藏较多风险。

5. 互联网金融冲击传统银行业务，利率市场化对银行管理及业务经营带来挑战

2013 年，互联网金融凭借其便捷的操作、优惠的产品服务分流了传统银行的存贷款业务，尤其是"余额宝"、"理财通"等货币基金，互联网金融的快速发展倒逼银行传统业务持续革新。同时利率市场化的持续推进，对银行的资产负债管理、利率敏感性管理、流动性管理、盈利模式及风险防控提出更高挑战。

6. 农村地区民间资金互助组织管理主体缺失，存在一定风险隐患

为解决农村地区融资难问题，2003 年以来，中央"一号文件"持续强调大力发展农村金融，2006 年，中央"一号文件"明确提出"引导农户发展资金互助组织"。此后，河南省各级政府纷纷出台相关政策支持成立农村资金互助组织，这些组织的成立在一定程度上缓解了"三农"融资难题，但在长期发展过程中，河南省目前获得金融牌照的农村资金互助社仅 3 家，其他绝大部分农村资金互助组织未获得金融牌照。未获得金融牌照的农村资金互助组织存在监管主体缺失、专业管理人员不足、内部管理不规范和内控制度不健全等问题。在对信阳市农村资金互助组织的调查中发现，截至 2013 年末，信阳市仍在营业的 150 家资金互助社，均未获得金融牌照，工商部门和民政部门只负

责注册，没有日常监管部门。此外，多数农村资金互助社内部管理松散、账务处理不规范，从业人员业务素质参差不齐，存在一定风险隐患。

三、证券期货业与金融稳定

（一）基本运行情况

1. 市场主体逐年增多，融资功能日益增强

截至 2013 年末，河南资本市场共有各类经营主体 369 家，同比增长 24.24%，其中，上市公司 65 家，证券、基金经营机构 228 家，期货经营机构 76 家。证券期货投资者 430.94 万户，同比增长 2.19%，其中证券投资者 421.51 万户，期货投资者 9.43 万户。2013 年，河南资本市场实现融资 467.38 亿元，其中，辖区上市公司实施并购重组再融资涉及金额 210.38 亿元（通过"证企对接"活动完成再融资 81.46 亿元），证券经营机构通过"证企对接"活动实现融资 257 亿元。

2. 上市公司市值规模不断扩大，服务实体经济的深度进一步拓展

截至 2013 年末，河南省 65 家上市公司 A 股总市值 4 412.76 亿元，同比增长 10.26%。其中，双汇发展市值 1 036.03 亿元，成为河南第一家市值超千亿元上市公司；证券化率为 13.72%，比上年提高 0.28 个百分点；辖区 44 家上市公司实施现金分红 60.69 亿元，同比增长 79.12%。2013 年，河南省以文化旅游、金融、高科技、白酒等行业（产业）企业上市为重点，截至 2013 年末，在审在辅导拟上市企业合计达到 36 家。

3. 证券机构设立流程进一步简化，经营模式加快转变

2013 年，河南证券监管部门简化了证券机构设立流程，对机构设立不再设主体资格、地域、数量限制。辖区机构在改进提高原有通道型服务水平的同时，经营模式向增值服务、财富管理服务转型。传统通道业务收入占比由 81% 下降到 71%，新业务收入同比增长了近 4 倍，占比从 11% 上升到 26%。

4. 法人机构改革创新步伐不断加快，经营发展态势良好

中原证券加快在香港发行 H 股上市进程，开展投资、资产管理和融资融券等业务，为客户提供多元化的金融产品和服务。2013 年，中原证券实现营业收入同比增长 16.44%，净利润同比增长 54%，成功发行短期融资券 8 亿元。辖区期货公司积极开展资产管理、现货子公司等创新业务，万达期货现货子公司业务在业内领先，业务规模近 12 亿元。万达期货连续四年被评为 A 级，中原证券被评为 BBB 级，中原期货被评为 C 级。

（二）证券期货业发展需关注的问题

1. 部分上市公司信息披露质量不高，持续经营风险和财务风险突出

近几年，上市公司信息披露不及时、不准确、不充分的问题仍不少，个别公司甚至出现隐瞒重要事项不披露或虚假记载的违法违规行为；个别上市公司治理、内部控制的健全有效性存在问题，规范运作水平不高；一些国有控股上市公司独立性不强，关联交易、同业竞争问题仍未得到有效解决。个别公司产品附加值低，没有市场竞争力，持续经营风险和财务风险突出，存在退市风险。

2. 证券经营机构人才相对缺乏，风险防范能力较弱

长期以来，证券机构重营销轻服务，造成营销类低层次人员过多，缺乏为客户提供全面金融财富管理的基础，特别是机构增多，高层次人员紧缺；部分机构创新能力不足、风险管理与业务发展不匹配、金融创新自身所带来的潜在风险等也值得关注。

3. 期货公司经营压力加大，经营机构风险管控能力有待提高

资产管理业务、现货子公司业务等各项新业务开展会导致公司人力成本、资金成本等上升，而新业务短期内能为期货公司带来的利润增长有限，公司经营压力增大。同时，随着期货市场的发展，新业务和新品种的不断推出对期货公司的风险管理能力也提出了更高的要求。

四、保险业与金融稳定

（一）基本运行情况

1. 保险市场稳中有进，综合实力持续增强

2013 年，河南省保险市场竞争更加充分，保险产品不断增加，市场供给更加丰富，保险需求满足程度不断提高。截至 2013 年末，省级保险分公司 60 家，较年初增加 2 家；地市及以下分支机构5 648家，较年初增加 100 家；总资产同比增长 15.14%。全年实现保费收入 916.52 亿元，同比增长 8.96%。

2. 赔付支出大幅增长，保障功能有效发挥

截至 2013 年末，河南省保险业累计提供风险保障 12.36 万亿元，同比增长 52.16%。赔付支出279.75 亿元，同比增长 40.19%，累计为人民群众未来养老和健康积累准备金 2 774.95 亿元，同比增长 12.16%。缴纳各项税费 27.48 亿元，代收代缴车船税 18.48 亿元，保险资金意向投资和签约投资 360 亿元。

3. 重点业务稳步发展，服务领域不断拓宽

2013 年，河南省保险业财政补贴险种增加到 14 个，农业保险实现保费收入 15.47 亿元，同比增长 31.21%，累计为 942.32 万户农民提供风险保障 359.19 亿元。信用保险实现保费收入同比增长58.74%，出口信用累计提供出口保障同比增长 17.1%，对河南省一般贸易出口支持率达 36.7%，同比提高 1.6 个百分点，积极服务河南"走出去"战略。4 个地市启动大病保险试点，郑州在全国率先实现新农合和大病保险"一体化管理、一站式服务"，新农合经办服务新增 4 个县市，覆盖 1 320万人，同比增长 20%。

4. 业务结构持续优化，内含价值逐步提高

2013 年，河南省财产险的非车险业务较快发展，其占比提升至 19.7%；电销等新渠道业务同比增长 34.4%，高于车险整体增速 13.5 个百分点。人身险个人渠道较快发展，增速高于银邮渠道 22.5个百分点，个人渠道占比 47.2%；内含价值逐步提高，标准保费同比增长 14.8%，高于规模保费增速 8.3 个百分点，其中 10 年期及以上业务同比增长及占比分别高出全国水平 8.9 个百分点、7.5 个百分点。

5. 市场改革积极推进，费率市场化改革的政策效应显现

保险费率改革持续推进，保险资金配置结构得到进一步优化，为提升寿险产品竞争力创造了条件。改革运行 5 个月以来，河南保险业普通寿险业务增速明显加快，2013 年 8 - 12 月实现新单保费26.06 亿元，是 2012 年同期的 20.74 倍。

（二）保险业发展需关注的问题

1. 存量与增量风险并存，风险防范压力加大

从存量风险看，前期销售不规范、满期收益不理想等问题导致非正常集中退保、满期给付风险日益累积；从增量风险看，2013年，高现金价值短期业务产品大量销售，在一些高收益理财产品的影响下，客户的收益预期较以往明显上升，如果产品收益达不到客户预期，容易引发群体性事件。

2. 产寿险市场发展不均衡，结构调整任务艰巨

2013年，河南保险业财产险保费在总保费中占比仅为26.06%，低于全国平均水平10.01个百分点。人均财产险保费为225.29元，仅为全国平均水平的49.34%；非车险占比不到30%，企财险、责任险等业务发展不充分。人身险市场，近一半的寿险公司分红保费占比超过90%。寿险销售模式面临困境，寿险业务增长的支撑作用逐步减弱，寿险续期业务保费由年初15.66%下降至年末的5.77%；同时，银行、邮政代理渠道占比较大，2013年银邮渠道保费占比45.06%，高于全国平均水平8.38个百分点。

3. 市场份额差距较大，行业竞争不够充分

截至2013年末，河南省共有财产保险省级分公司26家，人寿保险省级分公司34家。从保费收入看，前4家财产保险公司保费收入占全省财险保费收入的67.63%，前4家人寿保险公司保费收入占全省寿险保费收入的63.63%，其他中小型保险公司市场份额非常有限，行业竞争不充分。

4. 发展水平与社会需求不匹配，服务能力有待提升

当前河南保险业的发展水平和整体实力与经济社会日趋丰富的保障需求不相匹配，与全国相比，仍存在较大差距。2013年，河南省保险密度为864.56元/人，低于全国平均水平401.11元/人；保险深度为2.85%，低于全国平均水平0.17个百分点。由于缺乏经验和数据积累，险种开发不足，产品创新不够，对于社会亟需保险机制参与的环境责任、医疗责任、护理保险领域支持不足，不能满足市场有效需求。

五、金融市场与金融稳定

（一）基本运行情况

1. 债券发行大幅增加，融资规模快速增长

2013年，河南省银行间债券市场融资金额达到768.75亿元，同比实现翻番。金融债发行金额58亿元；非金融企业债务融资工具发行金额710.75亿元。非金融企业发行主体主要是省内龙头企业，行业分布在煤炭、煤化工和生产制造行业。债券信用级别较高的企业发行量较大。

2. 货币市场交易活跃，市场利率整体上升

截至2013年末，河南省银行间债券市场成员126家，新增12家，银行间同业拆借市场成员17家。机构成员资金融入、融出交易活跃，轧差后，融入资金1 187.99亿元。银行间债券市场交易结算量达54 539.28亿元。债券回购交易47 787.41亿元，交易品种以1天和7天为主，城市商业银行和农村信用社为交易机构的主体。2013年，受银行间市场流动性紧张影响，市场利率整体有所上升，12月中旬之后，银行间1月期质押式回购加权平均利率突破8%，最高达8.8430%。

3. 票据承兑增长较快，贴现下降利率攀升

截至 2013 年末，河南省金融机构票据承兑余额 3 460 亿元，增长 15%；全年累计发生额 6 999 亿元，增长 18%，重点支持采矿、建筑业、制造。贴现余额 553 亿元，全年贴现累计发生额 7 706 亿元，增长 5%。随着货币市场利率整体抬高，票据融资利率继续回升，第四季度，河南省法人金融机构票据融资加权平均利率为 6.35%，环比上升 0.14 个百分点。

4. 黄金市场业务大幅增长，期货交易增加较多

2013 年，河南省有 17 家机构开办了黄金市场业务，全省银行业金融机构代理金交所业务成交量达 73 582.9 千克，同比增长 20%；境内自有业务交易量 119 278.19 千克，同比增长 50%；境外自有业务成交量 106 056 盎司。2013 年，郑州商品交易所商品期货累计成交量为 105 059.8 万手，同比增长 51.34%；累计交易金额 378 001.59 亿元，同比增长 8.82%。玻璃 FG、菜籽粕 RM、PTA 和白糖 SR 为主要交易品种。

5. 外贸形势整体向好，跨境结算快速增长

2013 年，河南省进出口总值 599.5 亿美元，同比增长 15.9%。富士康全年进出口占河南省进出口总额的 59.2%，对河南省外贸增长的贡献率为 74.2%。跨境人民币业务发展迅速，全年河南省累计办理跨境人民币结算金额 425.23 亿元，同比增长 275.1%。

（二）金融市场运行中需关注的问题

1. 贴现余额波动较大，票据环境亟待改善

由于贴现业务灵活，成为调节信贷规划方式，导致贴现业务不能按照自身规律和市场需求发展，贴现余额波动较大。由于市场缺乏统一明确的规范管理，存在法律漏洞和监管空白，随着票据掮客、非法中介的大量出现，这些主体的交易行为扰乱了整体票据市场的经营秩序。

2. 商业银行黄金业务有待进一步丰富，黄金市场投资者风险教育亟待加强

河南省是产金大省，黄金市场场外业务主要以实物黄金销售、黄金积存和定投、黄金租赁等传统产品为主，衍生品交易涉及较少，围绕黄金产业链融资的业务模式创新较为滞后，商业银行作为投资主渠道的作用还未充分发挥，地下炒金活动因花样繁多、形式隐蔽极易引诱投资者上当受骗。

六、金融基础设施与金融稳定

（一）金融消费权益保护工作有效推进，金融生态环境持续优化

2013 年，人民银行郑州中心支行、河南金融业监管部门在各自职责范围内建立"内外协作、上下联动"的河南省金融业消费权益保护工作长效机制，制定各项实施细则，加大金融知识宣传力度，妥善处理消费者投诉事项，组织引导辖区证券期货经营机构开展形式多样的投资者教育活动，建立了金融消费权益保护中心和保险业"诉调对接"机制，对全省 18 个省辖市和 108 个县（市）金融生态环境建设工作进行综合评价，评出优秀金融生态省辖市 6 个，优秀金融生态县（市）31 个。

（二）支付清算系统安全运行，农村支付环境全面改善

2013 年，河南省顺利上线运行第二代支付系统。出台《河南省改善农村地区支付结算环境补助实施方案》，开展农村地区手机支付和银行卡助农取款小额存现业务试点，农民工银行卡特色服务全年实现取款交易 255 万笔，金额 41 万元，连续 6 年稳居全国第一位。

（三）征信系统建设继续完善，服务金融作用不断加强

截至 2013 年末，河南省征信系统收录自然人 4 554 万人，全年累计查询 909 万次；收录企业及其他组织 53 万户，全年查询 230 万次。截至 2013 年末，河南省建立中小企业信用档案 97 396 户，为中小企业办理贷款卡 24 047 户；河南省已建立农户信用档案 616 万户，评定信用农户 379 万户，为已建档农户发放贷款 414 万户，贷款余额 478 亿元。

（四）反洗钱监管向风险为本转型，防范洗钱风险能力不断增强

2013 年，河南省重点推进工商银行河南省分行、中原证券大额交易和可疑交易报告改革试点，建立岗位资格准入制度。推行以风险评估为基础的金融机构反洗钱工作新模式。全年对 116 家机构开展现场检查，依法对 7 家机构进行处罚，罚款总金额 46.5 万元。完成了对郑州辖区 24 家银行业金融机构和 124 家证券期货业金融机构反洗钱工作评价，对 38 家金融机构高级管理人员进行约见谈话。

（五）多措并举发挥反假货币合力，反假货币履职力度不断加大

2013 年，河南省借助各种媒介加强反假货币宣传，充分发挥反假货币工作联席会议机制作用，深入开展银行业金融机构对外误付假币专项治理活动，加强银行业金融机构清分能力建设，配备具备冠字号码识别、记录和存储功能的高性能现金处理设备。全年全省收缴假币 2 655.2 万元，同比下降 20%。

七、总体评估与政策建议

（一）河南省金融稳定状况总体评估

从定量评估的结果看，2013 年，河南省金融稳定综合评价值为 77.82 分，仍属于"B 类地区较好地区＋"，影响综合评价的主要因素是河南省经济指标增速趋缓。整体来看，河南省金融稳定状况仍持续向好。

（二）政策建议

1. 继续实施稳健的货币政策，加强金融机构流动性管理

积极运用公开市场操作、再贷款、再贴现及短期流动性调节工具、常备借贷便利等创新工具组合，适时调节银行体系流动性。同时，引导金融机构加强流动性管理，重视资金合理调配，缓解时点式流动性紧张情况。

2. 加强金融风险监测预警，拓宽金融风险监测范围

一是继续完善监管制度框架，强化跨行业、跨市场、跨境金融风险的监测评估与风险预警，完善理财产品风险监测系统等基础设施，高度关注地方政府融资平台、房地产、具有融资功能的地方

非金融机构以及交叉性金融业务领域的金融风险。二是深化金融机构稳健性评估工作，探索完善金融风险监测预警指标体系，加大对法人银行业金融机构隐性不良贷款的监测与评估，做好风险提示工作。

3. 加大有效信贷投放，提升金融机构风险管理水平

一是引导金融机构继续加大有效信贷投放，把握好信贷投放节奏，较为充分、持续地满足实体经济对资金的需求；二是引导金融机构密切关注国家宏观经济金融政策变化和重点行业企业经营状况，采取"有进有退"的信贷投放策略，调整并优化信贷资产结构，降低信贷资产风险。

4. 加快发展多层次资本市场，防范业务创新风险

一是引导公司积极参与优先股发行试点，鼓励创业板公司抢抓再融资启动机遇。推动更多企业到"新三板"市场挂牌和定向融资。加快区域性股权市场建设。发展证券公司柜台市场。鼓励发展私募股权投资基金和风险投资基金，为不同发展阶段的创新型、创业型中小企业提供股权融资。引导企业积极利用中小企业私募债和资产证券化等新型融资工具，拓宽融资渠道。二是在加大证券期货经营机构业务创新力度的同时，积极引进高层次管理人才，提升机构管理能力，加强机构的全面风险管理与控制，不仅要着眼于短期风险管理，还要对长期风险进行有效管理，使风险管理能够及时跟进业务发展，及时防范业务创新风险。

5. 加大保险业风险监测与摸排，扎实做好风险的防范、化解、处置工作

一是监管部门加大全行业风险的监测与摸底调查，动态掌握风险态势，做好充分的处置预案与应急预案，切实防范系统性风险。二是着重处理好退保和满期给付风险。保险公司提高依法合规经营意识，加强销售管理，切实防范因销售误导导致的非正常退保和满期给付潜在风险。对于满期给付，应提前掌握即将到期的客户信息，并与银行、客户做好协调与沟通。

总　　纂：张正杰

统　　稿：王树生　寇　川

执　　笔：尹志刚　琚亚利　朱永海

其他参与写作人员（以姓氏笔画为序）：

王　莎　王淑云　仇慧敏　孙志张　石彦杰　冯鸿凌

李　伟　李志浩　刘桂舟　刘俊波　张利娴　宋鹏飞

赵小黎　徐红芬

湖北省金融稳定报告摘要

2013 年，面对复杂多变的经济社会发展环境和经济下行压力加大的严峻考验，湖北省根据国家宏观调控政策导向，抓住机遇，逆势奋进，不断加大信贷投放和金融支持力度，优化金融服务质量，经济社会发展稳中有进，形势向好，各项主要经济指标领先中部、高于全国。同时，湖北省持续加大科技金融改革创新试点力度，不断打造湖北特色金融创新模式，湖北省组织制定《武汉金融改革创新总体方案》，并已上报国务院审批，武汉市获批金融消费公司试点，加大金融消费试点力度，大力推进武汉东湖高新区"资本特区"建设和武汉区域金融中心建设，促进经济金融良性互动。总体上，湖北省经济金融呈现稳健协调发展的良好态势，区域金融体系保持稳定。

一、经济与金融稳定

（一）运行状况

经济总量持续向好，工业行业全面增长。2013 年，全省全年实现地区生产总值 24 668.49 亿元，同比增长 10.1%，比上半年增速提高 0.4 个百分点，高于全国平均水平 2.4 个百分点。其中，第一产业增加值 3 098.16 亿元，增长 4.7%；第二产业 12 171.56 亿元，增长 11.3%；第三产业 9 398.77 亿元，增长 10.0%。尤其是全省 41 个大类行业中有 40 个行业实现增长，行业增长面达 97.6%。汽车制造业实现增加值 1 451.52 亿元，增长 12.5%；农副食品加工业实现增加值 1 015.35 亿元，增长 11.9%；化学原料及化学制品业实现增加值 854.76 亿元，增长 14.8%；建材行业实现增加值 758.89 亿元，增长 16.4%；计算机、通信和其他电子设备制造业实现增加值 446.50 亿元，增长 24.1%。

消费品市场稳中向好。2013 年，全省实现社会消费品零售总额 10 465.94 亿元，比上年增长 13.8%，增幅比 1－11 月提高 0.2 个百分点。其中，全省限额以上法人企业实现零售额 5 096.49 亿元，增长 16.6%。农村市场消费快于城镇。随着国家一系列拉动农村消费政策措施的逐步落实，以及农民收入的较快增长，农村消费逐渐升温，贡献增大。2013 年，全省乡村消费市场实现零售额 1 614.1 亿元，增长 15.2%，增速比上年加快 3.5 个百分点；城镇市场实现零售额 8 851.85 亿元，增长 13.5%。乡村市场增速快于城镇市场 1.7 个百分点。

固定资产投资大幅增长。2013 年，全省固定资产投资保持了较快增长水平，总量突破 2 万亿元大关。全年累计完成固定资产投资 20 177.45 亿元，比上年增长 25.8%。其中，房地产开发完成投资 3 286.02 亿元，增长 29.4%，增幅比上年提高 6.5 个百分点。2013 年，全省第一产业完成投资 404.63 亿元，增长 3.5%，增幅比上年降低 44.3 个百分点；第二产业完成投资 9 187.25 亿元，增长 26.2%，增幅比上年降低 6.3 个百分点；第三产业完成投资 10 585.57 亿元，增长 26.4%，增幅比上年上升 3.8 个百分点。

进出口贸易保持强劲增长势头。2013 年，全省累计实现进出口总额 363.90 亿美元，比上年增长 13.8%，增幅比 1 – 11 月提高 0.6 个百分点，比上年提高 18.6 个百分点。其中，出口 228.38 亿美元，增长 17.7%，增幅比上年提高 18.4 个百分点；进口 135.52 亿美元，增长 7.9%，增幅比上年提高 18.5 个百分点。

物价水平平稳运行。全年居民消费价格上涨 2.8%。其中，城市上涨 2.7%，农村上涨 3.0%。分类别看，食品上涨 4.9%，烟酒及用品上涨 0.5%，衣着上涨 2.2%，家庭设备用品及维修服务上涨 1.9%，医疗保健和个人用品上涨 2.1%，交通和通信下降 0.6%，娱乐教育文化用品及服务上涨 1.5%，居住上涨 3.1%。2013 年工业生产者出厂价格下降 0.8%，工业生产者购进价格下降 1.8%。

财政运行态势良好。2013 年，全省实现财政总收入 3 565 亿元（电报数），比上年增长 15.4%，其中，实现地方公共财政预算收入 2 190 亿元，增长 20.1%，增幅比上年提高 0.7 个百分点。地方公共财政预算收入中税收收入 1 604 亿元，增长 21.1%；非税收入完成 586 亿元，增长 17.6%。

居民收入稳步增长。全年城镇居民人均总收入 25 180.49 元。其中，城镇居民人均可支配收入 22 906.42 元，增长 9.9%。在城镇居民人均总收入中，工资性收入 15 571.83 元，增长 9.7%；经营净收入 2 340.01 元，增长 8.4%；财产性收入 535.76 元，增长 12.5%；转移性收入 6 732.89 元，增长 10.8%。农村居民人均纯收入 8 866.95 元，增长 12.9%。其中，工资性收入 3 648.20 元，增长 14.4%；家庭经营收入 4 616.55 元，增长 12.0%；财产性收入 84.13 元，增长 27.7%；转移性收入 518.07 元，增长 9.6%。

金融运行总体稳健。2013 年，全省本外币各项贷款余额达到 21 902.55 亿元，比年初增加 3 002 亿元，同比多增 183 亿元，余额增长 15.77%，增幅低于上年同期 1.42 个百分点，低于中部平均水平 0.1 个百分点，全年新增贷款居中部第二位，比河南省低 142 亿元。12 月末涉农贷款和小微企业贷款增幅分别为 21.32% 和 22.93%，高于同期全省贷款增幅 5.55 个和 7.16 个百分点；余额占比分别为 25.66% 和 16.94%，高于上年同期 1.32 个和 1.08 个百分点。

（二）经济运行稳健性分析

2013 年，在一系列宏观调控的政策作用下，经济增长复苏、物价保持平稳、财政居民收入继续增加。但在增长可持续性、就业结构、信贷资产质量等方面仍存在不确定因素，对经济稳健运行可能存在潜在影响。

经济回升势头的可持续性面临考验。一是有效需求仍然不足。2013 年全省规模以上工业产品销售率月度基本维持在 96% ~ 97.4%，全年产销率仅为 97.3%。二是湖北经济增长对投资的依赖较大，而投资又主要集中在制造业、房地产等传统领域，这种需求结构不利于经济可持续增长。三是产能利用率偏低，产能过剩矛盾有待进一步释放。全省工业企业主要工业产品产能利用率为 78.7%，较上年下降 0.1 个百分点。产能过剩行业主要集中在化工、钢铁、有色等产品过度竞争领域，钢铁、有色、船舶制造等行业产能利用率分别为 67.5%、68%、69.9%，均处于较低水平。

就业依然存在结构性短缺。总体来看，湖北省是一个发展中的省份，每年新增就业岗位有限，劳动力供大于求的总量矛盾仍然是当前和今后一段时期就业的主要矛盾。人社厅对全省 18 个行业 21 948 家企业开展的用工调查显示，企业平均缺工率 16.7%。上年普工缺工占总数的 56%，今年上升到 65%；上年技工缺工占 37%，2013 年下降到 28%，由前几年技工难招转变为近两年来技工、普工都难招。

银行信贷项目储备充裕，地方政府平台和房地产领域相对集中。金融机构普遍反映信贷客户储备较为充足，但从需求结构看，来自地方政府平台和房地产领域的信贷需求仍是当前银行项目储备的主体，制造业等其他领域有效需求稍显不足。

利率市场化改革使金融机构面临较大的业务转型压力。一是金融资源配置逐步向中西部、小微等高收益领域集中，以承担较高的风险，提升整体资产业务的定价水平，维持盈利能力的可持续性。二是金融服务向综合化经营模式转变。部分银行开始通过投资银行、资金交易、资产托管和融资租赁等低消耗、高收益的创新业务解决大企业资金需求，这给机构带来业务创新的风险和人才储备的挑战。三是金融机构负债业务渠道多元化。随着利率市场化加快，客户更多地通过理财、资产管理、基金、保险等渠道来配置资金，银行吸收储蓄存款的传统负债模式受到较大冲击，系统内资金往来、同业往来的份额也在逐步扩大。

大企业资产质量下滑诱发风险隐患。湖北辖内部分银行和地区的不良贷款出现反弹。2013 年末全省银行业不良贷款余额 336.42 亿元，比年初增加 0.73 亿元，不良贷款率为 1.53%，比年初下降 0.23 个百分点。但具体来看，部分大型企业大额、深度亏损已经对银行信贷资产安全造成较大影响。另一方面，为了降低小微企业贷款的单位管理成本，近年来各家商业银行都选择了依托核心大企业的产业链或贸易链为基础的批量信贷管理模式。这些大企业的经营不善，往往会影响到其产业链上下游的中小企业的生产经营，扩大了风险范围。

产业结构调整可能加大湖北地区的存量信贷风险。融资平台、房地产、钢铁、水泥和造船等高耗能行业在银行信贷存量中占有相当比重，作为调结构的主要对象，随着地方政府淡化 GDP 考核、环保政策更加严格，以及市场在资源配置中的决定性作用的加大，这类贷款风险系数可能进一步提高。另一方面，经济发达地区落后产业转移可能带来的风险暴露。目前东部发达地区的部分落后产业正逐步转移到中西部地区，湖北地区已经承接了部分简单加工、低附加值、高污染的产业，这些产业不仅行业政策风险大，而且经营风险和市场风险都较高，需要得到持续关注。

二、银行业与金融稳定

（一）运行状况

资产负债规模稳步增长。2013 年末，湖北省银行业金融机构资产余额 40 680.01 亿元，同比增长 13.71%；负债总额 39 360.59 亿元，同比增长 13.22%，各项存款余额达到 32 902.82 亿元，同比增长 16.44%，各项贷款余额达到 21 902.55 亿元，同比增长 15.08%。存贷款增速在中部地区均保持前列。其中，农村合作金融机构的存款增速较快，政策性银行的贷款增速较快。同时，发放的贷款更多投向"三农"、小微企业和县域经济，贷款结构更加优化。

资产质量基本稳定，监测指标有所下滑。2013 年末，全省银行业金融机构不良贷款余额 336.42 亿元，比年初增加 0.73 亿元；不良贷款率 1.53%，比年初略降 0.23 个百分点，不良贷款率连续八年下降。同时，辖内法人机构主要指标基本保持稳定，风险补偿能力逐步增强。

流动性状况总体较为充裕。2013 年末，湖北省银行业金融机构存贷比为 66.57%；法人银行机构流动性比率 58.81%，比同期提高 5.84 个百分点；两项指标均在监管范围内，流动性较为充裕，资金运用效率较高。

资本充足水平稳中有升，盈利结构渐趋合理。2013 年末，全省中小法人机构核心资本充足率为 11.98%，同比提高 1.13 个百分点。银行业金融机构实现利润 586.62 亿元，同比增加 122.11 亿元，盈利能力居中部六省前列。全省银行业净息差缩小，利息收入下降，但中间业务收入比率逐步提高，成本控制效果显现，盈利结构趋向优化。全年湖北省银行业金融机构资产利润率 2.09%，同比提高 0.15 个百分点。

金融市场平稳运行，融资结构多元化发展。2013 年，湖北省拆借交易规模大幅下降，拆借利率高位震荡；债券回购交易量总体小幅增长，回购利率大幅攀升；债券市场现券交易大幅萎缩，收益率持续攀升。

（二）改革进展与成效

武汉区域金融中心建设加快，武汉金融业的影响力和辐射力不断提升。2013 年末，武汉地区金融机构社会融资总额超过 3 500 亿元，全年金融业增加值占武汉地区生产总值超过 7%，各项金融指标均排名中部第一，武汉继续保持中部区域金融中心龙头地位。武汉获批金融公司试点，对扩大消费和建设武汉区域中心建设将起到重要促进作用。大冶有色集团财务公司获中国银监会批复筹建，搭建了产融结合新平台。海通证券成功发行了武汉地铁集团有限公司 23 亿元可续期公司债，这是全球第二只、国内首例永续债。渤海银行武汉分行在湖北省武汉市设立分行，目前，武汉市地区银行数量达到 30 家，外资银行 7 家，居中部地区第一位，28 家金融机构入驻或签约在武汉市建设后台服务中心，数量与北京、上海比肩，居于全国领先地位；全国 12 家股份制商业银行来武汉设立分支机构已达 10 家，居中西部地区首位。中央银行会计核算集中处理系统业务处理中心（ACS）建设取得实质性进展。第六届中国武汉金融博览会成功举办，本次金博会在战略合作、论坛主题以及金融国际化方面特色鲜明，进一步提升了武汉金融的影响力和辐射力。

政策引领效果进一步显现，武汉城市圈信贷市场一体化进程加速。2013 年末，武汉城市圈存贷款余额分别为 22 431.54 亿元和 16 730.90 亿元，比今年年初分别增长 2 468.48 亿元和 1 828.59 亿元，同比分别增长 15.23% 和 19.14%，为武汉城市圈跨越式发展提供有力资金支持。全国性金融机构与武汉城市圈战略合作进一步加强，全年共举办了 3 场重点建设项目银企对接会，争取信贷资源向城市圈倾斜，促进城市圈信贷总体适度稳定增长，2013 年末，城市圈贷款余额占湖北省贷款余额的 65% 以上，增幅高于全省 1.82 个百分点。

金融改革创新步伐加快，金融组织体系进一步完善。农村信用社改革持续推进，2013 年有 14 家县域农村信用社成功改制为农村商业银行。2013 年末，全省已组建农村商业（合作）银行 49 家、县（市）统一法人社 28 家。金融市场主体进一步增加，湖北银行崇阳县支行、邮储银行大幕乡营业所、潜江中银富登村镇银行和湖北天门汇丰村镇银行等金融机构乡镇分支机构相继设立运行，2013 年湖北省新设金融机构市州分支机构 7 家，新成立村镇银行 3 家、小额贷款公司 97 家。

（三）银行业稳健性评估

2013 年，全省银行业整体呈现"稳中有进、趋势向好、结构优化"的良好态势，但部分领域潜在风险不容忽视。一是平台贷款风险防控形势依然严峻。二是银行机构资产质量持续下滑。三是非标资产隐藏较大风险。四是流动性风险管理难度加大。五是房地产贷款风险逐步加大。

三、证券业与金融稳定

（一）运行情况

上市公司运行情况。2013 年末，湖北省上市公司共有 84 家，其中，在上海证券交易所上市的有 37 家，在深圳证券交易所上市的主板公司有 26 家，中小板 10 家，创业板 11 家。上市公司总股本 591.21 亿股，流通股本 517.30 亿股；总市值 5 017.34 亿元，较 2012 年末提高了 23.07%，流通市值 4 094.56 亿元，较 2012 年末提高了 33.48%。2013 年 1—12 月，湖北省所有上市公司股票二级市场资金净流出总额为 316.86 亿元。

证券经营机构运行情况。2013 年末，湖北省内证券经营机构共有 249 家，其中，法人类证券公司 2 家，证券分公司 17 家（其中，14 家设在武汉），证券营业部 227 家（已批复设立数）；基金分公司 2 家；证券投资咨询公司分公司 1 家。

期货市场运行情况。2013 年末，湖北省内共有 2 家法人类期货公司，47 家期货营业部。长江期货和美尔雅期货公司净资产分别为 44 753.43 万元和 22 281.53 万元，净资本分别为 36 090.61 万元和 22 809.93 万元。

资本市场直接融资情况。2013 年末，全省资本市场直接融资总额为 84.07 亿元，较上年同期下降 66.79%，全国排名第 17 位，中部六省排名第 4 位。其中，证券市场融资总额 68.49 亿元，较上年同期下降 34.42%，全国排名第 12 位，中部排名第 3 位；公司债及中小企业私募债融资总额 15.58 亿元，占全国发行金额比重为 0.92%，全国排名第 19 位，中部排名第 5 位。

（二）证券期货稳健性分析

2013 年，湖北省证券市场稳健运行，但潜在风险不容忽视。一是借壳上市标准提高加大绩差公司退市风险分析；二是湖北股权托管交易中心综合实力有待加强，社会各界对市场的认知度不够高，无序竞争苗头凸显，市场交易活跃度不高。

四、保险业与金融稳定

（一）运行情况

保险市场运行态势良好。湖北保险市场实现原保险保费收入 587.4 亿元，同比增长 10.14%，保费规模全国排名第 10 位。其中，财产险公司实现保费收入 181.86 亿元，在全国列第 12 位，位次较上年末上升 2 位；保费收入同比增长 27.74%，高于全国平均水平 10.54 个百分点，在全国列第 1 位，较上年末上升 10 位。人身险公司实现规模保费 405.54 亿元，保持全国第 10 位、中部六省第 2 位的位次不变。

保险市场主体进一步繁荣。全省共有保险总公司 2 家，省级分公司 64 家，其中财产险公司 28 家，人身险公司 36 家；中心支公司 409 家，支公司及营业部 1 265 家，营销服务部 2 013 家，各级保险分支机构合计 3 756 家。

产险经营效益相对较好。湖北省财产险公司实现承保利润 4.49 亿元，承保利润率 3.11%，高于全国平均水平 2.61 个百分点。

财产险业务快速发展。全省车险业务累计实现保费收入 128.98 亿元，占财产险总保费的 70.93%，保费同比增长 24.85%。非车险中，健康险、意外伤害险、工程险和保证险等主要规模险种发展良好，分别实现保费 5.69 亿元、6.82 亿元、3.86 亿元和 4.25 亿元，同比分别增长 196.04%、31.35%、134.96% 和 66.59%。

人身险内含价值较高的业务渠道快速发展。全省人身险公司个人代理渠道、公司直销渠道分别累计实现保费 198.95 亿元、29.99 亿元，分别占人身险公司总保费的 49.06%、7.39%，较上年同期增长 4.67 个和 2.47 个百分点；保费同比分别增长 14.63%、55.96%，高于人身险总保费增幅 10.9 个和 52.23 个百分点。

寿险业务缴费期限结构继续优化。人身险公司新单期交业务实现保费 57.08 亿元，同比增长 3.73%，与人身险总保费增幅持平；新单期交占比 30.13%，同比上升 3.28 个百分点。

服务经济社会能力稳步提高。一是赔付额大幅增长。全省保险业支付赔款及给付 187.61 亿元，同比增长 45.94%。其中，财产险公司赔款支出 90.99 亿元，同比增长 27.71%；人身险公司赔付支出 96.62 亿元，同比增长 68.6%。二是关乎国计民生的重要险种取得较大突破。水稻、森林等 8 个政策性"三农"险种共实现签单保费 6.64 亿元，同比增长 5.52%。大病保险已有 30 个项目完成招投标，涉及参保群众 4 834.27 万人，预计保费规模为 10.88 亿元。三是保险业服务领域不断拓宽。各类责任险全面发展。全省已全面推广医疗责任保险，实行"调保"结合的医疗纠纷调解新模式；火灾公众责任保险、校方责任险、安全生产责任险等险种持续发展；环境污染强制责任保险试点自 2013 年 6 月已启动。

（二）保险业稳健性分析

一是车险理赔难现象治理难度较大；二是寿险业务量下滑较快，新品种较少，且存在销售误导现象；三是小额人身险税费依然较高；四是农业保险覆盖面较窄，政策性补贴到位不足。

五、金融基础设施与金融稳定

（一）运行状况

支付体系平稳运行。一是支付基础设施建设不断加强。2013 年，中央银行会计核算数据集中系统（ACS）和第二代支付系统分别在湖北辖内成功上线。截至 2013 年末，ACS 系统运行稳定，日均业务量 717 笔，平均成功率达到 98% 以上；第二代支付系统日均处理业务 37 万余笔、日均业务金额 2 617.2 亿元。二是支付服务市场环境不断优化。2013 年，人民银行武汉分行积极探索非现场监管措施，进一步完善"银行卡特约商户信息登记系统"功能，并组织在部分地区进行试点，依托系统实现对特约商户的电子化、影像化管理，较好地解决了手工登记劳动强度高、处理时效差、信息加工难度大等问题。稳妥推进银行卡刷卡手续费标准调整工作，确保湖北辖内刷卡手续费调整有序、平稳实施。截至 2013 年末，湖北辖内各发卡行、收单机构的系统改造工作全面完成，辖内共计 15.26

万户特约商户顺利完成换签工作，换签率达 99.68%。三是农村支付服务水平不断提升。截至 2013 年末，湖北 1 064 个乡镇共设立银行网点 4 400 余个，乡镇覆盖率达 100%；加入大小额支付系统的银行网点 3 300 余个，覆盖率达 75%；布放 ATM7 168 台、POS 机 52 582 台，乡镇覆盖率分别达 96.15%、94.36%；布放转账电话 129 409 台，行政村覆盖率达 98%，村均转账电话 5.18 台，农村支付服务环境得到明显改善。

法律环境不断优化。一是各项制度措施陆续出台，为金融业创新发展和支持实体经济发展创造了良好的外部条件。2013 年，湖北省政府制定《武汉金融改革创新总体方案》，提出经过 5～7 年的努力，把武汉建设成为中部地区金融中心和全国重要的金融机构高端后援服务基地，为武汉金融中心的建设规划了蓝图。最高人民法院等单位《关于公布失信被执行人员名单信息的若干规定》出台后，湖北省内金融案件的执行难度进一步降低，金融机构的维权环境持续改善。二是金融消费权益保护工作逐步深化，区域金融环境总体健康稳定。2013 年，湖北省金融消费权益保护工作的广度和深度进一步拓展，金融监管部门及各金融机构的工作力度显著增强。人民银行武汉分行建立了省级银行机构工作联系机制，在全省开通了统一的 12363 金融消费咨询投诉电话，金融维权渠道更加多元和畅通。全省共解答金融消费咨询 1 497 件，答复率 100%；受理金融消费投诉 12 75 件，办结率 96.7%，回访消费者满意率超过 90%，有效化解了金融纠纷，降低了风险隐患，促进了金融市场双方的良性互动。

征信体系建设稳步推进。一是企业和个人信用信息基础数据库发展平稳。2013 年末，人民银行企业和个人信用信息基础数据库录入湖北省企业及各类机构户数 34.6 万户，全年发放贷款卡 13 501 户，分别同比增长 5.17% 和 21.62%；全省各查询机构共查询企业征信系统 159 万次，查询个人征信系统 356 万次，分别同比增长 9.66% 和 9.2%；收录自然人数 3 718.9 万人，个人信贷账户数 3 149.76 万户，分别同比增长 20.98% 和 13.3%。2013 年征信系统继续扩大非银行信息采集范围，采集了个人公积金缴存账户数 320 万户，同比增长 9.59%，进一步丰富完善了个人信用报告信息内容，为信息使用者提供了有力的参考。二是社会信用体系建设进程加快。2013 年，湖北省政府审议通过了《湖北省社会信用体系建设 2013—2014 年工作要点》、《〈湖北省社会信用体系建设规划（2014—2020 年）〉编制工作方案》、《关于设立湖北省社会信用体系建设领导小组专责小组的通知》三个具有全局性的文件，明确了湖北省社会信用体系建设顶层设计的思路、短期及中长期的工作任务和重点，进一步推动加快了湖北省社会信用体系建设进程。三是小微企业和农村信用体系建设成效明显。2013 年末，人民银行征信中心小微企业信用档案库收录了湖北省 10.9 万户具有法人资格的小微企业信用信息，基本涵盖了省内所有未发生过贷款的小微企业；涉农金融机构累计建立了 800 多万户农户信用档案，缓解了银行与小微企业、农户的信息不对称问题，促进了小微企业和农户的融资，有效保障了小微企业贷款和涉农贷款增量高于上年度、增速高于各项贷款平均增速目标的实现。

反洗钱、反假货币工作取得新进展。一是反洗钱履职能力不断提升。2013 年，人民银行武汉分行共接收银行机构报送重点可疑交易报告 96 份，同比增长 108.7%；在对全省 75 家银行机构综合执法检查中开展了反洗钱金融检查项目，完成了 47 家金融机构的反洗钱专项执法检查；选取武汉农村商业银行、天风证券 2 家法人机构开展法人监管试点工作，实现整体风险系统化管理；湖北省三年反洗钱评估规划（2011—2013）工作圆满完成，全省共有 60 家证券保险机构被作为评估对象。二是反洗钱从业人员履职水平不断提高。2013 年，共对辖内省级金融机构 110 名反洗钱高管人员进行专业知识培训；黄石、荆门、随州三地推广金融机构反洗钱岗位准入管理试点，参考 2 362 人，考试合格率 90.05%；辖内法人银行机构完成人民银行 2013 年第二期反洗钱岗位准入培训，参考 2 500 人，考试合格率 98.12%。三是打击洗钱犯罪合力不断增强。2013 年，共发现和接收案件线索 181 起。其中，立项调查涉嫌洗钱案件和线索共 37 起，组织实施反洗钱调查 728 次，协助公安、司法机关破获案件 10 起，涉案金额 2 392 万元，成功推动 2 起贪污贿赂洗钱罪案宣判。四是反假货币工作持续推进，假币收缴量小幅上升。2013 年，湖北省共收缴假人民币 668.9 万元，同比增长 23.3%。其中金融机构柜面收缴 641.2 万元，同比增长 22.3%；公安机关案件解缴 26.2 万元，同比增长 62.7%；人民银行清分复点送交 1.2 万元，同比减少 36.8%；其他来源 0.3 万元。假币收缴来源结构与上年相比，主要表现在通过公安机关案件解缴大幅上升。假币收缴券别结构仍然表现为 100 元面额占主导的态势，50 元面额其次。五是反假货币宣传力度不断加大，人民币市场流通环境不断净化。2013 年，湖北省共投入 16 000 多人次参与了反假货币宣传活动，共接待咨询群众超过 200 万人次，散发和赠送各类反假宣传资料 150 多万份，对全省 9 000 余名金融机构临柜人员开展反假货币上岗资格集中培训和电子化考试。在全省金融系统大力开展"假币零容忍"专项治理工作，对点验钞机、自动柜员机和清分机等反假机具进行全面更新升级，利用人民币冠字号码查询技术解决银行和客户之间的假币纠纷。

（二）金融基础设施稳健性分析

贪污贿赂等洗钱风险值得关注。重点关注三个方面交易特征：一是交易主体特征，该类可疑交易的客户包括受贿方和行贿方，其中，受贿方一般具有公职身份的特征，如公务员、国企高管等；行贿方一般为单位法人或对公客户。二是资金交易特征。该类可疑交易习惯使用银行机构的现金业务产品，现金存取数额较大，且多为万元的整数倍。二是交易时间特征。该类可疑交易发生的时间一般在传统节假日前后。

征信信息安全存在隐患。一是金融机构内部风险控制不严，对信息安全重视不够而带来风险隐患；二是征信管理制度的不完善或执行不力造成的信息泄密。

征信查询服务难以满足社会需求。一是各类小型机构难以及时获得征信查询服务。二是随着经济的发展和社会信用意识的普遍提高，信用报告查询的次数逐年增加，基层人民银行有限的征信服务窗口难以满足日益增长的社会查询需求。

六、区域金融定量评估与对策建议

本报告继续采用综合分析法和压力测试，以区域金融稳定的影响因素为主线，结合宏观经济和金融生态发展状况，量化评估区域金融风险程度。

（一）湖北省金融稳定性量化评估

近年来，我们持续开展对区域金融稳定性定量评估方法的探索与研究，并通过实践不断调整与完善我们的定量评估体系。采用综合分析法，计算出 2007—2013 年湖北省金融稳定性量化评估结果如下：

2007—2013 年，湖北省金融稳定性得分分别为 67.57 分、66.94 分、71.40 分、73.11 分、76.45

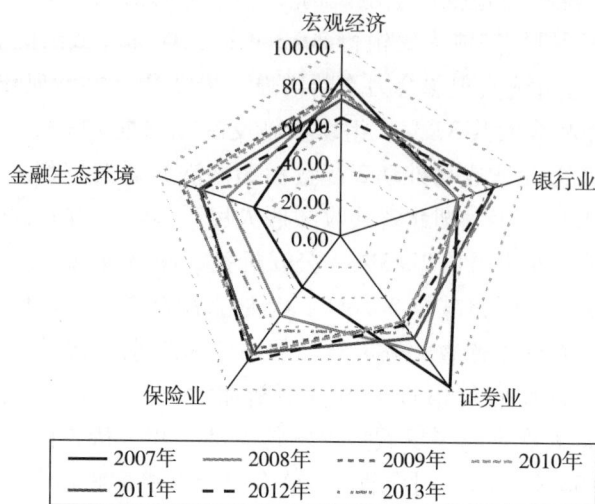

2007—2013 年湖北省金融稳定性一类指标变化情况

分、73.32 分、66.64 分，对应评级为一般＋、一般＋、较好－、较好－，较好＋，较好－、一般＋。近年来，湖北省经济增长速度有所放缓，导致宏观经济金融稳定性得分总体呈小幅下降趋势；银行业稳中有升的稳定发展态势为湖北省较高的金融稳定性奠定了基础；同时，金融生态环境的大幅改善和保险业发展质量的快速提高成为带动近几年总分增长的主要因素。同时，相比 2007 年各分项得分极度不均衡的状态（证券业得分高达 97.73 分，保险业得分仅 33.08 分），近年来，湖北省银行业、证券业、保险业的金融稳定性趋于均衡态势，为各行业长期均衡稳定发展和总体稳定性打下了较好的基础。2013 年，受宏观经济形势下行趋势影响，湖北省金融稳定性得分总体上有所下降。

　　宏观经济方面，2013 年，湖北省实体经济增速继续放缓，投资和消费增速下降，城镇居民收入增速同比下降 3.5 个百分点，宏观经济类得分由上年 61.95 分下降至 32.30 分，是导致 2013 年金融稳定性得分下降的直接原因。银行业方面，近年来，湖北省银行业综合实力不断增强，2007—2013 年得分分别为 64.18 分、64.18 分、67.38 分、73.26 分、83.94 分、84.27 分、88.50 分。从所选指标分析，资本充足率持续提高，不良贷款率继续下降，资产质量的不断改善，流动性状况良好，是湖北省银行业得分持续上升的主要原因。至 2013 年末，湖北省银行资本充足率已达 11.98%。证券业方面，2013 年，受流动性比率和资产利润率增长等因素的影响，证券业总体得分由上年的 57.56 分上升至 62.84 分。保险业方面，由于寿险公司退保率的增长、财险公司应收保费率的下降，保险业得分从上年的 81.12 分减少至 62.10 分。金融生态环境方面，2013 年，得分与上年持平。

（二）湖北省城市商业银行压力测试

1. 利率风险压力测试
情景设置：利率上升 200 个基点。
参数设置：
（1）利率上升对风险加权资产和资本净额的影响相同；
（2）净利息收入的时间权数：1 个月内为 1.917%，1 个月至 3 个月为 1.667%，3 个月至 1 年为 0.75%。

测试结果显示，利率上调对 2 家城市商业银行资本充足率存在较大冲击，当基准利率上升 200 个基点，汉口银行资本充足率将减小 0.17 个百分点，湖北银行降幅则达到 0.39 个百分点。

2. 信贷风险压力测试

截至 2013 年末，湖北城市商业银行不良贷款率 0.95%，比年初上升 0.07 个百分点；不良贷款余额 11.74 亿元，比年初增加 2.99 亿元，继续出现不良贷款率和不良贷款余额双升的现象。假如未来一年内，不良贷款率继续上升造成一定规模的新增不良贷款，通过准备金计提将压力传导至资本，进而影响资本充足率的下降。

情景设置：

新增不良贷款上升，假设轻度、中度、重度三种情景。

参数设置：

（1）全部新增不良贷款按照 50% 的比例扣减资本；

（2）轻度、中度、重度情景分别为新增不良贷款上升比率为 100%、150%、200%。

在轻度、中度、重度的情景下，未来湖北城商行整体的资本充足率为 11.81%、11.68%、11.55%，相比目前 12.06% 下降 0.25 个、0.38 个、0.51 个百分点。测试结果显示，目前，湖北城商行信用风险状况整体较好，不良贷款的增长可能对湖北城商行的资产质量产生一定影响，但总体风险可控。

总的来说，随着 2013 年宏观经济增速放缓，个别机构相应风险指标下滑幅度较大，对资本补充形成一定压力。当前宏观经济形势更趋复杂，发展方向存在不确定性，这将对各银行机构资本充足情况形成一定冲击，对城商行加强信贷资产质量的能力和手段提出了更高要求。因此，城商行应积极拓展资本补充渠道，不断提高信贷资产的管理能力，确保经营的稳健性。

（三）宏观经济对区域金融稳定影响的定量分析

为研究宏观经济发展状况对湖北区域金融稳定的影响，采用计量模型定量研究宏观经济发展指标对湖北省金融风险的冲击。具体做法是选取金融风险作为被解释变量，湖北省宏观经济指标作为解释变量，分析宏观经济指标的变动对湖北金融风险的影响。

选取的金融风险代理变量为金融机构不良贷款率（NPL），解释变量包括贷款利率（I）、预期通货膨胀率（EP）、国内生产总值增长率（DGDP）、房地产业增长速度（DCRB）。将上述宏观经济代理变量对金融机构不良贷款率（NPL）进行回归检验，可以判断各宏观指标变动对金融系统稳定程度的影响。基本的计量模型为

$$NPL = a_0 + a_1 I + a_2 EP + a_3 DGDP + a_4 DCRB + \varepsilon$$

选用 Stata10.0 统计软件，进行 OLS 回归得到的计量结果为

$$NPL = -20.25 + 3.21 \times I - 0.561 \times EP + 0.847 \times DGDP - 0.068 \times DCRB$$

回归方程的拟合优度为 0.8612，调整后的拟合优度为 0.8320，方程拟合优度较高，说明采用该计量模型解释宏观经济变量对金融稳定的影响在统计上是显著的。计量结果显示：贷款利率（I）、国内生产总值增长率（DGDP）对不良贷款率的影响最为显著且为正向，表明贷款利率上升将导致不良贷款率有较大上涨；而预期通胀率（EP）、房地产业增长速度（DCRB）对不良贷款的影响为负向，说明二者的上升会降低不良贷款率，二者下降会增加不良贷款率。

表1   不良贷款率压力测试结果

经济金融变量冲击	压力情景一	压力情景二	压力情景三
贷款利率	上升25个基点	上升50个基点	上升75个基点
预期通货膨胀率	下降2%	下降3%	下降5%
国内生产总值增长率	上升1%	上升2%	上升3%
房地产业增长速度	下降10%	下降15%	下降20%
不良贷款率	上升3.45%	上升5.76%	上升9.11%

如果未来贷款利率上升，通货膨胀有所降低，宏观经济过热，房地产行业景气状况下降的情况下，金融机构不良贷款率潜在风险加大，一旦引起连锁效应，容易诱发区域系统性金融风险。

计量结果的政策含义在于通过监测贷款利率、通货膨胀率、国内生产总值、房地产业景气情况有助于有效预测金融风险，加强对上述指标的监测有利于更好地维护区域金融稳定，防范系统性金融风险。

七、进一步提高湖北省区域金融稳定性的相关建议

大力推进经济结构转型，促进经济平稳较快发展。调整优化经济结构，增强内生动力，加快推进湖北省经济发展方式的转变；积极扩大消费需求，大力发展新型消费业态；保持投资合理增长，继续做好项目储备和推进工作；加快发展服务业。继续推进国家级和省级现代服务业示范区建设；保持价格总水平基本稳定，做好价格舆论引导工作，稳定社会预期。

贯彻落实稳健型货币政策，加强信贷结构调整。继续保持宏观政策的稳定性。要保持适度流动性，为转方式调结构创造稳定的货币金融环境。优化金融资源配置，推动结构调整和转型升级。进一步优化信贷结构促进经济结构调整，支持区域经济协调发展，继续支持各项民生工程，并防控地方政府性债务风险。保持信贷稳定均衡增长，合理安排贷款投放节奏，保持信贷合理增长。向资本管理为基础的经营模式转变，通过多种非信贷手段为实体企业提供覆盖更广的综合性金融服务。

充分利用和发展资本市场，健全多层次资本市场体系。大力推动多层次资本市场建设，鼓励支持企业到"新三板"和区域性股权交易场所挂牌，让更多的企业能够利用资本市场发展壮大。加大上市资源培育力度，推进企业IPO进程。有序推进上市公司再融资和并购重组。利用债券市场扩大直接融资。更加注重培育期货市场，大力发展期货交割库，促进实体经济发展。

稳步推进保险业发展，充分发挥保险的保障功能。进一步推进费率市场化改革，激发市场创新活力。继续协调与相关部门的关系，争取税收、财政补贴等政策支持，进一步推进农业保险的发展。推动保险公司不断推进业务创新，努力拓宽保险服务领域。加快保险服务创新，建立方便快捷的服务体系。

继续加强金融基础设施建设，不断优化区域金融环境。巩固完善支付结算基础设施，加大反洗钱监管力度，优化金融生态环境，进一步完善征信服务，做好湖北辖内互联网个人信用报告查询监测、指导工作；加快推进小额贷款公司、融资性担保公司等机构接入人民银行征信系统。强化重大事项报告制度，完善应急管理体系，提高防范、化解、处置风险能力。进一步提升金融机构规范经

营水平，加强金融消费权益保护工作力度，营造稳定和谐的区域金融消费环境。

总　　纂：陈　玥

统　　稿：刘威林　王邦武　计惠龄

执　　笔：贺　杰　方爱国　陈　娟　陈　亮

　　　　　陈　楠　彭　慧　刘鸿伟　陈　阳

其他参与写作人员（按姓氏笔画排序）：

　　　　　王　莉　陈　波　杨　亮　李作峰　李政为

　　　　　郑光勇　周远慧　镇　江　潘　晶　廖昊萌

湖南省金融稳定报告摘要

2013 年，面对国内外复杂的经济金融形势，湖南省出台一系列稳增长的政策措施，抗击经济下行压力，经济总体稳中有进，多项主要经济指标回升，为金融业稳健运行提供了较好的宏观经济环境。全年银行业资产负债规模适度增长，资产质量整体良好，经营效益继续提升。证券业平稳健康发展，市场交易渐趋活跃，证券创新业务稳步发展，上市公司业绩进一步改善。保险业市场主体不断丰富、社会保障能力不断增强、市场秩序持续优化。支付系统稳健运行，征信体系日益健全，反洗钱体系有效运行，假币专项治理不断深入，金融生态建设和金融消费权益保护力度加强。

与此同时，世界经济仍复苏乏力、国内经济下行压力加大、自然灾害频发等多重矛盾交织，湖南省经济继续保持稳步发展面临诸多挑战：部分行业发展出现困境，市场利率波动加剧，影子银行体系发展失序，证券机构收入结构有待优化，保险市场秩序尚需进一步规范，金融领域的风险因素日益增多。

一、区域经济

（一）运行状况

经济增长趋稳，产业结构进一步优化。2013 年，全省实现地区生产总值 24 501.7 亿元，同比增长 10.1%，虽比上年同期回落 1.2 个百分点，但较上半年回升 0.1 个百分点，各季度生产总值增速均保持在 10% 以上，总体呈平稳运行态势。分三次产业看，各产业增速均有所回落，但产业结构进一步优化。第一、第二、第三产业增加值同比分别增长 2.8%、10.9% 和 11.4%，比上年同期分别下降 0.2 个、1.9 个和 0.8 个百分点；三次产业结构由上年同期的 13.6:47.4:39.0 调整为 12.6:47.0:40.3。

内需稳步增长，发展动力不断增强。2013 年，全省完成固定资产投资 18 381.4 亿元，同比增长 26.1%，高于全国 6.5 个百分点。民间投资成为主要推动力。民间投资 11 477.5 亿元，增长 29.9%，占全省固定资产投资的 62.4%，同比提高 1.8 个百分点。投资方向有所优化。全省民生投资、生态投资和战略性新兴产业投资分别增长 112.5%、44.9% 和 35.5%，占固定资产投资的比重同比分别提高 2.4 个、0.5 个和 1.3 个百分点。全省实现社会消费品零售总额 8 940.6 亿元，增长 13.8%，高于全国平均水平 0.2 个百分点。

财政收支增速放缓，城乡居民收入平稳增长。2013 年，全省实现财政总收入 3 307.29 亿元，增长 12.6%，同比下降 3.6 个百分点。其中地方财政收入 2 030.9 亿元，增长 14.0%，比上年同期下降 3.4 个百分点。全省财政总支出 4 635.5 亿元，增长 12.5%，同比回落 3.4 个百分点。其中，社会保障和就业支出增长17.1%，同比提高9.8个百分点。全省城镇居民人均可支配收入和农村居民人均现金收入分别为23 414元和8 372元，增长9.8%和12.5%，剔除价格因素后实际分别增长7.0%和9.8%。

CPI有所回升，PPI降幅收窄。2013年，全省居民消费者价格指数CPI同比上涨2.5%，低于全国平均水平0.1个百分点。分类别看，八大类指数"七涨一平"，其中食品和居住是拉动CPI快速上涨的主要力量，累计分别上涨4.2%和1.8%，合计拉动CPI上涨1.71个百分点。烟酒和娱乐教育文化用品及服务成为带动湖南省CPI上涨的新力量，同比分别上涨3.1%和2.1%，比上年同期分别提高1.1个和0.9个百分点。2013年，全省工业生产者出厂价格指数（PPI）下降1.5%，比上年同期回落0.6个百分点，已连续20个月下降，但降幅连续5个月收窄；工业生产者购进价格指数下降1.6%，比上年同期回落1.7个百分点。

（二）需关注的问题与风险

发展动力仍然不强，经济产业结构欠优。工业生产整体回暖势头不强，装备制造、冶炼、水泥等行业受需求不足影响，企业生产低迷、产品出现积压，部分企业关停并转，部分企业资金周转紧张，并通过债务传导影响产业链上下游企业。传统消费品需求进入增长平缓期，市场拉动能力减弱，新兴消费品需求尚待培育。产业结构仍需优化，2013年湖南省三次产业结构比例为12.7:47:40.3，第三产业占比有待进一步提升。高新技术产业企业大多处于价值链中低端，有自主知识产权、高附加值、高科技含量的产品少。

产能过剩和房地产风险需高度防范。"三期叠加"阶段，推进淘汰落后产能、化解过剩产能以及重金属等环境污染治理工作将不可避免地给银行资产质量带来消极影响。2013年末，全省37家涉及环境保护违法违规和62家涉及落后产能企业贷款合计25.8亿元，已形成不良1.5亿元。当前房地产市场呈两极分化趋势，中心城市房价持续上涨，而部分三四线城市需求不足。一些地区特别是县城供过于求，待售面积和空置率较高，风险不容忽视。

二、银行业

（一）运行状况

资产负债规模适度增长。截至2013年末，全省银行业资产总额33 999.5亿元，增长13.7%；负债总额33 106.5亿元，增长13.4%。各项存款余额26 876.0亿元，增长16.1%；各项贷款余额18 141.1亿元，增长15.7%，高于全国1.8个百分点。

不良资产出现"双升"。截至2013年12月末，全省银行机构不良贷款余额604.4亿元，同比增加218.9亿元；不良贷款比例3.32%，同比上升0.87个百分点。分类型看，次级类、可疑类、损失类不良贷款占全部贷款的比例分别上升0.22个、0.62个、0.03个百分点。

抗风险能力有所下降。2013年末，全省银行机构贷款损失准备金余额454.7亿元，较年初增加63.5亿元；贷款损失专项准备金缺口20.7亿元，较年初增加60.6亿元；拨备覆盖率下降至75.2%，较年初下降26.3个百分点。

经济效益继续提升。2013年全省银行机构实现净利润476.18亿元，同比增盈82.71亿元。从收入结构看，全年银行业实现利息净收入 1 000.7 亿元，同比增加 172.4 亿元。实现非利息收入 171.9 亿元，同比增加 38.7 亿元。

（二）需关注的问题与风险

政府债务风险面临挑战。全省融资平台负债超过 5 700 亿元，其中贷款余额 3 636 亿元。近三年到期贷款 1 100.8 亿元，占平台贷款总额的 30.3%。由于地价、财政收入增速下滑，一些地市低层级平台面临较大偿债压力。2013 年全省新放平台贷款"借新还旧"占比超过 50%。部分政府还贷高速公路和取消收费政府还贷二级公路债务压力较大，已进入不良或关注类贷款。[①]

流动性风险管理压力上升。一是中长期贷款占比过高。2013 年末，全省银行业机构中长期贷款占全部贷款余额比重高达 67.8%，部分银行超过 80%。二是同业资产负债错配。2013 年末，全省银行业同业资产 3 528.3 亿元，同业负债 2 702.1 亿元，资产运用总体大于负债来源。三是市场波动加剧。经历 2013 年 6 月末的流动性紧张状况后，2013 年下半年市场利率一直处于近两年来的较高水平，且机构对利率波动的敏感性大幅上升。

涉农银行机构案件风险突出。2013 年，农行和农村合作金融机构共发生 3 起虚假抵押骗贷、冒名贷款和冒名担保案件和 2 起基层网点挪用资金案件，暴露出有关机构制度规范执行不到位，员工行为管理不严格，对基层负责人的不当行为缺乏有效约束，关键环节上管理失控的问题未得到有效解决。

三、证券业

（一）运行状况

证券市场交易渐趋活跃。2013 年，全省证券市场实现交易量 2.7 万亿元，同比上升 54.84%；客户保证金 131.1 亿元，同比下降 8.1%；托管的客户证券资产总额 2 463.6 亿元，同比增加 27.3%。投资者账户数 600.1 万户，同比减少 3.6%，但机构投资者账户数同比上升 8.2%，增加到 7 369 户。

直接融资规模大幅提升。2013 年，虽然湖南企业首发融资暂停，但再融资渠道更加畅通，全省境内上市公司直接融资大幅提升，全年实现直接融资 189.8 亿元，同比增长 159.2%。其中，国内股票（A 股）筹资 129.8 亿元，同比增长 114.8%；国内债券筹资 60 亿元，同比增长 368.8%。

证券机构经营保持稳定。2013 年末，湖南省湘财、财富和方正 3 家证券公司总资产 535.83 亿元，净资产 214.69 亿元，净资本 133.83 亿元，管理客户资产 3 841.72 亿元，较 2012 年分别增长 17.18%、7.26%、1.40%、30.50%。3 家证券公司全年实现营业收入 42.63 亿元，实现净利润 13.29 亿元，分别较 2012 年增长 45.20% 和 169.57%。

期货市场发展较为缓慢。全省 4 家法人期货公司 2013 年末总资产合计 38.6 亿元，同比增长 2.1%；管理客户保证金 29.7 亿元，同比增加 0.3%。全年完成期货交易量 7 182.9 万手，同比增加 45.4%；期货交易额 85 470.4 亿元，同比增长 53.5%。实现利润总额 0.04 亿元，同比下降 93.3%。

---

① 资料来源：湖南银监局相关资料。

（二）需关注的问题与风险

证券公司收入结构有待优化。证券公司主要依靠代理买卖证券业务创收的盈利模式并没有得到有效调整。与 2012 年相比，全省 3 家证券公司代理买卖证券业务净收入占比从 50% 增长至 55%，2013 年全国 115 家证券公司代理买卖证券业务净收入占比为 47%。同时，与全国水平相比较，全省 3 家地方法人证券公司受托客户资产管理业务净收入和证券承销与保荐业务净收入仍然偏低，收入结构仍需进一步调整。

投资者适当性管理需加强。目前，客户在参与融资融券交易过程中仍以融资交易为主，这一方面是由于机构客户偏少，个人客户多习惯做多的操作方式；另一方面是由于券商可提供的融券品种、数量有限。因此券商需加强客户适当性管理，在市场出现大幅波动时做好风险提示。2013 年，全省 3 家券商共有 28 名客户累计强制平仓 38 次。

四、保险业

（一）运行状况

市场主体不断丰富。2013 年末，全省共有法人保险公司 1 家。省级保险分公司 45 家，较年初增加 1 家。保险专业中介法人机构 34 家，其中保险代理公司 19 家，较年初增加 1 家；保险经纪公司 10 家，保险公估公司 5 家。保险兼业代理机构 9 421 家，较年初增加 344 家。保险公司从业人员 14.3 万人，较年初精减 0.1 万人。

资产规模增速放缓。2013 年末，全省保险公司资产总额 1 330.1 亿元，较年初增长 10.5%，增速较上年降低 3.5 个百分点。全省预计保险深度 2.1%，比上年同期下降 0.2 个百分点；保险密度 766.0 元，比上年同期增加 93.6 元。

业务收入稳定增长。2013 年，全省保险业实现原保险保费收入 508.6 亿元，同比增长 9.3%，保费规模列全国第 11 位。按险种类别分：财产险保费收入 176.0 亿元，同比增长 21.4%；寿险保费收入 286.1 亿元，同比增长 0.9%；健康险保费收入 32.7 亿元，同比增长 33.3%；意外险保费收入 13.7 亿元，同比增长 13.7%。按公司类型分：财产险公司保费收入 184.7 亿元，同比增长 21.9%；人身险公司保费收入 323.9 亿元，同比增长 3.3%。

赔付支出增长较快。2013 年，全省赔付支出 192.8 亿元，同比增长 35.1%。其中，财产险赔款支出 94.5 亿元，同比增长 26.5%；寿险赔付支出 84.4 亿元，同比增长 47.4%；健康险赔付支出 10.9 亿元，同比增长 41.5%；意外险赔付支出 3.0 亿元，同比下降 0.1%。

（二）需关注的问题与风险

财产险市场风险隐患增多。一是财产险综合赔付率有所回升。全省财产险公司综合赔付率 62.6%，较上年同期上升 1.3 个百分点。二是应收保费率有所回升。财产险公司应收保费率（平均） 2.8%，较上年同期上升 0.5 个百分点。三是批退率有所回升。财产险公司批退率 2.4%，较上年同期上升 0.4 个百分点。

退保情况比较平稳，但部分公司的退保压力不容忽视。由于全年行业整体投资收益率低于客户预期值，产品同质化竞争严重等因素影响，全省寿险业退保金支出60.8亿元，同比增长59.6%，较保费增速高出50.3个百分点。其中，分红寿险退保57.8亿元，占寿险业务退保金比重96.3%。

五、金融市场

同业拆借交易成倍增长，交易利率整体上行。2013年，湖南省金融机构累计开展同业拆借业务319笔，同比增加146笔，成交金额1 289亿元，同比增长2.5倍。分方向看，以同业拆入为主。全省发生同业拆入1 199亿元，同比增长2.7倍；同业拆出90亿元，同比增长1.05倍。分期限看，主要集中于短期限品种。7天以内的短期品种共成交1 141亿元，占拆借总量的88.5%。从成交利率看，保持整体上行态势。第四季度，全省同业拆借加权平均利率3.8844%，较上年同期提高11个基点，较第三季度提高5.7个基点。

债券业务成交量略有回落。2013年，全省金融机构在银行间债券市场成交2.39万亿元，同比小幅下降0.8%。分机构看，农信机构成为市场交易主体，全年累计成交1.41万亿元，同比增长11%，占交易总量的比重从上年同期的52.6%提高至60%；城市商业银行成交8 372亿元，同比下降25.3%，占交易总量的比重下降11.5个百分点至35%；证券公司及其资产管理计划成交1 380亿元，同比大幅增长14倍；财务公司成交99亿元，同比下降23.9%。

票据承兑较快增长，贴现业务明显萎缩。截至2013年末，全省票据承兑余额1 718.5亿元，同比增长25.4%；票据承兑累计发生额3 522.8亿元，同比增长24.4%。2013年末，全省金融机构票据贴现余额为226.2亿元，较年初下降65.7亿元，其中第四季度当季贴现余额减少43.8亿元；全年票据贴现累计发生额6 265亿元，同比增加396亿元，其中第四季度发生额仅510亿元，较上年同期减少1 480亿元。

六、金融基础设施

（一）支付系统稳健运行

支付清算系统平稳运行。截至2013年末，全省大、小额支付系统，网上支付跨行清算系统，电子商业汇票系统，全国支票影像交换系统，银行业金融机构行内支付系统等高效安全运行，全年共处理各项业务7.4亿笔，金额65.6万亿元，同比分别增长27.6%和21.5%。

非现金支付工具进一步推广。2013年，全省使用非现金支付工具办理业务15.6亿笔，金额30.1万亿元，同比分别增长26.1%和34.1%。重点推进了农村支付环境建设，截至2013年末，全省累计发展助农取款服务点6.6万个，基本覆盖所有行政村，全年共办理各项业务1 424.0万笔，金额246.0亿元，同比分别增长126.4%和302.6%。

非金融机构支付业务规范发展。截至2013年末，全省有法人非金融支付机构7家、分支非金融支付机构15家，全年新增3家公司获得人总行支付业务许可。各机构全年共办理支付业务（不含预付卡发行）10.4亿笔，金额4 295.5亿元，发行多用途预付卡1.0亿元。

（二）征信体系日益健全

征信市场不断发展壮大。全省已备案信贷市场信用评级机构增长至6家，全年共完成借款企业信用评级 564 户；银行间债券市场信用评级户数超过 97 家（含跟踪评级），同比增长 136%；推进小额贷款公司和融资性担保公司信用评级，初步建立两类公司发展的正向激励机制，评级签约量和报告出具量分别达 100 户、50 户。

金融信用信息基础数据库覆盖面不断扩大。截至 2013 年末，累计已收录湖南省 4 241 万自然人、30.4 万户企业及其他经济组织信息，47.8 万家机构申领机构信用代码证。应收账款质押和融资租赁登记公示系统常用户已达 162 家，累计登记应收账款质押业务 1.63 万笔。全年向社会提供个人信用报告查询 29.1 万人次、企业信用报告查询 16.5 万次；向各级统战、司法、财政、税务、海关、工商、证监等部门提供信息查询 6 200 次。成功开展互联网个人信用信息查询试点，至 2013 年底，11.98 万人通过身份验证并成功查询信用信息 62.85 万次。

小微企业和农村信用体系建设有序推进。截至 2013 年末，全省累计建立小微企业信用档案 5.28 万户、农户信用档案 729.24 万户。9 个小微企业信用体系建设试验区被确认为"湖南省中小企业信用体系建设示范园区"，农村信用体系建设试点县（市）从 3 个增加至 7 个。

（三）反洗钱体系有效运行

以风险评估为基础开展分类监管。全年全省共组织对 613 家银行机构开展了风险评估，对长沙辖内评估结果靠后的银行机构，约见其高管谈话，跟进监管，督促整改。通过调研和评估，厘清各级农信社机构反洗钱工作机制和工作流程。建立支付机构监管档案制度，召开监管工作会议，明确支付机构反洗钱工作要求，对 6 家法人支付机构自查整改工作开展现场核查和督导。

重点可疑报告管理有效加强。下发金融机构重点可疑交易报告管理相关规定，规范金融机构重点可疑交易报告内容和报送方式，提高重点可疑交易报告质量与情报价值。全年共接收金融机构报送的重点可疑交易报告 96 条，其中，移送公安 45 条，上报反洗钱中心 4 条。

（四）假币专项治理不断深入

反假货币工作联席会议工作机制进一步完善。明确了省政府主管金融工作的一名副省长为全省反假货币工作联席会议召集人，省内各级反假货币工作联席会议召集人均由各级地方政府一名负责人担任，在未设立人民银行的县（市），探索建立反假货币工作新机制，在全省逐步形成了地方政府主导、成员单位配合的反假货币工作格局。

打击制贩假币违法犯罪活动深入开展。全省各级公安机关继续深入开展打击制贩假币违法犯罪活动，在道县、新化县、醴陵市、浏阳市等制贩假币较为突出的地区开展了重点整治工作。2013 年，全省公安机关假币犯罪立案 12 起，破案 10 起，共收缴假币 723.41 万元，抓获犯罪嫌疑人 15 人，其中株洲、永州公安机关分别破获了 128 万元、563 万元的假币大案。

（五）金融消费权益保护扎实开展

金融消费者投诉有效处理。2013 年全省人民银行系统共处理 495 个金融消费者投诉，投诉内容主要集中在"存款变保险"、银行服务态度、银行卡和征信业务等方面，较好地维护了金融消费者合法权益。

县域金融消费权益保护工作稳妥推进。2013 年 3 月，人民银行长沙中支印发《加强县域金融消费权益保护工作指导意见》，组织开展示范县建设。年底确定桃江县、韶山市、石门县、城步县、宁远县、芷江县、新化县、资兴市、桑植县、衡东县等 10 个县市为首批金融消费权益保护工作示范县。

评估和检查监督力度加大。全省对 34 家银行业金融机构、6 家支付机构进行个人金融信息保护现场检查，对部分违法违规问题进行行政处罚。开展金融消费权益保护评估，出台《金融消费权益保护工作评估办法》，对评价结果较差或被投诉情况较严重的金融机构，依法运用约见谈话、通报、披露、执法检查等处理措施。

（六）金融生态建设稳步推进

金融安全区创建有序推进。根据《湖南省金融安全区创建工作达标单位考核办法》要求，积极开展省级金融安全区创建工作达标单位的考核验收和"回头看"。截至 2013 年末，全省共有 27 个县（市）通过现场考核验收，57 个县（市、区）被授予市级以上金融安全区创建工作达标单位称号，其中 30 个县（市）被授予"省级金融安全区创建工作达标单位"称号。

金融生态良好城市创建试点工作取得阶段性成果。按照《湖南省"金融生态城市"创建工作方案》有关要求，对试点满一年的长沙、湘潭、株洲、岳阳、娄底、怀化 6 个地区开展了首次年度测评，测评结果予以通报，并根据测评情况进行了一对一的督导，有效提升了试点地区创建工作水平。适时增加了衡阳、郴州两市为试点地区，截至 2013 年末，湖南省"金融生态良好城市"试点地区增至 8 个。

七、总体评估与政策建议

（一）总体评估

2013 年，湖南省金融体系稳定状况保持良好。全年湖南省经济缓中趋稳、稳中有升，发展后劲进一步增强。银行业资产负债规模适度扩张，经营效益继续改善，机构改革取得新进展；资产质量整体良好，审慎经营理念增强，隐性风险揭示较为充分。证券期货市场交易趋向活跃，机构多元化经营得到发展，证券业务创新力度加大，上市公司业绩整体提升。保险市场主体不断丰富，社会保障功能继续发挥，市场秩序进一步规范。金融生态环境持续优化，征信服务和支付结算体系日趋完善，反洗钱反假货币取得进展，金融消费权益保护工作机制逐步健全。

同时应看到，湖南省经济增长内生动力仍然不足，产业结构调整转型任务依然艰巨，政府债务风险面临挑战；银行业金融机构信用风险控制压力上升，流动性风险管理要求提高，地方法人银行和农村信用合作机构稳健性经营理念仍需加强；证券公司代理买卖佣金收入不降反升，受托资产管理业务收入和保荐业务收入占比偏低；保险业退保压力增大，财产险市场风险开始显现；影子银行机构和业务增长较快，跨市场、跨行业、跨机构的交叉性金融风险有所显现。

（二）政策建议

1. 加强重点风险领域信息统计监测，推动金融行业监管协同

一是督导各金融机构强化风险管控，动态掌握信贷资产质量迁徙情况，防范不良资产大幅反弹。二是切实做好地方政府融资平台经营情况和贷款风险监控，防范可能出现的偿债风险。三是进一步

规范理财、信贷资产转让、同业代付、票据等表外业务，加强跨行业跨市场金融监管协调。四是进一步健全影子银行统计分析制度和信息共享制度，加强民间融资监测，防范民间融资等非正规金融体系风险向银行体系传递。

2. 加快资本市场建设

一是大力推进企业境内外上市。挖掘和培育上市后备资源，对企业进行分类指导，重点培育，优先支持对经济转型升级有直接促进作用的企业上市。二是支持上市公司做大做强。引导上市公司进行市值管理，支持上市公司利用资本市场开展兼并重组，促进优质资源向上市公司集中，培育一批具有国际竞争力的优势企业。三是大力发展多层次资本市场。积极发展场外交易市场，大力推进债券融资，支持发展股权投资，稳步发展期货市场。

3. 进一步发挥保险的保障作用

一是扩大农业保险覆盖范围，优化承保主体结构、模式和保险理赔机制，提高农业保险理赔服务水平。二是引导保险资金按照市场化原则，以债权、股权等方式直接投资基础设施、产业投资基金以及与保险产业紧密相关的养老、医疗等产业。三是探索商业保险参与社会保障的机制，鼓励和支持商业保险机构参与大病医疗保险、新型农村合作医疗经办服务等业务。四是加快推动保险产品创新，推动诸如小额贷款保证保险、出口信用保险、科技保险、农房保险和洪水保险等新型保险产品的试点与发展。

总　　纂：马天禄　徐　涌

统　　稿：尹　侠

执　　笔：曹争鸣　胡丕吉　陈　双

参与写作的人员（以姓氏笔画为序）：

申凤云　刘孟飞　刘康靖　陈　帆　杨　波　周伟中

赵　晶　姜　超　徐　勇　殷南明　梁宏梅　覃兆勇

广东省金融稳定报告摘要

2013 年，广东经济稳健运行，结构持续优化，为金融业发展提供了良好的宏观环境，金融业抗风险能力不断提升，金融生态环境进一步优化，金融稳定工作机制化建设继续强化，区域金融体系总体保持稳定。

一、金融业发展环境

2013 年，广东经济呈现稳健运行特征，产业转型升级取得新进展，结构进一步优化，内生动力得到增强，物价有效控制，协调性、稳定性提升。一是宏观经济稳定增长。2013 年，广东实现地区生产总值 62 163.97 亿元，比上年增长 8.5%，增幅比上年提高 0.3 个百分点。这一速度是近年来经济增速连续下滑至 2012 年最低点后的首次反弹，并且是在复杂的国内外环境下取得的，超过了预期目标值。四个季度累计均增长 8.5%，显示出稳健的运行特点。二是产业转型升级取得新进展。2013年，广东第一、第二、第三产业增加值分别为 3 047.51 亿元、29 427.49 亿元和 29 688.97 亿元，分别比上年增长 2.5%、7.7% 和 9.9%。三次产业结构为 4.9:47.3:47.8。第三产业的比重比上年提高1.3 个百分点，近十年来首次超越第二产业。三次产业结构由"二三一"调整为"三二一"，具有重要的转折意义。三是内外需拉动经济增长的协调性增强。2013 年，广东社会消费品零售总额、完成固定资产投资分别比上年增长 12.2% 和 18.5%，增幅比上年均有所提高。在外部需求尚未完全恢复的情况下，内需对经济增长的贡献提高，有力促进了经济回升。四是物价水平微涨，通货膨胀压力趋于稳定。2013 年，广东物价水平延续上年下半年以来的低位波动走势，居民消费价格指数全年累计上涨 2.5%，涨幅比上年下降 0.3 个百分点。工业生产者出厂价格指数和工业生产者购进价格指数全年均处于 100 点以下，全年累计分别下降 1.2% 和 1.8%，降幅均比上年有所扩大。五是房地产市场全面回暖，商品房价格高位运行。2013 年，广东房地产开发企业共完成开发投资6 519.47 亿元，同比增长 21.8%，增幅比上年提高 10.5 个百分点。商品房销售面积和销售额分别达到 9 836.39 万平方米和 8 941.05 亿元，分别同比增长 24.5% 和 39.5%，增幅比上年分别提高18.2 个和 30 个百分点。

二、银行业

2013 年，广东银行业机构认真贯彻执行稳健货币政策以及各项金融宏观调控措施，不断加大对实体经济和薄弱环节的金融支持力度，努力提高经营管理水平，扎实推进体制机制改革，着力提升金融服务水平，各项业务继续保持稳健发展的良好态势。

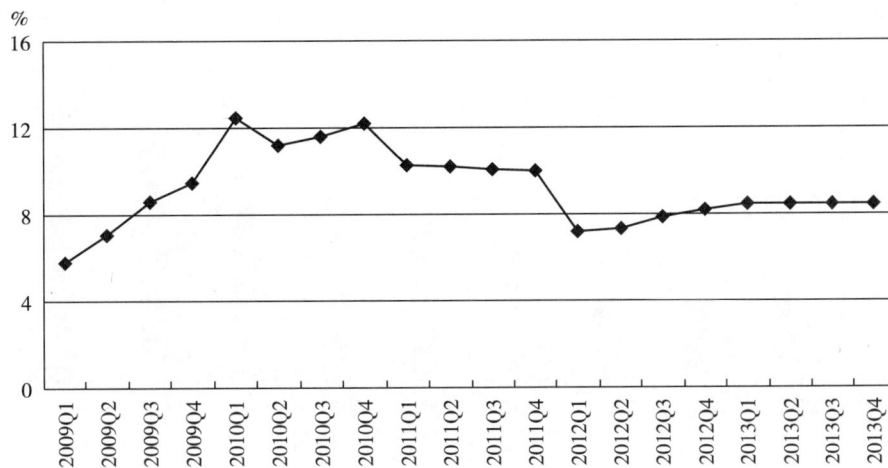

数据来源：广东省统计局相关资料。

图1   2009—2013 年各季度广东地区生产总值累计增速

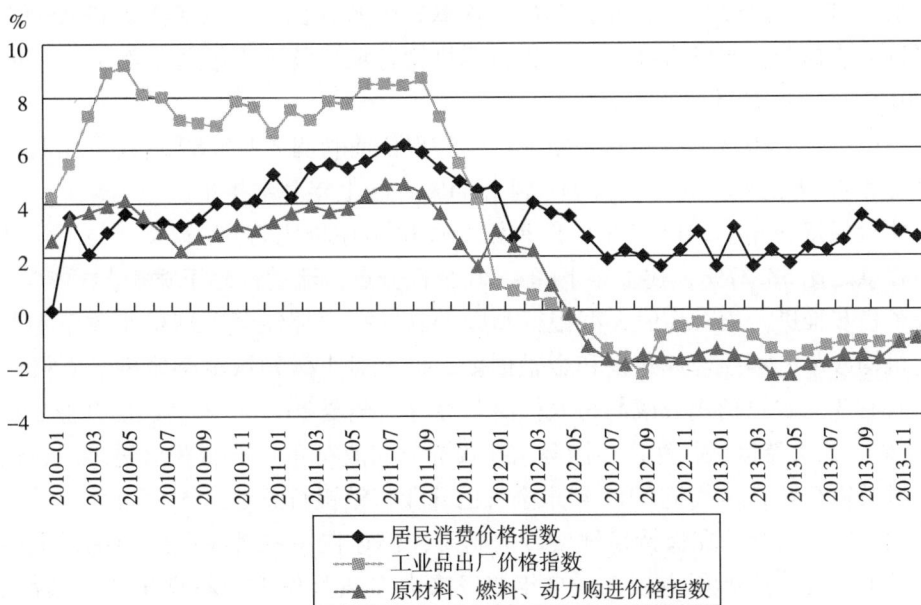

数据来源：广东省统计局相关资料。

图2   2010—2013 年各月广东各类价格指数同比增幅

业务发展保持稳健。2013 年末，全省银行业机构总资产余额 158 033.50 亿元，比年初增长 10.74%；本外币各项存款余额和各项贷款余额分别比年初增长 13.88% 和 12.80%，增速较上年分别下降 0.87 个和 1.64 个百分点。

法人银行机构资本充足率保持较高水平。绝大部分法人银行资本充足率超过 12%，能够较好地抵御外部冲击和市场动荡。近年新改制成立的农村商业银行以及新设立的村镇银行资本充足率普遍超过 15%，核心资本充足率超过 12%。

不良贷款余额和比例持续下降。2013 年末，广东银行业机构按五级分类口径的不良贷款余额

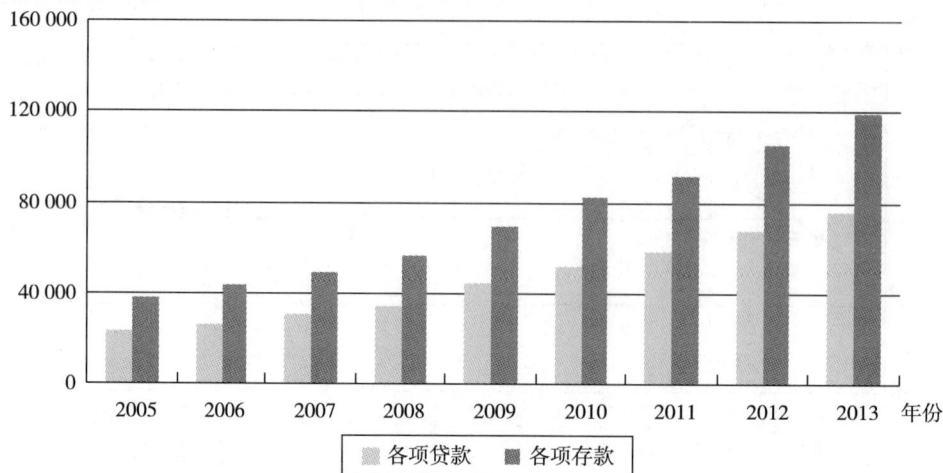

图3　2005—2013 年广东银行业机构存贷款情况

809. 23 亿元，比上年末减少 22. 53 亿元；不良贷款率 1.07%，比上年末降低 0. 17 个百分点。

拨备水平进一步提升。2013 年末，广东银行业机构各项贷款损失准备余额 1 707. 46 亿元，拨备覆盖率达到 210. 99%，拨备贷款比 2. 25%。

盈利能力稳中有升。2013 年，广东银行业机构实现税前利润 2 455. 89 亿元，比上年增加 397. 88 亿元，同比多增 214. 72 亿元。资产利润率达到 1. 55%，与上年基本持平。

流动性总体上保持充裕。2013 年末，广东银行业机构存贷比为 63. 22%，与上年基本持平。新增贷款与新增存款之比 58. 37%，比上年下降 4. 26 个百分点，流动性趋于宽松。

银行业改单稳步推进。国有控股大型银行和股份制银行内部经营管理机制改革不断深化。邮储银行继续深化机构改革，加强合规建设和金融创新，扩大对小微领域金融服务。农村信用社改制进展顺利，全年共有 3 家农村信用社改制为农村商业银行，截至 2013 年末辖内已开业农村商业银行总数达 24 家。此外，汕头特区联社和广州国际信托投资公司改革重组取得积极进展。村镇银行发展迅速，全年新设村镇银行 6 家，截至 2013 年末全省已开业村镇银行总数达 31 家。

应该注意到，广东银行业在保持稳健发展的同时，仍存在一些潜在风险隐患，主要表现为以下几个方面。一是不良贷款反弹压力较大。自年初以来大多数月份里，不良贷款余额都表现为上升，年末之所以能实现"双降"，主要因为银行在季报和年报压力下加大了清收和核销力度。目前，广东银行业机构资产风险仍然可控，但随着利率市场化进程加快，银行盈利能力将受到影响，未来不良贷款反弹压力仍然较大。二是重点领域风险隐患较大。房地产行业贷款集中度偏高。2013 年末，广东银行业机构房地产贷款余额 19 979. 73 亿元，占全部贷款的 26. 41%，比上年提高 0. 9 个百分点。法人机构客户贷款集中度长期高位运行，2013 年末全省（除深圳外）有 68 家农村合作金融机构最大十家客户贷款集中度超过 50%的监管标准，超标机构占比高达 69. 4%。钢贸行业风险凸现，由于钢贸行业不景气、过度融资、贷款风险缓释不足等因素，钢贸贷款风险凸现，并且已经发生个别钢贸企业集团资金链断裂事件。截至 2013 年末，广东省内 9 地市钢贸贷款不良率 2. 77%，同比上升 0. 70 个百分点，不良率比同期广东省金融机构各项贷款不良率高近 2 个百分点；钢贸贷款逾期率 3. 77%，同比上升 2. 11 个百分点，逾期率较同期广东省金融机构各项贷款逾期率高 2. 86 个百分点。

三是农村合作金融机构历史包袱依然沉重、盈利增速放缓。2013 年末，全省（除深圳外）有 21 家农村合作金融机构资本充足率低于 8%，29 家农村合作金融机构不良贷款率高于 5%，33 家农村合作金融机构拨备覆盖率低于 100%；2013 年，农村合作金融机构实现净利润 216.01 亿元，同比增加 38.04 亿元，增幅 21.38%，但由于受经济增速下行以及利率市场化后利差收窄等因素影响，盈利增速出现放缓，同比增速较上年同期大幅下降近 22.17 个百分点。四是银行金融自助服务区案件频发。人民银行广州分行调查统计显示，自 2013 年 1 月 1 日至 3 月 10 日，广东银行金融自助服务区累计发生案件 110 起，涉案金额 78.42 万元，折射出银行金融自助服务区安保措施存在漏洞、客户风险防范意识薄弱和安全用卡教育不足、对犯罪活动惩治威慑力度不够等问题，有待采取相应措施加强管控。五是从业人员违法犯罪活动有所抬头。2013 年，广东发生多起银行从业人员违法犯罪案件。犯罪行为包括贪污、收受贿赂、勒索贷款企业、盗用存款等，犯罪人员包括农村信用社、股份制银行高管和普通员工等。

三、证券业

2013 年，证券市场出现大幅波动，广东证券业机构经营状况受到一定影响，但总体经营保持平稳，持续发展能力维持在稳健水平，证券公司、期货公司和基金公司平稳发展。

证券公司各项经营指标保持平稳增长，综合实力有所增强。2013 年，全省 22 家证券公司全年共实现营业收入 431.33 亿元，同比增长 14.90%，实现税后净利润 123.03 亿元，同比增长 10.61%。截至 2013 年末，全省证券公司总资产 6 521.12 亿元，比上年末上升 25.14%，所有者权益 629.10 亿元，同比增长 10.02%。总体来看，证券公司盈利能力保持稳定，资产规模和资产质量都有所改善，整体抗风险能力保持平稳。

期货公司快速发展，综合实力显著增强。2013 年末，全省共有期货公司 23 家，比上年减少 1 家；总资产 446.56 亿元，同比增长 5.30%，净资产 97.56 亿元，同比增长 21.64%；全年实现营业收入和净利润分别达到 28.36 亿元和 7.48 亿元，同比分别增长 10.10% 和 11.21%；全年代理交易额 912 510 亿元，同比增长 54.87%。

基金规模和基金净值有所下降，但基金公司经营保持稳定。2013 年末，全省共有基金管理公司 23 家，比上年增加 2 家；所管理的基金数量 570 只，比年初增加 144 只；基金规模 11 627.61 亿元，同比下降 11.28%；基金净值为 10 829.45 亿元，同比下降 4.64%，基金行业总体运行平稳，抗风险能力保持平稳。

与此同时，证券经营机构的经营状况仍然在较大程度上依赖市场行情的状况没有根本改变，单一的盈利模式仍未根本转变，收入水平波动性大，盈利连续性和稳定性有待进一步增强，综合实力和抗风险能力仍有待提高。2013 年，全省证券公司收入和利润指标出现下滑，其中，代理买卖证券净收入、证券承销业务净收入和利息净收入分别同比下降了 11.79%、47.47% 和 9.06%；客户资金存款同比下降 14.11%。证券公司和期货公司各项营业收入中，经纪业务手续费收入占比分别为 45.06% 和 65.44%，比上年同期略有下降。

四、保险业

业务增长趋于平稳。2013 年，全省保险公司原保险保费收入按可比口径比上年增长 12.5%，高于 2009—2012 年平均增速 1.3 个百分点，占保费收入 2/3 左右的人寿险保费收入增速明显。

赔付成本上升较快。2013 年，全省保险公司赔付支出按可比口径比上年增长 27.7 个百分点，比 2009—2012 年平均增速高出 11.2 个百分点，其中人寿险赔付支出增速 54.9%。2013 年全省产险公司综合赔付率为 53.4%，比上年下降 5.5 个百分点，处于 2009 年以来较低水平。

盈利水平大幅下降。2013 年，全省保险公司实现承保利润 20.20 亿元，比上年减少 10.8 亿元，同比下降 34.9%。行业承保利润与保费收入之比为 1.06%，比上年下降 0.8 个百分点。

各项准备保持充足。2013 年末，全省产险公司未到期责任准备金余额与当年财产险保费收入之比达到 55.2%，比上年略降 2.3 个百分点；未到期责任准备金余额与赔款支出之比为 103.3%，比上年下降 4.4 个百分点；未决赔款准备金与财产险保费收入、赔款支出之比分别为 44% 和 82.4%，分别比上年上升 1.9 个和 3.3 个百分点。寿险公司寿险责任准备金余额快速增长。

五、交叉性金融业务

近年来，随着金融业的迅速发展和金融创新的不断推进，银行、信托、证券、保险等不同类型金融机构之间的联系日益密切，跨行业、跨市场的交叉性金融业务不断涌现。交叉性金融业务的快速发展在丰富金融机构业务类型，拓展了金融机构的收入来源的同时，也通过资金链和业务链的关系进行风险传染，在一定程度上加大了金融风险。

从对广东各类金融机构的调查看，按照功能角度可以将交叉性金融业务大致划分为资金结算类、销售合作类、融资类和产品合作类四种类型。从风险特征看，交叉性金融业务存在着监管真空风险、连锁传染风险、流动性风险、信用风险、市场风险、操作风险等风险，而且与传统金融业务相比，交叉性金融业务往往涉及不同类型的多家金融机构，一旦一家机构出现风险，容易波及其他金融机构甚至相同类型的金融业务，更易形成系统性、区域性风险隐患。因此，应从加强金融机构内部风险控制，完善外部监管，加强监管协调和法律法规建设，同时增加外部市场约束，规范信息披露和风险揭示等方面进一步完善交叉性金融业务的风险防范。

六、具有融资功能的非金融机构

小额贷款公司发展迅速。2013 年末，广东省小额贷款公司达到 374 家，比上年增加 104 家；注册资本达 504 亿元，同比增长 64%；贷款余额 465 亿元，同比增长 54%。小额贷款公司以服务小微企业、个体工商户、农户和自然人为主，累计投放此四类群体的贷款金额约占投放总额的 99%，已经成为服务"三农"以及缓解中小微企业融资难的有益补充。

担保业盈利水平持续下滑，但业务触底回升。2013 年，广东省融资性担保机构规模进一步精简，行业盈利水平持续下滑。截至 2013 年末，广东省融资性担保法人机构 362 家，比 2012 年减少 11 家。2013 年全行业净利润 8.8 亿元，同比下降 12%。资本利润率持续下滑，资本利润率从 2011 年的 2.6% 下滑至 2012 年的 1.9%，2013 年进一步下滑至 1.6%。2013 年新增代偿额 10.7 亿元，代偿率 0.82%，代偿率同比增加 0.01 个百分点。受"华鼎"和"创富"担保等事件影响，担保行业业务量在 2012 年出现萎缩，但 2013 年的业务量开始呈现回升势头。截至 2013 年末，在保余额 1 545 亿元，同比增长 6.9%，其中融资性担保在保余额 1 030 亿元，同比增长 7.3%。

七、金融生态状况

2013 年，广东大力优化金融业发展的政策环境，加大对金融业发展的法律保护力度，加强对金融业信用体系的建设，继续推动支付体系建设，深入推进反洗钱工作，有力地促进了金融生态环境的改善，优化了金融体系稳健运行的基础。一是区域政策环境继续优化。广东省出台《实施〈珠江三角洲地区改革发展规划纲要〉实现"九年大跨越"工作方案》，全面推动珠三角地区改革发展，人民银行广州分行出台《推动广东金融业深化改革开放、促进科学发展行动纲要》，推动广东金融业科学发展。二是金融法治状况不断改善。广东省 19 个地市均建立起金融消费权益保护（协会）联合会，稳步推进了"12363"电话试点工作，全年受理各类投诉 500 余件，办结率 99% 以上。各地逐步建立完善金融纠纷非诉讼处理机制，设立纠纷非诉调解机构。人民银行广州分行联合有关部门积极开展综合治理伪造银行卡工作。三是信用体系建设日益完善。2013 年，广东以《征信业管理条例》正式颁布实行为契机，深入推进社会信用体系建设。人民银行广州分行采取多种方式大力开展《征信业管理条例》宣传活动。广东省编制和完善了《广东省社会信用体系建设规划（2013—2020）》、《广东省公共信用信息管理系统建设方案》等社会信用体系建设的指导性文件，稳步推进了中小微企业和农村信用体系试验区建设，开发并运行了全省统一的农户信用信息系统，推动开展了广东动产权属统一登记公示制度试点，开展了互联网查询个人信用报告试点工作，制定了小额贷款公司和融资租赁公司纳入征信系统的数据报送和查询实施方案。人民银行金融信用信息基础数据库已成为我国重要的金融基础设施。四是支付体系稳健运行。广东（不含深圳）各支付清算系统业务量稳步增长，尤其是新兴的网上支付业务增长迅猛，而纸基票据交换的业务量则继续下降。2013 年各支付清算系统共处理业务 47 862.20 万笔，金额 238.92 万亿元，同比分别增长 29.21% 和 21.18%。五是反洗钱工作实效性进一步增强。广东各级人民银行通过现场检查、电话询问、书面质询、走访、约见谈话等形式加强反洗钱监管，对 604 份重大可疑交易进行分析处理，有效运用金融情报进行案件处理。六是历史遗留风险处置效果显著。2013 年，广东省历史遗留风险处置成效显著。广东省政府所欠中央专项借款本金全部收回。汕头特区联社、广州国际信托投资公司等地方性机构的改革重组工作取得积极进展。历史遗留金融机构市场退出步伐加快，历史遗留风险问题处置成效明显。

八、金融稳定工作实践与探索

2013 年，在错综复杂的国内外形势下，人民银行广州分行按照"以改革开放引领金融事业，以营造环境践行科学发展"的思路，着力深化金融改革开放，严密防范金融风险，切实维护金融稳定。一是不断健全工作制度及平台建设。先后发布了银行业、证券业和保险业稳健性评估办法，完善金融机构稳健性评估工作机制，开发金融稳定信息系统，积极推动广东金融风险监测预警平台建设，完善《金融生态建设考核评估办法》，将金融生态考核纳入到广东省金融市场监管体系对地方政府考核框架。二是加强金融稳定协调与监管协调。与地方政府、监管机构建立工作协调机制，推动金融稳定协调机制纳入广东省金融改革领导小组工作范围，探索建立区域金融监管协调机制。三是全面推进风险监测与评估。加强系统性区域性金融风险监测评估工作，重点加强了地方政府融资平台、银行体系流动性状况、房地产行业、钢贸贷款、产能过剩行业、交叉性风险、困难农村信用社、影子银行和民间融资风险等重点领域和薄弱环节的风险监测，全面深入开展银行机构现场稳健性评估，累计对 23 家银行机构开展现场全面稳健性评估并发出评估意见书，试点开展对证券机构和保险机构稳健性现场评估，开创了对证券保险机构稳健性评估新局面。四是深入开展"两管理，两综合"工作。全年为辖区新设 45 家银行机构顺利加入人民银行金融服务与管理体系提供指导和支持，鼓励逐步试点确立常态化的保险机构开业管理机制，创新性地探索开展新设证券分支机构的开业管理，组织开展对广州地区 55 家银行机构开展为期 5 个月的综合评估，指导组织全省开展银行机构综合评估工作，引导银行业机构按照更加符合宏观审慎要求的方向开展业务，加大综合执法检查力度，对金融机构开展综合执法检查共 70 余次。五是加强国际金融监管及改革研究。成立跨部门的编译小组，加强国际金融监管改革跟踪研究及国际金融稳定形势研究，强化国际金融前沿动态的编译，加强对主流外文网站的关注，跟踪国际监管机构对系统重要性金融机构的监管动向，密切关注 G20 峰会货币决策、欧债危机、美债风波等国际金融热点问题，深入分析其对国内及广东经济金融的影响。

九、总体评估与趋势展望

（一）总体评估

2013 年，在错综复杂的国内外形势下，广东积极应对经济下行压力，经济保持平稳运行，经济发展稳中有进、稳中向好、稳中提质，内生动力得到增强，协调性、稳定性得到提升，金融业稳健运行的宏观经济基础得到进一步巩固。金融体系总体保持平稳运行，银行业、证券业和保险业多数稳健性指标持续改善，抗风险能力保持良好。金融体制机制改革进一步推进，金融生态环境不断优化，金融体系稳健运行和发展的体制和环境基础更加牢固。总的来看，广东整体金融稳定状况保持在较好水平。

同时，应该注意到，广东经济发展中不平衡、不协调、不可持续的矛盾仍然突出，消费需求增长动力偏弱，投资接续能力不足，出口形势仍未全面复苏；经济结构、区域发展、体制机制等方面存在的矛盾和问题仍然较为突出；企业经营形势出现分化，一些行业经营困难问题较大；经济发展提质增效再上新台阶的任务较重。银行机构不良贷款压力上升，钢贸贷款、房地产领域风险暴露，并可能形成系统性风险，高风险金融机构在市场化改革下风险防控压力加大，金融稳定形势依然严峻。

（二）趋势展望

当前，国内外经济金融形势出现了一些新的变化，但仍然较为复杂，辖区金融稳定面临的新情况、新问题，不确定性、不稳定性因素增多。

从国际上看，世界经济似乎已度过金融危机后最困难时期，出现缓慢复苏。美欧日等发达经济体经济形势总体向好，其中美国经济增长动能持续增强，房地产市场和个人消费均增长较快，就业形势向好；欧元区初步告别衰退，经济微弱复苏，欧债危机进入相对平静期；日本经济受刺激政策作用强劲反弹，实际 GDP 连续四个季度保持正增长。新兴市场经济体增长放缓，由于受到外部需求疲弱和美国货币政策变化的影响，财政和债务状况呈恶化趋势。从未来趋势看，全球经济整体复苏步伐有望加快，主要研究机构均预测全球经济和发达经济体 2014 年经济增速会进一步上升。但复苏前景仍存在一定不确定性，风险仍然存在。特别是美国量化宽松规模逐步缩减后及其溢出效应可能影响经济增长持续性，政府债务问题在未来数年仍将对经济产生负面冲击。欧元区经济复苏前景不明，市场驱动力不足。日本经济主要依靠刺激政策，内生动力不足，且债务压力可能上升，新兴经济体面临资本外流风险，可能对经济增长产生系统性冲击效应。

从国内看，2013年全国经济呈现稳中向好的良好态势，GDP增速在前两季度出现小幅下滑后于第三季度回稳，全年增长7.7%，消费需求平稳增长，投资增速稳中有降，进出口增速回升，结构得到优化。主要价格指标呈前低后稳走势，物价形势基本稳定。改革开放力度加大，经济发展方式转变和经济发展新动力的培育取得新进展。但是，发展面临的制约和挑战也不少，经济增长的内生动力仍有待加强，地方主导的大规模融资建设在促进经济增长的同时，也增加了对投资和债务的依赖性，加大了地方债务负担，增大了经济运行的潜在风险。高投资模式也对中小企业产生挤出效应，加剧了薄弱环节的融资困难。金融领域创新日新月异，利率市场化以及互联网金融等新型业态对传统金融业务产生较大冲击，加大了金融市场管理难度，监管套利活动的增加也在刺激新的金融风险形成。从未来趋势看，经济发展的潜能和空间仍然较大，特别是十八届三中全会部署全面推进各项改革，将激发经济活力，释放增长潜力，完善风险处置机制，外部经济稳定复苏也有利于为国内经济提供稳定环境，尽管金融风险变化更趋复杂，但改革释放经济发展红利可以维护金融总体稳定。

主　　任：王景武

副主任：牛晓闽

统　　稿：谢端纯　陈志刚

执　　笔：叶　茂　郑楚琳　陈元富　苏宏召　崔荣伟　陈育穗
　　　　　庄礼焕　郑　勇

金融稳定评估委员会成员：刘云生　张　劲　苏　赟　李程枫　张　军　李　波
　　　　　　　　　　　　张　艳　姜小南　许其捷　缪铁文　林　辉　姚向明
　　　　　　　　　　　　何志群　杨白娥　黄　润　徐宏练　甄润赞

其他参与编写人员：郭红亮　庄礼智　龙永洁　吴　进　李挚宁

广西壮族自治区金融稳定报告摘要

2013 年，面对复杂严峻的国内外经济形势，广西以提高经济增长质量为中心，统筹稳增长、调结构、促改革、惠民生，经济呈现总体平稳的发展态势，金融业保持健康发展，金融改革持续推进，组织体系逐步完善，金融市场功能日益完善，金融基础设施建设稳步推进，金融生态环境持续优化。2013 年广西金融稳定综合评价值与上年基本持平，属于金融稳定状况较好地区，表明在复杂严峻的经济形势下，广西金融稳定总体状况仍然保持良好，金融体系稳健运行。但同时，广西金融稳定整体形势仍然比较复杂，金融领域仍存在一些潜在风险，建议进一步深化金融体制改革，提高风险管控能力，多角度开展金融创新，推进金融生态环境建设，促进金融良性发展。

一、区域经济运行与金融稳定

（一）广西经济运行总体情况及主要特点

2013 年，广西实现地区生产总值 14 378.0 亿元，同比增长 10.2%，增速比上年同期下降 1.1 个百分点。其中第一、第二、第三产业增加值分别为 2 343.57 亿元、6 863.04 亿元、5 171.39 亿元，同比分别增长 4.3%、11.9% 和 10.2%。三次产业结构由 2012 年的 16.7:47.9:35.4 调整为 16.3:47.7:36.0。工业增长缓中趋稳。2013 年广西工业增幅同比有所减缓，全年实现工业增加值 5 749.65 亿元，增长 11.4%，比上年下降 2.4 个百分点，工业化率由 2012 年的 40.5% 下降至 40.0%，连续 2

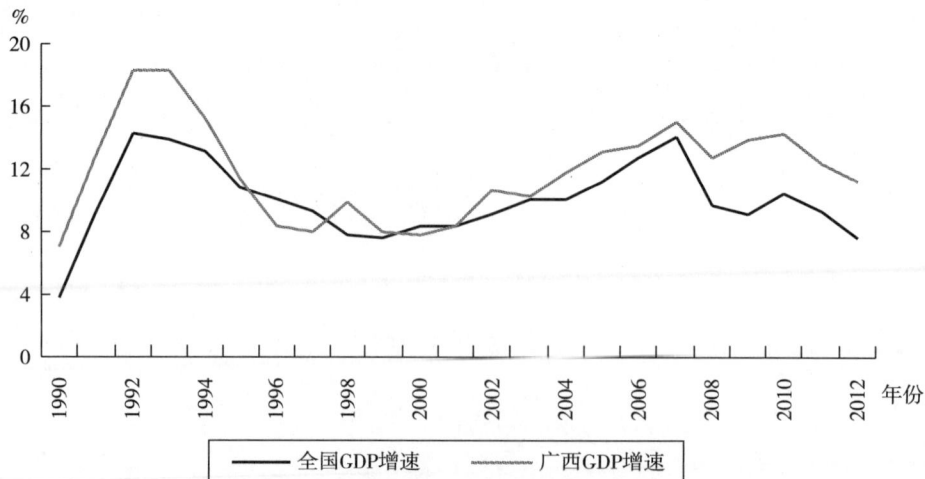

数据来源：广西统计局相关资料。

图 1　1990—2013 年全国和广西地区生产总值增速对比图

年下降。

企业利润恢复性增长,财政和居民收入增速回落。2013 年,广西财政收入 2 000.51 亿元,同比增长 10.5%,同比下降 6.9 个百分点。广西规模以上工业企业实现利润总额 874.0 亿元,同比增长 14.33%,同比提高 5.5 个百分点。受经济下行影响,居民收入增速下降,2013 年广西城镇居民人均可支配收入 23 305 元,同比增长 9.7%,剔除价格因素,实际增长 7.3%,比上年下降 1.9 个百分点;农民人均纯收入 6 791 元,同比增长 13.0%,实际增长 10.4%,比上年下降 0.8 个百分点。

投资增长势头减弱,内外需求增速放缓。2013 年,广西固定资产投资(不含农户)11 383.93 亿元,同比增长 21.8%,增速同比下降 2.0 个百分点。广西社会消费品零售总额 5 083.08 亿元,同比增长 13.6%,增速同比下降 2.0 个百分点。广西进出口总额 328.37 亿美元,同比增长 11.4%,增速同比下降 14.8 个百分点。

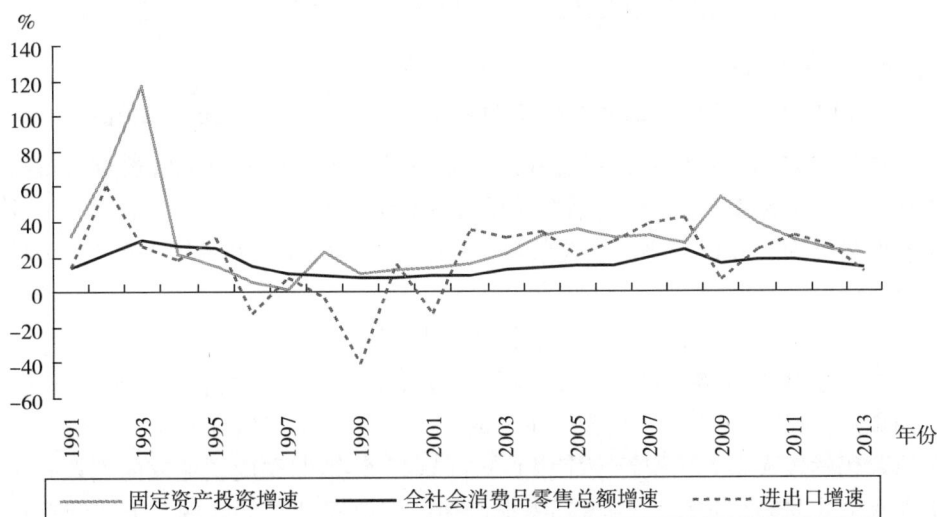

数据来源:广西统计局相关资料。

图 2   广西固定资产投资、全社会消费品零售总额、进出口增速趋势图

消费价格平稳运行,生产者价格仍处负区间。2013 年,广西居民消费价格同比上涨 2.2%,比上年下降 1.0 个百分点;工业生产者出厂价格同比下降 1.8%,降幅同比缩窄 0.4 个百分点;工业生产者购进价格同比下降 1.1%,降幅同比缩窄 0.3 个百分点。

新增就业持续增加,失业率持续下降。2013 年广西城镇新增就业人数 51.05 万人;城镇失业人员实现再就业 9.71 万人,其中就业困难人员实现再就业 3.08 万人;新增农村劳动力转移就业 82.68 万人。2013 年末城镇登记失业率为 3.3%,同比下降 0.11 个百分点。

(二)对金融稳定有较大影响的经济因素分析

1. 经济增长减速下行,结构调整亟待加强

一是基建投资、工业投资叠加下行和房地产投资低位增长导致广西投资增速放缓。政府投资提速难度增大,项目用地矛盾仍然突出,投资预期收益下降,企业投资意愿和能力减弱。2013 年基建投资增长 17.8%,比上年下降 1.1 个百分点,工业投资增长 25.7%,比上年下降 4.6 个百分点。房地产投资仅增长 3.8%,增长后劲不足。二是居民消费意愿仍未走强,反腐和厉行节约政策使餐饮消

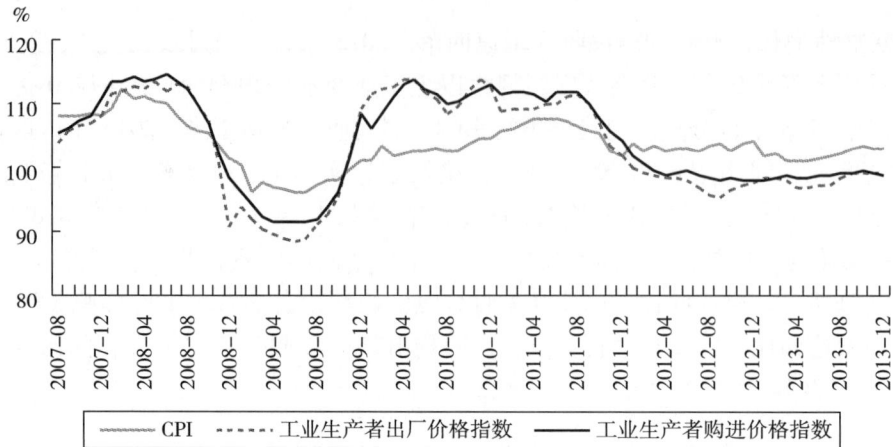

数据来源：广西统计局相关资料。

图3　广西CPI、工业生产者出厂价格指数、工业生产者购进价格指数图

费特别是高档餐饮消费受到明显抑制，消费升级未见明显成效，新的消费增长点有待挖掘培育。全年居民消费价格比上年上涨2.2%，社会消费品零售总额增长13.6%，同比下降了2.0个百分点。三是外部需求没有明显提高，外贸形势仍不容乐观，2013年广西出口186.95亿美元，增长20.9%，比上年下降3.3个百分点。

2. 工业生产面临困难较多，部分行业效益持续下滑

2013年，广西工业生产增势平稳，但面临困难较多，部分行业效益仍然下滑，有色金融、机械、制糖等部分广西重点行业市场"需求不足"和"成本上涨"双重挤压导致企业效益下滑，面临的政策风险、市场风险仍然较大。人民银行南宁中心支行2013年第四季度企业家问卷调查显示，当前企业生产经营仍面临"市场竞争加剧"、"市场需求低迷、订单不足"等问题，上述问题在企业面临的主要问题中的占比分别达到64.68%和40.37%，反映市场需求短时间内仍难以恢复，经济整体动能仍欠强劲。

3. 公共预算收支矛盾突出，增长质量有待提高

一是非税收入占公共预算收入比重较大。2013年非税收入占公共预算收入比重为19.9%，较2012年上升0.4个百分点，与2009—2011年占比相比分别上升1.3个百分点、2.1个百分点和2.3个百分点。二是公共预算支出对中央转移支付依存度较高的局面仍未改观。2013年，全区公共预算支出3 192.26亿元，其中依靠公共财政预算收入完成支出1 316.84亿元，依靠中央转移支付资金完成支出1 875.42亿元，中央转移支付资金占全区财政支出的58.7%。

4. 房地产市场全面回暖，关注商品房供给过剩风险

一是房地产开发投资降幅逐步缩小并实现反弹。2013年广西房地产投资额为1 614.63亿元，同比增长3.8%，连续两个月同比正增长。二是商品房销售量稳步增长。全年商品房销售面积2 995.58万平方米，同比增长8.6%，增幅同比提高15.5个百分点。三是重点城市房价涨幅持续扩大。2013年广西商品房成交均价同比上涨9.3%，其中，12月南宁、桂林和北海等区内重点城市新建住宅价格涨幅均超过10%，涨幅从年初以来逐月扩大。四是投资反弹和活跃的市场交易带动信贷投入加大。2013年末，广西房地产各项贷款余额3 278.36亿元（含政策性住房贷款），同比增长21.92%，增速同比提高10.81个百分点。五是投资性和投机性住房贷款需求继续保持较低水平。2013年新发放个

人住房贷款中首套房贷占比94.33%，从2012年下半年以来基本保持稳定。虽然2013年广西商品房成交活跃，但成交面积增速呈现逐月回落的趋势，且房企仍有扩大开发投资的冲动，从而可能导致部分城市商品房供给过剩。

二、金融业与金融稳定

（一）金融机构经营情况及其风险分析

1. 银行业：经营效益同比增长，不良风险有所增加

（1）银行业稳健性评估

经营情况总体稳健，机构数量有所增加。2013年，广西新增1家外资银行、4家村镇银行和1家财务公司，并有1家农信社改制为农商行。截至2013年末，广西辖内共有2家政策性银行、5家大型国有商业银行、7家全国性股份制商业银行、3家外资银行、3家城市商业银行、90家农村合作金融机构、36家村镇银行、2家财务公司、1家金融租赁公司、3家农村资金互助社。

存款增速持续回落，月度存款波动加大。2013年末，广西银行业金融机构本外币各项存款余额18 400.48亿元，同比增长15.24%，增速同比下降2.79个百分点。各项存款波动性加大，月度存款呈现明显的"季末冲高，季初回落"的特征，全年81.46%的新增存款集中于各季度末月。

各项贷款平稳增长，信贷结构趋于优化。2013年末，广西银行业金融机构本外币贷款余额1 4081.01亿元，同比增长13.97%，增速同比下降2.08个百分点。广西大、中、小微企业贷款余额分别比年初增长5.01%、13.82%和26.12%。

经营效益稳定增长，不良风险有所上升。2013年，广西银行业金融机构实现利润398.97亿元，同比增长18.28%。不良贷款率为1.11%，不良贷款余额较年初增加11.11亿元。

（2）银行业发展中需要关注的问题

不良贷款管理压力增加。2013年末，广西银行业金融机构不良贷款余额156.93亿元，同比增长7.62%。不良资产反弹主要存在三方面压力：一是国内外经济金融增长仍未出现明显提速、农产品价格走低、"H7N9"疫情爆发等多因素影响，贷款企业和种植养殖农户生产经营亏损风险较大。二是不良贷款指标仅在年末快速优化，压降未能解除实际风险。三是部分不良贷款清收进展缓慢，清收阻力大、成本高、执行困难等老问题仍没有得到根本解决。

流动性优化面临挑战。由于近年来合意贷款管理不断加强，存款增长乏力是造成银行业金融机构流动性管理压力增大的主要因素，主要原因有三方面：一是国内外经济大环境的影响企业总体经营状况下滑，且原材料价格、劳动力费用的上涨压缩了企业获利的空间，导致企业存款相对增加较少。二是理财产品、互联网金融、区域新设机构等因素影响，存款市场竞争加剧。三是新产品、新业务研发步伐较慢，存款吸引力有待提高。

票据业务风险控制待加强。少数银行业金融机构对企业履约识别能力和表外业务风险控制能力较弱、操作不规范，导致票据垫款屡有发生。部分金融机构开展买入返售票据业务，放大经营杠杆，规避信贷规模控制，风险亟待关注。个别金融机构表外授信"票转贷"，虽然不涉及风险敞口额度变化，但办理时间跨度延长，风险敞口控制需持续关注。

表外业务潜在风险仍然存在。2013年，保函、跟单信用证和信用风险仍在银行的销售与购买协

议同比增长 44.84%、53.62% 和 324.08%；承兑汇票、承诺和金融衍生品同比减少 0.004%、13.42% 和 39.22%。在信贷限额紧张、市场竞争激烈的环境里，表外业务为广西银行业金融机构提供了新的利润增长点，但是也出现了诸如网络借贷平台和银行网售理财产品监管主体缺失、银信理财合作出现较大亏损、信托受益权转让业务流向限制领域等问题，同时表外业务的复杂性和专业化程度也日益提高，潜在的风险不容忽视。

内控管理体系仍需完善。一是账户管理不符合相关法律法规要求，存量个人人民币银行存款账户有无法核实账户和尚未核实的账户。二是制度执行不到位，存在结算账户开立、撤销未按规定向人民银行报备的情况。三是档案管理不规范，存在信贷档案未及时上缴、档案资料不齐全的情况。四是员工风险意识需进一步提高，个别机构员工缺乏依法合规经营和风险防范意识，违规经营、越权操作仍时有发生。五是机制建设有待加强，个别机构尚未建立操作风险责任追究机制，没有严肃追究违规操作引发风险或造成损失的责任，存在查而不处、查而不究的现象。

（3）银行业金融机构稳健性现场评估

2013 年，人民银行南宁中心支行先后组织实施了对广西 11 家银行业金融机构的稳健性现场评估工作。现场评估的范围和内容实现多层次覆盖，对象涵盖 4 家大型银行分支机构、1 家城市商业银行、2 家农合机构和 4 家村镇银行；评估类型既有法人机构，又有非法人机构，既有小型村镇银行，又有大型金融机构；形式既有全面评估，又有专项评估，既有资产质量评估，又有票据业务评估。2013 年，广西人民银行系统的银行金融机构稳健性现场评估工作顺利完成了查找风险隐患、传递政策意图、加强双向交流等多重目标，为有针对性加强风险监测及防控、加强金融稳定研究进一步夯实了基础。

2. 证券业：市场平稳发展，上市公司融资能力增强

（1）证券业稳健性评估

证券期货市场主体增加。2013 年末，广西共有 1 家证券公司，1 家基金管理公司，118 家证券营业部，33 家期货营业部，12 家具有证券、期货相关业务许可证的证券中介服务机构。与年初相比，广西增加 18 家证券营业部、2 家期货营业部，行业规模不断扩大。

证券机构经营能力提高。2013 年末，广西证券经营机构共带来证券交易总额为 10 525.73 亿元，

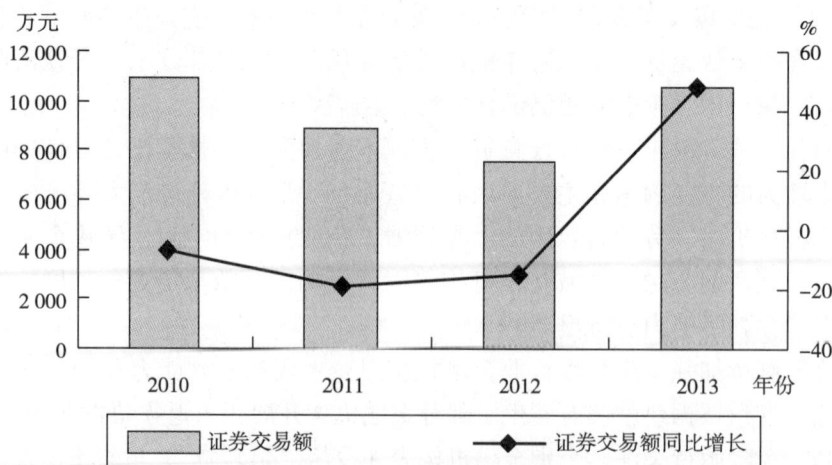

数据来源：广西证监局相关资料。

图4　广西证券交易额和增长图

同比增长 47.68% 。证券投资者开户数 200.54 万户，同比增长 4.62% 。证券营业部实现净利润 6.47 亿元，同比增长 116.39% 。

期货交易增长明显。2013 年，广西期货经营机构共代理期货交易量 3 461.9 万手，代理交易额 31 943.38 亿元，同比增长 17.66% 。期货营业部实现净利润 839.94 万元，期货投资者开户数为 32 072 户，客户保证金余额为 15.06 亿元。

基金产品不断丰富。2013 年末，国海富兰克林基金公司资产总额 5.42 亿元，实现净利润 0.63 亿元。新发 3 只开放式基金，旗下基金产品达 15 只，基金总份额为 142.64 亿份，基金资产净值总额为 145.33 亿元。

上市公司融资能力增强。2013 年，广西上市公司股权直接融资 91.55 亿元。其中广陆数测非公开发行募集资金 2.67 亿元，南方食品非公开发行募集资金 4.5 亿元，国海证券通过配股筹集资金 32.56 亿元，北海港增发股票筹集资金 51.82 亿元。

（2）证券业发展中需要关注的问题

跨行业金融机构合作存在监管套利风险。目前，证券公司开创的创新性定向资产管理业务中，SOT 类、票据类、特定收益权类等三类定向资产管理业务均可以实现将银行贷款资产从表内转至表外，腾挪商业银行信贷规模，且此类产品募集资金多数投向到房地产、地方融资平台、"两高一剩"等限制性领域。在监管方面，监管标准的不统一既不利于行业公平竞争，也有可能为市场机构寻求监管套利提供空间。

部分上市公司面临退市风险。2013 年，广西部分上市公司家被交易所实行退市风险警示。目前公司经营状况不容乐观，盈利能力持续下跌，而重组过程更是困难重重，退市甚至终止上市风险并没有完全消除。

内部控制存在诸多问题。2013 年，广西个别上市公司在证券监管部门的检查中被发现财务预算报告存在错误、关联交易未履行董事会审议程序和进行信息披露、高息民间资金借贷、重要事项未经过董事会审议和董事长审批等问题，这些公司分别被证券监管部门责令改正和出具警示函。

3. 保险业：业务快速发展，保障能力持续增强

（1）保险业稳健性评估

业务快速增长。2013 年末，广西累计实现原保险保费收入 275.47 亿元，同比增长 15.62% ，保险赔付支出 90.94 亿元，同比增长 22.23% 。保险密度为 583.75 元/人，同比增长 14.71% ；保险深度为 1.92% ，同比提高 0.08 个百分点。

行业实力进一步增强。2013 年末，广西保险业资产总额达 585.41 亿元，同比增长 18.34% 。广西首家保险法人机构——北部湾产险开业以来发展顺利，已累计实现保费收入超 3 亿元。广西共有保险主体 34 家，比上年新增 1 家；保险公司分支机构 1 969 家，保险从业人员 7.31 万人。

区域市场平稳发展。2013 年，广西 14 个地市业务全部实现正增长，13 个地市取得 2 位数增长。其中，钦州市业务同比增长 30.5% ，增速列全区第一位。

农业保险覆盖范围不断拓宽。截至 2013 年末，广西农业保险实现保费收入 2.76 亿元，同比增长 113.24% 。甘蔗、水稻、森林、生猪等政策性农业保险工作进展顺利，全年共承保甘蔗 300 万亩、森林 2 700 万亩、水稻 40 万亩、能繁母猪及育肥猪 160 万头，支付农业保险已决赔款逾亿元，同比增长超 25% 。

（2）保险业发展中需要关注的问题

持续发展基础欠佳。保险业发展还未完全满足经济社会发展的要求，保险深度和保险密度与全

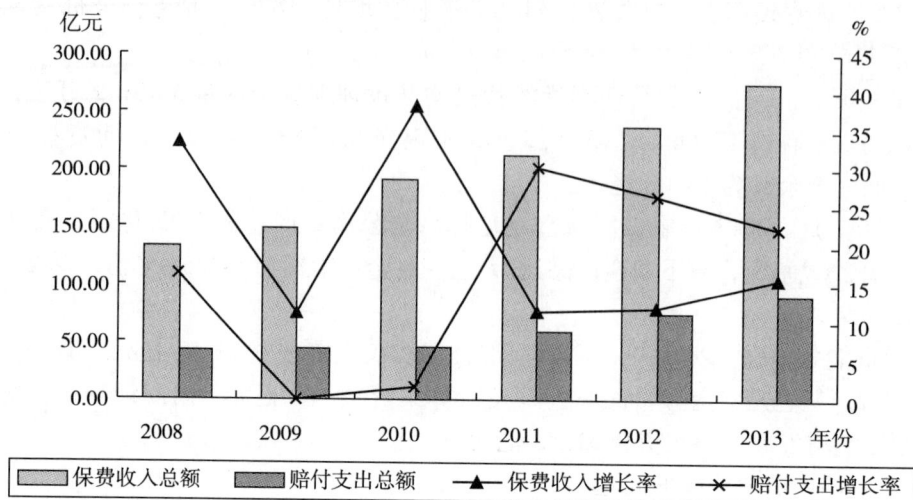

数据来源：广西保监局相关资料。

图 5　广西保费收入和赔付支出总额和增长率图

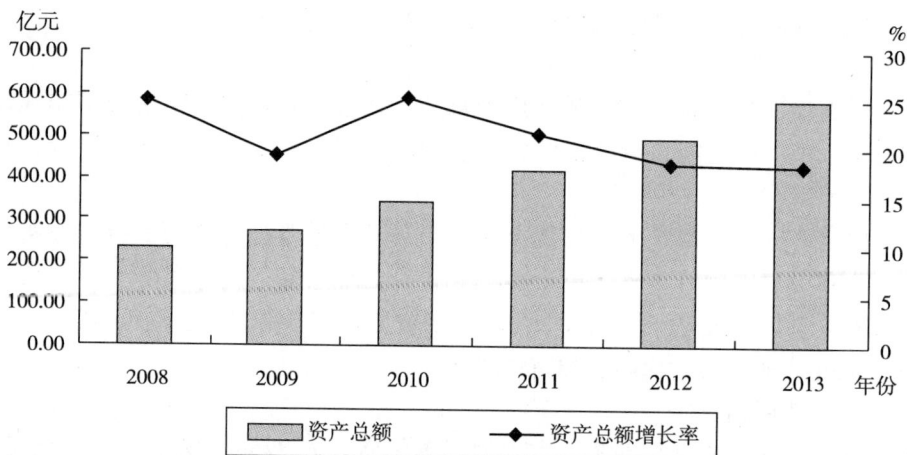

数据来源：广西保监局相关资料。

图 6　广西保险业资产总额和增长率图

国平均水平相比仍存在较大差距。保险业发展方式还比较粗放，市场细分和深入发掘还不够，专业化和集约化经营有待提高。保险市场秩序有待进一步规范，个别地区、个别公司和个别业务领域违规问题还比较突出。

寿险公司两极分化。寿险市场前三大公司市场份额67.62%，较上年下降2.4个百分点，但排名前七位的公司已经占到市场份额90%以上。受市场竞争日趋激烈的影响，小公司的生存空间进一步减少。

银保渠道业务持续下滑。在禁止驻点或巡点后，银保渠道业务发展模式仍处探索过渡期，加之受理财产品利率上扬冲击的影响，渠道业务延续上年的下滑趋势。2013年，银保渠道实现保费收入48.9亿元，同比下降4.5%，其中新单保费33.6亿元，同比下滑8%。

退保风险不容忽视。2013年，广西寿险业累计退保金支出34.21亿元，同比增长29.24%；退保

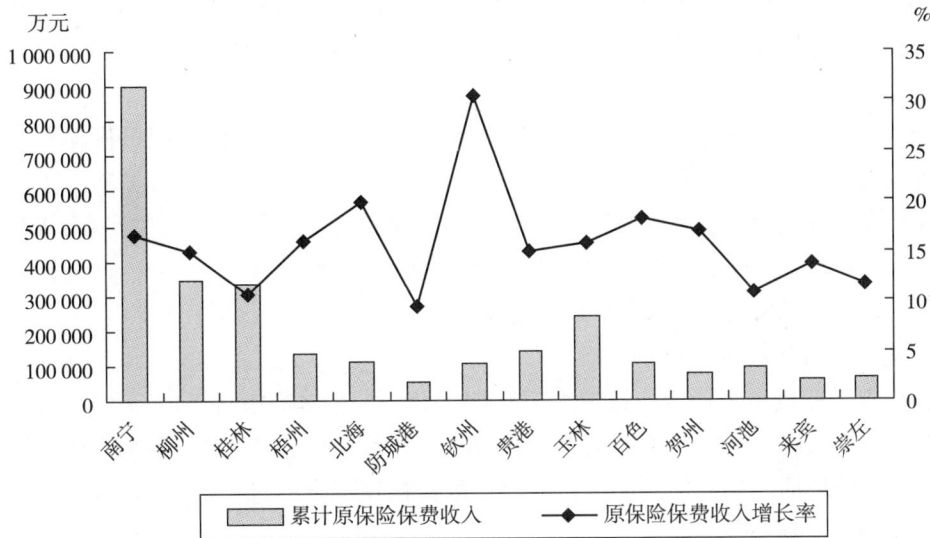

数据来源：广西保监局相关资料。

图 7　2013 年广西 14 个地市原保险保费收入图

率为 3.19%，同比上升 0.68 个百分点。从销售渠道看，退保情况尤其集中于通过银保渠道所销售的三年期、五年期趸交型短期保险产品；从品种上看，退保主要集中在投资型保险，尤其是分红险；从退保人群看，主要集中于非"刚性需求"人群，当实际收益率低于预期收益率时，退保风险加大。

（3）开展稳健性现场评估的情况

2013 年 8 月至 9 月，人民银行南宁中心支行组织对柳州、桂林和河池三个地市的保险公司开展稳健性现场评估。通过现场评估发现保险机构存在以下主要问题：直接使用上级制度较多，结合实际细化、完善本级操作规范有待加强；风险控制及内部监督高度依靠上级机构和系统控制，本级监督及内控力量有待提高；业务规模较小，险种、业务发展不平衡；缺乏大型企业支撑，市场占比率偏低；综合成本率较高，影响总体利润的实现；渠道发展不够成熟，渠道化管理建设有待进一步加强；代理管理力度不够，代理人非现场管理不到位；销售误导、截留保费、代签名等违规现象依然存在。此次现场评估是人民银行南宁中心支行首创性工作，通过现场评估，被评估保险机构对现场评估工作的认同感得到有效提升，评估结果得到被评估保险机构的高度认可，实现督促保险机构提高风险管理水平、防范系统性金融风险的目标。

（二）金融机构改革对金融稳定的影响

1. 沿边金融综合改革正式启动

建设广西沿边金融综合改革试验区将成为广西 2014 年金融改革的重点任务。广西沿边金融综合改革地区包括南宁市、钦州市、北海市、防城港市、百色市、崇左市，改革主要包括十方面内容。沿边金融综合改革整合西南边陲民族地区金融资源，加强金融对外交流与合作，促进与周边国家建立更紧密的经贸金融合作关系，为我国深入推进金融改革开放提供经验借鉴。

2. 利率市场化改革对商业银行影响深远

一是贷款利率由升转降，存贷利差总体收窄。2013 年，广西银行业金融机构存贷利差先升后降，总体收窄，12 月降至 5.71%，较 7 月下降 0.28 个百分点。二是资产负债结构调整面临较大压力，从负债结构看，存款利率上浮压力明显增大，负债成本提高；从资产结构看，部分银行业金融机构的贷款定价权限增大，拓展个人业务和中间业务尤其是理财产品，主动将客户类型向中小企业转变。

3. "三农金融事业部制"改革成果不断巩固

2013 年，农业银行进一步深化"三农金融事业部制"改革试点工作，积极推动"三农"和县域业务转型，强化风险管控，不断提升"三农"金融服务能力，改革成效不断显现。2013 年末，广西农业银行县域人民币各项存款日均余额、人民币各项贷款余额、本外币涉农贷款余额分别完成农总行年度计划的 123.07%、109.39% 和 122.46%。实现拨备后利润 34.72 亿元，同比增收 6.33 亿元；实现中间业务收入 8.26 亿元，同比增收 1.39 亿元。

4. 城市商业银行机构改革力度加大

2013 年，广西 3 家城市商业银行通过增资扩股强化自身资本约束能力，存贷款稳步增长，信贷支农、支小力度持续提高，资金来源渠道不断拓宽，流动性管理能力不断增强。2013 年累计发行 30 亿元小微企业专项金融债，累计使用人民银行再贷款再贴现资金 31 亿元，为 2012 年同期的 3.26 倍。

5. 农村金融改革持续深化

农村合作金融机构改革发展情况良好。广西农村合作金融机构坚持以股份制为导向，因地制宜开展县级农商行达标组建工作，有效推进鹿寨、临桂、岑溪和崇左桂南四家农合行改制为农商行的组建工作。2013 年末，广西已组建 11 家农商行、21 家农合行、58 家农信社。依法合规开展增资扩股工作，股权结构进一步优化，2013 年共有 26 家农村合作金融机构新增股本金 19.62 亿元，增加资本净额 29.94 亿元，溢价部分计入资本公积 10.32 亿元。

首创广西专业农村产权交易平台。广西百色市田东县首创广西专业农村产权交易平台即田东县农村产权交易中心，填补了广西农村产权交易空白，在促进农村产权有序流动、解决农户和金融机构信息不对称、拓宽农企和农户融资渠道、处置金融机构不良资产等方面实现了新突破。

（三）具有融资功能的地方非金融机构的发展及其风险分析

1. 小额贷款公司保持强劲发展势头，但经营风险仍需关注

2013 年末，广西共获开业批复小额贷款公司 319 家，同比增长 67.02%；注册资本 229.27 亿元，同比增长 113.41%。全区小额贷款公司贷款余额 293.4 亿元，同比增长 140.26%。实现利润总额 17.78 亿元，同比增长 352.42%。经营中仍有部分小额贷款公司通过向个人、企业融资等违规方式融资，贷款质量下降压力较大。相对于银行贷款，小额贷款公司贷款中的信用贷款占比较高，带来了高额利润，也增大了信用风险隐患。

2. 融资性担保公司发展平稳，不规范经营仍然存在

2013 年末，广西获得融资性担保机构经营许可证的担保公司共计 185 家（法人公司 164 家，分公司 21 家），注册资本合计 195.64 亿元。已开展业务的 123 家融资性担保公司在保余额 552.95 亿元，同比增长了 12.84%。经营中，融资性担保公司注册资本不实、客户保证金未严格实行专户管理等问题始终是主要问题；企业主的"跑路"、企业经营效益恶化并弱化偿债能力，造成风险控制能力较弱的融资性担保公司代偿风险呈逐渐加大；受放大倍数制约及净资本金等制约，注册资本金较弱，抑制融资性担保公司功能发挥。

3. 典当行业发展持续呈现疲态

2013 年末，广西共有典当企业 118 家（2013 年新成立 16 家），占全国典当企业数量的比重为

1.73%。广西典当行业受融资渠道有限和资金补充不足，发展空间受限；过于依赖房地产，一旦房地产行业发生风险则将受波及。

（四）其他金融风险因素对金融稳定的影响

1. 非法集资案件对金融秩序的破坏仍需重点关注

广西非法集资以高额回报为投资诱饵，以投资经营为集资幌子，以特定群体为诈骗目标。非法集资使参与者遭受经济损失。非法集资犯罪分子通过欺骗手段聚集资金后，任意挥霍、浪费、转移或者非法占有，参与者很难收回资金，严重者甚至倾家荡产、血本无归，干扰正常的经济、金融秩序，容易引发社会不稳定，严重影响社会和谐。

2. 政府性债务违规融资和使用政府性债务资金现象仍然存在

广西仍存在部分政府和单位违规融资、违规使用政府性债务资金的现象。截至2013年末，广西地方政府融资平台贷款余额1 209.67亿元，同比增长1.3%，占广西人民币贷款余额的6.62%。2014年是融资平台贷款还款的高峰期，平台公司现金流压力和还款风险有所加大，未来能否按时且足额的归还贷款具有不确定性，为银行业金融机构稳健经营带来新的挑战。

3. 互联网金融对金融监管带来全新挑战

互联网金融近年来发展势头迅猛，其快速发展正在改变传统金融的格局。电子货币发展对传统的货币结构带来一定冲击，会一定程度上改变货币政策传导机制，使得以往基于M_0、M_1的传统货币政策调控效力大打折扣。互联网金融的融资交易，基本游离于金融管控外，这对传统的数量调控方式会形成挑战，如目前尚没有制约网络信贷发展规模的调控方式。此外，分业监管的模式无法对互联网金融的综合业务实施有效监管，对跨国监管也提出新挑战。

三、金融市场运行与金融稳定

（一）金融市场运行情况

1. 拆借总量持续萎缩，交易利率整体走高

2013年，广西同业拆借业务交易总量持续萎缩，信用拆借累计成交20笔、金额34.3亿元，交易金额同比减少48.7亿元。交易产品以7天和14天为主。拆借利率整体走高。受银行间市场流动性异常波动影响，2013年全国及广西拆借利率总体呈现持续走高态势。

2. 票据规模快速增长，贴现利差不断扩大

一是票据签发和贴现同比增加。2013年，全区银行业金融机构累计签发票据2 461.75亿元，同比多放42.73亿元，企业贴现累计发生904.55亿元，同比多放63.8亿元。二是转贴现余额同比大幅减少。2013年，广西票据转贴现余额为432.4亿元，同比减少68.28%。三是贴现和转贴现利差进一步扩大。2013年，广西票据贴现和转贴现利差为0.77%，较2012年扩大0.29个百分点。四是再贴现业务同比大幅增加。2013年，全区人民银行共办理再贴现793笔、金额32.94亿元，同比增加411笔、增长144.73%，全部为回购式再贴现。

3. 债券交易量大幅减少，持券结构明显变化

一是债券回购成交量同比减少。2013年，广西银行间债券市场成员累计办理债券回购5 870笔、

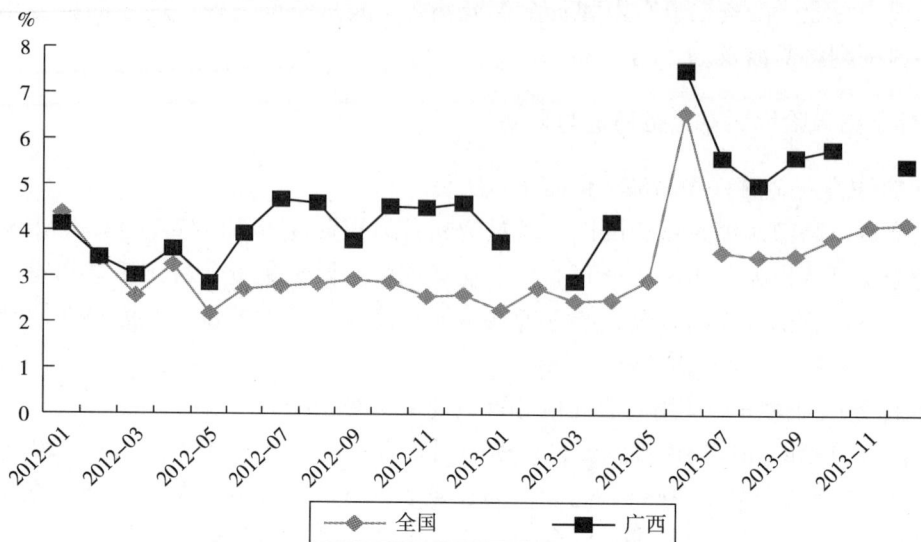

数据来源：人民银行南宁中心支行相关资料。

图8　2012—2013年广西同业拆借月度交易加权平均利率走势

金额5 286.38亿元，交易金额同比减少59.36%，首次出现年度交易量负增长。二是现券交易量同比大幅减少。2013年，广西银行间债券市场成员共发生现券买卖业务3 848笔、金额6 849.80亿元，交易金额同比减少62.59%。三是持券结构出现明显变化。2013年末，广西全国银行间债券市场成员持非政策性债券余额达304.08亿元，余额占全部债券持有量的53.45%，同比下降19.49个百分点。四是广西企业债券融资同比下降。2013年，广西企业累计发行44期债券，实际融资398.68亿元，同比减少39.22亿元。

4. 外汇总量平稳增长，结售汇逆差收窄

2013年我国国际收支形势发生了较大的变化，一方面，发达国家经济逐步走出低迷困境，有利于拉动出口增长；另一方面，在境内外汇差、利差以及汇率升值等因素作用下，贸易项下套利资金流入进一步增加了外汇资金的流入压力。2013年，广西全年结售汇逆差13.33亿美元，较上年收窄37.39%。

5. 黄金市场稳步发展，黄金业务交易活跃

一是场内黄金代理交易量同比增加。2013年，广西商业银行场内交易黄金13.03吨、金额35.5亿元，同比分别增加了86.4%、47.6%。二是账户金交易基本持平。账户黄金是银行自有黄金业务中交易量最大的品种。2013年，广西辖内5家商业银行开办了账户黄金业务，累计成交量28.5吨，成交金额78.3亿元，同比分别下降1.4%和19.9%。三是实物黄金交易急剧增长。2013年广西各商业银行共累计成交实物黄金6.35吨，同比增长336.3%，成交金额20.03亿元，同比增长265.7%。

（二）金融市场运行中应该关注的问题

1. 地方性金融机构票据业务信用风险凸显

一是票据承兑垫付风险时有发生。2013年，3家城商行发生银行承兑汇票垫款累计209笔，涉及企业49户、垫款金额16.52亿元，月末垫款余额为7.17亿元。二是经济周期下行导致企业经营压力加大，可能引发票据违约风险问题。三是票据授信存在操作风险。部分金融机构办理银行承兑汇

票业务时未按规定严格审核贸易真实性，部分合同无相应的增值税发票。

2. 地下非法炒金屡禁不止

2013 年上半年，辖区又出现一起投资者因投资参与本地一家地下炒金机构进行的黄金交易，导致亏损数十万元的案件。从目前的情况看，地下非法炒金时有冒头，非法黄金交易屡禁不止。除了外部客观原因外，主要是非法黄金认定及处罚相关法规缺位，黄金等金融产品交易监管办法仍处空白。

四、金融基础设施与金融稳定

（一）支付清算体系建设取得重要进展

2013 年，广西支付清算体系圆满完成第二代支付系统南宁城市处理中心的切换上线，强化支付清算系统参与者日常管理和风险防控工作，积极实施支付结算执法检查，继续推广非现金支付工具，持续改善农村支付服务环境，加强支付业务申请及支付机构备案管理工作，认真履行账户审批职责，账户实名制得到进一步落实。但广西支付清算体系还存在一些不完善的地方，有待进一步改进。如人民银行在支付业务监管工作中缺乏有效的履职手段、机构的缺失使部分县域农村支付结算管理不到位等，都将在一定程度上对金融稳定产生影响。

（二）跨境人民币业务工作走在西部前列

2013 年，广西跨境人民币实际收付结算量 1 012 亿元，其中，经常项下 982.06 亿元，居西部十二省（区）、八个边境省（区）第一位。业务发展主要特征：一是经常项下跨境人民币结算量大幅增长。2013 年，广西经常项下跨境人民币结算金额 982.06 亿元，同比增长 49.79%。二是资本项下跨境人民币结算业务稳步推进。2013 年，广西开展了包括外商直接投资、其他跨境人民币投融资业务，结算量 30.25 亿元，同比增长 66.67%。三是个人跨境贸易人民币结算业务大幅增长。从 2013 年 7 月试点开始至年末，东兴个人跨境贸易人民币结算量 63 亿元，是 2012 年同期结算量的 2.6 倍。四是跨境人民币结算市场主体数量持续增长、境外机构账户数量小幅增长。2013 年末，广西银行机构为 1 168 家机构主体办理了跨境人民币结算业务，较 2012 年年末增加 355 家。境外银行在广西人民币同业往来账户存量 69 个，账户余额合计 0.41 亿元；境外非银行机构在广西人民币银行结算账户存量 59 个，账户余额合计 0.4 亿元。

（三）征信系统的社会影响力不断扩大

2013 年，广西企业征信系统收录广西企业和其他组织 13.5 万户、人民币贷款余额 9 390.01 亿元，入库率为 91.87%。个人征信系统收录广西自然人数 2 615.81 万个、人民币贷款余额 4 701.49 亿元，入库率达 99.6% 以上。全区 14 个市及部分县建立社会信用体系建设联席会议制度，中小微企业和农村信用体系建设有序推进。2013 年，全区为 7.8 万户与银行未发生贷款的中小企业和农户建立信用档案，全区创建信用县 3 个、信用乡镇 61 个、信用村 756 个，有效促进农村经济金融的可持续发展，维护县域的金融稳定。目前征信体系建设存在的问题及对金融稳定的影响：系统采集的非银行信息的范围越来越宽泛，由于缺乏有效的制度约束，非银行信息的更新和管理缺乏法律保障，存在法律诉讼和金融机构错判的可能性，对金融稳定将产生一定的影响。

（四）反洗钱工作有效性进一步增强

2013 年，广西通过顺畅"金融机构—人民银行—司法机关"三方联动完善调查工作流程，强化部门间反洗钱工作合力。建立健全金融机构反洗钱动态管理工作机制，监管重心由传统的事中、事后向事前转移。通过中越双语宣传、群发短信邮件、举办业务培训、开展联合调研等方式揭示洗钱风险和危害，广泛普及反洗钱知识。尽管反洗钱工作取得重要进展，但从相关部门通报的情况来看，传销犯罪形势依然严峻，跨境走私和毒品犯罪时有发生，腐败和涉税案件的资金流向值得重点关注，各种犯罪活动引发的洗钱风险仍不容忽视。

（五）反假货币工作成效显著

2013 年，广西全辖收缴假人民币 3 091.6 万元，同比增长 5.5%，银行柜面及公安破案假币收缴量均呈上升趋势；公安机关破获的假币犯罪 72 起，其中 100 万元以上 5 起。广西联合公安机关严厉打击假币违法犯罪活动，充分发挥反假货币工作联席会议机制，加强反假货币基础培训和监督检查，进一步优化区域人民币流通环境。创新宣传形式，在全区范围内营造良好的反假货币氛围。随着广西反假货币工作力度不断加大，广西假币生存空间被不断压缩，制贩假币违法犯罪活动对金融稳定不足以构成威胁。但在利益驱动下，社会上滋生假币犯罪的土壤尚未根除，流通中假币仍有一定存量，对金融稳定构成不利影响。

（六）金融信息化建设取得新进展

2013 年，广西金融信息化朝纵深层次发展，由传统的业务处理信息化向管理信息化、决策分析信息化迈进，二代支付系统上线切换工作圆满完成，地方银行业金融机构信息安全等级保护长效工作机制初步形成，常态化的安全检查与评估有效防范系统风险，应急响应体系不断健全，业务连续性得到切实保障。但与此同时，也存在着一些问题，如"一行三会"对金融机构的协同监管机制在协作沟通、数据共享等方面仍不尽成熟，部分金融机构还存在着信息科技外包风险管控不足、核心信息技术对国外厂商依赖较高、软件正版化机制不够健全等薄弱环节，这些都可能对金融服务的稳健性带来潜在风险。

（七）金融消费权益保护工作全面启动

2013 年，广西各地市均成立金融消费权益保护工作领导小组，开通并公布以"955"为尾号的金融消费权益保护投诉电话，畅通电子邮件、信件、当面投诉等多种投诉渠道。2013 年，广西人民银行系统全年共受理金融消费者投诉 175 件，其中，人民银行法定职责范围内的投诉 83 件，占比 47.4%；涉及跨市场、跨行业类交叉性金融产品和服务的投诉 15 件，占比 8.6%；其他类投诉 77 件，占比 44%。

五、总体评估与政策建议

（一）总体评估

从定量评估的结果来看，2013 年广西金融稳定综合评价值为 83.69 分，与上年基本持平，属于金融稳定状况较好地区，这一数据表明在复杂严峻的经济形势下，广西金融稳定总体状况仍然保持良好，金融体系稳健运行。分项来看，宏观经济有所下降，银行业、证券业、保险业和金融生态环境略有上升。

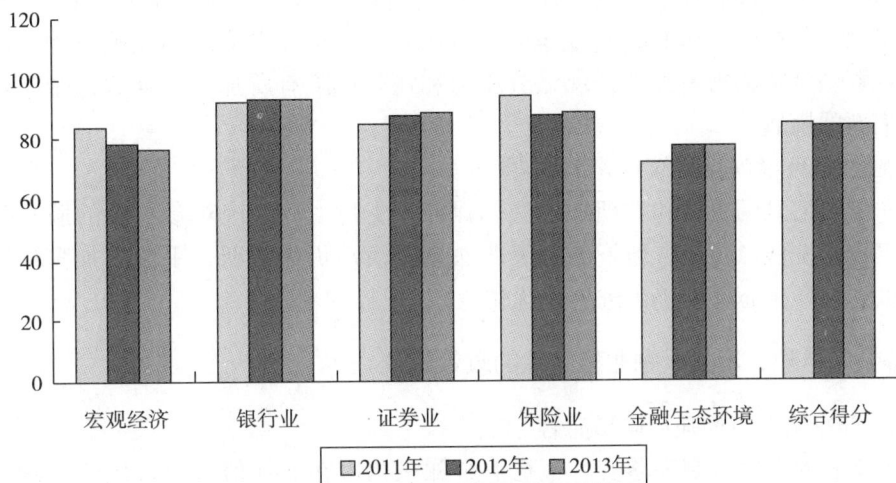

图9　2011—2013 年广西金融稳定状况

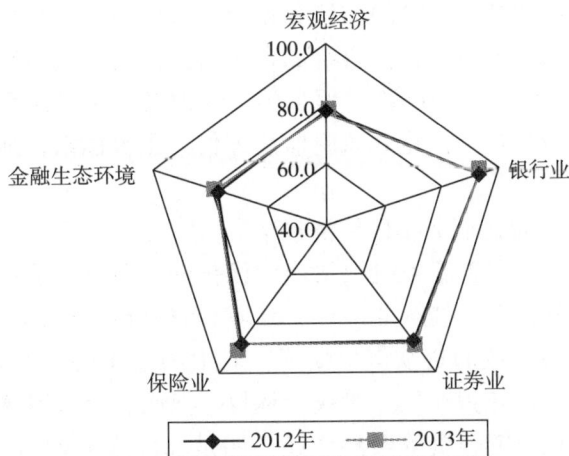

图10　2012 年和 2013 年广西金融稳定状况雷达图

2013 年，受国内外经济金融形势不确定性的影响，广西金融稳定整体形势仍然比较复杂，老风险和新问题都将对金融体系的稳健运行产生较大影响，金融领域存在的潜在风险值得关注。

1. 关注实体经济风险向金融体系传递的问题

在地方财政体制尚未完善的前提下，政府主导的投资不可持续；受企业投融资能力减弱的制约，企业投资增长乏力；消费热点尚待培育，消费需求增速趋缓；外部需求萎缩，外贸出口形势严峻，企业经营压力加大；受市场需求下降和生产成本上涨的影响，部分行业生产经营困难，利润下降；房地产市场在宏观调控政策下存在供给过剩的风险；生产要素供给趋紧与经济内在扩张需求的矛盾将导致物价上涨的压力依然存在。这在一定程度上加大了金融资源非均衡配置和金融风险的集中趋势，实体经济风险向金融体系传导的可能性增加。

2. 关注金融业稳健发展存在的薄弱环节

银行业资产质量风险隐患上升，保函、跟单信用证和承兑汇票等表外业务的复杂性和专业化程度也日益提高。上市公司内部控制存在诸多问题，部分上市公司面临退市风险，盈利持续性和稳定性有待增强。保险业持续发展基础欠佳，银保渠道业务持续下滑，退保金额和退保率呈现上升趋势，退保风险不容忽视。具有融资功能的地方非金融机构发展中仍存在诸多不规范行为，内在脆弱性显现；地方政府融资平台贷款集中到期，现金流压力和还款风险有所加大；互联网金融蓬勃发展，金融监管能力面临新的挑战。

3. 关注金融生态环境尚需继续优化的问题

征信系统非银行信息的更新和管理缺乏法律保障，支付清算系统对参与者的服务和支持力度有待加强。非法集资、洗钱、传销、地下炒金等非法金融活动仍然活跃，手段更加多样和隐蔽，更具欺骗性和传播度，金融生态环境仍需进一步优化。

（二）化解金融风险、增强金融业稳健性的政策建议

1. 提高风险管控能力，增强风险敏感性

一是强化风险管控，完善制度落实。银行业金融机构应在加强信贷资产风险管理的同时，增强表外业务的风险控制，科学发展票据业务，合理控制支付风险。二是做好上市公司重大风险防范和处置工作。深入了解辖区上市公司的生产经营情况，加强对市场风险、信用风险、操作风险、流动性风险、战略风险、声誉风险和其他风险的监测和预警预判能力。三是加强退保风险的源头管理和应急处置，防范退保风险。保险公司应提高自身的资本管理能力、风险管控水平，树立合规经营意识，强化服务理念、正规服务管理，不断提升服务能力和服务水平。四是加强对具有融资功能的非金融机构的宏观审慎监测分析与管理，建立风险监测评估与预警体系，加强对其资金来源和信贷投向的监测指导。

2. 多角度开展金融创新，提高服务实体经济水平

一是加强组织创新。进一步完善服务组织架构和优化网点布局，重点推动服务网点向金融机构较少、金融服务相对薄弱的桂西北、桂东北地区、县域和农村地区延伸，提高网点的覆盖面。二是加强制度创新。积极推动灵活高效的贷款审批模式，对中小企业设立独立的审批和信贷准入标准。三是加强产品创新。推动动产、知识产权、股权、林权、保函、出口退税池等质押贷款业务，发展保理、福费廷、票据贴现、供应链融资等金融产品。四是加强服务创新。着力加强适合不同类型、不同发展阶段企业的服务方式创新，全面做好中小企业融资、理财服务，尽可能为中小企业开办一站式金融服务。

3. 加强金融消费者权益保护，夯实金融微观基础

一是细化监管措施，强化监管功能，促使金融机构将消费权益保护上升到公司治理和企业文化建设层面。二是将金融产品和金融服务的监管向事先的纠纷预防和事后的权利救济延伸，加强青少年和弱势群体的金融知识普及教育。三是大力推动金融消费保护社会组织的建立和作用的发挥。四是加强互联网金融消费的保护。推动完善互联网金融消费权益保护的法律制度框架，对交易过程中的风险分配和责任承担、机构的信息披露、消费者个人信息保护等做出明确规定，畅通互联网金融消费的投诉受理渠道。

4. 推进金融生态环境建设，促进金融良性发展

一是推动地方政府建立与地方平台债务规模相适应的偿债基金，制定地方平台债务偿还基金管

理办法，研究设定各级政府负债的风险预警机制，加强信息披露，促进地方政府合理负债。二是强化政府对社会信用体系建设的组织领导，建立全区信用信息数据共享平台，逐步实现向金融机构及社会其他部门提供信息查询服务。三是逐步健全金融机构外包服务管理体制，强化信息安全风险的监测和管控，切实提高系统服务质量与水平。四是督促司法机关进一步加强部门间信息交流共享，推动洗钱罪宣判工作，依法提供洗钱及上游犯罪案例信息，指导金融机构构筑反洗钱防线，维护经济金融稳定。

总　　纂：罗跃华
统　　稿：唐剑冰　梁　海　黄云丰
执　　笔：王　涛　农丽娜　黄德钊　朱燕宇　李　雪
其他参与写作人员（以姓氏拼音为序）：

安立波　陈少敏　陈　普　邓蒂妮　黄　倩
蓝日德　李衍良　林启刚　刘广伟　罗顺兴
罗冬泉　倪　伟　覃　琪　秦义春　卿文芳
邱　海　辛悦玲　王效瑜　吴　洁　杨喜孙
杨文玉　易庆玲　曾之莹

海南省金融稳定报告摘要

2013 年，面对错综复杂的国内外形势，海南省以科学发展观为指导，坚持稳中求进工作总基调，统筹推进稳增长、调结构、转方式、惠民生，全省经济实现平稳较快增长，经济运行质量和效益稳步提升，综合经济实力增强，为区域金融稳定发展创造了良好环境。海南省金融业积极支持实体经济发展，实现了金融与经济的良性互动。银行业继续深化改革，风险管理持续加强，经营效益向好。证券业平稳发展，市场交易活跃性增强，证券期货机构经营业绩有所改善，资本市场融资功能继续发挥。保险业运行稳健，保险业务平稳快速发展，保险覆盖面进一步扩大，服务经济发展功能有效发挥。金融市场平稳发展，金融基础设施建设有效推进，金融体系稳健性增强，有力地支持了海南省经济社会发展。

一、区域经济运行与金融稳定

2013 年，海南省经济保持平稳较快增长，经济总量跨上新台阶，宏观经济运行质量和效益持续提高，物价调控成效明显，调结构转方式取得新进展，区域发展协调性持续增强，为金融业安全运行创造了良好的环境。

（一）经济运行总体情况

1. 经济平稳较快增长，运行质量和效益稳步提升

2013 年，海南省实现地区生产总值 3 146.46 亿元，按可比价格计算，比上年增长 9.9%，增速比上年提高 0.8 个百分点，经济总量首次突破 3 000 亿元台阶。按常住人口计算，人均地区生产总值 35 317 元，折合 5 703 美元（按当年年平均汇率折算）。分三次产业看，第一产业增加值 756.47 亿元，同比增长 6.3%；第二产业增加值 871.29 亿元，同比增长 9.2%；第三产业增加值 1 518.70 亿元，同比增长 12.1%。地方公共财政预算收入 480.52 亿元，同比增长 17.4%。其中，税收收入占地方公共财政预算收入的 85.7%，同比增长 17.3%。

2. 经济结构持续优化，区域发展协调性增强

从产业结构调整看，三次产业结构持续优化。三次产业结构由 2012 年的 24.9:28.2:46.9 转变为本年的 24.0:27.7:48.3，服务业占地区生产总值的比重提高 1.4 个百分点。工业高新技术产业比重进一步提高。全省规模以上工业中医药、电子信息、新材料和新能源三大产业产值所占比重为 9.9%，同比提高了 1.4 个百分点。从民间资本投资情况看，本年度民间投资活跃，投资结构进一步优化。民间投资占固定资产投资的比重为 50.6%，比上年提高 0.8 个百分点，成为经济稳增长的重要力量。从转方式看，取得了积极进展。全年万元规模以上工业增加值能耗比上年下降 0.67%，单位 GDP 建

设用地下降8.0%。高新技术产业发展迅速，新培育并通过国家高新技术企业认定的企业有28家。从地区生产总值看，东、西、中地区发展协调性进一步增强。东部地区增长10.2%、西部地区增长10.4%、中部地区增长9.7%。

3. 社会总需求旺盛，对外贸易发展快速

2013年，在"项目建设年"政策的推动下，全省固定资产投资2 725.40亿元，同比增长27.0%。其中房地产开发完成投资1 196.76亿元，同比增长35.0%。在建施工项目2 699个，其中2013年新开工项目1 079个。社会消费品零售总额971.89亿元，同比增长14.0%。免税商品销售旺盛，全年免税店商品销售额34.21亿元，同比增长38.3%。

对外贸易进出口总值149.78亿美元，同比增长4.6%。其中，出口总值37.06亿美元，增长18.2%；进口总值112.72亿美元，同比增长0.8%。全年实际利用外商直接投资18.11亿美元，同比增长10.3%。新签外商投资项目62宗，协议合同外商投资额8.43亿美元。

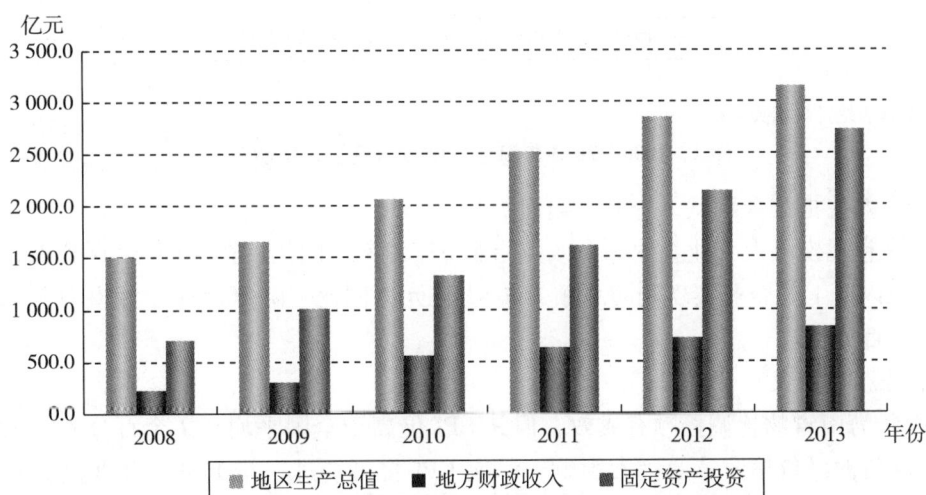

数据来源：海南省统计局相关资料。

图1 2008—2013年海南省生产总值、财政收入、固定资产投资情况

4. 民生保障全面加强，物价调控颇有成效

2013年，城镇居民人均可支配收入22 929元，比上年增长9.6%，扣除价格因素，实际增长6.6%；农村居民人均纯收入8 343元，比上年增长12.6%，扣除价格因素，实际增长9.7%。城镇和农村居民恩格尔系数同比分别下降0.5个和1.4个百分点。2013年，海南省用于民生支出715.48亿元，占财政支出的70.9%。就业规模继续扩大，年末从业人员504.87万人，同比增长4.3%。居民消费价格（CPI）比上年上涨2.8%，低于年初预期调控目标2.2个百分点。

（二）经济运行中需关注的问题

1. 公共财政预算收入增速明显放缓

2013年，海南省全口径公共财政预算收入增速仅为6.5%，增幅比上年同期降低5.2个百分点。主要原因是我省中央公共财政预算收入中的增值税（含进口货物增值税）和消费税增速负增长导致的。

元

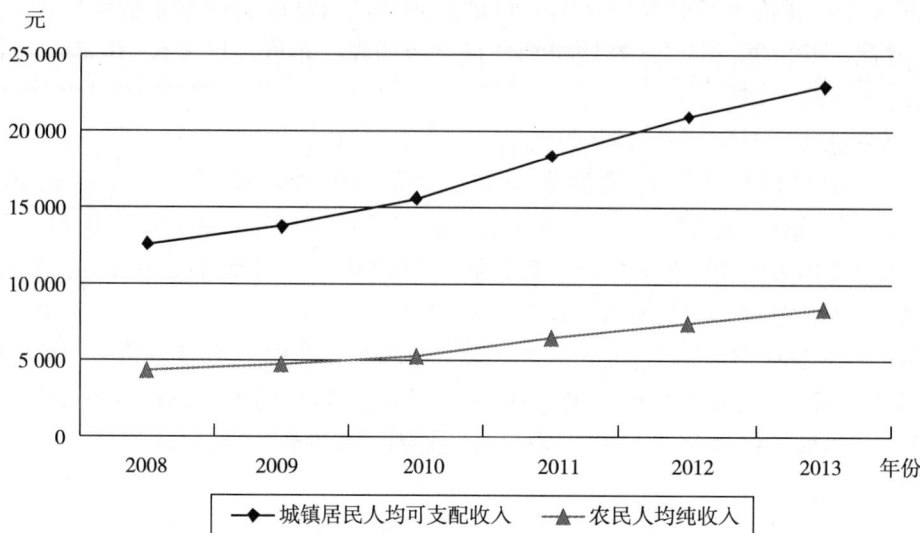

数据来源：海南省统计局相关资料。

图2　2008—2013 年海南省城乡居民收入变动情况

2. 工业综合效益指数现新低，企业亏损面扩大

2013 年，全省规模以上工业企业综合效益指数 327.9%，同比回落 40.9 个百分点，为近三年来新低。全年规模以上工业企业实现利润总额 110.81 亿元，同比下降 10.6%。亏损面 32.2%，比上年同期增加 5.6 个百分点。

3. 物价上涨压力较大

尽管 2013 年海南省物价调控颇有成效，但其 CPI 仍高于全国平均 0.2 个百分点。未来受劳动成本、物流成本和资源品价格改革等因素影响，海南 CPI 将可能进一步上涨，合理控制物价上涨幅度将面临巨大的压力。

4. 内需增速面临下行压力

2013 年，海南省在"项目建设年"的推动下，全省固定资产投资仍保持较大幅度的增长，但增速有所减缓。未来随着财政收入增速减缓、平台贷款政策收紧等因素将对全省投资的高速增长形成制约，内需增速下行压力较大。

二、金融业与金融稳定

（一）银行业与金融稳定

2013 年，海南省银行业金融机构紧抓建设海南国际旅游岛的战略机遇，加大力度支持地方经济转方式、调结构，推进金融改革和创新，机构布局日趋合理，信贷结构优化提升，风险管理持续加强，金融服务不断健全，总体呈现稳健运行态势。

1. 银行业整体运行情况

（1）银行业改革稳步推进，组织体系不断完善。2013 年，海南省国有大型银行改革进展顺利，政策性银行的商业化改革稳步实施，邮政储蓄银行改革继续推进，农村信用社改革进一步深入。海

口联合农商行、浦发银行海口分行、国家开发银行三亚分行、民生银行三亚分行相继开业；三亚市
农村信用联社成功改制为三亚农商行；新型农村金融机构稳步发展，另有 3 家村镇银行获批筹建。

（2）资产规模进一步扩大，服务能力持续增强。2013 年末，海南省银行业金融机构资产总额
8 558.99亿元，同比增长 17.52%；负债总额 8 349.85 亿元，同比增长 17.28%；银行服务密度
965.43（亿元/百万人），同比增长 17.52%。

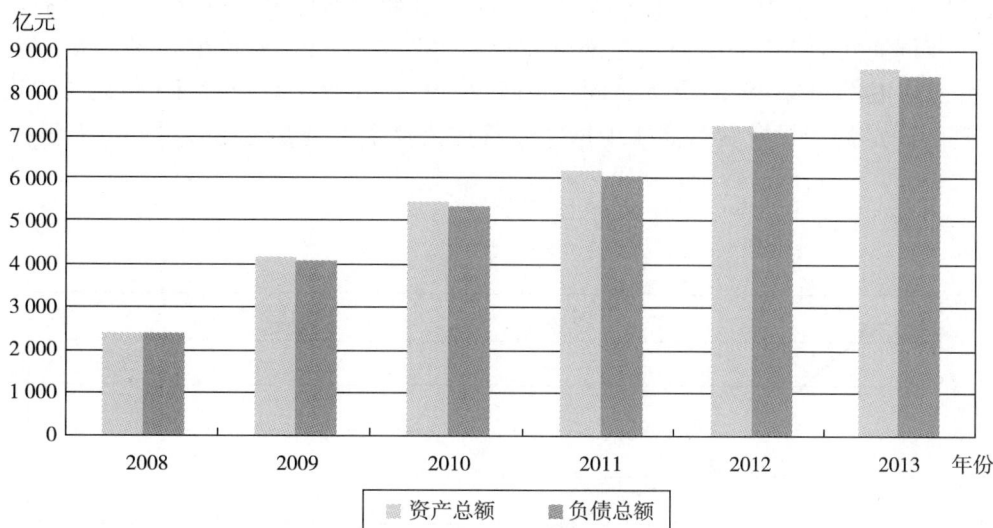

数据来源：中国人民银行海口中心支行相关资料。

图 3　2008—2013 年海南省银行业金融机构资产负债总额情况

（3）存款稳步增长，同比大幅多增。2013 年末，全省本外币存款余额 5 952.50 亿元，同比增长
16.5%，比上年同期高 3.1 个百分点，高于全国同期水平 3 个百分点。全年全省存款新增 839.88 亿
元，同比多增 240.21 亿元。其中，全省本外币个人存款余额 2 556.20 亿元，同比增长 15.1%，比年

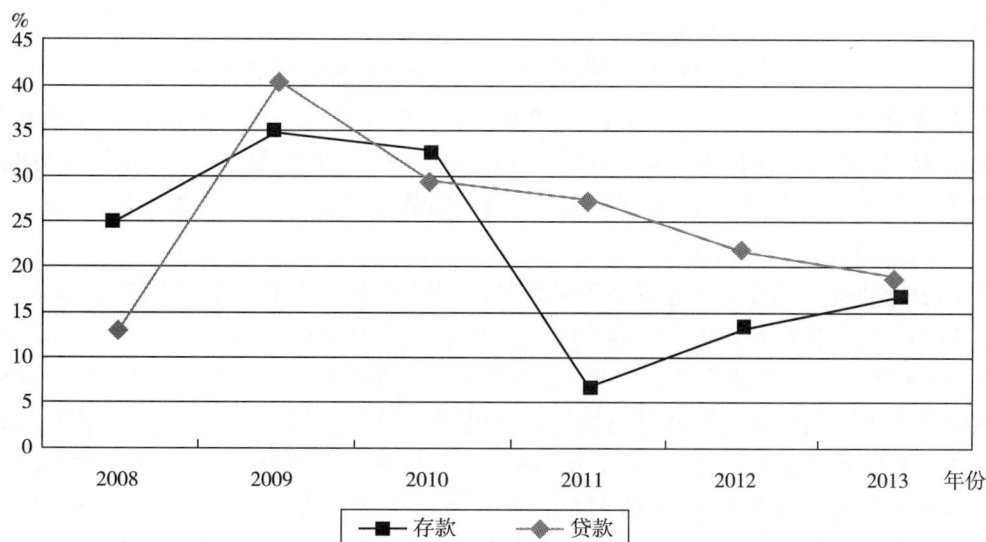

数据来源：中国人民银行海口中心支行相关资料。

图 4　2008—2013 年海南省银行业金融机构存贷款增长变化情况

初增加 332.70 亿元，同比多增 10.16 亿元。本外币单位存款余额 3 069.13 亿元，同比增长 16.0%，比年初增加 421.70 亿元，同比多增 151.08 亿元。

（4）贷款增速趋稳，结构趋于好转。2013 年末，海南省本外币贷款余额 4 630.78 亿元，同比增长 19.1%，比上年同期低 2.7 个百分点，高于全国平均水平 5.2 个百分点。2013 年，全省新增贷款 734.84 亿元，同比多增 40.17 亿元，在上年新增较多的基础上再创历史新高。中长期贷款占比回落，全省中长期贷款余额 3 685.42 亿元，同比增长 17.5%，比年初增加 548.44 亿元，占全省新增贷款的 74.6%，比上年同期低 7.2 个百分点；短期贷款余额 707.37 亿元，同比增长 37.3%，比年初增加 185.83 亿元；票据融资余额 39.35 亿元，同比下降 39.7%，比年初减少 25.95 亿元。贷款均衡性有所改善，表现为固定资产投资贷款同比少增，经营贷款及个人贷款同比多增，个人消费贷款快速增长。

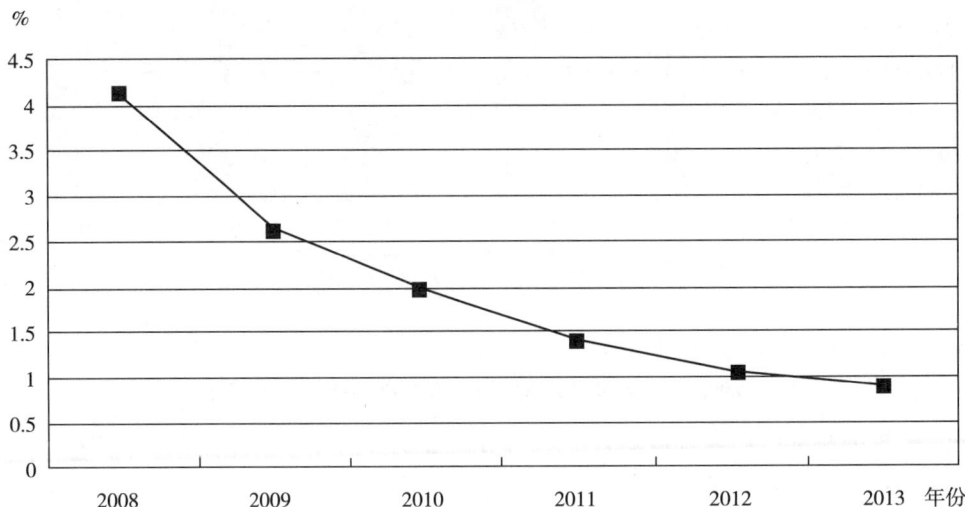

数据来源：中国人民银行海口中心支行相关资料。

图 5　2008—2013 年海南省银行业金融机构不良贷款率变化情况

（5）经营效益良好，盈利水平大幅提升。2013 年，全省银行业金融机构共实现利润 108.53 亿元，同比增盈 31.72 亿元，同比增长 41.29%。净利息收入同比增长 28.67%，中间业务收入同比增长 36%；资产利润率同比上升 0.23 个百分点。不良贷款率为 0.91%，比年初下降 0.15 个百分点。

2. 银行业发展中需关注的问题

（1）银行表外业务、同业业务蕴藏流动性风险。2013 年末，全省商业银行理财产品余额同比增长 28.7%，相当于全省银行机构存款总额的 6%；其中，表外理财产品（非保本浮动收益）余额比年初增加 70.91 亿元，占全部理财产品余额的 70.2%。银行短期理财产品快速发展，加剧存款市场波动，存款稳定性下降，影响了金融管理部门对金融形势和金融部门内在风险的判断，增大宏观调控压力。在买入返售资产业务的带动下，2013 年末，海南省同业资产规模比年初增加 140.50 亿元。其中，买入返售资产余额比年初增加 132.19 亿元。就整个返售资产业务而言，银行间通过相互转让，导致银行信贷资产向非信贷资产转移，一旦风险暴露，可能在金融机构间传导。

（2）不良贷款反弹压力加大。受宏观经济周期和产业结构调整影响，房地产、航运等行业信贷风险逐渐显现，导致省内部分银行机构的不良贷款出现反弹。2013 年末，全省银行业金融机构不良

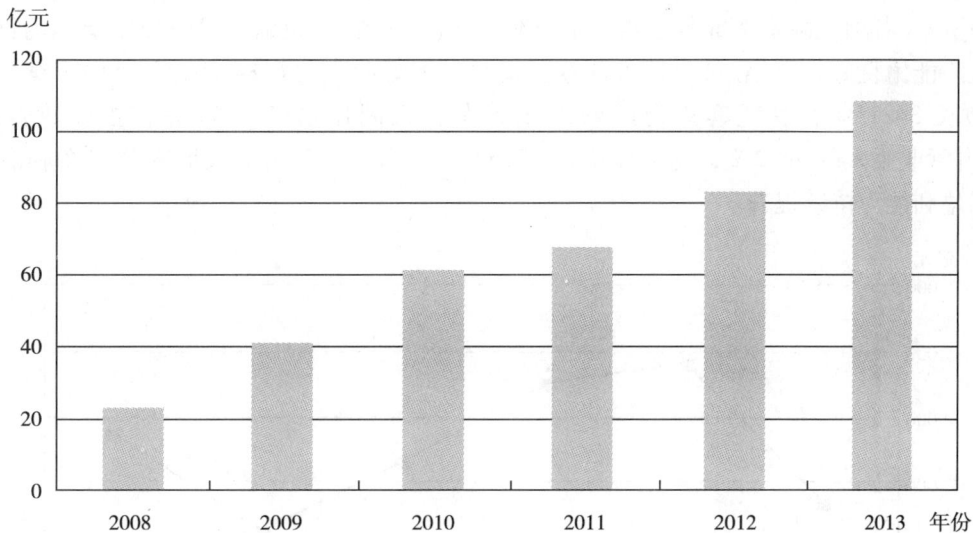

数据来源：中国人民银行海口中心支行相关资料。

图6 2008—2013 年海南省银行业金融机构盈利情况

贷款余额比年初增加 0.92 亿元。同时，作为反映不良贷款先行指标的关注类贷款呈现较快增长趋势。关注类贷款余额比年初增加 54.78 亿元，同比增长 25.7%。此外，地方政府融资平台将陆续进入大规模偿债周期，而地方政府财政收入增幅放缓、刚性财政支出较快增长，地方政府的短期偿债能力将受到考验。

（3）部分法人银行机构存在风险隐患。2013 年末，全省农信社系统不良贷款余额比年初增加 2.57 亿元。法人银行机构中不良贷款率高于 5% 的机构有 7 家，资本充足率低于 8% 的机构有 15 家，单一客户授信集中度和最大十家集团客户授信集中度超过监管标准的机构均为 16 家。目前，大部分村镇银行存贷比高位运行，全省 9 家村镇银行中有 7 家机构存贷比超过 75%。

（4）贷款集中度偏高，信贷结构有待优化。从贷款投放行业看，2013 年运输仓储邮政行业、住宿和餐饮业、房地产业新增贷款在行业新增贷款总量中的份额分别达到 19.63%、16.29% 和 15.81%，合计占比达 51.73%。从贷款客户分布看，截至 2013 年末，海南省银行业金融机构最大十家贷款客户的贷款余额占全省本外币各项贷款余额的 29.89%。贷款投放结构欠均衡，向少数行业、企业集中情况依然突出。

（二）证券业与金融稳定

2013 年，海南证券业平稳发展，市场交易活跃性增强，证券期货经营机构经营业绩有所改善，资本市场融资功能继续发挥。

1. 证券业整体运行情况

（1）证券交易量大幅提升，证券营业部盈利能力持续增强。2013 年，海南 39 家证券营业部证券交易金额同比增长 63.78%，管理客户资产余额同比增长 32.01%。证券营业部连续多年保持整体盈利，经营效益进一步提升，全年手续费及佣金净收入同比增长 61.04%，净利润同比增长 2.7 倍。证券营业部盈利面比上年提高 6.23 个百分点。

（2）法人证券公司经营稳健，利润实现大幅增长。2013 年，海南 2 家法人证券公司的净资本/净资产、净资本/各项风险资本准备之和、净资本/负债、净资产/负债等风险控制指标均符合监管标准，抵御风险能力良好。全年，2 家法人证券公司共实现营业收入 6.84 亿元，其中手续费及佣金净收入同比增长 34.15%；受托客户资产管理业务净收入同比增长 2.43 倍；投资收益同比增长 85.43%，占营业收入的 46.2%，比上年提高 17.81 个百分点。2 家法人证券公司净利润同比增长 158.55%，盈利能力持续提升。

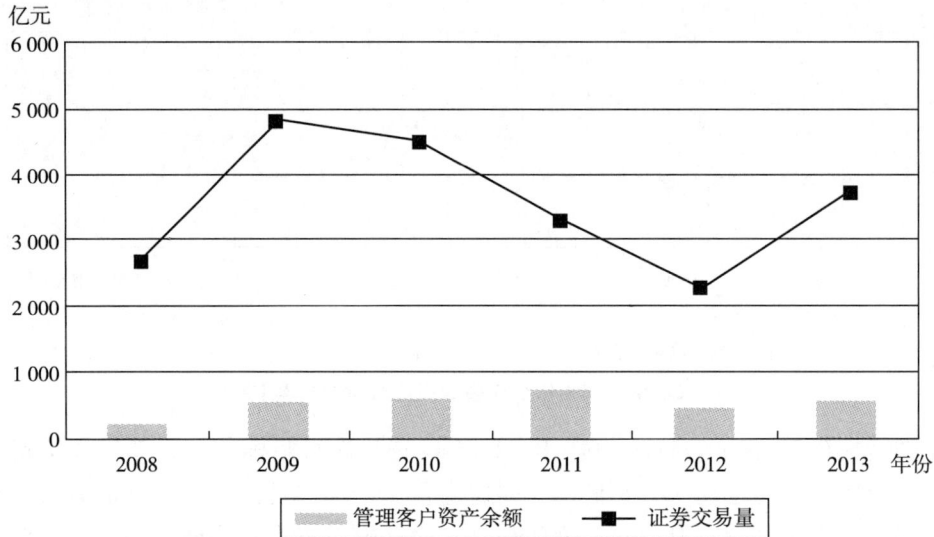

数据来源：海南证监局相关资料。

图 7　2008—2013 年海南证券营业部证券交易量与管理客户资产趋势

（3）期货机构经营状况有所改善，期货市场交易活跃度增强。2013 年，海南 4 家法人期货公司资产规模有所扩大，净资产同比增长 60.27%，净资本同比增长 45.2%；客户权益总额同比下降

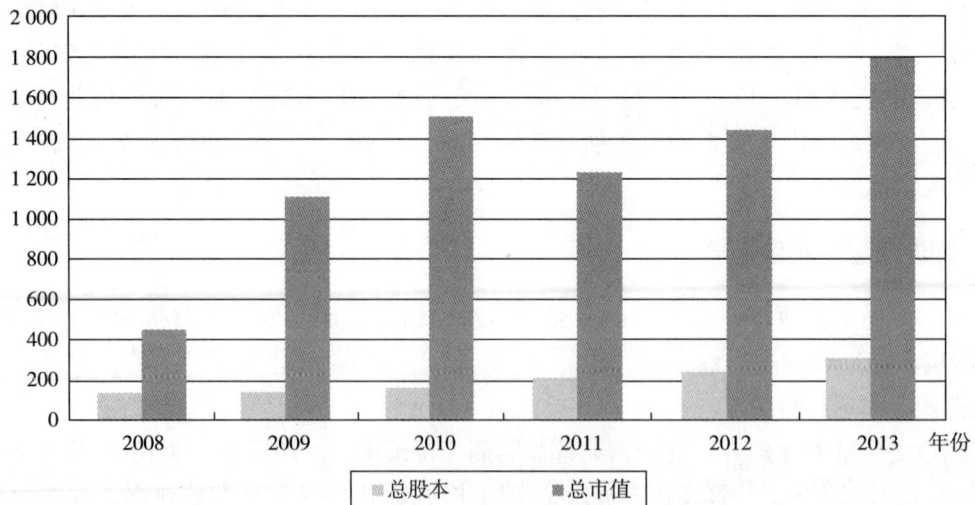

数据来源：海南证监局相关资料。

图 8　2008—2013 年海南上市公司总市值及总股本情况

8.13%，代理交易额同比增长99.94%，交易活跃性增强；净利润同比增长20.32%，盈力能力有所提升。13家期货营业部代理交易额同比增长34.69%。

（4）股票融资有所放缓，后备上市资源培育工作持续推进。2013年，海南共有26家境内上市公司，股本总市值和总股本分别为1 795.71亿元和305.71亿股，同比分别增长24.28%和30.51%。全年海南上市公司共募集资金73.77亿元，同比下降29.28%。其中，通过定向增发募集资金58.97亿元，同比下降36.81%。2013年新股发行暂停，海南企业也受到影响，有3家企业终止IPO审查。但海南后备上市资源培育工作继续推进，后备上市企业增至106家，比上年增加3家，涵盖了旅游、制药、工业、渔业、房地产等行业。

2. 证券业发展中需关注的问题

（1）法人证券公司盈利模式单一，综合实力有待增强。2013年5月公布的2012年度证券公司经营业绩排名，海南2家法人证券公司有1家净资本规模、营业收入、净利润等均排名靠后。从收入结构看，2013年，该证券公司代理买卖证券业务净收入占营业收入的82.17%，比上年提高0.94个百分点，收入结构倚重经纪业务，业务收入受市场波动影响明显，缺乏核心竞争力，综合实力不强，专业服务水平有待提升。

（2）部分期货公司市场竞争力较弱，风险管理能力有待增强。2013年9月公布的期货公司分类评价结果显示，海南4家期货公司有2家为C类，1家为D类。辖区部分期货公司仍存在资产规模小、业务创新不足、风险管理能力不强、综合实力较弱等问题。

（3）上市公司融资能力仍较弱，总体质量有待提高。2013年末，海南省仅有26家上市公司，约占全国上市公司总数的1%，数量位列全国倒数，上市公司总市值和平均市值低于全国平均水平。辖内上市公司发展不平衡，部分公司资产质量不高、融资能力较弱，发展后劲不足；部分公司的治理结构和内控制度有待完善，规范运作水平需进一步提高。

（三）保险业与金融稳定

2013年，海南保险业运行稳健，保险业务加快发展，保险覆盖面进一步扩大，服务经济发展功能有效发挥。

1. 保险业整体运行情况

（1）市场组织体系运行平稳，风险防范能力增强。2013年，海南保险市场组织体系运行平稳，全行业风险可控。2013年末，海南有法人保险公司1家，保险省级分公司22家（其中，财产险公司12家，人身险公司10家），专业保险中介机构63家，兼业保险代理机构1 394家。2013年，海南保险业切实加强退保、满期给付和案件风险的防范。人身险公司退保率低于全国平均水平1.79个百分点，全年发生保险案件比上年减少8起。

（2）保险业务发展加快，保险覆盖面进一步扩大。2013年，海南保险业实现保费收入72.61亿元，同比增长20.47%，增速全国排名第2位，较上年同期提高8.33个百分点。其中，财产险公司实现保费收入32.64亿元，同比增长26.04%；人身险公司实现保费收入39.97亿元，同比增长16.27%。各保险公司全年赔付支出22.01亿元，同比增长21.12%。其中，财产险公司赔付支出同比增长18.39%，人身险公司赔付支出同比增长27.05%。截至2013年末，海南保险公司资产总额同比增长22.9%。保险深度同比提高0.2个百分点，保险密度同比增加131.6元。

（3）财产险业务结构有所改善，车险占比有所降低。2013年，海南财产险公司业务结构实现有效调整，车险业务费用水平继续下降，车险在实现快速发展的同时，其占财产险业务的比例有所降低。车险业务保费收入同比增长 22.05%，增幅同比提高 6.5 个百分点，占财产险业务保费收入的64.85%，同比降低 2.12 个百分点。非车险业务实现平稳较快发展。2013 年，海南企财险保费收入同比增长 57.28%，责任险保费收入同比增长 4.92%，特殊风险保险保费收入同比增长 33.98%；农业保险保费收入同比增长 97.55%。

（4）人身险业务结构调整稳步推进，发展质量进一步提高。2013 年，费率市场化改革为海南寿险市场发展带来新活力，全年普通寿险新单业务同比增长 351.82%。业务渠道结构趋向合理，个人代理和公司直销渠道业务增长较快，新单内涵价值继续提升，其中 3~5 年以上中长期期缴业务占比持续提高。2013 年，寿险保费收入同比增长 15.82%，意外伤害险保费收入同比增长 16.79%，健康险保费收入同比增长 21.44%。目前，寿险业务以分红险和普通寿险业务为主，投资连结险和万能寿险业务收入占比相对较低。普通寿险保费收入 4.35 亿元，同比增长 73.25%；分红寿险保费收入30.79 亿元，同比增长 11%。投资连结险和万能寿险业务保费收入共 0.49 亿元，占寿险业务的 1.36%。

（5）农业保险业务快速发展，经济补偿功能有效发挥。一是海南政策性农业保险试点险种和范围进一步扩大，全年新增大棚瓜菜、烟叶、玉米、奶牛 4 个险种，试点险种增加到 14 个，同时实现农业保险全覆盖全省 19 个市县。二是农业保险风险保障程度、财政补贴比例均有所提高。2013 年末，农业保险实现保费收入 3.22 亿元，同比增长 97.55%，提供风险保障 233.24 亿元，种养业农业保险已决赔款金额 1.03 亿元，受益农户 51 307 户次。渔民人身意外伤害、香蕉、南繁制种等保险的保额提升 1 倍以上，渔民人身意外伤害保险、香蕉和南繁制种的财政补贴比例均进一步提高。三是海南农业保险基层服务体系建设加快。2013 年，海南共建成"三农"保险营销服务部 17 个，"三农"保险服务站点 215 个。8 月，海南接连遭受热带风暴"飞燕"和"山竹"的袭击，海南保险业积极做好理赔服务，有效地保障了灾后的生产恢复。四是保险业对经济社会发展的保障力度进一步加大。海南保险公司积极开展针对小微企业的承保、理赔和风险管理等服务，保险业务涵盖车险、企财险、团体意外险、小额贷款保证保险和小额贷款借款人人身意外险等方面。

2. 保险业发展需要关注的问题

（1）财产险业务结构单一，农业险基层服务体系有待完善。目前，财产险公司的业务发展结构仍较为单一，业务增长主要靠新车车险和非车险大单业务拉动，财产险公司盈利水平下滑。截至2013 年末，海南车险保费收入占财产险保费收入的 64.85%，占比仍较高；账面净利润同比下降83.74%。同时，海南农业保险基层服务体系建设有待健全。对于农业保险的推广，目前海南市县一级政府部门的职责未完全明确，乡镇一级政府未设专门的窗口和人员，且保险机构的基层服务力量不足，致使农业保险业务开展过程中存在查勘理赔效率较低、理赔技术落后和服务质量不高等问题。

（2）人身险公司经营稳健性和退保风险值得关注。2013 年，海南人身险业务在发展中表现出基础不够牢固、盈利能力有所弱化、退保金增幅较大的问题。目前，人身险业务开展主要靠续期业务拉动，容易受宏观经济金融形势和居民投资消费行为等因素的影响，出现业务波动。2013 年末，续期业务保费收入占人身险业务保费收入的 60.51%，同比提高 0.83 个百分点，其账面净亏损同比增亏 29.85%。目前，海南个别大公司满期给付逐步进入高峰阶段，退保风险防范压力加大。2013 年末，全年满期给付同比增长 32.04%，占比为 65.47%；寿险退保金同比增长 49.86%，增幅同比提高 20.56 个百分点，退保情势不容乐观。

（3）产品竞争力不强，服务质量和诚信度有待提高。一方面从海南保险市场的产品数量上看，虽然产品数量众多，但市场能广泛接受且适销对路的产品较少，财产险方面的各种责任险和工程险等产品未得到有效推广，人身险则主要集中在投资分红型产品上，而这些保险产品与其他金融理财产品相比缺乏竞争优势和吸引力，且同质化的问题较为严重，可持续发展动力不足。另一方面，在保险服务方面，保险公司与消费者的争议纠纷有所增多，销售误导、理赔难等问题较为突出，保险产品和服务无法有效满足消费者分散风险和补偿损失的需求，全行业服务质量和诚信度需进一步提高。

三、金融市场与金融稳定

2013 年，海南省金融市场总体运行平稳，交易活跃，发挥了优化资源配置、支持实体经济发展的积极作用。

（一）货币市场交易稳中有升

2013 年，海马财务有限公司成功加入全国银行间同业拆借市场，海南农垦集团财务有限公司成功加入海南省网下同业拆借市场，活跃了货币市场的交易主体及交易种类，部分交易品种增长较快。其中现券融入交易同比减少 27.47%，现券融出交易同比增长 1.27%；质押式回购融入同比减少 5.85%，质押式回购融出同比增长 46.15%；全年买断式回购融入 87.4 亿元，同比增长 2.64 倍。全省同业拆借业务快速增长，网上拆借业务累计完成 64 亿元，均为拆入业务；网下拆借累计完成交易资金 1.6 亿元，其中拆入 3 笔，拆出 1 笔。

（二）票据业务快速增长

截至 2013 年末，海南省辖内承兑余额（全口径）为 116.33 亿元，同比增长 1.34 倍。全年累计实现银行承兑汇票 268.79 亿元，同比增长 1.98 倍。贴现业务以转贴现为主要业务类型。全年累计完成企业直贴 105.52 亿元，同比增长 2.73%；实现买断式转入 471.51 亿元，同比增长 38.42%；完成买断式转出 375.42 亿元，同比增长 1.72 倍。买入返售票据余额为 317.1 亿元，同比增长 1.29 倍。

（三）期货黄金产品投资趋于理性，现货黄金交易呈上升态势

受黄金价格持续走跌的因素影响，人民币账户黄金以短线投资为主要格局，交易量持续低迷。2013 年人民币账户金累计完成交易 4 793.81 公斤，同比减少 94.58%。美元账户金投资保持理性，交易保持稳定，美元账户金累计完成交易量 4 058.7 盎司，同比增长 1.88%。代理上海黄金交易所原始金交易表现为试探性交易，多数投资者认为金价尚未触底，交易量同比大幅萎缩。全年累计完成原始金交易 3 611.94 公斤，同比减少 94.25%；实现交易金额 9.57 亿元，同比减少 59.19%。随着"抢金热"兴起，现货黄金交易呈现上升趋势，2013 年全省累计完成实物黄金交易 2309.26 公斤，同比增长 1.18 倍；实现交易金额 4.59 亿元，同比增长 27.15%。

四、金融基础设施与金融稳定

2013 年，海南省金融基础设施建设稳步推进，支付体系监督管理持续深入，支付环境继续改善，社会信用体系进一步完善，反洗钱监管效力不断提升，增强了金融体系稳健性。

（一）支付体系稳健运行

1. 支付系统保持平稳高效运行，第二代支付系统顺利上线运行

2013 年，全省支付系统共处理支付业务 19 975.42 万笔、金额 137 063.22 亿元，同比分别增长 13.78% 和 15.44%。其中，大额实时支付系统处理业务笔数、金额同比分别增长 19.14% 和 23.47%；小额批量支付系统处理业务笔数同比下降 6.04%、金额同比增长 27.44%；银行业金融机构行内支付系统处理业务笔数同比增长 11.58%、金额同比下降 0.91%；银行卡跨行支付系统处理业务笔数、金额同比分别增长 19.43% 和 48.99%。2013 年支付系统更新换代工作圆满完成，第二代支付系统顺利上线运行。

2. 非现金支付工具平稳发展

2013 年，全省非现金支付业务量平稳增长，累计办理非现金支付业务 37 711.33 万笔、金额 60 290.2 亿元，同比分别增长 18.71% 和 22.09%。

3. 农村支付服务环境建设效果显著

一是推广银行卡助农取款服务，改善农村用卡环境。截至 2013 年末，共布放助农取款服务点 3 371 个，覆盖全省行政村，2013 年助农取款服务点发生的取款笔数和金额分别为 26.36 万笔和 12 175.95 万元。二是持续扩大支付系统覆盖面。截至 2013 年末，接入人民银行支付系统的农村地区金融机构及分支机构共有 635 个，接入比例为 73.58%，有效畅通了农村地区资金汇划渠道。三是加强改善农村支付服务环境宣传。2013 年，共组织辖内银行业金融机构在农村地区开展宣传 68 次，投入宣传人员 6 060 人次，发放宣传单及海报 172 700 份，有效提高了农村居民对非现金工具的认识。

（二）征信体系建设不断完善

2013 年，海南省大力提高征信管理与服务水平，全面推进征信制度、征信管理、征信市场、征信宣传教育和社会信用体系建设，征信体系建设不断完善。

1. 机构信用代码工作逐步深入，贷款卡发放核准工作稳步提升

2013 年，机构信用代码信息核查工作力度加大，切实保障数据录入质量，全年全省累计发放机构信用代码 30 000 余份。2013 年，全省累计办理贷款卡 30 768 户，剔除中小企业、自然人和境外贷款卡数，实际贷款卡存量为 18 998 户。2013 年全省贷款卡申办 1 998 户，年审近 5 000 户，贷款卡年审率进一步提高。

2. 征信业务数量不断增长，信用信息应用程度逐步提高

截至 2013 年末，海南省征信数据入库自然人上升到 4 469 648 人，同比增加 65 900 人；个人信用报告查询量成倍增长，全省查询 506 335 笔。海南企业借款人入库数为 31 107 户，同比增加 2 100 户。全省人民银行及金融机构查询企业信用报告次数为 97 611 次，同比增加 7 232 次，查询网点数 665 户，查询用户 645 户。

3. 信用体系建设稳步推进，金融生态环境优化

截至 2013 年末，全省共采集企业非银行信用信息 14 939 条，企业非银行信息入库 13 593 条；按月采集个人非银行信息超过 13 万条，成功加载入库个人非银行信息超过 10 万条。已建立信用档案的农户有 79 822 户，被评定为信用农户的有 24 763 户，有 55 923 户建档农户取得银行贷款。

（三）反洗钱工作深入推进，监管效力不断提升

2013 年，中国人民银行海口中心支行实施风险为本的反洗钱监管，创新反洗钱监管机制，提升反洗钱调查工作效能，不断开创海南省反洗钱工作的新局面。

1. 创新三大监管机制，提升辖区反洗钱监管效能

一是创立区域性反洗钱风险提示机制。发出 3 期《反洗钱风险提示》，提示金融机构即时排查和预防关注可能存在的薄弱业务环节或业务流程并采取必要措施预防风险。同时，建立区域性案件要素库，每半年对区域性洗钱类型进行分析。二是创建反洗钱现场巡查机制。综合运用问卷调查、谈话询问、流程演示、情景模拟、穿行测试等方式对 4 家保险公司进行巡查，全面把握和发现问题，及时帮助金融机构完善反洗钱管控措施。三是构建金融机构预防洗钱风险窗口前移机制。要求金融机构从完善内控制度入手，着力加强前台、客户经理在风险防范中的第一道关口作用，有效实现洗钱风险早发现、早预防、早遏制、早杜绝，为辖区增强洗钱风险防线夯实了基础。

2. 采取多项举措践行风险为本理念，全面提升金融机构反洗钱工作水平

综合运用现场检查、评估通报、约见高管、走访、巡查、风险提示等多种监管手段，督促金融机构全面履行反洗钱义务。全年共对 22 家金融机构开展现场检查，约见 5 家金融机构高管谈话，走访 21 家金融机构，现场巡查 4 家金融机构，发出风险提示 3 期。采取现场核实与非现场监管、金融机构自评、问卷调查等多种方式对 95 家金融机构进行综合评估并汇总通报。

3. 运用三大工作方法，增强反洗钱调查工作针对性和有效性

一是对重点可疑交易报告采用交易数据分析、互联网搜索、企业注册信息系统查询、委托调查等方式进行综合加工和深加工，挖掘情报价值。二是与省检察院、海关等单位构建双边协作机制，进一步增强辖区反洗钱工作合力。三是共同研判，齐力协作，案件侦破成果显著。2013 年，共处理重点可疑交易报告 26 份，开展调查 31 次。向反洗钱监测中心上报研判线索 2 个，向公安机关移送线索 1 个，向海南省工商局移送线索 1 个，指导金融机构直接向公安机关报案 6 起。协助海口海关侦破"6·4"特大走私农产品案。

五、总体评估与政策建议

（一）总体评估

2013 年，面对复杂多变的国内外经济金融环境的挑战，海南省经济实现平稳较快增长，运行质量和效益稳步提升，调结构转方式持续优化，区域发展协调性增强，民生保障加强，物价有效控制，综合经济实力增强，为区域金融稳定发展创造了良好环境。海南省金融业积极支持实体经济发展，服务水平有效提升，运行质量不断改善，全年金融业完成增加值 151.64 亿元，比上年增长 16.0%，

有力地支持了海南省国际旅游岛建设。

总体来看，2013年，虽然部分领域和少数金融机构存在一些风险隐患，但风险可控，海南省金融稳定状况良好，全年未发生系统性风险事件，金融体系保持了稳健运行。

（二）政策建议

1. 优化信贷结构，提高风险管理水平

针对海南省银行业金融机构普遍存在授信集中度较高问题，各银行业金融机构特别是地方中小法人银行业金融机构应根据自身特点找准发展定位，建立与自身能力和资源相匹配的客户群体，加大对中小企业的扶持力度，提高对中小企业金融服务专业化水平，降低对大企业、大项目的过度依赖。同时，各银行业金融机构在信贷投放、存贷款期限匹配方面加强适时调节和管控，防范风险的过度集中。

2. 强化重点领域风险管控，突出防范系统性、区域性风险

引导银行业金融机构提高风险防范的前瞻性，加强对贷款分类迁徙度和偏离度的考核，强化对新发生关注类贷款的监测分析和细化管理，关注不良贷款反弹迹象，合理控制风险；继续加强对房地产行业、政府融资平台等重点领域和行业的信贷风险管控，持续监测表外业务风险；切实做好对区域性、系统性风险和重大代偿性风险的监测、分析、预警，推动风险管控关口前移。关注地方法人金融机构经营稳健性，督促其健全法人治理结构和全面风险管理机制，加强内控机制建设，实现可持续发展。密切监测具有融资功能的非金融机构、第三方支付机构及民间融资活动发展中出现的不规范行为，增强风险敏感性，防范非正规金融及相关领域风险向金融体系传导。关注交叉性金融业务发展中存在的突出问题，防止风险跨行业、跨市场、跨区域传染。

3. 发展多层次资本市场，推进资本市场规范发展

一是以新股发行体制改革为导向，做好上市后备企业培育工作，培育具有海南特色和比较优势的上市后备资源，争取多家企业首发上市；支持上市公司通过增发、配股、发行公司债券等方式实现再融资；鼓励上市公司资产重组，优化上市公司资产结构。二是支持企业到"新三板"挂牌；鼓励企业通过企业债、银行间市场债务融资工具、中小企业私募债等方式开展债券融资。三是上市公司要夯实公司治理基础，加强内部控制，重视信息披露行为规范，以规范促发展。四是支持证券期货公司通过增资扩股、开展新业务等方式增强实力；同时证券期货机构要进一步加强合规、风险控制和信息系统安全，提高规范运作水平。

4. 优化保险业务结构，实现保险业务可持续发展

一是引导人身险公司由重规模、轻品质的粗放型发展方式向有效益、可持续的内涵型发展模式转变，推进银行代理业务和期交业务产品的转型发展，提高保障型产品的业务占比，建立更为合理的产品结构和渠道结构，提高盈利能力；跟踪监测退保动态，完善退保风险应急管理体系，提高退保风险处理时效，及时防范和化解退保风险。二是根据非车险类险种的不同特点，支持财产险公司在农业保险、旅游险、工程险、企财险和责任险等领域自主开发区域性保险产品，改善业务发展长期依赖车险业务的局面；建立农业保险基层服务体系，地方政府部门要认真履行职责，与保险机构相互配合支持，形成合力，共同做好农业保险的服务、宣传和承保工作，推动农业保险健康可持续发展。三是发挥市场在配置保险资源中的基础性作用，鼓励保险机构在经营管理、销售渠道和产品服务等方面进行创新，优化产品结构，提高市场竞争力，提高保险业参与地

方经济的广度和深度。四是加大整治保险市场违法违规行为和损害行业整体形象的行为，切实保护保险消费者权益。

总　　纂：曹协和
统　　稿：鄂　锋　黄明理　郑才林
执　　笔：陈太玉　蓝文兴　符瑞武　郭　雁　吴志贵　王晓勃
　　　　　潘文娣　何志强　何雁明　邹　炜

重庆市金融稳定报告摘要

2013 年，面对日趋复杂的内外部形势及经济下行压力，重庆以结构调整为主线，加快推动发展转型，经济金融保持协调发展的良好态势，金融支持实体经济发展成效不断显现，对重点领域及经济发展薄弱环节的资金保障力度持续加大。金融基础设施运行稳定，为维护金融稳定提供了良好的机制环境。金融管理部门以推进监管协作为工作抓手，进一步丰富和完善防范金融风险工作机制，有效应对和化解了冲击辖区金融稳定的各种因素和问题，对促进重庆经济金融健康发展，维护辖区金融稳定发挥了重要作用。

一、区域经济运行与金融稳定

2013 年，重庆进一步贯彻中央稳经济、调结构、控通胀的宏观经济调控政策，统筹推进新型工业化、城镇化和农业现代化，经济结构优化调整富有成效，实现了经济增长质量和效益双重提升。经济总体运行良好，保持了稳步发展态势，为辖区金融稳定奠定了良好基础。

（一）经济运行情况

1. 经济呈现回稳态势，三次产业发展协调性增强

2013 年，重庆实现地区生产总值 12 656.69 亿元，同比增长 12.3%，较上年下滑 1.3 个百分点，为 2007 年以来的最低增速，但较全国平均水平高出 4.6 个百分点。经济增速继续保持全国前列，人均地区生产总值继续保持高于全国平均水平的发展态势。分产业看，第一产业增加值 1 002.68 亿元，同比增长 4.7%；第二产业增加值 6 397.92 亿元，同比增长 13.4%；第三产业增加值 5 256.09 亿元，同比增长 12.0%。三次产业增加值比例由上年的 8.2∶53.9∶37.9 调整为 7.9∶50.5∶41.6，分别拉动重庆经济增长 0.5 个、6.7 个和 5.1 个百分点。其中，第二产业对经济的拉动力度较上年降低 1.7 个百分点，第三产业的拉动作用较上年提高 0.4 个百分点。

2. 经济结构趋于优化，发展效益进一步提升

投资、消费、区域净出口对重庆经济增长的贡献率更加均衡，投资增速放缓，消费和区域净出口对经济贡献上升明显。全年完成固定资产投资 11 205.03 亿元，同比增长 19.5%，略高于全国平均水平 0.2 个百分点，但较上年同期回落 3.4 个百分点；实现社会消费品零售总额 4 511.77 亿元，同比增长 14.0%，比全国平均水平高 0.9 个百分点；实现进出口总额 687.04 亿美元，同比增长 29.1%，比全国平均水平高 21.5 个百分点。行业方面，以笔记本电脑制造为龙头的电子设备制造业以及汽车制造业表现突出，产值较上年分别增长 22.9% 和 20.6%，二者合计占规模以上工业总产值的 37.3%，对全市工业增长的贡献率达 49.7%。

3. 物价水平总体平稳

全年居民消费价格指数（CPI）同比上涨2.7%，较上年同期上升0.1个百分点，连续2年控制在3%以内。食品、衣着、居住类价格仍是影响重庆居民消费价格总水平的主要因素，其中食品价格上涨4.1%，衣着价格上涨6.3%，居住类价格上涨2.8%。工业生产者出厂价格指数（PPI）同比下降2%，连续18个月同比负增长。逐月看，CPI呈现攀高回稳的M形走势，PPI则呈现探底回升走势。

4. 房地产市场运行平稳，刚需带动房市整体回升

全年房地产开发投资完成3 012.78亿元，同比增长20.1%。在刚性需求带动下，房地产消费继续保持良好景气度，商品房销售额和销售面积保持较快增长，房价有所回升。全年商品房销售面积4 817.56万平方米，同比增长6.5%；销售额2 682.76亿元，同比增长16.8%；新建商品住宅价格指数同比上升9.5%。

5. 企业经济效益稳步提升，居民收入结构持续改善

工业经济效益明显提升。规模以上工业企业利润总额达878.43亿元，同比增长42.5%，高于全国平均水平28个百分点。工业经济效益综合指数257.8%，较上年提高23个百分点。

城乡居民收入差距进一步缩小。城镇居民家庭人均可支配收入25 219.02元，较上年增加2 248元，同比增长9.8%；农村居民家庭人均纯收入8 332元，较上年增加949元，同比增长12.9%，继续保持快于城镇居民收入增长的态势。

6. 财政收入平稳增长，民生领域支出增速继续加快

全年实现地方财政收入3 429.2亿元，同比增长9.27%，较上年提高1.4个百分点。其中，公共预算收入1 692.9亿元，同比增长15.5%；基金预算收入1 668.3亿元，同比增长16.4%。全年财政支出4 533.5亿元，同比增长13.3%，较上年降低0.84个百分点。其中，公共预算支出2 857.0亿元，同比增长4.4%。民生领域支出结构继续保持优化。全年在教育、医疗卫生、社保就业方面的财政支出共计1 066.8亿元，占全部公共预算支出的34.9%，占比较上年提高0.86个百分点。

7. 民生投资准入进一步拓宽，经济活力不断提升

随着经济领域的不断开放和改革深化，民间资本活力得到不断释放。从投资角度看，全市民间投资完成5 161.4亿元，占全市投资总量的46.1%，比2012年提高3个百分点。民间投资同比增长27.7%，对全市投资的贡献率为61.4%，拉动全市投资增长11.9个百分点。

（二）值得关注的问题

1. 经济结构有待进一步优化

目前，重庆经济发展的内生动力仍显不足，科技创新能力不强，市场机制发育不够，民营经济单体规模和竞争力亟待提升。同时，在经济优化调整过程中还面临资源环境约束加剧，能源调度和要素保障难度加大，落后产能淘汰进展缓慢以及节能减排任务艰巨等问题。

2. 传统支柱产业增长缓慢，部分新兴产业未来发展压力增大

在国际市场需求回暖有限、国内经济下行压力依然存在的大环境下，全市产业经济发展仍面临部分主要行业增速放缓等问题。一是传统支柱产业增长缓慢，培育新业态及新增长点显得十分迫切。除汽车外，全市装备制造业、化医产品制造业、材料制造业、有色金属冶炼及压延加工业等传统支柱行业还持续低迷，对全市经济发展的支撑明显减弱，寻找并培育新业态及新增长点成为激发未来

经济活力的关键。二是信息产业面临市场需求下降风险增大。据全球最权威的 IT 研究与顾问咨询公司高德纳（Gartner）预测，2013 年传统台式机和笔记本电脑出货量同比下滑 7.3% 左右。今后，重庆笔记本电脑基地的发展不仅面临欧美市场需求下降的风险，还将面临激烈的产品创新挑战，信息终端产品多元化、产品结构升级调整和价值链延伸步伐亟待加快。

3. 企业盈利的可持续性值得关注

一方面，全球经济环境仍然复杂多变，各国贸易和投资保护主义呈现加剧之势，支撑笔记本电脑等出口的外部需求仍欠稳固；随着全国范围汽车购置优惠、家电以旧换新政策的退出及房地产调控的深化，汽车、家电、房地产等传统产业面临需求乏力问题。另一方面，在国际大宗商品价格波动、国内农产品价格波动以及市场通胀预期持续不减等因素影响下，企业各项成本费用不断上涨，企业供应链条总体成本上涨压力会进一步增大。此外，利率市场化改革可能在一定时期内导致企业贷款利率上升，加大重庆国有企业、民营企业债务负担，利润空间受到进一步挤压，实体经济融资难、融资贵的问题没有显著改善，所面临的盈利增长环境日趋复杂。

4. 财政收支平衡压力不断增大

目前，在国内外宏观经济运行放缓、经济结构调整以及政府改革背景下，政府财政收支平衡压力增大。2013 年重庆财政收支缺口进一步增加，伴随政府性债务临近偿还高峰以及保民生发展的刚性支出，财政收支压力凸显。在一段时期内，重庆财政收入重拾高增长可能性较小，地方财政尤其是区县财政收支平衡问题值得关注。

二、金融业与金融稳定

2013 年，重庆金融业保持良好发展势头。金融业的支柱产业地位不断巩固，金融业增加值占地区生产总值比重进一步提高到 8.4%。金融支持实体经济转型升级和民生发展取得了明显成效，直接、表外融资成为拉动社会融资规模增长的主力。区域性金融中心建设稳步推进。金融业稳健运行，风险状况整体可控，经营转型稳步推进。银行业盈利水平与资产质量继续改善，法人机构资本充足。证券业保持稳定，业务创新发展加快，证券市场直接融资额同比大幅上涨。保险业规模平稳增长，业务结构优化调整，民生保障作用不断增强。

（一）银行业稳健性

2013 年，重庆银行业贯彻落实宏观调控各项要求，支持实体经济转型升级和民生发展，取得了明显成效。主要运营指标保持良好，金融风险整体可控。但受经济周期性下行和转型调整压力加大、同业竞争加剧和金融脱媒加快等因素影响，部分行业和地区在发展过程中累积的脆弱性不容忽视，需要密切监测和防范潜在的风险隐患。

1. 银行业运行分析

（1）机构数量继续扩张，资产规模和质量稳步提升。2013 年 12 月末，重庆银行业金融机构（分行或法人）数量达到 88 家，较上年增加 10 家。银行业资产总额 32 347.7 亿元，同比增长 15.1%。其中，各项贷款余额 18 005.7 亿元，同比增长 15.5%，较上年同期回落 2.7 个百分点，处于合理增长区间，符合稳健货币政策要求。人民币贷款在社会融资规模中占比为 44.2%，低于全国水平 7.2 个百分点，不良贷款继续保持"双降"，不良贷款余额 68.8 亿元，不良贷款率 0.38%，同比分别下降 4.8 亿元和 0.09 个百分点。

（2）利润增速回升，法人机构资本充足水平提高。在表外和中间业务快速发展、贷款议价能力逐渐增强、同业资金业务活跃以及基数较低等因素影响下，银行利润增速回升。全年实现税后净利润 539.6 亿元，同比增长 24.6%，较上年同期高 7.5 个百分点，平均资产利润率 1.78%，较全国平均水平高 40 个基点。2013 年，受益于上市融资、发债和利润增长，重庆银行、三峡银行和重庆农商行 3 家法人银行机构加权资本充足率 12.2%，较年初提升 70 个基点，29 家村镇银行整体加权资本充足率 21.1%。法人银行机构整体拨备覆盖率 420.5%，高于全国 138 个百分点，风险缓释能力较强。

（3）信贷结构持续优化，促进实体经济和民生发展。2013 年，全市银行业金融机构继续坚持"有扶有控、有保有压"的原则，"盘活存量，用好增量"，增强金融资源配置的合理性，信贷结构进一步优化。新增贷款主要投向实体经济、中小微企业、涉农以及保障性住房建设等重点和民生领域，房地产业和融资平台贷款增速回落，各类保障性住房建设项目贷款余额同比增速高于同期房地产开发贷款增速 6.9 个百分点，公租房贷款余额突破 200 亿元，列全国第一位。

（4）理财信托等创新业务发展迅速，表外融资成为拉动社会融资增长主力。银行与信托、证券、私募、资产管理公司的业务合作不断升级，带动表外融资呈现爆发式增长态势。全年社会融资规模达 5 031 亿元，其中委托贷款、信托贷款、未贴现银行承兑汇票净增融资 1 492 亿元，对单位中长期贷款的替代作用明显，占社会融资规模的比重由 2012 年的 26% 上升至 33%。表外银行理财资金余额同比增长 55%，增速高于各项存款增速 37.8 个百分点，全年累计募集资金 9 600.6 亿元，净募集资金 515.4 亿元。

（5）体制机制改革稳步推进，核心竞争力不断增强。一是政策性银行公司治理结构不断完善，积极探索商业化模式，对政策性与商业性业务实行分类管理、分别考核，真实反映不同类别业务的成本收益情况。二是商业银行继续建立健全经济资本配置和贷款定价机制，核心竞争力有所增强。一方面优化经济资本配置方案，有效匹配业务发展计划；另一方面，积极完善内部收益率曲线，构建适宜的市场化定价基准。辖区内六成法人机构利率市场化承受力较 2012 年有所提高，重庆农商行存款定价能力居全国农村金融机构前列。

（6）风险管理体系不断完善，金融风险整体可控。2013 年，全市各金融机构兼顾发展速度、质量和效益，风险意识明显增强，风险管理体系不断完善。一是金融机构积极贯彻落实监管部门防范系统性、区域金融风险的指导意见，进一步加强对融资平台、房地产和产能过剩行业贷款的风险管理。二是加强资产负债管理，强化资本风险约束、合理控制杠杆比率，加强内部压力测试，制定应急管理预案，有效应对市场波动和流动性风险。

2. 需要关注的问题

（1）经济转型中信用风险上升，部分行业和地区信贷质量堪忧。虽然当前重庆银行业机构经营总体稳健，不良贷款率处于较低水平，但在经济周期调整和结构转型的大背景下，重庆钢铁、水泥、化工等"两高一剩"行业经营困难，财务风险逐步暴露。一些房地产企业负债率明显偏高。小微企业发展失衡加剧，58.6% 的小微企业利润同比下滑，亏损率达到 41.4%，不良贷款余额 18.4 亿元，在全部企业不良贷款中占比为 59.7%。江浙等沿海地区形成的债务链金融风险有向内地跨区域传染的趋势，重庆涪陵、黔江等地出现多起贷款损失事件。受此影响，2013 年 10 月以来，部分银行信贷质量出现下滑，不良贷款"双升"迹象明显，信托资产质量也出现劣化趋势。人民银行重庆营业管理部第四季度银行家问卷调查显示，银行企业客户逾期贷款指数为 45.54%，分别较第三季度和上年同期上升0.9个和2.68个百分点。

（2）融资平台贷款集中偿付压力增大，部分区县政府债务负担较重。重庆融资平台全口径债务余额偏高，不少平台通过银行、银行间债务市场之外的渠道融资，债务负担较重。从增量看，2013年融资平台贷款融资较年初下降30亿元，新增融资全部来源于非贷款渠道。融资渠道的多元化加大了债务统计和风险识别的难度，"拆东墙补西墙"成为政府平台缓释债务风险的重要手段。2014年初重庆市审计局公布的审计报告显示，区县政府负有偿还责任的债务增长较快，部分区县和行业债务负担较重，政府性债务偿还对土地出让收入的依赖程度较高，部分区县和单位存在违规融资、违规使用政府性债务资金等问题。

（3）同业竞争加剧和金融脱媒加快，传统银行业生存环境日益复杂化。一是内外竞争日趋激烈，金融脱媒加快发展，金融业竞争格局和盈利模式正发生深刻变化。当前金融业市场准入、利率汇率等资金价格正在逐步放开，全市各类民营资本发起设立民营银行的积极性很高，小贷公司、村镇银行等业务扩张也对银行客户资源形成分流。此外，2013年，互联网金融急剧扩张，国内各大科技、电商巨头纷纷进军金融业，脱媒化进程加快，对传统银行业务的冲击日益显现。二是部分金融机构传统思维、惯性操作特征明显，业务升级和转型压力增大。当前重庆市部分银行机构高端人才储备和转型意识不足，综合化经营、资产财富管理和技术含量高的中间业务能力不足，经营粗放化特征较为突出，可能难以适应金融业竞争生态快速发展变革所带来的挑战。三是表外融资拉高企业融资成本，金融风险值得关注。银行等金融机构通过表外融资方式规避金融监管使资金运转链条拉长，实体经济融资成本不断抬高，同时，表内资产表外化暂时隐匿了信贷风险，但长期来看，风险积累的系统性特征进一步加剧。

（二）证券业稳健性

2013年，重庆证券业整体保持平稳运行，未出现明显威胁区域金融稳定的风险。但辖区证券行业规模小、直接筹资功能弱、违法违规情况时有发生等问题依然存在，同时，随着证券行业创新业务的快速发展，金融同业交叉风险不容忽视。

1. 证券业运行分析

（1）证券机构数量保持稳定，市场交易活跃度上升。截至2013年12月末，全市共有1家法人证券公司、141家证券营业部、4家期货公司、28家期货营业部、1家基金管理公司、1家证券投资咨询公司。全年，受市场回暖的影响，股票期货市场交易活跃度上升。证券经营机构累计代理证券交易额14 349.3亿元，同比增长51.8%，期货经营机构代理商品期货交易额97 873.6亿元，同比增长56.0%；股票投资者开户数203.3万户，同比增长5.8%，期货投资者开户数7.06万户，同比增长19.9%。

（2）上市公司市价总值增长明显，直接融资额同比大幅上涨。截至2013年12月末，重庆辖内上市公司（境内A股、B股）37家，与上年持平。上市公司市价总值2 805.99亿元，同比增长28.39%。全年证券市场累计直接融资金额165.98亿元，同比增长98.5%。其中，沪深股票市场融资131.23亿元，同比增长337.4%；公司债融资15亿元，同比下降69.3%；中小企业私募债券融资19.75亿元，同比增长311.5%。

（3）区域OTC市场快速发展，企业融资额大幅增长。截至2013年12月末，重庆OTC挂牌及展示企业达146家，较年初增加46家，总股本44.45亿股，同比增长27.9%，总资产151.6亿元，总市值 123.1 亿元。2009 年至今，累计帮助托管挂牌企业融资 152.76 亿元，同比增长 93.61%。其中，股权质押贷款 137.66 亿元，对接私募基金融资 6.82 亿元，定向增发融资 8.08 亿元，私募债融资 0.2 亿元。托管企业达 654 家，托管股本 560.7 亿股，同比分别增长 54.9% 和 30.6%。

（4）法人机构运营稳健，创新业务快速发展。截至 2013 年 12 月末，西南证券资产总额 296.52 亿元，同比增长 72.14%，全年实现净利润 4.81 亿元，同比增长 41.82%。4 家法人期货公司资产总额 31.98 亿元，同比增长 18.27%，实现盈利 7 045 万元，同比增长 20.30%。新华基金管理基金产品 14 只，较上年同期增加 5 只，基金管理规模 101.43 亿元，较上年同期减少 15.37 亿元，同比下降 13.15%。创新业务发展迅速。西南证券资产管理业务净收入 5 822.92 万元，同比增长 70.96%，其中，定向资产管理业务净收入 2 800.42 万元，同比增长 249.37%；集合资产管理业务净收入 3 022.5 万元，同比增长 16.1%。融资融券利息净收入 1.24 亿元，同比增长 215.12%。新华基金创新基金设立模式，采用发起式设立债券基金，积极探索建立公司高管、基金经理和投资者利益一致的约束机制，创新步伐加大。

2. 需要关注的问题

（1）资本市场规模仍然偏小，直接筹资功能较弱。2013 年，重庆市股票市场直接融资额仅占全国的 2.08%，仅为同期重庆市社会融资规模的 2.61%。相对于重庆经济的快速发展，上市公司数量的增长比较滞后，现有上市公司总数仅占全国总数的 1.48%；"新三板"挂牌企业 4 家，全国占比仅 1.19%。年末资产化率为 22.3%，远低于全国 48.9% 的平均水平。资本市场的层次也不够丰富，服务型科技型中小企业偏少，大批中小企业通过资本市场获得资金的通道还不够通畅。

（2）证券公司资产管理业务蕴藏风险因素，可能放大银行体系风险。目前，定向类资产管理产品主要由商业银行委托，证券公司作为资产管理人对资金运用风险并没有承担责任，仅作为商业银行转移表内资产、规避监管约束的通道。这类银证合作模式规避规模和投向限制，带来风险传导机制不透明的问题，加大了极端情况下金融体系的脆弱性，以及风险跨行业、跨市场传递的可能，埋下银行体系系统性风险隐患。此外，在产品运作中，个别集合资产管理计划潜在风险突出，有的资管计划产品投资收益远低于业绩比较基准，导致客户退出比例高，对后续资金运作形成较大流动性压力。

（3）证券期货经营机构核心竞争力不强，创新能力依然不足。目前，重庆辖区证券期货经营机构门类较为齐全，从业机构数量不少，但核心竞争力不强，创新能力虽有进步，但仍显不足。西南证券在分类评级中连续两年获得 A 类 A 级，整体实力处于全国中游，公司创新发展水平和全国先进券商仍存在较大差距。新华基金资本实力弱，研发能力不足，基金管理规模在全国 73 家基金公司处于中下游。期货公司 BBB 类 1 家，CCC 类 1 家，C 类 2 家，也居全国中等水平，并且期货经营机构人才问题较为突出，有影响力的研发团队极少，缺少过硬的拳头产品，信息系统安全情况则参差不齐，个别机构较为落后。

（4）证券市场违规违法行为时有发生，行业秩序仍需规范。重庆市证券期货业的竞争日益加剧，部分证券期货经营机构采用不合规手段获取市场份额，损害投资者利益，对市场秩序造成了一定的不良影响。例如，个别证券机构在证券营销中非现场开户或开空户，在经纪业务中诱使客户频繁交易，中后台参与营销或代客理财，违规开展中介融资等。此外，一些非法证券活动依然存在，非法中介、非法发行、非法证券投资咨询、非法委托理财、非法期货活动和非法证券投资基金活动时有出现，干扰了正常的行业经营秩序，不利于证券期货业的稳定良性发展。

（三）保险业稳健性

2013 年，重庆保险业运行平稳，行业规模稳步扩大，保障能力稳步提升，服务经济社会发展的作用不断增强。但银保产品售后纠纷增多、代销环节责任追究机制缺失、基层网点应急处置缓慢、农业保险发展不平衡等问题仍然突出。

1. 保险业运行分析

（1）保险机构数量保持稳定，市场运行总体平稳。截至 2013 年 12 月末，全市有法人保险公司 3 家、省级保险分公司 41 家、专业保险中介法人机构 26 家、保险兼业代理机构 5 333 家。行业总资产 929.88 亿元，同比增长 11.07%。全年实现原保费收入 359.23 亿元，同比增长 8.52%，规模居全国第 18 位、西部第 3 位。其中，产险公司原保费收入同比增长 19.75%，增速较全国水平高出 2.55 个百分点；寿险公司原保费收入同比增长 3.53%。保险深度 2.84%，与上年基本持平；保险密度 1 209.54 元/人，同比增加约 81 元。

（2）业务结构持续优化，偿付能力保持充足。从产险公司看，车险原保费收入 91.2 亿元，占比 74.81%，较上年同期下降 1.87 个百分点；农业保险原保费收入 2.66 亿元，占比 2.18%，较上年同期提高 0.31 个百分点。从寿险公司看，分红险原保费收入 184.53 亿元，占比 77.76%，较上年同期下降 12.34 个百分点。截至 2013 年 12 月末，3 家法人保险机构偿付能力充足，安诚财险受新增资因素影响，偿付能力充足率较上年提高 163.25 个百分点，达到 1 333.53%；利宝产险偿付能力充足率 190%；中新大东方人寿偿付能力充足率 488.47%。

（3）保障能力稳步提升，服务实体经济力度不断加大。全年累计赔款给付 124.6 亿元，同比增长 35.8%。农业保险赔款支出 1.73 亿元，同比增长 65.9%；小额人身保险和外出农民工意外险承保 29.2 万人，同比增长 67.8%；小额贷款保证保险全面覆盖全市 38 个行政区县，为小微企业提供信用风险保障，实现贷款发放 4.47 亿元，同比增长 461.6%；出口信用保险为 417 家在渝企业提供出口货物收汇风险保障 29.44 亿美元、国内贸易信用保障 30.9 亿元人民币，同比分别增长 13.9% 和 14.2%。年内市政府出台《重庆市城乡居民大病保险暂行办法》，确定 5 家在渝保险机构共同经办全市业务，全年保费合计约 6.74 亿元。

2. 需要关注的问题

（1）银保产品售后纠纷增多，相关责任追究机制缺失。调查显示，在银保产品售后投诉纠纷处置中，87.5% 的寿险公司单方面承担了全部处置责任以及相应的经济损失，未主动追究银行销售环节可能存在的错误、误导销售问题；在银、保双方签订的合作协议中，93.75% 的协议对银行作为销售主体应当承担的责任表述模糊，导致代销机构激励约束机制失衡，容易助长滋生新的销售误导、诱导行为。销售环节责任追究机制的缺失，导致代销机构激励约束机制失衡，银行在利益驱动下，为销售更多保单获取代理费用，容易助长滋生新的销售误导、诱导行为，埋下产品退保及给付纠纷隐患。

（2）基层网点应急处置反应迟缓，群访群诉时有发生。目前，大部分银保双方都建立了业务投诉纠纷应急处置联动机制，但在实际处理时，75% 的寿险公司认为代销银行网点落实银保产品投诉纠纷首问负责不到位，存在不同程度的推卸责任以及错误引导行为，造成保险公司在后续处理时协谈困难，处理被动。县域及以下地区尤其是偏远乡镇网点更为突出，2013 年重庆辖区处置的银保产品投诉纠纷六成以上集中发生在区县以下区域。代理银行网点首问不负责，应急处置反应迟缓，容易错过纠纷处置最佳时机，甚至导致零星投诉纠纷扩散蔓延成群访群诉事件，造成事态扩大升级。

（3）农业保险发展仍不平衡，相关配套亟待加强。目前，重庆农业生产的产业化、规模化、标准化程度偏低，且受制于保险公司管理水平和技术条件，能得到的保险保障服务仍有限。同时，保险公司自身相关经验不足，未与农业等有关部门形成有效联动，在灾害预警、灾害预防、提供减损建议等"前端服务"方面比较欠缺。从事农险业务风险分析的专业人才几乎没有，导致承保时信息采集不全，理赔标准化程度较低。此外，由于各区县间、各部门在认识和重视程度上存在差异，部门职责不清，协作难度较大，相关制度建设亟待加强。

三、金融市场运行与金融稳定

2013年，重庆金融市场运行总体平稳，市场流动性稳中趋紧，利率水平明显走高，银行间市场融资规模倍增，票据、外汇、黄金市场交易日趋活跃。在货币政策持续稳健和监管加强的背景下，需要关注金融市场同业业务快速发展面临的利率风险和流动性风险。

（一）金融市场运行情况

1. 银行间市场交易量同比下降，市场利率总体上波动走高

银行间市场交易量同比下降，货币市场利率总体上波动走高。全年银行间市场累计成交25 048.5亿元，同比减少3.7%；净融入资金5 246.4亿元，同比减少17.0%。其中，同业拆借交易累计成交3 416.0亿元，增长106.6%；债券回购交易累计成交18 596.4亿元，同比减少7.9%；现券交易累计成交3 036.2亿元，同比减少27.0%。受市场资金面前松后紧影响，货币市场利率呈前低后高运行态势，2013年5—6月受银行间市场资金面收紧影响，同业拆借和债券市场利率均创出近两年新高，之后市场流动性紧张状况有所缓解但仍处于相对偏紧状态，市场利率短期回调后仍呈现高位震荡。

2. 直接融资大幅增长，对实体经济发展的支持作用明显加强

2013年，全市共发行银行间市场债务工具63只，覆盖16个行业，融资516亿元，同比增长103.5%，加权利率5.72%，低于贷款加权利率135个基点，显著减少了企业财务成本，成为直接融资的重要来源。2只公租房建设定向票据率先在银行间市场交易商协会成功注册，成为全国公租房领域首次获批的定向票据。两江新区、綦江区5家中小企业成功发行首期区域集优集合票据，融资3.5亿元，为中小企业融资开辟了新渠道。企业债券融资呈现多元化，其中企业债163亿元，公司债15亿元，中小企业私募债14.75亿元。重庆市合川金信小额贷款有限公司成功在重庆股份转让中心发行2 000万元私募债券，成为继温州之后全国第二单小贷公司私募债。

3. 票据交易保持活跃，市场利率震荡走高

2013年，全市金融机构票据承兑年累计发生额5 657.3亿元，同比增长25.3%；票据承兑余额2 512.7亿元，同比增长15.2%。票据贴现年累计发生额37 966.9亿元，同比增长41.6%；票据贴现余额324.9亿元，同比减少15.2%。受银行间市场流动性变动影响，票据贴现利率震荡走高。第四季度，重庆市金融机构票据贴现加权平均利率5.67%，较第一季度和上年同期分别上升1.04个和0.69个百分点。

4. 银行结售汇总额创新高，银行间外汇市场交易量成倍增长

2013年，重庆市银行结售汇总额首次突破400亿美元，达到422.8亿美元，创历史新高，同比

增长 30.2%。其中，结汇 243 亿美元，同比增长 50.7%；售汇 179.8 亿美元，同比增长 9.9%；结售汇差额由 2012 年的逆差 2.4 亿美元转为顺差 63.2 亿美元。截至 2013 年 12 月末，重庆市辖内共有银行间外汇市场会员 12 家，交易币种包括美元、欧元、日元、港元、英镑、加拿大元、澳元和卢布 8 种，全年各币种交易折合 40 亿美元，同比增长 1.8 倍。

5. 黄金价格震荡走低，市场交易量平稳增长

2013 年，国际黄金市场价格震荡下跌，年末收于 1 201.5 美元/盎司，较上年末下跌 462.5 美元/盎司，跌幅为 27.8%。国内金价与国际金价走势总体保持一致，金价下跌刺激市场投资需求增长。重庆市金融机构各类黄金业务年累计成交额 221.8 亿元，同比增长 12.6%，业务品种更加丰富，涵盖实物金回购与销售、纸黄金业务、代理金交所黄金业务以及黄金租赁和黄金远期等。

6. 新型金融业态快速成长，非银行市场主体更加丰富

区域要素市场交易额超过 1 600 亿元，已建成 12 家交易中心。2013 年全市新增小贷、担保、股权投资类企业 113 家，其中民营资本占 80%。2013 年 12 月末，小额贷款公司发放贷款余额 508.1 亿元，同比增长 67.9%，增量是同期贷款增量的 8.6%。互联网金融扩张加快，支付宝重庆分公司成立，阿里和苏宁小贷公司累放贷款近 400 亿元，同比增长 2.8 倍。力帆积极筹建全市首家民营财务公司。全市首家法人信用评级机构成立。惠普离岸结算中心累计结算量突破 2 000 亿美元，成为重庆结算型金融中心最重要的标志性创新。

（二）需要关注的问题

1. 同业融资功能异化，对金融市场管理和信贷调控带来挑战

当前，金融市场同业融资功能逐步从传统的短期资金融通转向变相信贷融资与追逐资金高盈利，同业创新错综复杂，并呈现爆发式增长和过桥化、异地化、集合化、影子银行化、主体广泛化等新趋势，对市场管理和信贷调控带来巨大挑战。同业融资中大量短期资金被配置同业借款、长期债券投资、买入返售资产等流动性差但收益较高的资产，造成部分法人机构在 2013 年 6 月货币市场波动中出现结构性的流动性紧张，容易引发机构之间、区域之间的风险关联性和传染，且同业创新会计核算主观性和隐蔽性较强，现有金融统计制度不能及时有效地加以识别。

2. 体系外融资多流向限制性领域，违规经营屡禁不止

营业管理部调查结果显示，小贷公司、民间借贷等体系外融资机构短期逐利行为突出，资金融出以"流动资金"、"过桥资金"为主，60% 投向房地产、建筑业等限制性和高负债率行业，削弱宏观调控效果的同时，加大了银行对企业信贷风险的管控难度。由于缺乏有效监管，违规经营现象屡见不鲜。担保公司委托贷款余额大幅超过其净资产的 20%，存在套取银行资金和挪用客户保证金的情况。部分第三方理财机构从纯粹的居间服务演变为非法金融活动，2013 年重庆查处 5 家违规经营"人人贷"的第三方理财机构。

3. 金融要素市场加快发展，业务创新潜伏风险

在地方政府大力推动区域金融中心建设的背景下，重庆近几年成立了多个金融要素市场，2013 年区域性要素市场年交易额超过 1 600 亿元，在优化资源配置方面发挥了重要作用。但是，在各省市激烈竞争环境下，为扩大交易和增加盈利，交易方式、交易产品等市场创新不断推出，有些交易机制和产品设计不符合监管规范，需防范潜藏的风险，避免给交易双方带来损失并由此引发市场风险。

四、金融基础设施与金融稳定

2013 年，重庆金融基础设施继续保持稳定高效运行。支付清算体系进一步完善，结算秩序有效规范，支付服务手段不断创新，支付平台服务不断深化，第三方支付服务市场规范发展，农村支付环境建设深入推进，非现金支付工具服务民生成效显著。征信市场进一步规范，征信系统覆盖面进一步扩大，征信数据库查询使用率显著提高，中小企业和农村信用体系建设深入推进。反洗钱监管手段不断丰富，调查分析力度进一步加大，金融机构反洗钱主动性普遍增强，反洗钱协作机制日益完善。金融消费者权益保护机制运转平台有效搭建，金融消保工作人员业务水平稳步提升。

（一）支付清算体系

1. 支付清算体系建设及运行情况

（1）第二代支付系统顺利上线，同城特色支付平台服务不断深化。第二代支付系统年内顺利上线运行，支付清算平台功能不断优化，满足了社会公众日益增长的多元化支付需求。截至 2013 年末，全市共有 37 家银行、1 645 个网点接入支付系统。全年支付系统共处理业务 4 423 万笔，金额 59 万亿元，同比分别增长 39% 和 17%。其中，大额支付系统共处理业务 1 707 万笔，金额 58 万亿元，同比分别增长 20% 和 17%；小额支付系统共处理业务 2 715 万笔，金额 0.4 万亿元，同比分别增长 40% 和 56%。同城特色惠民支付平台和同城票据交换业务流程整合优化，创新构建"五险一金"等财政性缴款业务新模式，进一步提高同城纸票电子化清算水平。同城特色惠民支付平台日均处理支付业务逾 4 万笔，同比增长 1.5 倍。同城票据自动清分系统参加银行网点达 766 家，日均处理业务 1.3 万笔，清算资金 33 亿元。

（2）非金融机构支付业务监管有效加强，第三方支付市场规范发展。支付监管部门审慎开展非金融机构支付业务行政许可初审工作，指导符合条件的机构做好申领支付牌照的前期准备；推动支付机构创新试点，重庆与京、沪、深等地成为全国首批支付机构跨境电子商务外汇支付业务试点城市。截至 2013 年末，全市共有 4 家本地法人、20 家外地分公司开展业务，比年初新增 13 家，第三方支付市场资源、要素加快集聚，规模效应逐渐形成。

（3）农村支付环境建设深入推进，村域基础金融服务全面覆盖。全面推广银行卡助农取款，彻底消除基础金融服务空白村镇。截至年末，全市办理银行卡助农取款的特约商户增至 10 147 家（其中 4 982 户开通助农存款服务），实现行政村全覆盖，全年共办理助农取款交易 8 万笔，金额 2 166.5 万元。银行卡跨行助农取款创新取得进展，邮储银行重庆分行率先在全市开通服务。重庆成为全国农村地区手机支付试点地区，4 个试点乡镇全年共发展手机支付用户 2 883 户，办理转账汇款、税费缴纳等各类手机支付业务 9.7 万笔，金额 5.3 亿元。现代支付清算网络在偏远农村的覆盖面持续扩大，全年新增 4 家村镇银行接入支付系统，累计接入村镇银行达到 30 家。

（4）银行卡费率下调平稳实施，非现金支付工具服务民生成效显著。全市 35 家银行卡收单机构及银联重庆分公司顺利完成刷卡手续费标准调整工作，实现餐娱类、一般类、民生类刷卡手续费率普遍下调。银行卡市场继续保持健康快速发展态势，截至 2013 年末，累计发行各类银行卡 1.16 亿张，同比增长 25.6%；布放 ATM 1.2 万台，较年初增长 29%；发展特约商户 9.7 万户，同比增长 60%；布放 POS 机终端 13.3 万台，同比增长 47%。实现银行卡刷卡交易 1.3 亿笔，金额 4 984 亿元，同比分别增长 25% 和 59%；银行卡消费占社会消费品零售总额（剔除房地产和批发）比重达 51.6%，较上年提高 8.5 个百分点，高于全国平均水平 3.5 个百分点。办理电子商业汇票出票、承兑、贴现及转贴现业务 2 万笔，金额 764 亿元，同比分别增长 67% 和 1.4 倍。

2. 需要关注的问题

（1）农村支付环境建设长效推进机制尚不完善。近年来，重庆市农村支付服务环境有效改善，对提升农村金融服务水平、促进"三农"发展发挥了积极作用。但农村支付服务环境建设是一个长期的过程，需要通过进一步健全完善长效机制，持续深入推进。特别是要在巩固和完善政府、监管部门、金融机构"三位一体"的联动机制上下功夫，有效提升工作合力。应着眼长远、统筹规划农村支付服务环境建设工作，着力提高各相关部门政策协调性，增强政策合力；通过"银行下乡"费用补贴、税费减免、以奖代补等扶持政策，切实保护金融机构的积极性；实施差别化的市场准入、考核评价等系统性监管政策，建立对支付服务市场主体的正向激励管理机制。

（2）支付市场监管体系尚不健全。目前，日趋激烈的市场竞争使得支付机构突破现有政策限制、寻求新的利润增长点的动机强烈，在当前手续费收入往往不能弥补成本、客户备付金管理十分严格的情况下，支付机构只能将拓展增值业务作为大幅扩大盈利的唯一渠道，甚至已有个别支付机构将业务范围拓展至其他领域。相关监管体系尚未健全完善，监管部门需要针对支付机构的每一类创新业务进行研判和规范，在管理上处于被动地位。为促进第三方支付服务市场健康有序发展，有必要通过建立负面清单制度，明确支付业务创新边界，防范支付风险，维护公众合法权益。

（二）征信体系

1. 征信体系建设及运行情况

（1）征信系统覆盖面进一步扩大，信贷风险防范和支持实体经济的作用有效发挥。截至 2013 年 12 月末，全市接入征信系统的机构达 95 家，涵盖银行、村镇银行、财务公司、汽车金融公司、金融租赁公司、贷款公司、小贷公司等各类机构，其中小贷公司接入 41 家，居全国之首，融资性担保公司接入在全国率先取得突破，征信系统覆盖面进一步提升。征信系统累计收录企业及其他组织信息 21.5 万户、自然人信息 1 628 万条。全年各机构对企业和个人信用查询量分别达到 117 万次和 332 万次，同比分别增长 7.5% 和 3.5%。

（2）网上查询拓宽信用报告查询渠道，个人信用意识显著提高。全年个人信用报告查询量增长迅速，系统共受理现场查询 21.5 万人次，首次突破 20 万人大关，同比增长 82%。同时，重庆试点网上查询个人信用报告，网上注册人数达 10.1 万人。"线下"和"线上"两项查询合计逾 30 万人次，促进了个人信用意识的提高。

（3）中小企业和农村信用体系建设深入推进，有效促进社会信用环境的改善。自 2012 年黔江区建设中小企业信用体系试验区以来，纳入信用培育系统企业 235 户，全年新增 190 户，确立了 3 家金融机构为中小企业信用培育计划试点单位。对通过参与试验区建设获得银行贷款支持的无贷户企业，由财政给予利息补贴。西南地区首个"农村征信系统"在巴南运行顺畅，在 2013 年"信用村（镇）"评选活动中，共有 43 个村申报了信用村。截至 2013 年 12 月末，重庆市涉农金融机构已建立农户信用档案 626.16 万户，占农户总数的 71.4%；已评定信用农户 324.76 万户，评级面达到 51.9%；累计向 388 万户已建立信用档案的农户发放贷款 474.6 亿元，余额 11.1 亿元。

（4）征信市场培育有序推进，信用评级管理改革步入市场化。《征信业管理条例》、《征信机构管理办法》实施后，征信管理部门积极支持符合条件包括民营资本在内的市内企业设立征信机构，年内地方法人评级机构重庆公信达信用管理有限公司成立。对个别评级机构评级作业不规范问题进行督促整改，维护了评级市场秩序。评级业务增长平稳，全年完成信贷市场评级 46 户，备案信用评级进场前材料 90 份。

2. 需要关注的问题

（1）小微放贷机构接入征信系统有待加强。近年来，村镇银行、小额贷款公司等小微放贷机构发展迅速，接入征信系统愿望迫切。但受现行接入方式制约，接入征信系统的小微放贷机构占比较低，未接入征信系统的小微放贷机构不能直接享受征信服务，制约了风险防范能力提升。

（2）信用报告查询渠道亟待拓宽。随着征信系统影响力日益提升和信用报告应用越来越广泛，信用报告已成为企业和个人名副其实的"经济身份证"，由此带来的是信用报告查询量的猛增，重庆柜台查询量年均增幅达 89%，造成征信柜台服务压力持续增大。尽管 2013 年人民银行在全国 9 省市开展了网上个人信用报告查询试点，但网上查询并未从根本上缓解柜台查询压力，需进一步研究拓宽信用报告查询渠道的新措施，有效解决全社会征信服务需求和人民银行柜台查询压力之间的矛盾。

（三）反洗钱体系

1. 反洗钱体系建设及运行情况

（1）反洗钱监管手段不断丰富，监管效能显著提升。内外部评价相结合、合规评价与风险评价相结合、专项评估和年度评估相结合的评估体系不断完善。反洗钱监管部门推动构建解决机构可疑交易防御性报告问题双通道，从机制上提升可疑交易分析报告工作质量。反洗钱分类指导工作逐步加强，对村镇银行、支付机构、证券（期货）及保险机构反洗钱工作要求进一步细化。非现场监管和管理流程进一步规范，重点机构联系制度继续推进。走访、回访工作机制不断完善，现场检查针对性明显提升。

（2）反洗钱调查分析力度进一步加大，金融情报职能有效发挥。反洗钱监管部门成立洗钱类型分析工作小组，确定了 3 家法人银行机构、14 家全国性银行在渝分支机构以及人民银行 8 家中心支行作为重点机构参与洗钱类型分析工作；建立个别初步分析与集中讨论研判相结合的工作流程，完善可疑交易线索研判工作机制。全年重庆司法机关以"洗钱罪"宣判案件 1 例，重庆洗钱罪案例累计达到 11 例。

（3）金融机构反洗钱意识普遍提高，工作有效性不断增强。金融机构积极贯彻风险为本的反洗钱理念，反洗钱意识普遍增强，洗钱风险防范能力不断提高。大额和可疑交易报告综合试点任务成功完成。部分金融机构在遵守反洗钱法规的前提下，积极探索创新反洗钱工作方法，涌现出一些好的经验和做法，增强了员工的反洗钱意识，提高了反洗钱工作效率。

（4）反洗钱协作机制日益完善，反洗钱工作合力显著增强。反洗钱工作联席会议机制不断完善，各成员单位增强信息交流和统筹协调，在各自职责范围内推动落实反洗钱法律法规，有效形成预防、打击洗钱犯罪的合力。年内首创发布《重庆反洗钱报告（2012）》，填补国内反洗钱区域年度报告的空白，对增进成员单位之间的统筹协调，充分发挥成员单位责任义务起到积极促进作用。

2. 需要关注的问题

（1）反洗钱法规体系亟需进一步完善。风险为本被 FATF 确立为基础的反洗钱方法，也成为人民银行反洗钱监管工作秉持的基本原则。但随着风险为本工作的深入，其与目前反洗钱规章制度之间的矛盾冲突凸显，集中体现在《金融机构大额交易和可疑交易报告管理办法》等制度不适应当前的工作理念，一定程度上影响了人民银行的监管意图的传导和金融机构的自主创新。亟需尽快建立一套以提高反洗钱系统有效性为目标、与当前倡导风险为本的思路相适应的反洗钱政策体系。

（2）金融机构反洗钱工作制度、流程有待进一步优化。部分机构未明确反洗钱领导小组成员和具体职责，未针对网上银行、私人银行等高风险领域建立专门的反洗钱制度，部分内控制度的严谨性和操作性不足，亟须进一步修订完善。部分机构客户风险等级划分标准不够科学，在实际操作中未严格按照划分标准对客户进行风险等级划分和动态调整，客户风险划分结果未能在反洗钱工作中得到充分运用，制约了反洗钱工作的开展。

（3）反洗钱工作面临创新金融业务的挑战。部分金融机构在创新金融产品过程中，未进行洗钱风险评估，未采取针对性措施有效控制创新金融产品的洗钱风险。例如，证券行业陆续推出的单客户多存管银行、融资融券、非现场开户、债券质押式报价回购、代销金融产品、柜台交易等多项业务，给现行反洗钱工作带来了新的挑战。

（四）金融消费者权益保护

1. 金融消费者权益保护机制建设及运行情况

（1）权益保护机制运转平台有效搭建，监管协调进展顺利。人民银行重庆营业管理部建立了由10个处室组成的金融消费权益保护工作联席会制度；组织召开了由辖内银监、证监、保监及银行业协会、保险业协会、证券业协会参加的金融消费权益保护工作研讨会，沟通合作得以加强，初步达成了分工和协作的意见。同时，在广泛调研走访的基础上，搭建了与全市商业银行间顺畅的沟通联系机制以及投诉转办流程。

（2）金融消保工作人员业务水平稳步提升，金融消费者投诉高效办理。人民银行金融消费权益保护处通过开展系列主题业务竞赛活动，增强辖内各级行在处理金融消费投诉事件中的受理、分析和处理能力。年内召开3次金融消费权益保护工作电视电话会议，贯彻落实总行工作部署，促进全辖金融消费权益保护工作人员业务水平的提高。对2家商业银行重庆分行开展了个人金融信息保护专项检查，探索现场检查方式及手段。全年辖内人民银行各级部门共接待和处理消费者投诉58起，全部在规定时限内办结，有效维护金融消费者权益。

（3）"金融知识普及月"宣传活动有序开展，金融机构权益保护工作试评估取得进展。全年超过5 000个金融机构营业网点展开柜面宣传，实现了重点区域全覆盖。集中宣传期间，共计悬挂或播放标语横幅近8 000条，发放宣传资料近200万份。人民银行重庆营业管理部组织辖内支行针对不同的受众对象，开展了多层次的金融知识普及活动，使金融知识进社区、进学校、进军营、进农村，确立了8个银行业金融机构基层联系网点作为金融消费权益保护联系点；选择了全市24家银行机构，开展2013年金融消费权益保护工作试评估，为逐步探索完善金融消费权益保护工作评估机制奠定了良好基础。

2. 需要关注的问题

（1）金融机构金融消费权益保护工作制度、流程有待进一步完善。部分金融机构未明确金融消费权益保护的工作制度和具体职责，个人金融信息保护内控制度建设尚不完善，无专门的个人金融信息保护操作规程以及监督检查制度，仅有一些散见于各业务口的零散的规定。

（2）金融机构评价指标体系有待建立。需要通过建立一套科学的评估金融机构消费者保护工作的指标体系，明确评估原则及评估程序，并据此开展评估，以提高对金融机构的管理效能和服务水平，促进金融机构更好地履行金融消费权益保护职责。

五、总体评估与政策建议

（一）总体评估

2013年，重庆金融体系总体稳定，未发生系统性、区域性金融风险。从区域经济看，重庆仍属于欠发达地区，发展仍处于欠发达阶段，正处在统筹区域发展、统筹城乡发展、加快转变发展方式、加快形成内生增长机制的"四个关键节点"。金融业作为重庆经济支柱产业，在推进区域经济建设进程中所发挥的支持作用日益显著，对经济增长的贡献度稳步提高。金融与实体经济对接融合度不断增强，社会融资规模总体适宜，金融核心竞争力进一步提升。

金融机构认真落实各项金融调控政策，体制机制改革平稳推进，审慎经营理念有效增强，经营平稳有序。各类法人金融机构公司治理结构不断优化，业务转型发展加快，盈利能力保持稳定，内在抗风险冲击能力增强，稳健发展的基础更加牢固。

辖区人民银行分支机构高效履行维护区域金融稳定的职责，推进监管协作取得积极进展，与此同时，支付清算、征信管理、反洗钱等金融基础设施建设不断健全完善，为维护区域金融稳定提供了良好的机制环境。尽管面临金融领域新情况、新问题不断增多的现实情况，但通过各方共同努力，积极应对风险隐患，各种冲击金融稳定的因素得以减弱和消除，全年没有发生扰乱金融秩序的系统性风险事件，区域金融体系整体保持稳健运行的态势，坚守住了不发生系统性、区域性金融风险的底线。

当前，国际国内各种宏观风险尚未有效缓释，影响重庆金融稳定的风险因素增多，特别是在金融改革持续深化过程中所暴露的问题和矛盾日渐复杂，部分潜在风险尚未显现。金融体系体量增大的同时，金融风险关联性增强，金融脱媒化趋势加快，金融风险跨平台、跨市场、跨区域传导和扩散的可能性增大。因此，需要高度关注银行体系资产质量波动、资金运作脱离实体经济、政府融资平台还款、影子银行流动性、证券机构违规经营行为、银保合作行为短期化、保险销售误导、民间借贷纠纷及企业资金链断裂等风险问题。

（二）政策建议

1. 加强宏观审慎管理，引导金融机构稳健经营

在市场深化和金融创新快速发展的背景下，应继续发挥宏观审慎政策的逆周期调节作用，引导金融机构加强流动性管理，盘活存量、优化增量，合理安排资产负债总量和期限结构，控制杠杆率，优化资金流向，更有针对性地支持实体经济发展。有序推动金融市场创新和规范发展，着重发挥市场机制作用，不断巩固和加强市场基础设施建设，加强监督管理，为金融机构稳健经营创造良好的外部环境。

2. 增强金融稳定监测的针对性和有效性，提高系统性风险预判能力

金融稳定部门应密切关注区域金融业发展的整体趋势和苗头性问题，及时识别影响金融稳定的风险因素和脆弱性来源。科学评估金融机构稳健程度，建立完善系统性金融风险早期预警指标体系。

积极关注各类金融机构信用风险迁移趋势，重点加强中小金融机构流动性风险预警，特别是要关注理财、同业业务等创新业务和地方政府融资平台、产能过剩行业和房地产行业等重点行业的潜在风险因素，督导金融机构不断完善信息披露和风险揭示制度。

3. 推动区域金融稳定工作机制进一步完善，防范交叉性金融业务及跨市场风险

立足金融风险多维监控防范思维，持续深化完善金融稳定协调工作机制，及时有效防范和化解交叉性金融业务及跨市场、跨区域风险。此外，继续深化监管合作，进一步加强跨部门金融监管协调，完善金融数据和信息共享机制，强化应对交叉性金融业务及跨市场风险的联动工作机制，防范部分地区、行业、企业风险及非正规金融风险向金融体系传导，有效提升风险处置能力，确保守住不发生系统性、区域性金融风险的底线。

4. 继续深化金融体系改革，夯实金融稳定微观基础

合理引导金融机构不断深化改革，进一步放开市场准入，鼓励民间资本进入金融业，推动各类金融市场主体不断完善公司治理和市场自律机制，全面加强风险管理和内控建设。金融机构要推进战略转型和经营方式调整，加强业务流程再造，加快建立完善现代金融企业制度，适应金融市场化改革和金融脱媒化带来的挑战，提高创新发展能力和核心竞争力。

总　　纂：宋　军
统　　稿：温江勇　刘　林　张　赶
执　　笔：刘　林　张　赶　易　娟　刘姝姝　刘科星　纪宝林
其他参与写作人员：王春晓　王　睿　刘　刃　刘松涛　李高亮　周玉洁
　　　　　　　　　　罗　顶　贺　涛　廖　旭

四川省金融稳定报告摘要

2013 年，四川经济保持平稳较快增长，呈现稳中有升、稳中向好的发展态势。金融业在改革中保持稳健发展，金融市场平稳运行，金融综合管理逐步深化，金融基础设施建设有序推进，金融体系总体保持稳健。但同时受结构调整和前期刺激政策消化影响，金融领域潜在风险仍需关注。2014 年，四川经济仍将保持平稳增长的发展态势。四川金融业将把握好改革创新的总基调，坚持市场配置金融资源的改革导向，贯彻金融服务实体经济的本质要求，把防范化解金融风险作为工作生命线。

一、区域经济运行与金融稳定

2013 年，在世界经济复苏放缓和国内经济下行压力不断加大的形势下，四川经济依然保持平稳增长。

（一）经济运行特点

1. 经济增长逐步放缓

受国际经济发展环境和国内经济下行周期与结构调整影响，加之"4·20"地震与"7·9"洪灾，四川经济发展增速有所下降。2013 年，四川实现地区生产总值（GDP）2.6 万亿元，比上年增长 10%，同比回落 2.4 个百分点，比全国平均水平高 2.3 个百分点（见图 1）。分产业看，第一产业增加值 3 425.6 亿元，增长 3.6%；第二产业增加值 13 579.0 亿元，增长 11.5%；第三产业增加值 9 256.1 亿元，增长 9.9%。产业结构为 13.1∶51.7∶35.2。其中，规模以上工业增加值增长 11.1%，增幅高于全国平均水平 1.4 个百分点。工业的平稳推进和服务业的较快增长为下一步经济社会发展创造了条件。

2. 内需平稳增长，进出口增速回落

全年全社会固定资产投资 2.1 万亿元，同比增长 16.7%（见图 2），比全国平均水平低 2.9 个百分点，增幅回落 2.1 个百分点。民间投资拉动有力，房地产投资增长较快。社会消费品零售总额 1.04 亿元，同比增长 13.9%，比全国平均水平高 0.8 个百分点，同比回落 2.1 个百分点。全年实现进出口总额 646 亿美元，增长 9.2%，比全国平均水平高 1.6 个百分点，增幅回落 14.7 个百分点。其中，出口 420 亿美元，涨幅为 9.1%；进口 226 亿美元，增幅为 9.5%。外汇收支持续双顺差，经常项目顺差 88.72 亿美元，增长 92.63%，资本项目顺差 34.21 亿美元，增长 5.62%。40 家金融机构共办理跨境人民币结算业务 711 亿元，人民币跨境结算量创历史新高，同比增长 1.3 倍。人民币成为四川对外经济交往中仅次于美元的第二大货币。

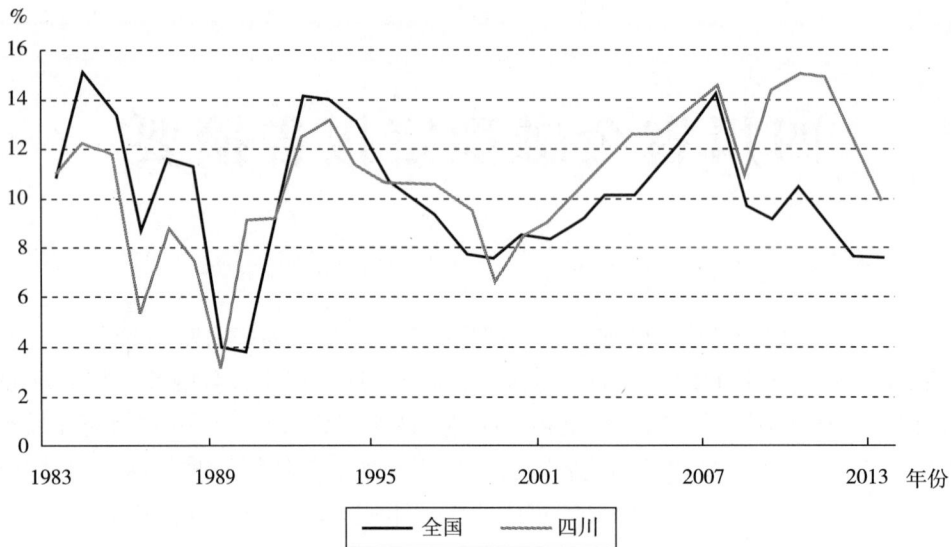

数据来源：国家统计局、四川省统计局相关资料。

图 1   全国和四川经济增长

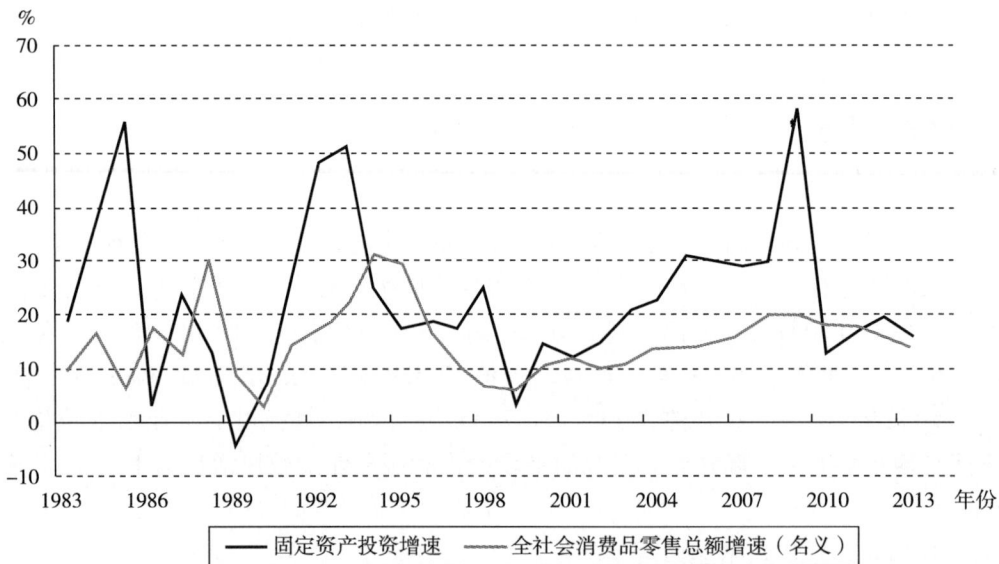

数据来源：四川省统计局相关资料。

图 2   投资与消费增长

3. 物价水平总体平稳

2013 年，全年居民消费价格指数（CPI）同比上涨 2.8%，小幅上升 0.3 个百分点，较全国平均水平高 0.2 个百分点，其中八大类商品及服务项目价格"六涨一平一跌"，食品类价格涨幅最大，比上年上涨 4.8%，其次是居住类价格上涨 3.7%。工业生产者出厂价格指数（PPI）累计同比下降 1.3%，较全国少降 0.6 个百分点。工业生产者购进价格指数（IPI）累计同比下降 0.8%（见图 3）。

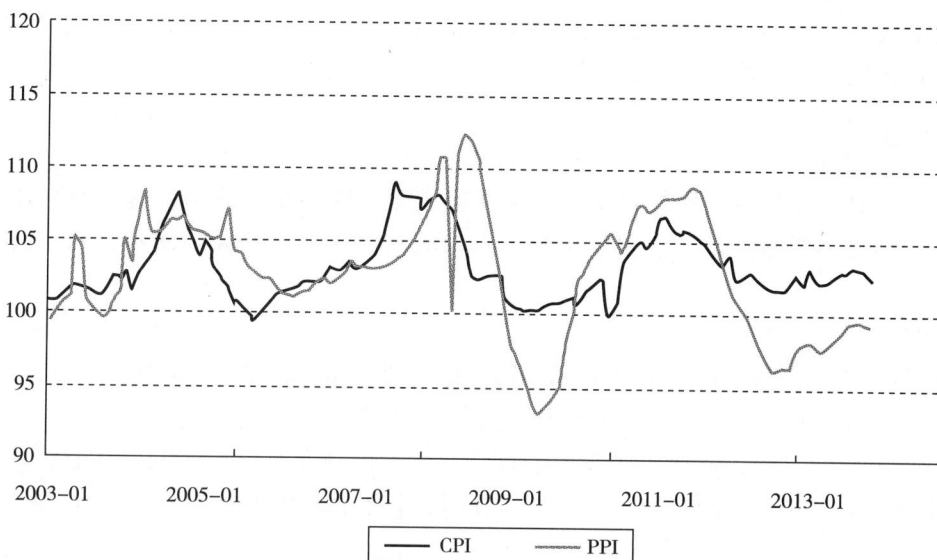

数据来源：四川省统计局相关资料。

图3　月同比物价指数

4. 政府债务总体风险可控，工业企业效益回落

2013 年，四川地方公共财政收入 2 781.1 亿元，同比增长 14.5%，增幅回落 3.9 个百分点，四川地方公共财政支出 6 194.29 亿元，同比增长 13.6%，增幅回落 2.6 个百分点。截至 2013 年 6 月底，全省各级政府负有偿还责任的债务 6 530.98 亿元，负有担保责任的债务 1 650.90 亿元，可能承担一定救助责任的债务 1 047.74 亿元，债务率和逾期债务率两项指标显示四川政府性债务风险总体可控。工业企业经营效益继续回落。全年，规模以上工业企业利润总额为 2 168 亿元，同比增长 1%，下降 21.7 个百分点。居民收入持续增长。全年城镇居民人均可支配收入 22 368 元，比上年增长 10.1%；农村居民人均纯收入 7 895 元，增长 12.8%。

（二）2014 年经济展望

当前，我国经济长期向好的基本面没有变，但发展已全面进入经济增长的换挡期、结构的调整期和前期刺激政策的消化期，四川省经济发展也面临不少具体困难，实体经济发展动力不足，经济结构性矛盾依然存在，对投资和债务的依赖还在上升。

2014 年是全面贯彻党的十八届三中全会精神、全面深化改革的第一年，四川要继续坚持稳中求进、稳中向好的工作总基调，以经济体制改革为重点，迅速启动条件成熟的改革，加快转变政府职能，发挥市场在资源配置中的决定性作用，抓住机遇，加大力度转方式、调结构，抓投资、稳工业、促消费、推动新型城镇化，不断提高经济发展的质量和效益，破解制约发展的深层次矛盾和问题，促进经济持续健康发展。

二、金融业与金融稳定

2013 年，四川金融业继续保持稳健发展态势，不断加大对地方经济的支持力度，金融改革继续深化，金融机构数量稳步增加，金融业发展对经济总量的贡献持续提升。年末，四川金融业总资产6.4万亿元，增长17%，增速有所放缓。金融业实现增加值1 581.47亿元，增长19.4%，占全省GDP的6%，占比比上年提升1.4个百分点。

（一）银行业

四川银行业总体保持稳健。银行业资产负债快速扩张，资产质量改善，盈利水平提高，金融服务"三农"和小微企业的能力增加。仍需加强重点领域与影子银行的风险防控，切实防范和化解金融风险。

1. 运行状况

（1）资产负债规模持续增长。2013年末，四川银行机构资产总额6.13万亿元（见图4），同比增加8 801亿元，增长16.8%；负债总额5.94万亿元，增加8 424亿元，增长16.5%。五家国有大型商业银行资产占比39.4%，同比下降2.4个百分点，股份制商业银行、城市商业银行、农村金融机构资产占比分别为13.6%、13.5%、18.7%，分别比上年上升0.4个、0.3个、1.95个百分点。

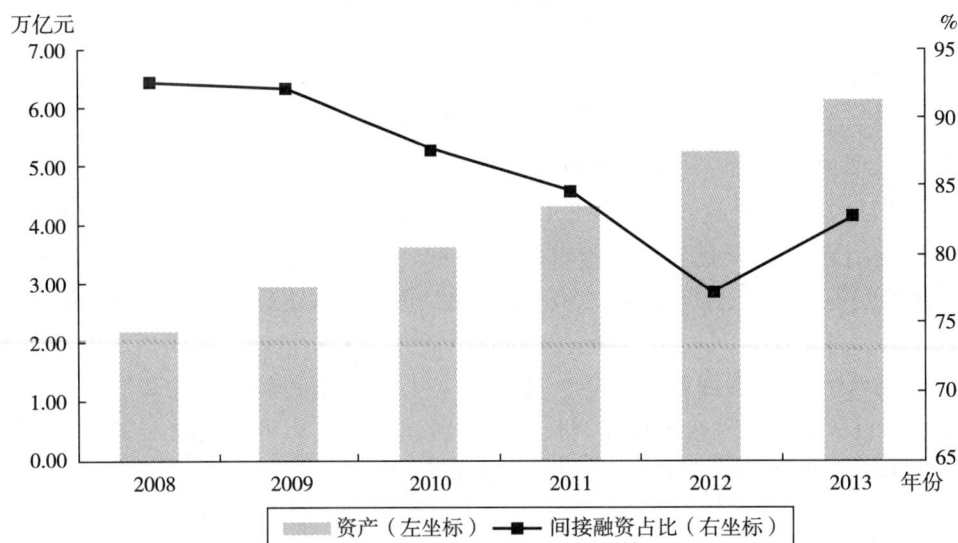

数据来源：人民银行成都分行、四川银监局相关资料。

图4　银行业资产及间接融资占比

（2）存贷款稳步增长。2013年末，四川银行机构存款余额4.71万亿元，同比增加6 390亿元，增长15.7%；贷款余额3.04万亿元，增加4 159亿元，增长15.8%。从存款结构上看，个人存款同比少增6.16个百分点，单位存款同比少增3.28个百分点。从贷款行业投向看，交通、电力、水利等基础设施贷款保持较快增长，房地产贷款增速超过贷款平均水平，而制造业贷款增幅减缓。银行机构加大了对小微企业和"三农"信贷投放，小微企业贷款、涉农贷款增幅分别为18.2%和19.5%，分别高于同期贷款增速2.4个和3.7个百分点。

（3）组织体系更加健全。2013年末，全省银行业机构258家，其中，法人机构212家（城商行13家，农村中小金融机构192家，非银行金融机构7家），省外机构一级分支机构46家（国有银行5家，政策性银行3家，股份制银行12家，省外城商行8家，邮储银行1家，外资银行12家，非银行金融机构1家，金融资产管理公司4家）。全年新设8家村镇银行和1家财务公司。全省银行业机构网点 13 431 个，比上年增加 209 个，从业人员 21.78 万人。

（4）金融改革成效逐步显现。立足县域市场，农业银行"三农金融事业部"改革平稳推进。2013 年末，农业银行四川省分行县域贷款余额 1 473.83 亿元，同比增长 13.82%，其中，涉农贷款余额 1 419.4 亿元，增长 13.86%；拨备后利润 84.08 亿元，增加 3.25 亿元。城市商业银行改革取得新突破，年末 13 家城市商业银行中 5 家机构的实收资本增加，金额为 15.93 亿元。同时，农村信用社改革实现积极进展。

2. 稳健性评估

（1）资产质量总体改善。2013 年末，四川银行业机构不良贷款同比减少 1.6 亿元（见图 5），不良贷款率下降 0.25 个百分点。关注类贷款余额为 1 057 亿元，增加 62.61 亿元，增长 6.3%，同比多增 2.73 个百分点，不良贷款反弹压力进一步加大，部分领域的风险有所积累，企业突发性信贷违约事件不断发生。中小法人银行业机构拨备高位攀升，年末，中小法人银行拨备覆盖率 220.8%，同比上升 54.7 个百分点，贷款损失准备充足率 339.6%，上升 85.1 个百分点。

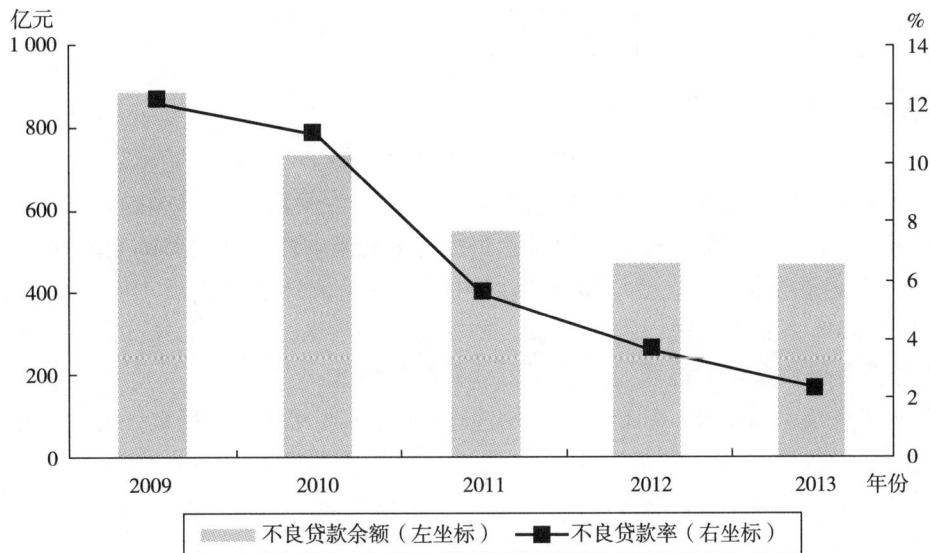

数据来源：人民银行成都分行、四川银监局相关资料。

图 5　银行业资产质量

（2）资本充足率下降。2013 年末，四川法人银行机构资本充足率 13.21%（见图 6），同比下降 0.33 个百分点。城市商业银行平均资本充足率 14.58%，同比下降 0.23 个百分点。农村商业银行平均资本充足率 14.48%，下降 0.88 个百分点。村镇银行平均资本充足率 22.84%，下降 2.91 个百分点。农村信用社平均资本充足率 10.05%，上升 0.28 个百分点，但仍有部分机构低于监管要求。

（3）流动性管理面临挑战。2013 年末，四川省中小法人银行机构流动性比例 54.93%，同比下降 7.78 个百分点，其中农村合作金融机构的流动比率 54.74%，下降 9.99 个百分点；村镇银行流动比率 74.61%，下降 6.56 个百分点；城市商业银行的流动性比率 51.96%，下降 5.22 个百分点。从流动性资产负债的布局看，年末，中小法人银行机构流动性资产增加 21.82 亿元，比年初仅增长 0.61%，流动性负债增加 841 亿元，比年初增长 14.86%，其中同业存款增加了 640 亿元，比年初增长 35.38%。村镇银行流动性压力偏大，表现为存贷比指标普遍超过 75% 的监管要求。多数城市商

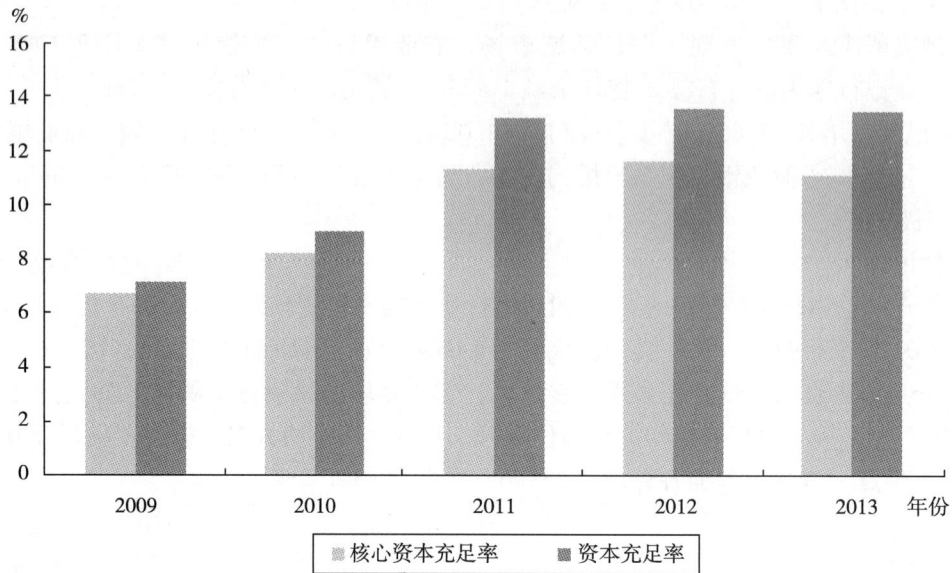

数据来源：人民银行成都分行、四川银监局相关资料。

图 6　中小银行机构资本充足状况

业银行业务融合了存贷款、同业、表外与理财业务，其流动性管理已从单一的存贷款期限错配发展为多项资产负债管理，市场风险防范和信用风险防控成为其流动性管理主要影响因素。

（4）表外业务发展需进一步规范。2013 年，四川银行业表外业务规模 1.15 万亿元，同比增加 787 亿元，增长 7.35%。其中，银行承兑汇票、委托贷款、承诺，分别占 31.1%、27.4%、19.0%。与此同时，表外业务垫款余额大幅增加，主要为承兑汇票垫款。

（5）盈利水平继续保持增长。2013 年，四川银行机构共实现净利润 888.9 亿元（见图 7），同比

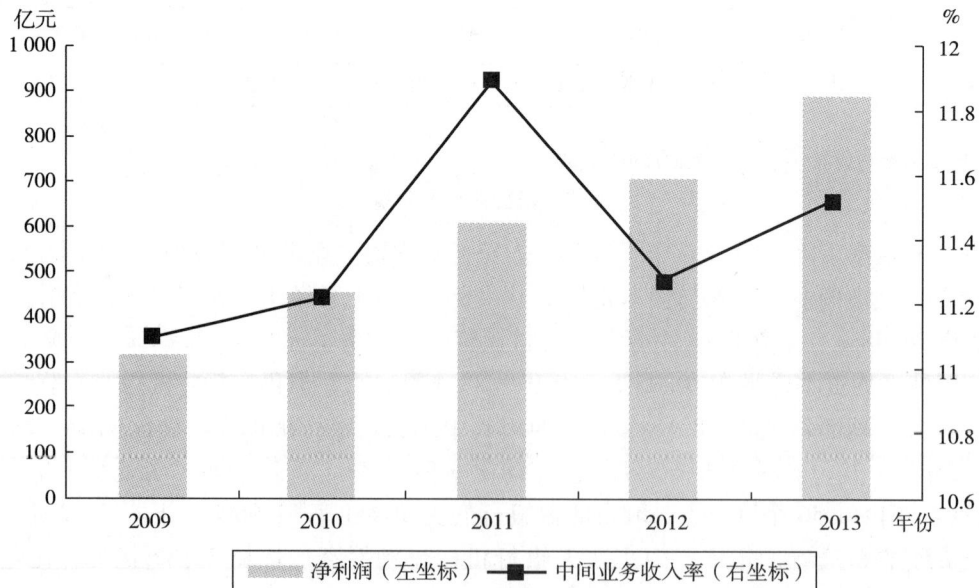

数据来源：人民银行成都分行、四川银监局相关资料。

图 7　银行业盈利水平

增加 170 亿元，增长 23.6%，增幅上升 7.7 个百分点。银行业机构平均资产利润率 1.56%，上升 0.06 个百分点；中间业务收入率 11.53%，上升 0.25 个百分点。

（6）影子银行监管仍需加强。2013 末，四川共有上百家典当行，开业小额贷款公司 344 家，融资性担保公司 444 家。部分地方政府还批设了农村资金互助组织。也出现了大量以融资理财公司为代表的第三方理财机构。传统银行体系之外的信用中介机构和业务（统称影子银行）在满足多元化金融需求的同时，客观存在监管空白、监管不足、监管不到位的情况，容易演变成非法集资、非法理财和高利放贷等违法违规活动，恶化正常金融环境，引发风险事件和群体性事件。同时，影子银行机构通过复杂的多方交易，与正规金融机构紧密关联，对正规金融体系的传染性风险亟待关注。

（二）证券期货业

2013 年，四川证券期货经营机构总体经营稳健，业务创新积极推进。

1. 运行状况

（1）证券期货经营机构数量稳步增加

年末，四川共有法人证券公司 4 家，证券分公司 14 家，比上年增加 4 家；证券营业部 240 家，比上年增加 20 家；法人期货公司 3 家，期货营业部 34 家，比上年增加 11 家；基金公司分公司 12 家，比上年增加 1 家；证券投资咨询公司 3 家。

（2）证券期货公司资产负债稳步增长

年末，4 家法人证券公司总资产 368.98 亿元，增加 34.45 亿元，增长 10.29%；总负债 206.47 亿元，增加 18.05 亿元，增长 9.58%。3 家法人期货公司资产总额 44.1 亿元，增长 18.45%。负债总额 37.39 亿元，增长 20%。

（3）证券公司积极参与互联网金融

2013 年，国金证券积极参与创新互联网平台，与腾讯开展多种互联网金融合作，包括低佣金网上开户及交易、互联网基金及理财产品销售以及通过做市商机制完善网上理财产品的交易。

2. 稳健性评估

（1）证券公司总体经营稳健，部分风险管理指标下降

4 家法人证券公司净资产 162.57 亿元，净资本 118.28 亿元；净资本与净资产的比例为 73%，较上年下降 8 个百分点；净资本与负债的比例为 57.3%，较上年下降 5.5 个百分点；净资产与负债的比例为 78.6%，较上年增加 1 个百分点。

（2）证券公司盈利大幅增长，手续费及佣金收入仍是主要来源

年末，4 家法人证券公司全年共实现利润总额 14.2 亿元，净利润 10.85 亿元（见图 8），增加 3.76 亿元，增长 53%；实现营业收入 38.39 亿元，增长 20%；其中手续费及佣金收入为 27.27 亿元，增长 19.8%、利息净收入为 4.57 亿元，增长 7%、自营业务收入（含投资收益和公允价值变动收益）5.39 亿元，下降 0.9%。手续费及佣金收入占营业收入的比重从上年的 68.6% 上升为 71%。

（3）期货公司综合实力有所增强

年末，3 家法人期货公司，净资产合计 5.74 亿元，增长 16.9%；全年共实现净利润 0.49 亿元，增长 6.5%。

（三）保险业

2013 年四川保险业保费收入企稳回升，对外开放稳步推进，进一步增强社会服务与风险保障

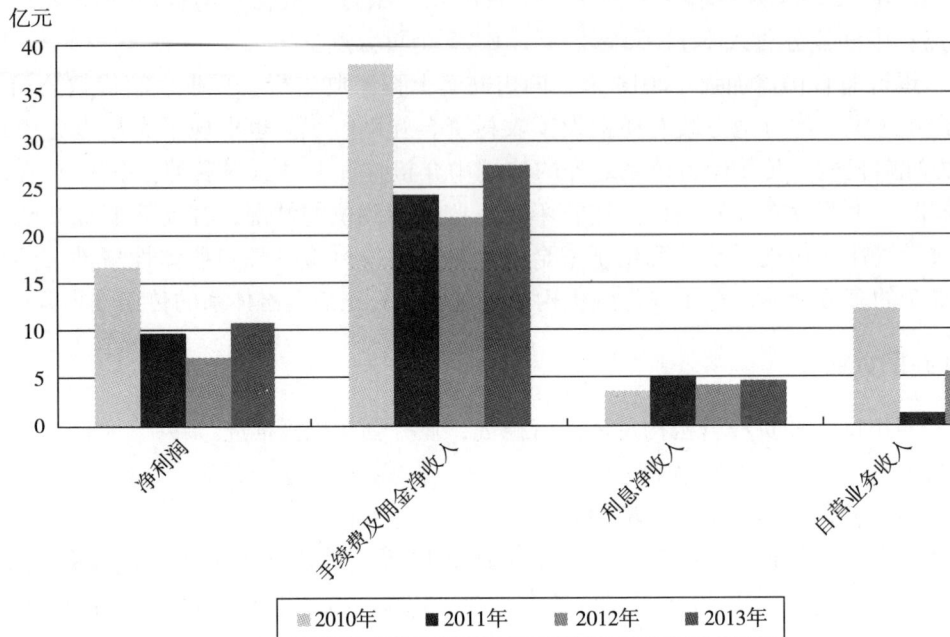

数据来源：四川证监局相关资料。

图8　证券公司收益

功能。

1. 运行状况

（1）机构数量略有增加，对外开放稳步推进。2013 年，四川已开业保险公司新增 3 家，达到 72 家。其中，财产险公司 31 家，寿险公司 36 家，养老险公司 3 家和健康险公司 2 家。中资公司 57 家，全年新增外资保险公司 1 家，外资公司达到 15 家。法人保险公司数为 3 家，含 2 家财产险，1 家健康险。各级保险分支机构 4 746 家，全国排名第 5 位。

（2）资产规模持续增长，保费收入稳步增长。2013 年末，四川保险业总资产 1 994.91 亿元，增长 14.2%，其中，产险公司总资产 192.9 亿元，增长 21.8%，人身险公司总资产 1 802 亿元，增长 13.4%；全年共实现原保险保费收入 914.68 亿元（见图9），同比增长 11.61%，增加 6.37 个百分点。保费规模居全国第 7 位，保费增速全国排名第 22 位，高于全国平均水平 0.41 个百分点。

（3）保险保障功能进一步发挥，农业保险稳步发展。2013 年，四川保险业赔付与给付支出 314.62 亿元（见图10），同比增长 35.09%。其中，财产险公司赔款支出 174.37 亿元，同比增长 18.75%，较上年下滑 9.96 个百分点；人身险公司赔款与给付支出 140.25 亿元，同比增长 62.9%。四川农险实现保费收入 27.35 亿元，同比增长 17.99%，保费规模排名全国第 3 位。受益农户 254.36 万户次，同比增长 2.97%。四川保险公司在"4·20"芦山强烈地震中共赔付保险金 4 528 万元，为芦山地区灾后重建提供了有力支持。

2. 稳健性评估

（1）公司间发展不平衡，部分中小公司业务负增长。2013 年，全省保费增速同比提高 6.37 个百分点，但仍有 3 家财产险公司和 12 家人身险公司出现负增长。绝大部分是中小公司，个别公司甚至持续负增长。

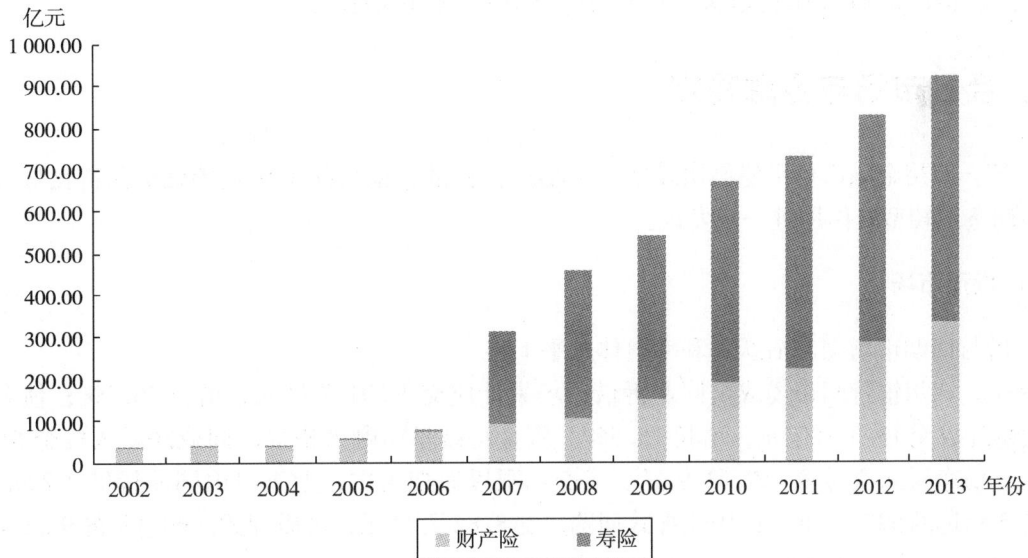

数据来源：四川保监局相关资料。

图9 保险业保费收入

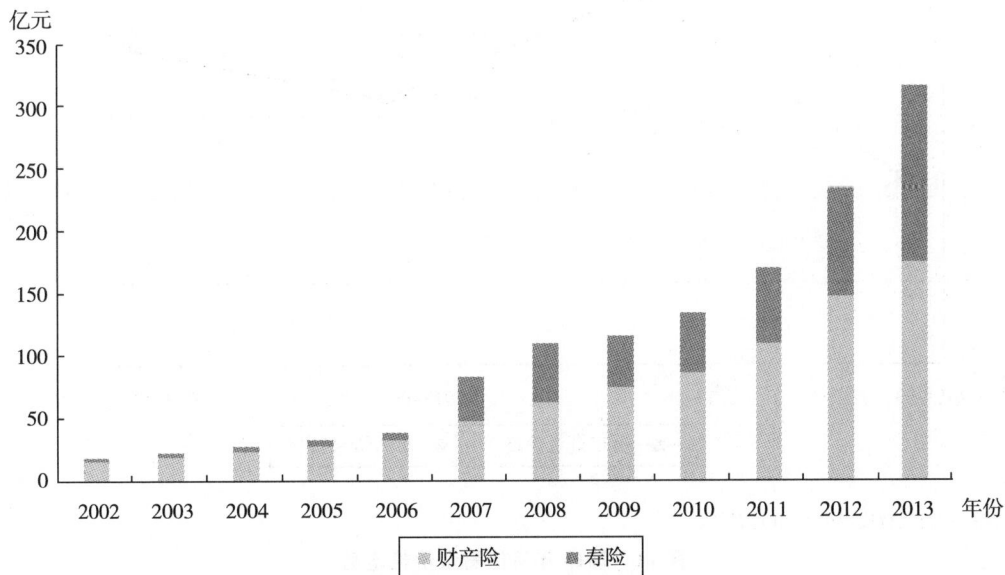

数据来源：四川保监局相关资料。

图10 保险业赔付支出

（2）财产险公司盈利能力有所下降。2013年，四川省财产险公司承保利润率3.56%，同比下降1.8个百分点。车险承保利润率2.92%，同比下降0.91个百分点。其中交强险持续亏损，而商业车险承保利润同比下降37.28%；非车险方面，12个险种中共有4个险种亏损，其中企财险受地震、暴雨等自然灾害影响，综合赔付率高达105.29%，为亏损额最大的险种。

（3）人身险公司退保和满期给付较快增长，潜在风险仍需持续关注。2013年，四川省人身险公司退保金135.61亿元，同比增长95.49%；满期给付96.99亿元，同比增长99.62%，且都主要集中于分红寿险。预计 2014 年全省退保和满期给付金额仍将较快增长。

三、金融市场与金融稳定

2013 年，四川金融市场平稳健康发展，市场运行稳健，银行间市场直接融资保持良好势头，对经济结构调整与转型的作用进一步发挥。

（一）货币市场

1. 拆借与回购市场交易活跃，利率整体水平上移

2013 年，四川银行间市场成员同业拆借市场累计成交 3 201.7 亿元，增长 36.7%；债券回购和现券买卖累计成交 13.3 万亿元，增长 15.5%。资金持续呈净融入格局，同业净融入资金 819.87 亿元，债券市场净融入资金 9 159.63 亿元。成交期限以短期为主，七天以内同业拆借 2 220.4 亿元，占拆借成交总量的 69%。七天以内质押式回购成交 8.82 万亿元，占质押式回购总量的 92.9%。市场利率波动加大，整体水平上升（见图 11）。

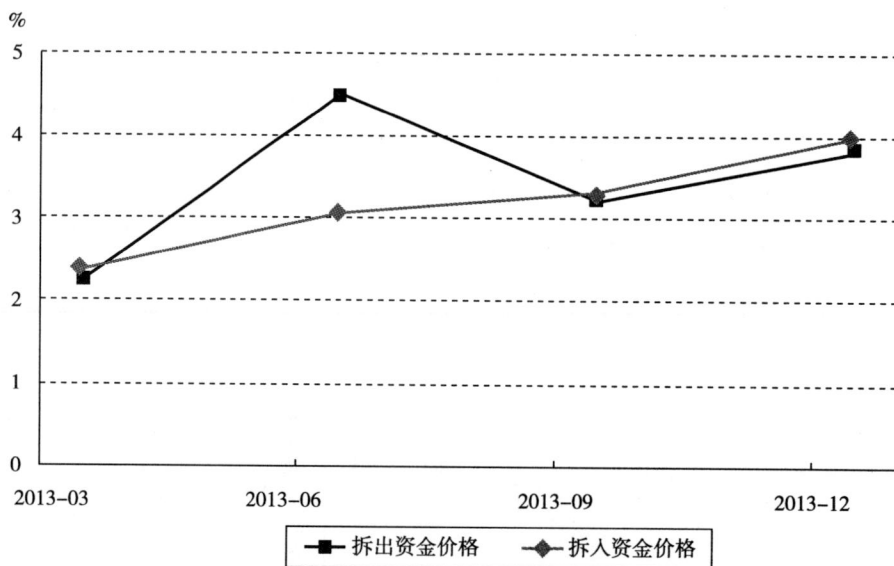

数据来源：人民银行成都分行相关资料。

图 11　2013 年拆借资金价格走势

2. 直接债务融资规模保持高位

四川在银行间市场全年发行直接债务融资工具 573 亿元，已注册待发行 459 亿元，存续金额 1 172亿元，同比增长 38.4%。其中，中小企业集合票据募集资金 8.9 亿元，发行量占全国总量的 13%，排名全国第 2 位。2013 年 10 月发行西部首只资产支持票据[1]。

---

① 2013 年 10 月 11 日，成都市公共交通集团公司 2013 年度第一只资产支持票据在银行间市场发行，募集资金 8 亿元。

（二）票据市场

1. 票据签发量减少，再贴现大幅增长

2013 年，四川省金融机构累计签发银行承兑汇票 7 049.2 亿元，下降 1.5%，办理银行承兑汇票贴现 8 128.9 亿元，增长 21.8%，期末余额为 369.5 亿元，增长 2.92%；累计办理银行承兑汇票再贴现 61.25 亿元，增长 3.49 倍；银行承兑汇票余额为 3 326.9 亿元，下降 4.37%；银行承兑汇票再贴现余额为 27.17 亿元，增长 4.99 倍。商业承兑汇票累计签发 77.6 亿元，下降 50.58%；商业承兑汇票余额为 50.87 亿元，下降 9.49%。商业承兑汇票再贴现余额为 1 624 万元，上年同期为零。办理商业承兑汇票贴现 1 102.2 亿元，增长 7.64%；商业承兑汇票期末余额 30.67 亿元，增长 14.47%。

2. 票据市场利率先降后升

2013 年，四川票据贴现利率和转贴现利率整体上呈先降后升趋势，在 6 月、12 月贴现利率和转贴现利率均出现较大幅度上涨。其中，贴现利率 2－5 月有所回落，下半年保持攀升；转贴现利率走势与贴现利率的走势基本相同（见图 12）。

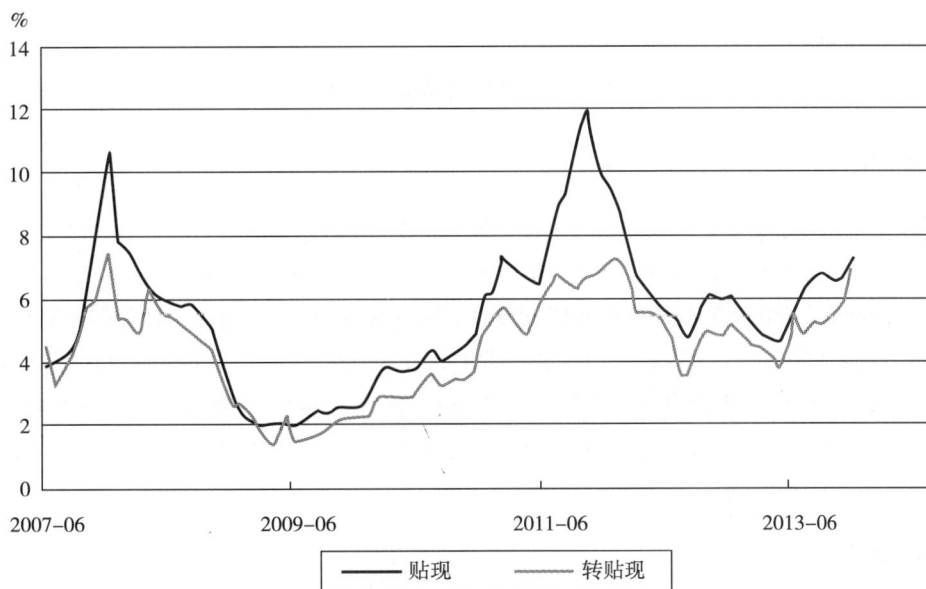

数据来源：人民银行成都分行相关资料。

图 12　四川票据利率

（三）股票市场

股票融资规模有所下降，交易较为活跃。四川 A 股市场新股发行暂停，股票市场筹资资额为 122.72 亿元（见图 13），下降 51.4%，其中，公司债（含可转债）37.5 亿元，下降 28%，增发（含配股）融资 85.2 亿元，下降 46.5%。2013 年末，上市公司数量 103 家（含 A＋H 股 2 家），包括 A 股 90 家，H 股 15 家。A 股上市公司数量居全国第 7 位，为中西部第 1 位，A 股上市公司中主板 60 家、中小板 23 家、创业板 7 家；A 股上市公司总股本 674.07 亿股，总市值 5 579.02 亿元，股票投资者开户数为 765.62 万户，比上年增加 18.28 万户。全年证券市场交易额为 3.99 万亿元，同比上升 63.52%。

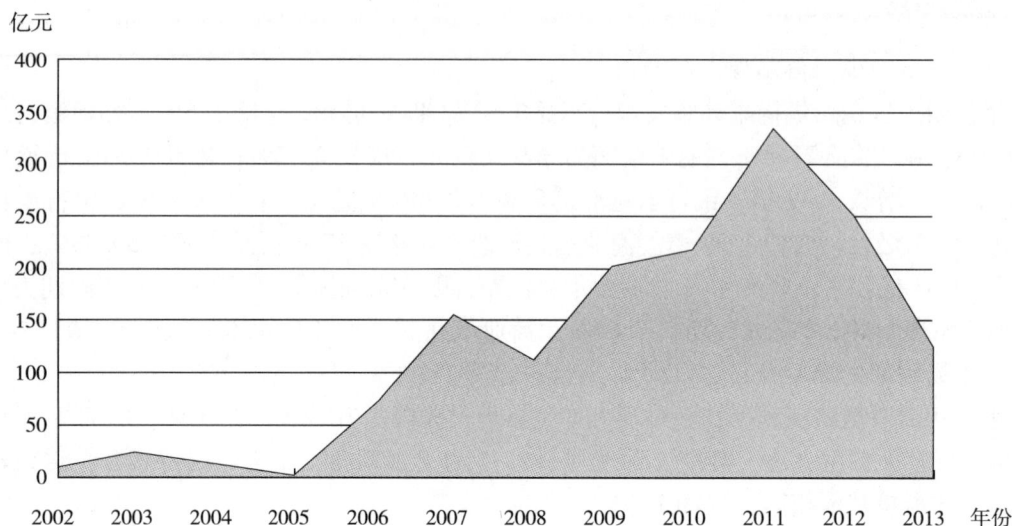

数据来源：四川证监局相关资料。

图13 上市公司股票市场融资量

（四）外汇市场

外汇交易活跃，人民币汇率总体走强。四川省银行间外汇市场全年成交14.09亿美元，同比增长72.0%，其中，买入增长33.51%，卖出增长83.67%。从交易币种看，美元成交12.56亿美元，增长73.5%，占成交总量的89.1%；港元成交9.12亿港元，增长11倍；日元成交3.68亿日元，同比下降84.1%；欧元成交0.24亿欧元，同比下降41.46%。全年人民币对美元升值趋势明显。12月31日，人民币对美元中间价同比升值3.0%；对日元、港元、英镑、澳元和加元中间价同比分别升值20.91%、3.03%、1.03%、16.92%和9.37%；对欧元、林吉特和卢布中间价同比分别贬值1.21%、10.79%和11.24%。

（五）黄金市场

黄金交易量保持增长，交易价格有所下降。2013年末，四川金融机构黄金累计成交75.4吨，增长28.51%；黄金交易金额为221.7亿元，比上年增长114.6%。其中，实物金交易量为12.4吨，增长114.1%；平均价格373.9/克，比上年下降6.45元；实物金交易金额为46.39亿元，增长110.5%；账户金交易量为37.7吨，增长73.19%，平均价格为275.16元/克，比上年下降62.34元；账户金为103.6亿元，增长26.85%。

（六）期货市场

期货市场持续活跃。期货投资者开户数4.95万户，较上年有大幅增加，增幅为59.7%，期货交易额15万亿元，交易额较上年翻一番。

四、金融基础设施建设与金融稳定

四川金融基础设施建设继续推进，金融综合管理不断深化，支付系统建设取得积极进展，征信体系建设获得重大突破。洗钱防控体系有效性稳步提升，有力促进了金融体系的稳健运行。

（一）金融法治环境建设

1. 金融综合管理不断深化

扎实开展综合评价工作，发布《2013 年四川省银行业机构执行人民银行与外汇管理局法规政策和管理规定情况综合评价细则》。加强开业管理工作统筹，支持 132 家新设银行业机构加入人民银行金融管理服务体系。对 44 家金融机构的 183 个网点开展综合执法检查，对金融机构实施行政处罚金额 82.67 万元。对 518 家金融机构的 1 609 个网点进行了专项执法检查。督促指导金融机构落实重大事项报告制度，及时处理重大事项 1 471 件。

2. 金融消费权益保护扎实推进

金融监管部门纷纷建立健全金融消费权益保护的组织框架，完善了机构设置和人员配备，畅通金融消费者咨询投诉受理渠道，优化工作流程，做好消费者投诉受理和督办，及时化解纠纷，维护消费者权益。2013 年，人民银行四川各级机构共受理投诉 496 起，办结 486 起，办结率为 97.98%，满意率 100%。

3. 深入开展金融法制宣传教育

各金融监管部门通过互联网网站、电视、报刊以及微信、微博等多种载体，以悬挂横幅、散发宣传资料、提供现场咨询服务、摆放展板、展品等方式，面向社会各界广泛宣传各项金融法律知识，进一步提升金融法治环境。

（二）支付体系建设

1. 支付系统安全稳定运行

2013 年，大额支付系统处理业务 4 633.3 万笔，金额 89.4 万亿元，分别增长 37.7% 和 23.8%；小额支付系统处理业务 7 427.3 万笔，金额 0.89 万亿元，分别增长 40.5% 和 12.7%；支票影像系统处理业务 4 392 笔，金额 2.4 亿元，增长 26.8% 和 26.1%。全省支付系统直接参与者达到 90 个，间接参与者达到 4 735 个，参与者总数较年初增长 16.80%，支票影像交换系统直接、间接参与者为 115 家、2 403 家，银行机构网点通汇率超过 90%，资金周转效率有效提高。

2. 非现金支付工具广泛运用

以"三票一卡"为主体，电子支付（包括网上支付、电话支付、移动支付和 IC 卡）等为补充的各种非现金方式支付资金共 32.5 亿笔，金额 54.9 万亿元。其中，电子支付业务 9.9 亿笔，金额 29.1 万亿元，增长 35.4% 和 48.6%；签发电子商业汇票 412 亿元，办理贴现、转贴现分别为 136 亿元、201 亿元；银行卡发卡量达到 2.5 亿张，布放 POS 机具 34.1 万台，ATM 2.7 万台，发展特约商户 23.60 万户，全年银行卡 POS 交易笔数 3.8 亿笔，交易金额 9 233.2 亿元。人民币银行结算账户管理系统共有银行机构代码 1.35 万个，单位银行结算账户 117.74 万户，个人银行结算账户 2.55 亿户。通过两年努力，完成对 198 家机构 2 686.96 万户存量个人账户信息的核实，核实率达 100%。

3. 农村地区支付环境显著改善

2013 年 9 月底四川在具备通电、通讯等基础条件的农村地区提前 3 个月实现迅通工程建设"户户有银行卡、村村有 POS、镇镇有 ATM、县县有刷卡无障碍示范街"的"四有"目标。截至 2013 年末，四川农村地区人均持有 2.12 张银行卡，发展银行卡助农取款服务点 9.84 万个，投放 ATM1.28 万台，创建刷卡无障碍示范街 147 个，全年助农取款服务点累计发生查询 938.64 万笔，取款业务 1 030.39 万笔，取款金额 24.48 亿元，分别增长 98.75%、90.61% 和 81.60%。

4. 第三方支付机构规范发展

截至 2013 年末，四川已有成都天府通金融服务股份有限公司等 5 家公司机构获得了《支付业务许可证》，支付宝等 29 家省外法人支付机构在川设立分公司。为进一步规范支付机构的变更行为，出台《四川省支付机构变更事项监督管理办法》。

（三）征信体系建设

1. 实现金融信用信息基础数据库全覆盖

四川各级人民银行共向政府部门、社会单位和个人提供 42.55 万笔个人信用报告和 1.97 万笔企业信用报告查询服务，分别同比增长 134% 和 79%。改进个人信用信息报告查询工作，四川成为全国首批互联网服务平台推广省。

2. 推广中小企业和农村信用体系试验区建设

深入推进遂宁中小企业信用体系试验区建设，依托信用信息管理系统搭建"信用网"和"金融网"，信息共享和服务建设向互联网延伸。重点推动绵阳等 12 个市州、会理等 34 个县开展中小企业和农村信用体系试验区建设，为 29 万户小微企业、1 016 万户农户建立了信用档案。

3. 促进征信市场规范发展

受理异议申请 427 笔，协调处理 23 笔跨省异议，按期解决率达到 99.1%。信贷市场评级业务发展平稳，担保公司和小额贷款公司信用评级试点工作进展顺利，全省 10 家备案评级机构累计完成评级业务 1 194 笔。建设"企业诚信与银行授信挂钩联动信息共享及转接系统"，积极推进金融生态环境建设。开展《征信业管理条例》专项宣传，全省累计发放各类宣传资料 50 余万份，受众超过 600 万人，有效助推社会信用意识提高。

（四）反洗钱

人民银行以风险为导向实施反洗钱监管，取得明显成效，并促使金融机构改进内控制度。同时建立起反洗钱内外联动机制，为公安、纪委侦破案件发挥了重要作用。

风险为本反洗钱监管全面实施。率先在全国建立保险业 5C 风险评估指标，组织完成对 1 236 家银、证、保和支付机构的反洗钱风险评估，依据评估结果，实施分类监管。全年共对 56 家机构开展了反洗钱现场检查，对 10 家违规机构进行处罚，罚款总额 93.5 万元。

资金监测和行政调查成效明显。逐步建立风险预防前置的反洗钱监测体系，全年金融机构报送重点可疑交易报告 61 起，向公安报案 21 起，立案 6 起，报案、立案率较往年大幅提高。开展调查 450 次，调查涉及金额 816 亿元人民币；协助公安、司法、纪检等部门调查 29 起，协助破案 9 起。积极开展第三方理财机构洗钱风险的监测。

反洗钱内外联动机制不断完善。召开四川省反洗钱工作联席会议第五次会议，修订联席会议制度。建立人民银行成都分行与税务部门的工作联系制度；发挥反洗钱作用，支持四川"禁毒百日攻坚战"，协助省公安厅禁毒总队成功破获公安部督办的"3.19B"特大贩毒案、谢代兵等人制贩毒品案、"12·3.1B"特大贩毒案。协助纪检监察部门调查腐败案件8起，在案件调查中发挥了重要作用。

总　　纂：李　铀

统　　稿：祁　红　温茹春　沈丁丁　毛　慧　谭明鹏

其他参与写作人员（以姓氏笔画为序）：

文　青　文兴易　王大波　王　龙　王懋雄

甘　力　冉智泉　左　桃　石　慧　何迎新

杨华强　杨丽萍　陈　鹏　罗来东　张　伟

郑敏闽　姚　艳　蒋　平　曹新昌

贵州省金融稳定报告摘要

2013 年，面对复杂的国内外经济形势，贵州省坚持"稳中求进、提速转型"，深入推进改革开放，着力稳增长、扩投资、调结构、增活力、惠民生，经济社会发展保持了稳中向好态势。贵州金融对实体经济的支撑作用明显增强，银行业金融机构呈稳健发展态势，各项监测指标整体向好；证券业机构保持整体平稳运行，机构业务创新步伐明显加快；保险市场发展整体平稳较好，保险业的保险保障功能得以进一步发挥；金融市场和金融基础设施建设不断完善，为促进贵州省经济金融健康发展，维护区域金融稳定发挥了重要作用。

一、区域经济运行

2013 年，贵州省牢牢把握发展是第一要务，改革是关键一招，抓住经济社会发展的重点领域和关键环节，经济建设实现了稳中有进、稳中有为、稳中向好，保持了高位平稳运行的良好态势，为区域金融市场稳健运行创造了有利的外部环境。

（一）运行情况

1. 经济持续快速发展

2013 年，贵州省实现地区生产总值 8 006.79 亿元，同比增长 12.5%，增速排名全国第一位。从产业发展结构上看，第一产业增加值 1 029.05 亿元，同比增长 5.8%；第二产业增加值 3 243.7 亿元，同比增长 14.1%；第三产业增加值 3 734.04 亿元，同比增长 12.6%。三次产业结构由 2012 年的 13.1:39.0:47.9 调整为 12.9:40.5:46.6。

2. 固定资产投资迅速增长

2013 年，贵州省固定资产投资① 7 102.78 亿元，同比增长 29.0%。其中，工业投资 1 950.07 亿元，同比增长 20.8%；铁路投资 324.05 亿元，同比增长 23.0%；公路投资 905.63 亿元，同比增长 30.2%；房地产开发投资 1 942.54 亿元，同比增长 32.4%。全年新开工项目 6 763 个，同比增长 19.0%。

3. 消费品市场平稳增长

2013 年，贵州省全年社会消费品零售总额为 2 366.24 亿元，同比增长 14%。从经营单位所在地上看，城镇消费 1 954.22 亿元，同比增长 13.9%；乡村消费 412.02 亿元，同比增长 14.4%。从消费形态上看，餐饮收入 191.33 亿元，同比增长 5.6%；零售业 1 890.17 亿元，同比增长 14.5%。

---

① 固定资产投资统计口径为：计划总投资 500 万元及以上的固定资产项目投资，房地产开发项目投资。

4. 居民收入进一步增加

2013 年，贵州省城乡居民收入进一步提高，全省城镇居民人均可支配收入 20 667 元，比上年增加 1 967 元，同比名义增长 10.5%；农民人均纯收入 5 434 元，比上年增加 681 元，同比名义增长 14.3%。

5. 对外贸易快速发展

2013 年，贵州省全年进出口总额 82.9 亿美元，同比增长 25.0%。其中，进口总额 14.04 亿美元，同比下降 16.4%；出口总额 68.86 亿美元，同比增长 39.1%。全年实际利用外资 15.26 亿美元，同比增长 45.9%。

6. 跨境收付规模稳健增长

2013 年，全省非银行部门跨境收付总规模 101.2 亿美元，同比增长 23.1%，2009—2013 年平均增长率为 37.6%。其中，跨境收支同比分别增长 27.7% 和 17.7%。服务贸易和境外融资的快速增长是贵州省跨境收付总额增长迅速的主要原因。

7. 财政收入平稳增长

2013 年，贵州省财政总收入 1 919.18 亿元，比上年增长 16.7%。其中，公共财政预算收入 1 205.72 亿元，同比增长 18.9%。税收收入拉动作用明显，全年税收总收入为 838.99 亿元，同比增长 23.1%。

8. 物价水平总体稳定

2013 年，贵州省全年居民消费价格水平同比上涨 2.5%，涨幅比上年回落 0.2 个百分点。分月份看，物价涨幅除 2 月受春节影响达到 3.0% 外，其余月份上涨幅度均保持在 3% 以内。

(二) 需关注的问题

1. 发展存在脱贫攻坚和环境保护的双重矛盾

目前，贵州省的经济发展中存在两个特点：一是发展条件比较差，贫困区域和人口较多，面临很重的发展任务；从全国情况看，贵州省近年经济增速虽一直处于全国领先水平，但经济体量仍然较小，2013 年全省生产总值仅占全国总量的 1.41%，基础较为薄弱。二是贵州大部分属于喀斯特地貌，环境承载能力较差，对工业化和城镇化制约较大。贵州在发展中面临既要"赶"又要"转"的双重压力、双重任务，需要处理好加速发展和环境保护之间的矛盾。

2. 经济发展配套制度尚需完善

目前贵州省经济建设配套制度较为滞后，在改革发展进程中需积极修订和完善相关法规规章和配套制度，以配合推进改革任务，最大限度地避免出现由于政策法规及规章不完善或空白导致的法律纠纷、投资项目难以落地等影响金融稳定的问题。

3. 经济增长的结构性和持续性问题依然存在

从生产总值构成看，贵州省固定资产投资额占全省生产总值的 88.71%，主要靠投资拉动的经济增长模式需要调整。从消费情况看，全省社会消费品零售总额增长 14.0%，增速同比回落 2 个百分点，消费需求的持续增长面临较大压力。从进出口方面看，全省进出口增幅为 25%，增速同比回落 10.7 个百分点，其中，进口总额连续两年下跌，2013 年下降 16.4 个百分点，对外贸易结构性问题需要改善。

二、银行业

2013 年，贵州省银行业金融机构保持持续、稳健发展的态势，机构改革步伐加快，各项监测指标整体向好。但同时存在部分中小法人银行存贷比处于高位、表外业务发展迅速但滋生风险隐患，银行业金融机构仍需继续加强公司治理、内部控制和风险管理。

（一）运行情况

1. 资产负债规模快速增长

截至 2013 年末，全省银行业金融机构资产总额 17 287.79 亿元，同比增长 29.04%。本外币各项贷款余额 10 156.96 亿元，同比增长 21.64%，贷款增速列全国第 4 位；境内短期贷款占比 22.47%，中长期贷款占比 76.56%。全省银行业金融机构负债总额 16 682.23 亿元，同比增长 28.59%。本外币各项存款余额 13 297.62 亿元，同比增长 25.83%，存款增速列全国第 1 位；个人存款、单位存款和财政性存款分别同比增长 24.32%、27.87% 和 2.96%。

2. 盈利能力持续增强

2013 年，全省银行业金融机构共实现利润 269.70 亿元，同比增加 56.99 亿元。其中，净利息收入 550.73 亿元，同比增长 24.16%，中间业务收入 68.08 亿元，同比增长 35.90%。

3. 资产质量总体稳定

截至 2013 年末，全省银行业金融机构不良贷款余额 135 亿元，不良贷款率 1.33%，同比下降 0.33 个百分点。其中，地方法人银行金融机构不良贷款余额 83.95 亿元，不良贷款率 2.86%，同比下降 0.73 个百分点。

4. 表外业务发展迅速

截至 2013 年末，全省银行业金融机构表外业务本外币余额共计 3 801.64 亿元；同比增加 1 115.59 亿元，增幅 41.53%。同期，表外业务余额占各项贷款余额的 37.42%，同比增加 5.27 个百分点，增速较同期各项贷款余额增速高出 19.91 个百分点。主要特征表现为：一是表外业务以承诺、承兑汇票、委托贷款为主；二是地方法人银行表外业务发展尤为迅速。

5. 地方银行经营能力不断增强

一是地方银行总体存贷比有所下降，压力有所缓解。2013 年以来，地方银行各项存款增速明显大于各项贷款增速，存贷比稳步降低。截至 2013 年末，全省地方银行各项存款余额 5 210.34 亿元，同比增长 41.44%，各项贷款余额 3 071.92 亿元，同比增长 28.31%；存贷比为 58.96%，同比下降 6.03 个百分点。二是地方银行资本充足情况良好，地方银行的资本、核心资本能较好地抵御信贷资产存在的潜在风险。截至 2013 年末，地方银行核心资本充足率 10.28%，资本充足率 13.36%。三是 2013 年以来地方银行拨备覆盖情况基本良好。截至 2013 年末，地方银行平均拨备率为 199.92%，拨备未达标的银行数仅占全部地方银行的 6% 左右，拨备水平整体充足。

6. 地方银行机构改革步伐加快

近年来贵州省地方银行机构处于快速发展态势。贵州省地方银行数从 2012 年初的 102 家发展到

2013 年末的 117 家，增长了 14.7%。从机构类型上看，现有城市商业银行 2 家，农村商业银行 11 家①，农村信用社 73 家，农村合作银行 1 家，村镇银行 31 家。

（二）需关注的问题

1. 部分地方银行存贷比处于高位

村镇银行存贷比整体持续超限，流动性水平有所下滑。受设立时间较短、社会认知度低、业务种类单一、吸存能力较差等因素影响，贵州省村镇银行存贷比普遍偏高。截至 2013 年末，村镇银行平均存贷比为 85.82%，58.06% 的村镇银行存贷比在 75% 以上，少数村镇银行存贷比超出 100%。部分农村信用社存贷比也偏高。

2. 表外业务发展存在风险隐患

一是大部分表外业务为类信贷业务，信用风险缓释不足。截至 2013 年末，贵州省表外业务依次以承诺、承兑汇票、委托贷款为主，三者合计占比 85.94%。此三类表外业务，实为类信贷业务。其中，如委托贷款业务，银行通过引入证券、信托等同业机构方式，改变债权表现形式，使应按照 100% 比例计算的风险加权资产，仅按照 20%～25% 的标准计算，减少了应计提的资本，资本对信用风险的缓释不足。二是部分表外业务依靠短期资金滚动对接长期投资，流动性风险隐患大。截至 2013 年末，贵州省表外业务中，27.60% 为承兑汇票业务。其中，部分银行机构承兑汇票业务占比高达 70% 以上。同时，票据垫款持续增长，全省承兑汇票垫款余额 5.38 亿元，同比增长高达 207.43%。承兑汇票带来的流动性风险隐患增大，需持续关注。三是商业银行表外业务风险控制不足，表外业务风险可能向表内传递。截至 2013 年末，贵州省法人银行表外业务余额 1 021.93 亿元，同比增加 105.69%。两家法人城市商业银行表外业务余额 841.97 亿元，已超其各项贷款余额 7.70 亿元，但表外业务较传统信贷业务在风险控制措施方面存在不足。如表外业务目前尚未计提风险准备金，也未设立损失准备核算科目，缺乏损失准备等风险控制措施，一旦发生风险，表外亏损只能转入表内来冲销。

3. 平台债务风险值得关注

一是平台债务融资规模值得关注。根据 2013 年国家审计署对政府性债务的审计，贵州省政府性债务规模已经较大，总债务率水平偏高。二是存在部分地区债务管理薄弱、债务风险集中等问题，部分政府融资平台贷款存在风险隐患。三是贵州非信贷融资在平台债务总量中占比偏高，债务期限较短，流动性压力较大。

三、证券业

2013 年，贵州省证券业市场保持整体平稳运行。证券公司创新意识显著增强，盈利模式快速转型，以资产管理、投资理财为代表的新产品不断增多。但是，证券市场不景气，投资者信心不足等问题仍然存在。上市公司方面，贵州企业顺利在"新三板"挂牌，但受市场行情影响，股票市场直接融资额明显下降，部分上市公司出现市值萎缩。证券行业进入差异化竞争发展阶段。

---

① 其中 6 家农商行虽已挂牌营业，但由于系统尚未升级完毕，评估系统暂时仍以原来农村信用社口径统计。

（一）运行情况

1. 证券金融机构发展整体平稳

截至 2013 年末，贵州省共有 1 家证券公司、3 家证券分公司、54 家证券营业部，无基金管理公司和期货经纪公司。省内各证券公司营业部投资者开户数 65.9 万户，投资者数量保持稳定；证券市场交易额 3 741.95 亿元，同比增长 45.32%；各证券经营机构全年营业收入 4.5 亿元，实现净利润 1.7 亿元。

2. 法人证券公司创新步伐加快

2013 年，贵州省唯一的法人证券公司华创证券创新发展势头良好，围绕"大资管、大投行、大零售"三大业务体系，内生发展动力进一步增强。从盈利情况上看，该公司全年实现营业收入 7.1 亿元，同比增加 51.71%。从收入构成看，该公司收入结构向多元化发展，资产管理、融资融券、研究咨询等业务收入占比相对去年均有 3% 以上的大幅度提升。从展业资格上看，2013 年该公司建成代销金融产品和私募产品机构间报价转让系统，机构实力进一步增强。

3. 资本市场上市融资稳健增长

截至 2013 年末，贵州省辖内共有 21 家上市公司，其中创业板上市公司 1 家，总市值 2 387.06 亿元。上市公司主要涉及制造业、房地产、制药、酿酒、电力等行业。久联发展、黔轮胎、贵绳股份、益佰制药、振华科技再融资成功过会。威门药业、东方科技在"新三板"顺利挂牌，贵州企业首次亮相"新三板"。

4. 期货市场交易迅速增长

截至 2013 年末，贵州省共有 9 家期货营业部，全年期货成交额 7 176.65 亿元，同比增长 99.24%。从交易分布看，上海期货交易所累计交易金额 2 016.24 亿元，郑州商品交易所交易金额 975.74 亿元，大连商品交易所交易金额 1 500.99 亿元，中国金融期货交易所金额 2 683.68 亿元。各期货经营机构实现营业收入 250 万元，净利润 62 万元。

（二）需关注的问题

1. 经营收入仍主要依靠传统经纪业务

随着市场竞争的加剧和经纪业务的同质化，证券行业经纪业务利润空间正在逐年压缩，从收入结构看，本土券商经纪业务收入占比仍在 50% 以上，虽然机构业务创新逐渐加强，但整体仍处于起步阶段，没有从根本上改变以传统业务为主的盈利模式。

2. 证券市场规范性仍需加强

在证券市场运行中，加大了对市场违法违纪行为的监察和信息披露力度，确保投资者利益，2013 年监管中发现有不法分子利用冒名网站，冒用证券公司名义非法开展投资咨询、"新三板"推荐挂牌等不法现象，扰乱了正常行业经营秩序，对区域金融稳定造成了不良影响。

3. 资产管理业务发展存在风险隐患

2013 年，贵州辖内证券公司资产管理业务规模较 2012 年增长了近 14 倍。资产管理类业务在丰富证券公司盈利模式的同时，也带来了各种新的风险隐患。一方面该类业务主要作为银行理财资金的中间通道，可能导致金融风险的跨行业传递和叠加；另一方面也需关注业务发展过快与人员、技术储备不匹配产生的内控风险。

4. 资本市场规模偏小、直接融资功能较弱

受沪深两市不景气影响，2013 年，贵州省上市公司总市值 2 387.06 亿元，同比下降 25.61%，股票市场累计募集资金 10.6 亿元，同比下降 67.34%。贵州省上市公司实力薄弱，资本市场层次不够丰富的问题仍然存在，企业直接融资能力较弱。

四、保险业

2013 年，贵州省保险业稳步发展，保险市场发展整体平稳较好，保险业的保险保障功能得以进一步发挥，保险机构发展质量较好，保险服务领域不断扩展，农业保险取得突破性进展。但是，也应对人身险公司退保以及满期给付引起的现金流压力，以及财产险公司应收保费过高引起的经营风险等问题予以关注。

（一）运行情况

保险机构主体稳步发展。截至 2013 年末，全省共有保险公司主体 23 家，无保险法人机构。其中，财产险公司 14 家，人身险公司 9 家，与 2012 年持平。各级保险分支机构 991 家，同比增加 42 家。专业保险中介机构增至 44 家。

1. 全省保费收入持续快速增长

2013 年，全省累计实现保费收入 181.62 亿元，同比增长 20.9%，增速列全国第 1 位，较全国平均水平高 9.7 个百分点，保费规模列全国第 28 位。其中，财产险实现保费收入 89.03 亿元，人身险实现保费收入 92.58 亿元。各类赔款给付支出 72.44 亿元，保险深度 2.27%。

2. 经济社会保障功能进一步发挥

一是积极发挥了保险的风险保障功能。2013 年，贵州省保险业为全省经济社会提供风险保障 6.65 万亿元，同比增长 77.23%。其中，人身险公司累计为 5 427.21 万人次提供 2.98 万亿元风险保障；全省财产保险公司共为 1.83 万家次企业提供 3 710.13 亿元风险保障，为全省 700 余项次工程项目提供了 566.42 亿元风险保障，为全省个人和企业 6.36 亿元的融资规模提供风险保障。二是进一步发挥了保险的经济补偿功能。全年累计赔款和给付支出 72.44 亿元，同比增长 30.91%。其中，财产险公司车险业务累计赔付支出 39.77 亿元，同比增长 22.59%；人身险公司寿险满期给付等各类给付支出 22.59 亿元，同比增长 65.46%。此外，保险行业在"3·8"台江火灾、"3·12"马场煤矿事故等灾害事故中迅速采取应急措施，切实做好预付赔款工作，为社会稳定提供了充分的保险保障。

3. 保险机构经营效益较好

一是从财产险公司来看，主要体现在经营效益保持较高水平。全省财产险公司承保利润率 7.31%，高于全国平均水平 6.81 个百分点。主要原因是综合赔付率和综合费用率都低于全国平均水平，成本控制较好，全年财产险公司综合赔付率为 61.21%，低于全国 2.94 个百分点，综合费用率为 31.47%，低于全国 3.88 个百分点。二是从人身险公司来看，主要体现为发展的可持续性进一步增强。全省人身险公司新单业务尤其是新单期交业务实现正增长。全年人身险公司实现新单保费 32.79 亿元，同比增长 9.95%，其中新单期交业务 11.63 亿元，同比增长 10.98%，业务持续性进一步增强。

4. 服务领域不断拓宽

2013 年，保险行业抓住政策机遇，不断拓宽服务领域。一是积极推动大病医疗保险工作。截至

12 月末，全省已有 6 个市（州）开展了城乡居民大病保险工作，累计 1 785.57 万人参保，占城乡居民总数的 51%，并已对 5 997 人次参保人员支付赔款 5 882 万元。二是农业保险覆盖面扩大。新增加水稻、小麦等 7 个中央财政补贴政策性农业保险品种，补贴品种达到 10 个。全年农业保险实现保费收入 1.62 亿元，同比增长 135.52%，共为 142.62 万户次农户提供了 280.08 亿元的风险保障，实际支付赔款 7 108.38 万元，同比增长 206.87%。

（二）需关注的问题

1. 人身险公司退保以及满期给付引起的现金流压力较大

2013 年，全省人身险公司累计退保金 13.11 亿元，同比增长 44.14%，增速远高于同期保费收入增速。同时，部分公司进入满期给付高峰期，全省给付支出共计 22.59 亿元，同比增长 65.46%。在给付高峰和退保的双重因素影响下，公司的现金流压力增大。

2. 财产险公司应收保费过高引起的经营风险升高

2013 年，全省财产险公司应收保费余额 5.04 亿元，同比增长 36.39%。其中保证保险应收保费余额 2.13 亿元，同比增长 49.09%，应收保费在基数较高的情况下呈快速增长态势，需引起长期关注。

五、金融市场

（一）货币市场

1. 银行间货币市场交易活跃

2013 年，银行间债券市场成员共有 7 家机构和华创证券的 6 只资产管理计划参与市场交易。其中，债券回购交易累计成交 14 471.1 亿元，同比增长 40.7%；现券交易累计 3 050.3 亿元，同比下降 64.9%；累计进行信用拆借业务 8.4 亿元，同比减少 17.5 亿元；总体来看，省内市场成员向市场融出资金 1 240.0 亿元。

2. 票据市场融资大幅增加

2013 年，贵州省内银行承兑商业汇票签发的累计发生额和余额、贴现累计发生额分别同比增长 98.9%、88.0% 和 186.7%，连续两年大幅增长，票据市场融资功能明显。从累计发生额看，票据签发和贴现呈逐季增长态势，下半年签发和贴现金额分别是上半年的 1.4 倍和 3.1 倍。全省票据市场加权利率水平总体呈现震荡走高的态势。其中，银行承兑汇票、商业承兑汇票直贴加权平均利率年末分别达到了 7.90%、8.96%，分别同比上涨了 39.9%、31.2%；票据转贴现买断和回购利率年末分别达到 8.60%、7.01%，分别同比上涨了 76.1%、78.9%。

（二）资本市场

1. 直接融资占比持续提高

2013 年全省直接融资 218.7 亿元，在非金融机构部门融资结构中的占比为 10.3%，连续两年占比达到 10% 以上，其中，银行间市场非金融企业债务融资工具融资 129.6 亿元，分别是 2011 年、2012 年的 3.3 倍和 1.9 倍。

2. 企业融资成本明显降低

2013 年，省内各企业债券的发行利率大多低于同档次贷款基准利率。其中，贵州粤黔电力有限责任公司 3 亿元 1 年期短期融资券发行利率较 1 年期贷款基准利率低了 23.5%。同时，部分企业将发债筹集资金用于归还银行借款，有效降低了其在银行的贷款成本。如贵州乌江水电开发有限公司募集的 13 亿元资金中，有 80% 用于偿还公司在各金融机构的短期借款。

（三）黄金市场及外汇市场

1. 参与黄金交易金融机构增加

2013 年，贵州省内获得授权开展黄金业务的银行业金融机构达到 15 家，其中，地方法人金融机构中贵阳银行已获准开办黄金代理业务。全年贵州省黄金交易量达到 50 649.8 千克，交易金额 142.6 亿元。从具体交易情况看，2013 年贵州省银行业金融机构上海黄金交易所业务交易量占比为 57.7%，账户金交易量占比为 30.6%，实物黄金交易量占比 8.8%，其他黄金交易业务较少。

2. 外汇收支活跃程度有待提高

2013 年，全省跨境收支增速为 23.1%，跨境收付总规模占地区生产总值比重 7.8%。从涉外经济变化的基本因素看，受欧债危机和内外市场需求下降的持续影响，贸易进出口交易规模同比下降 19.4%；外商投资由 2012 年下降 61.2% 转为增长 30.5%；对外直接投资流出增长 197.6%。

3. 外汇收支平衡度有所下降

2013 年，贵州省国际收支顺差 13 亿美元，占跨境收支总额的 12.8%，同比增长 4 个百分点；全省结售汇顺差 10.1 亿美元，占结售汇总额的 18.8%，同比增长 12 个百分点。受人民币汇率预期变化和国际经济环境影响，市场主体加快收汇结汇、延缓购汇付汇，是影响结售汇平衡的主要原因。

六、金融基础设施

（一）支付结算体系

1. 现代化支付体系高效运转

全省已形成了人民银行支付系统、银行机构行内系统以及各清算组织共同参与的现代化支付体系。2013 年，全省往来账总笔数为 1 279.12 万笔，日均处理 50 759 笔，同比增长 37.56%，往来账总金额为 20.85 万亿元，日均处理 827.52 亿元，同比增长 26.29%。

2. 银行卡市场健康发展

银行卡清算网络覆盖到地、县及部分乡镇，农信银资金清算系统已全面覆盖农信网点。截至 2013 年末，全省共有 ATM 6 759 台，POS 机 60 470 台，2013 年累计发卡 6 500 万张。2013 年，贵州省银行卡资金交易（包括存现、取现、转账和消费）共 67 094.96 万笔，金额为 48 054.00 亿元，同比分别增长 30.79% 和 29.22%。

3. 农村支付环境建设成效显著

全省共在 16 267 个行政村设立了银行卡助农取款服务点，覆盖率达 98.75%，农户不出村便能办理查询、转账、消费、缴费等基础金融业务。农民工银行卡特色服务已覆盖所有乡镇，交易量列全国第 5 位。涉农银行卡共发放 1 789 万张，共惠及 1 560 万人，发放惠农卡授信 3.6 万张，授信额度 12.68 亿元，累计发放循环贷款 55.7 亿元，有效缓解了农民群众融资难、贷款难问题。

（二）征信系统

1. 征信系统功能进一步发挥

2013 年，全省共新办企业贷款卡 10 399 户，年审 18 354 户，共受理企业信用报告查询 4 582 户，个人信用报告查询 97 062 人次。信用报告查询同比增加 211.32%，贷款卡年审同比增长 19.52%。

2. 金融信用信息基础数据库不断完备

一方面，人民银行按照"自愿接入，间接查询，重在质量，分批推进"的原则，遵循前期调研、审核批准、接入规范、培训与辅导的程序，积极推进小额贷款公司和融资性担保公司两类小微金融机构及村镇银行接入数据库工作，进一步夯实国家金融信用信息基础数据库。另一方面，实施数据质量监督指导机制，确保数据质量长期稳定，2013 年共完成中国建设银行贵州省分行、中国银行贵州省分行、浦发银行贵阳分行、中信银行贵阳分行的定点监测工作和 8 家地方性金融机构的数据核对工作，2013 年贵州省个人、企业数据质量位居全国前列。

3. 社会信用体系更加完善

2013 年建成"贵州省融资担保行业征信系统"、"农户信用信息服务系统"、"农村资源和农户信息共享平台"、"贵州省中小企业信用信息服务系统"、"三品三表"、"黔贷通"等，完善配套政策措施，推进农村和中小企业信用体系建设，取得了良好的社会效益。

4. 机构代码信息应用领域不断拓宽

截至 2013 年末，贵州省共发放机构信用代码 30.50 万个，其中存量 19.4 万个，新增 11.36 万个，新增金融机构代码发放率达 100%。机构代码的应用领域不断扩大：在反洗钱、金融业务、征信业务等领域利用机构信用代码管理系统进行身份识别和客户风险等级划分；贵州省开发的第三方信用评级管理系统、融资担保行业征信系统均将机构信用代码作为唯一标识码；与贵州省工商行政管理局达成信息共享协议，借助工商系统提升机构信用代码的应用范围和影响力。

5. 动产融资登记公示系统能效显著

人民银行采取多种途径、多种方式开展动产融资登记宣传与推广，积极指导辖内金融机构基于该系统开展动产融资业务，盘活了中小企业的动产资源，拓宽了中小企业融资渠道。截至 2013 年末，应收账款质押登记公示系统累计为全省 1 437 户中小企业提供了质押登记，为商业银行发放贷款提供了便利。

（三）反洗钱

1. 风险等级评估工作取得新突破

为进一步完善反洗钱监管工作方法和手段，贵州省结合实际情况，修订并正式下发了《贵州省金融机构反洗钱风险等级评估办法（修订）》，进一步完善了贵州省金融机构反洗钱风险评估体系。全省金融机构自评率达 100%。2013 年，省内人民银行系统共组织 300 余人（次）对辖内 316 家银行机构、274 家保险机构、34 家证券机构、8 家期货机构、3 家信托财务机构及 7 家支付清算类机构进行了现场评估（含预评估）。

2. 分类监管有效实施

人民银行根据风险等级评估结果，对金融机构实施差别化监管。一方面，有重点地对评估风险等级较高的金融机构采取严格的监管措施，并开展现场检查。2013 年，全省人民银行系统分别对 7 家银行业金融机构、6 家保险业金融机构开展了反洗钱现场检查。另一方面，有选择性地进行约见谈话。2013 年，全省人民银行系统共对 16 家中风险等级的金融机构实施约见高管谈话，进行风险提示，并提出整改要求，有效地维护了区域金融稳定。

3. 可疑交易线索移送、反洗钱调查和案件协查工作力度继续加大

2013 年，人民银行共发现和接收可疑线索共 30 条，涉及金额 732.54 亿元；开展反洗钱行政调查 31 次，涉及金额 651.01 亿元，报案线索数 1 个，涉案总金额 683 万元。

（四）金融消费权益保护

1. 金融消费权益保护工作稳健起步

2013 年，贵州省结合辖内实际制定下发《贵州省金融机构金融消费权益保护工作指引》、《贵州省金融机构金融消费权益保护工作评估办法》等金融消费权益保护工作制度，规范投诉受理与处理工作程序，建立了贵州省金融机构金融消费权益保护部门和人员管理立体网络体系，对 12 家金融机构、137 个营业网点进行了金融消费权益保护工作现场检查。加强了金融消费权益保护工作的规范性和有效性。

2. 积极受理咨询投诉，保护金融消费者合法权益

2013 年，贵州省人民银行系统共受理与处理金融消费者投诉 66 件，咨询 909 件。其中，人民银行法定职责范围内的投诉 43 件，占比 65.2%；其他类投诉 22 件，占比 33.3%；涉及跨市场、跨行业类交叉性金融产品和服务的投诉 1 件，占比 1.5%。有效防范和化解了部分金融机构与金融消费者之间因纠纷所产生的不稳定因素，保护了金融消费者的合法权益。

3. 开展金融消费权益保护普及宣传

贵州省深入开展"金融知识普及月"活动，制作了简洁适用的"金融知识普及宣传折页"，做好金融知识的普及宣传。同时开展全方位、多元化宣传活动，推动金融知识进社区、进企业、进农村、进超市、进医院、进机关、进校园、进工矿区、进苗乡侗寨，扩大宣传覆盖面，强化了民众的风险意识和责任意识。

七、总体评估

（一）总体评估

总体上来看，2013 年贵州省宏观经济呈现转型和发展并重的发展态势，经济发展稳中有进，地区生产总值、消费及净出口稳步增长，多项经济指标发展情况均位于全国前列，对区域金融稳定作出积极贡献。但受到国际国内宏观经济形势的影响，区域经济对金融稳定的贡献度有所下降。主要表现在：尽管固定资产投资仍处于快速增长态势，但增速下滑；经济结构处于逐步转型过程中，能源、矿产、白酒等传统优势产业处于调整阶段，经济效益有所降低。

2013 年，从贵州省金融稳定综合评价值来看，区域金融处于基本稳定状态。金融业整体改革与发展并进，整体呈现稳中有进的发展态势。2013 年，银行业对区域金融稳定的贡献度较上年增加 0.15 个百分点，且为 2008 年以来贡献度最高的一年。银行业对区域金融稳定的贡献度增强，主要得

益于银行业不断深化改革，加强法人治理和风险控制。具体表现在：核心资本充足率不断增强，不良贷款率总体有所下降，资产利润率和流动性比例均有不同程度的提升。证券业和保险业整体呈现稳步提升的态势，具体表现在：盈利能力大幅提升，资本充足状况良好，改革与创新步伐加快。保险业展业能力增强，经营能力逐步增强，保险保障功能进一步发挥，整体发展质量较好。此外，金融生态环境逐渐改善，主要表现在：法制环境逐步改善，地方财政收入占 GDP 比重稳步增长，金融服务密度显著增强，社会信用体系更加完善。

（二）政策建议

1. 加大产业结构调整力度，强化经济运行基础

一是进一步加快推进经济发展方式转变，在大力推进经济发展的基础上实现三次产业结构"二三一"的转变。二是依靠科技创新力量，强化后发优势。大力发展大数据产业、电子信息产业等新兴产业，并加快利用信息技术改造传统产业，充分发挥好地方特色产业优势。三是大力发展现代服务业，建设文化旅游发展创新区，创造新的发展动力和竞争优势。

2. 加快金融改革创新，增强金融服务能力

继续建立健全现代金融企业制度。继续深化政策性银行改革，完善大型国有商业银行改革，积极支持城市商业银行创新发展，推动符合条件的农村信用社改制为农村商业银行，继续增设和规范村镇银行等新型农村金融机构，加强融资性担保公司、小额贷款公司、典当行等融资性组织的监督管理，提高其制度规范性和内控有效性。配合好大数据产业战略，积极引进金融机构在黔设立后台服务机构，规划设立互联网金融服务产业园区，大力发展金融等服务外包产业。

3. 促进银行、证券、保险三行业全面协调发展，提升维护金融稳定合力

一方面推动三行业经营机构进一步规范运作、转变经营理念、改善盈利模式，走集约型、质量型、效益型的发展道路。另一方面建立三行业跨行业、跨市场运营全面风险管理框架，建立金融市场风险补偿机制及"防火墙"，确保全省金融体系安全稳健运行。

4. 积极推动辖内金融机构加强创新的同时，应引导金融机构积极防范表外业务风险

对表外业务风险坚持"谁家孩子谁抱走"原则落实责任机制，地方政府要积极引导地方银行增资扩股、改善股东结构、完善法人治理和加强风险控制，注重稳健发展；同时，要管理好地方融资项目风险，防止表外资金投向的项目风险向金融机构传导。各监管部门应按照职责分工要求，督促金融机构按照"业务规模与风险承担能力相适应"的原则，建立内部控制、风险处置制度和风险隔离机制，并按照"实质重于形式"的原则计提资本和拨备。

总　　纂：蔡　湘

统　　稿：余文贵　陈　鹏

执　　笔：刘利红　陈　羲　岳晶晶　季忠艳

其他参与写作人员：袁　燕　於康平　周富玲　李　媛　欧阳斌　封明川
　　　　　　　　　　路　音　娄　燚　向　宇　赵　鑫　陈旭东　易莞姣
　　　　　　　　　　龚宇麟

云南省金融稳定报告摘要

2013 年，云南省认真贯彻中央各项宏观经济调控政策，采取各种措施积极应对国际经济环境复杂多变、国内经济下行压力加大、省内自然灾害频发等严峻形势，经济发展呈现出稳中有进、稳中有好、稳中有快的良好态势，金融业总体运行平稳，与经济形成良性互动。银行业金融机构存贷款保持平稳增长，资产质量和盈利性水平良好，法人机构风险抵御水平增强；证券业盈利回升，法人证券机构经营稳健；保险业保持较快增长，业务结构继续优化；金融市场运行平稳，跨境人民币结算稳步推进，金融基础设施不断完善，金融生态环境持续改善。

一、区域经济运行

（一）经济增长逐步企稳，三大产业协调发展

2013 年，云南省实现地区生产总值 11 720.91 亿元，同比增长 12.1%，较上年回落了 0.9 个百分点，高于全国水平 4.4 个百分点，增速排名全国第 3 位；人均生产总值（GDP）达 25 039 元，较上年提高 2 844 元，同比增长 11.3%。产业结构继续调整优化，三大产业发展形势良好，三大产业占 GDP 的比重分别为 16.17%、42.04% 和 41.79%，第一产业和第三产业占比较上年分别上升了

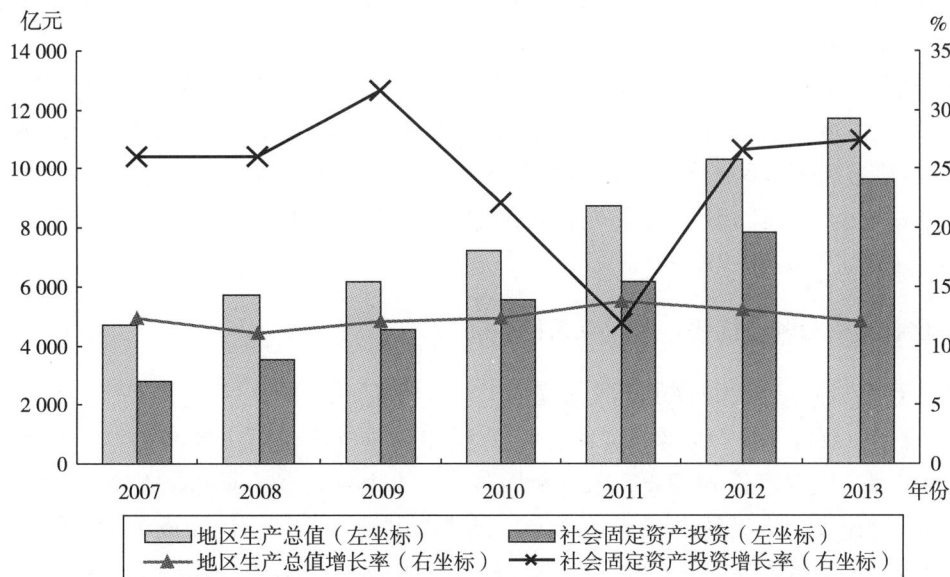

数据来源：云南省统计局相关资料。

图 1　2007—2013 年云南省地区生产总值和社会固定资产投资情况

0.13 个和 0.71 个百分点。

通过落实强农惠农政策，加快农业结构调整和产业化经营进程，第一产业增加值达 3 056.44 亿元，同比增长 6.8%，较上年上升了 0.1 个百分点；粮食增产丰收，产量达 1 824 万吨，为近 5 年来最高。高原特色农业呈现量效齐增的态势，橡胶、咖啡、核桃的种植面积和产量继续保持全国第 1 位。

第二产业增长在经济下行压力加大、出厂价格下滑等不利情况下逐步企稳，第二产业增加值为 4 927.82 亿元，同比增长 13.3%，较上年回落 2.9 个百分点；规模以上工业增加值增长 12.3%，较上年回落 3.3 个百分点。重点行业支撑作用明显，烟草、有色等传统支柱行业完成增加值占比达 69.6%。规模以上工业企业主营业务收入同比增长 10.8%，实现利润总额同比增长 5.5%。

加快交通运输、邮政等传统服务业升级改造的同时，大力培育现代物流、金融等新兴服务业；第三产业完成增加值 4 897.75 亿元，同比增长 12.4%，较上年提高了 1 个百分点；旅游强省建设成效显著，旅游业实现总收入 2 111 亿元。

（二）固定资产投资高位运行，消费需求总体平稳，对外贸易企稳回升

2013 年，云南省固定资产投资完成 9 621.83 亿元，同比增长 27.4%，较上年提高 0.1 个百分点，高于全国平均水平 7.8 个百分点，投资成为经济保持和巩固稳中向好发展势头的重要动力。投资增长服从产业结构调整，第一、第三产业投资增速同比较上年分别提高 29.2 个和 7.4 个百分点，第二产业投资增速同比回落 15.9 个百分点；投资向重点行业集中趋势明显，采矿业、制造业等六大重点行业投资占全部固定资产投资比重达 78.2%；民间投资活跃，民间投资完成 5 105.03 亿元，同比增长 35.8%，快于全部投资增速 8.4 个百分点，占总投资的比重达 53.06%，较上年提高 5.05 个百分点。

社会消费品零售总额 4 036 亿元，同比增长 14%，较上年回落了 4 个百分点，但仍比全国平均水平高 0.9 个百分点。城镇市场仍是主力市场，对社会消费品零售总额增长的贡献率高达 79.6%。假日经济和旅游经济成为推动云南省消费市场发展的重要力量。

受锡、钢材等产品价格下跌以及国内外市场需求不足的影响，外贸形势一度较为严峻，1 月至 8 月，进出口额增速回落了 50.2 个百分点，9 月后对外贸易企稳回升，出口回升态势尤为明显。2013 年，云南省进出口总额 258.3 亿美元，同比增长 22.9%，较上年回落 8.1 个百分点，仍高出全国平均水平 15.3 个百分点；出口 159.6 亿美元，同比增长 59.3%，增速较上年提高 53.5 个百分点；进口 98.7 亿美元，同比下降 10.2%。

（三）财政收支结构调整优化，居民收入稳步提高

2013 年，云南省地方公共财政预算收入完成 1 610.69 亿元，同比增长 20.4%，其中，受结构型减税、部分涉税企业效益下滑等因素的影响，增值税和企业所得税等主体税种增长缓慢，税收收入完成 1 215.06 亿元，同比增长 14.2%，较上年回落了 6.4 个百分点；非税收入完成 395.63 亿元，同比增长 44.3%，增速较上年提高 24.7 个百分点。地方公共财政预算支出完成 4 096.56 亿元，同比增长 14.7%，财政支出结构不断优化，用于教育、医疗卫生等六个方面的支出占比达 68%。

在地方政府调高最低工资标准和各项惠民增收措施落实到位等因素的共同作用下，城乡居民收入和工资性收入持续较快上涨，城镇居民人均可支配收入增长 10.3%，农村居民人均纯收入增长

13.4%。就业形势持续向好，实现城镇新增就业 31 万人，农村新增转移就业 97 万人，大学生初次就业率达 86.6%。

（四）物价上涨压力依然存在，工业生产者价格"剪刀差"有所扩大

2013 年，云南省居民消费价格总水平同比累计上涨 3.1%，较上年提高 0.4 个百分点，其中，食品价格和居住价格的大幅上涨是导致居民消费价格水平上涨的主要因素，食品价格同比累计上涨 5.5%，居住类价格同比累计上涨 3.6%。

工业生产者出厂价格指数同比下跌 2.5%，降幅有所收窄；购进价格指数同比下降 1.2%。PPI 的持续下降，反映了企业经营效益同比下滑，出厂价格指数与购进价格指数间的"剪刀差"为 1.3 个百分点，较上半年扩大 0.3 个百分点，表明企业经营居高不下的生产成本挤占了大块企业利润。

（五）利用外资能力不断增强，跨境收支快速增长

2013 年，云南省利用区位优势，加大吸引利用外资力度，外商直接投资摆脱低位徘徊状态，外商投资项目 116 个，合同使用外资额 12.1 亿美元，实际利用外商直接投资 25.1 亿美元，同比增长 14.9%，第三产业外商投资占实际利用外资总额的近七成。企业"走出去"步伐加快，新批境外投资企业 40 家，对外实际投资 8.2 亿美元，同比增长 15.6%，对外投资行业逐渐多元化，房地产业和制造业成为对外主要投资方向。

云南省跨境收支总规模和银行结售汇总额双双实现增长并创历史新高，分别达 295.26 亿美元和 153.14 亿美元，分别同比增长 30.38% 和 20.20%。货物贸易结售汇总额达 114.73 亿美元，同比增长 30.15%，货物贸易结售汇顺差 11.76 亿美元。跨境人民币收支规模达 83.83 亿美元，同比增长 45.56%，占跨境收支总规模的 28.39%。人民币贸易结算迅速增长，货物贸易人民币净收入折合 10.93 亿美元，同比增长 30.89%，占比较上年提高 4.14 个百分点。

（六）房地产市场总体运行平稳，房地产开发投资增速高位运行

2013 年，云南省商品房施工面积为 18 260.72 万平方米，同比增长 27.1%；商品房销售有所回升，商品房销售面积 3 309.30 万平方米，同比增 2.2%，较上年提高 1.7 个百分点；商品房销售额 1 487.24 亿元，同比增长 9.1%。重点城市住宅价格呈现出逐月回升的趋势，昆明市新建住宅和二手住宅价格同比分别上涨 5.8% 和 8.0%，大理市新建住宅和二手住宅价格同比分别上涨 5.5% 和 3.1%。城镇保障性住房建设开工 30.36 万套，基本建成 23.4 万套。

房地产开发投资完成 2 488.33 亿元，同比增长 39.6%，增速高于全国平均水平 19.8 个百分点。房地产贷款余额 2 606.83 亿元，同比增长 23.2%，其中，房地产开发贷款增速持续快速增长，同比增长 35.8%；个人住房贷款增长 16.1%。房地产贷款余额占云南省金融机构人民币各项贷款余额的 16.5%，较上年提高 1.2 个百分点；房地产新增贷款额占各项新增贷款的 25.5%，较上年提高 6.1 个百分点。

（七）转型升级有序推进，生态文明建设成效显著

云南省加大工业经济结构调整力度，结合自身特色和优势，重点发展以生物资源为基础的生物产业、生物制药、生物食品工业以及风能、太阳能发电等循环经济和低碳经济，节能降耗取得实效。

单位生产总值能耗降低3.2%，规模以上工业单位工业增加值能耗同比下降3.8%；工业固体废物综合利用率为50.5%，较上年提高1个百分点。

生态文明建设进一步加强。完成营造林850万亩，改造低效林402万亩，治理陡坡地80万亩，森林覆盖率达54.64%。加大保护和治理滇池、抚仙湖、洱海等九大高原湖泊的力度，大力推进生物多样化保护、国家公园体系建设，积极创建普洱国家绿色经济试验示范区，持续推动低碳省试点工作。

（八）区域经济运行需要关注的方面

1. 经济指标增速放缓影响，企业运行质量下降

受多重因素影响，云南省部分主要经济指标增速有所放缓，地区生产总值、社会消费品零售总额、税收收入和规模以上工业增加值分别较上年回落了0.9个、4个、6.4个和3.3个百分点，经济下行压力加大。国内外宏观经济环境变化导致市场有效需求下降，昆明中心支行对企业家问卷调查显示，市场需求指数、企业经营景气指数、企业家信心指数、国内产品订单指数分别较上年同期回落了19.44个、13.06个、3.33个和3.61个百分点，企业效益出现下滑，企业亏损面达30.02%，较年初提高了2.60个百分点，亏损企业亏损额151.75亿元，同比增长21.4%。

2. 拉动经济增长因素较为单一，消费对经济增长贡献有待提高

云南省经济增长主要依靠投资拉动，云南省固定资产投资持续高位运行，固定资产投资占地区生产总值的82.09%，较上年提高6.16个百分点，随着产业结构不断调整优化和政府资金压力加大，投资保持快速增长难度较大，并且依靠大规模投资刺激经济增长的模式在短期内虽然效果明显，但长期不具有可持续性，需要寻求新的增长点对经济增长形成有效支撑。随着汽车、家电等鼓励消费政策的逐步退出，社会消费品零售总额增速有所放缓，同比增长14%，较上年回落了4个百分点，消费持续快速增长面临较大压力，人均消费水平仍然较低，拉动经济增长作用有限。

二、银行业

（一）银行业运行

1. 规模持续扩张，地方法人银行业金融机构发展迅速

2013年，云南省共有政策性银行、国有大型商业银行、股份制商业银行、外资银行分支机构25家，地方性银行业法人金融机构176家；共设有营业网点5 338个，较上年新增69个；从业人员72 210人，较上年新增1 600人。云南省银行业金融机构资产规模保持稳步增长，但增幅有所回落，资产总额达到26 823.19亿元，较上年增加3 768.50亿元，同比增长16.35%，较上年下降4.9个百分点。

地方法人银行业金融机构继续较快发展，年内新开业10家村镇银行、1家财务公司和1家金融租赁公司。截至2013年末，云南省地方法人银行业金融机构资产总额8 027.00亿元，较年初增加1 799.64亿元，同比增长28.90%，高于全省平均水平12.55个百分点；资产占全省银行业金融机构的比例为29.93%，较年初提高了2.92个百分点。

2. 本外币各项存款增速放缓，月度增量波动性较大

2013年，云南省银行业金融机构本外币各项存款余额20 829.34亿元，同比增长15.27%，较上

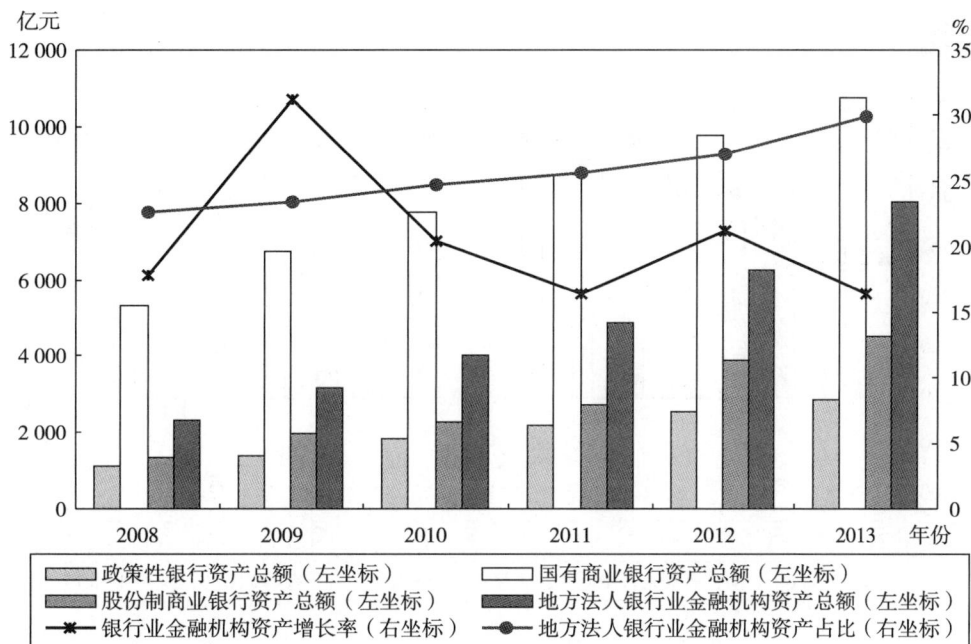

数据来源：云南省银监局相关资料。

图2   2008—2013 年云南省银行业金融机构资产变化

年下降 1.79 个百分点；人民币各项存款余额 20 711.60 亿元，同比增长 15.14%，较上年下降了 1.87 个百分点。存款增速虽有所回落，但仍高于同期全国平均增速 1.8 个百分点，云南省本外币各项存款余额于 2013 年 8 月末突破 2 万亿元。人民币各项存款规模居西部十二省市第 4 位，同比增幅位次为第 8 位。

存款月度增量波动性较大，存款单月增量较大的 1 月、3 月、5 月、8 月、11 月五个月的增量合计占存款增量的 73.19%，月度增量的级差达 696.01 亿元，新增存款额季后回落的现象较为明显，4 月、7 月、10 月人民币各项存款分别新增 114.84 亿元、54.96 亿元、−83.59 亿元，为年内新增存款额最低的 3 个月。

3. 贷款平稳适度增长，贷款结构持续优化

2013 年，云南省银行业金融机构本外币各项贷款余额 16 128.90 亿元，同比增长 13.72%，较上年降低 1.03 个百分点；新增本外币贷款 1 945.56 亿元，同比多增 130.69 亿元；人民币各项贷款 15 812.20 亿元，同比增长 14.00%；人民币各项贷款规模居西部十二省市第 4 位，同比增幅位次为第 12 位。表外融资快速发展，表外融资余额达 4 076.7 亿元，同比增长 78.29%，大幅高于本外币各项贷款增速 64.46 个百分点。

中长期贷款增速改变了持续下降趋势，本外币中长期贷款余额 10 600.03 亿元，同比增长 9.91%，较上年提高 1.76 个百分点，但仍低于贷款平均增速 3.81 个百分点，较年初增加 955.64 亿元，新增额占比为 49.12%，较上年提高 9.08 个百分点。本外币短期贷款余额 5 032.28 亿元，同比增长 21.95%，较上年降低 8.13 个百分点，但仍高于贷款平均增速 8.12 个百分点，短期贷款余额占比较上年提高 2.08 个百分点，贷款期限结构持续改善。贷款的地区结构有所优化，云南省除昆明外的 15 个州市贷款余额占比为 41.94%，较上年提高 0.99 个百分点；区域性中小金融机构贷款增势强

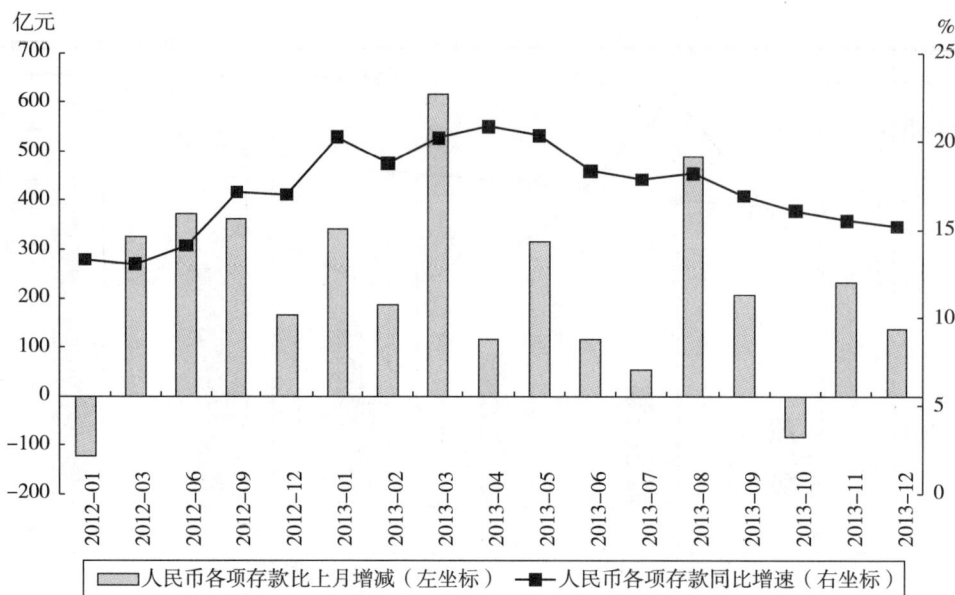

数据来源：中国人民银行昆明中心支行相关资料。

图3　2012—2013年云南省银行业金融机构存款增速和月增量

劲，区域性中小金融机构贷款余额3 048.11亿元，同比增长21.2%，高于同期各项贷款增速7.2个百分点。

4. 经营效益持续向好，风险抵御能力进一步增强

2013年，云南省银行业金融机构实现税后净利润452.20亿元，较上年增加102.86亿元，同比增长29.44%，较上年提高了4.33个百分点；资产利润率为2.30%，较上年提高了0.09个百分点；成本管理效率继续提升，成本收入比为32.88%，较上年降低了1.43个百分点；中间业务收入110.54亿元，同比增长33.24%，中间业务收入率为11.80%，较上年提高了1.54个百分点；受存贷款利率浮动区间逐步扩大影响，利息收入率为88.32%，较上年降低了0.96个百分点，实现利息收入2 199.48亿元，同比增长17.22%。

虽然银行业金融机构不良贷款出现过小幅反弹，但资产质量仍然保持总体稳定，不良贷款余额和不良贷款率年底持续双降，不良贷款余额144.39亿元，较年初减少6.95亿元，同比减少4.59%；不良贷款率0.89%，较年初降低了0.18个百分点；拨备覆盖率245.09%，较年初提高了44.01个百分点；贷款损失准备充足率184.07%，较年初提高了40.84个百分点；贷存比77.43%，较上年下降了1.02个百分点。地方法人银行业金融机构各项指标运行良好，资本充足率和核心资本充足率分别达到15.64%和12.90%，较上年分别提高了1.3个百分点和1.53个百分点；资本利润率和资产利润率分别为21.75%和1.43%，较上年分别提高了0.69个百分点和0.18个百分点；流动性比例为50.04%，较上年降低了6.19个百分点。

5. 信贷支持薄弱环节效果良好，民生领域贷款稳步增长

2013年，云南省银行业金融机构涉农贷款余额达到5 589.20亿元，同比增长13.74%，较年初增加760.90亿元，同比多增54.45亿元，增量占各项贷款增量的39.11%，其中，纳入人民银行重点监测的14种农村金融创新产品贷款余额484.9亿元，同比增长18.4%，受益农户超过120万户。

中小微企业贷款余额 5 865.51 亿元，同比增长 15.49%，高于同期全省本外币各项贷款增速 1.77 个百分点，较年初新增 948.59 亿元，同比多增 318.43 亿元，其中，新增小微企业贷款 430.02 亿元，占新增中小企业贷款的比重达 45.33%。

继续加大民生领域贷款，全年累计发放保障性住房贷款 131.65 亿元，同比多发放 41.3 亿元，贷款余额 239.2 亿元，同比增长 40.5%，较年初增加 69 亿元；全年累计发放创业促就业小额担保贷款 83.5 亿元，贷款余额 159.84 亿元，较年初增加 13.05 亿元。

（二）银行业发展需要关注的方面

1. 不良贷款有所反弹

2013 年，受经济下行压力和产业结构调整影响，云南省实体经济出现一定程度的生产经营困难，企业利润空间缩小，部分行业出现亏损，使不良贷款余额在 1 月、2 月、4 月、5 月、8 月较上月出现反弹，其中 5 月的不良贷款数为年内最高值，为 156.04 亿元，较年初增加 4.7 亿元，采矿、冶炼等云南省传统主导行业，种植业、畜牧业等传统农业以及建筑业的不良贷款增长较快，农、林、牧、渔业不良贷款余额为 28.15 亿元，较年初增加 5.51 亿元，同比增长 24.33%；采矿业不良贷款余额 6.20 亿元，较年初增加 1.97 亿元，同比增长 46.68%；建筑业不良贷款余额 5.20 亿元，较年初增加 1.75 亿元，同比增长 50.72%。随着云南省产业结构的继续调整和经济转型升级的持续推进，淘汰落后产能企业步伐不断加快，相关企业存量贷款潜在风险逐步暴露，不良贷款存在反弹的可能，风险隐患值得关注。

2. 存款月末冲时点及贷款月初集中投放现象仍然较为突出

受多方面因素的影响，2013 年，云南省存贷款月度内波动幅度仍然较大。昆明中心支行存贷款旬报数据显示，云南省银行业金融机构各月下旬新增存款占同期新增存款的 109%，各月上旬新增存款占同期新增存款的 -39.8%；各月上旬新增贷款占同期新增贷款的 76.9%，各月下旬新增贷款占同期新增贷款的 20.1%。存贷款波动过大，增加了信贷调控管理难度，可能引发高息揽储、虚增贷款存款等违规现象，甚至会引起银行体系流动性的大幅度波动，也对金融统计可能产生一定的负面影响，统计数据不能完全反映银行业的真实运行情况。

3. 表外融资业务快速发展蕴含潜在风险

2013 年，云南省银行业表外融资快速发展，在一定程度上支持了云南省实体经济发展，但表外融资业务也存在易引发区域性、系统性金融风险及影响信贷政策执行效果等方面的问题。一是从表外融资的资金投向来看，大量资金通过表外途径流向融资平台及房地产行业，而融资平台和房地产行业已经积累了较大的风险，银行体系潜在风险进一步加大。二是表外融资业务导致存款不断"入表"和"出表"，加剧银行体系资产负债期限错配，从而放大了银行体系的流动性风险，不利于流动性管理。三是导致信贷政策、财政政策和产业政策协调配合难度加大，引导经济结构调整的政策效应有所减弱。

4. 利率市场化推进使得地方法人银行业机构面临挑战

随着存贷款利率浮动区间的不断扩大，基于存贷款利差的商业银行传统信贷业务受到挑战，对商业银行盈利能力造成影响。云南省地方法人银行机构经营管理模式相对落后，成本管理效率较低，盈利来源结构相对单一，收入高度依赖利息收入，2013 年，云南省城市商业银行、农村金融机构和村镇银行的成本收入比分别高达 39.45%、41.88% 和 51.95%，利息收入率分别高达 92.76%、

97.02%和99.42%，远高于云南省银行业金融机构平均水平，其中间业务收入率仅分别为3.47%、3.35%和0.52%，远低于云南省银行业金融机构平均水平。随着利率市场化的逐步推进，地方法人银行的产品定价能力、风险管理能力和市场竞争能力都将受到一定的挑战，高度依赖利息收入的盈利模式和相对粗放的经营管理模式亟待改变。

三、证券业

（一）证券业运行

1. 机构网点实现全覆盖，市场交易规模有所增长

2013年，云南省共有2家法人证券公司、113家证券营业部（其中14家正在筹建），年内新增2家证券分公司、36家证券营业部，证券经营机构覆盖了15个州市，14个县（市）级网点空白区得到填补，证券市场服务辐射能力进一步增强。证券机构积极应对市场震荡下行的负面影响，证券市场总成交金额10 461.31亿元，同比增长64.61%，各证券营业部均交易量为113.71亿元，同比增长39.50%；证券营业部营业收入10.35亿元，同比增长41.20%，净利润5.22亿元，同比增长74.00%；新增证券账户10.11万户，新增资金账户6.54万户，证券账户数达205.38万户，资金账户数达117.33万户。

2. 法人证券机构经营稳健，改革创新取得积极进展

2013年，云南省两家法人证券公司的资产规模持续扩张，盈利水平有所上升，各项风险控制指标可控。红塔证券公司完成20亿元增资扩股，公司净资本达50亿元；太平洋证券公司定向增发拟融资35亿元过会待发。法人证券公司资产总额147.16亿元，同比增长15.46%，负债总额68.09亿元，同比减少0.89%，净资产79.07亿元，同比增长34.59%；营业收入10.94亿元，同比增长19.44%，资产利润率1.99%，较上年提高了0.55个百分点；净资本充足率43.59%，较上年提高了7.98个百分点，净资本负债率94.20%，较上年提高了28.13个百分点。非经纪业务创新取得较大进步，两家法人证券公司获批代销金融产品、约定购回、股票质押式回购、转融通、全国中小企业股份转让系统主办券商等多项新业务资格。太平洋证券公司成功走出国门，在老挝设立了我国首家境外合资证券公司。

3. 上市公司融资功能有效发挥，并购重组成效显著

2013年，云南省云天化等9家上市公司股票再融资255.89亿元，年内股票募集资金255.89亿元，较上年增加245.89亿元，同比增长2 458.90%，累计募集资金761.75亿元，同比增长50.58%，有力支持了云南省上市公司和实体经济的发展。此外，还有2家上市公司再融资过会待发拟融资42.8亿元，1家上市公司拟发行公司债18亿元，3家公司中小企业私募债成功备案，为进一步扩大直接融资规模奠定了基础。同时，资本市场优化资源配置功能得到充分发挥，锡业股份、驰宏锌锗等通过再融资筹集资金，促进自身发展；云天化集团实施重大资产重组后实现其主营业务整体上市，成为全国磷化工行业龙头企业；罗平锌电、云南旅游资产重组实施后，资产质量进一步提升。

4. 上市公司数量保持稳定，后备上市资源培育成效初显

2013年，云南省共有上市公司28家，年内无新增上市公司；上市公司总市值2 066.10亿元，同

比增长 3.9%；截至 2013 年第三季度末，28 家上市公司中 15 家上市公司盈利。后备上市企业培育和"新三板"挂牌工作稳步推进，目前，共有拟上市企业 20 家，其中过会待发 1 家，正在审核 3 家，辅导备案 16 家，20 家拟上市企业中，有 7 家生物医药类企业，拟上市企业资源类企业占主导的局面有所改观。加大"新三板"挂牌工作培育力度，以各园区企业为突破口，支持云南中小微企业借力多层次资本市场加快发展，目前云南省共有 3 家企业正式上报了"新三板"挂牌申报材料，另有 3 家企业拟于近期申报挂牌。

5. 期货行业持续健康发展，服务实体经济力度增强

2013 年，云南省共有 2 家法人期货公司，20 家期货营业部（其中 1 家正在筹备）。期货市场保持规模稳步扩大的良好发展势头，期货市场服务于实体经济的能力有所提升。期货市场总交易金额 4.99 万亿元，同比增长 50.19%；期货经营机构手续费收入 11 533.60 万元，同比增长 28.07%，净利润 2 618.38 万元，同比增长 61.49%，其中两家法人期货公司手续费收入 7 553.84 万元，同比增长 20.22%，净利润 2 219.65 万元，同比增长 76.61%；投资者达 1.91 万户，同比增长 17.82%，其中，机构投资者 551 户，同比增长 20.57%。

（二）证券业发展需要关注的方面

1. 市场规模总体偏小，发展环境有待进一步优化

云南省上市公司数量仍然较少，28 家上市公司仅占全国上市公司总数的 1.12%，除云南白药市值超过 500 亿元，为 580.24 亿元，其他上市公司市值规模大多在 100 亿元以下，上市公司总市值仅占全国上市公司总市值的 0.83%。上市公司大多集中于资源类行业，现代服务业、金融业和高新技术产业的上市公司较少，与云南"两强一堡"建设相关的公路交通、文化产业、物流等类上市公司尚属空白。云南省 20 家拟上市公司中，除 7 家生物医药类拟上市公司抗周期风险能力较强外，其他拟上市公司通过 IPO 审批前景不容乐观。中小企业对"新三板"定位、融资功能、税收和财政扶持政策等认识不足，部分企业仍在观望状态，具备申报挂牌条件的企业较少。云南省是目前国内 2 个未完成清理整顿各类交易场所工作的省（区）之一，清理整顿工作的滞后，制约了云南区域性股权交易市场建设。出台的企业改制上市扶持政策有待进一步落实，推动企业借力资本市场加快发展的软环境仍需改善。

2. 上市公司经营状况出现滑坡，融资方式较为单一

受经济下行压力加大和产业结构持续调整影响，云南省上市公司经营业绩有所下滑，截至 2013 年第三个季度末，13 家上市公司出现亏损，亏损面达 46%，累计亏损额高达 37.90 亿元，其中，云南铜业亏损额达到 15.15 亿元，锡业股份亏损达到 10.05 亿元，在 A 股前三个季度上市公司亏损名单中位居前列；3 家 *ST 公司如不能实现盈利，将被交易所暂停上市；4 家公司延续亏损态势，如不能扭亏为盈，将被交易所进行特别风险警示（*ST）。云南省上市公司融资方式单一，主要靠股票募集资金，债券融资比例过低，没有跟上国内资本市场大力发展债券融资的新形势，直接融资规模小，与全国平均水平相比还存在较大差距。

3. 证券期货经营机构资产规模较小，市场服务能力需进一步提高

云南省法人证券公司净资产、净利润等指标的行业排名逐年下滑，主要指标与同业的差距进一步拉大。以经纪业务收入为主的盈利模式仍未根本改变，抗风险能力有待提高。2013 年，法人证券公司实现营业收入 10.94 亿元，同比增长 19.44%，其中经纪业务手续费收入 4.75 亿元，同比增长

31.67%，大大快于营业收入的增长，占营业收入的43.38%，较上年提高了4.03个百分点，同时，利息收入和证券承销业务收入则出现较大幅度下滑，分别同比减少51.47%和50.40%。云晨、红塔两家期货公司资产规模较小，在全国处于中下游水平，综合实力和竞争力较弱。目前，云南省大多数州、市还没有期货营业网点，期货市场服务云南相关实体产业的深度和广度还不够，期货市场交易金额仅占全国期货交易市场总交易金额的1.87%；云南省有色金属企业套期保值比重过小，未能充分发挥期货市场管理风险的作用。

四、保险业

（一）保险业运行

1. 资产规模不断扩大，保费收入和保险密度稳步增长

2013年，云南省共有保险法人机构1家，保险省级分公司32家，分支机构2 610家，从业人员超过8万人，保险公司资产507.4亿元，同比增长14.95%。保费规模320.77亿元，保费规模全国排名上升1位至第20位，同比增长18.24%，较上年提高5.72个百分点，高于全国平均水平7.04个百分点，增速排名全国第7位。其中产险公司实现保费收入160.92亿元，同比增长23.96%，较上年提高10.57个百分点；寿险公司实现保费收入159.86亿元，同比增长12.98%，较上年提高1.24个百分点。保险密度为688.5元/人，较上年增加106.19元/人，保险深度为2.74%，较上年提高了0.11个百分点。

2. 机动车辆保险保持较快增长，非车险业务增长贡献度提高

2013年，云南省共承保各类机动车760.65万辆，实现机动车辆保险保费收入121.53亿元，同比增长22.44%，高于全国平均水平4.57个百分点。车险业务的较快增长拉动了产险公司保费增长17.16个百分点，成为产险公司业务增长的主要动力。分险种看，交强险实现保费收入40.39亿元，同比增长14.53%，高于全国平均水平1.53个百分点，拉动产险公司业务增长3.95个百分点；商业车险实现保费收入81.14亿元，同比增长26.8%，高于全国平均水平7.06个百分点，拉动产险公司业务增长13.09个百分点。非车险业务实现保费收入9.79亿元，同比增长28.91%，高于全国平均水平13.45个百分点。非车险对产险公司保费增长的贡献程度28.4%，高于全国平均水平3.62个百分点，非车险业务保持对整体业务的较强助推作用。在12个主要非车险业务中，除货运保险外的11个险种同比正增长，其中工程保险、农业保险、健康保险3个险种保费增速超过40%。

3. 人寿保险新单业务止跌回升，健康险、意外险增速放缓

2013年，云南省人寿保险保费收入131.65亿元，同比增长13.26%，高于全国平均水平7.45个百分点。其中，新单保费收入59.18亿元，同比增长15.05%，高于全国平均水平15.63个百分点，人寿保险新单业务对寿险公司保费增长贡献率达42.13%，2013年5月以来，人寿保险新单业务的止跌回升成为寿险公司保费增长的重要支撑。人寿保险续期业务实现保费收入72.48亿元，同比增长11.84%。寿险公司健康、意外险增速有所放缓。健康险业务实现保费收入20.22亿元，同比增长11.63%，较上年回落了18.84个百分点；意外伤害险实现保费收入7.98亿元，同比增长11.92%，较上年回落2.75个百分点。

4. 赔付支出快速增长, 保障功能有效发挥

2013 年, 云南省保险公司累计赔付支出 122.06 亿元, 同比增长 21.93%, 较上年回落了 3.4 个百分点, 承担各类风险保障 11.1 万亿元。财产险公司赔付支出持续较快增长, 赔付支出 82.93 亿元, 同比增长 23.26%, 较上年回落了 11.73 个百分点, 其中, 车险赔付支出 62.91 亿元, 同比增长 18.28%, 占财产险公司赔付支出的比例为 75.86%; 农业险赔付支出 6.05 亿元, 同比增长 47.46%。寿险公司赔付支出 39.13 亿元, 同比增长 19.18%, 较上年提高 9.94 个百分点。保险业经济补偿功能得到进一步发挥, 为云南省经济发展提供风险保障。

5. 保险公司发展不均衡, 州市保险市场快速发展

从产险公司情况看, 20 家财产险公司中, 有 16 家业务同比实现正增长, 其中 11 家公司增速高于平均水平。保费规模前 5 位产险公司对保费增长的贡献率达 82.74%。诚泰财险保费增速超过 90%。从寿险公司情况看, 12 家寿险公司中, 有 9 家业务同比实现正增长, 其中 7 家公司增速高于平均水平。保费规模前 5 位寿险公司对保费增长贡献率为 33.63%。寿险公司投资型业务增长迅速, 新增保费 36 亿元。云南省 16 个州市保费整体市场全部实现正增长, 有 8 个州市保费增长高于云南省平均水平。州市产险市场增速整体较快, 9 个州市增速均超过 20%; 州市寿险市场发展差异较为明显, 2 个州市保费增速超过 20%, 3 个州市增速不足 5%。昆明市保费规模达 127.83 亿元, 同比增长 18.91%, 保费规模占比 39.85%; 赔付支出 47.17 亿元, 同比增长 20.17%, 赔付支出占比为 38.65%。

(二) 保险业发展需要关注的方面

1. 保险产品结构失衡, 产品创新动力不足

云南省保险市场产品结构仍然较为单一, 财产险公司高度依赖车险业务, 2013 年车险业务在产险公司保费占比为 75.52%, 较上年虽下降 0.94 个百分点, 但业务结构调整压力仍较大, 非车辆保险业务推动力度需进一步加强; 寿险公司分红保险仍然"一险独大", 分红保险保费收入占寿险保费收入比重为 68.55%。保险业创新能力不强, 保险公司业务结构和发展模式相似, 产品大多为对大公司产品的简单模仿, 险种个性化、差异化不足, 长期期缴、保障功能强、能够满足消费者真实保障需求的产品发展不足。

2. 退保风险有所增加, 寿险公司现金流面临压力

由于部分分红险当期收益率低于预期收益率以及和销售误导埋下的风险隐患逐步显现, 云南省保险退保大幅增长, 寿险公司退保率为 3.46%, 较上年提高了 0.77 个百分点, 给寿险公司现金流带来一定压力。

3. 市场秩序有待进一步规范, 人员素质有待提高

销售误导问题仍比较突出, 夸大宣传、片面介绍等问题经过整顿规范虽有一定效果, 但并未有效遏制, 且手段更加隐蔽, 监管面临取证难、定性难等问题, 影响了消费者对保险业的信任度。随着市场竞争的日趋激烈, 非理性竞争行为有所抬头, 部分产险公司通过违规降低新车购置价、虚假中介业务、虚假列支营业费用用于"贴费"等, 形成新的经营风险隐患。由于保险业准入门槛较低, 人员学历水平不高, 人员流动频率较快, 营销队伍中部分人员素质难以适应现代保险业发展的要求, 从业人员素质不高极大地制约了保险业的发展。

五、金融市场

（一）金融市场运行

2013年云南省金融市场总体运行平稳，地方法人金融机构在银行间市场累计成交27 423.3亿元，同比增长72.7%，净融入资金831亿元，有效发挥了银行间市场为金融机构提供流动性管理便利的功能。

1. 同业拆借额增幅明显，利率水平全年波动较大

云南省金融机构同业拆借累计成交1 639.48亿元，同比增长44.6%；其中，累计拆入1 563.32亿元、累计拆出76.16亿元，净拆入资金1 487.16亿元。6月下旬，银行同业业务快速扩张导致存款性机构遭遇流动性紧张，利率水平一度创历史新高，人民银行运用短期流动性调节工具调节市场流动性，市场利率逐步下降回稳。

2. 银行间债券市场回购交易活跃，现券买卖交易大幅增长

云南省金融市场债券回购累计成交23 335.04亿元、现券买卖累计成交2 448.78亿元，同比增长2.86倍。金融机构债券投资余额为497.57亿元，同比增幅108.4%。

3. 企业会员参与黄金市场的深度和广度进一步增强，商业银行黄金业务保持活跃

云南省两家企业会员累计黄金交易141.43吨，交易量同比增长37.3%，交易金额389.6亿元，同比增长11.2%。新增7家农村信用社县联社开办实物黄金业务，云南省商业银行账户金、实物金和代理黄金三种业务累计成交53.8吨，同比增长30.5%；成交金额150.74亿元，同比增长7.5%。

4. 银行间外汇市场活跃度有所下降，整体规模保持平稳

云南省银行间外汇市场成员在全国银行间外汇市场累计成交折合13 795万美元，同比减少9.2%。其中买入外汇折合7 857万美元，同比增长5.3%；卖出外汇折合5 938万美元，同比减少23.3%。

5. 票据业务增长放缓，票据贴现重点向小微企业倾斜

云南省银行承兑汇票余额1 350.49亿元，同比增长10.8%，较2012年末下降19.5个百分点，较年初增加131.36亿元，同比少增152.19亿元；票据贴现余额285.01亿元，同比增长22.4%，较上年下降26.6个百分点。小微企业票据直贴余额占云南省票据直贴余额的比重升至41.1%，较上年大幅提高11.2个百分点。

（二）金融市场发展需要关注的方面

1. 关注债券市场投资风险

金融机构在信贷规模控制的制约下，债券资产配置需求增加，流动性管理有待加强，使得资产配置与资金来源期限结构相匹配，有效防范系统性流动性风险；控制投资品种和交易对手的信用风险的风险防范能力有待加强；债券风险预警指标体系不够完善。

2. 同业存放余额增长较快

从2013年6月货币市场资金面较为紧张的情况来看，部分股份制商业银行主要通过同业存放方式解决流动性问题，资金融出方主要是农村信用社，6月20日，云南省金融机构同业存放最高利率

达到 23%，最低利率达到 12%，当日累计拆放金额达到 73 亿元。部分金融机构以同业存款为手段，绕开同业拆借市场从事资金交易，使得大量资金以"同业存款"之名行"同业拆借"之实，资金游离于同业拆借市场之外，从而使得监管部门难以判断拆入资金银行的短期资金真实缺口，增加了监管难度。

六、金融基础设施

（一）社会信用体系建设顺利推进，征信系统社会服务功能日臻完善

1. 征信系统建设与应用不断完善

2013 年，全国联网的金融信用信息基础数据库已为云南省 14.26 万户企业及其他组织和 1 641.42 万个人建立了信用档案，为金融机构提供查询服务 517.25 万次，帮助金融机构实现风险预警 2.55 万笔，金额 554.38 亿元，拒绝企业授信、个人贷款和信用卡申请 5.92 万笔，金额 226.06 亿元，实现不良贷款清收 1.5 万笔，金额 20.53 亿元。为企业和个人提供免费查询服务 21.73 万次，同比增长 52.55%。将 56 笔担保公司代偿信息录入数据库，涉及担保机构 22 家，代偿金额 2.6 亿元。

2. 农村信用体系建设成效显现

昆明中心支行报请云南省政府印发了《云南省农村信用户信用村信用乡镇创建管理办法》，建立了统一的农户信用信息系统。已为 419.45 万农户建立了电子信用档案，评定信用户 143.57 万户、信用村 1 165 个、信用乡镇 97 个，为金融支持新农村建设、落实各项支农惠农政策提供了有力保障。

3. 失信惩戒和征信宣传长效机制初步建立

2013 年 5 月，昆明中心支行与云南省高级人民法院联合印发《建立法院执行案件信息与金融信用信息基础数据库信息共享机制的实施意见》，加大对被执行人的失信惩戒。发挥信用报告在股权投资、贷款贴息项目审核、企业评优等非银行领域的失信联动惩戒作用，为政府部门提供查询服务 2 510 次。启动"信用昆明行"长效宣传活动，目前已成功举办八期，并通过"机构信用代码专项宣传"、"信用记录关爱日"等活动宣传征信知识。2013 年主动查询信用报告的公民较 2008 年增长 27 倍，社会信用意识日渐提升。

（二）支付结算系统建设取得新进展，支付服务环境软硬件日益完善

1. 支付结算系统建设不断提速，社会资金清算、周转效率日益提高

2013 年，云南省顺利完成了第二代支付系统上线切换工作，极大地提高了金融服务效率，更好地满足了各类经济主体多种经济活动和居民居家服务需要的非现金支付需求。11 月，云南省支付结算综合业务系统共享平台成功上线运行，有效改善了农村支付结算环境，满足了村镇银行接入支付结算综合业务系统的需求，提高了省内跨行跨区域支付结算效率。大额支付系统处理业务 1 781.80 万笔，资金 45.63 万亿元，较上年分别增长 29.15%、32.56%；小额支付系统处理业务 2 871.44 万笔，金额 3 162.41 亿元，较上年分别增长 33.02%、35.73%；支付结算综合业务系统处理业务 386.02 万笔，资金 12 885.48 亿元。

2. 农村支付服务环境建设成效显著，重点行业非现金支付工具应用日益广泛

2013 年，云南省农村地区银行类金融机构网点接入行内系统 3 073 个，接入现代化支付系统

12 195个，覆盖面分别达到96%和68.58%，新增惠农支付服务点5 265个，实现惠农支付服务业务在区域内所有县区、乡镇、行政村全覆盖，所有财政涉农补贴、新农保、新农合等民生工程依托惠农支付服务支持延伸到乡镇和村，金融服务"三农"水平和实效进一步提高。在烟草、花卉等特色产业全面推广使用电子结算方式，促进银行卡在重点行业、特色产业的应用，农特产品收购实现非现金支付，县域刷卡无障碍示范街（景区）达78个。

3. 加快推进账户实名制工作进程，加大对支付机构经营行为的监管力度

开展支付结算执法检查，共涉及银行业金融机构1 950个网点，强化了各银行业金融机构和支付机构对支付结算各项规章制度的贯彻落实。落实账户实名制，加快推进个人存量账户真实性核实工作，提升账户管理水平和效率。加强支付机构经营行为的规范管理，开展客户备付金管理专项检查，维护支付服务市场秩序。加强业务管理，开展银行卡受理市场综合整治和规范工作，与公安部门联动，为打击银行卡违法犯罪创造良好氛围。

（三）加大反洗钱工作监管力度，开展专项治理压缩假币生存空间

1. 有效预防洗钱犯罪，切实履行反洗钱工作职责

2013年，昆明中心支行坚持风险为本的反洗钱工作方法，切实履行反洗钱工作职责，有效预防洗钱犯罪，维护金融稳定。合理配置监管资源，改进和充实监管手段，以银行业监管为重点，稳步推进非银行金融领域的反洗钱工作，完成104家金融机构依法履行反洗钱义务情况的现场检查工作，从金融机构的反洗钱内控机制健全性、产品和客户风险识别有效性、合规风险管理架构完整性以及损害自我修复能力等方面入手开展检查，提升了执法检查工作的客观性和有效性。切实加强反洗钱调查和可疑支付交易的监测、分析工作，协助侦查机关调查涉嫌洗钱案件96件，发现或接收可疑支付交易线索475个。同时，重点加强了人民币现金跨境流动、贵金属和珠宝业洗钱风险、反洗钱国际新标准等内容的研究工作。

2. 加强专项治理和假币危害宣传，切实保障假币"零容忍"目标实现

2013年，昆明中心支行认真贯彻落实国务院及云南省反假联席会议精神，加强假币危害突出重点整治地区反假货币工作，共收缴假人民币17.33万张（枚），共计金额1 534.78万元，同比上涨5.63%。假币数量、浓度有所下降。各级人民银行积极推进银行业金融机构假币对外误付专项治理工作，不断加强监管、检查、考核、通报力度，有力推动了清分、复点、柜面堵截收缴假币工作，昆明中心支行钞处中心清分、复点发现假币数量、浓度有所下降。缴存人民银行50元以上现钞、自助设备加钞均已实现全额清分，ATM取款机冠字号码查询工作完成比例已达到93.37%，有力地保障了假币"零容忍"目标实现。昆明中心支行积极尝试将宣传活动与群众路线、"3·15"维护消费者权益、"5·15"打击经济犯罪、防伪反假宣传活动周、少数民族节日等紧密结合，共计设立各类反假货币宣传点8 804个，举办宣传活动2 734场次，发放宣传品488余万份，接受反假货币宣传群众达387万余人，最大限度地压缩假人民币在云南省的生存空间，有力地维护了地方经济、金融和社会稳定。

（四）加强执法协作打击传销违法犯罪活动，维护区域金融秩序

2013年，昆明中心支行充分发挥维护金融秩序、防范金融风险的职能作用，密切关注"资本运作"、"投资基金"、"民间私募"、"消费养老"、"电子商务"、"桥头堡建设"、"西部大开发"、"互

助购房"等混淆群众视听、严重扰乱金融秩序的涉传名目，有力支持了相关执法部门查处多件重大传销案件，有效维护了地方金融秩序和社会稳定。

七、总体评估

运用区域金融稳定定量评估模型对 2013 年云南省区域金融稳定状况进行定量评估，基于评价指标的可比性和可获得性，从宏观经济运行、银行业、证券业、保险业和金融生态环境五个方面选取了 26 个量化指标，并运用层次分析法和专家评价法相结合的多指标综合评价法确定指标权重，对云南金融稳定状况进行量化评价。从定量评估的结果来看，2013 年，云南省金融稳定状况综合得分为88.04 分，较上年提高 2.47 分，属于稳定区间。从具体指标变动来看，进出口总额增长率等 8 项指标较上年有所改善，地区生产总值增长率等 10 项指标基本与上年持平，城镇登记失业率等 8 项指标较上年有所下降。从分项指标看，宏观经济方面，经济增速、社会固定资产投资和城乡居民收入平稳增长，外贸形势企稳回升，物价和就业基本保持稳定，房地产价格轻微上涨，得分持续上升；银行业方面，资本充足率、资产质量和盈利性水平关键性指标基本与上年持平，流动性有所降低，得分较上年有所下降；证券业盈利回升和资本充足率有所回升，得分较上年小幅提高；保险业各项指标基本与上年持平，保费收入增长率有所提高，得分较上年略微提高；金融生态环境方面，银行服务密度和征信数据库覆盖率继续改善，得分较上年略微提高。

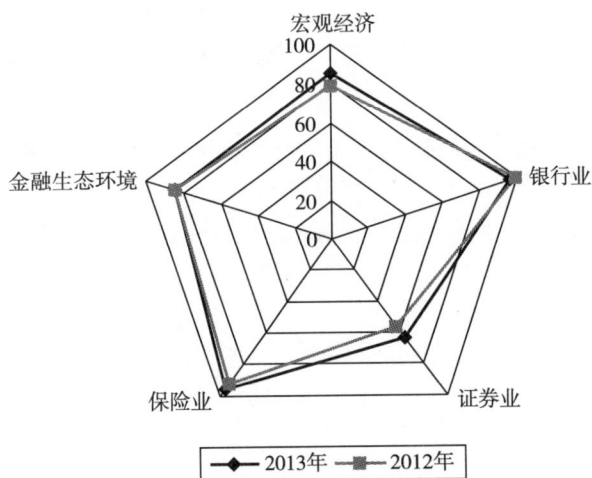

图4 2012 年和 2013 年云南省金融稳定状况

定量评估结果表明，在全球经济复苏缓慢、实体经济下行压力增大、产业结构性矛盾仍然存在、自然灾害频发的背景下，云南省通过抓住新一轮西部大开发战略和"桥头堡"建设的发展机遇，积极采取各种措施应对复杂多变的经济形势，2013 年云南省经济保持较快增长势头，地区生产总值继续以两位数的增速快速增长，产业结构继续调整优化，投资、消费、进出口等经济增长指标高于全国平均水平，居民收入稳步增加，民生领域支出持续增长，生态文明建设成效显著。金融业发展稳步向好，银行业保持稳健发展势头，存款首次突破 2 万亿元大关，贷款结构持续优化，经营效益持续向好，不良贷款持续双降，地方法人银行业金融机构资产质量保持稳定，风险抵御能力进一步提高；证券市场规模、效益和质量稳步提升，机构发展势头良好，创新能力不断增强，融资功能有效发挥；保险业保持快速发展势头，保费收入增长迅速，保障功能有效发挥；金融市场平稳运行，直接融资在资金配置中的地位有所提高，贷款融资的主导地位有所下降，提供流动性管理便利的功能有效发挥。金融基础设施建设不断完善，征信系统服务社会发展功能成效显现，支付清算体系高效运行，反洗钱监管力度和反假币工作力度进一步加大，云南省经济金融体系总体保持稳健。

　　虽然云南省2013年经济金融形势总体稳健，但国内外各种宏观风险尚未有效缓释，云南省经济金融运行中也还存在一些影响金融稳定的不利因素，如经济增速放缓与物价上涨压力并存，经济增长过于依赖投资，企业经营效益下降，部分行业经营困难甚至出现全面亏损，规模以上工业增速有所放缓，经济结构仍需优化；部分行业不良贷款有所反弹，表外融资和"影子银行"体系快速发展蕴含潜在风险，金融机构盈利模式有待继续优化，支持实体经济发展力度有待进一步加强，证券市场总体规模偏小，金融组织体系和结构仍需完善，保险业务结构发展失衡，市场秩序有待进一步规范，发展环境有待改善。

总　　纂：杨小平　于　华

统　　稿：李宇专　杨百昕

执　　笔：汪　洋　陈晓乐

其他参与写作人员（按姓氏笔画排序）：

王春桥　王　旭　毛　颖　吕　华　许卫东

李　捷　李晋彪　李耀玉　吴明辉　陆凌骏

张　琦　张燕华　段一群　胡维金　杨慧升

雷一忠　雷　波　穆海涛

西藏自治区金融稳定报告摘要

2013 年，西藏自治区突出投资拉动，巩固消费带动，加快结构调整，注重民生改善，经济保持平稳较快增长，人民生活得到显著改善。在良好的经济发展环境下，西藏自治区金融业实现了稳健发展。但随着国内外经济金融形势的不断变化以及西藏跨越式发展步伐逐步加快，一些新情况与新问题有所显现，辖区金融体系中潜在的风险与不确定因素有所增加，这些因素对西藏金融稳定的影响值得关注。

一、区域经济运行与金融稳定

（一）区域经济运行情况

1. 经济持续快速增长，财政收支形势保持稳定

2013 年，全区经济平稳较快发展，经济总量跃上新台阶，全区实现地区生产总值 807.67 亿元，增长 12.1%。其中，第一、第二、第三产业增加值分别为 86.82 亿元、292.92 亿元和 427.93 亿元，同比分别增长 3.8%、20.0% 和 8.7%。在全区生产总值中，第一、第二、第三产业增加值比重分别为 10.7:36.3:53。与上年相比，第一产业比重下降 0.8 个百分点，第二产业上升 1.8 个百分点，第三产业下降 1 个百分点。全年实现地方财政收入 110.40 亿元，同比增长 15.4%；地方财政支出 1047.13 亿元，同比增长 12.6%；财政自给率 9.37%，同比下降 0.19 个百分点。

2. 投资增长势头强劲，城乡消费稳步增加

2013 年，西藏投资规模进一步扩大。全年完成固定资产投资 918.48 亿元，同比增长 29.4%，增速比上年上升 0.1 个百分点。从投资主体看，政府投资比例有所上升，全年政府财政投资完成 688.74 亿元，同比增长 40.8%，占投资总额的 75%，同比上升 6.1 个百分点。2013 年，西藏城乡消费稳步增加，全年社会消费品零售总额 286.70 亿元，同比增长 15.1%。其中，城镇和乡村社会商品零售总额分别达到 242.11 亿元、44.59 亿元，分别增长 15.1%、14.8%。

3. 外贸总量小幅下降，旅游业发展迅猛

2013 年，西藏自治区外贸进出口总额 33.19 亿美元，同比下降 3.10%。其中，贸易出口与贸易顺差分别为 32.69 亿美元和 32.19 亿美元，分别同比下降 2.6% 和 2%；进口总额 0.50 亿美元，同比下降 27%。2013 年，全区旅游业发展迅猛，旅游资源优势正日益转化成为经济优势。全年共接待国内外游客达 1 291.1 万人次，同比增长 22%。实现旅游总收入 165.18 亿元，同比增长 30.6%。其中，旅游外汇收入 1.28 亿美元，同比增长 21%。

4. 规模以上工业发展良好，企业盈利能力有所增强

2013 年，全区规模以上工业实现增加值 45.83 亿元，同比增长 12.2%。其中，轻工业实现增加

值 13.38 亿元，同比增长 7.5%；重工业实现增加值 32.45 亿元，同比增长 14.2%。工业销售状况持续良好，工业销售产值 92.53 亿元，同比增长 3.1%，工业产品销售率 94%，比上年同期下降 8.2 个百分点。

5. 居民收入不断增加，物价总水平小幅上涨

2013 年，西藏城镇居民人均可支配收入 20 023 元，同比增长 11.1%；农牧民人均纯收入 6 578 元，同比增长 15%。受全国宏观经济的影响，西藏不断加强市场监测监管，及时调整生活必需品的供给，物价小幅上涨。全年居民消费价格总水平上涨 3.6%，同比上升 0.1 个百分点。其中，城市上涨 3.5%，农村上涨 3.6%。消费品价格上涨 3.8%，同比下降 0.1 个百分点，其中，食品价格上涨 7.7%，同比上升 0.8 个百分点。商品零售价格上涨 3.0%，同比上升 0.1 个百分点。农业生产资料价格上涨 1.8%，同比上升 0.2 个百分点。工业品出厂价格下降 0.2%，同比少降 0.1 个百分点。

（二）区域经济运行中值得关注的问题

2013 年，西藏宏观经济层面发展态势继续保持良好，区域经济运行平稳为辖区金融稳定提供了保障。与此同时，主要靠投资拉动经济发展的模式，有待进一步改善。

近年来，西藏经济发展取得了快速发展，但由于历史原因与特殊的地理环境，西藏经济基础仍较差，经济主体的自我造血功能仍显不足，西藏经济的发展仍靠投资拉动的路径没有改变，在某种程度上反而有加强的趋势，消费拉动总体经济发展格局的形成任重道远。从 2010—2013 年西藏地区生产总值和全社会固定资产投资的数据来看：2010—2013 年西藏固定资产投资与地区生产总值的比例分别为 91.28%、90.67%、101%、114%。2013 年西藏地区生产总值、全社会固定资产投资分别比 2010 年增长 59.16%、98.27%。以上数据表明，西藏经济发展高度依赖固定资产投资，而且这一趋势仍在加强。同时，西藏经济增长的速度远低于固定资产投资增长的速度。这种经济发展模式有待进一步改善。

二、金融业与金融稳定

（一）银行业与金融稳定

1. 银行业发展概况

（1）金融体制改革不断深化，银行业组织体系日趋完善

一是 2013 年 12 月，中国民生银行拉萨分行正式对外营业。二是西藏首家村镇银行——林芝民生村镇银行于 12 月开始试营业。三是各银行机构设立分支机构工作取得新进展。工行西藏分行在拉萨市设立了首家城区支行；农行设立惠农通金融服务点达 1 030 个；中行西藏分行将山南、林芝、日喀则地区支行升格为分行，并在昌都地区设立了支行；西藏银行在山南地区设立了贡嘎县支行。目前，西藏已设立了国家政策性银行、国有大型银行、大型股份制商业银行分支机构，以及地方性商业银行、新型农村金融机构和非银行金融机构，基本形成与全国"框架一致、体制衔接"的银行业机构体系格局。

（2）资产规模稳步扩大，盈利能力大幅提高

截至 2013 年末，全区银行业金融机构总资产为 2 652.10 亿元，同比增加 481.85 亿元，总负债为 2 600.94 亿元，同比增加 468.86 亿元。2013 年，西藏银行业金融机构实现利润 30.58 亿元，同比增盈 15.89 亿元。

（3）存、贷款增量创新高，银行业服务经济能力进一步提升

截至 2013 年末，全区金融机构人民币各项存款余额 2 499.08 亿元，比年初增加 448.09 亿元，同比增长 21.84%；人民币各项贷款余额 1 076.31 亿元，比年初增加 412.30 亿元，增长 62.09%，首次突破千亿元大关，存、贷款增量创历史新高。全年累计发放贷款 1 294.44 亿元，累计收回贷款 882.48 亿元，同比分别增长 18.89% 和 3.63%。同时，从贷款投放来看，信贷资金主要投向了农牧区、中小企业、重点建设项目等领域，信贷结构进一步优化，信贷对区域经济的支持力度进一步增强。

（4）不良贷款余额、比例出现反弹，银行业资产质量有所下降

截至 2013 年末，全区金融机构不良贷款余额为 7.77 亿元，比年初增加 3.46 亿元，不良贷款率为 0.73%，比年初上升 0.07 个百分点。从不良贷款分类看，次级类贷款明显上升，比年初增加 4.47 亿元；可疑类贷款比年初减少 0.69 亿元；损失类贷款余额比年初减少 0.32 亿元。主要原因是农行不良贷款余额比年初增加 0.80 亿元，以及农发行从农行划转了余额 3.23 亿元且全部为不良贷款的政策性贷款。

2. 银行业值得关注的问题

（1）有效信贷需求仍显不足

西藏信贷投放始终面临着有效信贷需求不足问题，在短期内无法得到有效改善。贷款存量扩大后，信贷继续保持高速增长的难度加大。目前，农牧民户均贷款余额已达 22 000 余元，而 2013 年农牧民人均纯收入为 6 578 元，可以看出农牧民生产生活信贷资金需求已基本趋于饱和。在农牧业产业龙头企业、专业经营组织、农牧民合作社尚未充分发展的情况下，农牧区经济体难以吸纳大量信贷资金。重点建设项目前期费用贷款和融资平台贷款又面临许多政策障碍。中小微企业信贷增长潜力经过两年多的挖掘，已得到有效释放，继续保持快速增长的难度增大。

（2）信贷资源配置地域不平衡

截至 2013 年末，拉萨市贷款余额 612.47 亿元，占全区各项贷款的 56.89%；而其他地区贷款余额 464.11 亿元，占全区各项贷款的 43.11%。其中山南地区贷款占各项贷款的 15.65%、日喀则地区贷款占全区各项贷款的 9.43%，而那曲和阿里两地区贷款总量占全区各项贷款的比例还不足 4%。在贷款增速方面，仅山南、林芝、昌都地区贷款增速高于全区各项贷款增速，分别高出 275.46 个百分点、173.44 个百分点和 34.29 个百分点，而日喀则、那曲贷款增速分别低于全区各项贷款增速 31.97 个百分点和 31.60 个百分点。信贷资源配置地域失衡现象明显。

（3）不良贷款反弹压力增大

西藏银行业不良贷款在经历近三年持续大幅回落后，2013 年，银行业不良贷款有所反弹。一是部分机构不良贷款上升明显。2013 年末，农行不良贷款比年初增加 0.79 亿元，增长 33.62%。二是部分地区不良贷款上升明显。其中，日喀则地区不良贷款增幅明显，比年初增加 1.40 亿元，增幅达 2.26 倍。三是关注类贷款持续攀升。2013 年末，关注类贷款余额为 37.94 亿元，比年初增加 18.26 亿元，增幅达 92.78%，关注类贷款的增加对不良贷款反弹带来压力。

（二）证券业与金融稳定

1. 证券业发展概况

（1）证券业组织体系进一步完善

截至 2013 年末，西藏共有 6 家证券营业部，其中西藏同信证券营业部 5 家，中投证券营业部 1 家。2013 年 7 月，西藏首家期货营业部——同信久恒期货有限责任公司拉萨营业部正式开业经营，结束了西藏无期货经营机构的历史。

截至 2013 年末，西藏共有西藏矿业、西藏天路、西藏旅游、西藏城投、西藏发展、西藏药业、西藏珠峰、梅花集团、奇正藏药、海思科 10 家 A 股上市公司和"西藏 5100" 1 家 H 股上市公司。

（2）地方法人证券公司资产负债规模继续扩大

2013 年，西藏同信证券资产负债规模继续扩大。截至 2013 年末，同信证券总资产为 39.36 亿元，同比增长 27.21%；总负债为 29.90 亿元，同比增长 38.36%；资产负债率为 75.97%，同比上升 6.13 个百分点；客户交易结算资金余额为 14.41 亿元，同比增长 19.39%。

（3）证券交易量增加，盈利能力下降

2013 年，西藏同信证券代理交易量为 346.61 亿元，同比增长 36.48%，其中，代理股票交易 165.84 亿元，同比增长 5.77%；债券回购 178.38 亿元，同比增长 88.92%。全年实现营业收入 3.32 亿元，同比增长 3.13%，其中，手续费收入为 2.33 亿元，同比增长 74.44%；受托客户资产管理业务实现收入 0.13 亿元。全年累计实现净利润 0.13 亿元，同比下降 51.85%，主要是由于营业支出增加，投资收益减少所致。

（4）部分上市公司融资结构进一步优化，上市公司总市值大幅提升

2013 年，西藏矿业、西藏旅游先后通过非公开发行方式再融资 11.74 亿元、3.3 亿元，为公司发展壮大提供了资金支持。梅花集团实施非公开发行股份募集资金，募集资金总额 25.08 亿元，这是西藏辖区资本市场成立以来的最大一笔直接融资。截至 2013 年第三季度末，10 家 A 股上市公司总股本 69.5 亿股，同比增长 18.40%；上市公司总市值 724.99 亿元，同比增长 22.05%。

2. 证券业发展中值得关注的问题

（1）法人证券公司业务经营粗放

一是同信证券在自营业务、资产管理业务、财务顾问业务、代销产品业务条线尚未建立合规专岗制度，加之各业务管理人员分散在各地，公司总部合规部门无法实时开展业务的合规监控和检查，存在着业务合规运营风险。二是同信证券自营权益类证券年末余额超出了公司董事会授权的业务额度，存在着业务经营风险。

（2）上市公司质量仍有待提高

一是西藏珠峰虽然在 2013 年上半年"摘星摘帽"，暂时化解了被暂停上市的风险，但公司盈利水平低、持续经营能力不足等问题始终没有得到解决，被暂停上市的风险依然存在。二是西藏矿业、西藏天路和西藏旅游等上市公司在经营过程中面临人力资源、外部环境、特殊项目、特殊地域、自然环境、历史包袱等诸多问题，严重影响甚至阻碍了公司的正常经营，如若不采取有效应对措施，难以持续、健康、稳定发展。

（3）上市后备资源不足

近年来，西藏辖区依托西藏的资源优势和特色产业优势，深挖市场潜力，逐步建立了中小企业

数据库，已有9家公司作为上市后备资源进行培育，有2家公司已进入上市辅导期。但是，由于受历史、区域、经济基础薄弱等多方面因素的影响，西藏辖区符合全国性统一的企业发行上市规定和制度、一定公司治理和财务指标要求的企业较少，上市资源不足问题突出。

（三）保险业与金融稳定

1. 保险业发展概况

（1）保险业组织体系不断完善，市场竞争更加充分

2013年，西藏保险业新设省级分支机构1家，即中国太平洋财产保险股份有限公司西藏分公司；新设地区级分支机构2家，兼业代理机构2家。截至2013年末，西藏保险市场共有省级分公司6家，其中，产险分公司5家，寿险分公司1家。

（2）资产规模进一步扩大，总体实力显著增强

截至2013年末，西藏保险业总资产5.66亿元，较年初增长17.06%，其中产险公司总资产4.11亿元，同比增长28.16%，人身险公司总资产1.55亿元，同比增长8.68%。

（3）保费收入稳步增长，抵御风险能力有所增强

2013年，西藏保险业实现保费收入11.43亿元，同比增长19.85%，较全国平均水平高出8.7个百分点。其中，产险原保费收入7.96亿元，同比增长22.17%；人身险原保费收入3.47亿元，同比增长14.87%。从具体险种看，机动车辆险保费收入同比增长22.72%，责任险同比增长42.11%。2013年，农业保险保费收入0.94亿元，同比增长9.45%。

（4）赔付能力不断提升，经济补偿功能进一步发挥

2013年，西藏保险业赔付支出共计5.6亿元，同比增长38.20%。其中，产险业务赔款支出4.02亿元，同比增长19.83%；人身险业务赔付支出1.57亿元，同比增长127.06%。2013年，农业保险赔款支出0.33亿元，同比增长0.91%。

2. 保险业发展中值得关注的问题

（1）保险专业人才匮乏，产品种类较少

西藏环境艰苦，保险人才相当匮乏，保险公司普遍存在人才难求的问题，往往由于招聘不到合适的专业人员，使得公司的发展，特别是机构的延伸计划搁浅。保险行业所需要的高管人才更是捉襟见肘。保险专业人才匮乏，成为西藏保险行业发展的瓶颈。从产品看，西藏无投连、万能等新型投资型产品，基本为保障型产品。分红险占寿险和年金保险业务的比重高达94.91%，成为西藏寿险市场高速增长的主要推动力。

（2）寿险销售体系不健全，代理渠道较为单一

西藏市场较为特殊，寿险销售渠道主要以个人代理为主。2013年，个人代理寿险业务0.81亿元，占整个市场的比例达64.18%，较全国平均水平高13个百分点；公司直销渠道占比29.28%，较全国平均水平高19.7个百分点，而银邮代理渠道占比仅为5.17%，较全国平均水平低31.5个百分点。

（3）群众保险意识不足，保险市场有待培育

从全区看，占西藏人口80%以上的广大农牧民由于受文化、地域、经济发展水平等综合因素的影响，保险意识相对淡薄，很多领域仍然喜欢单纯依靠政府救济和投入，缺少风险分散和风险共担的意识，缺乏对保险这种风险防范手段和方式的认识。保险业市场发展的基础较薄弱，有待加强保

险知识的普及和保险意识的培养，有待进一步培育保险市场体系。

三、金融基础设施与金融稳定

（一）支付清算体系建设日趋完善

2013 年，西藏辖区支付清算系统高效、稳定运行，业务量稳步增长。随着 2013 年第二代支付系统在西藏辖区成功切换上线，西藏辖区基本形成了以第二代支付系统为核心、商业银行行内系统为基础、卡基支付系统为补充的支付清算网络体系。电子商业汇票系统、支票影像交换系统、网上支付跨行清算系统、境内外币支付系统等应用系统使清算系统支付服务功能更加完善，有效满足各种支付工具的灵活使用。2013 年，西藏辖区支付清算系统共处理业务 190.08 万笔、金额 24 669.96 亿元，同比分别增长 58.08% 和 52.38%；全区共办理非现金支付业务（不含银行卡）453.51 万笔，金额 10 206.99 亿元，同比分别增长 15.41% 和 14.92%；截至 2013 年末，全区银行业金融机构累计发放银行卡 351.13 万余张，布放 ATM 829 台、POS 机 6 786 台，发展特约商户 6 090 家，全年银行卡交易额为 3 143.51 亿元，消费额达到 216.04 亿元；全年共填补空白乡镇 258 个，建立助农取款服务点 1 212 个，取款笔数 16 383 笔，金额 1 058.23 万元。

（二）征信系统建设成效显著

一是征信系统建设成效显著，系统功能有效发挥。截至 2013 年末，企业征信系统共收录全区企事业单位及其他经济组织 6 883 户，同比增长 5.6%。个人征信系统收录全区自然人约 111.4 万人，同比增长 6.3%；全年企业征信系统累计被查询 6 669 次，个人征信系统累计被查询 15.1 万余次。二是以农牧区信用体系建设为抓手，积极参与地方社会信用体系建设。截至 2013 年末，全区发放农牧户钻石、金、银、铜卡贷款证共 43 万本，发证面达 91% 以上，评定信用乡（镇）304 个、信用村 3137 个，农牧民小额贷款余额 76.7 亿元，其中不良贷款余额 0.23 亿元，仅占农户小额贷款的 0.29%。三是积极组织金融机构集中开展了中小企业信用信息的建档工作。截至 2013 年末，累计为 2 460 户中小企业建立了信用档案。四是征信服务水平不断提高。截至 2013 年末，全辖共办理贷款卡 393 张，年审贷款卡共 1 157 张；登记个人异议申请 5 笔，解决 5 笔；新增机构信用代码证发放总数 5 240 张，累计发放 27 915 张。

（三）反洗钱职能不断加强

一是结合国际通用的审慎监管中的"依法、审慎、适度、有所区分"的原则，对 14 家金融机构开展了反洗钱现场检查，对 10 家金融机构开展了开业指导、现场走访等现场监管。二是明确了 7 家银行营业网点作为资金监测联系点，落实了"风险为本"的监管理念。三是 2013 年共协助公安机关开展行政调查 11 次，移送案件 1 起，为维护我区社会的和谐稳定贡献了应有的力量。四是不断整合监管资源，丰富监管方式，强化监管力度，组织召开"辖区金融机构反恐融资工作联席会议"1 次，"人民银行拉萨中支与自治区公安厅反恐融资工作联席会"2 次，"西藏辖区洗钱风险提示及案件通报会议"3 次，确保了反洗钱工作稳步有序推进。

（四）反假币工作进一步推进

2013 年，西藏继续坚持"打防并举、重在治本"的指导思想，不断加大反假合作力度。在传统宣传方式的基础上，创新性地采取与电视、广播、报纸宣传报道相结合，同银行客服热线、微信平台相结合。2013 年，共开展反假宣传活动 21 次，发放藏汉文宣传资料 5.7 万余份，发送反假货币宣传信息 12 000 余条，开展各类反假货币知识培训 22 次，受培训人数达 750 余人，对辖区 26 家银行业金融机构营业网点假币收缴、鉴定工作、机具配备管理，以及人民币收付工作等方面进行了检查。2013 年，通过西藏自治区反假货币工作联席会议各成员单位的共同努力、商业银行机构的堵截、公安机关的有效打击，西藏辖区共收缴假人民币 400 870 元，假币生存空间得到有效控制，人民币流通秩序得到了明显改善。

（五）国库服务水平显著提升

2013 年，西藏分库积极与财政、税务等部门沟通协调，稳步拓宽财税库银横向联网系统覆盖面。2013 年，昌都、那曲、阿里中心支库在向地区所在县代理支库推广国库会计核算系统（TBS）的基础上，成功上线财税库银横向联网系统。目前，财税库银横向联网系统已实现西藏所有地市及地市所在县覆盖，全区共 17 个国库机构（含代理）、19 个国税机构、9 个财政机构、5 家商业银行加入系统。截至 2013 年末，通过横向联网系统办理税收 6.2 万笔，入库金额达 52.18 亿元，税收笔数同比增长 2 倍，实现了缴纳税款直接入库的目标。同时积极推广银行卡刷卡缴税业务，2013 年，拉萨和林芝两地布设的银行卡刷卡缴税 POS 机从最初的 6 台增加到 36 台，全年银行卡刷卡缴税业务达4.3 万笔，入库资金 1.68 亿元，业务笔数与入库金额分别占横向联网业务的 69.35% 和 3.3%，国库服务水平也显著提高。

（六）外汇管理与跨境人民币工作取得新突破

一是国家外汇管理局西藏自治区分局正式加入"西藏自治区对尼泊尔交流与合作联席会议机制"。截至 2013 年末，银联西藏分公司已与尼泊尔有关商业银行成功接洽，拟于 2014 年 4 月在尼泊尔境内发行银联标准卡。二是着力推进跨境人民币结算工作，实现了首笔资本项下跨境人民币结算业务。2013 年，全区涉外收支总额达到 18.1 亿美元，同比增长 2.8%，跨境收付差额 15.3 亿美元，同比增长 18.6%，其中跨境人民币收支差额为 13.5 亿美元，跨境外汇收付净流入 1.8 亿美元，全区银行累计办理跨境人民币结算业务 89 亿元，同比增长 17.9%。三是扎实做好外汇管理便利化改革，出台支持西藏涉外经济发展的指导意见，深化贸易领域外汇管理制度改革，推进简政放权，为涉外经济主体营造了良好的经营环境和宽松的管理环境。

四、总体评估与政策建议

（一）总体评估

2013 年西藏自治区坚持走有中国特色、西藏特点的发展路子，坚持稳中求进，稳增长、调结构、促改革、惠民生，全面贯彻落实中央第五次西藏工作座谈会精神，认真执行中央赋予西藏的特殊优惠金融政策，全区经济健康快速发展，金融业也实现了规模与效益的双重提升。

一方面，在中央的大力支持下，西藏经济发展呈现出"经济发展速度快、经济增长质量高、经济结构不断优化、基础建设力度较大、改革开放动力强、群众得到更多实惠"等特点，经济保持并巩固了跨越式发展的良好势头，为西藏金融体系稳定奠定了良好的基础。另一方面，西藏辖区各金融机构本着审慎发展的理念，积极提升金融服务水平，不断夯实稳健发展的基础，在风险可控的前提下实现了较快的发展：金融组织结构不断优化，金融组织体系更加完善，金融发展规模进一步扩张，信贷结构更趋合理。

2013 年，为及时掌握辖区经济金融运行情况，人民银行拉萨中支研究开发了"西藏自治区金融稳定监测分析系统"。该系统首先依据灰色关联分析方法，选取了 15 个具有代表性的经济金融指标建立西藏金融稳定监测分析指标体系[①]；其次采用国际较流行的景气预警监测分析技术，构造 CI（合成指数）和 DI（扩散指数），构建出西藏经济金融稳定监测分析系统，按季监测并分析辖区经济金融总体景气状况。总的来看，2013 年西藏经济金融总体运行较强，发展状况总体景气，但季度特征明显。

2013 年，人民银行拉萨中心支行对辖区银行业金融机构进行了非现场评估。从非现场评估的情况来看，辖区银行业金融机构稳健值在 60~80 分，处于稳健区间。

2013 年，西藏自治区金融体系总体稳定。

（二）政策建议

1. 落实稳健的货币政策，保持全区货币信贷和社会融资规模平稳较快增长

2014 年，西藏各金融机构应继续加强信贷政策与财政政策、产业政策的协调配合，使辖区信贷增长与经济发展相适应。一是认真做好农牧区金融工作；二是重点支持我区重点项目建设；三是进一步改善中小微企业金融服务；四是促进我区特色优势产业发展；五是抓好普惠金融工作；六是围绕保护生态环境做好金融服务。

2. 深化金融服务，不断提升服务经济和社会的水平

一是加快完善支付结算基础设施，继续推进金融服务空白点的覆盖工作。二是继续推动非现金支付工具的应用。三是加快推进征信体系建设。四是进一步完善反洗钱和反恐怖融资工作机制。

3. 改善证券经营机构盈利模式，积极培育多层次资本市场

一是证券机构应进一步完善公司治理机制，深化内部体制改革。二是积极培育多层次资本市场。三是加快引导会计师事务所、律师事务所、资产评估和证券投资咨询等中介机构来西藏设立业务机构的步伐。

4. 建立健全保险业组织体系，大力推动保险业健康发展

一是进一步健全保险机构体系，尽快组建地方法人保险机构，积极引进区外有实力的保险机构。二是大力推进保险业市场化改革，打破地域垄断和行政垄断。三是进一步完善农业保险制度，构建立体化风险保障网。四是建立符合西藏实际的巨灾风险保险制度，逐步建立区域性巨灾基金。五是

---

① 西藏金融稳定监测分析指标包括第一产业增加值、第二产业增加值、第三产业增加值、固定资产投资总额、社会消费品零售总额、进出口总额、CPI、一般预算收入、一般预算支出、工业产品销售率、各项税收、发电量、储蓄存款、各项贷款余额、中长期贷款余额 15 个指标。

建立健全保险资金支持重大项目建设的体制机制。

总　篡：张　伟
审　核：尼玛潘多　宋　颂　罗布参旦
统　稿：冯　兰
执　笔：刘　洁　彭志坚　冯　兰

陕西省金融稳定报告摘要

2013 年，面对国际经济下行压力和国内经济换档调整的复杂多变形势，陕西省认真贯彻落实党的十八大精神，坚持实施"稳中有为、提质增效"的发展战略，全省经济呈现稳中有进、稳中向好的发展态势。全年实现地区生产总值 16 045.21 亿元，同比增长 11%。金融业保持良好发展态势，总体稳健性不断增强。银行业抗风险能力逐步提升，证券业市场融资功能持续增强，保险业经济补偿和服务社会能力稳步提高。金融市场稳健运行，融资功能和资源配置效率有效提升。金融基础设施建设深入推进，服务保障功能持续增强。地方金融改革全面推进，支持金融快速发展的生态环境和配套措施不断改善。总体来看，2013 年陕西省宏观经济与金融发展相互促进，金融发展的稳健性不断增强。但受经济下行、金融机构自身经营管理不足等因素影响，陕西省金融稳定依然面临一定挑战。如银行面临来自宏观层面的流动性风险因素不断加大；证券业和保险业发展中的经营不规范与业务不均衡问题；委托贷款、定向资产管理业务等跨市场、跨行业的交叉性金融业务潜在风险值得重点关注。

一、区域经济发展与金融稳定

2013 年陕西经济呈现稳中有进、稳中向好的发展态势。投资、消费和进出口稳步增长，三大产业协调发展，民生保障不断加强，经济发展的基础更加稳固，为地区金融稳定提供了有利的外部环境。但同时，经济增长对能源化工行业依赖过重、部分工业企业经营风险加大等问题可能对区域金融稳健性产生负面影响，值得关注。

（一）区域经济发展概况

1. 经济保持平稳较快增长，三次产业协调发展

2013 年陕西省实现地区生产总值 16 045.21 亿元，同比增长 11%，高出全国水平 3.3 个百分点。第一、第二、第三产业分别实现增加值 1 526.05 亿元、8 911.64 亿元和 5 607.52 亿元，同比分别增长 4.7%、12.6% 和 9.9%。规模以上工业增加值 7 258.56 亿元，同比增长 13.1%。八大支柱工业增加值 7 032.72 亿元，同比增长 12.6%。经济的平稳较快发展，为地区金融业稳健运行提供了良好的外部环境，三次产业协调发展有助于优化信贷资源的行业分布，提高金融体系的资源配置效率。

2. 三大需求稳步增长，经济发展动力持续增强

2013 年陕西省完成固定资产投资 15 934.2 亿元，同比增长 24.1%，高于全国水平 4.5 个百分点。社会消费品零售总额 4 938.54 亿元，同比增长 14%，增速居全国第三位。实现进出口总额 201.27 亿美元，同比增长 36%，增速同比提高了 35%。其中，出口 102.24 亿美元，同比增长

18.2%；进口 99.03 亿美元，同比增长 61.1%。投资、消费与进出口的稳步增长助推了陕西经济发展活力的全面提升，有助于改善地区融资主体结构，为金融体系优化资金使用效率提供了良好的外部支撑。

3. 主要经济部门收入增长呈现差异化，地区民生保障水平不断提升

2013 年陕西省规模以上工业企业利润总额 1 973.32 亿元，同比下降 0.48%。财政总收入 3 003.07 亿元，同比增长 11.4%，增速同比下降 7.19 个百分点。居民部门收入持续快速增长，其中城镇居民人均可支配收入、农村居民人均纯收入分别为 22 858 元和 6 503 元，同比分别增长 10.2% 和 12.8%。增速均高于同期全国平均水平。居民收入水平的持续增长，有助于改善地区经济主体总体财务稳健性。此外，在财政收入增速放缓的现实下，陕西省仍坚持把新增财力和财政支出的 80% 用于保障和改善民生，地区民生保障水平不断提升。2013 年陕西省财政支出 3 666.25 亿元，同比增长 10.9%。其中，民生支出 2 950.53 亿元，占财政总支出的 80.5%。

4. 物价水平整体平稳，但通货膨胀因素仍然存在

2013 年陕西省居民消费价格总指数同比上涨 3%，较上年扩大 0.2 个百分点，高于全国水平 0.5 个百分点。工业生产者价格指数（PPI）同比下降 2.7%，购进价格下降 0.7%，出厂价格为 2001 年以来较低水平，仅高于金融危机的 2009 年 1.2 个百分点。物价涨幅趋高的因素仍然存在，集中表现在资源型产品的刚性需求和劳动力成本增长的带动，以及农产品价格补涨和不确定异常气候影响。物价水平的变动直接影响地区经济主体的消费与收入水平，进而对地区经济主体财务稳健性产生影响，应予以关注。

（二）区域经济发展中需要关注的问题

1. 对能源化工行业依赖过重，经济持续快速发展面临较大压力

2013 年陕西省能源化工工业增加值为 4 220.48 亿元，占八大支柱工业增加值的 60%。受国内外宏观经济形势的影响，处于产业链上游的煤炭及其他能源化工产品需求明显下降，使得当前过于依靠能源化工行业的地区经济增长面临较大压力。从中长期看，由此类行业走势低迷引起的金融体系信贷资产安全问题值得关注。

2. 工业利润持续低迷，部分企业经营风险有所加大

2013 年陕西省规模以上工业企业利润总额 1 973.32 亿元，同比下降 0.48%。面对"成本高企、市场低迷"的双重压力，部分产能过剩行业的企业偿债能力下降，经营风险加大。据监测，钢铁企业、煤炭企业平均资产负债率分别高于上年同期 0.78 个和 4.01 个百分点。短期看，经济主体偿债能力的下降将直接影响地区金融体系的资产质量，中长期看，还会对金融机构的存款增长、有效融资需求带来一定负面影响。

二、金融业稳健性

2013 年，陕西省金融业稳步发展，综合实力逐步提高，金融体系结构更加完善，服务经济社会发展的作用日益突出。但同时，来自宏观层面的流动性风险因素有所增加，证券期货经营机构同质化竞争明显等问题仍值得关注。

（一）银行业稳健性

1. 银行业发展状况

经营规模稳步扩大，抗风险能力持续提高。2013 年陕西省银行业金融机构共计 160 家，其中法人机构 128 家。银行业金融机构资产余额、负债余额分别为 3.34 万亿元和 3.25 万亿元，同比分别增长 11.47% 和 11.06%。本外币各项存款余额 25 736.72 亿元，同比增长 12.67%，低于全国增速 0.8 个百分点；各项贷款余额 16 537.69 亿元，同比增长 16.97%，高于全国增速 3.1 个百分点。银行业金融机构稳健性指标总体向好，抵御风险能力较强。其中，不良贷款余额同比减少 16.57 亿元，不良贷款率同比下降 0.40 个百分点。全年银行业净利润同比增长 29.1%，拨备覆盖率同比提高 28.07 个百分点。

信托财务公司运行平稳，支持实体经济稳步增长。2013 年陕西省共有 3 家法人财务公司，3 家财务公司分支机构，财务公司资产总额、负债总额分别为 323.76 亿元和 294.95 亿元，同比分别增长 10.49% 和 11.37%。净利润同比增长 72.83%。3 家信托公司共存续信托项目 1 099 个，信托资产规模达 3 586.54 亿元，同比增长 21.94%。净利润同比增长 28.81%。信托贷款占陕西省社会融资总规模的比重达 6.3%，对促进实体经济发展起到了积极作用。

2. 影响银行业稳健性的主要方面

（1）宏观层面的流动性风险因素有所增加。一是银行机构季末"冲存款"现象依然存在。据统计，2013 年四个季末月份新增存款占全年新增存款比重达 67.24%，虽低于 2012 年 81% 的比重，但高于以往年份 40% 左右的平均水平。"冲存款"行为导致的银行体系内耗增加和系统资源浪费，以及因过度竞争引起的市场利率和头寸的过度波动，加大了机构流动性管理难度。二是理财、同业等新型业务快速发展，对机构的资产负债期限配比能力提出更高要求，要求机构除了加强对个体头寸管理之外，还要应对整体流动性偏紧、同业市场利率波动幅度加大等宏观层面的因素，流动性管理难度进一步加大。

（2）传染性、交叉性风险增加银行业风险管理难度。一是委托贷款业务快速发展隐藏风险。2013 年陕西省全年新增委托贷款 449.3 亿元，同比增长 78.2%。抽样调查显示，融资平台、房地产企业为主要的资金流向，且利率普遍较高。应警惕信贷集中行业的产业风险积聚进而导致的行业性偿还能力下降，以及当委托贷款风险集中爆发时可能引发的银行声誉风险。二是信托、证券的通道类业务发展连通了风险跨市场业务传递渠道，应关注信托、证券业风险向银行体系传导的可能性。

（3）信托公司个体机构风险防范压力增大。在经济周期性调整和经济体制改革大背景下，非银行机构个体风险与系统性、区域性风险的关联度明显增强，尤其是政府融资平台、房地产、矿产等行业风险集中度高，个体风险暴露频率加快。应重点关注信托公司个体风险的应对和处置，防止风险蔓延。

（二）证券业稳健性

1. 证券业发展状况

证券公司经营利润显著增加，证券市场融资功能持续增强。2013 年陕西省新增证券分公司 5 家、证券营业部 20 家。证券经营机构营业收入和利润总额分别同比增长 39% 和 107%。其中，3 家法人证券公司营业收入和利润总额分别同比增长 50.69% 和 203%。全年通过资本市场直接融资 63.67 亿元，其中，上市公司股票非公开发行融资 51.67 亿元，债券融资 12 亿元。陕西股权交易中心正式成立，多层次资本市场建设取得新突破。

期货市场稳步发展，期货经营机构经营水平逐步提升。2013 年陕西省共有 3 家法人期货公司和 30 家期货营业部，期货经营机构期货保证金、代理交易量、代理交易额分别同比增长 5.9%、38.6% 和 54%。营业收入、手续费收入、净利润分别同比增长 26.8%、18.2% 和 37.8%。3 家法人期货公司注册资本、净资产、净资本总额分别同比增长 23.75%、61.8% 和 79.6%，净资本指标持续达标，财务流动性良好。

2. 影响证券业稳健性的主要方面

（1）证券期货经营机构"散、弱、小"和同质化竞争的局面并未发生根本改变。各机构经营业绩依然高度依赖经纪业务，创新能力不足；服务能力和核心竞争力不强的问题依然突出，为经济实体服务的功能尚未有效发挥。

（2）优势产业证券化率低，上市公司持续发展能力依然不足。与周边省份相比，能源、有色金属、装备制造等优势产业的证券化率依然偏低，没有充分利用资本市场实现跨越式发展。同时，上市公司整体质量不高、规模小、盈利水平低、主业不突出等特点已成为制约其发展的主要问题。目前省内上市公司总市值、总资产、净资产、营业收入和净利润不仅明显低于全国水平，而且也逐步落后于西北地区的新疆和甘肃，经营和业绩增长都面临较大的压力。

（三）保险业稳健性

1. 保险业发展状况

市场主体不断增加，行业综合实力日益提升。2013 年，陕西省共有保险法人机构 1 家，省级分公司 48 家，其中，产险公司（含政策性出口信用保险公司）23 家，人身险公司 25 家；下辖各类保险分支机构 2 560 家，同比增加 109 家。保险业资产总额 998.43 亿元，同比增长 135.32 亿元。实现原保险保费收入 417.45 亿元，同比增长 14.27%，增幅同比提高 7.97 个百分点。累计赔付支出 147.71 亿元，同比增长 41.48%，经济补偿和服务经济社会能力稳步提高。

业务结构调整步伐加快，保障和服务功能增强。一是产险市场均衡发展有所改善。车险与非车险比例不断优化，非车险业务占比 16.63%，同比提高 1.63 个百分点。二是寿险产品向保障型转变。保障型业务占人身险业务的 23.41%，同比提高 1.97 个百分点。三是责任险、保证险等业务拓展有所突破。其中，出口信用保险支持全省贸易出口 21.28 亿美元，同比增长 19.4%。四是农业保险成效显著。农业保险保费收入和赔款支出分别为 5.39 亿元和 2.30 亿元，同比增长 74.36% 和 107.36%。五是大病保险业务取得突破。大病保险覆服务人群 1 712 万人，占到全省参保城镇居民医疗保险和新农合人数的五成以上，累计结报 16 112 人次，赔付支出 1.62 亿元。

2. 影响保险业稳健性的主要方面

（1）保费增长波动性加大，业务回升基础较为薄弱。2013 年，陕西省产险业务和人身险业务保费月收入增速最低至 -36.17% 和 -36.51%，最高达 70.94% 和 118.69%，分别相差 107.11 个百分点和 155.2 个百分点，保费增长波动性加大。同时，受多重因素影响，业务增长压力依然较大，集中表现在：通胀压力下生活必需品价格上涨对保险需求产生挤出效应；经济下行和市场流动性紧张导致部分企业投保意愿降低；部分市场低迷产业经营效益下滑导致车险、企财险等业务发展受到影响。

（2）不确定性因素增加，市场风险防范压力加大。一是局部退保风险有所上升。二是受业务发展较为困难、营销员业绩下滑导致收入降低因素影响，保险从业人员队伍不稳定性因素加大。三是保险业务的地区发展不平衡问题。全省保险业务主要集中在关中地区，特别是西安市业务占比较高，其他中心城市未形成有效的业务增长级。

三、金融市场与金融稳定

2013 年陕西省金融市场总体运行平稳，资金配置功能持续增强。市场利率震荡上行，直接融资规模快速增长。金融市场的稳健运行成为区域金融稳定的重要支柱。

（一）金融市场运行状况

1. 金融市场规模不断扩大，市场配置资金功能增强

2013 年，陕西省债券回购业务大幅增长，全年累计成交 7 678 笔，成交金额 13 498.02 亿元，同比增长 50.1%，债券市场逐步成为金融机构特别是非银行金融机构资金配置的重要场所；银行间现券市场成交量倍增，全年成交金额 8 485.07 亿元，同比增长 1.52 倍；同业拆借市场累计成交金额 352.2 亿元，同比增长 5.1%。全年票据承兑累计发生额 2 028.04 亿元，同比增长 24.79%。金融机构票据贴现余额为 437.92 亿元，同比下降 1.02%。全年票据贴现累计发生额 5 769.99 亿元，同比下降 11.26%。

2. 市场利率震荡上行，价格发现和流动性管理功能日益增强

2013 年，陕西省银行间债券市场回购交易总体加权平均利率为 3.74%，同比上升 60 个基点。总体现券加权收益率 4.92%，同比下降 76 个基点。票据贴现平均利率水平为 5.75%，同比下降 0.11 个百分点。票据转贴现加权平均利率为 5.05%，同比下降 0.37 个百分点。市场收益率和利率的变动趋势充分显示市场资金面松紧状况，金融市场的价格发现和流动性管理功能日益增强。

3. 直接融资规模快速增长，金融市场对经济的支持力度不断加大

初步统计，2013 年陕西省企业通过直接融资工具融资 795.7 亿元，同比增长 21.5%，与当年新增贷款的比值达到 33.9%，直接融资在全部社会融资中的重要性明显上升。直接融资的快速增长，有助于缓解经济对银行等间接融资的依赖，对降低系统性风险、促进经济发展、维护区域金融稳定具有重要意义。

（二）金融市场运行中需要关注的问题

2013 年受市场流动性波动加大影响，陕西个别金融机构由于资产期限配置问题出现暂时头寸紧张现象，显示出机构在市场风险管理方面存在一定不足。此外，对于快速发展的金融市场业务，个别机构在内部控制制度建设方面仍存薄弱环节。如对交易金额审批权限没有具体规定，缺乏中后台的风险监控部门等。为促进金融市场业务的稳健发展，机构应进一步完善金融市场业务的风险防范体系，推进金融产品的风险规避和后续监测机制建设，提高防范操作风险和市场风险的能力。

四、金融基础设施与金融稳定

2013 年，陕西省金融基础设施建设有效推进，系统运行平稳高效，为地区金融业稳健可持续发展提供了有力支撑。

（一）支付系统运行效能不断提高，风险应对及处置能力稳步提升

1. 系统建设稳步推进，服务能力持续提升

截至 2013 年末，省内人民银行支付系统直接参与者达 36 家（含人民银行），间接参与者达 4 869 家，支付清算系统覆盖率达 87%。2013 年陕西省大额支付系统共处理业务 2 156.47 万笔，金额 38.92 万亿元，同比增长 29% 和 11%；小额支付系统共处理业务 4 158.68 万笔，金额 4 102.18 亿元，同比增长 27% 和 38%。

2. 监管和自律机制进一步加强，市场环境日益优化

2013 年人民银行西安分行对 14 家银行机构 158 个网点和 2 家支付机构开展了支付结算综合执法检查及预算单位银行结算账户等专项执法检查，有效提高了机构合规经营及风险防控意识。全面推广人民币银行结算账户非现场监管工作机制，开展个人人民币银行结算账户身份真实性核实工作。引导支付机构签订《陕西省支付机构自律公约》，积极推进行业自律和自我约束，有效促进支付机构依法合规经营。

3. 风险管理机制不断健全，风险应对及处置能力提高

2013 年人民银行西安分行组织开展了陕西省银行结算账户管理系统与联网核查系统突发事件应急演练，开展二代支付系统切换上线前系统风险排查工作，切实提高支付清算系统突发事件危机处置能力。建立电子对账非现场核查机制，切实防范业务及资金风险。

（二）征信系统利用率显著提升，信用体系建设力度持续加大

1. 征信系统利用率显著提升，系统覆盖面不断扩大

2013 年金融机构全年累计查询企业和个人征信系统 66.8 万次和 453.6 万次，同比分别增长 15% 和 12.9%，全年为 12.8 万人次提供了本人信用报告查询服务，同比增长 60%。进一步加大机构信用代码推广应用力度，全年共发放信用代码证 63 786 张，累计发放 434 177 张，基本覆盖全省具有经济活动能力的各类社会组织。

2. 农村及中小企业信用体系建设力度加大，信贷支持作用逐步发挥

在全省选取 1 038 户符合条件的小微企业，实施信用增值计划，其中，426 户企业获得了 21.24 亿元的信贷支持。结合陕西农村实际，提出并实施了"百村千户"信用助农工程。对筛选出的 100 个行政村的 1 000 个农户，通过系统培训、引入担保等方式进行信用增进，协调政府部门和金融机构加大对信用良好的农户的扶持，金融机构为培育推荐的 794 户农户发放贷款 3 147.9 万元。

3. 积极推动社会信用体系建设，不断改进地区金融生态环境

2013 年人民银行西安分行与省发改委、省编制办联合印发《关于在行政管理事项中使用信用记录和信用报告的实施意见》，有效扩大了信用报告的使用范围。对陕西省 10 个市的金融生态环境进行全面评价，提出优化金融生态环境的具体建议与措施。制定出台了《关于加强陕西省县域金融生态环境建设工作的指导意见》，有力地推动了县域金融生态环境的改进。

（三）反洗钱工作纵深发展，风险防范机制建设成效显著

1. 不断拓展反洗钱风险监管范围，风险识别能力增强

2013 年人民银行西安分行根据反洗钱动态评价与风险预警系统评价结果，对陕西省农村信用合

作机构、中邮证券、长安期货实行反洗钱现场检查，进一步提高了金融机构反洗钱工作水平。开展对辖区法人支付机构的反洗钱风险评估，充分发挥评估结果对支付机构的教育和导向作用。组织多层次反洗钱测试，提升支付机构反洗钱认识水平，并通过支付机构监管会议的形式，向相关行业进行风险提示。

2. 探索开展反洗钱风险评估，建立健全风险防范机制

2013 年人民银行西安分行大胆探索金融机构洗钱风险管理机制建设，起草了《陕西省金融机构洗钱风险管理指引》，引导金融机构将洗钱风险纳入全面风险管理之中。积极构建金融机构洗钱风险评估指标体系，并对西安银行、交通银行陕西省分行进行了现场评估实践，在健全风险防范机制方面进行了有益的尝试。

3. 加大行政调查与案件协查力度，反洗钱工作成效显著

2013 年人民银行西安分行开展反洗钱调查 16 次，向相关有权机关移交线索 6 份，均被反洗钱监测中心和陕西省公安厅立案调查，调查率 100%，其中部分线索已成为公安部重点督办案件，有效消除了影响社会稳定的重大案件风险。

（四）金融法制环境建设深入开展，金融消费权益保护机制不断完善

1. 全力支持地方立法和法院执行工作

2013 年人民银行西安分行积极参与陕西省人大、政府有关部门的重大立法项目论证工作；参与《神木县国家级金融改革试点县申报方案》等各类地方改革发展规划的修改工作，从法律视角提出助推地方金融改革的有关建议。全力做好执行人民法院生效判决和裁定工作，提前完成了总行确定的积案化解任务。

2. 金融行政执法水平和质量不断加强

对建设银行陕西省分行、农业银行陕西省分行、民生银行西安分行和重庆银行西安分行开展了综合执法检查，检查共涉及 9 大类内容、12 个执法部门，有效促进了金融机构的合规稳健经营。

3. 金融法制宣传效果显著提升

2013 年人民银行西安分行牵头建设银行、工商银行等金融机构共同深入陕西省军区面向部队官兵开展金融法制知识讲座，收到良好效果。与兴业银行西安分行、《西安晚报》合作，共同举办金融法制知识有奖竞赛，面向全社会普及金融法制知识，营造了浓厚的金融法制舆论氛围。

4. 金融消费权益保护机制日益完善

2013 年人民银行西安分行在人民银行系统内首家开通 12363 热线电话，"属地接听、属地受理"模式清晰了责任边界，降低了成本，有力推动了消费权益保护工作。继续组织开展"3·15 金融消费权益保护宣传周"和"9 月金融知识普及月"活动，有针对性地开展了分层次、多视角、广覆盖的金融知识集中宣传，开创了宣传教育工作新局面。将金融消费权益保护工作纳入综合执法检查，探索开展个人金融信息保护专项检查，有效增强了金融机构做好金融消费权益保护工作的责任意识。

五、地方金融改革与金融稳定

2013 年，陕西省深入贯彻落实中央关于金融改革有关精神，全面推进地方金融改革工作，取得显著成效，为地区金融业的稳健发展提供了良好的生态环境和政策支持。

（一）地方法人金融机构改革稳步推进，服务地方经济发展能力持续增强

1. 城市商业银行改革成效逐步显现

省内2家城市商业银行持续加快改革步伐，金融服务能力显著提升。其中，长安银行积极加快网点建设步伐，全年新增支行10家。西安银行持续推进小微企业发展战略，建立地方优秀的中小企业银行和微小企业银行的目标初显成效。截至2013年末，全行小微企业贷款余额83.34亿元，同比增长48.98%，高出同期全部贷款增速31.82个百分点。

2. 农村合作金融机构改革深入推进

2013年陕西省政府出台了《关于进一步推进农村信用社改革的意见》，全面部署了相关改革工作，全年新组建农村商业银行7家，批筹4家，农村合作金融机构改革不断深化。

3. 证券经营机构业务创新力度加大

2013年陕西省法人证券经营机构积极拓宽业务领域，努力开辟新的利润增长点，业务创新力度不断加大。全年3家法人证券公司融资融券和资产管理业务稳步发展，西部证券代销金融产品取得实质性突破，开源证券约定购回证券交易业务发展势头强劲，基本形成了业务多元化发展的新格局。

（二）新型金融组织探索步伐不断加快，地区金融体系日益健全

2013年陕西省探索发展新型金融组织的步伐不断加快。一是积极推进消费金融公司试点。2013年，西安市作为西北唯一入选城市纳入我国消费金融公司试点城市范围，目前由2家银行分别参与发起的消费金融公司、汽车金融公司基本完成上报前准备工作。二是新型农村金融机构组建步伐不断加快。2013年陕西省共批准设立村镇银行3家，目前村镇银行总数已达12家。截至2013年末，已开业村镇银行的总资产、存款余额、贷款余额、当年利润分别达到30.7亿元、21.28亿元、16.45亿元和0.51亿元，同比分别增长54.65%、55.89%、57.86%和363.63%。

（三）多层次金融综合改革有序启动，地方金融改革全面深化

省级层面，大力推动西安区域性金融中心建设。2013年，西安市金融办印发了《西安区域性金融中心发展规划（2013—2020年）》，对金融中心建设的总体思路、发展措施等核心内容作出全面部署，按照该规划，区域金融市场、金融机构业务创新将迎来全新突破。地区层面，在府谷县开展民营经济转型升级金融改革，提出包括成立府谷金融管理局，组建府谷金融控股集团公司等14项具体金融改革措施。多层次金融综合改革的有序启动，为地区金融稳健运行提供了良好的外部环境和政策支持。

（四）地区金融监管合作机制建设取得新进展，金融风险防控合力有效提升

2013年，陕西省继续加强地方金融管理部门之间的沟通与协调，不断提升地方金融管理水平。一是地方政府金融管理部门与"一行三局"的交流合作持续加强。通过合作推进地方金融对地区实体经济建设的支持、共同参与地方法人金融机构改革工作、定期开展金融信息交流等方式不断提高地方金融管理效率。二是地方金融监管合作机制取建设得新突破。年内，中国人民银行西安分行与中国证监会陕西监管局签署了《关于加强陕西省证券期货监管 共同维护区域金融稳定的监管合作备忘录》，着力打造地区证券期货监管合作长效机制。其对维护陕西省金融稳定及防范证券期货市场风险，促进陕西省金融市场稳定健康发展有着重要的意义。

六、总体评估与政策建议

（一）定性评估

面对复杂多变的国内外经济金融形势，在深入推进经济体制改革的宏观政策背景下，2013 年陕西省坚持实施"稳中有为、提质增效"的发展战略，积极加快地区经济转型升级，全年经济呈现稳中有进、稳中向好的发展势头，为地区金融体系长期稳定发展奠定良好基础。金融机构经营水平和服务质量显著提升，行业稳健运行基础继续夯实。金融市场稳健运行，融资功能和资源配置效率明显提升。金融基础设施建设深入推进，服务保障功能持续增强。地方金融改革全面推进，为地区金融业的稳健发展提供了良好的生态环境和政策支持。

总体看，陕西金融体系发展的外部环境和保障基础良好，金融机构的稳健性程度总体较高，但一些苗头性问题和风险因素已开始显现，应引起关注。如经济方面，受经济下行、支柱行业利润下滑影响，部分企业偿债能力有所下降，可能对当前和未来时期地区金融体系稳健性带来一定冲击。金融机构方面，银行面临来自宏观层面的流动性风险因素不断加大；信托业机构个体风险与系统性、区域性风险的关联度明显增强，个体风险暴露频率加快；证券业和保险业发展中的经营不规范与业务不均衡问题仍然存在。此外，委托贷款、定向资产管理业务等跨市场、跨行业的交叉性金融业务潜在风险也值得重点关注。

（二）定量评估

在考虑陕西省经济金融实际情况的基础上，运用层次分析法（AHP）和熵权法相结合[①]的区域金融稳定定量评估模型[②]，对近年来陕西省整体和所辖十市一区的金融稳定状况进行综合评估。

2009—2013 年的金融稳定综合评估结果显示：近年来陕西省加快经济转型升级，持续深化金融改革，不断提高金融运行效率和服务实体经济水平，优化金融生态环境，金融稳定状况继续保持良好、平稳的发展趋势，2013 年金融稳定综合得分较上年有所提高。其中，宏观经济得分在波动中延续上行趋势，银行业和金融生态环境的得分连续五年不断提升，证券业、保险业[③]得分与上年基本持平。

定量评估[④]结果显示，2013 年陕西省十市一区基本延续稳定向好态势，综合得分较上年变化有限。总体分析（不考虑民间金融的影响），西安、榆林和杨凌是陕西省金融稳定状况相对较好的地区，关中、陕北与陕南的差距逐年缩小。

---

　　① AHP 和熵权法的综合权重确定方法，提高了定性与定量分析的客观性、科学性与全面性。综合权重为 $\omega^{i} = \omega_{H}^{i}\omega_{A}^{i} / \sum\limits_{i=1}^{n} \omega_{H}^{i}\omega_{A}^{i}$，其中 ω_{H}^{i} 是熵权法权重，ω_{A}^{i} 是 AHP 法权重。

　　② 评估框架参考上海总部的《区域金融稳定定量评估方案》，指标框架包括宏观经济、金融机构和金融生态环境，其中金融机构又细分为银行业、证券业与保险业，共计 25 项评价指标。

　　③ 受新会计准则影响，保险业 2011—2013 年评估结果与 2009—2010 年评估结果不具可比性。

　　④ 由于证券业和保险业主要集中在西安市，考虑到可比性因素，我们对指标进行调整，目前在金融机构方面主要考察银行业的运营稳定情况。

（三）政策建议

1. 促进经济平稳健康发展，为金融体系提供良好的外部环境

政府应将保持经济平稳较快发展与结构调整、经济转型相结合，发挥市场在资源配置中的决定作用。人民银行等相关职能部门应密切关注宏观经济形势、国家产业政策及实体经济的运行情况，实时动态监测风险变化，积极应对市场环境变化对金融机构运行带来的影响。

2. 进一步深化金融改革，处理好改革创新和风险防范的关系

政府与各监管部门应明确各自在金融管理中的责任，加强管理，正确引导，做好风险处置与应对工作。人民银行应引导金融机构，增强风险意识，强化金融创新中的风险防范；关注经济等相关领域改革对金融的影响，坚决守住不发生系统性、区域性金融风险的底线。同时，人民银行、银监会、证监会、保监会等部门应进一步强化对银信合作、银证合作、银保合作等各类交叉性金融产品的风险监测和监督管理，在促进金融创新的同时切实防范系统性风险。

3. 银行业金融机构应进一步转变经营理念，积极应对改革挑战

首先，从追逐规模的粗放型经营模式向重视平衡风险与利润、重视质量与效益的集约型模式转变，实现可持续发展。其次，树立系统性金融风险防范理念，建立资本缓冲机制，加强对宏观层面的流动性风险分析与监测。最后，按照经济发展方式转变的内在要求，保持合理的信贷投放节奏，不断调整和优化信贷结构。

4. 积极拓展多种形式的直接融资渠道，强化证券经营机构内部管理和风险控制

一是积极引导融资主体充分利用资本市场的金融创新工具，拓展新的直接融资渠道，降低和分散银行体系风险，促进区域金融稳定。二是强化证券经营机构内部管理和风险控制。引导证券经营机构正确把握各项证券新规，建立健全与公司自身发展战略相适应的全面风险管理体系，有效防范流动性风险，提高风险控制与风险管理能力和水平，加强对定向资管、融资融券等创新业务的风险管理，健全"隔离墙"制度，在促进业务发展的同时，提高风险防控能力。

5. 加大保险公司创新力度，优化业务结构，促进保险业科学发展

保险公司应紧抓地区经济发展机遇，加快产品开发与创新，加大业务结构的调整力度，逐步形成保障型业务和非保障型业务协调发展的格局。保险监管部门在加大监督检查的同时，通过强化行业自律，加强行业协调和联合监管，共同促进保险业的科学发展。

总　　纂：殷官林

统　　稿：张志遄　郝俊香

执　　笔（按姓氏拼音顺序）：

　　　　包　琼　郝俊香　焦少飞　刘湘勤　穆　林　秦鸿文

　　　　王汉君　王　敏　王　青　闫恺媛　杨　菡　张　田

其他参与写作人员（按姓氏拼音顺序）：

　　　　关　伟　李亚凤　梁　红　刘胜军　司燕翔　王若羽

　　　　王　玮　王　宇　温秋鹏　张　超　左　奇

青海省金融稳定报告摘要

2013 年，在国际国内错综复杂的宏观环境下，青海省积极应对经济下行压力，扎实推进各项改革，经济实现平稳较快增长，发展的协调性和均衡性进一步增强。金融运行保持总体稳健，金融机构综合实力和抗风险能力进一步增强，有力地支持了青海经济发展。但受全国因素和区域特殊因素的交互作用，经济运行外部环境的不确定性增多，工业企业效益下滑较快，物价稳控压力偏大，产业结构调整任重道远，银行信贷投向高度集中，上市公司治理仍需规范，保险收入结构不尽合理，金融基础设施仍需完善，经济金融运行中的固有矛盾尚未消除，制约金融体系稳健发展的问题和因素依然存在。

一、区域经济运行与金融稳定

（一）区域经济运行情况

1. 经济总量稳步增长，产业结构不断优化

据青海省统计局初步核算，2013 年青海省生产总值 2 101.05 亿元，按可比价格计算，比上年增长 10.80%，高于全国增速 3.10 个百分点。其中，第一产业增加值 207.59 亿元，增长 5.30%；第二产业增加值 1 204.31 亿元，增长 12.30%；第三产业增加值 689.15 亿元，增长 9.80%。

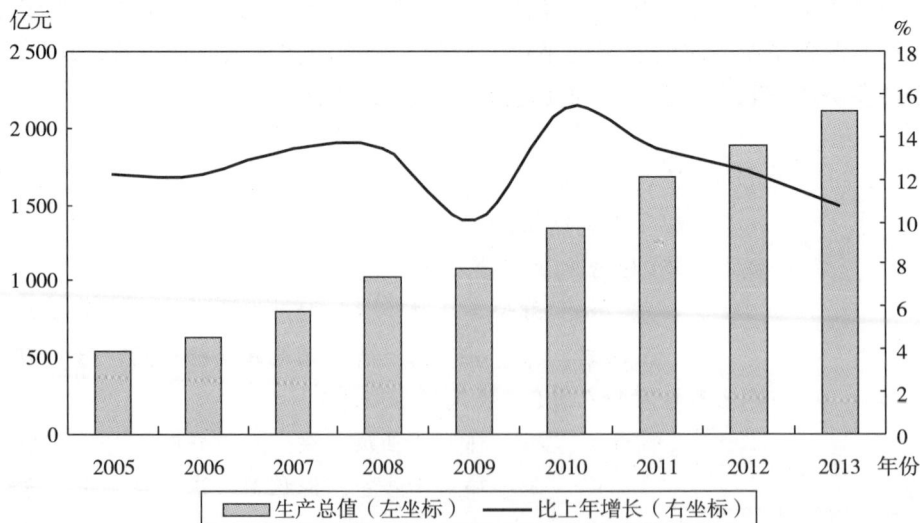

数据来源：青海省统计局相关资料。

图 1　青海省生产总值及增长速度

　　（1）高原农业加快发展。有效应对持续干旱，粮食生产实现"八连增"，总产连续六年突破百万吨。生态畜牧业水平持续提升，畜禽规模化养殖明显扩大，肉禽蛋奶产量持续增加，农牧业丰收为稳增长、转方式、控物价提供了有效支撑。

　　（2）工业转型持续推进。全省六大高耗能行业工业增加值占比较 2012 年下降 1.50 个百分点，高技术产业增加值增长 22.90%，高出规模以上工业增加值增速 10.30 个百分点。全省十大特色优势产业完成增加值 562.79 亿元，比上年增长 12.40%，盐湖化工、油气化工、有色金属、钢铁等产业在调整中稳步发展。

　　（3）第三产业繁荣活跃。文化、旅游、商贸融合发展态势明显，全年实现旅游总收入 158.54 亿元，增长 28.11%；接待国内外游客 1780.43 万人次，增长 12.58%。全省民航旅客吞吐量达到 345 万人次，增长 21.21%。现代物流业发展步入快车道，体育休闲和信息服务业强劲增长，文化产业明显壮大。

　　2. 三驾马车合力驱动，经济增长内生动力增强

　　（1）投资结构继续优化。全年完成固定资产投资 2 403.90 亿元，增长 25.20%。其中，第一产业增长 31.84%（上年为下降 8.72%）。第二产业增长 30.45%，第三产业增长 19.67%。民间投资比重提高，全年民间投资 1 020.95 亿元，增长 27.80%，比重较上年提高 0.85 个百分点。利用外资 9.12 亿元，增长 2.60 倍。

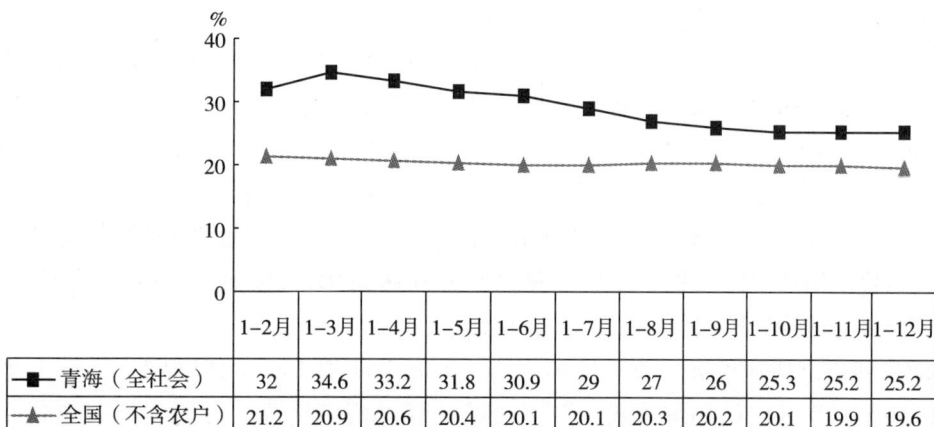

	1-2月	1-3月	1-4月	1-5月	1-6月	1-7月	1-8月	1-9月	1-10月	1-11月	1-12月
■ 青海（全社会）	32	34.6	33.2	31.8	30.9	29	27	26	25.3	25.2	25.2
▲ 全国（不含农户）	21.2	20.9	20.6	20.4	20.1	20.1	20.3	20.2	20.1	19.9	19.6

数据来源：青海省统计局相关资料。

图2　2013 年青海省固定资产投资累计增速

　　（2）城乡消费活跃旺盛。全年社会消费品零售总额达到 544.08 亿元，增长 14.30%。从销售区域看，城镇社会消费品零售额 472.26 亿元，增长 13.61%；乡村社会消费品零售额 71.83 亿元，增长 18.78%，乡村社会消费品零售额增速高于城镇 5.17 个百分点。

　　（3）对外贸易规模扩大。2013 年，青海省实现进出口总值 14.03 亿美元，同比增长 20.89%，高于全国平均增速 13.30 个百分点。其中，出口总值 8.47 亿美元，同比增长 16.09%；进口总值 5.55 亿美元，同比增长 29.04%，代理进口煤炭取代氧化铝成为全省第一大进口商品，是拉动进口增长的主因。

　　3. 经济社会综合实力提高，可持续发展后劲增加

　　（1）地方财政实力显著增强。通过大力培植财源、多渠道增加收入，2013 年，青海省公共财政

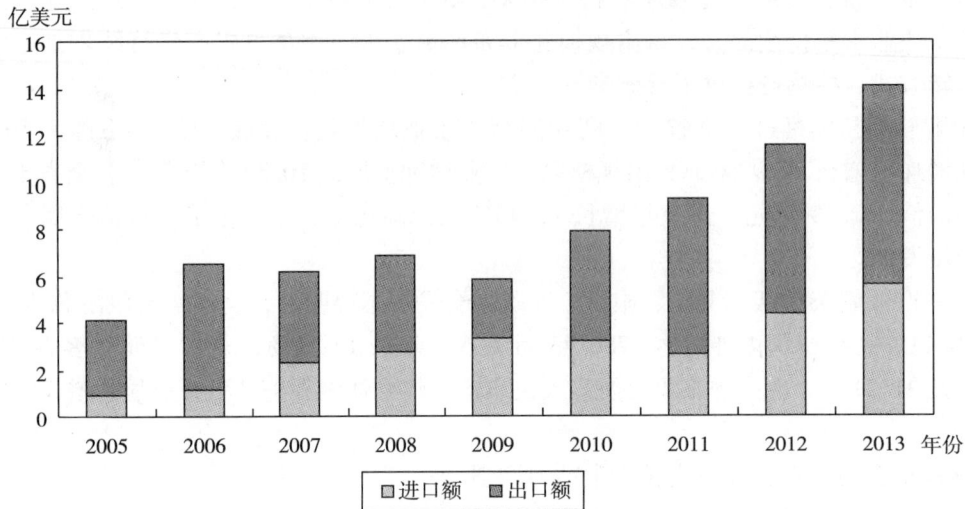

亿美元

数据来源：青海省统计局相关资料。

图3　青海省进出口总额

预算收入 368.56 亿元，增长 15.29%。其中，地方公共财政预算收入 224.41 亿元，增长 20.39%；中央公共财政预算收入 144.15 亿元，增长 8.15%。

（2）城乡居民收入再上台阶。在养老金、医保报销、粮食直补、农资综补等政策性补助标准提高的全面带动下，城乡居民收入稳步增长。2013 年，青海省城镇居民人均可支配收入达到 19 498.54元，增长 11.00%；农牧民人均纯收入 6 196.39 元，增长 15.51%；城乡居民收入比由 2012 年的3.27 下降为 3.15。

（3）民生保障水平持续提高。全省财政用于民生的资金支出占到 75.62%，通过全面提高补助标准，参保人数稳步增加，新农保、城居保参保率分别达到 91.00% 和 75.00%。全年完成 376 个整村推进和 72 个易地扶贫搬迁项目，减贫 21.3 万人。

（4）基础设施建设快速推进。西宁机场二期、青海至新疆 750 千伏联网、锡铁山至北霍布逊地方铁路、龙羊峡水光互补电站相继建成。兰新铁路二线、西宁站改、青南三州高速公路、玛尔挡水电站等重大项目加快推进。全省新增公路 4 129 公里，新增通油路行政村 205 个，新增城乡客运线路230 条，新增光纤入户覆盖家庭 13.60 万户。

4. 消费品价格涨幅较高，工业购销价格下降

（1）物价涨幅高于全国。全年全省居民消费价格总水平比上年上涨 3.90%，高出全国平均水平1.30 个百分点。从上涨因子构成看，食品类、居住类分别拉动价格总水平上涨 2.88 个和 0.68 个百分点，是主要推手（在食品类中牛肉、羊肉和鲜菜涨幅居前，在居住类中房租涨幅较高），交通通信类和烟酒类价格下降。

（2）工业购销价格双降。2013 年全省工业生产者出厂价格同比下降 3.00%，工业生产者购进价格同比下降 1.20%，前者低于全国平均水平 1.10 个百分点，而后者则高出全国平均水平 0.80 个百分点。

5. 房地产市场交投升温，安居工程初现成效

（1）房产销售逐步回暖。房地产调控效果初步显现，自住型、改善型购房需求进一步释放，中

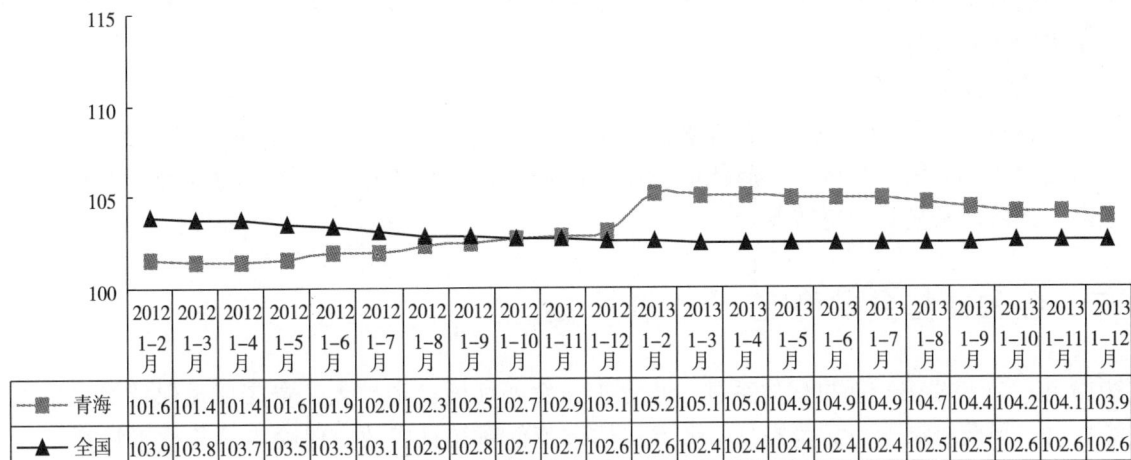

数据来源：青海省统计局相关资料。

图4 青海省与全国居民消费累计比指数（2012—2013年）

小户型住宅热销。全年商品房销售面积增长45.10%；商品房销售额增长49.20%。从90平方米以下住宅看，销售面积增长50.81%（其中现房销售面积增长2.20倍），销售额增长37.50%。

（2）住宅价格稳中有升。根据国家统计局发布的2013年12月"70个大中城市"新建商品住宅价格指数，青海省省会西宁市新建商品住宅价格涨幅处于中等水平，排名第32位，全年平均价格指数为106.78，涨幅同比扩大5.30个百分点，二手住宅交易价格上涨3.00%，涨幅同比扩大1.90个百分点。

（3）安居工程全面推进。全年全省累计开工建设城乡保障性住房34.07万套和50.90万户，建成城镇保障性住房7.57万套，建成农村危房改造、游牧民定居和奖励性住房9.13万户，低收入群体居住条件进一步改善。

（二）需要关注的问题

1. 工业企业经济效益下滑

2013年以来，受宏观经济环境影响，全省工业市场延续了有效需求不足、产品价格低迷、企业效益下滑的态势，部分企业为摊薄固定成本和维持市场份额，还在逆势扩张。部分中小企业面临劳动力成本上涨、订单不足、资金紧张等问题。

2. 投资高速增长难度增加

主要原因是全省固定资产投资基数越来越大，每增长一个百分点的投入基数也在扩大。2001年增长一个百分点只需增加投入1.55亿元，2013年增长一个百分点却需要增加19.20亿元，据测算2014年增长一个百分点需要增加24.03亿元。

3. 城乡居民增收瓶颈待解

从收入初次分配看的不利因素有：居民劳动报酬增长缓慢，劳动收入份额处于下降阶段，私营经济活跃度不高，财产规模小与投资市场滞后。从收入再次分配看不利因素有：以间接税为主的税收结构，转移性收入占比偏高，投资主导的经济发展模式等。

4. 物价走高反弹压力加大

由于临时性价格干预手段无法长期实行，临时措施退出后，部分消费品价格可能出现补涨和报复性上涨。此外资源价格形成机制市场化改革不断深化，加上翘尾因素，预计未来两年青海省居民消费价格涨幅仍将高位运行。

5. 产业结构调整任重道远

传统"两高一资"型产业对经济增长贡献度依然较高，战略性新兴产业和现代服务业占比偏低，崛起还需要过程和时间，结构性矛盾依旧突出，压降落后产能和降耗减排压力高企，工业转型升级任务艰巨，经济增长模式亟待转变。

二、金融业与金融稳定

2013 年，青海省银行业机构体系进一步完善，发展规模稳步扩大，资产质量保持稳定，盈利水平持续提升，风险抵御能力显著提高。证券机构改革创新初见成效，保险市场规模平稳增长，业务结构优化调整，民生保障作用增强。

（一）银行业

1. 运行状况

截至 2013 年末，青海省银行业金融机构 1 099 家。其中，一级分行 17 家，二级分行 44 家，法人机构 37 家，支行及支行以下营业网点 1 001 家，银行从业人员 16 636 人。

（1）资产负债规模继续增长。截至 2013 年末，青海省银行业金融机构资产总额 5 789.57 亿元，比年初增加 957.84 亿元，比增长 19.82%；负债总额 5 582.89 亿元，同比增长 19.08%。国有商业银行、政策性银行、农村中小金融机构和城市商业银行，占全省银行业金融机构资产总额的比例分别为 47.56%、23.33%、11.43% 和 8.49%。

（2）存贷款增速同比趋缓。截至 2013 年末，青海省银行业金融机构本外币各项存款余额 4 110.74 亿元，同比增长 16.18%，较全国平均水平高 2.66 个百分点；本外币各项贷款余额为 3 514.68 亿元，同比增长 22.53%，较全国平均水平高 8.64 个百分点。

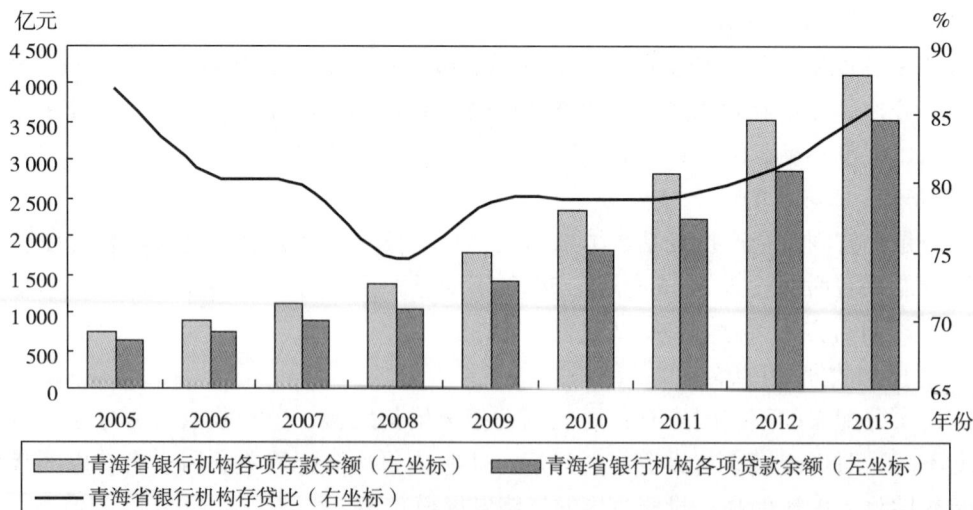

数据来源：青海银监局相关资料。

图 5　青海省银行业金融机构存贷款余额及存贷比

（3）资产质量保持总体稳定。截至 2013 年末，青海省银行业金融机构不良贷款余额 44.28 亿元，比年初减少 1.30 亿元，不良贷款率为 1.25%，同比下降 0.33 个百分点。

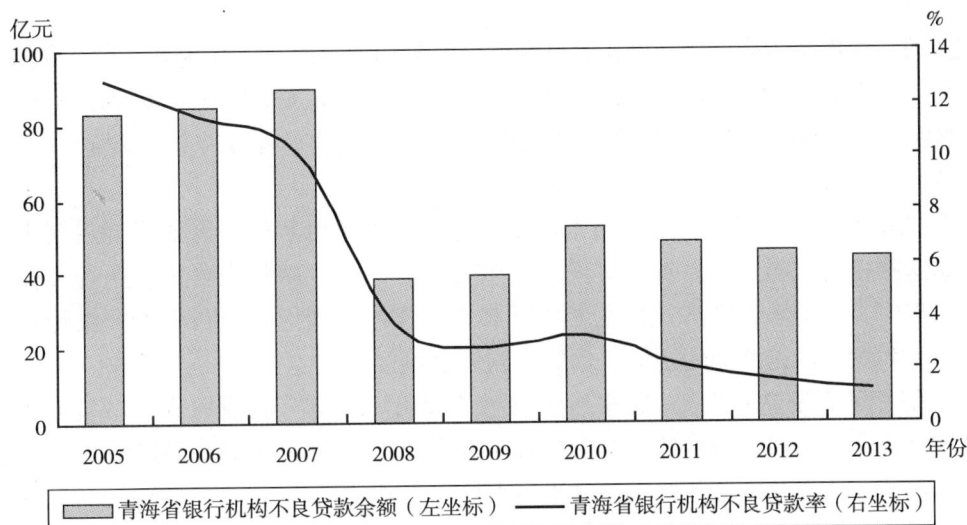

数据来源：青海银监局相关资料。

图 6　青海省银行业金融机构不良贷款余额和比率

（4）经营利润总额持续增加。截至 2013 年末，青海省银行业金融机构共实现净利润 78.87 亿元，比 2012 年增加 16.49 亿元，同比增长 26.43%。省内全部银行业金融机构均实现盈利，平均资产利润率为 1.63%，同比提高 0.17 个百分点，平均资本利润率为 22.45%，同比下降 1.39 个百分点。

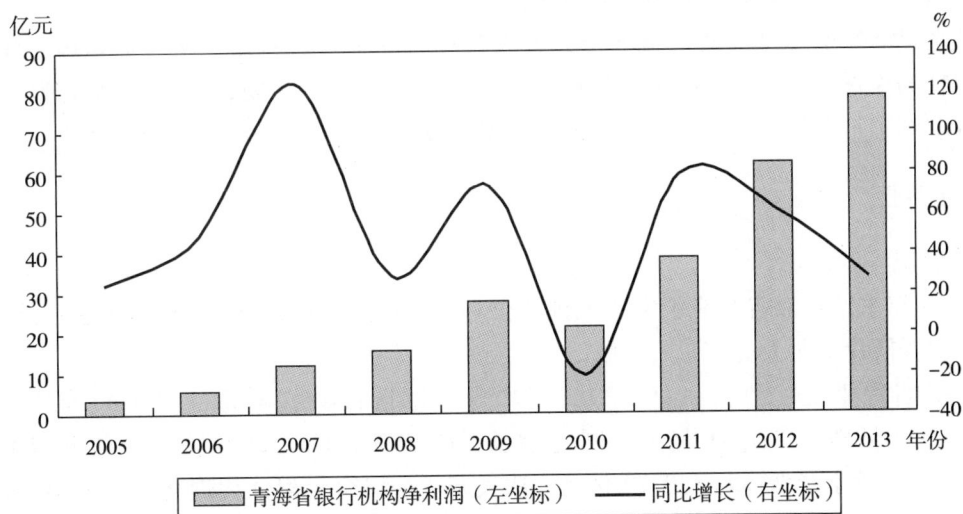

数据来源：青海银监局相关资料。

图 7　青海省银行业金融机构盈利情况

（5）风险抵御能力不断增强。截至 2013 年末，青海省银行业金融机构贷款损失准备金余额 104.15 亿元，比年初增加 15.41 亿元；地方法人银行业金融机构拨备余额 19.73 亿元，比年初增加

1.80 亿元。省内城市商业银行和农村中小金融机构拨备覆盖率分别为 460.84% 和 144.46%，比年初提高 83.67 个和 36.9 个百分点。全省法人银行业金融机构整体加权资本充足率为 14.87%，比年初上升 1.50 个百分点。

（6）机构改革发展稳步推进。青海省农村合作金融机构股权改造工作进展顺利，资格股清理转化工作全面完成。农村商业银行转制工作稳步推进，年内全省共有 3 家农村商业银行挂牌开业，1 家农村信用联社改制农村商业银行工作正式启动。中信银行西宁分行开业，青海省金融市场再添生力军。

2. 需要关注的问题

（1）信贷结构调整压力加大。近期国家针对钢铁、水泥、电解铝等行业产能过剩出台了一系列调控政策，而这些行业正属于青海省经济发展的重要产业，企业融资主要依靠银行贷款，贷款余额大且分布较为集中。受青海省经济社会发展状况制约，省内大型优质项目较少，银行业金融机构面临信贷增长乏力和竞争日趋激烈的困境，信贷结构调整难度增大。

（2）平台贷款风险需要关注。一是平台贷款增长较快。2013 年，青海省平台贷款增速高出全部贷款增速约五个百分点左右，增量约占全部贷款增量的四分之一，在宏观经济下行和地方政府财政收入放缓的形势下，地方政府债务规模的膨胀将直接加大其偿债压力。二是贷款到期收回风险高企。从贷款剩余期限看，青海省平台贷款中有近一半于三年内到期，贷款回收压力较大。三是非信贷融资规模有所扩大。省内个别银行为规避监管，通过与信托公司开展合作的方式间接为平台公司提供融资，存在风险隐患。

（3）大额客户授信过度集中。截至 2013 年末，青海省 12 家主要银行业金融机构共有大额客户 1 406 户，比年初增加 561 户，贷款余额 2 539.97 亿元，比年初增加 163.27 亿元，大额贷款余额占全部贷款余额的 71.94%，其中最大十家客户贷款余额 937.3 亿元，占全部大客户贷款余额的 36.9%。银行对一些大型企业、集团客户、垄断行业客户贷前不计成本争抢，贷后放松管理，产生资金监管不力、贷款用途不实、贷款被挪用等诸多问题。

（4）案件防控形势依然严峻。2013 年，青海省银行业金融机构发生案件数量较上年有所增加。从监管部门现场检查情况看，省内部分机构案件防控及安保工作薄弱，存在内部管理混乱、制约机制失效、制度落实不到位、从业人员安全防范意识淡薄等突出问题和潜在风险。

（二）证券业

1. 运行状况

截至 2013 年末，青海省共有 1 家法人证券公司、1 家法人期货公司、1 家证券分公司、17 家证券营业部，证券期货从业人员 354 人。

（1）证券期货业发展势头良好。2013 年，青海辖区证券交易额 1 005.45 亿元，同比增长 96.83%；期货交易额 2 104.34 亿元，同比增长 141.55%。法人证券公司全年累计代理交易额 1 105.60 亿元，实现手续费净收入 0.79 亿元。法人期货公司全年累计代理交易额 2 104.34 亿元，实现手续费净收入 0.15 亿元。

（2）上市公司经营实力有所增强。截至 2013 年末，青海省共有上市公司 10 家。其中，沪市主板 7 家，深市主板 2 家，中小板 1 家。截至 2013 年第三季度末[①]，上市公司总资产 1139.15 亿元，同

---

① 由于上市公司 2013 年年报未全部公布，故采用 2013 年第二季度数据。

比增长 10.42%；总股本 89.83 亿股，同比增长 0.74%；总市值 823.78 亿元，同比下降 21.42%。前三个季度，10 家上市公司实现营业总收入 388.06 亿元，同比增长 1.84%。

（3）资本市场体系建设取得进展。2013 年，青海省积极引进证券经营机构，全年新设证券分公司 1 家，证券营业部 3 家。拟上市企业培育力度不断加大，有 1 家企业上报股票发行及上市申请材料，多家企业进入辅导程序。青藏高原第一家、全国第十家区域股权交易市场——青海股权交易中心成立，全年挂牌企业达到 90 家。

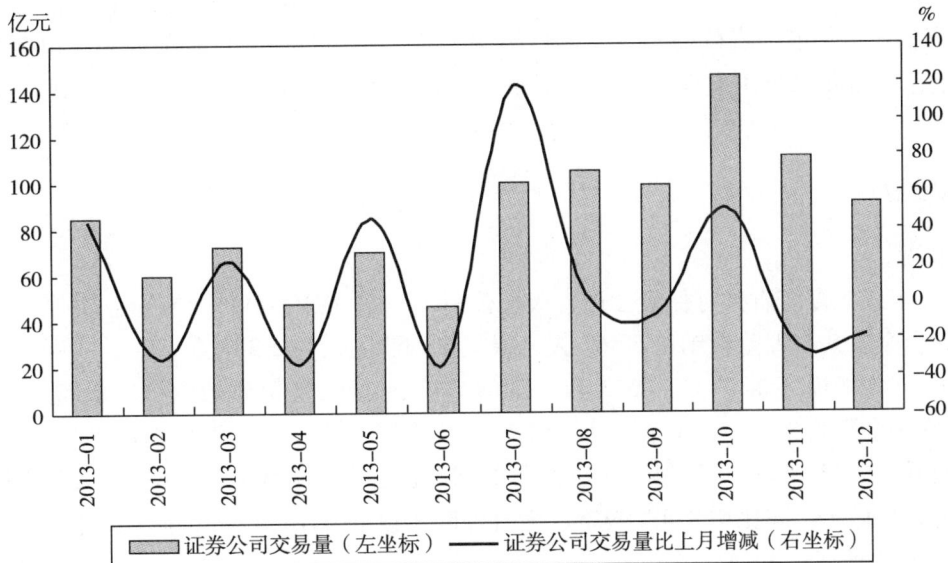

数据来源：青海证监局相关资料。

图8　青海辖内证券交易情况

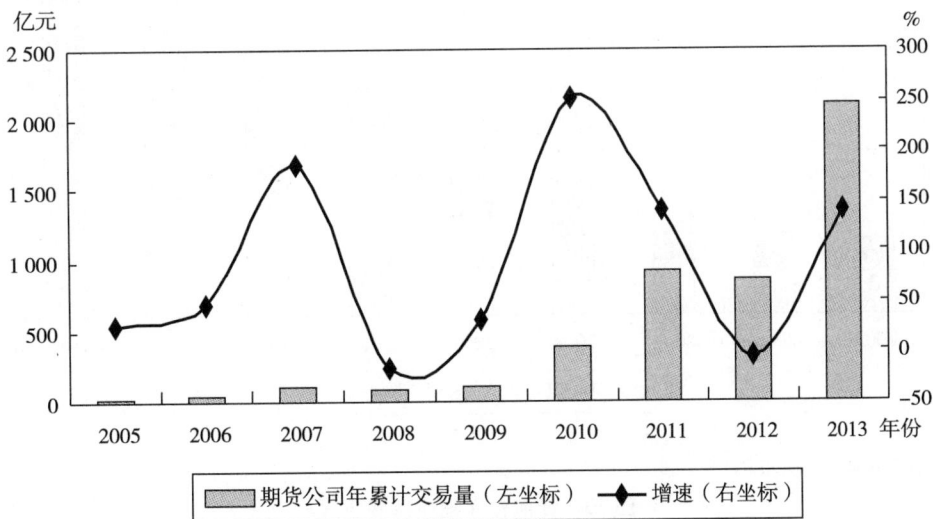

数据来源：青海证监局相关资料。

图9　青海省期货年累计交易量与增速

2. 需要关注的问题

（1）市场体系发育尚不完善。目前青海省暂无综合类的证券公司、基金公司和独立的具有证券期货资格的审计与评估机构，现有的从事证券业务的律师事务所和资产评估机构实力薄弱，规模较小。

（2）机构收入结构较为单一。青海省法人证券公司主要经营收入来源于经纪业务收入，其他业务收入占比较低。收入来源的单一导致证券期货公司的经营状况易受资本市场波动影响，盈利水平不稳定，抗风险能力相对较弱。

（3）上市公司运作能力有待提升。自 2011 年末青海互助青稞酒股份有限公司上市至今，还无一家企业发行上市。近年来个别上市公司风险不断出现，上市公司质量不高、内部管理不规范等问题仍然存在。

（三）保险业

1. 运行状况

截至 2013 年末，青海省共有保险公司省级分公司 13 家，保险专业中介公司 11 家，保险兼业代理机构 774 家。全省共有保险营销员 5 567 人，保险机构职工人数 2 289 人。

（1）保险业务规模不断扩大。2013 年，青海省实现原保险保费收入 39.02 亿元，同比增长 20.42%，增速居全国第 3 位，高于全国平均增速 9.22 个百分点，高于西部地区平均增速 6.79 个百分点。分类型看，财产保险公司原保险保费收入 21.42 亿元，同比增长 26.26%；人身保险公司原保险保费收入 17.59 亿元，同比增长 13.99%。全省保险密度 680.78 元/人，同比增长 20.35%；保险深度 1.86%，同比提高 0.14 个百分点。

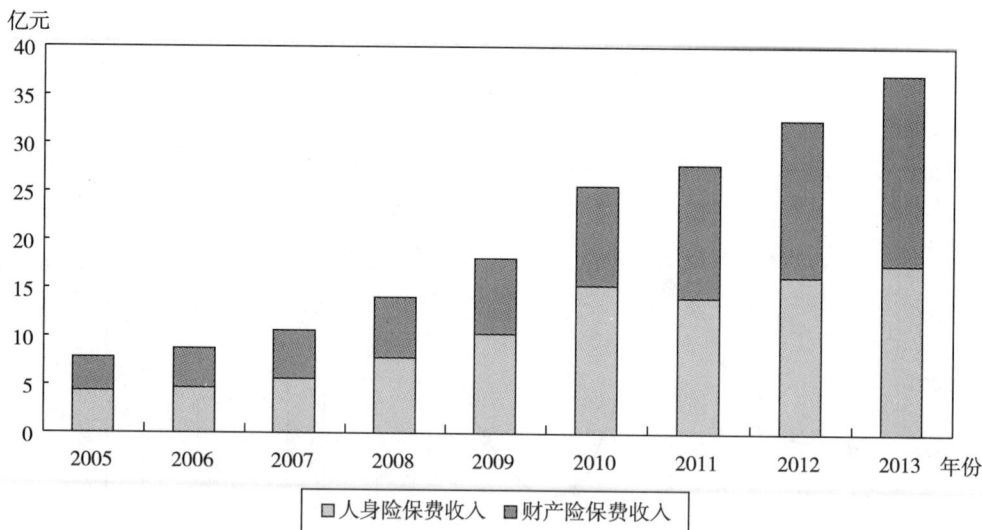

数据来源：青海保监局相关资料。

图10　青海省保险业保费收入

（2）赔付补偿支出增长较快。受车险赔款支出增加、大病医疗保险开展等影响，2013 年，青海省保险赔付大幅增加，赔付支出总额达到 15.28 亿元，同比增长 40.73%。财产险公司赔付支出 10.48 亿元，同比增长 29.37%。人身险公司赔付支出 4.80 亿元，同比增长 74.08%。

（3）机构改革创新稳步推进。大地财产保险公司入驻青海并挂牌营业，注册资本10亿元的民营全国性法人保险机构——西部人寿保险股份有限公司顺利通过国家工商总局名称预先核准，筹建工作正在稳步推进。全省短期出口贸易信用保险业取得突破。

（4）农业保险保障水平提高。2013年，青海省农业保险实现原保险保费收入1.25亿元，同比增长41.14%，政策性农业保险种类由12种增至15种，大田作物参保县增至23个，全年共处理理赔案件32 143件，支付赔款7 654.55万元，全省3.45万户次农牧民从中受益，农业保险的保障功能有效发挥。

（5）居民医疗保险初见成效。2013年，青海省实现大病医疗保险保费收入2.29亿元。大病医疗保险已覆盖全省总人口的73.81%，大病医疗保险报销金额和基本医疗保险报销金额合计占全省居民医疗总费用的75.27%，减轻了大病患者家庭的医疗费用负担。

2. 需要关注的问题

（1）寿险业核心竞争力有待提高。目前青海省寿险市场产品种类较多，但产品同质化严重，服务能力较欠缺，缺乏实质性优势，无法充分满足客户日益个性化、多样化的服务需求，产品核心竞争力亟待提升。

（2）保费收入结构不尽合理。2013年，青海省保险业个别险种"一险独大"的局面未得到根本改善。财产险保费收入中，车险占比为77.65%；寿险保费收入中，分红险占比为80.17%。保费收入过于集中一定程度上会削弱保险风险保障功能的发挥，也不利于保险机构分散风险和健康发展。

（四）地方非金融机构

1. 运行状况

（1）小额贷款公司发展迅速。截至2013年末，青海省共有小额贷款公司62家，其中已开展业务的有48家。贷款总额65.75亿元，同比增长20.82%，贷款余额37.91亿元，同比增长34.67%。全省小额贷款公司的贷款总额中，小微企业和"三农"贷款占比达55.94%，较好满足了信贷薄弱领域的融资需求。

（2）担保业务规模稳步增加。截至2013年末，青海省已注册并获得经营许可证的融资性担保机构共有63家，较上年增加10家。全年累计提供担保总额200.40亿元，同比增长52.67%；在保责任余额240.60亿元，同比增长37.02%。解决了借款人抵（质）押物缺乏的难题，促进了全省小微企业的成长壮大。

（3）典当行业运行平稳。截至2013年末[①]，青海省共有典当行33家，实收资本3.26亿元，资产总额3.81亿元，负债总额0.33亿元。典当总额1.67亿元，典当余额1.26亿元。全年实现营业收入0.20亿元，其中利息及综合服务费收入0.15亿元，占营业收入总额的75.00%。

2. 需要关注的问题

（1）小额贷款公司融资难，经营成本高。目前青海省小额贷款公司资金主要来源于股东缴纳的资本金，融资渠道单一，融资总量有限。小额贷款公司暂不能享受金融机构的税收优惠政策，税收负担较重。由于主要面向小微企业、农牧户和个体经营者，省内小额贷款公司的管理成本、道德风险也远高于其他贷款，制约了小额贷款公司的发展。

---

① 典当行数据来自省商务厅或根据省商务厅数据计算而来，为初步统计数据。

（2）银担合作门槛高，部分担保机构资金补充机制不健全。在银担合作过程中，大型商业银行对融资性担保机构的注册资本等要求较高，省内一些担保机构未达到银行的准入条件。部分担保机构对政府财政资金的依赖程度高，后续资金的稳定性和可持续性相对较差。

（3）典当行业经营业绩下滑，专业人才匮乏。受经济增速放缓、全年未增设新机构、其他融资机构分流客户等影响，2013年，青海省典当行业务规模有所下降。随着典当业务的发展，省内典当行员工数量少、专业人才缺乏的问题日益显现，导致典当行经营管理水平不高。

三、金融市场运行与金融稳定

2013年，青海省金融市场发展基础更加坚实，规模稳步扩大，规范管理能力增强，市场运行总体平稳，金融市场优化资源配置、服务实体经济的能力进一步提升。

（一）金融市场运行状况

1. 货币市场交易稳步增长，地方法人金融机构流动性管理增强

2013年，青海省地方法人金融机构在银行间市场累计交易额2 587.90亿元，同比增长23.30%。在经历了2013年6月银行间市场资金波动的考验后，管理头寸资金的能力明显提升，更加注重风险防控。

2. 市场贴现利率走高，票据融资趋势放缓

2013年下半年以来，青海省银行承兑汇票贴现利率持续走高，年末贴现利率较上年同期高出1.40个百分点，接近同期限贷款水平。企业票据融资余额147.30亿元，同比增长0.60%，票据融资量占各项人民币贷款余额的4.30%，占比较上年同期下降0.80个百分点。

3. 债券融资有序开展，债务融资工具宣传效果初显

2013年，全省实现债券融资188.50亿元，其中通过银行间市场债务融资118.50亿元，特别是100亿元中期票据的成功注册，为青海省基础设施建设提供了强有力的支撑。

4. 外汇市场规模小幅萎缩，顺差大幅扩大

2013年，受国际市场需求总体偏弱，国内市场成本上升、政策调控、人民币升值等诸多因素影响，青海省银行结售汇低速运行，总体规模小幅下滑。截至2013年末，青海省银行结售汇总额12.55亿美元，同比下滑6.40%。

5. 黄金市场交易涨跌互现，总体规模大幅增长

受国际黄金价格大幅变化的影响，2013年，青海省黄金市场交易涨跌互现，总体交易规模大幅增长。全年金融机构全年账户金交易量27 507千克，同比增长166.00%，交易金额81.92亿元，同比增长134.00%。实物金交易量3 169.82千克，同比增长269.00%，交易金额9.65亿元，同比增长235.00%。

（二）需要关注的问题

1. 货币市场利率波幅较大，加剧金融机构资金管理难度

2013年，受表外业务扩张和互联网金融发展等因素的影响，青海省货币市场利率的波动幅度较大，尤其是年中和年末的两次银行间市场资金波动，对商业银行流动性管理提出更高要求。

2. 银行承兑汇票大幅增加存在潜在风险

银行承兑业务快速增长会增加银行担保风险，并给不良贷款控制产生较大压力。随着金融市场改革的逐步推进，以及货币政策的预调微调变化，票据市场利率波幅也有可能加大，金融机构面临的市场风险增加。

四、金融基础设施与金融稳定

2013 年，青海省金融基础设施建设继续完善，支付体系建设取得新进展，征信系统服务功能持续增强，反洗钱工作扎实有效开展，金融监管水平进一步提升，金融法制环境持续优化，为全省金融业健康发展提供了有力支撑。

（一）支付体系

1. 支付清算系统和 ABS 系统安全稳定运行

顺利完成青海省第二代支付系统正式上线切换工作，全面履行人民银行支付系统监管职责，提高系统运行管理水平。截至 2013 年末，全省支付清算系统共处理业务 555.40 万笔，金额 57 792 亿元，同比分别增长 35.60% 和 23.90%。

2. 非现金支付工具应用稳步增加

积极拓展银行卡在二级地市的受理范围，建立二级地市银行卡业务发展联合基金，促进实现银行卡产业在全省的均衡发展。截至 2013 年末，全省累计发放银行卡 1 027.14 万张，共布放 ATM 机具 1 944 台、POS 机具 26 868 台，发展特约商户 24 584 户，更好地满足了青海省社会经济活动对支付服务的需求。

3. 银行账户实名制进一步落实

在青海省范围内组织开展了银行机构代码的清理核实工作，银行机构代码信息准确率从 64.50% 提升到 97.70%。积极开展存量个人人民币银行存款账户相关公民身份信息真实性核实工作。截至 2013 年末，全省共开立人民币银行结算账户 1 286.28 万户（单位 12.08 万户，个人 1 274.20 万户），同比增长 13.60%。

（二）征信体系

1. 征信系统服务功能不断增强

截至 2013 年末，国家金融信用信息基础数据库已为青海省 20 097 户企业和 362.37 万个自然人建立了信用档案。全辖共建立农户信用档案 48.50 万份，建档面达 57.44%；办理机构信用代码证 6 985张，全年受理征信业务咨询和查询 237.68 万人次。

2. 中小微企业和农村信用体系建设持续深化

截至 2013 年末，青海省已评定信用户、信用村、信用乡（镇）和信用县数分别占全辖农户、行政村、乡（镇）数和县总数的 29.50%、31.00%、24.70% 和 2.60%，信用户贷款余额达 12.34 亿元，较上年增长 17.70%，各地涉农金融机构对 7.72 万户信用户让利 4 679 万元。全年完成担保、小额贷款机构及借款企业信用评级 81 户，招投标企业评价 5 户。

（三）反洗钱体系

1. 洗钱风险评估和防范体系不断健全

2013 年对省内 18 家金融机构开展现场检查，对相关问题进行纠正，完成省内 3 家金融机构的反洗钱风险评估，并就存在问题对部分金融机构高管进行约见谈话。

2. 反洗钱调查和协查工作力度加强

依法履行反洗钱行政调查职能，强化可疑交易线索分析。全年接收金融机构报送的反洗钱重点可疑交易报告 10 份，全年接收社会公众举报涉嫌洗钱行为信息 1 例，协助省安全厅开展反洗钱案件协查工作 11 次，向金融机构发出协查通知书 110 份，有效履行了反洗钱在禁毒、反腐败、反恐怖融资等方面的社会职责。

（四）金融监管体系

1. 人民银行有效发挥维护金融稳定职能，守住不发生系统性、区域性风险的底线

一是依法规范开展稳健性现场评估工作，全年对辖内 32 家银行机构（含 30 家地方法人）、1 家保险机构开展了稳健性现场评估。二是积极完善非现场监测评估体系，做好金融风险日常监测。三是合力做好"两管理、两综合"工作，全辖各级人民银行先后受理不同层级新设金融机构开业管理事项 47 件，办结 40 件；受理金融机构重大事项报告 128 件；组织全辖对 55 家银行业及保险业金融机构分支机构开展了综合执法检查；对 114 家金融机构开展了综合评价。

2. 银监局强化风险防控，维护银行业安全稳健运行

一是强化现场、非现场、市场准入监管、大客户联合监测的联动效应，及时预警和查处风险问题。二是加大不良贷款"双控"工作及清收盘活工作力度，遏制不良贷款反弹势头。三是推进法人金融机构应用 EAST 现场检查系统，促进辖区法人机构提升科技运用水平，为今后的科技风险防控工作奠定基础。三是整治跨业合作业务风险隐患，防止跨业风险传导。四是强化安全防范，深化银行业案件专项治理和不规范经营专项治理工作，做好群众信访工作，确保全省银行业稳定健康运行，有力支持了金融稳定工作大局。

3. 证监局突出重点，实施分类监管，监管效能不断提升

一是以信息披露为核心，强化上市公司监管。二是以合规和风险防控为重点，强化证券期货经营机构监管。三是以年报编制、审计和披露为重点，强化中介机构监管。四是以公开透明、诚信合规为核心，做好市场监管和服务工作。

4. 保监局加强研判，完善制度，市场秩序良性发展

一是按月监测保险业务市场变动情况，分析潜在风险点，做到及时发现、及时报告。二是加强退保和满期给付情况，以及各种异常变动情况监测，确保不发生系统性、区域性风险和影响社会的群体性事件。三是健全完善行业重大突发事件报告制度及应急处理预案，并定期组织应急演练，做好风险防范工作。

（五）金融法制环境

1. 金融业法律及制度体系继续完善

根据金融业改革发展需要，制定出台《青海省银行业金融机构存取现金业务管理办法实施细

则》、《中国人民银行西宁中心支行金融消费权益保护工作实施细则（试行）》等8项规章制度，社会成员法律意识有所增强，监管部门执法能力和执法水平也进一步增强，金融法制环境持续优化，有效改善了辖区金融市场发展环境。

2. 金融消费者权益保护工作稳步推进

组织开展"3·15"金融消费者权益保护宣传活动和"金融知识普及月"活动，增强金融消费者自身维权意识和能力。加强监督检查，对全省6家银行业金融机构18个分支机构开展个人金融信息保护专项检查。积极开展金融机构金融消费权益保护自评估工作，自评机构总数达到210家。受理投诉事项10起，咨询事项26起，投诉咨询人满意率达到100%，全年未发生群体性投诉事件。

五、总体评估与政策建议

（一）总体评估

2013年，青海省金融体系整体保持稳健。从宏观经济看，虽然全省主要经济指标增速全面、连续回落，但仍高于全国平均水平，部分民生指标相对稳定且有所改善，经济增长内生性提高，发展的协调性和均衡性增强，为区域金融运行提供了良好环境。从金融方面看，银行业金融机构资产规模和盈利水平较快增长，不良贷款实现双降；证券期货机构经营稳健，上市公司业绩提升，直接融资比例扩大；保险业发展态势良好，市场成熟度稳步提高。但与此同时，全省金融体系仍面临诸多挑战和威胁，从宏观经济看，全球经济复苏过程不稳定、不确定因素增大，并通过贸易、资本流动以及预期等方式影响包括我国在内的经济体，国内经济下行压力较大，消费疲软，企业投资意愿不强，产能过剩矛盾突出，资源环境约束强化，全省经济稳中回升的基础还不稳固，调结构转方式任务艰巨，城镇综合承载能力低，消费带动能力弱，就业供需结构性矛盾突出，价格诱涨因素增多。从金融业方面看，受宏观经济形势变化、调控政策效应显现等因素叠加影响，银行业机构信用风险"双控"压力趋增，市场风险、操作风险呈增加态势；证券期货机构业务结构单一、创新能力不足问题仍然存在；保险业务非均衡发展问题依旧突出，金融市场利率上升且波动性增加，银行机构流动性管理难度加大，银行表外业务快速发展，跨市场、跨机构的交叉性风险逐渐显现，维护金融稳定的任务依然十分艰巨。

（二）政策建议

1. 加快转变发展方式，保持经济平稳较快增长

一是努力优化投资结构，加大以结构优化升级为主的产业投资，加强基础设施、社会事业、民生改善和薄弱环节的投资，有效释放和拉动民间投资潜力。二是构建扩大消费机制，深入挖掘新的消费增长点，积极发展新兴消费业态，推进信息消费，拓展内需尤其是农村消费需求，努力培育与消费有关的行业、产业，提升消费对经济增长的贡献率。三是强化工业转型升级，提高传统支柱产业层次，加强对有色金属、盐湖化工等传统工业的技术改造，推动对生物制药、特色轻纺等工业的工艺改进，培育和发展战略性新兴产业，提升园区和基地的产业支撑能力，加快构建循环型工业体系。四是提升现代服务业，把服务业作为扩内需、调结构的新引擎，积极发展金融、旅游、文化、物流、信息、现代商贸等产业，全面提高现代服务业的比重和水平。

2. 增大做强金融产业，夯实金融稳定微观基础

一是大力实施"引银入青"工程，吸引全国性银行来青设立分支机构，提升辖内商业银行服务水平，增强政策性银行支持地方经济发展力度，支持青海银行增设省内分支机构，推进农村信用社改制和农商行增资扩股，加快村镇银行引进、设立，推动五矿信托和西矿财务公司稳健发展。二是扩大社会融资规模，提高直接融资占比，大力推广中期票据和中小企业私募债，加大优质上市后备企业培育力度，推进企业上市融资和并购重组，提高上市公司治理水平和透明度，搞活区域资本要素市场，增加股权交易中心挂牌企业数量。三是推动外埠保险经营机构入青设点展业，提高行业整体实力，强化服务品质竞争，进一步扩大农业保险覆盖面，开展特色优势农畜产品保险，推进与公众利益相关的责任保险的发展，加快辖内法人保险机构创设进程。四是稳步发展融资性担保、小额贷款公司等地方非金融机构，引导其增设机构网点，探索建立融资租赁公司、消费金融公司、互联网金融公司等新型机构，构建多元金融服务体系。

3. 加强重点领域风险管控，突出防范系统性风险

一是关注房地产、"两高一资"等行业中的高风险企业经营状况，开展压力测试，防范银行信用风险；关注处于偿还高峰期的地方政府融资平台，做好还本付息能力评估，防范违约风险；关注银行资产负债期限匹配程度，优化资产流动性和负债稳定性，防范地方法人银行机构流动性风险。二是提升上市公司规范化运作水平，优化券商盈利模式，提高核心竞争力，减弱外部市场环境对证券期货机构经营业绩的冲击，打击非法证券期货活动。三是着力做好非正常大规模人身险退保和案件风险的防范化解工作，继续优化辖区保险收入结构，加强基层保险机构内控建设，健全规范保险市场秩序的长效机制，加大治理销售误导，规范发展保险中介市场，加快建立财政支持的农牧业保险大灾风险分散机制。四是加强理财、信托、小额贷款公司等影子银行体系监测，关注跨行业、跨市场风险传导，防范非正规金融及其他相关领域风险向正规金融体系蔓延。

4. 推进金融基础设施建设，优化金融生态环境

一是持续改善金融法治环境，完善金融业运行的制度基础，加大金融执法力度。二是加快支付清算系统建设，做好农牧区支付业务创新推广工作，进一步延伸非现金支付方式，有序发展第三方支付业务。三是加强小微企业和农村信用体系建设，培育征信市场，推动评级市场，不断增强征信系统的应用和服务功能。四是扎实推进反洗钱工作，预防和遏制洗钱犯罪。五是积极开展金融知识宣传教育，不断提高金融消费者的风险防范意识和自我保护能力。六是加强"一行三局"与地方政府在执行货币政策与财政政策、监管政策与产业政策等方面的协调配合，形成维护金融稳定的合力。

总　　纂：曹建勋
统　　稿：潘　娟　苏中华
执　　笔：常家升　徐　静　吴俊成　周　慧　余　婷
其他参与写作人员（以姓氏笔画为序）：

马丽军　马启军　刘　涛　孙亚刚　闫永晶　吴兆阳
张金香　李生海　赵咏梅　席丹丹　黄　砾　靳立华
樊纪相

甘肃省金融稳定报告摘要

2013 年，面对复杂的国内外经济金融形势，甘肃省深入推进转型跨越发展，加快经济结构调整和发展方式转变，经济金融保持稳中有进的发展态势。全省经济平稳较快增长，产业结构继续优化，项目建设带动固定资产投资较快增长，民生保障力度不断加大。银行业改革创新步伐加快，金融服务水平提升，抗风险能力总体增强。证券期货市场运行有序，法人经营机构综合实力增强，资本市场融资功能有效发挥。保险业保持平稳发展态势，结构调整有序向好，民生保障和经济补偿作用持续发挥。金融市场平稳运行，金融基础设施建设稳步推进，金融应急管理体制逐步完善。总体来看，2013 年甘肃省经济、金融相互促进发展，金融体系稳健运行，但受经济发展水平、内外部经济环境复杂性等影响，全省金融稳定依然面临一定压力与挑战。

一、区域经济运行与金融稳定

（一）区域经济运行

1. 经济平稳较快增长，产业结构继续优化

2013 年，甘肃省全年实现生产总值 6 268 亿元，同比增长 10.8%。其中，第一产业增加值 879.4 亿元，同比增长 5.6%；第二产业增加值 2 821.04 亿元，同比增长 11.5%；第三产业增加值 2 567.6 亿元，同比增长 11.5%；产业结构由上年的 13.8:46.0:40.2 调整为 14:45:41。服务业以新获国家批准的华夏文明传承创新区为重要平台，着力促进文化旅游融合发展，文化产业增加值增长 38%，旅游综合收入增长 31.6%。

2. 农业生产实现"十连丰"，工业生产平稳增长

2013 年，甘肃全面启动实施"365"现代农业发展行动计划，粮食生产实现"十连丰"，全年粮食总产量达到 1 139 万吨，人均产量 445 公斤，超过国家认定的年人均粮食安全标准。农作物结构进一步调整，经济作物比重上升。工业生产平稳增长，全年规模以上工业企业完成增加值 2 045.2 亿元，同比增长 11.5%，连续十四年维持两位数增长。战略性新兴产业占比由 11.4% 提高到 13.15%。轻工业增速高于重工业 5.3 个百分点，非公经济增速高于规模以上工业 15.2 个百分点。

3. 固定资产投资保持较快增长，项目建设进一步加强

2013 年，甘肃省全面实施"3341"项目工程，固定资产投资持续保持较快增长，全年完成固定资产投资 6 550 亿元，同比增长 30%。其中，兰州新区固定资产投资达到 324 亿元，同比增长 38%。全年新开工 500 万元以上项目 12 300 个，投资对经济增长的贡献率达到 70%。投资结构进一步优化，工业投资占比超过 36%，能源工业投资占比超过 17%，投资增长的内生动力不断增强。

4. 消费品市场稳定增长，城乡居民收入稳步增加

2013 年，在基本生活用品、保值类商品、家居商品、家用电器和音像器材以及健康时尚商品消费大幅增长的带动下，全省消费品市场保持稳定增长。全年实现社会消费品零售总额 2 139.8 亿元，同比增长 14%。城乡居民收入稳步增加，全年城镇居民人均可支配收入 19 044 元，同比增长 11%；农村居民人均纯收入 5 093 元，同比增长 13%，均高于地区生产总值增速。

（二）需要关注的问题

1. 宏观经济面临的不确定性因素依然较多，经济增长下行和转型压力加大

从国际环境看，世界经济仍将延续缓慢复苏态势，但不稳定不确定因素依然存在。从国内看，虽然主要经济指标企稳回升，但消费需求增长动力偏弱，企业投资意愿不强，出口竞争力下降，部分行业产能过剩问题严重，经济社会发展中不平衡、不协调、不可持续的矛盾依然突出。从省内看，甘肃产业结构单一，产业链条较短，产品附加值不高，受市场的冲击和影响较大，抗风险能力较差。2013 年以来，受主要行业产能过剩和主要产品市场价格低迷的影响，甘肃工业经济效益普遍下滑，加之固定资产投资持续增长的压力增大，全省经济继续保持快速增长的势头受到挑战，增速下滑压力加大。

2. 工业结构性矛盾突出，经济效益不佳

长期以来，全省工业结构性矛盾突出，重工业占比过大，对国有等大型企业依赖现象严重，属于典型的投资拉动型经济。2013 年，由于国内外宏观经济增长复苏势头较弱，市场需求处于较低水平，钢铁、有色金属等主要产品价格持续低迷，省内石化、电力、有色、冶金、建材等行业的生产成本持续升高，部分企业经营压力增大，企业效益提高缓慢，对全省经济运行影响较大。2013 年，全省规模以上工业企业完成工业增加值增速较上年下降 3.1 个百分点；实现利润总额 286.7 亿元，同比仅增长 7.5%。

3. 物价处于高位运行态势，通胀压力依然较大

2013 年，甘肃省居民消费价格总水平依然处于高位运行态势，全年居民消费价格总水平上涨

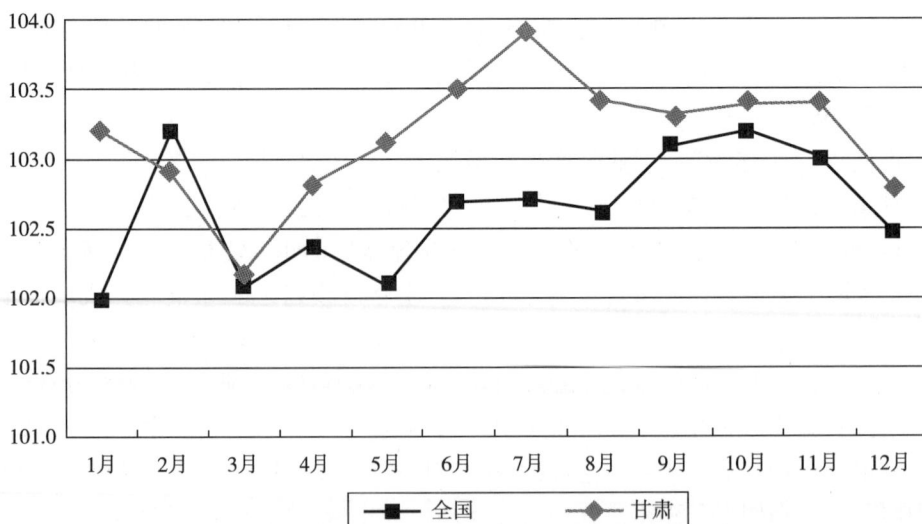

数据来源：国家统计局相关资料。

图1　2013 年甘肃省和全国居民消费价格指数对比图

3.3%，突破3%的温和通胀警戒线，较全国平均涨幅2.6%高出0.7个百分点，自5月以来全省居民消费价格涨幅均在3%以上。在工业产能过剩和资源型大宗商品价格持续走低的形势下甘肃省物价持续处于高位运行态势，降低了城乡居民消费能力，间接增加企业经营成本，不利于全省经济稳定健康发展。

二、金融业与金融稳定

（一）银行业

1. 银行业运行情况

（1）银行业主体不断增加，服务经济社会能力稳步提升。2013年，兴业银行入驻甘肃，马鞍山农村商业银行在甘肃发起设立3家村镇银行，全省共有银行业金融机构128家，其中法人银行业金融机构114家。年末全省银行业资产总额16 242.19亿元，同比增长19.03%；负债总额15 671.36亿元，同比增长18.43%。本外币各项贷款余额8 822.23亿元，同比增长22.59%，新增贷款1 609.59亿元，较上年多增152.19亿元；本外币各项存款余额12 070.64亿元，同比增长19.16%，新增存款1 938.33亿元，较上年多增269.54亿元。

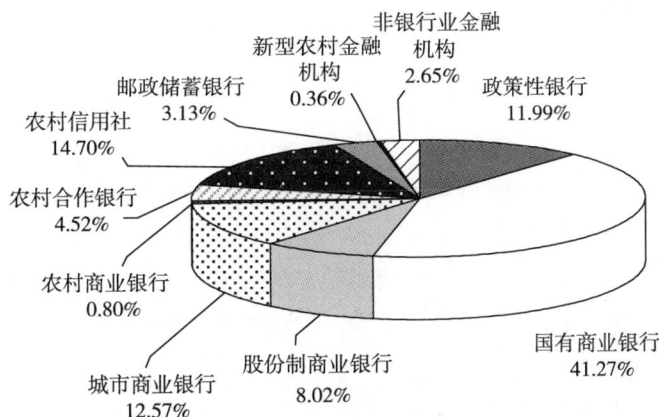

数据来源：甘肃银监局相关资料。

图2　甘肃省银行业金融机构资产分布图

（2）银行业改革持续推进，金融服务体系更趋多元化。大型国有商业银行持续深化改革创新，经营稳健性良好。农业银行甘肃省分行"三农金融事业部"改革进程稳中向好，"三农"金融服务持续改善。邮储银行甘肃省分行加快推进"二类"支行改革，管理体制和工作机制进一步理顺。兰州银行完成增资扩股，募集资金26亿元，成功发行20亿元小微企业专项金融债。甘肃银行省内所有市州办事处翻牌成为支行，庆阳、酒泉两家分行获批成立。1家农村信用社改制成为农村商业银行。兰州新设村镇银行3家，全省新型农村金融机构达到20家。4家资产管理公司在甘分支机构积极稳妥地推进商业化转型，逐步由单一不良资产处置的政策性金融机构向市场化的现代金融企业转变。

（3）信贷投向有扶有控，期限结构有所优化。一是信贷资金持续向基础设施建设、薄弱环节和民生领域倾斜，限制性行业信贷逐步压缩。2013年，全省新增固定资产贷款460.93亿元，比上年多增85.03亿元；全省新增小微企业贷款437.56亿元，是上年新增额的1.96倍；新增涉农贷款691.59亿元，较上年多增118.91亿元；保障性住房开发贷款余额58.8亿元，同比增长48.71%。"两高一剩"行业贷款余额738.59亿元，同比下降3.44%。二是短期贷款增速高位运行，存款稳定性有所增强。2013年，全省新增短期贷款729.71亿元，占各项贷款增量的45.34%，占比较上年提高7.16个百分点。定期存款余额占各项存款的40.6%，较上年提高1.03个百分点。

（4）资产质量稳中微降，盈利能力和风险覆盖能力总体较强。年末，全省银行业金融机构不良贷款余额148.5亿元，同比增长0.64%；不良贷款率1.68%，较上年下降0.37个百分点。全省银行业资产利润率1.25%，较上年提高0.12个百分点；中间业务收入占比10.26%，较上年提高0.41个百分点。平均拨备覆盖率174.08%，较上年提高37.49个百分点。法人银行业金融机构资本充足率13.41%，较上年提高0.32个百分点。

2. 影响银行业稳健运行的因素

（1）信贷资产质量潜在下行压力加大。一是经济下行风险可能向银行业体系传导。受经济增速趋缓、外部需求下降、煤炭、钢铁、有色金属等产能过剩行业持续低迷、省内部分市州房地产市场供大于求、行业风险增加，主要工业品出厂价格下降，部分企业经营困难、资金周转紧张等因素影响，全省银行业信贷风险管控形势较为严峻。二是信贷质量下滑趋势有所增强。2013年前九个月全省银行业关注类贷款逐月攀升，年末仍较上年增加37.84亿元。此外，部分银行机构贷款逾期、欠息、转贷、借新还旧情况增多。

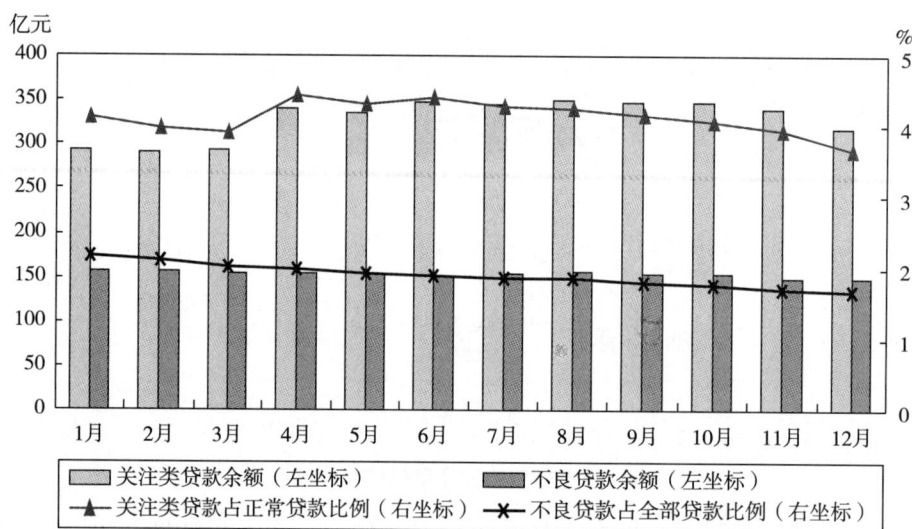

数据来源：甘肃银监局相关资料。

图3　2013年甘肃省关注类贷款及不良贷款月度变化图

（2）部分法人银行机构经营合规性有待提高。近年来，地方法人金融机构存在的法人治理不严格、内控薄弱等问题不断显现，违规经营行为时有发生，个别高风险机构已成为影响区域金融稳定的因素之一。从稳健性现场评估结果来看，部分农村合作金融机构不同程度存在贷款形态划分不实、贷款发放审查不严、内控制度执行不到位、贷款变相进入房地产行业、产能过剩行业及民间借贷领域等问题。

（3）部分法人银行流动性风险意识和防控能力较弱。一是部分机构面临流动性风险。个别机构为了追求利润,在存款有限的情况下过度依赖系统内调剂资金以及拆入资金发放贷款,存在超负荷经营。年末全省法人银行机构中有38家存贷比超过75%,4家存贷比超过100%。同时有34%的法人银行核心负债依存度不达标,负债稳定性不强,加大了流动性风险管理难度。二是部分农村合作金融机构对流动性风险重视不够,未建立有效的应对处置措施和流动性风险应急预案,流动性风险防控能力较为薄弱。

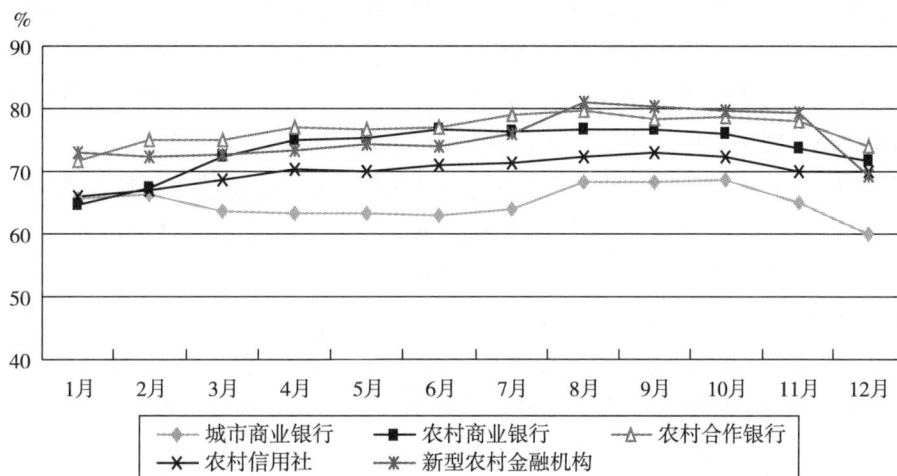

数据来源:甘肃银监局相关资料。

图4　2013年甘肃省各类地方法人银行机构存贷比月度变化图

(4)信贷集中度高考验银行信贷管理能力。受甘肃产业结构和经济水平限制,全省银行信贷资金普遍集中于一些重点行业和重点客户,贷款集中问题难以有效解决。一是行业集中度较高。制造业、交通运输、仓储和邮政业及电力、燃气及水的生产和供应业三个行业长期占据贷款余额最高行业的前三位,年末这三个行业贷款合计余额占全部贷款的40.71%,虽较上年下降3.2个百分点,但仍处于较高水平。二是客户集中度较高。全省法人银行机构中有55.96%的机构最大十家客户贷款集中度超标,超标的机构主要集中在农村合作金融机构。如果贷款大客户的外部经营环境发生波动,大客户经营状况恶化,偿债能力下降,将给信贷集中度过高的机构带来较大信贷风险。

(5)金融业改革给地方法人银行带来挑战。随着利率市场化、存款保险制度等改革的加快推进,互联网金融的快速兴起,银行业金融机构面临金融脱媒、利差收窄、成本上升、收益减少、风险管理难度增加等问题,特别对于业务创新能力不强、盈利主要依赖贷款业务、经营效率相对较低、风险管理能力较弱的地方法人银行业机构,未来发展将面临较大挑战。

(二)证券业

1. 证券期货业运行情况

(1)机构数量持续增加,综合实力不断增强。2013年末,甘肃省有1家法人证券公司,6家证券分公司,65个证券营业部;1家法人期货公司,6个期货营业部,1家境外期货持证企业,44家从事IB业务的证券营业部。法人证券公司华龙证券有限责任公司共有营业部42个(其中省内29个),总资产105.09亿元,同比增长8.69%。法人期货公司华龙期货经纪有限公司共有营业部3个,资产总额2.80亿元,同比下降3.64%。

（2）证券期货交易活跃，经营业绩稳步增长。2013年，全省证券营业部累计实现证券交易额4 995.56亿元，同比增长65.45%；实现净利润4.01亿元，同比增长126.55%。华龙证券实现净利润1.56亿元，同比增长102.69%。全省期货经营机构累计实现期货交易额7 240.40亿元，同比增长67.32%；实现净利润993.85万元，同比下降5.78%。华龙期货累计实现期货交易金额4 526.84亿元，同比增长1.09%；净利润492.25万元，同比增长3.99%。

（3）法人证券期货机构资本充足性良好，抗风险能力持续增强。2013年末，华龙证券净资产为29.11亿元，同比增长1.78%；净资本为19.96亿元，同比增长27.7%。华龙期货净资本为1.21亿元，同比增长5.73%。法人证券期货机构各项指标均高于监管要求，为后续发展奠定了较好的基础。

（4）直接融资处于历史最好水平，上市后备资源培育又有新突破。2013年末，全省共有25家上市公司，较上年增加1家[①]。全省上市公司总股本260.93亿股，总市值1 568.52亿元，甘肃企业利用资本市场实现直接融资175.14亿元，较上年高出56.67亿元，处于历史最好水平。其中，酒钢宏兴、方大炭素、长城电工分别非公开发行募集资金80.58亿元、18.22亿元和5.49亿元，中核钛白非公开发行股份购买资产6.14亿元并配套募集资金2.11亿元，靖远煤电、兰州民百分别非公开发行股份购买资产29.65亿元、6.27亿元，上峰水泥定向增发募集资金22.07亿元，华天科技发行可转债4.61亿元。全省共有12家拟上市公司，拟上市资源匮乏问题得到较大改善。

2. 影响证券业稳健运行的因素

（1）证券期货业发展模式有待改变。一是省内证券期货公司资产规模偏小、业务同质化明显，经纪业务的佣金仍是证券公司的主要收入来源，2013年，华龙证券经纪业务收入占总营业收入的46.33%，较上年上升6.07个百分点，证券市场行情的好坏对经纪业务收入产生决定性影响。二是期货公司营业部数量不断增加，同业竞争激烈。大部分期货公司的盈利来源主要还是期货经纪业务，这会引发手续费价格之间的竞争，从而增加经营成本，同时期货经营机构对研发和客服投入不足，服务水平有待进一步提升。

（2）省内上市公司整体竞争力不强，部分上市公司持续经营能力弱。由于甘肃地处经济欠发达地区，受外部经营环境与企业经营管理水平等因素制约，全省上市公司整体竞争能力相对较弱，不论是规模还是盈利能力在同行业中排名普遍靠后，上市公司（尤其是制造业）存在产业链短、产品附加值低、科技研发能力不足，品牌意识和经营管理能力不强的问题，制约了甘肃上市公司做大做强。

（三）保险业

1. 保险业运行情况

（1）保险业综合实力不断增强，业务发展保持平稳态势。2013年末，全省共有23家保险市场主体，其中财险主体公司12家，人身险主体公司11家；保险专业中介法人机构10家，专业中介分支机构17家，保险兼业代理机构4 327家；保险业总资产达454.1亿元，同比增长14.07%。2013年，全省保险业务保持平稳发展的良好态势，累计实现原保险保费收入180.15亿元，同比增长13.47%，增速高于全国平均水平2.27个百分点；累计发生赔付支出67.14亿元，同比增长39.34%。

（2）人身险市场逐步回暖，结构调整有序向好。2013年全省人身险市场逐步回暖，业务增速较

---

① 刚泰控股注册地迁至兰州。

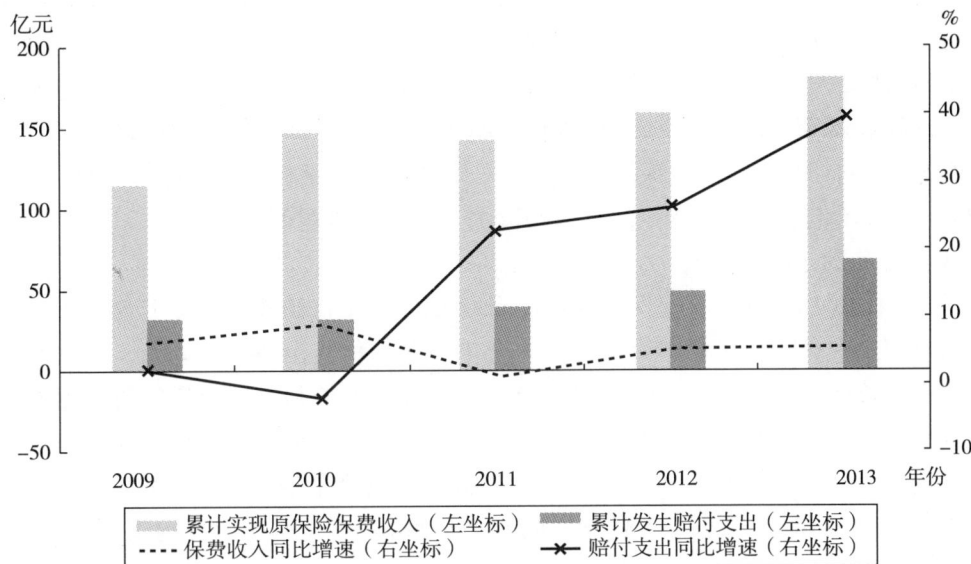

图例：
- 累计实现原保险保费收入（左坐标）
- 累计发生赔付支出（左坐标）
- 保费收入同比增速（右坐标）
- 赔付支出同比增速（右坐标）

数据来源：甘肃保监局相关资料。

图5　甘肃省保费收入及赔付支出情况图

上年有所回升。人身险公司累计实现原保险保费收入111.81亿元，同比增长8.73%。渠道中公司直销和个人代理保费收入增长迅速，分别实现保费收入6.14亿元和75.77亿元，同比分别增长22.6%和13.44%，银邮兼业代理及其他兼业代理保费收入增幅明显趋缓，共计实现保费收入26.69亿元，其中银邮代理保费收入同比下降11.74%，渠道结构更趋合理。寿险新单保费期缴率达到47.25%，较上年提高0.02个百分点，新单期缴占比稳中有升，缴费结构持续优化，人身险公司现金流稳定性不断提升。

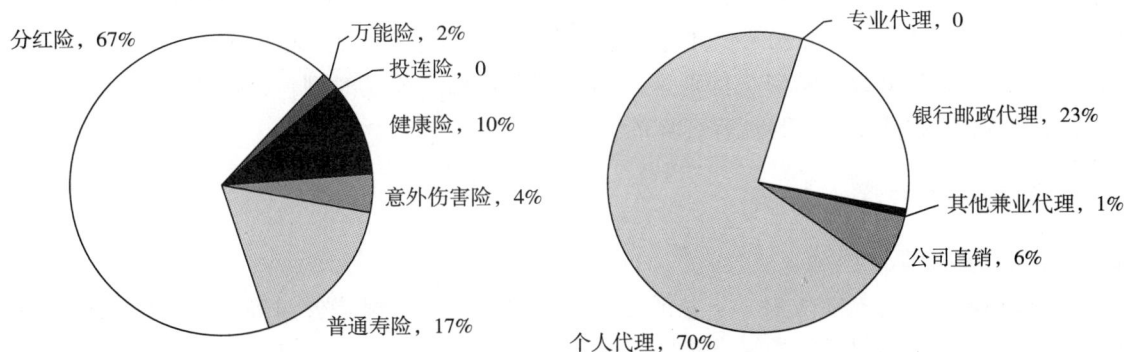

数据来源：甘肃保监局相关资料。

图6　甘肃省人身险业务及销售渠道结构图

（3）产险业务保持较快发展，盈利能力不断增强。2013年，受益于投资项目拉动和汽车消费提速影响，产险继续延续了快速增长的发展态势。累计实现原保险保费收入68.34亿元，同比增长22.17%，其中车险累计实现原保险保费收入52.41亿元，同比增长20.46%；农业保险中玉米小麦、马铃薯和森林保险等8个险种受益国家补贴政策红利，承保覆盖面继续扩大，累计实现原保险保费收入 5.73 亿元，同比增长 51.48%；工程险受国家公路铁路建设项目和地方固定资产投资推动，呈现高速增长势头，累计实现原保险保费收入 1.46 亿元，同比增长 86.78%；货运险受制于宏观经济下行和出口下滑影响，产品物流活跃度有所降低，累计实现原保险保费收入 1.14 亿元，同比下降 2.93%。从经营效益来看，2013 年全省财产险公司承保利润率 8.6%，高于全国平均水平 8.1 个百分点，14 个产险险种中有 10 个险种承保盈利，其中车险和农险承保利润分别达到 3.86 亿元和 0.85 亿元，承保利润贡献率合计达到 92.17%，12 家财险公司全部实现盈利。

2. 影响保险业稳健运行的因素

（1）寿险满期给付压力加大，退保风险仍需高度关注。由于 2007—2008 年销售的大量趸交产品已进入集中给付期，人身险公司集中给付出现，全年满期给付支出 24.52 亿元，同比增长 81.66%。此外，受资本市场长期低迷、金融层面流动性趋紧、银行间拆借利率不断攀升等因素影响，以分红险为主的投资性产品收益普遍不及预期，寿险行业退保风险不断积聚，退保金支出持续增大，给保险业稳定经营造成了一定压力，2013 年末，全省人身险市场简单退保率 11.25%，较上年上升 3.94 个百分点，寿险公司退保金支出 11.6 亿元，同比增长 64.15%。其中分红险退保支出 10.43 亿元，同比增长 73.58%。

（2）短期万能险快速增长，蕴含后期兑付风险。2013 年下半年以来，人身险市场以短期限、高收益、低收费为特征的万能险产品快速增长，据不完全统计（按照保险统计旧口径计算），全年万能险产品资金流入 25.94 亿元，同比增长 48.1%。短期万能险产品主要在银保渠道销售，产品形态接近于银行存款和短期理财产品，保障程度低，保额多为账户价值的 105%，实际期限较短，通常按一年或两年期产品销售。部分中小寿险公司依靠该类产品大幅提升市场占有率，不利于寿险市场和产品结构的优化调整，蕴含后期兑付风险。

（3）财险应收保费增速过快，影响公司财务稳健性。2013 年甘肃省财险公司应收保费规模达到 3.13 亿元，同比增长 82.92%，高出全省保费增长水平 69.45 个百分点；应收保费率 3.74%，较上年上升 1.5 个百分点。从应收保费构成分析，其中工程险、农业保险和健康保险应收保费增加明显，三类险种应收保费占比达到 60.70%，同比分别增长 49.75%、105.3% 和 155.22%。农业保险应收保费增长过快主要因为财政补贴资金特别是市县级财政补贴未能及时到位，健康险是受重大疾病医疗结算滞后影响，工程险则与项目工程结算周期较长有关。

（四）金融业综合经营

1. 综合经营发展情况

（1）跨市场融资业务初步发展。华龙证券公司与商业银行、保险公司等金融机构积极开展债券市场回购业务，业务类别包括债券撮合交易、资金套利交易和现券套利交易等。2013 年末该公司债券回购余额 50.73 亿元，同比增长 7.71%。

（2）跨行业资金托管业务平稳增长。受证券交易活跃度上升带动，证券交易结算资金第三方存管业务有所复苏。2013 年末，全省商业银行第三方存管账户较上年新增开户数 3.5 万户；账户资金余额 26.23 亿元，同比下降 0.38%。

（3）银行代理业务增势良好。一是银行代理基金业务有所好转。2013 年，全省银行代理销售基金 244.06 亿元，同比增长 114%。其中，集合理财型基金和货币型基金占比较高，股票型基金比例持续下降，表明公众的投资理念更趋稳健。二是银行代理保险业务回归增势。在经历两年多银保合作新模式的适应期后，全省银行代理保险业务规模逐步由萎缩下滑回归到平稳增长的发展态势。年末，全省银行累计代理销售保险产品 31.96 亿元，同比增长 25%。

（4）理财产品依旧热销，但增速放缓。2013 年以来，随着资本市场逐步向好以及理财产品发行基数较大，全省理财产品增长速度趋缓。2013 年，全省商业银行累计发行人民币理财产品 8 971 只，较上年增加 3 028 只；募集资金 3 037.96 亿元，同比增长 33.47%，增速较上年下降 25.62 个百分点。甘肃省信托有限责任公司完成信托投资理财业务 775.72 亿元，其中，集合信托业务 23.58 亿元，同比下降 32.01%；单一信托业务 733.08 亿元，同比下降 0.86%。华龙证券公司有序推进定向资产管理计划，与多家银行、信托、资产管理公司等金融机构建立战略合作，累计为敦煌种业、宏良皮业、西部中大、武汉地铁集团等企业实现融资 52 亿元。

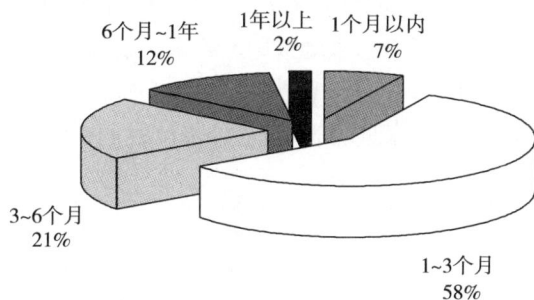

数据来源：中国人民银行兰州中心支行相关资料。

图 7　2013 年甘肃省人民币理财产品期限结构图

2. 综合经营发展中面临的问题及潜在风险

（1）业务操作不规范，可能引发操作风险和声誉风险。受操作人员合规性意识不强和业务素质不高等因素影响，部分机构开展交叉性金融业务特别是跨行业合作代理业务仍然存在不规范问题。比如在银行代理保险业务中，部分银行柜面销售保险人员不具备保险代理从业人员资格；银行柜面代销人员将保险产品与储蓄产品、理财产品混为一谈、片面夸大保障收益、代抄风险提示语句等问题不同程度的存在；在营销理财产品时，存在对客户的风险承受能力评估走过场、客户经理代为测评的情况，在对"非保本浮动收益理财产品"的销售宣传中收益承诺多、风险告知少，容易对客户造成误导，一旦投资环境发生变化导致理财产品未达到客户预期收益或本金遭受损失，可能造成银行信用受损，目前因风险提示不足、误导销售等问题引发的客户投诉时有发生。

（2）交叉性金融产品面临较多的影响因素。一方面，各类交叉性金融产品通常涉及多个交易主体，如果某一方交易主体出现信用违约，将可能影响金融产品的投资收益和经济价值，给投资者和其他交易主体带来损失。另一方面，投资型交叉性金融产品由于产品交易链条较长，产品收益受国内外经济环境、金融市场行情及宏观调控政策等多种因素影响，具有较大不确定性。当这些交叉性金融产品潜在到期收益达不到客户的预期时，容易导致客户的不满情绪，进而引发客户纠纷、投诉、退保等情况，制约交叉性金融业务的健康持续发展。

（3）监管机制仍有待完善。一是交叉性金融业务的内部自律约束仍需增强。部分金融机构仍然存在风险管理制度覆盖面不全、应急协调机制不完善、内部审计监督缺失等问题，导致业务不规范问题得不到监督纠正以及缺乏有力的风险应对措施，不利于防范和化解跨市场金融风险。二是联合监管缺乏长期约束力。尽管从制度层面明确了银监会、证监会、保监会联合监管金融控股集团、并对跨行业监管中复杂问题进行磋商等职责，但在基层监管中常常得不到严格的执行，联合监管呈现零散化短期化特点，缺乏有效的长期监管协调机制。并且由于省以下证券保险业没有监管机构，联合监管无法向下延伸，往往容易产生监管盲区。

三、金融市场与金融稳定

（一）债券市场

2013 年，甘肃省银行间债券市场成员债券交易累计成交 18 449 笔，成交额 33 040.31 亿元，同比增长 5.48%。从交易结构看，回购交易累计成交 21 148.35 亿元，同比下降 0.21%；现券交易累计成交 11 891.95 亿元，同比增长 17.53%。截至 2013 年末，甘肃省银行间债券市场成员持有各类债券余额 432.87 亿元，同比增长 87.84%。持债种类较上年更加丰富，其中国债、资产支持类债券增幅明显。2013 年 10 家非金融企业和 1 家地方商业银行累计发行债券 357 亿元，同比增长 62.79%。企业直接融资快速增长。

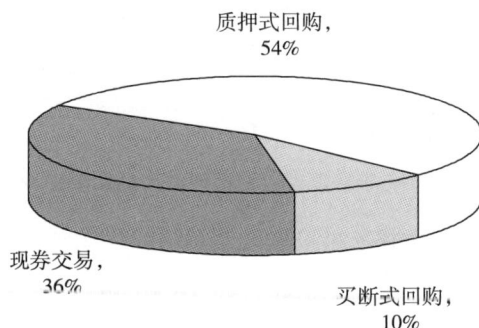

数据来源：人民银行兰州中心支行相关资料。

图 8　2013 年甘肃省债券交易结构图

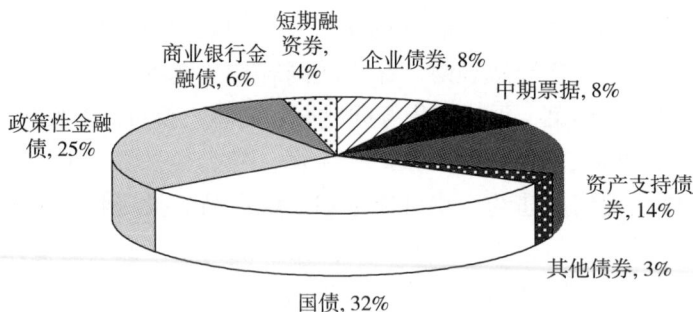

数据来源：人民银行兰州中心支行相关资料。

图 9　2013 年甘肃省债券市场成员单位持债结构图

（二）票据市场

2013 年，甘肃省金融机构累计签发银行承兑汇票 1 588.39 亿元，同比增长 57.05%；余额

522.57 亿元，同比增长 6.28%；票据贴现累计发生 2 224.66 亿元，同比增长 36.33%；余额 142.25 亿元，同比下降 39.43%；再贴现累计发生 99.67 亿元，同比增长 37.7%；余额 42.36 亿元，同比增长 29.3%。在利率市场化改革推进和金融体系流动性偏紧的双重作用下，甘肃省票据贴现利率呈现明显上升趋势。2013 年末，银行承兑汇票贴现加权平均利率为 7.70%，较上年上升 1.7 个百分点，票据买断式转贴现加权平均利率和票据回购式转贴现加权平均利率分别为 6.31% 和 6.79%，较上年分别上升 1.92 个和 2.35 个百分点。

（三）黄金市场

2013 年，甘肃省唯一一家黄金交易所成员甘肃西脉新材料科技股份有限公司黄金交易累计成交 8 829.2 千克，同比增长 59.12%。商业银行黄金业务量增幅较大，交易品种更加丰富。全省商业银行全年累计实现交易量 125 029.5 千克，同比增长 220.74%。部分商业银行开展了黄金租赁、黄金远期等衍生业务，丰富了省内黄金市场的业务品种，大幅提升了全省黄金业务交易量。

（四）外汇市场

2013 年，甘肃省外汇市场保持了平稳较快发展的态势，进出口贸易实现历史性跨越，银行结售汇降幅明显，跨境收付平稳增长，直接投资大幅减少。2013 年，全省进出口总值 102.8 亿美元，同比增长 15.5%，进出口贸易总额突破 100 亿美元大关，实现历史性跨越。全省银行结售汇总额 64.82 亿美元，同比下降 13.27%，2010 年以来结售汇总额持续增长态势遭受逆转。服务贸易改革效果显现，跨境收付平稳增长。服务贸易项下跨境收付总额 52.87 亿美元，同比增长 12.61%。转口贸易净流入 13.54 亿美元，是上一年的 7.24 倍。跨境人民币结算总额 23.27 亿美元，是上年的 5.09 倍。直接投资大幅减少，全省直接投资 1.24 亿美元，同比下降 90.55%。

四、金融基础设施与金融稳定

（一）支付结算体系

2013 年，甘肃省支付体系建设步伐加快。第二代支付系统成功上线运行，跨行资金汇划效率进一步提高，全年共处理业务 2 586.432 万笔，同比增长 27.92%，金额 26.87 万亿元，同比基本持平。银行卡产业快速发展，社会公众刷卡消费意愿不断增强，全年共发生银行卡业务 6.30 亿笔、金额 5 万亿元，同比分别增长 26.6% 和 34.2%。打击银行卡违法犯罪活动持续开展，对银行卡收单机构的检查力度不断加大，公务卡、中职和高中学生资助卡等专用银行卡推广工作有序开展。人民币银行结算账户管理有效规范，存量个人账户信息真实性核实工作取得阶段性成果，账户集中申报制和专管员制度严格执行，账户行政许可效率提高，配合法院开展积案清理工作成效明显。银行卡助农取款服务、重点市场非现金支付工具推广、偏远农村银行结算账户网上预先核准等业务不断拓展。截至 2013 年末，全省农村地区累计设立助农取款服务点 13 835 个，消除了所有金融服务空白乡镇，布放 ATM 4 585 台、POS 机 49 458 台，电话银行、手机银行和网上银行的用户数量同比分别增长 47.4%、68.1% 和 38.8%。支付结算秩序有效维护，非金融支付机构监管和业务监管不断深入，支付系统参与者监管工作有效强化。

（二）征信体系

2013 年，甘肃省征信体系建设取得积极进展，《征信业管理条例》得到全面贯彻落实，征信市场监管力度进一步加大。村镇银行等小微机构接入金融信用信息基础数据库工作进展顺利，数据库信息采集和查询服务范围不断扩大，已录入全省 9.58 万户企事业单位和 1 519.56 万个自然人信用信息，全年企业和个人信用报告查询量达 300 万次，为社会各界提供了有效信息服务。中小企业和农村信用体系建设成效显著，累计为 3.30 万户中小企业和 389.88 万户农户建立了信用档案，评定信用农户 340.95 万户，支持中小企业累计获得银行融资 1 351.26 亿元，促进农户获得银行融资 784.88 亿元，缓解了中小企业和农户贷款难问题。信贷市场信用评级逐步向市场化发展，管理方式由偏重事前管理转为注重事中、事后监测和信息披露，全省 876 家借款企业和担保机构进行了专业化外部评级。

（三）反洗钱

2013 年，甘肃省反洗钱监管体系日趋完善，反洗钱整体合力不断增强，风险防范水平逐步提升。《甘肃省银行业反洗钱风险评估标准指导意见》制定印发，对部分金融机构开展了 5C 风险试评估；采取"督察＋检查"的模式首次对村镇银行开展了反洗钱专项检查。综合运用发布风险提示书、现场走访、约见谈话、电话询问、书面质询等非现场监管措施和现场检查手段，全面督促和引导金融机构规范各项业务流程，防止洗钱犯罪活动的发生。加强与公安和司法部门在打击洗钱犯罪和恐怖融资犯罪方面的合作，通过签订合作协议和备忘录，强化在政策制定、信息共享和案件查处方面的沟通协作，形成打击洗钱及上游犯罪的工作合力。全年协助省公安厅、安全厅、检察院、反恐办、禁毒委等部门完成反洗钱行政调查和案件协查 19 起，涉及被调查对象 169 个，调查可疑账户 329 户，涉及可疑交易资金约 20.5 亿元。全年共接收金融机构报送的重点可疑交易报告 24 份，向省公安厅移送 6 起，上报反洗钱监测分析中心研判 8 起，其中有 3 起已移送公安部经侦局。

（四）应急管理

2013 年，甘肃省金融应急管理体制和机制逐步完善，应急预案体系不断优化，应急管理水平进一步提升。甘肃省"一行三局"指导全省各类金融机构全面修订完善应急预案，健全应急管理机制，不断强化预案体系、演练协作、信息报送、物资保障等，应急防范和风险处置的针对性、操作性和实效性进一步提高。2013 年岷县、漳县发生 6.6 级地震后，甘肃省"一行三局"全力组织各金融系统开展抗震救灾和现场救援，第一时间启动应急预案，及时制定政策措施，指导灾区金融服务到位，合理调配发行基金，保证灾区现金供应充足，积极开辟"绿色通道"，加快救灾款项划拨速度。在各方的共同配合和努力下，抗震救灾和金融支持灾后重建工作取得了阶段性成效。此外"一行三局"进一步加强与省政府应急办、公安、电力、电信、宣传等部门的联系沟通，强化信息共享和配合协调，配合做好各类风险事件的处置工作，组织开展各类现场应急演练，逐步建立涵盖反假币、反洗钱、金融稳定职能的应急演练协作机制，增强了金融系统应对跨区域、跨部门突发金融风险事件的整体联动性和实战能力。

五、总体评估与政策建议

(一) 计量分析

运用区域金融稳定定量评估模型对 2013 年甘肃省金融稳定状况进行量化评估，从评价结果看：2013 年甘肃省金融稳定综合评价得分 0.731 分，较 2012 年小幅提高 0.032 分，金融稳定状况进一步改善。分析板块组成时间序列变化，可以看出甘肃省金融稳定状况的总体提升主要归功于宏观经济、证券业与金融生态环境的逐步向好。固定资产投资增速回归合理区间、对外经济增速提升等因素为全省宏观经济评价指数上升发挥了积极作用，但同时经济增速回落、通胀加剧、居民收入增速下降等因素加剧了宏观经济结构的失衡，一定程度削弱了宏观经济对区域金融稳定的正向贡献。银行业评价指数下降主要是因为全省银行业金融机构存贷比较上年上升，表明金融机构流动性呈现减弱趋势，除此之外，全省银行业的盈利能力和抗风险能力仍是不断提升逐年向好的。证券业评价指数上升主要得益于省内法人证券公司盈利能力、资本实力及风险抵御能力的显著增强。保险业评价指数下降主要是受以分红险为主的投资性产品收益普遍不及预期影响，寿险行业退保风险有所加大以及财险公司应收保费增速过快所致。金融生态评价指数上升反映出法制信用环境的逐年改善、金融深化程度的不断提升对全省金融体系稳健运行发挥了良好的基础性作用。

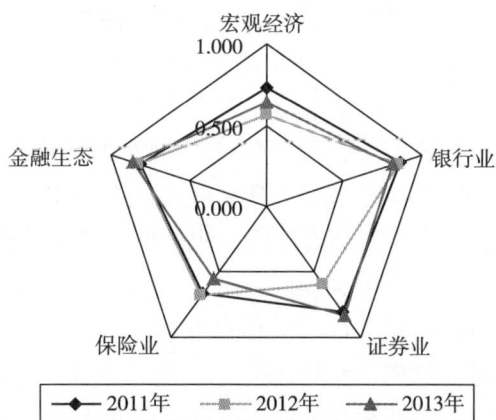

图 10 2011—2013 年甘肃省金融稳定总体状况及组成部分比较图

(二) 总体评估

2013 年，甘肃省深入推进转型跨越发展，加快推进经济结构调整和发展方式转变，着力解决影响发展稳定的突出问题，全省经济社会总体保持稳中有进的良好态势，工农业生产稳步发展，投资保持较快增长，项目建设进一步加强，消费品市场稳定增长，城乡居民收入持续增加，民生保障力度进一步加大，全省经济的平稳较快增长为甘肃省金融稳定提供了较为坚实的物质基础。但是全省产业结构不合理，产业链条短且产能过剩行业仍然占据一定比例，特色优势产业不够突出，战略性新兴产业和富民多元产业比较薄弱，要素投入而非科技驱动的增长特征依然明显，多元因素造成经济增长内生动力不足，经济下行和转型压力较大，经济发展中不平衡、不协调、不可持续的矛盾和问题依然突出。

金融业在改革中稳步发展，金融体系储蓄转化、信贷调节、资源配置、财富分配、风险分散、经济补偿等关键职能得以有效发挥，存量风险不断得到化解，金融结构不断完善，金融市场平稳运行，行业竞争在有序中不断得到加强，金融机构数量和资产规模日益增加，金融业总体呈现稳健发展态势，其服务经济社会发展的作用日益突出。但信贷资产质量下行压力加大、信贷集中风险较高、部分机构流动性风险防控能力较弱、地方法人金融机构经营合规性有待提高等问题依然存在；证券业经营模式单一、市场交易低迷对经营业绩影响较大，全省上市公司整体竞争力不强，部分上市公司持续经营能力弱；寿险满期给付压力加大、分红险收益低产生的退保风险需要关注，财险应收保费增速过快，影响公司财务稳健性；跨市场交叉性金融业务的监管机制仍有待完善，营销手段不合规、业务操作不规范等问题依然存在，可能引发操作风险和声誉风险。金融市场平稳有序运行，在拓宽融资渠道、调剂资金余缺、提高资金利用效率、优化资产负债结构等方面发挥了积极作用，但是市场的广度和深度仍然有限，市场参与主体较少的局面有待改善。金融基础设施建设稳步推进，金融运行的各种软、硬件设施不断完善，但相关法律法规制度建设有待完善，金融系统应急预案间的业务衔接性需要进一步加强。

总体来看，尽管存在一些不利因素，但甘肃省经济在平稳运行中加快增长，金融体系稳健运行，区域金融继续保持稳定。

（三）政策建议

一是大力推动经济结构升级和发展方式转型，为经济金融发展创造良好环境。建议政府有关部门采取有效措施，加快产业结构调整和经济发展方式转变，变压力为动力，切实防范实体经济风险向金融体系传递，夯实区域金融稳定的物质基础。在产业发展方向上，既要瞄准发展高精尖的产业，也要因地制宜发展自己的特色和优势产业，做到传统产业改造提升、优势产业做大做强、新兴产业着力打造、富民产业铺天盖地。努力将经济发展所依托的投资增长方式从单纯的外延扩张型增长转向内涵提高式增长，延长产业链，提高产品附加值，积极推动经济结构升级和发展方式转型。

二是强化重要领域的风险防控，有效防范区域性、系统性金融风险。进一步完善"一行三局"金融稳定协调工作机制，加强与政府相关部门的信息共享，建立健全风险预警监测管理体系，发挥各有关部门合力，切实防范脆弱性机构流动性风险、房地产风险、地方融资平台风险、有问题大型企业风险和经济转型过程中企业资金链断裂风险。重点监测地方法人金融机构、新型农村金融机构、影子银行体系等方面的突出问题和潜在风险，防范金融体系外风险向体系内蔓延。密切关注综合经营机构的运行情况，防止金融风险跨行业、跨市场、跨地区传染。制定可操作性强、环环紧扣的金融风险应急预案，严防局部风险演化为系统性、区域性金融风险。

三是深化金融体系改革创新，提升金融支持实体经济发展的能力和水平。继续推进农业银行改革，做实和完善"三农金融事业部"，通过加强对现有管理体制和运行机制的调研和督导，不断增强其服务"三农"的功能和活力。按照"分类指导、一行一策"的原则，继续深化政策性银行改革。督促各金融机构围绕转换经营机制、强化风险防控，继续推进体制机制改革，全面提升风险管理和内部控制水平，增强发展的可持续性。加大创新力度，提高金融业的专业化服务水平和能力，引导各金融机构围绕"三农"、中小企业、经济转型、结构调整和区域发展等领域，优化金融资源配置，加大资金支持力度，切实提高金融服务实体经济发展的能力和水平。

四是努力提升金融服务实体经济的质量和水平，进一步优化融资结构。有效解决实体经济融资难、融资贵问题，抑制社会资金脱实向虚、游离于服务实体经济发展之外。银行业金融机构应扩大服务覆盖面，大力提升服务功能，加大对薄弱领域的金融支持，着力解决"三农"、民营企业、小微企业和社会弱势群体的融资难问题。合理开展金融产品和信贷模式创新，进一步提高金融业的专业化服务水平和能力。进一步拓宽直接融资渠道，推动有条件企业发行中期票据、短期融资券、超短期融资券以及中小企业集合票据，显著增加债券融资规模；推动符合上市条件的企业进行股改上市，加大股权融资比重。通过扩大社会融资总量，缓解信贷依赖度过高的局面，优化甘肃省的融资结构。

总　　纂：罗玉冰　李文瑞
统　　稿：王宗祥　杨文彦
执　　笔：边永平　王丽娟　张　乾　景小娟　刘海申
其他参与写作人员 (以姓氏笔画为序)：
　　　　　田震坤　刘永锋　巩月明　陈　全　李刚锋　李　栋
　　　　　杨　柳　张　莉　张　峰　张　锋　邹　磊　赵林虓
　　　　　梁丽萍　景文宏　魏正欧

宁夏回族自治区金融稳定报告

2013 年，宁夏认真贯彻落实党的十八大和十八届二中、三中全会精神，面对全球经济持续延缓复苏和国内经济下行压力加大的严峻形势，紧紧围绕"稳增长、调结构、促改革、惠民生"，实现经济"稳中求进、稳中向好"。经济效益稳步提高，产业结构逐步优化，收入差距不断缩小，消费需求平稳回升，对外贸易大幅增长，为区域金融稳健运行创造了良好的环境。全区金融体系总体运行平稳，金融稳健性进一步增强。银行业金融机构准确把握货币政策导向，支持实体经济力度不断加大；证券市场稳步发展，创新能力不断增强，服务地方经济的作用日益显现；保险业发展稳中向好，市场秩序更加规范，服务水平持续上升。金融市场稳健运行，金融基础设施更趋完善，有力保障了全区金融稳定。

一、区域经济运行与金融稳定

2013 年，宁夏坚持"稳增长、调结构、促改革、惠民生"的工作基调，采取一系列行之有效的举措，全区经济实现"稳中求进、稳中向好"的运行态势。据初步核算，全年地区生产总值 2 565.1 亿元，同比增长 9.8%。

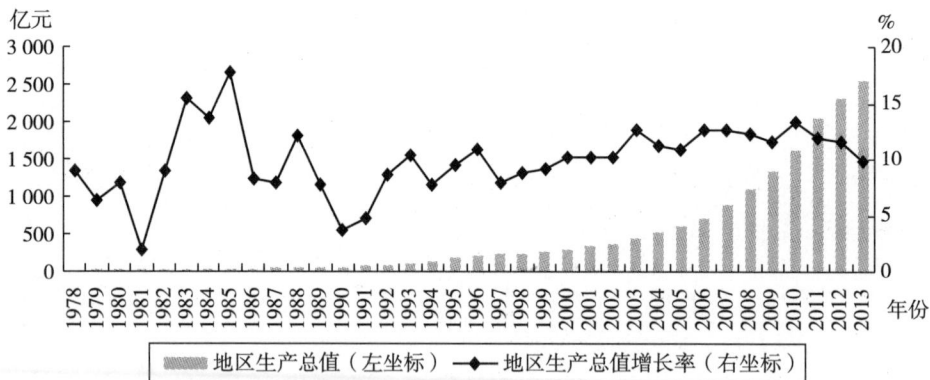

图1　1978—2013 年宁夏地区生产总值及其增长率

（一）经济保持平稳较快发展，为金融稳定奠定良好基础

1. 内需贡献突出，外需增势强劲

一是投资快速增长，结构不断优化。全年完成全社会固定资产投资 2 681.1 亿元，比上年增长 27.1%，增速比全国平均水平高 7.9 个百分点。三次产业投资结构由 2012 年的 3.4:49.7:46.9 调整为 2013 年的 3.3:46.9:49.8。二是消费需求保持增长，年内增速平稳回升。全年实现社会消费品零售总额 610.5 亿元，增速由第一季度的 11.0% 逐步回升至全年的 12.5%。三是对外贸易增势强劲，利用外资回落。全年实现进出口总额 32.2 亿美元，比上年增长 45.2%。对美国、欧盟和日本出口总额增长 13.8%，对阿拉伯国家出口增长 230%。全区实际利用外资 1.4 亿美元，同比下降 32.1%。

2. 三次产业增长较快，企业效益明显改善

一是农业发展加快，特色产业不断扩大。全年实现农林牧渔业增加值 223.0 亿元，比上年增长 4.5%。粮食生产实现十连丰，农业特色优势产业产值占农业总产值的 85%，农产品加工率提升到 58%。二是工业生产持续向好，企业效益明显改善。全年实现规模以上工业增加值 907.2 亿元，比上年增长 12.5%。1—11 月，全区规模以上工业盈亏相抵后实现利润总额 121.6 亿元，增长 29.8%，比全国平均水平高 16.6 个百分点。三是服务业快速发展，结构进一步优化。全年实现服务业增加值 1 077.1 亿元，同比增长 7.5%，占地区生产总值比重达到 41.9%。

3. 主要物价指数保持平稳，劳动力成本有所上升

一是居民消费价格上涨。全区居民消费价格比上年上涨 3.4%，食品类价格上涨仍是推动居民消费价格上涨的首要因素。二是工业生产者价格持续下降。全区工业生产者出厂价格比上年下降 4.0%，工业生产者购进价格下降 3.0%。其中，食品制造、化学原料及化学制品制造、非金属矿物制品、有色金属冶炼及压延加工等行业产品出厂价格下降。三是劳动力成本有所上升。2013 年，宁夏将最低月工资标准一、二、三类区分别提高到每人每月 1 300 元、1 220 元、1 150 元。受政策和经济因素的双重影响，全区城镇在岗职工年人均工资和农民工年人均工资性收入保持较高增长。

4. 财政收入稳步增长，城乡居民收入差距逐步缩小

全年完成公共财政预算总收入 528.2 亿元，比上年增长 14.8%。在地方公共财政预算收入中，完成各项税收收入 237.3 亿元，比上年增长 14.6%。事关民生和可持续发展的重点支出得到较好保障。随着社会保障水平不断提高，惠农政策力度加大，全区城镇居民人均可支配收入实际增长 6.6%，农民人均纯收入实际增长 8.1%，城乡居民收入稳步增长的同时差距逐步缩小。

5. 能源消费平稳增长，生态环境继续改善

全年全区规模以上工业能源消耗量 3 900 万吨标准煤，比上年增长 6.6%。石油加工炼焦业、黑色金属冶炼业、煤炭开采洗选业和非金属矿物制品业能耗增长较快。全区全社会用电量 811.2 亿千瓦时，比上年增长 9.4%。全区淘汰落后产能 229.4 万吨，万元地区生产总值综合能耗下降 3.2%，四项主要污染物削减完成国家下达年度指标。生态修复 21.6 万亩，造林 153 万亩，治理水土流失 167 万亩，森林覆盖率提高到 13.6%。宁夏被列为全国节水型社会示范省区。

（二）区域经济运行中需要关注的问题

1. 经济转型升级面临压力大

由于宁夏发展基础薄弱，农业产业化水平低，能源工业占比高，服务业活力不足，科技创新能力有限，加之山川城乡发展不平衡，居民收入处于较低水平，经济转型升级面临的形势十分严峻。

2. 重工业增加值占工业增加值比重大，投资周期长、见效慢

2010—2013 年，全区规模以上重工业增加值年均增长 14.5%，比同期轻工业增加值增速快 3.3 个百分点。目前，重工业增加值约占规模以上工业增加值的 90%，其中煤炭、电力和石油等能源工业占比接近 50%。

3. 部分地区高度依赖涉煤工业的经济发展模式难以持续

近年来，由于国内经济增速放缓，经济结构不断调整，导致市场需求回落，煤炭价格持续下行。部分地区围绕煤炭及煤化工的产业集中度高、层次低，受市场萎靡及价格下行周期持续的负面影响将会不断加大。

二、金融业与金融稳定

2013 年，宁夏金融业认真贯彻国家宏观调控政策，金融机构资产规模日益增加，经营效益稳步提升，整体抗风险能力和综合竞争力不断提高，金融业总体保持稳健运行，金融服务实体经济发展的作用更加突出。

（一）银行业与金融稳定

2013 年，宁夏银行业金融机构坚持盘活存量腾空间，用好增量促调整，呈现出"信贷总量较快增长、信贷结构持续优化、贷款利率稳中趋降、金融服务更趋优化"的特征。

1. 银行业发展基本情况

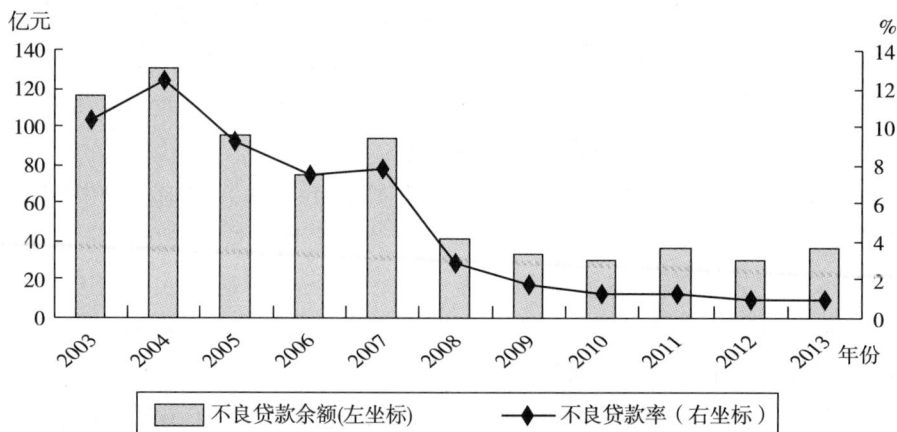

图2　2003—2013 年宁夏银行类机构不良贷款情况图

（1）资产规模稳步扩大，经营利润保持增长。截至 2013 年末，全区银行业金融机构资产总额 5 764 亿元，同比增长 15.5%；负债总额 5 499 亿元，同比增长 15.2%。经营效益整体提升，全年实现账面净利润 108.9 亿元，同比增长 19.1%。

（2）存款增速放缓，结构变化明显。截至 2013 年末，全区人民币各项存款余额 3 868 亿元，同比增长 10.7%，比 2012 年末低 7.1 个百分点，比全国平均水平低 3.1 个百分点。全年新增人民币存款 373 亿元，比 2012 年少增 162 亿元。分部门看，住户存款同比增长 15.9%，机关团体存款同比增长 18.5%，非金融企业存款同比增长 0.5%，财政性存款同比下降 20.8%。

（3）信贷总量稳步增长，贷款投向趋于优化。截至 2013 年末，全区人民币各项贷款余额 3 910 亿元，同比增长 17.1%，比 2012 年末加快 0.3 个百分点，比全国平均水平高 3 个百分点。全年新增人民币贷款 568 亿元，比 2012 年多增 89 亿元。其中，涉农贷款余额同比增长 20.6%，高于全部贷款增幅 3.5 个百分点；小微型企业贷款余额占企业贷款总量的 26%，较 2012 年末上升 3 个百分点；

全年发放全民创业小额担保贷款 18.9 亿元，累计带动就业人数 6.9 万人；助学贷款余额 6.8 亿元，同比增长 37.5%。

（4）外汇收支平稳增长，跨境人民币业务出现倍增。2013 年，全区跨境收支 28.6 亿美元，同比增长 7.5%。跨境收支顺差 6.2 亿美元，同比下降 8.0%。其中，外汇净流入 5.7 亿美元，同比减少 0.6 亿美元；人民币净流入 3.2 亿元，同比增加 0.4 亿元。金融机构累计办理跨境人民币结算业务 16.1 亿元，同比增长 375.4%。跨境人民币业务不断扩展，已涵盖货物贸易、服务贸易、外商直接投资、对外直接投资、跨境融资、境外项目人民币贷款等。

2. 银行业发展中需要关注的问题

（1）银行业机构资产质量下滑。受经济下行压力不断增加和经济转型升级影响，宁夏银行业机构资产质量有所下滑。2013 年末，全区银行业金融机构不良贷款余额为 37.11 亿元，同比增长 22.41%；不良贷款率为 0.92%，比 2012 年末上升 0.04 个百分点；贷款质量总体向下迁徙 0.3 个百分点。

（2）银行业整体流动性趋紧。2013 年，全区存款增幅是 2008 年以来的最低水平，存款活期化和贷款长期化趋势持续，将进一步加大银行业流动性趋紧的态势。此外，个别银行机构同业业务超常规快速发展，存放同业余额超过其各项贷款余额，若交易对手出现违约，极有可能引发流动性风险。

（3）利率市场化和互联网金融对地方法人银行机构的影响。随着利率市场化进程不断加快，地方法人银行机构受到的影响将更为全面、深刻和持久，潜在风险需高度关注。同时，互联网金融的快速发展导致传统银行业竞争进一步加剧。地方法人银行机构应在发展战略、市场定位、经营管理、定价能力、风险防范等多个方面进行改革。

（二）证券业与金融稳定

2013 年，宁夏多层次资本市场建设稳步推进，区域性股权交易场所积极筹建，市场主体融资渠道日益开阔，市场交易趋于活跃，证券市场运行保持平稳。

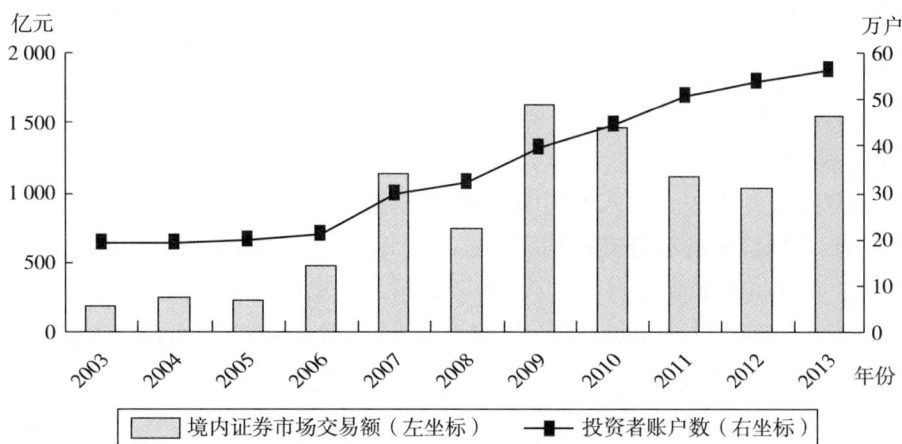

图3　2003—2013 年宁夏证券市场交易额及投资者账户数变化情况

1. 证券业发展基本情况

（1）后备上市企业规模不断扩大，企业上市梯次推进格局初步形成。全年全区有 5 家公司先后进入上市辅导备案程序，一批特色农业、机械制造、生物制药、新能源等领域的优质企业陆续进入后备上市资源库。

（2）债券融资取得新进展，企业融资渠道日益开阔。全年全区近半上市公司推出了股权再融资方案，计划募集资金 45.1 亿元。其中，已实现融资 1.8 亿元；25.4 亿元已获批并正在组织发行中。辖区非上市企业通过发行债券实现融资 30.5 亿元，其中，中小企业私募债 0.5 亿元，城投债 10 亿元，有效解决了辖区中小企业融资难及城市建设资金瓶颈问题。

（3）证券经营机构业务创新全面开展，经营效益大幅提升。全年新设或获批筹建 2 家证券分公司、6 家证券营业部。各证券期货经营机构广泛开展期货 IB、融资融券及资产管理等各类创新业务，有力支持了地方实体经济的发展。证券经营机构全年实现营业收入 2.4 亿元，同比增长 37.6%；净利润 0.9 亿元，同比增长 159.9%。

（4）投资者队伍稳步扩大，市场交易活跃。截至 2013 年末，全区累计开立证券账户 56.4 万户，期货账户 0.3 万户，比年初分别增长 4.3% 和 21.3%。全年证券市场累计交易额 1 549.8 亿元，同比增长 51.2%；期货市场累计交易量 235.5 万手，累计交易额 2 540.6 亿元，同比分别增长 23.5% 和 14.6%。

2. 证券业发展中需要关注的问题

（1）股票直接融资占比下降。2013 年，全国证券市场持续低迷，全年 IPO 处于暂停状态。宁夏虽有多家上市公司有再融资意愿，但在低迷的市场环境下，发行过程面临诸多不确定性，实际实现的股票再融资数量仅 1.78 亿元，同比下降 92.4%，股票再融资额占全年新增银行贷款的比重仅为 0.31%，同比大幅下降 4.74 个百分点，辖区上市公司的资金需求仍主要依赖银行贷款。

（2）市场资金全面流出。2013 年，宁夏证券期货市场交易虽然活跃，但只是交易频度提高，市场资金正在从各个渠道持续流出。年末证券市场客户持仓市值及保证金同比分别下降 7.9% 和 13.6%，期货市场客户权益同比下降 14.0%。开放式基金销售增长放缓，赎回量同比大幅上升 170.3%，期末基金保有量也出现了下降。

（三）保险业与金融稳定

2013 年，宁夏保险业保持稳健发展，市场秩序持续规范，服务质量明显改善，服务经济社会能力日益增强，呈现稳步向好的发展态势。

1. 保险业发展基本情况

（1）保险机构规模不断扩大，收入增速明显加快。截至 2013 年末，宁夏保险业总资产 180.4 亿元，同比增长 17.6%；保险业各级分支机构 395 家，较年初增加 28 家；保险从业人员 1.8 万人，较年初增加 0.2 万人；全年实现原保险保费收入 72.7 亿元，同比增长 16.0%，高于全国平均增速 4.8 个百分点。尤其是下半年寿险费率市场化改革以后，普通寿险新单业务出现爆发式增长，同比增长 190.2%，并带动人身险业务增速重回上升轨道。全区保险密度 1 111.3 元/人，同比提高 14.7%；保险深度 2.8%，同比提高 0.1 个百分点。

（2）市场秩序持续规范，服务质量持续改善。车险和银保手续费恶性竞争得到有效控制，车险手续费率保持 8% 的较低水平。车险先行赔付、理赔夜市等新举措及电话核保、移动 3G 视频查勘等新技术的推广应用，简化了车险理赔流程、提高了效率，车险案均理赔周期大幅缩短，车险信访投诉占比下降 4.4 个百分点，寿险销售误导投诉率下降 42%，行业形象显著提升。

（3）保险渗透度不断提高，服务经济社会能力日益增强。2013 年，宁夏国内贸易信用保险取得突破，城乡居民大病保险试点工作相继开展，农业保险持续快速发展，承保牲畜和农作物同比分别增长 123.8% 和 64.9%，实现农业险保费收入 2.5 亿元，同比增长 59.4%，支付农业险赔款 1.3 亿元，9 万农户从中受益。全年各类赔款和给付支出 24.0 亿元，同比增长 20.3%，在防灾减灾、完善社会管理体系方面发挥了积极作用。

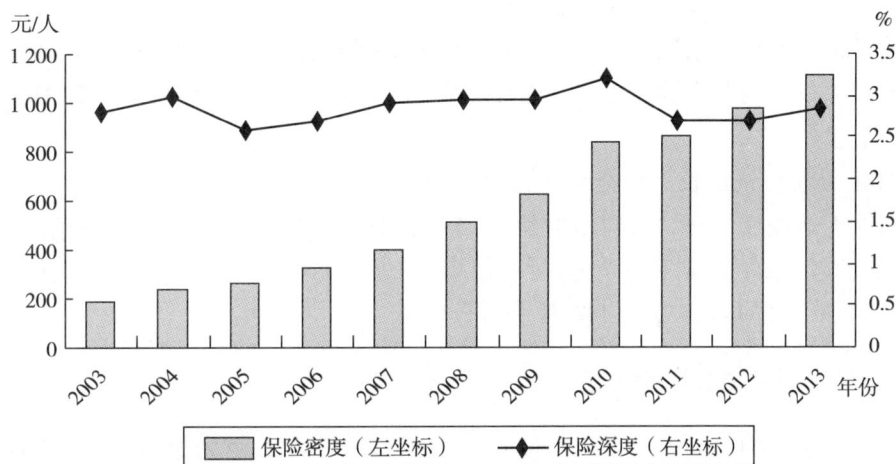

图 4　2004—2013 年宁夏保险密度及保险深度变化情况

2. 保险业发展需要关注的问题

（1）业务结构仍需进一步优化。2013 年宁夏财产险中车险业务保费收入 26.2 亿元，同比增长 16.4%，增速同比下降 0.6 个百分点。车险保费占产险公司保费比重从上年同期的 82.0% 下降到 79.2%，但仍高于全国平均水平 6.4 个百分点。部分财产险公司的业务增长依然过度依赖车险，个别公司甚至因车险业务下滑对其整体业务造成较大影响。

（2）农业保险可持续发展面临挑战。目前宁夏农业保险中普遍采用的"财政兜底"、"封顶赔付"、"平均赔付"及"指定保险公司"等做法已被明确禁止或违背市场运作的基本原则。部分经济落后地区财政保费补贴负担较重，制约了其继续扩大农业保险覆盖率的意愿。农业保险赔付率高，连续多年的快速发展，自身风险也在不断累积，但至今农业再保险体系和巨灾保险机制仍缺失，使农业发生大灾的风险不能得到有效分散，势必影响相关保险机构的积极性、承保能力和持续经营能力，对农业保险的快速可持续发展构成挑战。

三、金融市场与金融稳定

2013 年，宁夏金融市场平稳运行，货币市场利率震荡上行，银行间市场交易量减少，票据市场稳步发展，黄金市场和银行间外汇市场交易量增长较快。

（一）金融市场发展基本情况

1. 直接融资发展缓慢，融资结构保持稳定

全年非金融企业以贷款、债券、股票三种方式融入资金总额为 599.5 亿元，同比多增 86 亿元。贷款融资占比上升 5 个百分点，继续保持占比约 90% 的融资结构。

2. 银行间市场交易量减少，市场利率波动上行

全年受现券交易量大幅减少影响，银行间同业拆借市场和债券市场累计成交量同比下降17.3%。资金流向继续呈现净融入趋势，但融入规模有所缩小，全年净融入量较上年下降50.7%。货币市场利率震荡上行，同业拆借和质押式回购加权平均利率同比分别上涨112个和47个基点。

3. 票据业务平稳发展，市场利率高位运行

全年累计签发银行承兑汇票同比下降3.1%，贴现票据同比增长9.6%。全年票据市场利率维持高位运行，直贴年加权平均利率同比下降25个基点，转贴现年加权平均利率上升15个基点，下半年市场利率高于上半年。

4. 银行间外汇交易较快增长，黄金交易大幅提升

全年银行间外汇市场成员交易量同比增长15.5%，非美元外币结售汇业务成倍增长。在国际金价大幅下跌且波动较大的背景下，全年人民币账户金、实物金交易量分别同比增长109.9%、133.7%，增速较上年提高141.5个和116.0个百分点。

（二）金融市场发展需要关注的问题

关注涉农法人金融机构市场成员资产负债管理情况。2013年，辖内银行间市场同业拆借市场成员受市场利率波动的影响，全年同业拆借交易量同比大幅增长2.2倍，其中接近90%的交易为同业拆出交易，全部为辖内涉农法人金融机构市场成员进行的交易，并首次出现3个月期限的交易品种。而在货币市场利率低位运行的2012年，辖内涉农法人金融机构交易量较小。由此看出，辖内涉农法人金融机构市场成员以市场利率高低决定其市场参与度，只进行同业拆出交易，尚未形成科学合理的市场资金调度管理模式，资产负债结构合理配置和防范流动性风险的意识需进一步增强。

四、金融基础设施与金融稳定

2013年，宁夏金融基础设施建设有序推进，支付体系建设更加完善，征信体系建设和征信市场加快发展，反洗钱和反假货币工作成效明显，金融管理与服务推向深入，为全区金融稳定提供了重要的保障。

（一）支付体系建设更加完善

2013年，宁夏支付体系保持安全、稳定、高效运行。积极开展国库集中支付电子化管理试点，成功运行财政支出无纸化联网系统，实现了财政支出凭证传递无纸化、业务处理标准化、资金清算电子化。财税库银横向联网系统（TIPS）推广成效显著，全区TIPS收入业务量占比提高至77.6%。截至2013年末，宁夏共有各类银行结算账户2 445.3万户，同比增长16.5%。全年全区使用非现金支付工具办理支付业务26 334.2万笔，金额54 878.1亿元，同比分别增长21.1%和24.9%。农村支付便民工程取得新成效，助农取款服务点已覆盖全区91.2%的行政村。

（二）征信体系建设稳步推进

2013年，人民银行银川中心支行推动宁夏9家村镇银行首批获准接入金融信用信息基础数据库，在宁夏6家慈善园区开展了中小企业信用体系试验区建设，开发建设了中小企业资信服务系统并投

入试运行；积极推动引进联合信用管理有限公司在宁夏发起成立了第一家信用评级机构。截至 2013 年末，企业征信系统共收录全辖各类经济组织 3.3 万户，个人征信系统共收录全辖自然人 332.2 万人，累计为 1.6 万户无贷款中小企业和 56.5 万户农户建立了信用档案，全年企业和个人征信系统分别累计查询 15.1 万次、120.6 万次。

（三）反洗钱、反假货币工作成效明显

2013 年，宁夏反洗钱工作依照"风险为本，突出重点，规范流程，注重实效"的指导思想，完善反洗钱评估指标体系，优化反洗钱风险预警系统，全面开展 5C 动态风险评估；建立全区 271 家金融机构反洗钱监管档案电子资料库，对 20 家金融机构进行了现场检查；稳步推进大额和可疑交易报告综合试点工作，切实提升监测调查工作质量；加强反洗钱协调机制建设，提升反洗钱工作合力；发现并顺利破获涉嫌非法吸收公众存款案件，为维护辖区经济社会稳定发挥积极作用；组织金融系统反洗钱业务竞赛活动，集中展示十年来反洗钱丰硕成果。

2013 年，宁夏反假货币工作联席会议办公室认真践行"打防并举，标本兼治，重在治本"的反假货币工作指导思想，全年组织反假货币考试人员 6 378 人次，同比增长 93.0%，提高了从业人员业务素质；建立定期考核、通报制度，加强日常业务督导，开展银行业金融机构对外误付假币专项治理工作，促进其有效履行社会责任；创新反假货币宣传方式，进一步提高了社会公众防范假币意识和能力。全年宁夏假币收缴总量较上年下降 32%，有力打击了假币犯罪行为，保护了人民群众的切身利益。

（四）金融管理与服务推向深入

2013 年，人民银行银川中心支行坚持金融管理与服务并重。推行开业管理网上办理和实地办理相结合，完善"两管理、两综合"信息服务系统，实现了对金融机构信息化管理与服务，全年办理开业报告事项 10 件，重大事项报告 15 项；优化综合执法检查模式，对宁夏邮政储蓄银行等 16 家金融机构开展综合执法检查；对 11 家金融机构开展综合评价工作，促进其有效落实金融政策、合规经营稳健发展。组建金融消费权益保护工作部门，全年共接受金融消费者咨询近百次，共办理各类金融消费者投诉 28 起，电话回访消费者满意率达到 100%。争取宁夏地区短期外债余额指标由 500 万美元增加到 2 000 万美元，为宁夏中资企业境外融资提供便利。货物贸易和服务贸易改革全面推进，有效扩大外汇便利化政策受惠面。

五、总体评估与政策建议

（一）总体评估

2013 年，宁夏金融业整体稳健运行，区域金融稳定形势持续向好。运用区域金融稳定定量评估模型，从宏观经济、金融机构、金融生态环境三个方面构建指标体系，对 2013 年宁夏金融稳定状况进行量化评估。从总体评估结果看，2013 年全区金融稳定综合评估值高于上年综合评估值 0.0149，金融稳定总体形势持续向好。分析板块组成可看出，宏观经济企稳向好，综合评估值较上年上升了 0.0198。金融机构综合评估值较上年上升 0.0223。其中，银行业由于资本充足水平下降、不良贷款

上升、流动性水平下降，综合评估值较上年下降 0.0570；证券业由于市场交易额大幅增长，综合评估值较上年上升了 0.4081；保险业由于保险密度有所提升，综合评估值较上年上升 0.0406；金融生态环境综合评估值较上年下降了 0.0246。

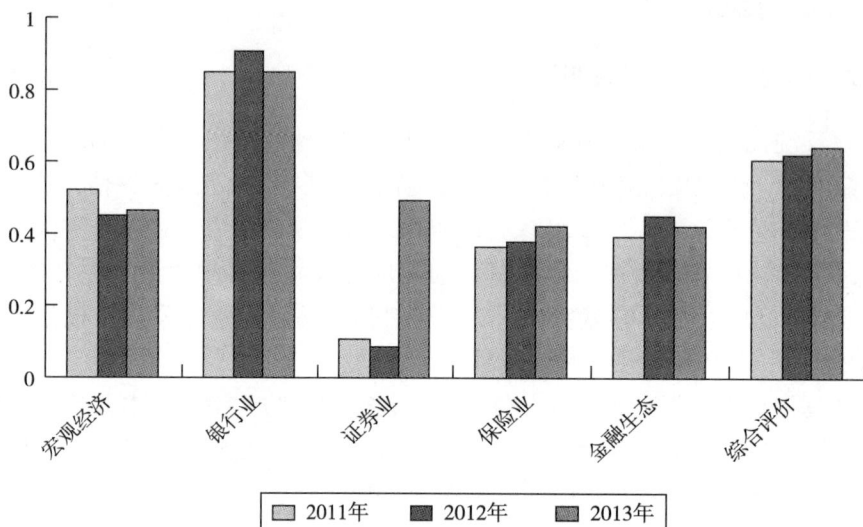

图5　2011—2013 年宁夏金融稳定总体状况及组成部分对比图

（二）政策建议及措施

1. 推动金融支持实体经济发展

银行业金融机构应坚持金融服务实体经济的本质要求，积极调整优化信贷结构，加大对重点领域的信贷投入；积极应对利率市场化和新型金融业务的冲击，加快提升利率定价能力、经济资本管理建设、流动性管理水平。大力推动多层次资本市场的体系建设，拓展资本市场覆盖面和包容能力，推动具备条件的企业扩大直接融资规模；加强市场融资产品工具的创新，引导社会资金真正服务于企业发展，促进融资结构多元化。优化保险业务结构，促进保险机构稳健经营；加快建立农业再保险体系和巨灾保险机制有效分散风险，推进扩大农业保险覆盖面，实现农业保险的快速可持续发展。

2. 加强金融监管协调合作

强化金融稳定协调机制和金融监管协调机制建设，坚持以提高金融服务实体经济水平为核心，以优化金融生态环境为目标，在不涉及现有职能调整的基础上，促进"一行三局"和地方金融管理部门的监管合作，在推动金融业健康发展、维护市场主体合法权益、防范区域性及系统性金融风险、打击违法违规行为等方面形成监管合力，扩大信息共享的广度和深度，维护辖区金融体系稳定，促进辖区金融业和实体经济持续健康发展，防范非正规金融风险向金融体系传导、防范跨行业、跨领域交叉性风险传染蔓延。

3. 完善金融风险防范应对体系

加大对部分地区、重点领域、重要业务、风险事件的跟踪监测，如石嘴山市涉煤企业担保链风险、商业银行资产质量下滑、理财及同业业务快速发展等，及时发现、提前预警、快速处置相关异常情况和风险苗头，前移风险防范关口。密切关注地方政府融资平台、房地产市场及房地产金融、企业总部经济对银行业存贷比的影响、互联网金融及利率市场化对传统银行业态的影响等方面，加强调查研究，及时深入开展稳健性现场评估。认真开展"两综合、两管理、一保护"工作，促进金融机构规范发展和金融业稳健运行。强化金融宣传教育，提升金融从业人员和金融消费者的法律意识、风险意识。完善金融风险应对预案体系，结合当前经济金融运行特点及稳定形势，有针对性地组织开展金融风险应急演练，提升金融风险突发事件应对处置能力，确保区域金融安全稳定。

总　　纂：李　宁
统　　稿：张　冀　夏　勇　闫广宁
执　　笔：李　斌　王奇志　行　颖　周　豹　杨　瑞　孙秋实

新疆维吾尔自治区金融稳定报告摘要

2013 年，新疆坚持稳中求进、进中求变总基调，牢牢把握主题主线，着力稳增长、调结构、促改革、惠民生、控物价，在全球经济复杂多变、国内经济下行压力增大的情况下，沉着应对各种风险挑战，农业生产稳中趋好，工业经济持续回升，服务业平稳发展，经济结构调整步伐加快，经济持续快速发展。金融业改革成效显著，经营管理水平持续提升，抵御风险能力不断增强。金融市场平稳运行，金融基础设施持续改善，金融生态环境持续优化。新疆经济、金融整体保持稳定健康发展。

一、宏观经济环境

（一）经济持续快速发展，金融业稳定发展基础进一步增强

2013 年，新疆经济运行逆势上行，地区生产总值增速逐季加快。初步核算，新疆实现地区生产总值 8 510 亿元，同比增长 11.1%，高于全国 3.4 个百分点，增速居全国第 7 位，西部第 5 位。三次产业分别增长 5.7%、13.1%、10.3%，对经济增长的贡献率分别为 17.4%、46.4%、36.2%，分别拉动经济增长 1.93 个、5.15 个、4.02 个百分点。人均地区生产总值 37 847 元，增长 9.7%。

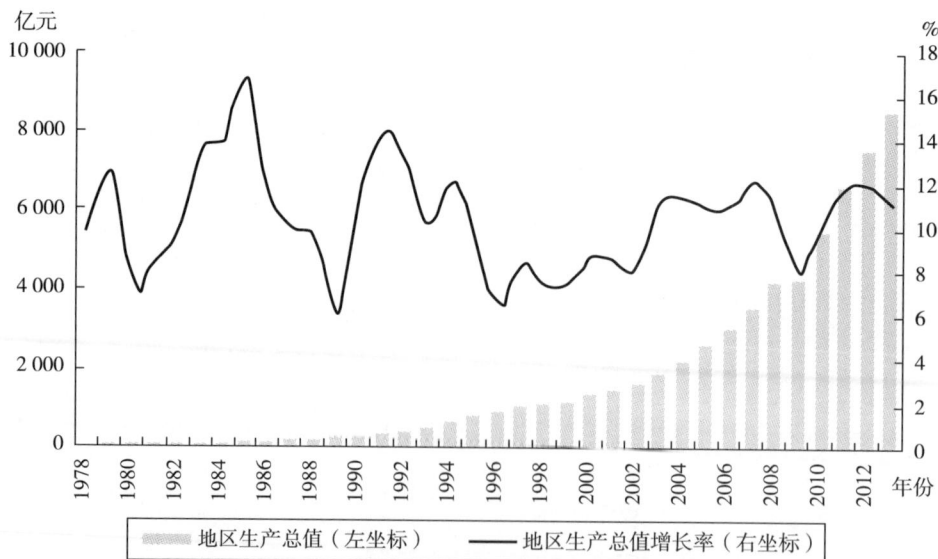

数据来源：2013 年自治区统计公报。

图1　1978—2013 年新疆生产总值及其增长率

1. 三次产业协调发展，结构调整效应显现

农业生产稳中趋好，粮食产量创历史新高。全年农林牧渔业实现总产值 2 538.88 亿元，增长 7.2%。粮食全年总产 1 377 万吨，增长 8.2%，是全国粮食增长率的近 4 倍。

工业经济持续回升向好，结构调整和转型步伐加快。全年工业实现增加值 3 200 亿元，增长 13%，高于全国平均水平 5.4 个百分点。规模以上工业实现增加值 2 895.95 亿元，增长 12.9%，增速创 3 年来新高，居全国第 7 位，西部第 4 位。其中，非石油工业完成增加值 1 616.96 亿元，增长 19.9%，占比 56%，成为工业经济增长引擎。优势资源产业带动作用增强，发电量、用电量增速居全国第 1 位。中小微工业企业活力显著增强，实现增加值 963 亿元，增长 24.6%，快于大型企业 7.9 个百分点，创造近八成就业岗位，带动 45 万人就业。

服务业平稳发展，金融旅游交通业是重要支撑。全年服务业实现增加值 3 080 亿元，增长 10.3%。金融机构贷款余额突破万亿元，存贷比 72.8%，首次超过全国平均水平，实现银行资金从净流出到净流入的历史性转变。保险投资实现零突破，金融支持经济发展作用增强。交通运输平稳增长，公路客运量和货运量、机场客运量和货运量分别增长 8.3%、10.3%、15.1%、18.0%。旅游业稳步发展，旅游总收入 673.24 亿元，增长 17.6%。

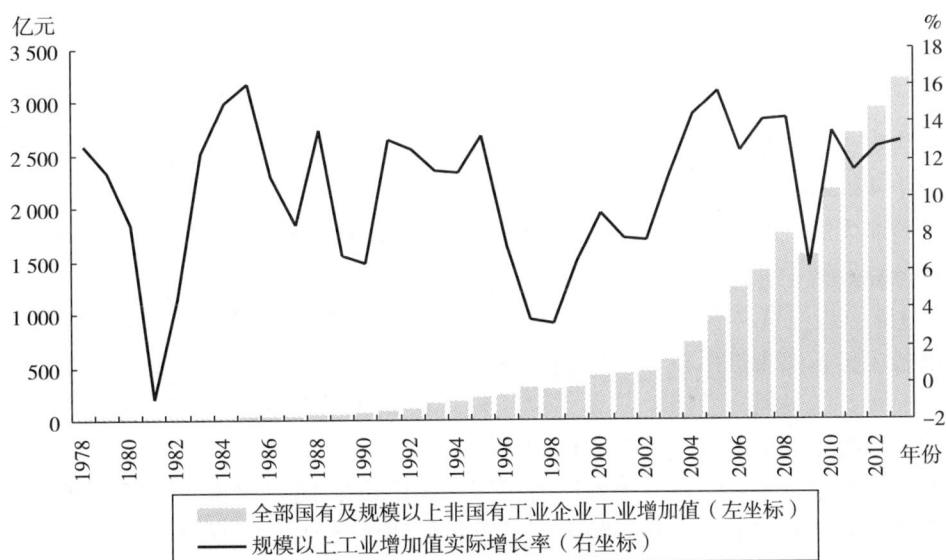

数据来源：2013 年自治区统计公报、《新疆统计年鉴》。

图 2　1978—2013 年新疆工业增加值及其增长率

2. 投资持续高速增长，内外需求增速放缓

固定资产投资高位增长，投资结构进一步优化。全年完成全社会固定资产投资 8148 亿元，增长 30.2%。其中，城镇固定资产投资 7 370.48 亿元，增长 31.8%，占投资总额的 90.5%。投资内生动力增强。地方项目投资 4 932.14 亿元，增长 32.8%，占投资主导地位。第三产业投资增长 40.4%，对投资贡献超过 50%。工业投资，增长 25.9%，持续快速增长。基础设施、石油工业以及钢铁、有色金属和高载能行业投资力度不断加大。民间投资 2 792.28 亿元，增长 38.5%，投资活力不减。

居民收入持续增加，商品消费增速回落。城镇居民人均收入 19 874 元，增长 10.9%，农村居民人均收入 7 296 元，增长 14.1%，分别高出全国平均水平 1.2 个和 1.7 个百分点。社会消费品零售总额为 2 039.15 亿元，增长 13.4%，高出全国平均水平 0.3 个百分点，增速同比回落 2.1 个百分点。

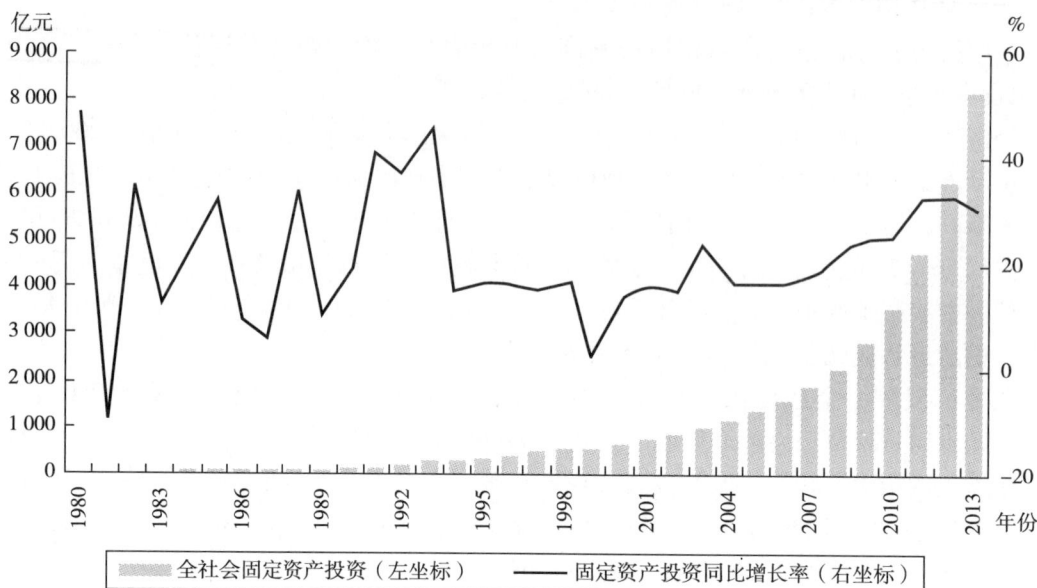

数据来源：2013 年自治区统计公报、《新疆统计年鉴》。

图 3　1978—2013 年新疆固定资产投资及其增长率

农村消费品零售额增速高出城市 0.1 个百分点。网络购物快速增长，实体企业销售下滑，545 家限额以上零售企业中 42.2% 出现零售额下降。

对外贸易稳步发展，利用外资规模不断扩大。全年进出口总额 275.6 亿美元，增长 9.5%，增速回落 0.4 个百分点。其中，出口 222.7 亿美元，增长 15.1%，占进出口总额的 80.8%；进口 52.9 亿美元，下降 9.1%。边境贸易进出口 143.6 亿美元，增长 10.4%，占外贸总值的 52.1%。民营企业成为进出口增长主力，实现进出口 200.04 亿美元，增长 12.6%，占新疆进出口总值的 72.6%。利用外资（含兵团）4.8 亿美元，增长 15.7%，利用外资领域从传统投资领域向金融、股权、高端制造领域拓展，非金融类企业对外直接投资增长 51.9%。

跨境人民币业务稳步增长，业务领域不断拓宽。2013 年，国家在霍尔果斯开展人民币业务创新试点，探索人民币跨境使用方式。新疆跨境人民币收付结算额 425.26 亿元。境外服务国家和地区增加 9 个，累计与 53 个国家和地区开展跨境人民币业务。辖区 15 个地州市、18 家商业银行开展跨境人民币业务，累计参与企业 1 150 家。全年外商直接投资跨境人民币结算总额 24.3 亿元，增长 20.92%，占利用外资金额的 45%。跨境人民币结算已成为新疆引入外资、促进地方经济发展的主要结算方式。

3. 消费价格小幅上涨，工业品价格持续下降

居民消费价格上升，食品价格上涨是主要推手。全年居民消费价格指数（CPI）同比上涨 3.9%，涨幅比上年上升 0.1 个百分点，高于全国 1.3 个百分点，涨幅连续 8 个月回落。食品类价格上涨 8.5%，比上年上升 0.9 个百分点，是全国食品价格涨幅的 1.8 倍，对新疆物价的影响达到 78.2%，拉动居民消费价格指数上涨 3.1 个百分点。

工业品价格持续下降，农业生产资料价格稳步上涨。工业生产者购进价格（IPI）和出厂价格（PPI）分别下降 2.2% 和 3.5%，增速比上年分别回落 0.1 个和 0.4 个百分点，连续 2 年小幅下降。工业品价格下降一定程度上促成农业生产资料价格和农产品生产价格涨幅收窄，农业生产资料价

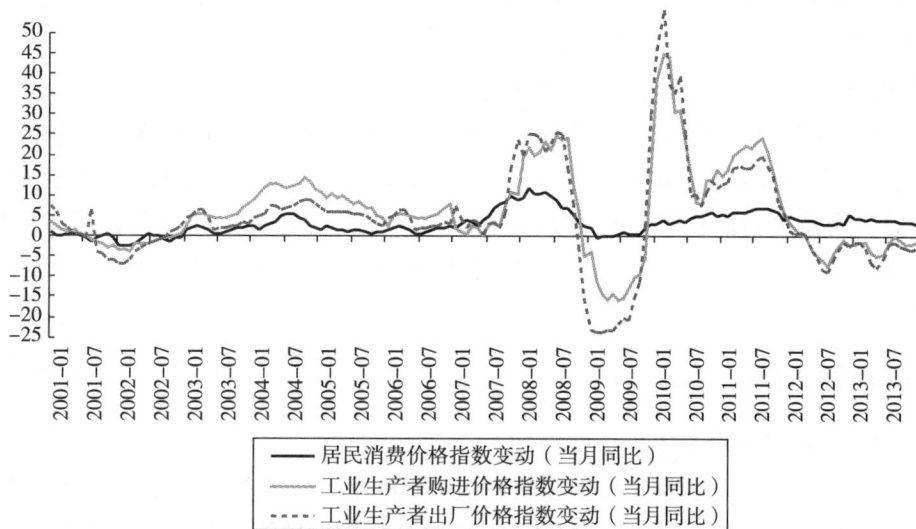

图例：
居民消费价格指数变动（当月同比）
工业生产者购进价格指数变动（当月同比）
工业生产者出厂价格指数变动（当月同比）

数据来源：2013 年自治区统计公报、《新疆统计年鉴》。

图 4　2001—2013 年新疆居民消费价格和生产者价格变动趋势

和农产品生产价格分别上涨 2.6%、7.5%，比上年分别回落 3.6 个、2.1 个百分点。

4. 财政收支持续增长，增速明显出现回落

财政收入增速回落，创四年来新低。全年地方公共财政预算收入 1 128 亿元，增长 24.01%，高于全国水平 14 个百分点，增速较上年回落 2.19 个百分点，增速为 2010 年以来最低。其中，地方税收收入 825.79 亿元，增长 18.15%，专项收入 162.62 亿元，增长 81.9%。

财政支出稳定增长，支出持续倾向民生。全年地方公共财政预算支出 3 067.1 亿元，增长

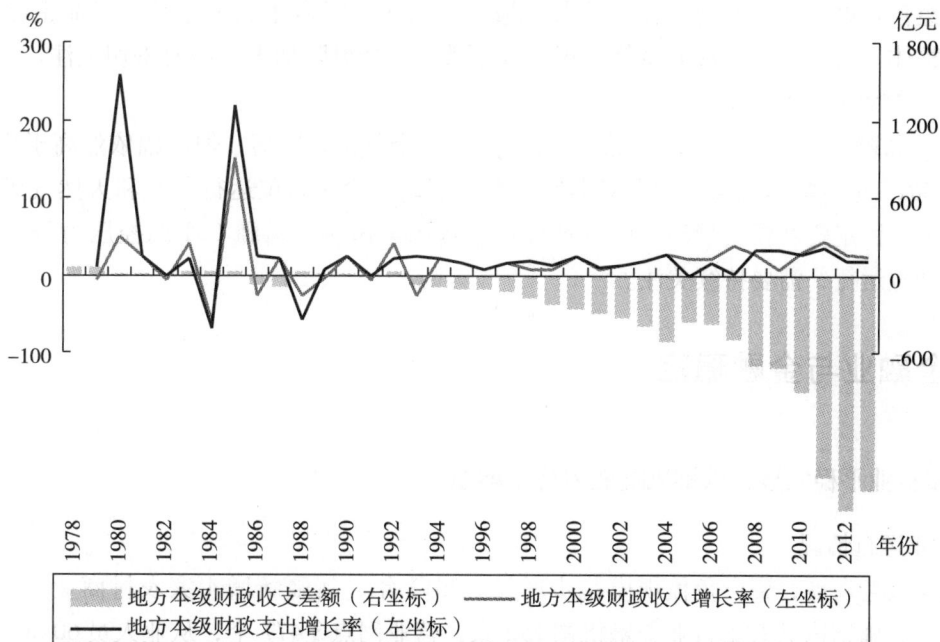

图例：
地方本级财政收支差额（右坐标）　地方本级财政收入增长率（左坐标）
地方本级财政支出增长率（左坐标）

数据来源：2013 年自治区统计公报、《新疆统计年鉴》。

图 5　1978—2013 年新疆财政收支变动趋势

12.8%，增速较上年回落6.3个百分点，为2008年以来最低值。用于民生领域的支出2 237亿元，占财政支出的73%，连续3年超过七成以上。

5. 房地产投资高位回落，房地产市场供销两旺

全年房地产开发投资825.69亿元，增长36.2%，高于全社会固定资产投资6个百分点，增速较前11个月回落2.2个百分点。商品房销售面积2 017.03万平方米，增长41%，增速较前11个月回落1.1个百分点。商品房销售额860.95亿元，增长53.6%，增速较前11个月回落2.8个百分点。房地产贷款余额639.45亿元，增长36.1%，增速比上年提高11.5个百分点；房屋销售价格上涨10.7%，持续保持较快增长。

（二）需要关注的问题

1. 内外部需求拉动经济增长不确定性增加

从投资情况看，2013年新疆固定资产投资超过8 000亿元，维持30%以上超高速增长将较为困难，城镇固定资产投资占全部投资比重为90.5%，投资结构调整有待优化。中央淘汰落后产能、房地产市场调控等工作力度不断加大，新疆节能减排、经济结构调整任务仍然繁重，投资需求不确定性较大。从消费情况看，受多重因素的影响，社会消费品零售额持续回落，增速长期低于全国平均水平，消费增长面临较大压力。从进出口情况看，受世界经济复苏缓慢、汇率变动、周边国家外贸政策调整和原油进口减少等因素影响，新疆进出口增长缓慢，增速较上年回落0.4个百分点，出口下降9.1%。银行信贷增长面临压力。

2. 企业经营面临困难，潜在金融风险值得关注

受经济增速放缓、有效需求不足、生产成本上升等因素的影响，2013年，新疆工业品市场需求减少，工业品价格持续下降，企业库存增加，资金回收难度加大，应收账款大幅增加，收入利润率下降，生产经营困难进一步加剧，特别是占新疆石油工业持续多年低位增长，工业主导支撑作用减弱，对新疆整体工业经济增长影响显著，相关行业潜在信贷风险加大，需要密切关注。

3. 物价调控难度依然较大

2013年，新疆CPI涨速"前高后低"，涨幅连续8个月出现回落，但涨幅依然高于全国1.3个百分点，预计2014年新疆物价受劳动力成本持续上涨、食品价格高位运行、水和天然气等资源性产品刚性调价需求、固定资产投资带动和区域地理环境等因素影响，新疆CPI调控压力较大，特别是食品价格仍将高位运行，需要持续关注。

二、金融业与金融稳定

（一）银行业平稳发展，抵御风险能力持续增强

1. 银行业运行情况

银行机构快速发展，资产负债规模稳步增长。2013年，新疆新增4家农村商业银行、9家村镇银行。年末，新疆辖内共有银行业金融机构132家，营业网点3 477个，从业人员60 362人。银行业金融机构资产总额19 654.94亿元，比上年增长17%。其中，村镇银行资产规模比上年增长97.61%。银行业金融机构负债总额18 994.14亿元，比上年增长17%。其中，农村商业银行因重组

改制，负债较上年增长 20.09 倍。

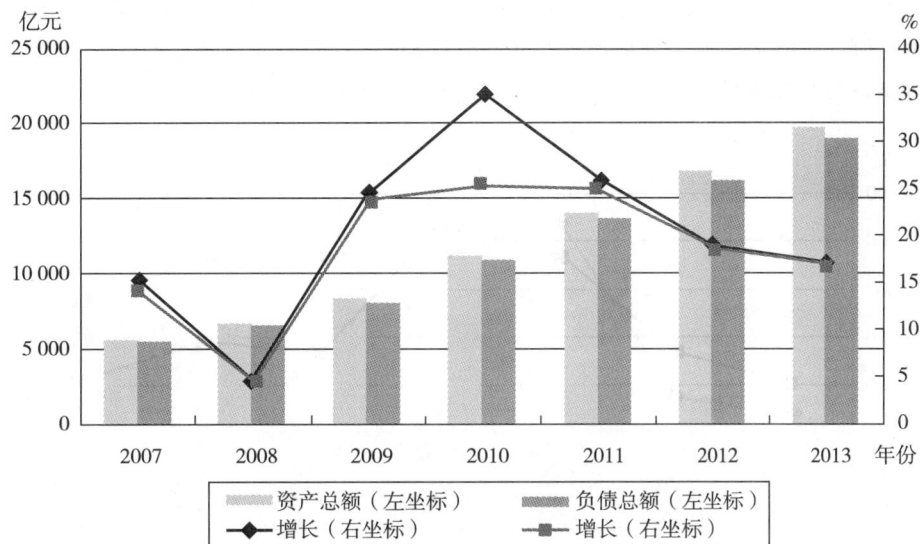

数据来源：新疆银监局相关资料。

图 6　2007—2013 年新疆银行业金融机构资产负债变动情况

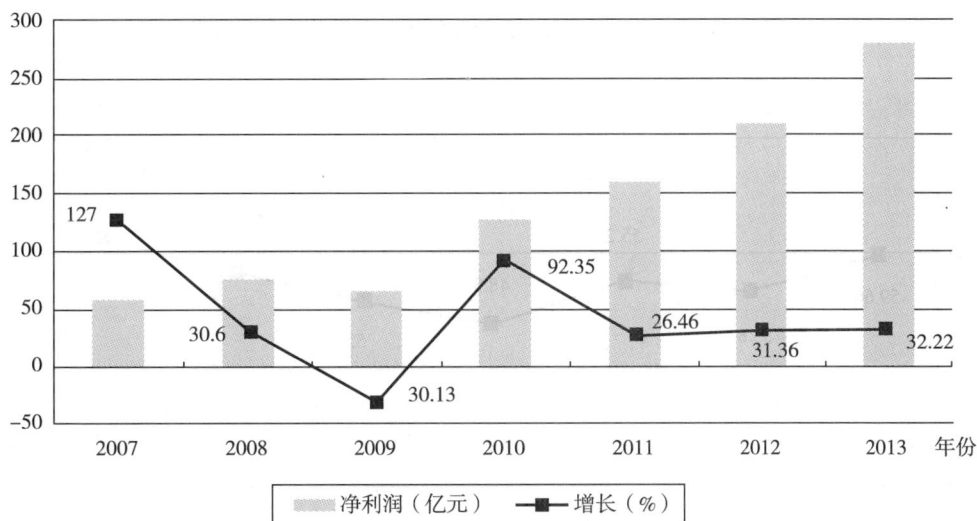

数据来源：新疆银监局相关资料。

图 7　2007—2013 年新疆银行业金融机构净利润变动情况

　　存款增速放缓，贷款平稳增长，流动性整体较充裕。银行业金融机构各项存款 14 121.44 亿元，增长 14.48%，同比下降 4.3 个百分点。高收益理财产品分流个人存款明显，储蓄存款增速整体回落，单位存款呈波动式增长，财政存款受价格涨幅回落、企业利润下降、实施结构性减税等因素影响，增速下滑，三者分别比上年增长 11.35%、17.18%、-6.37%。农村信用联社存款负增长 1.19%。银行业金融机构贷款总额 10 206.64 亿元，突破万亿元大关，比上年增长 22.32%，增速位居全国第 2 位，高出全国 8.51 个百分点。其中，涉农贷款增长 21.1%，占全部贷款比重的 45.3%；

微型企业贷款增长 61.6%；民贸民品贴息资金增长 31.1%。疆外贷款投入量实现突破，全年累计净流入贷款 277 亿元。中小法人银行业金融机构流动性有所下降，但保持在监管范围内，整体较充裕。其中，流动性比例 42.46%，比上年降低 12.80 个百分点；存贷款比例 61.97%，比上年提高 5.35 个百分点；日均存贷款比例 62.86%，高于上年存贷款比例 0.89 个百分点。

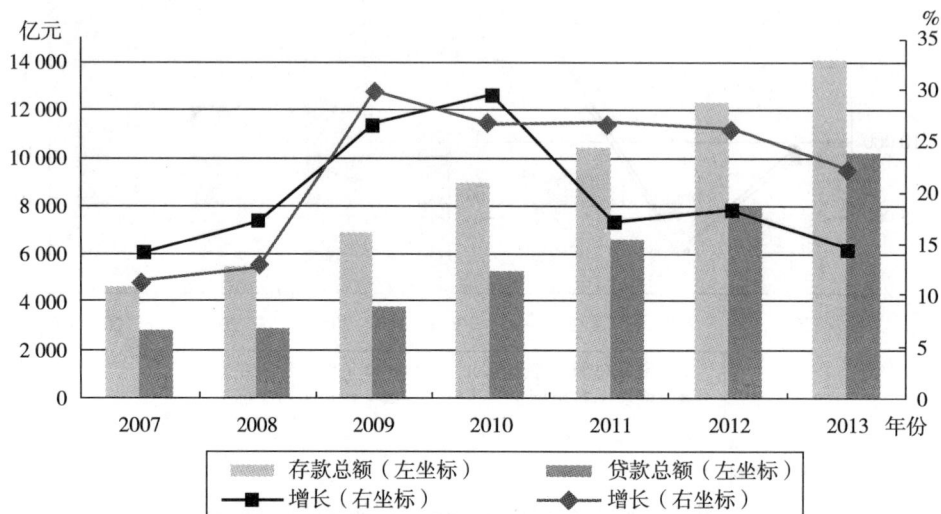

数据来源：人民银行乌鲁木齐中心支行信贷统计月报。

图 8　2007—2013 年新疆银行业金融机构存贷款变动情况

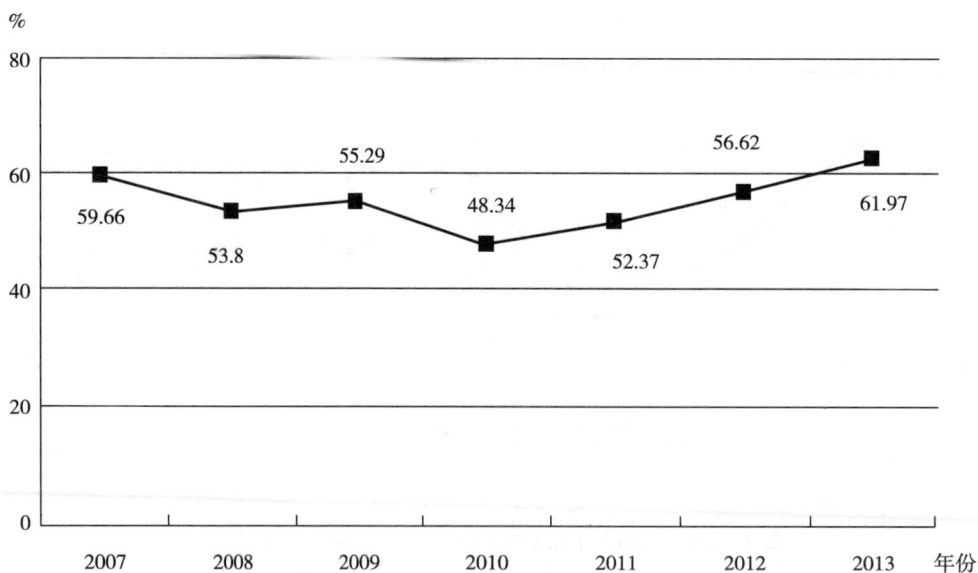

数据来源：新疆银监局相关资料。

图 9　2007—2013 年新疆银行业金融机构流动性变动情况

中小法人银行资本净额增长较快，资本充足水平保持稳定。地方法人银行业金融机构核心资本净额 488.01 亿元，比上年增长 27.35%，资本充足率、核心资本充足率分别为 13.95%、13.20%，分别比上年提高 0.10 个、0.11 个百分点。其中，乌鲁木齐市商业银行资本净额增长 53.52%。从非银行机构看，新疆长城金融租赁公司资本充足率 13.95%，比上年降低 1.28 个百分点，表内外风险加权资产大幅增长 58.40%。

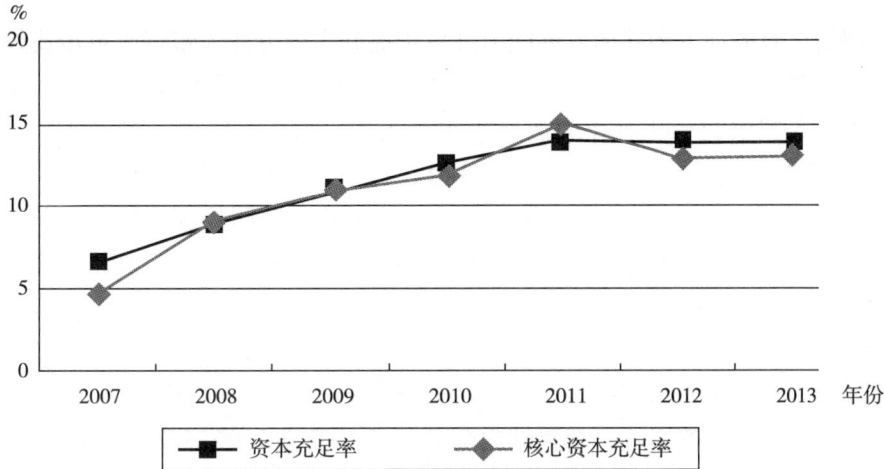

数据来源：新疆银监局相关资料。

图 10 2007—2013 年新疆银行业金融机构资本充足水平变动情况

资产质量整体较好，准备金水平稳步提升。2013 年末，新疆银行业金融机构不良贷款余额 134.59 亿元，下降 1.76%。不良贷款率 1.32%，比上年降低 0.32 个百分点。其中，损失类贷款增长较快，增长 86.47%。农村商业银行不良贷款增加较快，增长 1 536.65%，主要是新增 4 家机构的 2.18 亿元不良贷款，农村合作银行与农村信用联社不良贷款反弹较大，不良贷款增速分别为 146.19%、50.05%。贷款损失准备充足率、拨备覆盖率、贷款拨备率计提充足，分别为 243.35%、193%、2.54%，分别比上年提高 41.38 个、44.70 个、0.11 个百分点。

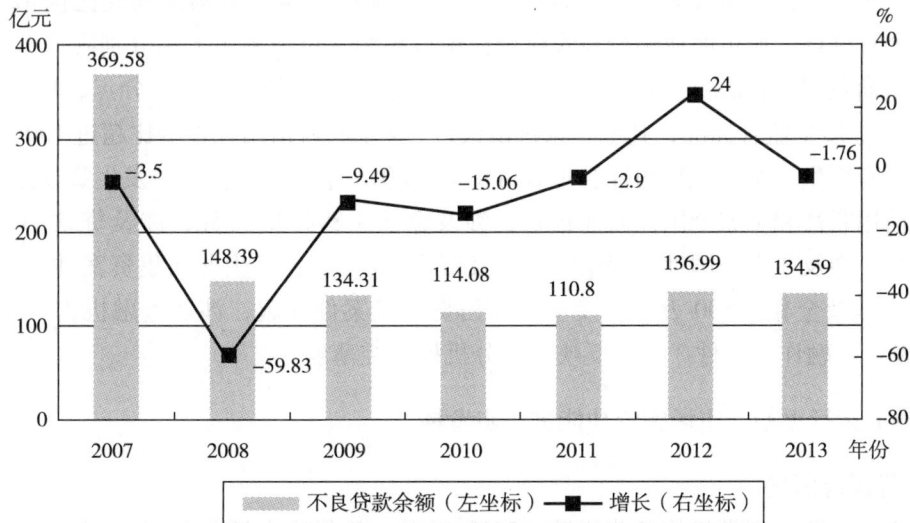

数据来源：新疆银监局相关资料。

图 11 2007—2013 年新疆银行业金融机构不良贷款变动情况

盈利能力稳步提升，经营状况持续改善。全年银行业金融机构实现净利润 279.95 亿元，增长

32.22%。资产利润率 1.76%，比上年提高 0.19 个百分点。其中，农村商业银行资产利润率为 4.02%，股份制商业银行、村镇银行、农村信用社资产利润率超过 2%。

银行业改革创新力度不断加大，稳健性进一步增强。国有银行进一步深化改革，优化基础服务设施，加大产品创新，服务地方和兵团发展能力进一步提升。地方法人银行改革步伐较快，4 家城市商业银行完成增资扩股，新增股本 16.56 亿元，资本实力进一步增强。乌鲁木齐市和米东区、博乐市、沙湾县、博湖县 5 家农村信用社率先改制重组为天山、博乐、沙湾、博湖 4 家农村商业银行，实现农村金融改革突破发展。全年新增村镇银行 9 家，村镇银行总数达到 16 家，实现倍增发展。中小法人银行网点增加 72 个。农村金融改革成效明显，县域及乡镇团场新增银行机构网点 81 个，涉农贷款累计发放 3 849.7 亿元，增长 32.9%，农村信用社、农商行、农合行新增自助服务设备 9 270 台，改善金融服务环境，金融稳定发展基础进一步夯实。

2. 银行业运行中需要关注的问题

不良贷款增加较多。受国外市场不景气，国内经济下行以及经济结构调整，部分母公司在疆外的集团企业转移疆内企业资金等影响，新疆辖内部分行业（企业）经济效益下滑，导致企业在银行机构贷款逾期，进而引起相关银行机构不良贷款增加。一是银行业金融机构可疑类、损失类贷款增长较快，增速分别为 86.47%、12.30%，可疑类贷款连续 3 个季度出现增长。二是地方法人银行不良贷款余额、不良贷款率分别较上年增长 26.83%、提高 0.06 个百分点，反弹压力较大。农村商业银行、农村合作银行、农村信用社不良贷款分别比上年增长 1 536.65%、146.19%、50.05%。三是辖内有 7 家农村信用社不良贷款率超过 5%，有 2 家机构超过 10%。

中小银行机构流动性风险值得关注。随着金融改革不断深化，银行机构流动性管理压力明显上升，资产负债期限错配问题集中显现，存款活期化趋势明显，中长期贷款占比持续较高，商业银行对金融市场的流动性依赖明显提高，局部、结构性资金紧张时有发生。同业、理财业务、互联网金融等金融创新加剧存款资源竞争，且受逐利性驱动，资金在行际和市场间流动频繁，负债稳定性人大降低，个别中小银行面临流动性风险。2013 年末，新疆法人银行机构流动性比例 42.46%，比上年降低 12.80 个百分点。城市商业银行与农村合作银行超额备付金率比上年分别降低 1.59 个和 8.91 个百分点。城市商业银行核心负债依存度不足 60%，低于监管要求 19 个百分点。12 家地方法人银行机构存贷比超过 75% 监管标准，其中 8 家村镇银行、9 家农村信用社存贷比超过 100%。

金融案件时有发生，金融机构内控管理有待加强。2013 年，新疆辖内共发生贷款违规案件 4 起，涉及 3 家农村信用联社和 1 家全国性商业银行，涉及金额 4 894.45 万元，涉及贷款 412 笔。发生挪用资金案件 3 起，涉及 3 家全国性商业银行，涉及资金 86 万元。发生非法集资案件 1 起，涉及小额贷款公司 1 家，涉及金额 9 800 万元。发生企业信贷风险案件 3 起，涉及金融机构 3 家，涉及金额 11 203 万元。发生金融诈骗案件 3 起，反映出部分机构内控薄弱。

（二）证券业运行平稳，市场融资功能进一步发挥

1. 证券期货运行情况

证券市场交易活跃，证券机构经营好转。2013 年末，新疆法人证券公司 1 家，异地在疆证券机构 16 家，证券营业部 62 家。投资者累计开户数 128.75 万户，新增 6.55 万户。全年证券交易总额 7 439.74 亿元，增长 91.66%，比上年提高 114.9 个百分点。62 家证券营业部实现手续费及佣金收入 10.19 亿元，增长 62%，利润 36.34 亿元，增长 92.12%，盈利水平居全国第 3 位。10 家期货营业部实现盈利 487.28 万元。

期货市场稳健发展，交易品种份额调整明显。2013 年末，新疆法人期货公司 2 家，异地在疆期货机构 2 家，期货营业部 10 家。全年期货交易 1187.84 万手，增长 35.4%，比上年提高 37.4 个百分点。交易总额 9 873.67 亿元，增长 35.9%，比上年提高 51.2 个百分点。期货交易品种 38 个，较上年增加 9 个。其中 8 个品种交易额增长超过 100%，白银、豆粕、菜籽粕增幅超过 650%。前 10 位的品种中（占总交易额的 81.9%），只有 2 个交易品种（铜、PTA）下滑 20% 左右，其余均实现增长。

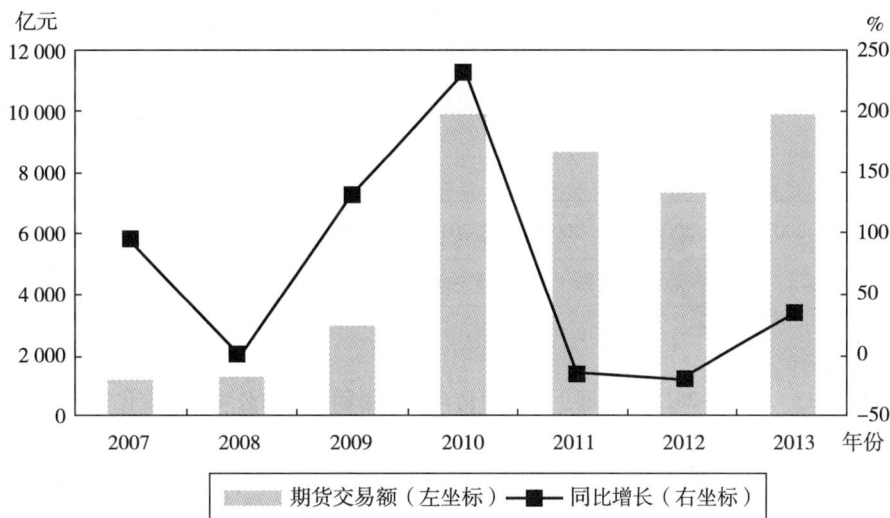

数据来源：新疆证监局、新疆证券期货协会相关资料。

图 12　2007—2013 年新疆期货交易变化情况

上市公司融资稳步增长，并购重组有序进行。2013 年末，新疆 A 股上市公司 39 家，H 股上市公司 3 家[①]。A 股上市公司总股本 338.41 亿股，新增 71.73 亿股。总市值 2 605.27 亿元，新增 84.34 亿元。上市公司再融资势头良好，全年 A 股上市公司境内资本市场融资 155.46 亿元。其中，西部建设、天富热电、中粮屯河等 8 家上市公司非公开增发方式，累计融资 120.06 亿元，渤海租赁发行公司债 35 亿元，美克股份股权激励 0.4 亿元。西部建设、中粮屯河、新疆天宏、天山纺织 4 家公司围绕主业转型、优化产业链、巩固行业地位、做大做强等展开并完成了重大资产重组工作。渤海租赁、香梨股份、宏源证券重组有序进行。

2. 证券业运行中需要关注的问题

证券期货创新业务起步，信用风险敞口有所扩大。2013 年证券行业创新加快，证券公司风险水平总体呈上升趋势，非标业务、场外业务和衍生产品大量出现对传统风险计量评估和控制方式形成挑战。随发债主体资质可能会下移，个体信用风险将进一步分化，信用风险敞口可能会进一步加大。

上市公司数量偏少，整体规模偏小。2013 年末，新疆 39 家 A 股上市公司数量、总市值占全国上市公司比重均不到 2%，与内地及中部城市相差较大，发展后备力量不足。

---

① 金风科技为 A + H 股。

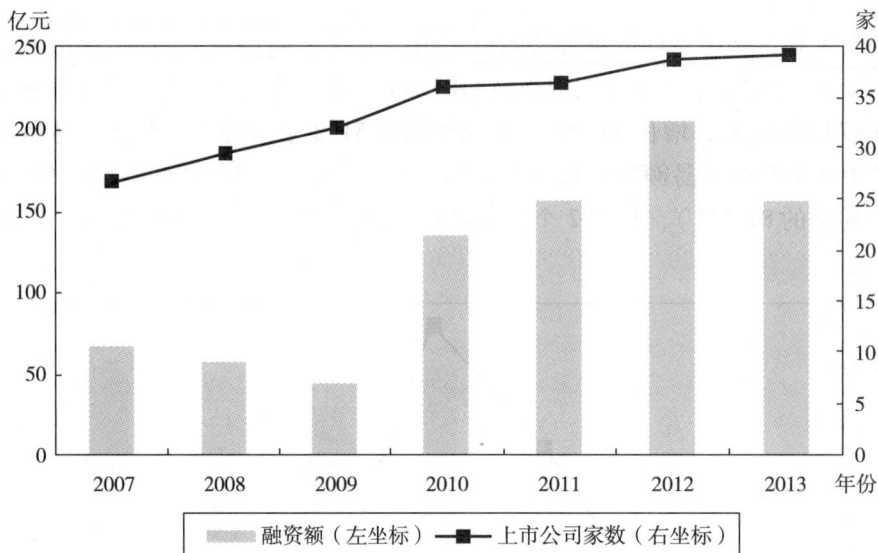

数据来源：新疆证监局相关资料。

图13　2007—2013 年新疆上市公司历年融资总额、上市公司家数变化情况

（三）保险业稳健发展，服务经济社会能力日益增强

1. 保险业运行情况

保险市场体系不断健全。2013 年末，新疆保险市场保险主体 29 家，新增 1 家法人机构——中石油专属财产险公司。其中，产险公司 16 家，人身险公司 13 家。分支机构 1 714 家，新增 148 家。专业保险中介机构 37 家，新增 3 家。兼业保险中介机构 2 776 家，保险从业人员 6.06 万人，营业网点遍布城乡，保险服务网络进一步健全。

经营实力不断增强。2013 年末，新疆保险业资产总额 557.82 亿元，增长 12.8%。保险密度 1207.83 元/人、保险深度 3.14%，分别比上年增加 158.82 元和 0.01 个百分点。保费收入 273.49 亿元，增长 16.1%，增速分别高于全国、西部、西北五省 4.9 个、2.5 个、1.1 个百分点。财产险保费收入 113.23 亿元，增长 20.87%。人身险保费收入 160.26 亿元，增长 12.95%。电话营销、互联网销售分别实现保费收入 10.78 亿元、1.16 亿元。支付赔款和给付 106.59 亿元，增长 33%。其中，财产险累计赔款支出 62.35 亿元，增长 23.89%。人身险累计赔付 44.24 亿元，增长 48.67%，充分发挥了经济补偿功能。

惠及民生保险业务快速发展。2013 年，以家财险、责任险和农险业务为主的惠民保险业务发展提速，业务增速达 64.9%、18.9% 和 36.7%。其中，农业保险累计实现保费收入 26.3 亿元，增长 36.7%，政策性农险保费规模达 25.39 亿元，位居全国第 4 位。疏附县农户综合保险、设施农业保险、阿克苏林果业保险的试点工作稳步推进。吐鲁番、昌吉、阿勒泰、哈密、和田等地区开办的设施农业保险覆盖面进一步扩大。政策性畜牧业试点范围扩大到和丰、温宿等 6 个县。以补充医疗为代表的健康保险业务持续扩面，惠及全疆 624 万城镇居民职工、农村居民和低保人群。乌鲁木齐、阿克苏、阿勒泰、塔城和克州五地先后启动大病保险试点业务，400 余万城乡居民纳入大病保险范畴。

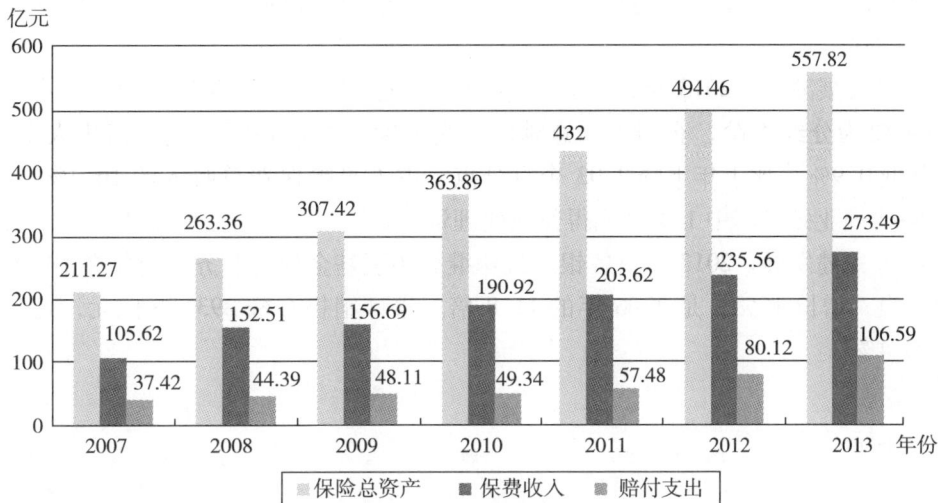

数据来源：新疆保监局相关资料。

图14　2007—2013年新疆保险业变化情况

2. 保险业运行中需要关注的问题

业务经营潜在风险加大。寿险产品销售过度集中于分红险，人身险公司分红险保费收入占寿险业务比重达79.56%。寿险市场满期给付压力较大，全年满期给付金额累计达22.69亿元，增长97.2%。财产险公司综合赔付率上升为64.35%，增加近5个百分点。车险业务普遍亏损，累计承保亏损达6 092.73万元，下降128.4%。

农业保险问题需要关注。农业保险配套机制尚未完全建立，如工作经费支付渠道未建立，防灾防损费比例调整问题未得到解决，以查勘定损为核心的理赔服务科学标准未真正形成等，这些将继续制约农险业务发展。

市场秩序仍有待进一步规范。新疆保险公司业务经营过程中，仍存在不正当竞争，主要表现为保险公司利用中介业务渠道弄虚作假，非法套取资金。2013年监管机构检查的8家保险公司累计非法套取资金2 583.79万元，其中人保财险、太平洋人寿、太平洋财险、平安财险4家公司占比81.4%。

（四）金融业综合经营稳步发展

2013年，新疆银行业综合理财业务稳步发展，银证、银保的合作业务发展减缓，代理基金和年金托管业务保持快速发展，金融业综合经营稳步发展。

1. 金融业综合经营平稳发展

银行理财业务稳步增长。全年银行机构累计发行理财产品4 964.32亿元，增长13.3%，比上年提高31.8个百分点。其中，个人理财3 044.75亿元，增长40.4%。99.8%为人民币理财产品，78.4%的理财产品是投向债券市场及货币市场，国有商业银行市场份额占比70%。商业银行自主研发信托类、保本债券市场或信贷类区域性理财产品表现抢眼。

银证合作业务快速发展。2013年，新疆有12家银行与券商签订了第三方存管合作协议，合作机构累计463家，增长42.5%。合作客户达186.5万户，增长84.3%。第三方存管业务客户资金余额

47.44 亿元，降低 8.1％。国有银行客户数、资金余额市场份额分别降至 51.1％、94.5％，分别下降 13.2 个和 1 个百分点。

银保合作业务发展减缓。2013 年，新疆有 14 家商业银行和 18 家保险公司合作办理银保业务，代理保险品种主要为分红寿险、企财险、意外险、交强险、综合险等。代理销售人身险保费收入 39.18 亿元，降低 0.9％，比上年下降 2.03 个百分点，占人身险保费总收入的 16.4％。有 3 家主流券商拟开展保险代理业务，其中 1 家已取得兼业代理资格。

银基合作业务稳健发展。2013 年，各银行机构继续拓展基金代理业务，全年有 13 家银行共代理销售基金 9 685 只，增长 46％，是 2006 年的 11.8 倍。累计销售金额 293.15 亿元，是 2006 年的 17 倍，较上年降低 4％。

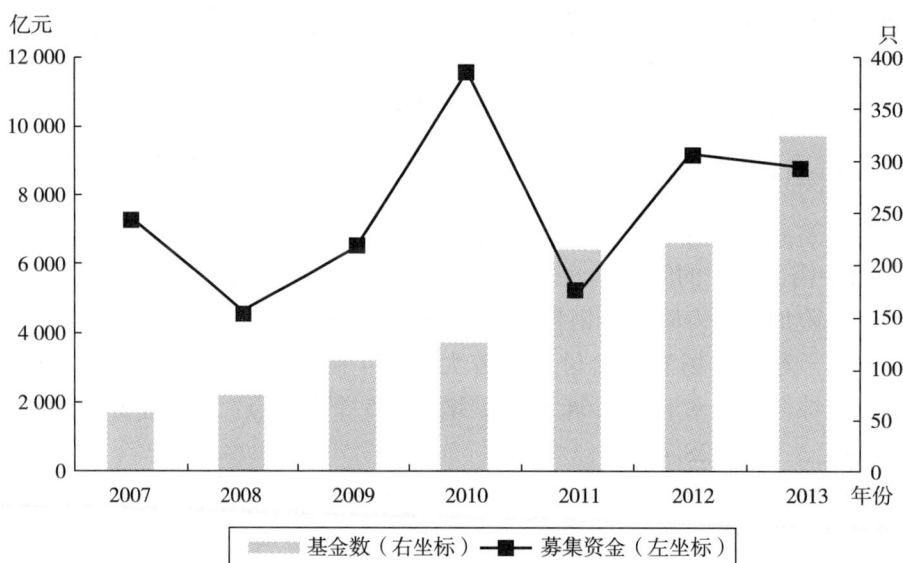

数据来源：新疆各银行机构相关资料。

图 15　2007—2013 年新疆基金业务变化情况

银证信合作业务逐步发展。2013 年，新疆 2 家法人信托机构——华融信托和长城新盛信托公司，积极与银行、证券合作开展跨市场信托业务。其中，华融信托努力拓展合作伙伴销售渠道，新增合作券商伙伴 17 个，其他金融机构伙伴 40 个，新增信托资产 645.18 亿元，管理存续信托资产规模达 970.50 亿元，实现信托业务收入 17.56 亿元，较上年增加 2.43 亿元，增长 16.1％。

企业年金业务增长较快。2013 年，新疆 7 家开办企业年金业务的银行机构托管年金资产 30.65 亿元，增长 26.8％。企业年金客户数 42.74 万人，增长 11.4％。其中，工行、建行年金托管业务分别占市场份额的 47％、35.6％。

2. 金融业综合经营需要关注的问题

交叉性金融业务信息透明度低，金融消费权益保护较为薄弱。目前，新疆辖内银行、保险机构大部分是代销各自总行（总公司）或他行总行（总公司）产品，更多地体现资金募集，无法真实、准确、及时了解产品的运作过程，不能准确、客观评估投资风险，及时作出投资调整，对金融消费者权益保护较为薄弱。2013 年，新疆 12378 保险消费者维权投诉热线共接听来电 3 416 次，增长 84.35％，共处理消费者各类问题 1 951 件，增长 74.2％。

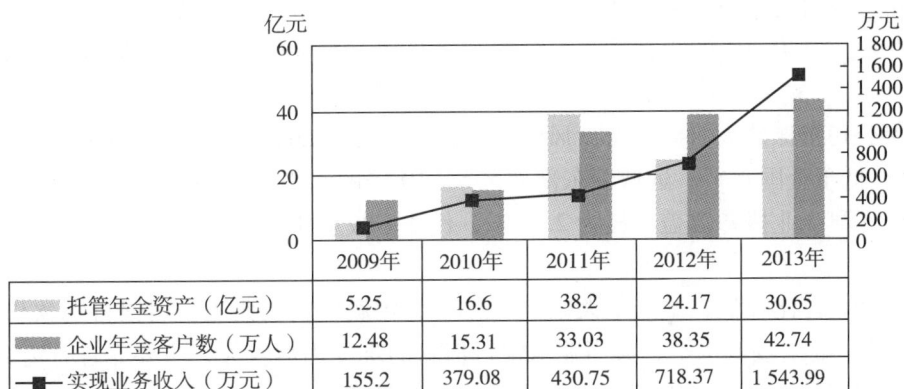

	2009年	2010年	2011年	2012年	2013年
托管年金资产（亿元）	5.25	16.6	38.2	24.17	30.65
企业年金客户数（万人）	12.48	15.31	33.03	38.35	42.74
实现业务收入（万元）	155.2	379.08	430.75	718.37	1 543.99

数据来源：新疆各银行机构相关资料。

图16　2009—2013年新疆银行托管企业年金变化情况

交叉性金融市场发展不规范问题依然存在。销售误导行为时有发生，主要表现为：将保险产品与储蓄、基金、国债等产品混淆；利用公众对银行固有的信任混淆银保产品的经营主体；向客户夸大或变相夸大保险合同利益等。12378新疆分中心共处理银保销售与农险理赔纠纷133件，较上年增长54.7%；手续费恶性竞争问题日益凸显，方式更加隐蔽，如直接通过套取营业费用违规支付手续费、通过虚列银行专管员或向银行专管员发放高额绩效、业务拓展费等套取资金，违规支付手续费或商业贿赂等。2013年新疆保监局已披露的9份行政处罚决定书中有6份涉及恶性竞争和变相违规。

（五）地方社会准金融机构整体稳步发展

1. 准金融机构稳步发展，风险管理水平整体上升

小额贷款公司快速发展，服务地方经济能力不断增强。2013年末，新疆已批准设立270家小额贷款公司，注册资本153亿元，贷款余额141.08亿元，较上年增加44.26亿元，增长45.71%。其中，"三农"贷款余额27.16亿元，占全部贷款余额的18.6%；中小微企业贷款余额46亿元，占比31.6%。贷款主要投向"三农"、小微企业和个体工商户，全年支持中小企业、个体工商户和农户10 763家。不良贷款率0.25%，风险总体可控，发展势头良好。

融资性担保公司资本实力增强，服务中小企业成效显著。2013年末，新疆已批准设立融资性担保机构152家，注册资金110.75亿元，其中注册资本在1亿元以上66家，占总数的43.42%。全年实现担保责任余额192.08亿元。其中，融资担保责任余额168.34亿元，增长15%，为中小微企业提供融资担保116.57亿元。行业监管逐渐规范，企业自律能力提高，2013年4月成立新疆融资性担保公司行业协会。机构内控水平和风险管理能力不断增强，担保代偿率1.64%，损失率0.04%。

典当行业规模继续增长，盈利能力平稳增长。2013年末，新疆辖内典当公司135家，实收资本16.15亿元，净资产17.69亿元，行业规模稳步扩大。全年典当余额9.33亿元，比年初降低4.5%。典当总额20.03亿元，比年初增长27.34%。其中，房地产抵押11.05亿元，动产抵押7.55亿元，财产权利抵押1.49亿元，分别占典当总额的55.16%、37.69%、7.44%，业务结构保持稳定。全年实现净利润0.43亿元，比上年增长7.5%。

2. 需要关注的问题

小额贷款公司贷款损失准备金计提不足，风险管理意识有待加强。目前，新疆辖内小额贷款公

司贷款损失准备计提缺乏统一标准，2013 年末，辖内有 81.6% 的小额贷款公司贷款损失一般准备金充足率低于 100%；有 40.8% 的小额贷款公司未足额计提；有 40.8% 的小额贷款公司未计提贷款损失一般准备金。

融资性担保公司担保放大倍数较低，风险抵补能力不足。2013 年末，新疆典当业融资性担保放大倍数 1.52 倍，低于全国水平，远低于东部地区 5～10 倍的水平，对地方中小企业资金支持作用没有充分发挥。全区典当业拨备覆盖率仅为 2.25%，代偿率较上年提高 0.64 个百分点，抵御风险能力有待提高。

典当业银行贷款占比较低，绝当率大幅上升。2013 年底，新疆典当公司银行贷款 0.29 亿元，占注册资本的 1.8%，处于较低水平，典当业从银行借款的难度仍然较大，主要靠自有资金经营。全年累计绝当金额 62.6 万元，增长 88.27%，企业经营风险明显上升。

三、金融市场与金融稳定

2013 年，新疆金融市场继续保持平稳运行。债券回购交易稳步增长，回购利率基本稳定；债券现券交易量持续大幅下滑；银行间同业拆借业务量小幅回落，资金价格平稳；银行间外汇市场平稳发展；黄金价格震荡下行，交易量大幅上升；票据市场业务稳步增长；外汇市场小幅增长，结售汇总额和顺差规模持续增长。

（一）金融市场运行情况

1. 货币市场交易下滑

2013 年，新疆银行间债券市场累计成交 34 931.64 亿元，比上年降低 11%。其中，质押式债券回购累计成交 26 137.08 亿元，增长 14.4%。正、逆回购分别成交 8 380.1 亿元和 17 756.98 亿元，资金流向一直保持净流出态势；买断式债券回购累计交易成交 203.96 亿元，降低 32.45%；现券累计交易 8 514.65 亿元，降低 43%；受理财产品需求量大幅增加影响，全年结算代理总量 75.95 亿元，增长 5%。金融机构累计发生信用拆借 211 笔。其中，拆出 168 笔、拆入 43 笔，金额 448.85 亿元，降低 8.06 亿元。

2. 票据业务稳步增长

2013 年，新疆金融机构累计签发商业汇票 1 225.3 亿元，增长 32.95%。其中，累计签发银行承兑汇票 1 210.4 亿元，累计签发商业承兑汇票 14.9 亿元，分别增长 33.13%、19.49%。银行承兑汇票贴现累计 2 098.11 亿元，降低 3.42%。中小微企业签发的银行承兑汇票余额占比达到 100%，企业签发的银行承兑汇票余额集中在制造业、农业和批发零售业等实体经济领域。人民银行总行授权再贴现限额 30.2 亿元，再贴现余额达 26.2 亿元，比上年增加 1.3 亿元，再贴现全部投向小企业和涉农领域。

3. 黄金市场交易量增长较快

2013 年，受黄金降价促销因素影响，居民投资黄金意愿明显增强，实物黄金及账户金交易量均大幅攀升。全年黄金累计交易 128 327.66 千克，增长 1.42 倍。其中，实物黄金、账户金、代理业务交易量分别达到 1.08 万公斤、2.38 万公斤、9.38 万公斤。

4. 外汇市场稳步发展

2013 年，在涉外经济稳步增长的带动下，新疆外汇收支呈现"双顺差"格局。全年跨境收支

（含现钞）总额 301.6 亿美元，增长 11.3%。跨境资金净流入 117.9 亿美元，增长 34.7%。银行结售汇总额 268.7 亿美元，增长 48%。实现结售汇顺差 195.9 亿美元，增长 84.2%。经常项目顺差 112.3 亿美元，增长 21.7%。资本与金融项目顺差 83.6 亿美元，增长 492.3%。

（二）多元化融资助力新疆跨越式发展

全年新疆 35 家企业共注册发行债务融资工具 58 只，合计 518.2 亿元，增长 49.8%。实际发行 333.2 亿元，增长 48.7%。其中短期融资券 168.4 亿元，中期票据 104 亿元，区域集优票据 4.8 亿元，定向工具 56 亿元。金融机构表外新增融资 329.3 亿元，同比少增 384.48 亿元，成为金融支持实体经济发展的重要渠道。其中，委托贷款新增 120.1 亿元，同比少增 377.4 亿元；信托贷款新增 113.7 亿元，同比少增 61.4 亿元；未贴现的银行承兑汇票新增 94.4 亿元，同比多增 54 亿元。

四、金融基础设施与金融稳定

2013 年，新疆金融服务基础设施持续改善，金融管理与服务工作不断推进，金融司法环境持续向好，支付结算体系稳步运行，反洗钱融资取得重大突破，社会信用体系不断健全，反假币工作深入开展，金融生态环境日益优化。

（一）金融管理与服务工作全面推进，工作取得新成效

2013 年，人民银行新疆各分支机构强化组织保障，健全组织体系，完善制度办法，规范工作流程，建立长效机制，加强内外沟通，加强风险管理，提升服务水平，依法全面履职，全年共受理新设金融机构及其分支机构 6 200 家，共受理各类重大事项 521 项，对辖区 223 家金融机构执行人民银行政策情况进行了综合评价，对 1 家金融机构开展了综合执法检查。

（二）金融司法环境进一步改善，金融消费者权益保护不断推进

2013 年，新疆各级政府积极培育市场环境、不断建立健全市场体系，维护良好的金融市场秩序。根据新疆经济金融发展实际，有针对性开展相关法律法规的修订完善和论证工作，金融司法环境不断改善，为新疆金融业良性发展提供法制保障。各级金融监管部门从新疆经济金融形势出发，加强金融机构监督检查，有效履行监管职责，切实化解新疆金融业运行中的问题和风险隐患。金融机构更为注重个人金融信息保护工作，加强内控合规监督检查，依法经营自觉性不断提高。各级司法部门完备法律条文，加强司法解释，加大案件执行力度和积案清理力度。人民银行设立金融消费者权益保护部门，加大金融消费者权益保护力度，宣传普及金融知识，提高民众法律意识，维护消费者权益。

（三）支付结算体系建设稳步推进，支付环境持续向好

2013 年，新疆新增 98 家支付系统间接参与者。大、小额支付系统共处理业务 3 838.45 万笔，金额 306 971.43 亿元。农村支付环境持续优化，全年设立银行卡助农取款点 990 个，增长 106.3%。县及县以下地区现代化大小额支付系统接入率达 90.5%。累计发行银行卡 1 676.7 万张，通过银行卡发放"新农合"、"新农保"24.67 亿元，涉农财政补贴 83.86 亿元，惠及农牧民 1 896.8 万人次。打击银行卡犯罪工作有效推进，全年银行卡违法犯罪案件立案92起，破获76起，抓获犯罪分子73人，挽回经济损失89.97万元。

（四）反恐融资取得重大突破，反洗钱监管成效全面提升

2013年，人民银行新疆分支机构加大反恐融资工作力度，积极配合司法机关开展涉恐资金和人员调查，全年共协查涉恐案件8起，涉及144名犯罪嫌疑人和211个银行账户，协助破获涉恐案件2起。全年对39家金融机构开展了反洗钱现场检查，对128家金融机构及其分支机构开展了反洗钱风险评估工作。共开展反洗钱调查25起、203次，配合公安机关破获以SLVU–PAY国际白金卡为媒介的网络传销犯罪案件和涉案金额3 742万元的特大虚开增值税专用发票案。进一步加强反洗钱工作部门间合作，与公安、安全等部门就恐怖融资、毒品犯罪、网络赌博等案件开展情报会商4次。

（五）社会信用体系不断完善，征信管理与服务不断推进

2013年，人民银行新疆分支机构进一步加大信息采集力度，扩大金融信息基础数据库的应用范围，加强信用评级市场的监督管理，加强《征信业管理条例》宣传工作。建立非银行信息采集常态化机制，在工商、税务、质监、工程建设、食品药品、电信等重点领域实现了局部信息共享，并协调中国电信新疆公司、乌鲁木齐市、兵团公积金中心开展相关信息接口采集工作，全年共采集非银行信息12 443条。为全疆17.3万个企业和1 093万个人建立信用档案；信用报告使用范围覆盖所有类型金融机构，全年金融机构累计查询企业信息28.01万次和个人信息351.3万次，发放贷款卡6 636张。信用评级市场快速发展，新疆辖内评级机构开展主体评级业务357笔，银行间债券市场进场前材料报备51笔，出具评级机构报告68笔，跟踪评级35笔。开展《征信业管理条例》、机构信用代码和动产融资等专题宣传和征信知识讲校园、进企业、进社区、进农牧区等活动。全年举办宣传活动1 011场，参与政府部门189个，参与媒体71家，发放宣传资料40万余份，制作宣传展板1 540块，发送征信公益短信30万余条，社会各界信用意识全面增强，主动查询信用报告年达3万余人次。

（六）反假币工作深入推进，工作成效显著

2013年，人民银行新疆分支机构充分发挥反假货币工作联席会议机制作用，强化部门联动，加大假币犯罪打击力度，破获了一批贩卖、运输、使用假币案件，全年共立案6起，破案6起，抓获犯罪嫌疑人12名，缴获假人民币276.8万元，增长2.28倍，有效打击了假币违法犯罪活动。进一步筑牢堵截假币防线，全年金融机构柜面共收缴假人民币985万元，增长13%。积极开展假币"零容忍"专项治理工作。围绕《反假货币上岗资格证书》认证工作，全年完成5 558名金融机构临柜人员的培训和考核，反假队伍进一步壮大。开展各类反假货币宣传活动200余场次，发放维、汉、哈、蒙等文字宣传资料约40余万份，公众反假意识和能力逐步提高。

（七）金融生态环境建设力度进一步加大，金融业发展基础不断巩固

2013年，在组织巴州、塔城开展金融生态示范县（市、兵团）试点的基础上，又将试点范围扩大到8个地州市，整体推进金融生态环境建设。试点地州市人民银行全面负责试点工作协调推进工作，推动地方政府牵头建立试点工作组织体系、考核评价体系、定期组织考核评价、对达标的金融

生态示范县（市、团场）予以授牌。制定试点工作评价办法并得到了当地政府大力支持，部分地州对达标县市予以授牌。

五、总体评估与对策建议

（一）总体评估

2013 年，新疆坚持稳中求进、进中求变总基调，三大产业协调发展，投资持续高速增长，是拉动经济增长的主要动力，内外需求增速放缓。金融业整体稳健发展，金融改革成效显著，银行业盈利能力保持稳定，证券交易活跃，融资方式多元化，保险市场体系不断健全，惠民保险业务快速发展，金融生态环境持续改善，金融体系整体保持健康平稳运行。

（二）计量评估

以人民银行上海总部的区域金融稳定定量评估指标体系为依据，结合新疆实际对指标进行了调整和修正，运用模糊隶属度对指标进行了标准化处理，通过调查问卷和层次分析法分别计算主客观权重，用综合赋权法计算评价目标的最终得分，再将宏观经济、银行业、证券业、保险业和金融生态环境指标评价得分加总得到金融稳定状况综合评价指数，以此计量评估新疆区域金融稳定状况。

表1   2008—2013 年新疆金融稳定综合评价表

年 份	2008	2009	2010	2011	2012	2013
宏观经济	0.0968	0.0885	0.1186	0.1318	0.1231	0.1126
金融业	0.2685	0.2183	0.4769	0.5186	0.4985	0.4875
金融生态环境	0.0919	0.081	0.0919	0.1014	0.1017	0.1023
综合得分	0.4572	0.3877	0.6874	0.7518	0.7233	0.702

从定量评估的结果来看，2013 年新疆宏观经济、金融业指标得分较上年略降，金融生态环境指标较上年略增，金融稳定综合得分指数较上年下降 0.0213。宏观经济得分降低的原因主要是受经济结构调整影响，地区生产总值、投资、消费、收入等主要经济指标与上年相比有所降低。金融业得分降低的原因主要是寿险公司退保增加，财险公司应收保费较上年增长。金融生态环境得分较上年增长的原因主要是银行业服务密度较上年快速增长。

（三）相关政策建议

1. 紧抓历史机遇，切实提高发展质量和效益，推进经济金融可持续发展

紧抓中央对新疆工作作出重大战略部署的机遇、紧抓中央作出建设丝绸之路经济带战略决策的机遇、紧抓十八届三中全会作出全面深化改革历史性决定的机遇，赢得经济发展的主动。围绕深化经济体制改革，充分发挥市场配置资源的决定性作用，深化国有资产管理体制改革和国有企业改革，激发非公有制经济活力和创造力。加快新型工业化进程，积极实施千百亿工程，加快石油石化、有色、装备制造等 8 000 亿元产业发展，推进产业转型升级，强化产业技术创新，推进战略性新兴产业规模上水平。深入实施信息化发展战略，启动实施两化融合专项行动计划和宽带新疆行动。加快现代农牧业产业体系建设，全面深化农村改革，赋予农民土地承包经营权抵押、担保权能，允许承包

经营权入股。积极稳妥扎实推进新型城镇化，构建与资源环境承载能力相适应，具有现代元素的城镇化格局。积极推进现代服务业发展和基础设施现代化，保持融资适度增长，拓宽多元化融资渠道。统筹区域城乡协调发展，缩小城乡收入差距。

2. 深化金融改革，着力防范金融风险，切实提高金融业运行效率

深入推进银行业改革开放，完善现代银行业治理体系、市场体系和监管体系，推进治理能力现代化，引导银行业长期可持续发展。推动业务产品创新，创新服务方式，扩大金融服务覆盖面、公平性、可获得性，探索管理制度创新释放改革红利。切实防范金融风险隐患，审慎稳妥缓释平台贷款风险，严控房地产贷款风险，防范个别企业资金链断裂可能产生的风险传染，防范产能过剩风险，盘活沉淀在过剩产业上的信贷资产，积极防范理财风险、信托风险、融资担保风险、小额贷款风险，密切关注和防范流动性风险、信息科技风险；继续支持证券公司开展业务创新，拓宽收益来源。大力培育优质上市公司后备资源，推动各类企业上市融资和上市公司再融资。加快债券市场发展，促进债券产品创新，增加债券融资规模；再造保险市场体制机制优势，治理困扰行业的沉疴顽疾，努力规范市场秩序，完善偿付能力监测监管体系，切实保护消费者利益。

3. 持续推动金融基础设施建设，不断优化金融生态环境

进一步完善支付体系建设，加快支付结算产品创新，优化农村支付环境，提高支付结算服务水平。大力推进信用体系建设，加大信息采集力度和深度，拓宽行业征信系统信息覆盖面，将小额贷款公司、融资性担保公司、典当公司纳入征信系统范围，增强信用评级市场监管，提高企业和个人诚信意识，营造良好的社会信用环境。加强反洗钱、反假币工作力度，进一步加大反洗钱、反假币工作部门间合作，严厉打击反恐融资、洗钱、制贩假币等犯罪活动。积极取得当地政府支持，继续扩大金融生态示范县市（团场）试点工作，培育和改善区域性金融生态环境，为地方金融业健康快速发展奠定良好基础。

总　纂：尚　晓
统　稿：庞小红　白文梅
执　笔：杨长伟　白文梅　李宏林　赵强　郑高强　杨涛
其他参与写作人员（以姓氏笔画为序）：
马红　孔军士　李楠　毕燕茹　刘德英　杨荣涛
张硕　梁娟

大连市金融稳定报告摘要

2013 年，大连市国民经济继续保持平稳快速发展，全市地区生产总值同比增长 9%，经济总体呈现了增长稳定、效益提升、民生改善、社会和谐的局面；金融业保持健康、平稳运行，银行业、证券业和保险业发展逐渐均衡，法人金融机构经营稳健，市场运作井然有序，风险防范能力逐渐增强，金融生态环境进一步优化。但是在国际经济形势复杂多变，国内经济下行压力增大的大背景下，大连市也面临结构调整和产业升级等诸多困难，要密切关注由此带来的风险隐患。

一、区域经济运行与金融稳定

（一）经济发展平稳有序，金融稳定基础坚实

1. 经济增速出现回落，质量和效益不断提升

2013 年，大连市实现地区生产总值 7 650.8 亿元，按可比价格计算同比增长 9%，增速同比回落 1.3 个百分点。优势产业提质增效，19 个省重点产业集群实现销售收入 7 300 亿元，增长 18%，全市完成规模以上工业增加值 3 180 亿元，增长 10.2%，其中高新技术产品增加值增长 20% 以上。现代服务业不断壮大，服务业增加值 3 281.3 亿元，增长 9.1%。非公经济快速发展，省级创新型中小企业达到 103 户，民营经济占地区生产总值的比重达到 67.1%。现代农业持续发展，新发展设施农业 11 万亩、海洋牧场 10.2 万亩，10 个都市型农业园区建设加快。

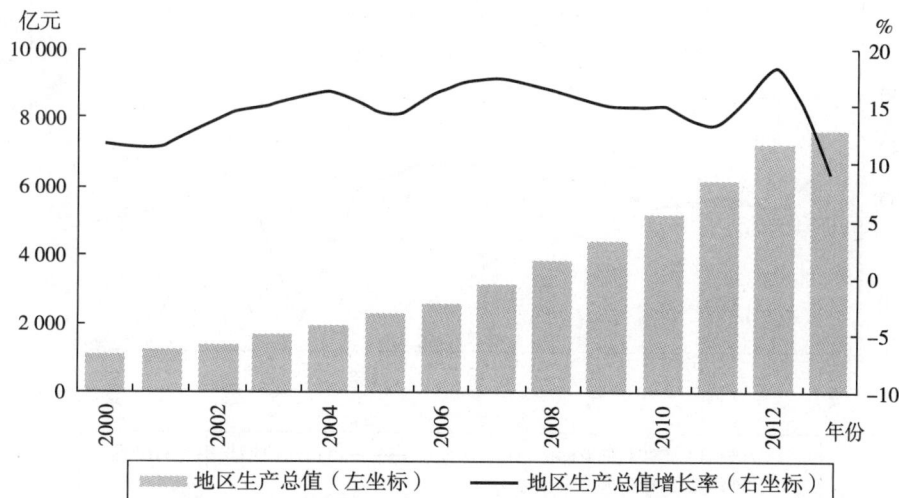

数据来源：大连市统计局相关资料。

图 1　大连市地区生产总值增长情况图

2. 固定资产投资稳中有降，全域城市化发挥引擎作用

2013 年，大连市完成固定资产投资 6 478.1 亿元，同比增长 15.2%，增速同比下降 8.3 个百分点。全市共实施亿元以上重大项目 1 028 项，总投资 1.58 万亿元，其中完成投资 3 800 亿元，拉动全社会投资增长 10.5%。房地产业和建筑业保持平稳，完成房地产开发投资和销售额分别增长 22% 和 15%，建筑业产值突破 2 300 亿元，增长 13.3%。全域城市化发挥引擎作用，投入 21 亿元推进重点区域和 4 个中心镇基础设施及公共服务体系建设。

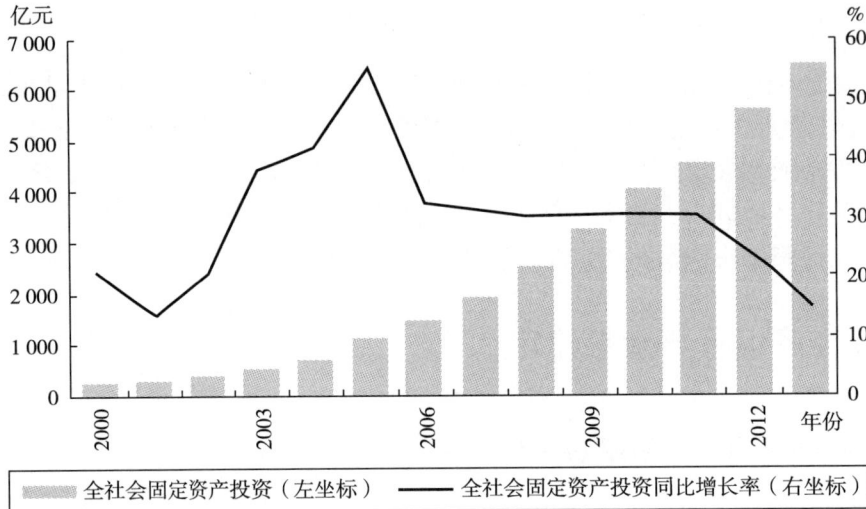

数据来源：大连市统计局相关资料。

图 2　大连市固定资产投资变动趋势图

3. 外贸平稳小幅增长，对日贸易逐渐向好

2013 年，大连市自营进出口总额 676.5 亿美元，同比增长 8.1%。其中，出口 367.5 亿美元，增

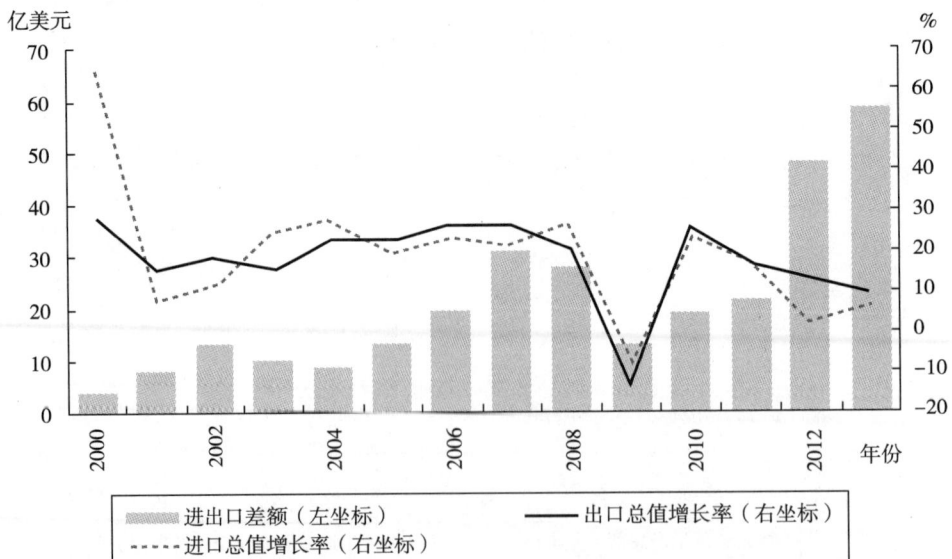

数据来源：大连市统计局相关资料。

图 3　大连市进出口变动情况图

长 9.1%；进口 309 亿美元，增长 7%，实现贸易顺差 58.5 亿美元，增长 21.6%。日本仍是大连市第一大对外贸易伙伴，2013 年，大连市对日进出口总额 115.9 亿美元，与上年持平，同比少降 11.3 个百分点。其中，出口 75.6 亿美元，下降 1.4%，进口 40.3 亿美元，增长 2.3%。

4. 财政收支不断扩大，民生支出继续增加

2013 年，大连市公共财政收入 850 亿元，同比增长 13.3%。其中，国税系统组织各项收入 529 亿元（不含海关代征），增长 3.1%；地税系统组织各项收入 917 亿元，增长 13%。2013 年，全市财政用于教育、医疗卫生、社会保障和就业、文化体育、城乡社区事务、公共交通运输等民生方面支出 712.42 亿元，增长 26.3%，其中，市本级 346.31 亿元，增长 29.8%。

5. 居民人均可支配收入稳步提高，城乡低保标准全国领先

2013 年，大连市城市居民人均可支配收入 30 238 元，同比增长 9.8%；农村居民人均纯收入 17 717元，增长 10.8%。全市社会消费品零售总额 2 526.5 亿元，增长 13.6%。全年居民消费价格指数（CPI）上涨 2.5%，低于全国 0.1 个百分点。全年实现城镇新增就业 23.3 万人，创业就业 3.3 万人，城镇登记失业率控制在 2.6%。城乡居民基础养老金和失业保险待遇标准再次提高，最低工资标准分别达到 1 300 元和 1 200 元，城、乡低保分别提高 10% 和 20%。

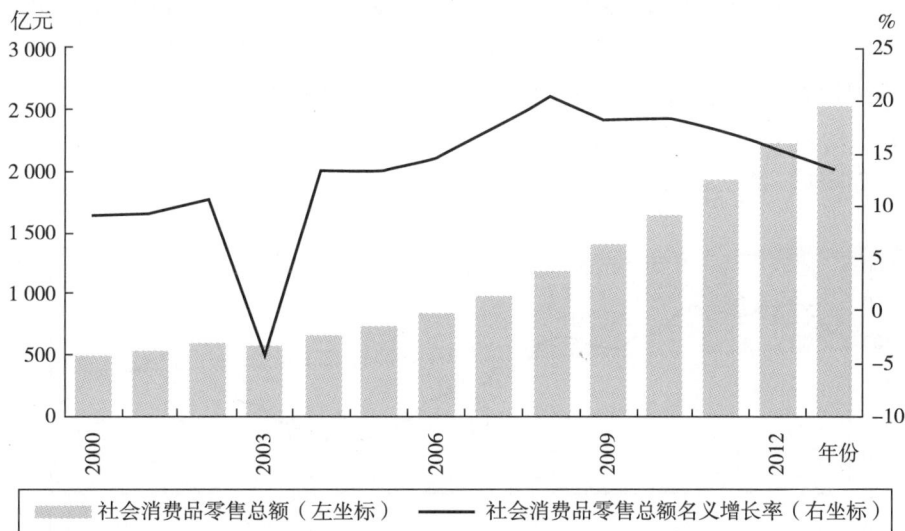

数据来源：大连市统计局相关资料。

图 4 大连市社会消费品变动情况图

（二）区域经济运行中不利于金融稳定的因素

宏观经济下行对经济结构调整提出挑战。2013 年，大连市经济增长稳中趋缓，地区国内生产总值、固定资产投资等主要经济指标增速出现回落，虽然与整体宏观经济下行有关，但也与大连市经济结构与体制机制矛盾突出有关。大连市经济增长具有传统型、外向型和投资驱动型的特点。短期内，传统产业在经济体系中仍占有较大比重，工业经济特别是传统优势产业面临较大的转型压力，现代服务业和科技创新产业发展亟待加速，随着经济走势下滑，市场需求下降、原材料价格上涨、用工成本增加等问题仍会困扰传统劳动密集型企业的发展；对外贸易复苏相对缓慢，部分日资企业减产和转产现象加剧；投资对经济增长拉动的边际效应递减，企业中长期投资意愿不足，居民消费

对经济拉动作用不显著。今后一段时期，加快经济结构调整，实现产业转型升级成为大连市经济持续稳定发展的必由之路。

二、金融业与金融稳定

（一）银行业运行状况及风险分析

2013年，大连市银行业金融机构总体发展平稳，存款增速有所下降，单位存款波动较大；贷款增速低位运行，中长期贷款增长缓慢；存款利率小幅上升，贷款利率波动下行；资产质量有所好转，利润水平大幅上涨。但需持续关注利率市场化进程加快、流动性约束压力增强、不良贷款反弹压力增大以及金融脱媒等现象所带来的潜在风险。截至年末，大连市共有地方法人银行业金融机构12家[①]，分行44家。

1. 银行业运行状况

（1）存款增速有所下降，单位存款波动较大。截至2013年末，大连市金融机构本外币各项存款余额11 953.6亿元，同比增长11%；全年新增1 255.1亿元，同比少增119亿元。2013年前4个月，大连市存款延续2012年以来的快速回升势头，第一季度增量创历史同期最高值，5月后，受经济增长进一步放缓等因素影响，存款增速开始回落并在12月创年内最低。单位存款余额6 249.5亿元，增长9.3%；全年新增614亿元，同比少增24.5亿元。从全年来看，单位存款同比增长从最低-0.2%到最高23.6%，波动较大。

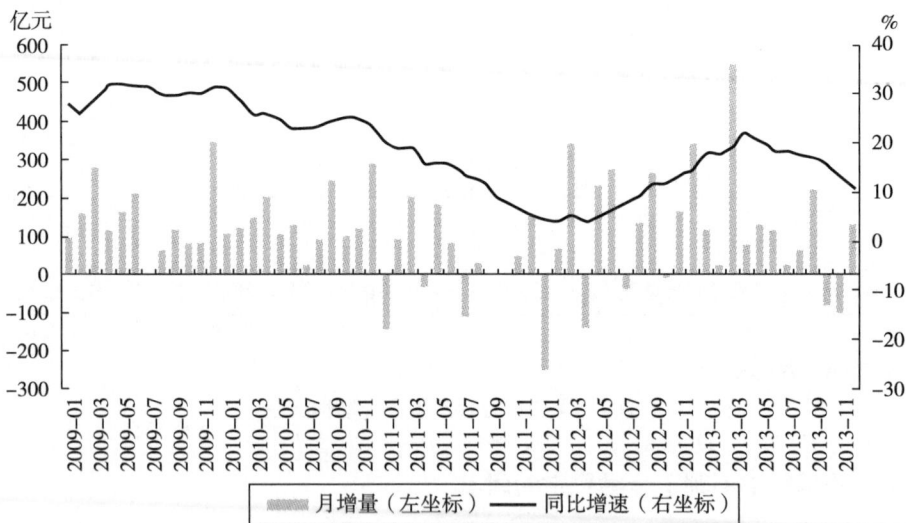

图5　金融机构存款增量、增速走势图

（2）贷款增速低位运行，中长期贷款增长缓慢。截至2013年末，大连市金融机构本外币各项贷款余额10 185亿元，同比增长11.8%，在4月创下16.6%的17个月以来新高后持续回落；全年新增1 055.2亿元，同比少增138.2亿元。短期贷款余额3 816.2亿元，增长18.1%；中长期贷款余额

_____

① 不包括贷款公司和外资银行。

6 023.7 亿元，增长 7.9%；票据融资余额 227 亿元，增长 13.6%。

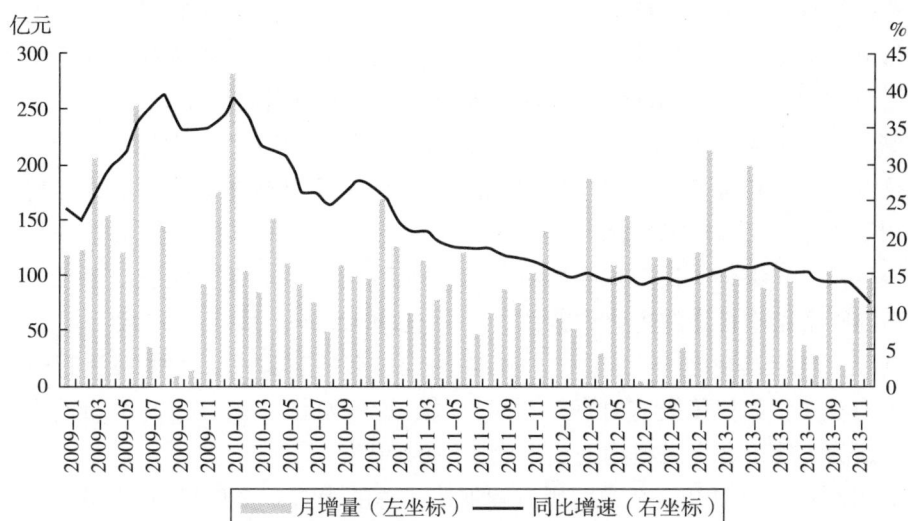

图6　金融机构贷款增量、增速走势图

（3）存款利率小幅上升，贷款利率波动下行。2013 年末，大连市金融机构全口径存款加权平均利率2.9%，比第一季度提高16个基点。在多数中小银行存款利率上浮10%后，国有大型商业银行受存款流失压力影响，将定期存款利率上浮10%的权限下放至二级分行及直属分行，存款定价执行灵活度有所提升。2013 年，大连市金融机构人民币贷款加权平均利率6.9%，比全省低31个基点；同比下降39个基点，比全省多降9个基点。从月度变化看，金融机构贷款利率稳中有降，除8月和12月贷款利率环比上升外，其余各月小幅下降。其中，9月贷款加权平均利率为6.8%，为2012 年以来最低。

（4）资产质量有所好转，利润水平大幅上涨。截至2013 年末，大连市金融机构不良贷款余额107.6 亿元，同比下降1.6%；不良率为1.07%，下降0.13个百分点。全年银行业金融机构不良贷款以半年为周期上下波动，6月和12月分别达到全年低点，9月为全年最高点。受上半年贷款投放增长较快、货币市场利率上行拉升存量资产收益等因素影响，全市金融机构累计实现本外币利润276.7 亿元，增长48.5%，盈利能力进一步增强。

2. 银行业风险情况分析

（1）利率市场化进程加快，银行面临挑战增大。2012 年，人民银行放开存款利率上限至基准利率的1.1倍。2013 年，又全面放开贷款利率下限管制。2014 年人民银行计划探索发行面向企业及个人的大额存单，并适时扩大存款利率浮动区间。随着利率市场化步伐的加快，2014 年存款市场的竞争将进一步加剧，金融机构单纯依靠规模扩张和存贷款利差的盈利模式将越来越难以为继。在这种背景下，大连市部分国有银行及股份制商业银行已经积极开展战略转型，加强定价管理，大力发展中间业务。但以法人银行为代表的部分中小金融机构对利率市场化改革的风险认识不足，利率风险管控意识及能力较弱，盈利模式单一。

（2）阶段性流动性紧张偶发，流动性约束压力增强。2013 年，大连市金融机构流动性总体充足，但在6月货币市场波动情况下，部分金融机构流动性出现了阶段性、结构性紧张，个别法人银行机构启动了流动性应急预案。同时，法人银行机构尤其是村镇银行存贷比指标偏高，2013 年末，除 2 家经营满 5 年的村镇银行外，其余 6 家村镇银行存贷比均超过 75% 的监管指标。2014 年，在人民银行继续实施稳健货币政策，发挥流动性总阀门对各类信用扩张行为的调节作用的背景下，流动性结构性紧张将成为常态。这也迫使各金融机构尤其是法人机构加快调整自身资产负债期限结构错配，加强流动性监测和预警，把流动性管理提升到与资金管理相同的高度。

（3）不良贷款呈"三高"现象，资产质量反弹压力增大。2013 年，大连市银行业金融机构不良贷款整体呈现行业、机构和客户集中度高的"三高"特点。其中不良贷款余额排名前 3 位的行业为制造业、批发和零售业、交通运输仓储和邮政业，合计占全市对公不良贷款余额的 71.2%；农业银行、国家开发银行及工商银行不良贷款增加额合计占比 55.75%；STX（大连）集团及实德集团不良贷款余额在全市 300 余家不良贷款企业（集团）中占比 40.53%。预计 2014 年，在国家经济结构调整，产业转型升级，产能过剩化解，实体经济面临困难较多的背景下，大连市银行业金融机构新增不良贷款反弹压力较大。如何积极应对资产质量变化，探索盘活存量、控制增量的方法，促进资产质量逐步好转，成为大连市各金融机构需要重点关注的问题。

（4）经济金融形势错综复杂，金融脱媒进程加快。总的来看，全球经济在 2014 年将继续延续缓慢复苏态势，我国经济发展的内外部环境也将进一步改善。但同时，美国 QE 退出带来了预期的不确定性，国内也处于产业转型与消费升级的双重关口，投资对经济增长拉动的边际效应递减。加之金融脱媒进程加快，以余额宝为代表的互联网金融产品拉高市场利率、加速银行机构存款流失，经济金融运行仍将面临不少风险和挑战。大连方面，以日本为代表的部分外资企业减产停产及产业转移现象加剧，银行大量项目与客户流失；政府性债务未来本金及利息清偿来源高度依靠地方财政；房价指数持续走高，房地产相关贷款发放日趋谨慎。在多种因素综合作用下，大连市银行业金融机构未来的生存环境更加错综复杂。

（二）证券业运行状况及风险分析

2013 年，大连市证券交易规模和证券公司盈利水平有所上升；期货经营机构经营状况有所好转；上市公司运行良好。同时，大连市证券、期货业仍然存在经营业务种类单一、行业竞争激烈、违规经营等风险。截至年末，大连市共有证券公司 1 家，证券分公司 4 家，证券营业部 59 家，证券投资咨询公司 2 家，期货经纪公司 4 家，期货营业部 72 家，境内上市公司 27 家。

1. 2013 年证券业运行情况

（1）证券公司稳健经营，盈利水平有所上升。2013 年，受创业板交易活跃影响，大连辖区证券营业部累计实现营业收入 7.7 亿元，利润总额 1.9 亿元，同比增长 465.8%。截至年末，辖区客户托管资产 1 611 亿元，下降 0.04%，全年累计证券交易金额 1.4 万亿元，增长 99%。大连辖区现有大通证券一家法人证券公司，全年累计实现营业收入 5.2 亿元，增长 30%，累计实现净利润 9 484.5 亿元，增长 65.9%；截至年末，资产总额 58.3 亿元，负债总额 25.2 亿元。

（2）期货公司盈利水平好转，但低于全国平均水平。2013 年，大连辖内 76 家机构的客户保证金为 78.3 亿元，同比略有增长，其中超过 1 亿元的有 17 家机构；累计成交总量 3.8 亿手，成交金额 34.5 万亿元，增长 53.4%；累计手续费收入 4.2 亿元，增长 11.8%；实现净利润 4 991.5 万元，下降 10.8%。4 家法人机构经营状况有所改善，累计净利润从 2011 年的 1 624.3 万元增长到 2013 年的 3 252.3 亿元，上涨幅度超过 100%；净资产也由 2011 年的 3.6 亿元增长到 2013 年的 5.3 亿元，增幅为 48%。与自身相比，期货机构增长较为迅速，但是与全国平均水平相比，差距仍然很大。2013

年，全国期货公司累计净利润为35.5亿元，平均每家公司盈利2 277.6万元，是大连辖区期货公司的近3倍。

（3）上市公司经营良好，营业收入增长缓慢。截至2013年末，大连市共有境内上市公司27家，其中沪市公司13家，深市公司14家。上市公司总市值1 523.9亿元，同比下降1.3%。总体上看，大连市辖区上市公司治理结构较为完善，运作较为规范，总体经营情况较好，没有ST等高风险公司。受宏观经济影响，辖区上市公司普遍存在营业收入增长缓慢或略有下滑、净利润下滑的情况，尤其是创业板、中小板公司净利润普遍大幅下滑。大多数上市公司均注重回报股东，23家公司均实施了现金分红。大连辖区上市公司后续发展潜力较大，目前，有大连国威轴承股份有限公司等6家已备案拟上市公司。

2. 证券期货经营机构风险分析

（1）证券营业部佣金价格战可能导致市场混乱。经纪业务是证券公司的基础和核心，竞争同质化和激烈化严重，佣金价格战步步升级，整体佣金水平呈现加速下滑态势。尤其是部分证券公司采取的佣金换市场的竞争策略，加剧了佣金率的下滑态势。佣金价格战到一定程度，必然会导致行业的不正当竞争和市场竞争秩序的混乱。由于目前市场行情低迷，证券行业整体业绩不佳。近三年新成立的证券营业部基本处于亏损状态，部分老营业部依靠以前积累的经纪业务勉强维持平衡。

（2）法人证券公司盈利能力有待提高。目前，大通证券营业收入主要来源为代买卖证券款业务收入、利息收入和投资收益，而资产管理业务收入、投行业务收入和销售金融产品收入占营业收入的比例不到5%，面临着业务结构单一、新客户开发能力较弱、创新业务领域扩展不足的困境。由于市场整体佣金下滑，未来平均佣金有望维持在0.02%～0.03%，经纪业务收入难以成为主要的收入来源，仅仅能够维持公司运行成本，因此在稳定原有业务收入的基础上，必须积极寻找新的稳定收入来源。

（3）期货市场结构不合理蕴含违规经营风险。目前，辖区期货市场存在"散、小、弱"的问题。一方面，期货投资者中散户居多，实力、能力和参与度有限，产业客户、机构客户偏少，投资者结构不合理。另一方面，期货经营机构自身实力弱小，业务单一，发展乏力；期货人才尤其是高端人才不足等。这些问题会导致期货公司在巨大的经营压力下，违规进行开发、争夺客户，减少投资者保护和基础保障设备方面的投入，甚至为了提高自有资金使用效率而轻视风险监控指标，进而产生实际风险。

（4）互联网金融对期货市场产生巨大冲击。互联网金融的蓬勃发展，对期货市场产生了巨大冲击，期货公司加紧调整业务模式，"0佣金"价格战已经开始，期货微平台也不断涌现。在这种背景下，市场中产生了开户环节风险揭示不充分、合同签署人身份认定不明确、投资者适当性评估不够等问题。加之期货行业信息技术管理工作本身比较薄弱，因此今后期货公司的信息技术创新、信息系统容量、网络安全管理、风险控制能力、应急管理能力等都将迎来巨大挑战。

（三）保险业运行状况及风险分析

2013年，大连市保险业不断改进服务方式，提升业务质量，保险市场继续保持平稳健康发展态势。但是保险业满期给付和退保压力依然较大，行业潜在风险值得关注。截至年末，大连市共有保险总公司3家，保险分公司42家，各类保险分支机构356家，保险专业、兼业代理机构近1 700家，营销员2.36万人。

1. 保险业基本运行情况

（1）保险市场规模稳步扩大。截至 2013 年末，大连市共有保险主体 45 家，同比增加 2 家，共有 16 家保险机构取得了经营外汇业务资格，增加 1 家。保险公司资产总额 513.9 亿元，增长 12.8%，其中中资保险机构资产总额 488.4 亿元，占比 95%，外资保险机构资产总额 25.5 亿元，占比 5%；人身险公司资产总额 466.6 亿元，占比 90.8%，财产险公司资产总额 47.3 亿元，占比 9.2%。

（2）保费收入持续增长。2013 年，大连市保险业实现保险保费收入 176 亿元，同比增长 9.6%。从险种上看，财产险业务实现保费收入 63.6 亿元，增长 10.3%；人身险业务实现保费收入 112.4 亿元，增长 9.2%。从机构上看，中资保险公司保费收入 168 亿元，增长 9.7%，外资保险公司保费收入 8 亿元，增长 8.1%，比资产规模增速低 4 个百分点。从币种上看，实现外汇保费收入 0.7 亿美元，增长 34.7%，主要为出口信用险、财产险及货运险等外汇财产保险收入。

（3）赔付和给付支出显著增加。2013 年，大连市保险业累计赔付支出 60.1 亿元，同比增长 31.1%，其中财产险赔付支出 32.1 亿元，增长 22.9%，人身险赔付支出 28 亿元，增长 41.9%；外汇保险赔款支出 0.5 亿美元，增长 50.5%。财产险赔付支出增加主要是车险赔付增加所致，而人身险赔付支出增加主要是具有分红性质的保险品种陆续进入收益兑付期。

（4）地区保险密度和深度有所提高。2013 年，大连市保险密度 2 607 元/人，同比增加 206 元/人，保险深度 2.3%，提高 0.01 个百分点。保险业风险保障作用有所加强，全年共开办农业保险品种 15 个，增加 3 个，农业保险金额 29.3 亿元，增加 6.2 亿元。

2. 保险业潜在风险分析

（1）保险产品同质化趋势明显。目前，大连市偏重理财功能的分红险、万能险产品日趋成为各寿险公司的主打产品，费率改革实施后，部分公司偏重突出提升产品的现金价值，偏离了费改初衷。不同公司的保险产品无论是责任范围、保险期限，还是保障额度都非常相似，具有明显的同质化现象。

（2）寿险面临满期给付和退保压力或将常态化。2013 年，保险行业现金流风险有所增加，满期给付和退保风险已经由阶段性风险演化为长期性、持续性的风险。全年涉及给付风险较高的公司有 11 家，保单 7.1 万件，金额 22.3 亿元，其中银保渠道涉及 6.4 万件，金额 20 亿元，件数及金额均达到近 5 年来的最高峰。上半年给付金额 10.2 亿元，占比 42.1%；下半年给付金额 14 亿元，占比 57.9%。从保险公司公布的分红保单收益情况来看，部分分红状况不及上年水平，与客户预期仍有差距。

（3）传统非寿险及车险业务下滑压力较大。2013 年，受企业盈利水平增速放缓影响，大连辖区企财险业务增幅连续 3 年下滑，增速降至 4.5%。车险盈利水平出现下滑趋势，承保利润自 2008 年以来首次出现负增长，同比下降 21.8%，承保利润率自 2007 年以来首次出现下降，同比下降 3 个百分点。

（4）中介市场面临电网销售渠道冲击。2013 年，大连辖区通过电话、网络渠道实现车险保费收入 9.8 亿元，同比增长 25.9%，增速高于保费收入 16.3 个百分点，这对依赖传统低附加值业务的代理、经纪渠道造成显著冲击，辖内主要几家代理公司业务降幅超过 30%，中介市场低层次竞争面临挑战。

三、金融市场运行与金融稳定

（一）金融市场配置资源功能日趋完善

1. 同业拆借市场稳定运行

2013 年，大连市新增 1 家全国银行间同业拆借市场成员——大连农商银行，参与同业拆借市场交易的金融机构数量为 5 家，同业拆入资金 45 笔、金额 171.5 亿元，拆出资金 18 笔、金额 12.7 亿元，拆入和拆出加权平均利率分别为 2.4% 和 3.9%。

2. 债券市场交易活跃

2013 年，大连市金融机构参与全国银行间债券市场交易量稳步增长。从交易方式上看，回购交易融入资金 1 546 笔、金额 9 278.3 亿元，融出资金 546 笔、金额 958 亿元；现券交易融入资金 1 638 笔、金额 2 944 亿元，融出资金 1 458 笔、金额 2 895 亿元。从利率走势上看，受货币市场资金紧张的影响，债券交易各项利率明显提升，6 月，质押式回购融出与融入资金利率分别达到 7.1% 和 6%，现券交易融出和融入资金利率分别为 5.5% 和 5.4%。全年债券交易利率水平总体呈上升趋势，截至年末，质押式回购融出与融入资金利率分别为 4.1% 和 3.9%，现券交易融出和融入资金利率均为 5.3%。从交易种类上看，交易券种主要为政策性金融债、央行票据和非金融企业债务融资工具等。

3. 票据业务呈上升趋势

金融机构票据签发稳步增长，累计签发商业汇票 3 878.7 亿元，同比增长 30.2%，其中银行承兑汇票 3 873.9 亿元，增长 30.4%，商业承兑汇票 4.8 亿元，下降 34.2%；截至年末，票据签发余额 1 711.9 亿元，增长 20.1%。金融机构票据贴现大幅度上升，累计办理贴现 12 011.1 亿元，增长 56.5%，其中银行承兑汇票 11 426.7 亿元，增长 56.9%，商业承兑汇票 584.4 亿元，增长 48.5%；截至年末，贴现余额 224.2 亿元，增长 12.3%。全年累计办理再贴现 651 笔，金额 25 亿元，其中，累计发放针对涉农和小微企业的专项再贴现 4.2 亿元。

4. 外汇市场运行平稳

2013 年大连银行间外汇市场成交 138 笔，同比下降 22.8%，成交金额累计折合 17.5 亿美元，增长 40.2%，其中买入外汇 8.3 亿美元，增长 23.4%，卖出外汇 9.2 亿美元，增长 34.4%。逆差绝对值 0.9 亿美元，市场呈现供小于求的格局。

5. 黄金市场交易平稳增长

商业银行代理上海黄金交易所黄金交易、账户金和实物黄金三种业务类型累计交易黄金 39 421.7 千克，同比增长 33.4%，成交金额 110.4 亿元，增长 8.3%。其中，代理上海黄金交易所黄金成交 58.7 亿元，增长 83.4%；实物黄金成交 11.9 亿元，增长 36.8%；但由于受上海黄金交易所替代效应的影响，账户金成交 39.8 亿元，下降 36.3%。全年黄金成交均价为 280.1 元/克。

（二）金融市场运行中的风险值得关注

地方法人金融机构应对金融市场波动的能力需进一步提高。2013 年，我国金融市场多元化融资格局加速推进，商业银行资产负债行为发生变化，部分银行为了追求资产负债表扩张带来的利润增长，一方面倾向于配置非标资产为代表的高风险高收益品种，另一方面不得不借助高成本的理财产品、同业业务来增加负债规模，在这一过程中，期限错配、流动性错配的风险被拉升，金融市场资金利率波动对商业银行特别是地方法人银行的影响尤为值得关注。地方法人金融机构应结合自身资金实力、资产配置能力、金融市场发展程度等主客观因素，在优化资产负债结构、推动负债业务创新、提高资产变现能力、强化流动性预警监测等方面有选择、有侧重地分类制定措施，加强流动性管理，增强流动性敏感性，切实增强抵御金融市场波动的能力。

四、金融基础设施与金融稳定

（一）支付结算体系建设又上新台阶

2013 年，人民银行第二代支付系统顺利上线运行，业务量稳步增长。大连市大额支付系统处理业务 432.5 万笔，金额 18.8 万亿元；小额支付系统处理业务 841.9 万笔，金额 898.1 亿元；同城票据交换系统清分票据 607 万笔，金额 1.1 万亿元。全年核准账户 4.6 万户，办理销户 2.5 万户。印发了《支付机构分公司监督管理办法（试行）》，取得"支付业务许可证"的非金融支付法人机构及非法人机构达 12 家，其中新增 5 家。截至年末，大连市 18 家金融机构累计发行金融 IC 卡 395.7 万张，同比增长超过 5 倍。推动非接触式金融 IC 卡小额支付商圈建设，目前，四个商圈共有 5 357 台 POS 终端能够受理金融 IC 卡的"闪付"，占全部 POS 终端的 47.9%。截至年末，全市银行卡发卡总量达 3 662.3 万张，增长 12.5%；注册商户 7.1 万户，增长 69.3%；银行卡 POS 交易金额 1 896.2 亿元，增长 52%，占社会消费品零售额的 75.1%。积极推广银行卡助农取款服务，全年共设立 55 个"银行卡助农取款服务点"，增加 29 个，为农民办理小额取款业务 1 412 笔，金额 95.6 万元，对农村乡镇的辐射面 73.3%，增加 43.3 个百分点。

（二）反洗钱体系建设效果显著

2013 年，大连市金融机构认真贯彻落实反洗钱法律、法规，依法履行反洗钱工作职责，居民反洗钱意识显著提高，有力地保证了辖区金融环境的稳定。全年人民银行共检查金融机构 14 家，包括银行机构 5 家，证券机构 3 家，期货机构 3 家，保险机构 3 家。运用大连市机构洗钱风险评估指标体系，对辖区银行、证券、期货、保险业 216 家机构全面开展反洗钱非现场评估；运用 5C 评估指标体系对 2 家银行进行风险评估试点；根据评估结果，实施差别化分类监管，对问题机构进行实时跟踪。全年进行电话辅导 100 余次，现场辅导 30 余次，现场巡访 28 次，约见谈话 24 次。以大连银行为试点，建立大额和可疑交易自主监测报告模型，完成反洗钱自主监测分析系统建设并正式上线运行。核查 12 份重点可疑交易线索，移交公安部门 3 份；配合兄弟行和相关部门对 9 起案件和可疑线索开展反洗钱调查 130 次，涉及账户 460 余户，交易 29 550 余笔，金额约 12.73 亿元。

（三）征信体系建设扎实推进

2013 年，征信管理部门共开展各类培训宣传 10 余场，参训机构 60 余家、600 余人次；对 8 家银行现场指导，对 3 家银行实施执法检查，走访调研银行、信用协会、评级公司等 40 余家机构；推动辖内 39 家融资性担保公司注册申请为征信系统常用户；制订《大连市机构信用代码证业务办理流程（暂行）》，全年累计发放代码证 2.8 万份，变更、修改和作废等 7 000 笔；窗口受理贷款卡业务近

1.8 万笔，发放机构信用代码证 2.8 万份，提供信用报告查询 14.4 万份，同比增长 20%。全年为辖内 62.8 万户农户建立了信用档案，约占全辖农户总数的 90%。创新性地建设小微企业金融服务平台并在全辖推广应用，实现"一个核心数据库"（企业信息和金融产品服务信息库）、"两个网络"（金融城域网和互联网）、"四大功能模块"（企业端信息登记、数据导入存储、信息批量查询和金融服务信息发布）同步运行，"两类信息"（企业与银行信息）畅通传递。

五、总体评估与对策建议

（一）定量评估结果

大连市近年金融稳定综合评估得分和稳定状况如表 1 所示：

表1　　　　　　　　　　　大连市金融稳定综合评估表

年份	2004	2005	2006	2007	2008	2009	2010	2011	2012	2013
得分	71.50	72.01	85.09	86.50	84.16	84.44	89.94	89.29	89.92	86.07
稳定状况	较好-	较好-	良好+	良好+	良好-	良好-	良好+	良好+	良好+	良好+
所属类别	B类地区	B类地区	A类地区	A类地区	A类地区	A类地区	A类地区	A类地区	A类地区	A类地区

从表 1 中可以看到，大连市金融稳定状况从 2004 年到 2013 年间逐步向好，稳定状况由"较好-"逐步上升到"良好+"，所属类别由 B 类地区上升到 A 类地区。

2008 年，受国际金融危机影响，大连市金融稳定状况得分有所下降，稳定状况回落到"良好-"。2010 年，在国内、外经济形势逐渐好转的局面下，大连市金融稳定状况再次上升到"良好+"，并保持在这一水平。2013 年，受经济回升速度放缓影响，大连市金融稳定状况得分略有下降，但稳定状况仍保持在"良好+"水平。

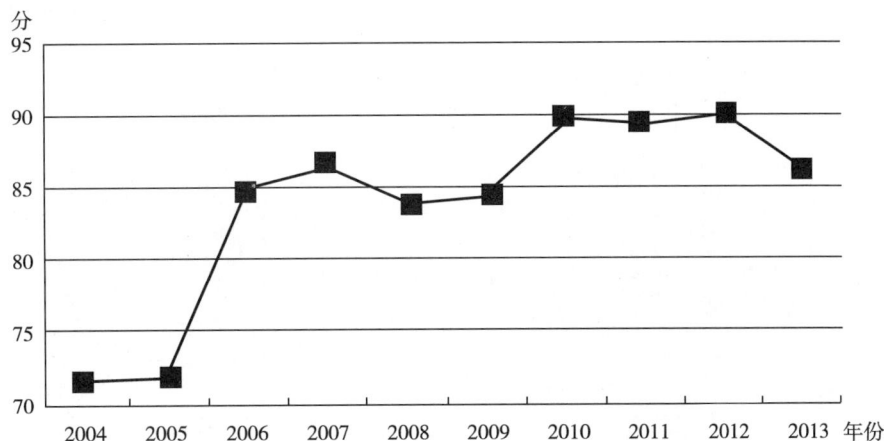

图7　大连市金融稳定综合评估得分趋势图

（二）定量评估结果分析

具体看宏观经济、金融机构和金融生态环境三部分，如图 8 所示，呈现出不同的变化趋势。其中金融生态环境受金融危机影响很小，得分稳步提高，十年间得分升幅达到 25.6%；金融机构得分呈阶段式特征，2006 年，大通证券改革后，得分升幅达到 10.7%，之后金融机构得分保持平稳，2011 年以来，受经济回升势头减缓影响，金融机构发展速度放缓，得分有小幅下降，2013 年，受市场流动性趋紧影响，银行业面临一定考验，得分下降幅度比较明显，达到 7.1%；宏观经济得分波动较大，2007 年以前整体呈 U 形上升趋势，2008 年，在国际金融危机影响下，得分出现下降，跌幅为 7.8%，2010 年以后，在国际金融危机影响式微的形势下逐步上升，得分增幅达到 20.2%。

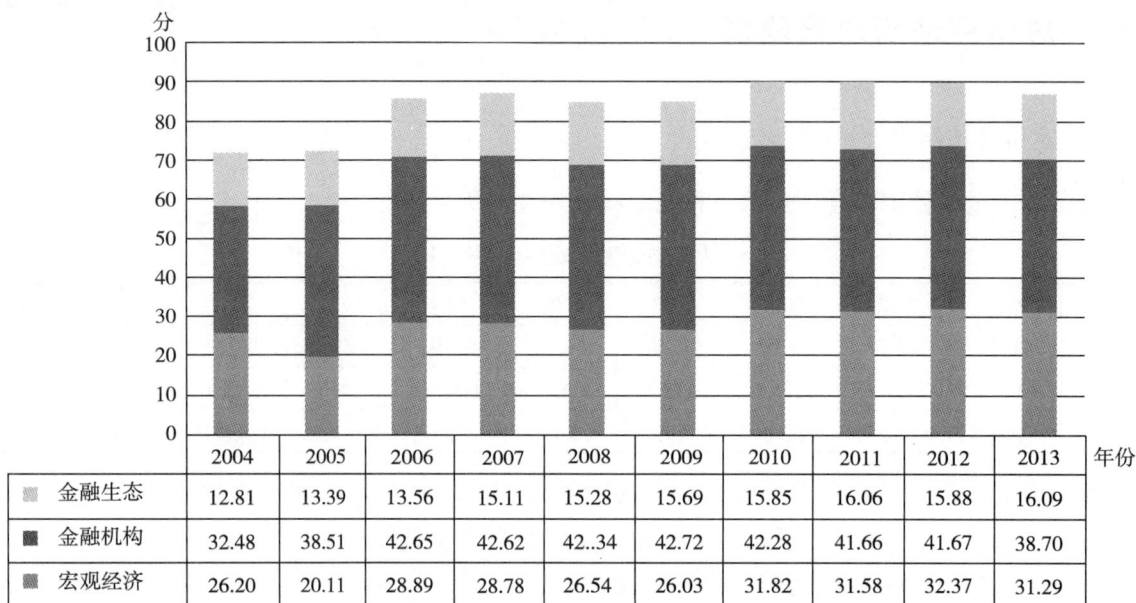

分	2004	2005	2006	2007	2008	2009	2010	2011	2012	2013	年份
金融生态	12.81	13.39	13.56	15.11	15.28	15.69	15.85	16.06	15.88	16.09	
金融机构	32.48	38.51	42.65	42.62	42..34	42.72	42.28	41.66	41.67	38.70	
宏观经济	26.20	20.11	28.89	28.78	26.54	26.03	31.82	31.58	32.37	31.29	

图 8   金融稳定定量评估三方面指标变化趋势图

具体细分金融机构指标，从宏观经济、银行业、证券业、保险业和金融生态环境五方面，得到雷达图：

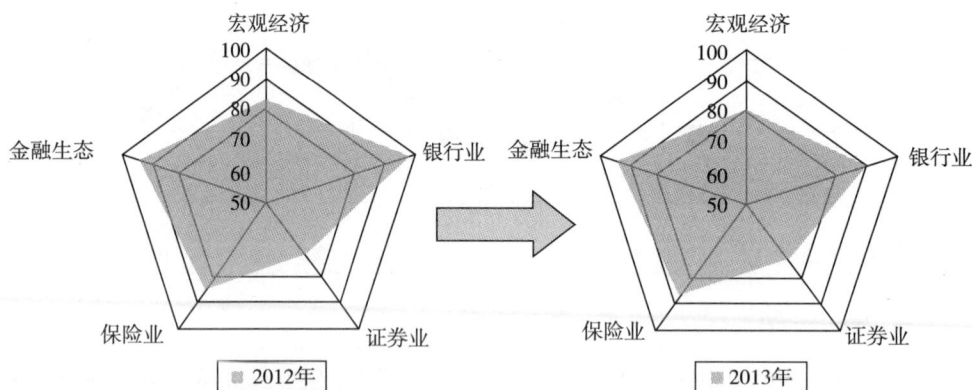

图 9   2012—2013 年大连市金融稳定定量评估雷达图

从定量评估结果来看，2013 年大连市宏观经济发展速度有所放缓，得分略有下降；金融生态环境持续改善，得分渐趋稳定；金融机构发展面临不同挑战，整体得分下降幅度较大，但是银行业、证券业、保险业之间的得分差距逐渐缩小，金融机构内部发展不均衡问题有所改善。

　　2013年在"提升经济发展质量和效益"的目标指引下，大连市加快经济结构调整，确保了经济稳中有进的发展态势，为区域金融稳定提供了较好的外部环境。在宏观经济方面，得分80.2分，低于上年2.8分，其中经济增长、固定资产投资、实际利用外资等方面指标的得分均低于2012年，但是居民收入、消费增长等指标的得分好于2012年，说明大连市经济发展速度有所回落，但是民生改善取得成效。在金融生态环境方面，得分94.7分，高于上年1.3分，其中地方法制环境、政府财政、市场体系和信用环境得分都有不同程度上升，大连市金融生态环境的软件和硬件都逐步趋于完善。在金融业发展方面，银行业得分89.9分，低于上年8.9分，其中在资本充足性、资产质量、资产流动性等监管硬指标方面的得分变化不大，继续保持稳定，但是通过压力测试发现，大连市银行业在对利率风险的敏感度和抵抗能力方面有所欠缺，得分较低，拉低了银行业整体得分。证券业得分72.8分，高于上年1.3分，其中资产安全性和盈利能力等证券机构方面的指标得分好于2012年，但是股票市场筹资、上市公司市值等证券市场方面的指标得分逊于2012年，说明证券业在规范机构经营的同时要加大市场规模的扩张力度。保险业得分87.2分，高于上年2分，其中资产充足性和资产安全方面的指标得分与上年持平，盈利能力和资产流动性方面的指标得分均高于上年，拉动保险业得分上升。证券业、保险业得分的上升和银行业得分的下降，使大连市金融状况向均衡趋势发展。

　　总　　纂：王晓峰
　　统　　稿：朱　焱　王晨姝
　　执　　笔：陈家宁　王成龙　安　娜　李　淼　杨　洋　张朝解
　　　　　　　闫宇闻　汪　静
　　其他参与写作人员：刘立英　李　昕　张　弛　刘　洵　赵　智　吴　绪

青岛市金融稳定报告摘要

2013 年，面对复杂的国内外经济形势，青岛市全面落实中央一系列宏观调控政策，以科学发展为主题，以加快转变经济发展方式为主线，全市经济实现了平稳发展，金融业运行平稳，金融机构综合实力增强，金融基础设施不断完善，金融生态环境得到有效改善。

一、宏观经济环境

（一）区域经济运行情况

2013 年，青岛市实现地区生产总值 8 006.6 亿元，比上年增长 10%，增速同比回落 0.6 个百分点。其中，第一产业增加值 352.41 亿元，增长 2.1%；第二产业增加值 3 641.39 亿元，增长 10.2%；第三产业增加值 4 012.8 亿元，增长 10.5%。三次产业增加值占地区生产总值的比重由 2012 年的 4.4∶46.6∶49.0 调整为 4.4∶45.5∶50.1。

固定资产投资稳定增长。2013 年，青岛市实现规模以上固定资产投资 5 027.9 亿元，同比增长 22.1%，增幅同比下降 1.2 个百分点；完成房地产开发投资 1 048.5 亿元，增长 12.7%，增速同比回落 6.1 个百分点。工业生产稳健运行。2013 年，青岛市规模以上工业企业增加值 3 429.6 亿元，同比增长 11.3%，增幅同比回落 0.3 个百分点；规模以上工业实现利润总额 826.4 亿元，增长 21.5%。消费品市场平稳增长。2013 年，全市社会消费品零售总额实现 2 904.3 亿元，增长 13.3%。居民消费价格基本稳定。2013 年，居民消费价格累计同比上涨 2.5%。外贸进出口低位运行。2013 年，青岛市外贸进出口总额 779.1 亿美元，增长 6.5%。其中，出口 419.9 亿美元，增长 2.9%；进口 359.3 亿美元，增长 4%。财政收支增长较快。2013 年，实现公共财政预算收入 788.7 亿元，增长 17.7%，增速同比回落 0.7 个百分点；公共财政预算支出 1 014.2 亿元，增长 32.4%，增速同比提高 16.1 个百分点。城乡居民收入不断提高。2013 年，城市居民人均可支配收入 35 227 元，增长 9.6%；农民人均纯收入 15 731 元，增长 12.4%。

（二）宏观经济环境中影响金融稳定的风险因素

经济结构调整成效不明显。面临国内外复杂的经济形势，青岛市转方式、调结构的压力有增无减。2013 年青岛市 GDP 增长率低于年初目标 0.5 个百分点。从拉动经济增长的"三驾马车"看，固定资产投资增速高于年初目标 1.1 个百分点，而社会消费品零售总额增速低于年初目标 1.7 个百分点，进出口总额增速低于年初目标 1.5 个百分点。这说明当前青岛市的经济增长仍然主要是投资驱动型增长。从统计数据看，单纯依靠提高投资增速的方式，已经不能完成地区生产总值增长目标。

经济持续发展动力不足。一是传统产业转型升级面临较大挑战。青岛市目前有大中型企业694户，其中大型企业98户，多数属于传统产业，转型升级压力较大，潜在经营风险上升。二是新兴产业发展尚不足以引领经济增长。近年来随着国内产能过剩由传统产业向光伏、风电设备等新兴产业扩展，青岛市新兴产业发展面临较多不确定因素，无法成为拉动工业增长的主导力量。2013年，青岛部分新兴产业项目，因市场需求等原因，出现停产或产出远低于产能设计等状况。三是代工企业下滑明显。受制于自主研发和销售渠道建设能力，及劳动用工短缺、职工工资上涨等因素的叠加影响，代工企业市场竞争力继续减退，生产不断下滑甚至倒闭。此类企业产值规模多在10亿元以上，生产运营出现较大波动对工业经济平稳运行带来诸多不利因素。

关注外贸形势发展态势。虽然下半年青岛市对外贸易温和增长，年末出现了明显反弹，但通过专项调查，涉外企业面临的外部有效需求不足、劳动力成本增加、订单短期化等问题依然存在。主要表现在以下几方面：一是加工贸易持续下滑，部分企业产业转移趋势明显。2013年，加工贸易出口152.9亿美元，同比下降6.4%，企业普遍存在的劳动力及土地成本增加问题日益严峻，加之人民币持续升值，外贸企业利润受到挤压，节能增效、产业布局调整等措施受到普遍重视，对纺织、服装、鞋帽等行业的抽样调查显示，22.5%的样本企业已进行了产业转移。二是订单短期化特征依旧显著。订单期限的短期化，一定程度上代表了企业对未来经济形势的信心不足和需求不旺，从调查情况看，全市八成出口企业订单在半年以内，其中，64.7%的样本企业订单在3个月以内，21.6%的样本企业订单在3~6个月。三是资金结构性紧张问题较突出，融资方式略显单一。近七成企业资金出现结构性紧张，并采用银行贸易融资调节资金流，但融资方式依然保持传统的出口押汇、出口发票融资、进口押汇、进口代付和进口远期信用证，组合融资、衍生产品等新型融资避险产品运用较少。

二、金融业

（一）银行业

1. 银行业基本情况

2013年青岛市共有银行业金融机构52家，其中政策性银行分行3家，国有商业银行4家，股份制商业银行10家，外资银行13家，城市商业银行、农村商业银行各1家，城市商业银行分支机构5家，农村商业银行分支机构1家，邮政储蓄机构、信托公司、资产管理公司各1家，财务公司4家，村镇银行7家。

业务快速增长。2013年末，青岛辖区金融机构本外币各项存款余额11 418.26亿元，比年初增加1 551.45亿元，同比多增634.4亿元；各项贷款余额9 641.26亿元，比年初增加990.91亿元，同比少增140.15亿元。年末社会融资总量余额16 255.48亿元，比年初增加2 681.43亿元，同比多增544.3亿元。

综合实力不断增强。2013年末，青岛辖区银行机构资产总额15 168.99亿元，比年初增加1 920.34亿元；负债总额14 642.95亿元，比年初增加1 861.42亿元；全年累计实现账面利润260.69亿元，同比增加36.14亿元。

银行业风险抵御能力增强。2013年末，辖区银行机构贷款损失准备金余额为223.32亿元，比年初增加 26.32 亿元，拨备覆盖率为 230.87%，比年初上升 9.68 个百分点。2013 年，辖区银行机构新提贷款损失准备金 42.55 亿元，年末贷款拨备率为 2.32%，比年初上升 0.04 个百分点。

企业直接债务融资取得新突破。2013 年，青岛市银行间市场实际融资额达 143.7 亿元，是上年全年的 2.1 倍，其中，成功发行中小企业集合票据 1.2 亿元，发行短期融资券 51.5 亿元，发行中期票据 33 亿元。除传统债务融资工具外，青岛市企业也即将在定向工具等创新工具发行上取得突破，城投集团、山东焦化集团已取得 35 亿元定向工具注册发行额度。

2. 银行业风险分析

信贷资产质量仍需关注。2013 年 12 月末，不良贷款余额 96.73 亿元，较年初增加 7.67 亿元，不良率 1%，较年初下降 0.03 个百分点；逾期贷款余额 107.2 亿元，比年初增加 16.88 亿元；2013 年，辖区银行机构累计新发生不良贷款 61.22 亿元，其中，对公客户新发生不良 788 笔，金额 44.51 亿元；累计发生逾期贷款 1 176 笔，金额 65.26 亿元。从客户集中度看，12 月末，各银行最大十户不良贷款余额 52.36 亿元，占全部不良贷款余额的 54.13%；比年初增加 20.16 亿元，而全辖不良余额较年初仅增加 7.67 亿元。从大额不良贷款重大事项报告情况看，2013 年，有 19 家银行机构报送 1 000 万元以上不良贷款 141 次，涉及贷款客户 116 户，不良余额 41.8 亿元，其中 24 户企业不良余额超过 5 000 万元，合计 24.67 亿元，占全部不良的 59.2%。从县域分布看，12 月末，胶州市和平度市不良率分别达到 2.06% 和 1.74%，分别高于全市平均水平 1.06 个和 0.74 个百分点。从行业集中度看，12 月末，不良贷款余额占比较高的行业是制造业（38.33%）、批发零售业（35.75%）和房地产业（6.61%）。制造业中，不良贷款占比较高的行业是电气机械和器材制造业（23.25%）、纺织业（14.76%）、橡胶和塑料制品业（11.44%）、食品制造业（7.82%）和农副食品加工业（7.43%）。制造业、批发零售业不良率分别为 1.51% 和 2.14%。制造业中，电气机械和器材制造业、纺织业、食品制造业、橡胶和塑料制品业等不良率高达 9.42%、6.84%、3.74% 和 2.56%。从行别集中度看，3 家银行新增不良超过 2 亿元，11 家银行不良率高于全市 1% 的平均水平，其中，4 家银行不良率超过 2%，3 家银行不良率在 1.5%~2%。

影子银行等风险传导不容忽视。辖区目前部分担保公司仍存在注册资金虚拟或抽逃、资金管理使用不规范等现象，同时存在从业人员素质参差不齐、内部控制机制及财务机制不完善、缺乏有效的风险分散机制等问题，担保公司实际担保能力和抗风险能力不强，风险易向银行机构传导，如某银行 1 600 万元小微企业融资性担保不良余额已占到其保证类小微不良贷款的三成以上。另外，部分借款企业参与民间借贷行为，从民间取得搭桥资金，掩盖了其真实的经营状况和现金流，虚构了企业的还款能力，同时转贷资金也被用于民间高息借贷，企业风险不断积聚。据辖区某银行的日常风险排查发现，其共有涉及民间借贷的对公不良贷款客户 3 户，贷款余额 9 430 万元，占其全部对公不良贷款的 63%；涉及民间借贷的个贷客户 38 户，贷款余额 3 530 万元，占其全部个贷不良贷款的 43%，不良贷款客户中涉及民间借贷的比例较高，其风险传染性不容忽视。

（二）证券业

1. 证券期货业基本情况

2013 年，青岛辖区共有证券公司 1 家、证券营业部 67 家（当年新成立 5 家）、期货营业部 32 家（当年新成立 2 家）、证券投资咨询机构 2 家、基金管理公司 2 家，上市公司 20 家（其中中小板上市公司 5 家、创业板 4 家）。

证券期货经营机构营业状况明显好转。2013 年，67 家证券营业部股东账户总数 186.2 万户，同比增长 3.4%；资金账户总数 128.97 万户，与同期持平；实现交易金额 16 224.96 亿元，同比增长 73.7%；实现证券经纪佣金收入 8.5 亿元，同比增长 53.4%；实现净利润 3.3 亿元，同比增长 166.4%。年末，客户保证金余额 52.65 亿元，同比下降 13.32%。期货经营机构累计代理成交量 6 782.3 万手，同比增长 59.2%，累计代理交易金额 71 358.5 亿元，同比增长 64.3%。

法人证券机构经营状况向好。2013 年末，中信万通证券资产总额 82.97 亿元，同比增长 11.26%，负债总额 52.78 亿元，同比增长 74.98%；全年经纪业务累计交易金额 7 800 亿元，同比增长 24.34%，年末客户交易结算资金余额 33.36 亿元，同比下降 21.02%；证券投资业务自营投资期末账面价值 3.03 亿元，期末市值 2.98 亿元；全年累计实现营业收入 9.5 亿元，同比增加 3.4 亿元；实现利润总额 4.07 亿元，同比增加 2.48 亿元；实现净利润 3.05 亿元，同比增加 1.79 亿元。年末，中信万通证券净资本与各项风险资本准备之和的比例为 922.92%，净资本与净资产的比例为 81.99%，净资本与负债的比例为 148.01%，净资产与负债的比例为 180.52%，自营权益类证券及证券衍生品与净资本的比例为 4.04%，自营固定收益类证券与净资本的比例为 8.26%，对单一客户融资规模与净资本的比例为 3.99%，接受单只担保股票的市值与其总市值的比例为 15.10%，这些指标均持续符合监管规定。

上市公司规模稳步增长。2013 年末，青岛辖内 20 家上市公司总股本 122.44 亿元，同比增长 8.87%；其中，流通股本 111.7 亿元，同比增长 17.46%。年末总市值 1 957.12 亿元，同比增长 38.29%；其中，流通市值 1 803.6 亿元，同比增长 47.07%。2013 年，辖区累计筹资额 14.57 亿元，其中增发 12.57 亿元，公司债 2 亿元。辖区历年累计筹资 288.57 亿元。

2. 存在问题

业务收入结构仍较为单一。证券经营机构业务转型虽然取得了一定进展，但是收入结构未发生根本改变，业务收入仍主要依赖经纪业务收入。2013 年，中信万通证券有限公司融资融券业务规模逐步扩大，利息收入大幅增长，但手续费及佣金业务收入占总营业收入的比重仍高达 67.2%，高于全国 115 家证券公司平均水平 19.5 个百分点。

法人证券机构全国市场份额较小。2013 年末，中信万通证券总资产和净资产占全国 115 家证券公司总资产的比重仅为 0.4%，净资本占全国的比重仅为 0.47%，实现净利润占全国的比重仅为 0.69%，客户交易结算资金余额占全国的 0.6%。

（三）保险业

1. 保险业基本情况

2013 年末，青岛市共有保险主体 61 家（财产险 32 家，人身险 29 家；中资 48 家，外资 13 家）、保险专业中介机构 51 家（全国性代理机构 2 家，区域性代理机构 33 家，保险经纪机构 8 家，保险公估机构 8 家）、外地驻青省级分支机构 31 家（代理分支 12 家，经纪分支 12 家，公估分支 7 家），兼业代理机构 1 467 家，营销员 2.3 万人。

资产负债规模平稳增长。2013 年末，青岛保险公司资产总额达 436.0 亿元，较年初增长 16.9%。其中财产险公司资产总额 42.0 亿元，较年初增长 21.7%；人身险公司资产总额 394.0 亿元，较年初增长 16.4%。负债总额 511.9 亿元，较年初增长 20.4%，其中，财产险公司负债总额 43.9 亿元，较年初增长 43.6%；寿险公司负债总额 468.0 亿元，较年初增长 18.6%。

保险业务平稳发展。2013 年，青岛保险业累计实现保费收入 179 亿元，同比增长 11.7%，去除政策性出口信用保险影响后，2013 年，青岛保费增速 12.5%。分公司类别看，财产险公司保费收入 76.7 亿元，同比增长 15.6%，在总保费收入中占比 42.8%；人身险公司保费收入 102.3 亿元，同比增长 8.9%，在总保费收入中占比 57.2%。分险种类别看，财产险保费收入 75.1 亿元，在总保费收入中占比 42.0%；寿险保费收入 88.2 亿元，占比 49.3%；健康险保费收入 11.5 亿元，占比 6.4%；意外险保费收入 4.1 亿元，占比 2.3%。分中外资看，中资保险公司保费收入 173.1 亿元，市场份额 96.7%，外资保险公司保费收入 5.9 亿元，市场份额 3.3%。

赔款和给付支出快速上升。2013 年，青岛保险业各项赔付支出 62.7 亿元，同比增长 21.8%。分险种类别看，财产险赔付 39.7 亿元，同比增长 20.0%；人身险赔付 23.0 亿元，同比增长 25.0%。分公司类别看，2013 年青岛财产险公司累计赔款 40.3 亿元，同比增长 19.9%，赔款的上升主要是来源于车险和信用保险（其中出口信用保险占 90% 以上）赔款的大幅增长。赔款支出较高的险种中，机动车辆险赔款 29.1 亿元，同比增长 26.7%，在财产险公司总赔款金额中占比 72.2%，其中交强险赔款 9.9 亿元，占总赔款比为 24.6%；信用保险赔款 4.8 亿元，同比增长 41.0%，占总赔款比为 12.0%；企业财产险赔款 2.4 亿元，同比下降 16.5%，占总赔款比为 6.0%。

2. 存在问题

产险市场对车险业务的依赖度仍然较高。2013 年，青岛产险公司实现车险保费收入 54 亿元，同比增长 18.4%，增速同比提高了 4.8 个百分点；车险保费收入在财产险公司总保费收入中占比为 70.4%，占比同比提高了 1.7 个百分点。非车险险种的发展相对较慢，2013 年，产险公司非车险业务保费收入 22.7 亿元，同比增长 9.4%，低于产险公司保费平均保费增速（15.6%）6.2 个百分点，保费占比仅为 29.6%。

退保金大幅增长。2013 年，青岛辖区保险机构累计退保金 13.0 亿元，同比增长 68.9%，增速较 2012 年提高了 57.2 个百分点。其中，个人寿险退保金 12.6 亿元，同比增长 70.1%，增速较 2012 年提高了 48.8 个百分点。客户对保险期限、产品收益产生不满而中途解除合同、客户个人经济原因申请退保、客户根据当时投资市场情况退保后选择投资更高收益的其他产品、客户单方面提前终止受股市影响达不到预期收益情况的投连产品、营销过程中未对客户群体进行精确划分、未完全尽到客户提醒业务等是大量退保情况发生的主要原因。

寿险公司满期给付大幅上升。2013 年，青岛辖内寿险公司满期给付支出 11.58 亿元，同比增长 49.57%。其中，个人寿险业务满期给付支出 11.44 亿元，同比增长 50.22%。满期给付支出占寿险公司原保险保费收入的 11.32%，占比同比提高了 1.46 个百分点。寿险公司满期给付支出大幅上升导致寿险赔付面临较大压力，流动性风险加大。

销售违规是信访投诉的主要事项。青岛保监局共正式受理举报投诉 37 件。其中来信 13 件，来访 11 件，网络 7 件，电话 6 件。涉及举报违法违规的投诉事项 26 个，其中，财务费用违规 1 个，占比 3.85%；销售违规 21 个，占比 80.76%；许可违规 3 个，占比 11.54%，其他违规事项 1 个，占比 3.85%。

（四）金融业综合经营

1. 综合经营基本情况

截至 2013 年末，青岛市并无纯粹意义的金融控股公司。

资金结算业务。2013 年，青岛辖区资金结算类业务累计发生额 2 343.55 亿元，同比增长 23.2%，实现手续费收入 28 299 万元，同比增长 10.3%。

银保类产品。2013 年，青岛辖区共有 19 家中外资银行机构代理了保险业务，代理保险公司的家数由 1 家到 34 家不等，开办代理保险业务的营业网点数达 1 138 家，代理业务金额 42.1 亿元，同比增长 17.4%，实现手续费收入 14 766.6 万元，同比增长 7.6%。

外汇衍生产品。2013 年，青岛辖区共有 8 家银行机构开办了外汇衍生产品业务，外汇衍生产品主要包括远期外汇交易、外币利率互换、货币互换、外汇期权和结构性存款等金融衍生产品。全年业务发生额为 556.1 亿元，同比增长 120.9%；余额 121.7 亿元，同比下降 19%，实现经营收益 8 840.1 万元，同比增长 24.7%。

融资性理财产品。2013 年，青岛辖区银行机构融资性理财产品和非标准化债权资产业务规模大幅增长。年末融资性理财产品余额 125.19 亿元，比年初增加 50.18 亿元，而上年同期较年初减少 14.39 亿元。非标准化债权资产业务余额 790.94 亿元，较年初增加 535.01 亿元，而上年同期较年初仅增加 195.15 亿元；其中买入受益权余额 494.87 亿元，较年初增加 390.73 亿元，而上年同期较年初仅增加 142.02 亿元。

2. 存在问题

产品创新落后于市场需求。由于金融产品没有专利权，创新产品极易被模仿，为了保持和扩大对客户的吸引力，商业银行就必须不断地进行产品创新。目前我国的理财机构在产品策略上存在以下几方面的问题：一是由于受政策、配套环境和自身能力诸多方面的限制，理财新产品的开发无论是在速度上还是在功能上均滞后于市场需求，各商业银行推出的理财产品大多是将原有的存贷款产品及中间业务重新组合，或在服务上做一些提升，在观念和内容上有实质性突破的产品并不多。二是渠道受限，银行主要销售自己的产品，相互联系、沟通不够。三是理财服务尚未创立"品牌"，无法取得品牌竞争优势。

法律保障制度滞后于金融业务创新速度和发展规模。一是法律对跨领域的中间区域界定不清，监管判断没有明确的法律依据，如"银证通"业务运作中，银行机构的双重代理事实，至今没有明确的规定。二是监管立法的步伐滞后，不能有效监管现有金融风险，制约了金融创新。

综合性金融业务监管工作存在"盲点"。由于体制等无法克服的原因，在综合性金融业务监管上存在部分"盲点"。一是分业监管形成监管信息交流障碍。各监管部门之间的沟通成本较高，难以统一协调行动。二是分业监管导致交叉金融业务监管"真空"。由于各自监管的目的、标准、手段与方法有明显差异，对各监管对象的资本要求、风险甄别方式和风险管理手段等相去甚远。三是协调机制运行不畅，难以形成对交叉性金融工具监管的合力。

三、金融基础设施

（一）金融基础设施建设的进展情况

支付体系建设健康持续发展。2013 年，青岛市支付体系建设取得重大进展，第二代支付系统于 2013 年 10 月 6 日至 8 日在青岛成功切换上线运行。全市大额支付系统、小额支付系统、全国支票影像系统、网上支付跨行清算系统、电子商业汇票系统等支付清算系统运行稳定，资金汇划高效、安全、快捷，支付服务市场繁荣发展。截至 2013 年末，全市共有支付系统直接参与者 26 家，间接参与者 686 家，各银行业金融机构通过大额支付系统办理支付往来业务 1 453.78 万笔，金额 328 482.61 亿元，分别同比增长 30.14%、22.35%；通过小额支付系统办理各类支付往来业务 3 117.18 万笔，同比增长 46.62%；日均 8.54 万笔，金额 3 509.79 亿元，分别同比增长 46.62%、43.46%；通过影像交换系统共办理支票提出、提入业务 46 483 笔，涉及资金 32.98 亿元。全市共布放直联 POS 机 5.8 万台、ATM 6 333 台；全年实现 POS 机跨行清算交易 10 237 万笔，跨行消费金额 2 691 亿元，分别同比增长 23% 和 41%；实现 ATM 跨行取款交易 3 034 万笔，跨行取款金额 315 亿元，分别同比增长 9% 和 23%。

打击金融犯罪取得成果。人民银行青岛市中心支行自主开发"反洗钱监测调查系统"，依托系统开展协查、信息汇集、案例分析、类型研究，确立了非法集资、大额现金等 4 个长期追踪项目，归纳出大额现金交易、支付工具等五类犯罪交易模型，发布"类型监测指标"6 例，金融机构堵截冒用身份证明文件案件 7 起，发现涉嫌腐败犯罪线索 1 个。积极发挥反洗钱职能优势，强化与司法机关合作，移送可疑线索 16 个，协查线索 4 个，破获案件 9 起，推动宣判全国首例银行高管洗钱案。

积极推动创建小微企业信用体系试验区和农村信用体系建设。以构建数据库为核心，以打造"胶州、黄岛"两大重点区域为抓手，以完善和强化信息共享、信用对接为目标，积极探索行政与金融资源相配合、信用激励与惩戒并举的联动机制，小微企业试验区建设取得明显实效。2013 年，胶州市连续 32 个月共享企业用电、用水信息 50 万余条，为金融机构审贷提供了更加有力的支撑。同时，积极建设农村征信系统，扩大信用评价和授信的主体覆盖面，在农村信用体系试验区内实现全覆盖。截至 2013 年末，全市已评定农村信用户 28.8 万户，覆盖率达 17%。大力开展农村青年信用示范户创建工作，目前，已经评定的农村青年信用示范户达到了 7 388 户，累计授信总额 5.15 亿元。

（二）金融基础设施建设的薄弱环节

外资银行行内业务系统风险应予关注。受银行规模、人员素质等的影响，外资银行行内系统存在潜在运行风险，一定程度影响着整个支付体系的健康稳定运行。2013 年，通过对全市外资银行支付系统运维管理情况的专项检查发现，部分银行机构安全与风险意识不强，内控制度不完善、业务操作不规范、应急管理不到位，以致支付系统突发事件仍有发生，应予高度关注。

金融机构反洗钱工作有待进一步提高。从现场检查和非现场监管情况看，2013 年，辖内金融机构未发生重大违规行为，总体上青岛市洗钱风险可控。但部分金融机构未从全流程管理的角度对各项金融业务进行系统性的洗钱风险评估，对风险较高领域没有采取强化的反洗钱措施；在研发创新型金融产品过程中，未进行洗钱风险评估，难以有效控制创新型金融产品的洗钱风险；未定期开展对业务条线及分支机构的反洗钱内部审计，难以及时发现并纠正反洗钱工作中的不合规问题。

征信工作规范化水平有待进一步提高。个别银行机构征信系统管理制度执行情况较差，征信系统的信息涉及企业商业秘密和个人隐私，需要有严格内部管理制度，个别银行机构征信管理方面制度不健全，内控不规范，在查询、使用、异议处理、安全管理、用户管理等各个环节均存在问题，管理较为混乱，查询用户管理混乱、公共用户现象普遍，存在为数不少的越权查询个人信用报告的问题。

四、综合评估

　　根据人民银行青岛市中心支行金融稳定评估方案，从宏观经济、金融机构及金融生态环境等方面对青岛市 2013 年金融稳定状况进行综合评估。评估结果显示，青岛市金融稳定状况良好。

　　2013 年，面对复杂的国内外经济形势，青岛市经济实现了平稳较快发展。2013 年，青岛市实现生产总值 8 006.6 亿元，比上年增长 10%，增速同比回落 0.6 个百分点。其中，第一产业增加值 352.41 亿元，增长 2.1%；第二产业增加值 3 641.39 亿元，增长 10.2%；第三产业增加值 4 012.8 亿元，增长 10.5%。三次产业增加值占地区生产总值的比重由 2012 年的 4.4∶46.6∶49.0 调整为 4.4∶45.5∶50.1。固定资产投资较快增长，工业生产稳健运行，消费品市场平稳增长，居民消费价格基本稳定，外贸进出口低位运行，城乡居民收入不断提高。2013 年，青岛市银行业金融机构认真贯彻落实各项宏观调控政策，积极采取有效措施，调整和优化信贷结构，保持货币信贷适度稳定增长。年末，青岛辖区金融机构本外币各项存款余额 11 418.26 亿元，比年初增加 1 551.45 亿元，同比多增 634.4 亿元；各项贷款余额 9 641.26 亿元，比年初增加 990.91 亿元，同比少增 140.15 亿元。年末社会融资总量余额 16 255.48 亿元，比年初增加 2 681.43 亿元，同比多增 544.3 亿元。证券业经营机构数量不断增加。期货市场规模稳步发展。保险业发展平稳，保险对经济稳定运行的保障作用进一步提升。金融基础设施不断完善。支付体系建设进程加快，反洗钱工作取得积极进展，信用体系建设日趋完善，金融生态环境进一步改善。

　　在经济金融平稳运行的同时，经济发展仍旧面临比较复杂的内外形势，金融业运行仍存在诸多问题，经济持续增长的压力加大，信贷资产质量下滑，影子银行风险隐患加大，寿险退保金大幅增长等。金融基础设施也存在诸多薄弱环节，这些问题需要进一步完善和解决。

总　　纂：顾延善

统　　稿：郝龙敬

主　　笔：赵国靖

执　　笔（按姓氏笔画排序）：

　　　　马居亭　王 珞　许 倩　安 平　安普帅　辛俊杰

　　　　吴丽君　鞠卫华

宁波市金融稳定报告摘要

2013 年，国内外形势复杂多变，宁波经济呈缓慢复苏态势。全年地区生产总值增速提高，进出口增势呈向好态势。全年金融业运行总体稳健，金融市场交易出现分化，金融基础设施建设深入推进。定量评估结果显示，2013 年宁波金融稳健水平处于健康平稳区域。

一、区域经济运行与金融稳定

（一）区域经济运行情况

1. 经济保持增长

2013 年，全市地区生产总值 7 128.9 亿元，按可比价格计算，比上年增长 8.1%。其中，第一产业实现增加值 276.4 亿元，下降 1.2%；第二产业实现增加值 3 741.7 亿元，增长 8.2%；第三产业实现增加值 3 110.8 亿元，增长 8.8%。三次产业之比为 3.9:52.5:43.6，第三产业增加值占地区生产总值比重比上年提高 1.1 个百分点。按常住人口计算人均生产总值 93 176 元（按年平均汇率折算为 15 046 美元）。

2. 三次产业缓中趋稳

2013 年，全市规模以上工业总产值 12 794.95 亿元，增长 5.6%；销售产值 12 380.97 亿元，增长 5.0%，产销率 96.76%。2013 年宁波港货物吞吐量 4.96 亿吨，比上年增长 9.5%，增幅比上年提高 5.0 个百分点，其中集装箱吞吐量 1 677.4 万标箱，增长 7.0%。受 H7N9 禽流感疫情、极端高温干旱天气、"菲特"超强台风等一系列严重自然灾害的影响，2013 年，全市农林牧渔业总产值 429.9 亿元，按可比价格计算，比上年减少 1.5%。

3. 三大需求较快增长

2013 年全市固定资产投资 3 423 亿元，比上年增长 18%。成工业投资 1 065.2 亿元，增长 30.3%，对固定资产投资增长的贡献率达 47.5%；房地产开发投资 1 123.4 亿元，增长 27%。2013 年全市商品销售总额 1.22 万亿元，比上年增长 15.4%。全年社会消费品零售总额 2 635.7 亿元，增长 13.3%。2013 年全市口岸进出口总额 2 119.0 亿美元，比上年增长 7.3%。外贸自营进出口总额首次突破 1 000 亿美元，达到 1 003.3 亿美元，增长 3.9%，其中出口 657.1 亿美元，增长 7.0%；进口 346.2 亿美元，下降 1.4%。

4. 三项收入稳步增长

2013 年全市公共财政预算收入 1 651.2 亿元，比上年增长 7.5%，其中地方财政收入 792.8 亿元，增长 9.3%。全市公共财政预算支出 939.9 亿元，增长 13.5%。2013 年全市工业增加值 3 378 亿元，按可比价计算，比上年增长 8.4%。其中规模以上工业企业实现增加值 2 291.2 亿元，增长 8.0%；全年规模以上工业企业实现利润 664.6 亿元，增长 25.0%，实现利税总额 1 258.1 亿元，增长 17.2%。2013 年市区居民人均可支配收入 41 729 元，比上年增长 10.1%，扣除价格因素，实际增长 7.7%；农村居民人均纯收入 20 534 元，增长 11.1%，扣除价格因素，实际增长 8.8%。

5. 三类价格平稳运行

2013 年全市居民消费价格指数为 102.2，在全国 36 个大中城市中列第 34 位。全年工业生产者购进价格指数为 96.34，工业生产者出厂价格指数为 96.67。房价涨幅趋缓。12 月全市新建商品住宅销售价格环比上涨 0.5%，同比上涨 7.8%，同比涨幅居全国 70 个大中城市中第 52 位。

（二）区经济运行中需关注的问题

1. 自然灾害造成重大损失

2013 年辖区受夏季高温干旱、禽流感疫情等灾害导致粮食及农副产品产量普遍下滑，全年粮食产量减少约 10 万吨。特别是"菲特"强台风影响严重，造成 3.2 万家企业停产，12 万公顷农作物受灾，倒塌房屋 2.7 万间，受灾人口 248 万人，全市直接经济损失达 333.6 亿元。

2. 投资后劲面临挑战

固定资产投资仍然是辖区经济增长的重要动力，但 2013 年辖区新开工项目数下降，一些重点项目尚处国家审批阶段，投资保持快速增长的难度越来越大。

3. 企业经营困难仍未缓解

全球经济复杂多变的形势下，国内外市场需求总体较弱，国际贸易争端和保护主义有所抬头，辖区企业出口复苏缓慢，国内消费市场缺乏新热点。同时，劳动力成本还在上升，辖区规模以上工业企业应付职工薪酬同比增长 10.1%。石油加工、电力生产、化学原料制品三个行业利润占全市规模以上工业企业利润的 44%，面上企业困难局面没有得到明显缓解，规模以上企业亏损面仍然较高，小微企业生存压力在增大。

二、金融业与金融稳定

（一）银行业稳健性评估

1. 银行业运行状况

（1）机构数量增加，资产负债规模增速回落。截至 2013 年末，全辖已开业的各类银行业金融机构共 63 家，较上年增加 3 家。全辖银行业金融机构资产总额 20 243.16 亿元，同比增长 16.23%，增速比上年末低 3.67 个百分点；负债总额 19 456.82 亿元，同比增长 16.29%，增速比上年末低 3.91 个百分点。

（2）存贷款增速放缓，结构分化明显。截至 2013 年末，宁波银行业金融机构本外币存款余额 13 164.6亿元，同比增长 9.88%，增速比上年末低 2.52 个百分点，比年初新增 1 181.57 亿元，同比少增 140.08 亿元。截至 2013 年末，全辖银行业金融机构本外币贷款余额 13 314.02 亿元，同比增长 11.31%，增速比上年末低 0.72 个百分点，比年初新增 1 326.5 亿元，同比多增 40.75 亿元。

（3）盈利能力下降，收入结构基本维持不变。2013 年，辖内银行业金融机构净利润 244.19 亿元，同比下降 8.39%，资产利润率 1.51%，同比下降 0.44 个百分点。净利润下降主要是两个原因：一是受净利差同比收窄 0.3 个百分点影响，净利息收入同比增长 3.32%，增速回落 11.25 个百分点。二是计提资产减值损失 130.34 亿元，同比增长 175.05%。从收入结构看，利差仍是最大盈利来源，但比重小幅下降，2013 年辖区银行业利息净收入（含债券投资利息）522.7 亿元，占营业收入比重 80.91%，同比下降 2.61 个百分点，中间业务收入 102.46 亿元，同比增长 23.81%，占营业收入比重 15.86%，同比提高 2.2 个百分点，尽管中间业务收入增速高于利差收入，但依赖利息收入的情况基本保持不变。

（4）不良贷款"双升"，风险抵补能力有所减弱。2013 年末，宁波市银行业金融机构本外币不良贷款余额 210.03 亿元，同比增加 65.37 亿元，不良率 1.58%，同比提高 0.37 个百分点。全辖银行业金融机构贷款损失准备充足率 212.67%，同比下降 30.41 个百分点，拨备覆盖率为 148%，同比下降 47.37 个百分点。

（5）贷款集中度保持平稳。2013 年末，辖区金融机构最大十家集团客户贷款占各项贷款比例为 13.38%，同比降低 0.71 个百分点，最大十家客户贷款占各项贷款比例为 14.49%，同比降低 0.06 个百分点。

2. 法人银行业机构稳健性情况

2013 年，辖区 1 家信用社改制为农商行。截至 2013 年末共有法人银行业机构 29 家。除村镇银行存贷比普遍较高外，其他法人银行业机构的主要监管指标符合监管要求，资本充足率和流动性充裕。2013 年末，宁波辖区法人金融机构资本充足率 14.86%，比上年末低 1.16 个百分点，其中核心资本充足率 12.26%，比上年末低 0.56 个百分点；流动性比例 46.30%，比上年末高 0.58 个百分点，超额存款准备金率 5.37%，比上年末高 1.16 个百分点，存贷比 69.22%，比上年末低 2.02 个百分点；不良贷款余额 37.1 亿元，同比增加 8.03 亿元，不良率 1.19%，同比提高 0.09 个百分点。但是个别村镇银行不良率较高值得关注。农村资金互助社平稳增长，支农互助作用有效发挥。昆仑信托、宁波港集团财务公司保持稳健。

3. 辖区银行业发展中需关注的问题

（1）不良贷款持续"双升"，资产质量面临较大压力。2011 年 8 月以来，辖区银行业金融机构不良贷款率震荡上行，资产质量整体呈现下滑态势。分机构看，2013 年末，个别村镇银行不良贷款率接近 5% 的监管标准。从趋势上看，2014 年宏观经济形势依然复杂多变，辖区银行业金融机构资产质量的潜在风险较大。

（2）银行业信贷投入产出效率持续低下值得关注。近年来，宁波市经济金融发展的一个突出现象是贷款的增长速度高于地区生产总值，使贷款/GDP 值呈现上升趋势，2012 年达到 1.83，2013 年末达 1.87，比 2005 年高 0.60，在同类城市中处于较高水平。

（3）城商行法人机构同业业务潜在风险不容忽视。2013 年末辖区 3 家法人城商行同业业务资产余额合计 1 982.59 亿元，同比增长 37.42%，高出同期贷款增速 16.22 个百分点，占其资产总额的比重为 38.21%。同业业务尤其是信贷类同业业务快速增长对流动性管理、信用风险管理带来挑战且存在传染性风险隐患。

（4）票据业务存在合规及操作风险。调查及现场评估发现，2013 年该领域依然存在一定的合规及操作风险。其中银票承兑方面，部分贴现资金直接或间接回流开票公司或其母公司；部分公司将信贷资金挪作银行承兑汇票保证金。票据贴现方面，主要问题是存在贸易背景不真实。

（二）证券业稳健性评估

1. 证券业运行状况

（1）证券业经营主体增加。截至 2013 年末，辖区证券经营机构 78 家，同比增加 13 家，增长 20%，其中证券营业部 69 家，占 88.46%，证券公司分公司 5 家，占 6.41%，基金公司、证券投资咨询公司、基金销售分公司及境外证券公司代办处各 1 家；期货经营机构 36 家，同比增加 1 家，增长 2.86%，其中期货营业部 35 家，期货公司 1 家；上市公司 55 家，同比持平，其中境内上市公司 42 家，同比持平，包括主板公司 23 家，中小板公司 12 家，创业板 7 家。

（2）证券期货交易额增长，证券期货机构经营业绩明显分化。2013 年全年辖区证券成交总额 21 597.64 亿元，同比增长 49.01%，期货代理交易额 53 479.29 亿元，同比增长 27.36%。2013 年末，证券投资者股票账户数 98.44 万户，同比增长 5.58%，客户交易结算资金余额 66.17 亿元，同比减少 5.09%，托管证券市值 1 288.12 亿元，同比增长 12.92%。期货投资者开户数 2.06 万户，同比增长 7.85%，期货客户保证金余额 31.75 亿元，同比增长 6.5%。

分机构看，证券机构经营情况好于期货机构。2013 年全年辖区证券经营机构交易手续费收入 12.03 亿元，利润总额 5.51 亿元，同比分别增长 50.74%、92.03%，期货经营机构交易手续费收入 3.45 亿元，利润总额 0.2 亿元，同比分别下降 7.01%、51.08%。

（3）创新业务品种不断丰富，部分品种业务增长迅速。2013 年，辖区部分证券期货营业机构继开展 IB 业务、融资融券业务等业务后，又推出了股票质押式回购、"新三板"业务扩大试点等创新业务。全年融资融券业务交易额 1 077.19 亿元，同比增长 265.69%，2013 年末，融资融券保证金余额 90.6 亿元，同比增长 139.5%。

（4）证券期货经营机构总体保持稳健。2013 年各家营业部根据监管部门的监管政策变化和公司总部工作要求及时修订完善各项内控制度，合规开展各项业务，加强风险管理。部分机构开展了信息系统安全应急演练、投资者教育、压力测试等活动。2013 年 8 月，"光大证券乌龙指"事件发生后，有关证券营业部及时做好沟通工作，妥善解决客户提出的索赔和投诉。10 月，受"菲特"台风影响，余姚地区部分证券期货营业部无法正常营业，及时采取应对措施，向监管部门报备、做好客户沟通工作，有效化解突发事件带来的风险。

（5）上市公司融资额下降，总市值小幅增长。受 IPO 冻结影响，2013 年辖区 42 家 A 股上市公司在国内资本市场累计融资总额 18.59 亿元，同比下降 68.73%，其中股票增发融资 2.59 亿元，公司债融资 16 亿元。截至 2013 年末境内上市公司总股本 345.92 亿股，同比增长 1.7%，总市值 2 037.2 亿元，同比增长 0.13%。

2. 辖区证券业法人机构稳健性评估

宁波杉立期货经纪有限公司 2013 年进一步完善内部管理制度，开展金融突发事件应急预案演练。全年期货代理交易量 476.61 万手，同比下降 49.57%，期货代理交易金额 5 128.28 亿元，同比下降 21.78%。截至 2013 年末，该公司净资本 13 714.4 万元，主要监管指标符合监管标准。

3. 辖区证券业发展中需关注的问题

（1）证券经营机构转型面临挑战。2013 年，辖区证券经营机构经营业绩较上年出现较大幅度改善，但证券经营机构发展创新业务，从单纯的经纪机构转型为综合性资产管理机构的压力依然较大。

（2）期货经营机构盈利能力偏弱。2013 年期货市场新增 8 个商品和 1 个金融期货品种，期货品种达到 40 个品种。在交易品种增加的情况下，辖区期货交易金额、开户数出现一定的增长，但是期货经营机构经营业绩的收入、利润同比出现下降。

（3）部分上市公司涉足委托贷款业务存在一定隐患。公开信息披露显示，2013 年辖区宁波韵升、波导股份、天邦股份、龙元建设等 4 家公司累计发放 6 笔委托贷款 8.2 亿元，贷款对象均为房地产相关企业。从已发放的贷款情况来看，上市公司涉足委托存在一定的风险，波导股份 2013 年 8 月发放给淮安弘康房地产开发有限公司的 1 笔 5 000 万元的委托贷款已两次展期，香溢融通截至 2013 年 6 月末可疑类①的委托贷款 2.42 亿元。

（三）保险业稳健性评估

1. 保险业运行状况

（1）市场主体进一步扩大，布局分布更加合理。截至 2013 年末，宁波保险市场共有机构主体 55 家，其中产险机构 29 家，比年初新增 1 家；寿险机构 24 家，比年初新增 2 家；农村保险互助社 2 家，年内新增 1 家慈溪市龙山农村保险互助联社，实现农村保险互助社从村级向镇级扩容。截至 2013 年末，辖区共有保险专业中介机构 34 家，较年初增加 9 家，保险兼业代理机构 3 507 家。截至 2013 年末，宁波市保险从业人员合计 24 579 人，同比增长 2.28%。

（2）资产规模稳步增长，但增幅有所下降。截至 2013 年末，宁波保险业金融机构资产总额 361.53 亿元，同比增长 16.26%，增幅较上年同期下降 3.85 个百分点。其中产险机构 49.26 亿元，同比增长 12.59%，寿险机构资产 312.27 亿元，同比增长 16.86%。

（3）产险市场深度调整，转型升级速度加快。2013 年，宁波产险机构实现保费收入 100.19 亿元，同比增长 12.23%，同比提高 0.43 个百分点。2013 年财险机构电销渠道改革进一步提速，截至 2013 年末，辖内开展电销业务的产险机构共 21 家，比上年同期增加 8 家，增长 61.54%；车险电销渠道 2013 年保费收入 25.10 亿元，同比增长 29.53%，占车险总保费收入的 35.62%。同时，2013 年具有较强社会公益性的责任保险成为产险业新的业务增长点，辖区试点开展了产品责任，完善食品安全责任险实施方案，其他责任险增容扩面工作也稳步推进。

（4）寿险公司竞争力稳步提升，核心优势保持稳定。2013 年，辖内寿险机构实现保费收入 85.31 亿元，同比增长 13.09%，高于全国平均增幅 5.23 个百分点，增速位居全国第 9 位。人身保险产品预定利率自 2013 年 8 月实施改革后，寿险普通型产品吸引力增强，全年实现保费收入 6.78 亿元，同比增长 13.33%。2013 年，宁波寿险机构通过个人代理、银邮代理和公司直销渠道分别实现保费收入 48.67 亿元、26.62 亿元和 8.07 亿元，同比增长 11.39%、3.82% 和 96.40%，同时，2013 年寿险产品的互联网与电话销售渠道得到较快发展，全年保费达 1.42 亿元，占保费收入的 1.66%，高于全国 1.35% 的平均占比。

2. 保险市场运行中需要关注的问题

（1）产险机构赔付支出大幅增长，亏损严重。2013 年，宁波保险市场赔付支出 103.91 亿元，同比增长 61.68%，其中财产险赔付支出 89.54 亿元，同比增长 72.52%。全年 29 家产险机构承保亏损 30.51 亿元，没有一家机构实现盈利。产险机构亏损原因主要是以下几方面：一是"菲特"台风导致产险机构赔付大幅增长。二是产险机构经营成本持续走高，行业议价能力较弱。三是产险机构风

---

① 该公司参照银行业对贷款五级分类的风险标准，将委托贷款的形态分为正常、可疑和损失三类。

险把控亟待加强。

（2）寿险机构发展方式粗放，转型难度加大。一是寿险发展后劲不足。2013年寿险机构新单收入34.28亿元，其中新单期缴13.15亿元，同比下降2.45%，连续第三年出现负增长。二是退保风险不容忽视。2013年宁波辖区24家寿险机构退保金支出13.67亿元，同比增长76.88%，高出全国平均水平17.75个百分点，增速在计划单列市和长三角地区中最高。

三、影子银行与金融稳定

（一）担保机构

截至2013年末，全辖共有融资性担保机构70家，比年初减少6家。注册资本40.36亿元，同比增长4.26%，其中注册资本亿元以上的机构共有14家，5 000万元（含）至10 000万元的共计35家，5 000万元以下的共计21家。全年70家融资性担保机构累计为全辖中小微企业担保188.34亿元的贷款。受宏观经济增速放缓影响，辖区担保机构面临代偿风险上升较快，盈利能力下滑的问题。

（二）典当业

截至2013年末，全辖共有典当企业82户，比年初新增8户，从业人员606人，比年初增加6人。注册资金12.78亿元，资产总额15.23亿元，负债总额1.23亿元，其中短期借款0.36亿元。2013年，全辖82家典当行发放贷款总额40.38亿元，同比增长17.32%，截至2013年末，典当余额9.4亿元，同比增长0.11%。当前，典当行面临着盈利水平普遍下滑和流动性风险的挑战。

（三）小额贷款公司

截至2013年末，全辖共有42家小贷公司，合计注册资本75.70亿元，比年初增加7.0亿元；资本净额82.52亿元，比年初增加7.83亿元。从银行业金融机构融资余额17.34亿元，贷款余额106.32亿元，比年初增加9.89亿元。全年累计发放贷款299.54亿元，累计受益客户11 907户。2013年，全市小额贷款公司的贷款加权平均年利率呈震荡上升趋势。2013年，全市小贷公司不良贷款余额和不良贷款率呈现逐月快速上升态势。截至2013年末，不良贷款余额7.46亿元，不良贷款率7.01%。

四、金融市场与金融稳定

（一）同业拆借市场量跌价升，交易品种有所分散

1. 量跌价升，市场活跃度下降

2013年，辖内金融机构同业拆借交易量累计达到3 732.5亿元，较上年减少457.3亿元，降幅10.9%，其中6月同业拆借加权平均利率6.57%，为近十年来的最高点。总体来看，自2013年6月以来，受市场流动性收紧、银行业机构"去杠杆化"等因素影响，拆借资金价格持续高位波动，辖内金融机构同业拆借规模一直呈缩量震荡态势，市场活跃度明显下降。

2. 交易品种有所分散，市场主体相对集中

从交易品种看，短期品种，尤其是隔夜拆借仍是主要交易品种。全年累计交易3 385.3亿元，占总

交易量的90.7%，同比降低2.7个百分点。7天品种成交233.5亿元，占总交易量的6.3%。从交易主体看，2013年，随着宁波通商银行、宁波东海银行加入同业拆借市场，全辖已有6家活跃的市场成员。但交易活动仍非常集中。其中宁波银行、慈溪农合行两家机构分别占全辖成交量的79.6%和12.8%。

（二）债券市场交易分化，债务融资工具发行量稳步增长

1. 回购交易量价齐升，风险控制明显加强

2013年，辖内市场成员债券回购交易累计6.04万亿元，较上年增长71.6%。从月度趋势看，交易规模呈不断增长态势，其中6月为关键时点：流动性发生激烈波动后，市场对同业融资的信用风险控制加强，导致有抵押的回购交易大量取代同业拆借。特别是第四季度，三个月的交易量价同步上行，加权平均利率分别为3.61%、3.98%和4.05%，资金价格的不断高企，给融出资金的辖内机构带来了不菲收益。而交易品种方面，1天品种占到了94.1%，同比提高0.3个百分点，表明市场主体流动性的期限管理更为慎重。从交易主体看，2013年有7家机构参与债券回购交易，其中宁波银行成交量最高，占全年总成交量的67.9%，其次为慈溪、余姚和鄞州三家农合行，成交量分别占全部的13.0%、9.9%和8.4%。

2. 现券交易量大幅回落，到期收益率持续攀升

2013年，全辖金融机构现券交易累计成交1.48万亿元，仅为2012年的41%。导致现券交易大幅回落的直接因素是4月的债市"审计风暴"，5月以来，各月成交量不足之前的5%。全年以鄞州银行、宁波银行和慈溪农合行三家机构交易最活跃，分别占总成交量的41.5%、37.2%和19.7%，其余4个市场主体合计仅占1.6%。全年现券到期收益率基本呈直线上升态势：12月，现券买卖加权平均收益率达6.07%，比全年最低点（3月份）的3.56%高出251个基点。收益率的大幅攀升，反映了交易标的利率的普遍上升走势。从交易品种看，信用风险较小的利率债和准利率债仍为主体。其中国债全年成交6601.6亿元，占总成交量的44.5%，其次为政策性金融债、央票和企业债，分别占总成交量的25.2%、10.1%和10.1%，其他12个品种仅占10.1%。

3. 债务融资工具发行量稳步增长

2013年辖内非金融企业累计注册债务融资工具288亿元，实际共有12家企业完成发行133.2亿元，发行量同比增长47.8%。其中短期融资券发行73.2亿元，定向工具56亿元，中期票据4亿元。从发行主体来看，各企业主体信用评级均为AA-级以上，多数为近年在银行间市场较为活跃的主体，新参与企业较少。受市场资金价格持续走高影响，辖内企业发行债务融资工具利率明显上升，下半年平均利率达6.97%。

（三）即远期外汇交易量同比回落，非贸易性交易同比增长

2013年，全辖金融机构外汇即期交易累计折合美元1212.0亿元，仅为上年规模的23.9%，主要是做市商——宁波银行的即期交易量大幅下滑所致；外汇远期交易成交折合美元10.6亿元，是上年交易量的34.2%；掉期交易折合美元1442.0亿元，同比增长35.6%；货币对交易折美元30.5亿元，是上年同期的1.5倍，主要是美元/港元货币对交易大幅增长7.1倍所致。即期、远期结售汇的大幅回落，与当前辖区外贸增长持续低迷有直接关系；而掉期、货币对交易两品种同比增长，表明涉汇主体参与汇率投资、投机有所活跃。目前辖区交易主体仍为6家，其中宁波银行和鄞州农合行交易量分别占81.2%和17.9%，其中前者以掉期交易为主，后者主要是即期结售汇。

（四）黄金交易量升价跌

受国际金价大幅震荡走低影响，国内黄金交易量升价跌态势明显。全年累计完成各类黄金交易60 936.9千克，是上年成交量的2倍，成交金额179.8亿元，同比增长73.2%。从结构上看，账户金累计成交51.5亿元，同比减少9%。交易增量主要来自实物黄金：全年共完成交易128.3亿元，同比增长171.7%。其中个人黄金延期交易全年成交40.4亿元，占全部交易量的22.5%，表明T＋D杠杆交易正成为辖内黄金投资的主要方向。

分机构看，全年交易量最大的为宁波银行，各类黄金交易量总计22 628.9千克，占总成交量的37.1%，成交金额69.9亿元，占38.9%，主要是该行依托丰富的总部客户资源，大量开展自营黄金延期交易所致；其次为工行宁波市分行、建行宁波市分行，全年累计成交金额分别为35.2亿元和25.8亿元，占总量的19.6%和14.3%，其余机构交易量占比均在10%以下。

五、金融基础设施与金融稳定

（一）支付清算体系

2013年宁波市支付清算系统安全、稳定运行。第二代支付建设稳步推进，农村支付环境不断提升，试点开展基于金融IC卡的手机支付业务。通过加强监督管理，确保票据凭证印制安全、促进银行卡业务有序发展、规范银行结算账户，维护了支付业务稳定发展。当前支付清算体系也面临着银行卡业务风险有所加大、支付机构风险控制有待加强的问题。

（二）征信体系

2013年是《征信业管理条例》颁布实施的第一年。宁波征信业以《征信业管理条例》为圭臬，金融征信领域相关业务得到全面规范，信用评级市场化特征进一步突出，信息主体权益保护有效提升，社会公众的信用意识明显增强。截至2013年末，企业征信系统收集全国企业和其他组织个数1 919万户。全年累计办理企业和个人信用报告查询74 243笔，查询量是上年的18倍。当前辖区征信体系面临的主要问题为：一是征信机构缺乏、业态不完整；二是各领域征信体制建设参差不齐；三是信用治理的合力不强。

（三）反洗钱体系

2013年，通过进一步加强与公检法、海关等部门的合作，有效打击洗钱等各类犯罪，取得良好成效。全年累计收到21家金融机构报送重点可疑交易报告，报告机构从银行扩展到信托和证券公司。报告的涉嫌洗钱类型包括信用卡套现、赌博洗钱、虚假验资、集资洗钱、诈骗洗钱等。当前一个普遍现象为可疑主体越来越多地采用网上银行和自助设备进行资金划转。

（四）货币发行与反假币

2013年，采取发行基金直接送达银行业金融机构现金业务库，实现发行基金直接调拨，减少人民币产品流转的中间环节，提高调拨的经济性和现金服务水平。坚持"假币零容忍"原则，在辖内银行业金融机构中全力推动人民币全额清分，保证银行业金融机构在柜台、自动取款机支付、自动存取款一体机支付等支付环节对外不误付假币。围绕整治人民币使用环境，采取打防宣训相结合方式，净化辖内安全使用人民币环境。进一步强化反假工作力度，各券别的假币流通空间得到了有效遏制。

（五）金融消费者权益保护

2013年，以打造公平、诚信、和谐的金融消费环境为目标，通过开展金融消费权益保护评估、个人金融信息保护专项检查、"金融消费投资教育宣传月"和"金融知识普及月"活动等工作，督促金融机构自觉维护金融消费权益，提升金融消费者维权意识，优化、规范辖区金融消费环境，为辖区金融体系稳定、金融业健康发展作出贡献。

六、总体评估与政策建议

定量评估结果显示，2013年宁波辖区金融业总体稳定状态有所下降。其中，银行业、保险业的稳定水平下降较多，而非金融部门形势有所好转。

（一）稳定状况综合评估模型

结合辖区经济金融特点及指标数据的可得性，选取了宏观经济、金融业、非金融部门、金融生态等6大类、36项指标，构建了区域金融稳定评价指标体系。并采用权重测算、层次分析法，得到各层指标的权重与综合得分。定量评估结果显示，2013年辖区金融稳定得分为35.81分，较上年小幅提高，表明不稳定因素有所增加，但仍处于稳定区域。

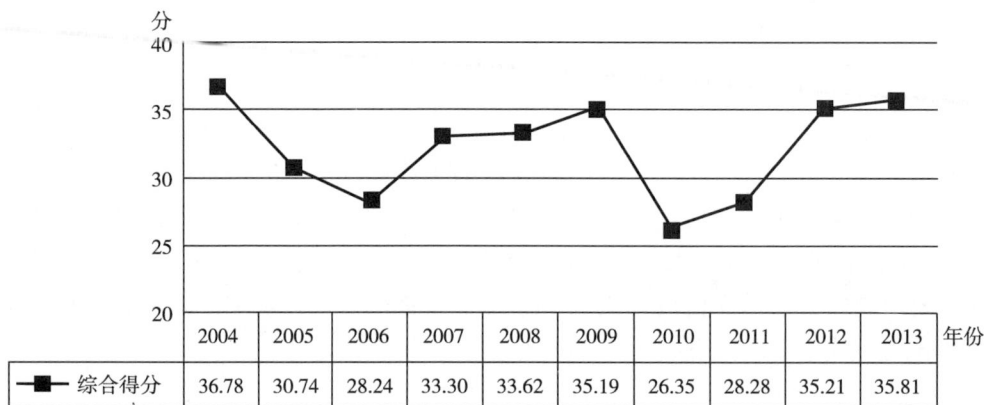

年份	2004	2005	2006	2007	2008	2009	2010	2011	2012	2013
综合得分	36.78	30.74	28.24	33.30	33.62	35.19	26.35	28.28	35.21	35.81

图1　宁波辖区2004—2013年金融稳定状况趋势图①

（二）政策建议

1. 加快区域经济结构转型升级，创造良好金融稳定环境

2014年，辖区经济金融处于重要的战略转型和改革深化期，面临许多困难和复杂形势，但也存在许多机遇和有利条件。要抓紧实施辖区经济社会转型发展"三年行动计划"，结合"五水共治"、

---

① 分值越小，表示风险越低，稳定状况越好。

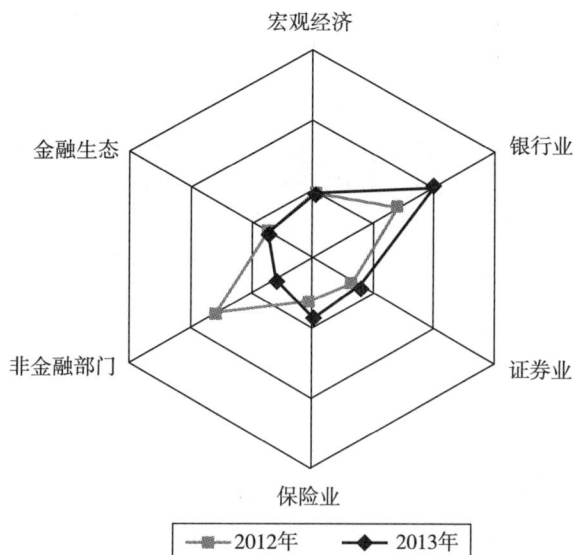

图2　宁波辖区 2013 年和 2012 年金融稳定得分雷达图

现代产业培育、城市功能提升等，加快促进辖区从县域经济向城市经济转型、从外向型经济向开放型经济转型、从外延扩张粗放式发展向内涵提升集约式发展转型。金融业要以服务实体经济为目标，不断增强金融支持经济转型升级的契合度。

2. 加强宏观审慎监管力度，促进辖区金融稳健运行

在当前辖区经济金融复杂多变的背景下，信用风险暴露较多；汇率和利率市场化改革、金融市场波动等因素对金融业经营带来较大挑战，影响金融稳定的潜在风险不容忽视。银行业要加强内部风险管理，通过完善资本管理、流动性管理等，进一步提高社会资金在实体经济中的配置效率；证券期货业要加快证券市场改革，注重培育市场的投资功能，规范发展各类创新业务；保险业要加大行业监管力度，规范保险市场秩序，推动巨灾保险试点工作，关注寿险企业退保金居高不下、产险机构赔付率显著增长等问题。

3. 持续加强金融风险防控，维护优质区域金融生态

要以推进"金融生态示范区"建设为契机，加强金融风险防控，维护优质金融生态：一是加强地方政府监管责任，有效开展小贷公司、担保公司、典当行等持牌类金融机构的监测管理。二是做好风险排查工作。加大对重点领域、重点行业的风险排查，密切关注互保关系复杂和涉及民间借贷密切的企业资金链情况，跟踪监测房地产行业、地方政府债务发展趋势。三是维护金融秩序。打击恶意逃废债行为，加强对非法集资、集资诈骗、高利贷等非法金融活动查处力度。四是建立健全区域中小微企业信用体系，破解银企信息不对称问题，进一步推进区域金融生态建设、加快经济转型升级。

总　　纂：周伟军

统　　稿：鲍　雯　徐洪水

执　　笔：黄　健　傅晓燕

其他参与写作人员（按姓氏笔画排序）：

马喜中　刘良毕　何秋霞　陈　达　孙诗雄　徐翰挺

周路阳　蒋晓亮

厦门市金融稳定报告摘要

2013 年，厦门市积极应对复杂严峻的国内外形势和转型升级的内在压力，加快推进跨岛发展战略，经济运行呈现持续平稳健康发展态势，为区域金融稳定提供了有利条件。银行业信贷投放总量、结构和节奏持续优化，资产规模继续提升；证券期货业继续强化风险管理，总体经营稳健；保险业保持快速增长，服务经济社会能力进一步提升；金融市场运行平稳，交易总体保持活跃，投融资功能持续发挥；厦门市金融基础建设持续推进，各项设施运行安全高效。但是，经济金融局部性风险有所增加，面临的挑战更加严峻。

一、区域经济运行与金融稳定

（一）区域经济运行情况

2013 年，厦门市积极应对复杂严峻的国内外形势和转型升级的内在压力，制定并启动实施美丽厦门战略规划，加快推进跨岛发展战略，着力稳增长、调结构、抓改革、惠民生、促和谐，经济运行呈现持续平稳健康发展态势。但是，厦门市经济运行仍存在一些不确定因素，经济发展仍存在亟待解决的问题。

1. 经济运行稳中增效，产业结构有所优化

2013 年厦门市实现地区生产总值（GDP）3 018.16 亿元，同比增长 9.4%，增速比上年同期下降 2.7 个百分点。分季度看，第一至第四季度 GDP 累计增速分别为 10.8%、11.3%、10.4%、9.4%，均高于同期全国 GDP 累计增速。从产业结构看，2013 年，厦门市第一、第二、第三产业分别增长 0.2%、11.1% 和 7.7%。产业结构从上年的 0.9:48.8:50.3 调整为 0.9:47.5:51.6，二产比例继续下降，三产比例持续上升，产业结构继续优化。

2. 工业加快转型升级，实力有所增强

2013 年，厦门市 1 664 家规模以上工业企业实现总产值 4 678.45 亿元，同比增长 13.1%，增速与上年同期持平；实现增加值 1 141.69 亿元，同比增长 12.1%，增速比上年同期回落 0.4 个百分点。先进制造业实力增强，2013 年厦门市 405 家规模以上高新技术工业企业完成产值 2 098.84 亿元，同比增长 13.2%，对全市规模以上工业总产值增长的贡献率为 29.9%，拉动全市规模以上工业总产值增长 3.9 个百分点。技术改造成为工业转型升级、做大做强的重要抓手，2013 年厦门市共完成技改投资 201.80 亿元，同比增长 15.0%，增速高出工业投资增速 12.7 个百分点，占工业投资的 74.2%。

3. 固定资产投资快速增长，投资结构有所改善

2013 年，厦门市完成全社会固定资产投资 1 347.54 亿元，同比增长 1.1%，增速比上年同期回

落 17.0 个百分点，其中固定资产投资（不含农户）1 337.26 亿元，同比增长 1.1%，增速比上年同期回落 17.1 个百分点。投资总体形势较为低迷，但投资结构调整的态势已初步显现，现代服务业投资成为新增长点、民生工程投资力度加大。房地产投资平稳增长，2013 年，厦门市房地产投资 531.80 亿元，同比增长 2.5%，增速比上年同期回落 15.9 个百分点，房地产投资占全市固定资产投资（不含农户）的 39.8%。

4. 消费平稳增长，主要价格指数涨跌互现

2013 年，厦门市消费平稳增长，全年实现社会消费品零售总额 974.97 亿元，同比增长 10.5%，增速比上年同期提高 0.3 个百分点。居民消费价格总指数（CPI）全年同比上涨 2.3%，涨幅比上年同期扩大 0.2 个百分点，其中居住类、食品类、衣着类分别拉动 CPI 上涨 1.3 个、3.7 个、3.8 个百分点。工业品出厂价格指数（PPI）持续低位运行，全年 PPI 指数 95.1，较上年回落 0.7 个百分点。

5. 外贸进出口增速回升，对台贸易稳步增长

2013 年，厦门市实现外贸进出口总额 840.94 亿美元，同比增长 12.9%，增速比上年同期提高 6.7 个百分点；其中出口 523.54 亿美元，同比增长 15.3%，进口 317.40 亿美元，同比增长 9.1%。2013 年，两岸经贸往来更加密切，对台贸易稳步增长，全年全市对台进出口 80.95 亿美元，同比增长 5.8%，其中出口 14.24 亿美元，同比下降 2.9%，进口 66.71 亿美元，同比增长 7.9%。

6. 城乡居民收入持续增长，消费需求继续提升

2013 年，厦门市城镇居民人均可支配收入 41 360 元，同比增长 10.1%，增速比上年同期回落 1.8 个百分点。全年厦门市农民人均纯收入 15 008 元，居福建省九地市首位，同比增长 11.5%，增速高出城镇居民人均可支配收入增速 1.4 个百分点，城乡居民收入之比由上年的 2.79:1 缩小到 2.76:1。收入稳定增长带来消费需求不断提升。2013 年，厦门市城镇居民人均生活消费支出 26 864 元，同比增长 7.8%；农民人均生活消费支出 11 228 元，同比增长 10.6%，增速高出城镇居民人均生活消费支出增速 2.8 个百分点。

（二）区域经济运行需关注的问题

1. 工业产业增长乏力，效益状况不佳，工业投资意愿和规模下降

2013 年，受产能过剩、需求不足、竞争加剧的影响，厦门市工业增速处于中低位运行状态，企业产能普遍发挥不足；受用工成本、融资成本、汇率波动等因素影响，工业企业盈利能力减弱，工业经济效益综合指数为 201.57，同比下降 3.3 个百分点；由于效益状况不佳，工业企业的投资意愿和规模双双下降。

2. 投资低速增长，结构有待优化

2013 年，厦门市固定资产投资形势较为低迷，是 2010 年以来首次个位数增长。从结构看，工业投资的低迷导致全市第二产业投资比重长期处于较低的水平，抑制了工业规模的扩张潜力，影响了全市经济发展后劲；第三产业投资则过度依赖房地产和交通、市政等基础设施投资拉动，而用于发展旅游、金融及科教文卫等方面的投资比重依然较低。

二、金融业与金融稳定

（一）银行业

1. 银行业运行情况

（1）银行体系机构主体持续增加，资产负债规模保持较快增长

2013 年末，厦门市共有各类银行业金融机构 40 家，比上年增加 1 家。其中中资银行业金融机构 25 家，外资银行业金融机构 15 家（含代表处 2 家）。银行业金融机构资产总额 9 948.69 亿元，同比增长 17.56%；负债总额 9 607.45 亿元，同比增长 17.90%。

（2）存款增长较快并呈定期化趋势，贷款增长趋缓结构有所优化

2013 年末，厦门市中外资金融机构本外币存款余额 6 380.63 亿元，同比增长 16.61%，增速比上年同期提高 6.23 个百分点，分别高于全国、福建省增速 3.11 个、1.11 个百分点。2013 年末，厦门市中外资金融机构本外币贷款余额 5 843.54 亿元，同比增长 14.41%，增速同比降低 3.25 个百分点，高于全国增速 0.51 个百分点，但落后于福建省增速 1.39 个百分点。

存款方面，人民币单位存款和定期类存款快速增长；贷款方面，更多信贷资源投向实体经济，小微企业成为企业贷款增长的新动力。

（3）盈利水平总体下降，法人银行流动性风险可控

2013 年，在利率市场化进程加快、金融脱媒、互联网金融等因素综合影响下，银行盈利水平总体下降。全年厦门市银行业金融机构实现税后利润 124.37 亿元，同比增长 9.24%；资产利润率 1.54%，同比下降 0.19 个百分点。法人银行业金融机构盈利能力有所提高，2013 年资本利润率为 16.21%，同比提高 2.11 个百分点。

流动性风险总体可控。在稳健货币政策影响下，法人银行业金融机构平均存贷比持续走低，2013 年末为 47.56%，同比下降 3.81 个百分点；平均流动性比例为 50.37%，同比下降 20.46 个百分点，仍符合监管要求。

（4）深化改革转型，法人机构发展迈上新台阶

一是法人机构改革取得重大突破，厦门国际银行成功改制为城市商业银行，厦门国际信托完成增资 6 亿元。二是填补机构空白，市场竞争力持续增强。翔安民生村镇银行顺利开业，厦门国际银行、厦门银行增设机构取得新进展。三是法人机构内部管理水平提高，不断完善各类管理办法，八家法人机构全年实现稳健运营。

2. 银行业运行需关注的问题

（1）不良贷款有所反弹，重点领域风险管控仍需加强

2013 年，厦门市授信风险得到了较有效控制，资产质量趋于稳定。政府融资平台、产能过剩行业、钢贸等领域贷款风险相对较小，但是由于前期企业盲目扩张、非理性投资以及经营成本上升等原因造成的负面影响还在延续，新发生不良贷款仍在较大幅度增长。2013 年末，厦门市银行业金融机构不良贷款余额 91.69 亿元，同比增加 37.31 亿元；不良贷款率 1.57%，同比提高 0.51 个百分点。在扣除年底新增的一笔境外不良贷款后，辖内不良贷款余额为 55.11 亿元，同比增加 0.73 亿元；不良贷款率 0.94%，同比下降 0.12 个百分点。

（2）存贷比高位运行，负债稳定性下降，流动性管理压力加大

一方面，厦门市银行业存贷比维持高位运行，2013年末存贷比仍达91.58%，未见明显好转。另一方面，各项存款占总负债的比重由2009年的75%下降到2013年的60%，而同期同业负债比重则由8.2%上升到14.9%，表明对同业负债的依赖增强，负债稳定性有所下降。这两方面因素均加大了银行业金融机构流动性管理压力。

（3）风险抵补能力继续下降

截至2013年末，厦门市银行业贷款损失准备充足率为187.90%，比年初下降10.35个百分点；拨备覆盖率145.15%，比年初下降55.70个百分点，银行体系损失抵补能力继续下降。

（二）证券期货业

1. 证券业运行情况

（1）证券期货市场经营主体持续增加，体系逐步完善

2013年末，厦门市共有1家法人证券公司、5家证券公司分公司、56家证券营业部；证券公司分公司和证券营业部分别比2012年增加2家和4家。辖内第一家法人基金公司圆信永丰基金管理公司已取得工商营业执照和经营基金业务许可证。2013年末，共有2家法人期货公司、27家非法人期货公司营业部，非法人期货公司营业部比2012年增加1家。

（2）证券期货业机构经营较稳健，抗风险能力较强

2013年末，厦门法人证券经营机构各项风控指标较为稳健，净资本/净资产持续提升，显示其流动性增强，负债水平降低，抵御市场风险能力提高。2013年末，厦门法人期货经营机构经营稳健，各项风控指标远优于监管标准，流动性宽裕，杠杆率较低，风险控制良好。

（3）开户数持续攀升，证券、期货市场交易量均实现增长

2013年末，辖区证券账户总数、资金账户总数分别为152.09万户和93.61万户，较上年末分别增加了5.07%和3.64%；期货投资者户数为7.84万户，较上年末增加11.84%；证券市场交易回暖，2013年，厦门证券交易总额1.59万亿元，同比增长39.48%，其中：A股交易总额为0.94万亿元，同比大幅增加40.66%；期货市场交易活跃，2013年，厦门期货交易总额9.45万亿元，同比增长28.40%。

（4）再融资工作取得较好成绩，后备上市资源逐步壮大

2013年厦门上市公司通过定向增发、发行中期票据和公司债券等渠道实现再融资39.63亿元。后备上市资源方面，华懋新材等10家企业的首发申请在中国证监会审核，与2012年持平；吉比特等16家企业进入辅导备案阶段，较2012年增加2家。

（5）创新业务发展势头良好

2013年，厦门证券营业部融资融券、期货IB、报价回购和约定回购全年交易金额分别为662.54亿元、7631.54亿元、366.15亿元和7.70亿元，合计实现收入3.10亿元，占同期证券营业部全部业务收入的37.07%，创新业务的重要性逐渐显现。

2. 证券期货业运行需关注的问题

（1）证券经营机构亏损面仍存在，期货经营机构效益继续分化

2013年证券经营机构实现营业收入9.10亿元、利润总额3.59亿元，同比分别增长39.49%、135.34%，机构效益总体好转，但仍有20家证券营业部亏损，全年累计亏损0.35亿元，亏损面为

36.36%。2013 年厦门期货市场交易活跃，营业收入同比增长，但净利润 0.75 亿元，同比减少 10.11%。其中，法人期货经营机构实现净利润 0.98 亿元，同比增加 4.26%，而异地期货公司在厦营业部整体亏损继续恶化，亏损总额从上一年度的 0.11 亿元扩大至 0.23 亿元。

（2）直接融资渠道有待进一步拓展

尽管近年来厦门辖区直接融资工作取得了较大进展，但绝对值仍然极低，资本市场直接融资功能的发挥有待继续强化。2013 年厦门市境内股票筹资与银行贷款增加额之比为 2.26:100，同比降低 4.25 个百分点；境内上市公司总市值占 GDP 的比重为 40.53%，同比提高 2.10 个百分点。

（三）保险业

1. 保险业运行情况

（1）多层次市场体系初步形成，市场规模逐步扩大

截至 2013 年末，厦门市共有各类保险公司 38 家，比上年增加 1 家。其中法人保险公司 2 家；财产保险公司 20 家、人身保险公司 18 家。2013 年，厦门保险市场呈现较好的发展态势，实现保费收入 111.78 亿元，同比增长 20.30%。财产险实现保费收入 48.12 亿元，同比增长 16.0%，其中车险实现保费收入 34.27 亿元，增长 20.2%；非车险实现保费收入 13.85 亿元，增长 6.7%。人身险业务实现保费收入 63.66 亿元，同比增长 23.8%，为 2008 年以来发展最快的一年。全市保险密度为 2 996.78 元/人，保险深度为 3.70%，同比均有所上升。

（2）产险公司费用率上升趋势有所放缓，寿险公司业务质量有所下降

2013 年，产险公司综合费用率、综合赔付率、综合成本率分别为 36.2%、57.10% 和 93.3%。除综合费用率同比上升 0.1 个百分点外，综合赔付率和综合成本率分别下降 1.9 个、1.8 个百分点。2013 年，寿险公司主要业务指标趋差。由于存在用短期产品"冲规模"现象，导致寿险业务新单期交率同比下降 8.8 个百分点至 41.4%；APE 折标率同比下降 6.2 个百分点至 57.8%。

（3）风险有所加大，重点风险得到较有效防控

2013 年产险应收保费率为 11.0%，同比上升 2.5 个百分点。剔除保证保险后的应收保费率为 2.1%，同比下降 0.1 个百分点。寿险公司综合退保率为 2.2%，同比上升 0.5 个百分点。

（4）服务经济社会能力进一步提升

2013 年，厦门保险公司赔款与给付 36.32 亿元，同比增长 19.86%。出口信保实现保费收入 3.04 亿元，提供 94.39 亿美元风险保障，分别同比增长 2.01%、3.73%，实现出口险项下融资额 11.57 亿美元，一般贸易渗透率 30.5%。全民自然灾害责任险为 360.6 万人提供每人 13 万元的人身伤亡保险保障。新一轮大病保险参保人数较上一轮增加 29 万人，达到 232 万人，对城镇职工、城乡居民的综合保障水平分别提高至 50 万元、45 万元。计生家庭保险覆盖全市各区，至 2013 年累计为 6.5 万户、19.9 万人提供了意外保障。

2. 保险业运行需关注的问题

（1）寿险结构和业务价值趋差，集中退保风险大增

2013 年，寿险业务退保金额 5.28 亿元，同比增长 57.2%。受寿险公司用短期产品"冲规模"影响，2103 年寿险业务新单趸交增长 51.2%，期交率下降 8.8 个百分点，APE 折标率下降 6.2 个百分点。此外，对于一年期后的现金价值高于同期银行定存本息的高现价产品，可能会出现退保率偏高的现象。

（2）非车险费率持续下降，部分非机动车辆险险种亏损

扣除出口信保业务后，厦门市财险公司承保利润同比下降52%。按险种看，企业财产保险、工程险、责任险、健康险、意外险等主要非机动车辆险险种均处于承保亏损状态，造成亏损的根本原因是费率持续下降，保费充足率不足。

（四）准金融业

1. 融资性担保业

（1）行业整合稳步推进，机构实力增强

由于市场竞争加剧、监管逐步强化，综合实力弱、经营状况差的融资性担保机构继续退出市场，存活的机构整体实力相对较好。2013年末，厦门市获得融资性担保经营许可证的担保机构共23家，比2012年末减少10家；合计注册资本金为26.45亿元，按可比口径计算同比增长4.26%，资产、净资产总额分别为42.33亿元、29.76亿元，按可比口径计算分别同比增长11.05%、8.09%。

（2）融资性担保规模稳步增长，经营绩效有所提高

2013年以来，政府监管和行业自律不断深入，担保机构的经营行为逐步规范，行业呈现稳健发展态势。2013年厦门市担保机构提供的担保总额为237.67亿元，同比增长9.52%。其中，融资性担保总额107.25亿元，同比下降2.34%，非融资性担保总额130.42亿元，同比增长26.55%。2013年实现收入2.75亿元，同比增长11.05%，实现净利润0.21亿元，同比增长7.13倍。

（3）担保机构经营风险加大，不规范经营现象仍然存在

当前，受经济形势等外部因素影响，小微企业的经营生存风险增大；同时，伴随商业银行直接开拓中小微企业信贷市场，融资性担保机构难以保留原有的优质客户，所面临的客户群体风险度较高。这两方面因素直接导致担保机构经营风险加大。2013年末，全市担保公司提取担保三项准备金5.56亿元，同比增长40.40%，拨备覆盖率为330.95%，同比下降135.51个百分点，担保代偿余额1.68亿元、代偿率1.42%，同比分别增加0.89亿元和上升0.1个百分点。此外，担保机构的资金运营存在一定隐患，不规范经营行为仍有发生。

2. 典当业

（1）资产负债规模稳步增长，为小微企业等提供融资渠道

2013年末，厦门市持有"典当经营许可证"的机构共有37家，比上年增加1家，其中36家机构已开业运营，1家处于停业状态。已开业运营的36家典当机构（以下有关典当业数据均按此口径统计）注册资金总额9.01亿元，同比增长3.44%；资产总额、净资产总额分别为12.24亿元、10.53亿元，同比分别增长13.75%和5.51%。2013年典当业向小微企业和小企业主（或自然人）分别发放典当贷款392笔和4 603笔，同比分别下降25.48%和7.78%，但累计发放典当贷款金额45.74亿元，同比增长4.46%，起到了较好的补充作用。

（2）典当机构规模偏小，影响行业稳健发展

厦门市典当机构平均注册资本0.25亿元、净资产0.29亿元，典当余额占净资产已达91.03%，业务扩展空间极为有限。由于典当机构规模较小，直接导致了抗风险能力较薄弱，在人才引进、产品开发、当品评估、鉴定技术等方面均面临较大困难，不利于行业做大做强和稳健发展。

（3）房地产典当继续下降，业务结构调整初显成效

2013年厦门市房产典当额23.83亿元，同比下降9.09%；房产典当在典当总额中占比从2012年

的 58.70%，继续下降至 52.10%；同时，动产典当的占比从 2012 年的 21.82% 提高至 31.27%，表明业务结构调整取得一定成效。

（4）亏损面扩大，运营风险增加

2013 年，厦门市典当机构的营业收入和净利润分别为 1.12 亿元、0.35 亿元，同比分别增长 1.43%、8.36%，但实现盈利的机构数量从 31 家下降为 27 家，亏损机构则从 4 家增至 9 家，亏损面扩大。此外，典当逾期贷款继续增加，运营风险仍在上升。2013 年末典当逾期贷款余额 0.83 亿元，同比增加 0.11 亿元；典当逾期贷款率小幅升至 8.61%，同比提高 0.27 个百分点。逾期贷款金额居高不下，势必影响资金正常周转，加大运营风险，从而制约典当行稳健发展。

3. 小额贷款公司

（1）小额贷款公司从无到有，发展较好

2013 年，厦门市各小额贷款公司开始相继开业经营，共批准设立 6 家小额贷款公司。全年经营较为稳健，已开业公司均实现盈利，经济效益良好。截至 2013 年末，全市小额贷款公司（不含年底设立的翔安海翔小额贷款公司，下同）总资产为 10.71 亿元，当年累计发放贷款笔数 572 笔、金额为 16.91 亿元；贷款余额 9.60 亿元，全年实现营业收入 0.78 亿元，实现利润 0.35 亿元。

（2）贷款主体以个体工商户、小微企业为主，贷款损失准备计提充足

小额贷款公司主要为个体工商户、小微企业提供了融资服务新渠道。2013 年末，个人贷款余额占比为 75.32%、企业贷款余额占比为 19.64%。不良贷款率低，贷款损失准备金计提充足。截至 2013 年末，小额贷款公司共发生不良贷款 1 笔、贷款余额为 423 万元，不良率 0.44%；计提的贷款损失准备 1 389 万元，准备金充足率 100%。

（3）百万元以下小额贷款占比偏小，潜在风险不容忽视

单笔发放金额 100 万元以下的小额贷款比例偏小，单笔 500 万元以上的贷款比例偏大。2013 年末，单笔贷款额度在 100 万元以下的贷款余额占贷款总余额的 13.85%，这与“小额贷款公司贷款余额的 70% 必须用于单户贷款余额 100 万元以下的小额贷款”的规定相差甚远，存在合规风险。此外，单笔发放金额 500 万元以上贷款占贷款总余额的 58.95%。一旦这些大额贷款产生风险，将给贷款公司造成重大损失。

三、金融市场与金融稳定

（一）金融市场运行情况

1. 同业市场

2013 年，厦门市法人银行业金融机构在全国银行间同业拆借市场累计成交总额 683.30 亿元，同比减少 34.67%，场内同业拆借较为清淡。另一方面，同业存放需求旺盛，全年厦门市同业存放市场累计成交 15 326.3 亿元，同比增长 21.83%，增速同比回落 135.17 个百分点，但交易量创 2009 年以来新高。

2. 票据市场

2013 年，厦门市票据市场交易量有增有减。商业汇票承兑累计发生额 1 407.77 亿元，同比下降 13.44%。全年回购式转贴现累计发生额 2 628.23 亿元，增长 18.34%，说明金融机构短期资金需求

增加。再贴现累计发生额 23.6 亿元，同比下降 32.76%，下降的原因是再贴现额度减少且期限相对延长。

3. 债券市场

2013 年，厦门法人银行在全国银行间债券市场累计成交总额 19 191.3 亿元，同比下降 19.8%。年末现券交易体现为净卖出 0.8 亿元，债券回购余额体现为净正回购 65.9 亿元，轧差后体现为净融入资金 66.7 亿元。国债柜台累计成交 1 959.9 万元，同比增长 178.67%，国债柜台交易趋暖。人民银行厦门市中心支行积极推动企业拓宽直接融资渠道，企业运用直接融资工具的意识和行为不断增强。2013 年，厦门市企业在全国银行间债券市场累计发行各类债券 154.0 亿元，同比增长 1.0%，其中，短期融资券 68 亿元，中期票据 43 亿元，非公开定向债务融资工具 9 亿元，公司债 2 亿元。

4. 黄金市场

2013 年，辖区银行业金融机构黄金市场业务量大幅增长，创新开办黄金质押、黄金租赁和黄金拆借等业务，交易品种不断丰富。厦门市银行业金融机构黄金市场业务交易总额 320.7 亿元，同比增长 24.83%。其中，代理上海黄金交易所个人黄金业务交易总额 142.1 亿元，同比增长 3.80%；个人账户黄金业务，交易总额 34.29 亿元，同比下降 41.71%；实物黄金销售良好，买卖成交总额 13.19 亿元，同比增长 35.98%。

5. 外汇市场

2013 年，厦门市银行结售汇总额 623 亿美元，同比增长 12%，规模创历史新高，但增速较上年减少 5 个百分点；其中，结汇 432 亿美元，同比增长 18%；售汇 191 亿美元，同比下降 0.24%；累计净结汇 241 美元，同比增长 37%，银行净结汇明显反弹。分项目看，经常项目顺差扩大，资本与金融账户项目由逆转顺，总体呈现双顺差格局。2013 年银行间外汇市场交易量快速增长，全年外汇市场交易总量为 95 亿美元，同比增长 40%。其中，即期询价交易 39 亿美元，同比增长 42%；远期全额交易 0.8 亿美元，同比下降 26%；掉期交易 54 亿美元，同比增长 41%。

6. 理财市场

2013 年，厦门市银行业金融机构累计发行理财产品 18 265 只，同比增长 16.8%，实际募集资金总额 5251.5 亿元，同比增长 44.0%。募集资金主要投向债券市场、结构性产品、企业信贷资产（含票据）信托和其他投向等，理财市场销售平稳。全年理财产品到期最高收益率 18.7%，最低收益率 −10.0%，年末 8 家银行业金融机构的 34 只产品存在账面亏损。

（二）金融市场运行需关注的问题

1. 同业存放等同业融资业务亟待有效监管和引导

同业拆借和同业存放等业务本质上都属于金融机构的同业融资行为，均为金融市场的重要组成部分，但由于同业拆借业务已纳入人民银行的监管范畴，金融机构在场外同业拆借交易前必须通过场外电子融资备案系统向当地人民银行备案并获准后方可成交；而同业存放、同业代付等其他同业融资业务由金融机构自主管理，长期游离于人民银行的监管体系之外。金融机构利用同业存放、同业代付绕开和规避人民银行的监管，潜藏较大风险，亟待有效监管和引导。

2. 防范跨境资金波动加剧的风险

在 2013 年末净结汇快速下降的背后，结汇和售汇增长仍然较快。2013 年 12 月，净结汇 14.9 亿美元，为 2012 年 10 月来最低值；但与此同时，该月结汇 39.5 亿美元，售汇 24.6 亿美元，结售汇总额 64.1 亿美元，均为月度高点。可见，在美国经济持续好转及 QE 规模压缩、人民币升值预期明显的宏观环境下，跨境资金波动幅度可能扩大。

3. 理财产品市场隐含风险应引起关注

2013 年，由于市场流动性波动加剧，银行吸储压力增大，辖区银行发行理财产品只数和募集金额均较快增长。但部分理财产品浮亏可能给银行带来声誉风险，需关注此类产品隐含的风险。

四、金融基础设施与金融稳定

（一）支付体系

一是支付清算系统业务量持续增长。2013 年，按照支付业务往账口径统计，厦门市通过大小额支付系统和同城资金清算系统共发起业务 2 220.71 万笔，金额 13.37 万亿元，同比分别增长 25.88%、19.82%。二是银行卡继续保持良好的发展态势。截至 2013 年末，厦门市累计发行银行卡 2 373.71 万张，全年增加 333.27 万张，常住人口人均持卡 6.36 张，全年银行卡刷卡消费额占同期社会消费品零售总额比例为 69.18%。三是金融 IC 卡推广工作持续较快发展。全年新增金融 IC 卡 223 万张，占全部新增卡量的 69.52%，累计共发行金融 IC 卡 318 万张，在所有银行卡中占比为 13.27%。但是厦门市支付服务环境仍需要进一步改善，同时银行卡诈骗和伪卡犯罪活动仍较为活跃，仍需相关部门采取有效措施应对。

（二）征信体系

2013 年，厦门市征信体系抓住《征信业管理条例》出台这一契机快速发展。一是征信系统覆盖面继续扩大。截至 2013 年末，企业信用信息基础数据库共收录厦门市借款企业 33 980 户，个人信用信息基础数据库共收录 187 万人，分别较上年增加 3 448 户、24 万人。二是征信系统功能进一步发挥。2013 年，人民银行厦门市中心支行直接对外提供查询个人信用报告 7.59 万份，商业银行共查询个人信用报告 105.47 万份。三是机构信用代码推广应用工作取得初步成效。截至 2013 年底，厦门全辖发放机构信用代码证 12.79 万份，占全部机构基本账户总数的 87.13%。四是非银行信息采集工作不断推进。已成功将厦门市个人住房公积金缴存信息、企业拖欠工资信息、企业环保信息等纳入征信数据库。五是信贷市场信用评级体系进一步发展完善。2013 年度共完成借款大户外部评级 1 679 户，中小企业信用评级 623 户，完成担保机构信用评级 25 户。六是探索开展农村信用体系建设工作，截至 2013 年末共完成厦门市原"村改居"居民的农户建档工作 9.4 万余户。但是《征信业管理条例》出台后，现行部分具体业务管理办法亟待修订和完善；在地方信用信息平台的建设过程中，有关各方应采取分步实施的采集策略进行信息平台建设；应结合辖区实际，坚持"以用促评"推动评级市场发展。

（三）反洗钱

2013 年，厦门市反洗钱工作稳步推进。一是不断完善反洗钱监管。重新修订了《金融机构反洗钱工作非现场考评办法》，开展对辖内金融机构产品与业务情况的摸底调查，开展针对银行业金融机构的 5C 评估工作。二是积极开展反洗钱调查。2013 年，共发起反洗钱非现场调查 28 起，发出调查通知书 577 份，涉及交易主体 319 个（家），涉及账户 1 862 户。三是深入开展反洗钱宣传与培训。分行业开展对辖内金融机构的反洗钱培训，共开展 3 次面向社会公众的反洗钱宣传。但是厦门市反洗钱工作亟待进一步完善。一是在现有以规则为本的反洗钱框架下，反洗钱相关法律法规滞后，难以推进以风险为本的反洗钱监管；二是洗钱类型不断变化，特定非金融行业逐渐成为洗钱高危领域，却仍游离在反洗钱监管之外；三是反洗钱工作联席会议成员单位间信息共享和联合调查机制仍需进一步完善。

（四）货币发行体系

2013 年，厦门市人民币发行体系持续健康运行。一是从总量和结构上更好地满足社会现金需求。一方面，厦门市人民币发行总体平稳，现金运行延续净投放趋势，全年投放、回笼规模持续增长，新增投放量与上年基本持平，年内不同时期现金投放、回笼波动有所增加；另一方面，大幅增加了小面额人民币投放，建立起小面额现金供应长效机制，并加大了残损人民币回笼力度，全市流通中人民币券别结构更趋合理，整洁度不断提高。二是完善现金供应和服务。在福建省率先启动银行业硬币存兑自助服务，扎实推进人民币发行基金物流化管理、银行业现金全额清分和社会化清分。三是探索建立人民币跨境流动监测机制，维护海峡两岸人民币现钞有序跨境流动。四是坚持打防并举，扎实开展反假货币综合治理。但是，厦门市货币发行体系运行仍存在一些值得关注的问题。一是货币发行和现金供应的科学管理水平仍有待提高，人民币流通监测和分析机制也有待进一步加强。二是制贩假币犯罪形式日趋多样，反假货币斗争形势依然严峻。三是两岸人民币现钞跨境调运在厦门正式启动，对完善人民币跨境管理和反假货币各项工作提出新的挑战。

（五）国库体系

2013 年，厦门市国库工作以构建现代化服务型国库为目标，扎实开展各项工作。一是辖区国库信息化建设取得新进展。财税库银横向联网系统（TIPS）实现了地税 TIPS 银行端刷卡缴税业务和查询缴税业务；完善了国库批量支付系统，系统功能进一步优化；配合财政部门共同推动非税收入无纸化改革。二是拓展国库服务领域。积极推动厦门市工会经费"地税统征、国库统收"工作，顺利开展相关业务测试。三是履行国库监管职责，促进辖区国库业务规范稳定发展。加强商业银行代理支库和商业银行代理国库经收业务、国库集中收付业务和国债业务的监管，2013 年共完成了辖内 8 家代理支库和 2 家商业银行代理国库业务的现场检查，受理并批准 1 家非税收入代收银行资格申请，1 家集中支付代理银行资格申请。厦门市国库体系总体运行安全稳定，但仍存在以下问题：一是国库信息化建设仍需加强；二是国库业务创新有待突破；三是需进一步加强对商业银行代理国库业务的指导和监管。

（六）司法环境

2013 年，厦门市不断深化司法改革，特别是执行工作机制改革，着力破解"执行难"问题。在全省首创"点对点"网上执行查控系统，法院与各金融机构建立协作联动机制，搭建网上信息交互平台，通过网络对被执行人银行存款实施查询、冻结、扣划，并纳入全市诚信信息共享平台建设，实现查、冻、扣银行存款同步到位，大幅度提高办案效率。在全省率先启动司法拍卖机制改革，统一拍卖场所，通过现场和互联网相结合竞拍的方式进行公开拍卖，有效防范围标、串标行为，提高执行财产变现率。与此同时，不断发挥区域优势，积极探索创新涉台审判机制，为两岸交流合作提供有力的司法保障。2013年厦门市中院成立涉台案件审判庭，推行涉台民事、刑事、行政案件"三合一"集中审理机制，规范涉台案件集中管辖办法，这是厦门法院率先在大陆法院推行辖区涉台案件集中管辖机制的一次重要司法实践，有力提升了对台司法服务水平。

（七）审慎监管

人民银行厦门市中心支行贯彻实施稳健货币政策，提升金融服务水平，推动两岸金融中心建设。一是有效贯彻执行稳健货币政策，切实服务实体经济发展。出台信贷指引、金融支持经济结构调整和转型升级、加大金融创新力度支持现代农业加快发展等信贷指导政策。二是积极落实综合配套改革方案，推动两岸区域性金融服务中心建设，主动争取对台金融先行先试政策，协调金融机构加快建设跨海峡人民币代理清算群。三是稳步推动外汇管理体制改革，全面完善外汇管理与服务。积极推动特许业务产品创新，全面推进货物贸易和海关特殊监管区域外汇管理改革、简化服务贸易外汇收支业务办理程序。四是扎实推进金融服务现代化建设，大力提升金融服务能力与水平。

厦门银监局坚持促经济增长、守风险底线的指导思想和工作重点，辖区银行业在保持安全稳健运行的同时，在服务实体经济方面也取得了新进展。厦门证监局强化监管，采取多种措施确保资本市场运行秩序良好。厦门保监局围绕"抓服务、严监管、防风险、促发展"，推动保险业持续较快发展和监管效率的提升。2013年，厦门市金融稳定协调机制持续完善，各监管部门相互协调，互相配合，实现信息共享，加强联合执法，完善重大风险共防机制。多部门努力共同维护区域金融秩序，进一步优化金融生态和发展环境。

五、总体评估

（一）总体评估

运用因子分析法构建区域金融稳定定量评估模型，对厦门市区域金融总体稳定状况进行评估。

结果显示，受国际、国内宏观经济金融形势影响，厦门市区域金融经稳定性下降较为明显。受经济增长动力减弱、转型发展压力增大、产业整体竞争力不强等因素综合影响，2013年宏观经济稳定状况较2012年下降较为明显，但由于积极推进优化升级，加快转变经济发展方式，经济增长的质量和效益得到提高；由于银行业规模持续扩大、资本充足率提高等原因，银行业稳定状况有所提高；由于资本市场融资功能得不到有效发挥，证券机构经营压力较大，导致证券业稳定性下降；保险业规模持续扩大，保险密度与深度不断提升，保险业的稳定性有所提高。

（二）展望

1. 区域经济方面

受益于深化改革的红利以及稳增长、促转型的政策红利，预计2014年厦门宏观经济能够保持科学合理的增长速度，形成质量型增长、内涵式发展的良好态势。随着轨道交通建设、同城化加速推进，固定资产投资增速将加快；美国经济复苏加快，全球经济持续复苏的稳定性有所增强，将有助于厦门外贸出口保持稳定增长；城乡居民收入逐步提高，创建信息消费示范城市，预计消费将为地

	2005年	2006年	2007年	2008年	2009年	2010年	2011年	2012年	2013年
区域经济	0.931	0.677	1.063	1.252	0.367	1.365	1.232	1.535	1.044
银行业	-0.454	-0.229	0.566	1.197	1.764	1.994	2.037	1.284	1.413
证券业	0.012	0.265	1.088	1.113	1.092	1.520	1.391	1.768	0.335
保险业	0.650	0.759	0.270	0.911	1.479	2.161	1.999	2.015	2.021

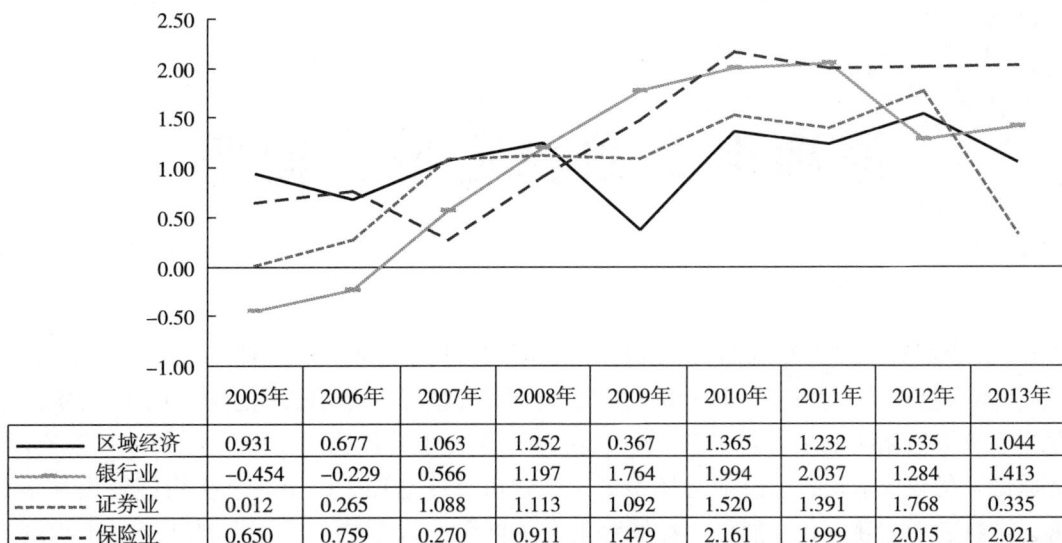

**图1　2005—2013 年厦门市区域经济、银行业、证券业、保险业
和区域总体稳定状况评价值走势图**

区经济增长注入新的活力。同时，要防止资源过度向房地产等领域集中，要避免因美国逐步退出量化宽松政策引起的资本流动和融资成本变化所带来的风险。

2. 区域金融方面

2014 年厦门银行业面临的外部经济环境仍然严峻复杂，利率市场化、互联网金融等发展模式变革将给银行业带来较大挑战。经济结构调整和转型升级，增长质量提高将有利于银行业资产质量的提升；利率市场化、互联网金融将进一步压缩存贷利差，银行业的利润增长将面临较大压力；在市场深化和金融创新快速发展的背景下，流动性风险隐蔽性和传染性显著增强，银行业的流动性管理难度将增加。房地产贷款的集中度较高、房地产调控政策后续效应将使房地产贷款风险管控难度加大。总之，银行业的稳定性仍面临较大挑战。证券业方面。2014 年，股票发行注册制等市场化改革措施将给当前低迷的资本市场注入新的发展动力，证券经营机构的盈利状况将继续好转，各类业务创新将进一步推进，资本市场的融资功能将得到有效发挥，证券业的稳定性将继续提高。保险业方面。2014 年，普通型人身保险费率改革、保险资金运用体制改革、前端的产品预定利率限制放开等市场化改革措施将逐步释放改革红利，但是财险公司的盈利能力仍面临较大挑战，寿险公司的集中退保风险加大、分红险满期给付带来的流动性冲击，保险业的稳定性面临较大压力。

总　　编：李伟平
总　　纂：郑卫国
统　　稿：丘筱文
执　　笔：李康宁　潘望春
其他参与写作人员：黄师今　施海松　肖　维　赖民祥　盛佩红
　　　　　　　　　　刘雅珣　黄肇伟　王国新　王庭成　陈　楠
　　　　　　　　　　陈玉婵　周　超　林志伟　黄斯颖　景翠莲
　　　　　　　　　　吴　沙　周佳亮　颜晓雯　梁　敏　林　榆

深圳市金融稳定报告摘要

2013 年，世界经济复苏艰难曲折。发达经济体复苏基础不稳、动力不足、速度不均。新兴市场经济体增速放缓，面临的风险和挑战增加。我国经济正处增长速度换挡期、结构调整阵痛期、前期刺激政策消化期三期叠加的阶段，经济运行存在下行压力，财政金融领域风险有所上升。深圳经济保持平稳较快增长，金融业总体稳健，金融市场波动加大，金融基础设施建设和生态环境持续改善，金融创新不断深化。然而，在错综复杂的国际国内形势下，深圳经济金融也出现一些问题和风险，如区域经济有效需求不够强劲，金融领域风险有所上升、问题和矛盾有新的表现形式。维护深圳金融稳定的压力和挑战增大。

一、区域经济运行

（一）深圳经济运行状况

经济总量保持平稳较快增长。初步核算，2013 年，全市生产总值 14 500.2 亿元，同比增长（下同）10.5%，增速比上年提高 0.5 个百分点。三次产业比重为 0.0:43.4:56.6。

固定资产投资增速加快。2013 年，深圳全社会固定资产投资 2 501.0 亿元，增长 14.0%。投资增速加快，分别较上年与前年提高 1.7 个和 3.9 个百分点。

社会消费品零售总额增速下滑明显。2013 年，深圳累计实现社会消费品零售总额 4 433.6 亿元，增长 10.6%，增速较上年下降 5.9 个百分点，比广东省和全国分别低 1.6 个和 2.5 个百分点。

进出口规模前增后降。2013 年，深圳进出口总额 5 373.6 亿美元，增长 15.1%，增速较上年提高 2.4 个百分点。1－4 月，受保税贸易大幅上升影响，进出口增长迅速，较上年同期增长 72.5%。随后，增速大幅下降为负。5－8 月较上年同期下降 4.9%，9－12 月较上年同期下降 10.5%。

工业规模增速加快。2013 年，深圳规模以上工业增加值 5 695.0 亿元，增长 9.6%，比上年提高 2.3 个百分点。

居民消费价格涨幅保持稳定，PPI 指数同比下降。2013 年，深圳居民消费价格累计上涨 2.7%，涨幅下降 0.1 个百分点。工业生产者出厂价格（PPI）下降 2.0%。

财政收入增速加快。2013 年，深圳地方财政一般预算收入 1 731.3 亿元，增长 16.8%，增速较上年提高 6.2 个百分点。地方财政一般预算支出 1 690.2 亿元，增长 7.7%。

货币信贷投放平稳增长。截至 2013 年末，深圳金融机构本外币存款余额 3.4 万亿元，增长 14.4%，较年初增加 4 206 亿元。本外币贷款余额 2.5 万亿元，增长 13.2%，较年初增加 2 818 亿元。存贷款规模均居全国大中城市第 3 位。

（二）区域经济运行值得关注的方面

经济需求不够强劲，发展后劲有待提升。一是消费增速明显放缓。二是工业产品销售产值增速和销售率有所下降。三是全年原材料和工业品价格呈下降态势。四是外部需求显著下降。

金融业竞争加剧、风险增加、创新压力加大，制约深圳经济未来发展。2013 年，深圳金融业对深圳经济驱动作用明显。但是，当前深圳金融业竞争加剧、风险增加、创新压力加大，未来金融业产值和利润增幅可能有所下降，对深圳经济发展产生一定的影响。

房地产价格创历史新高，未来房地产业增速可能放缓。2013 年，房地产业对深圳经济拉动作用非常明显。值得关注的是，深圳房价已显虚高，未来增速可能放缓，对深圳经济发展产生一定影响。

二、金融业与金融稳定

（一）银行业

7 家新设机构进驻，分行级以上各类银行业机构合计 85 家。2013 年，深圳共新设 1 家城市商业银行分行、3 家前海分行、1 家村镇银行和 2 家财务公司。截至年末，深圳各类银行业金融机构分行级以上家数共 85 家。其中，法人银行机构 14 家，分行（分公司）银行机构 59 家，信托、财务、租赁等非银行金融机构 12 家。

整体规模继续扩张，总资产达 5.23 万亿元。截至 2013 年末，银行机构总资产和总负债分别为 5.2 万亿元和 5.1 万亿元，较年初分别增长 13.9% 和 13.8%。同期，银行机构本外币存款余额 3.4 万亿元，较年初增长 14.1%；本外币贷款余额 2.5 万亿元，较年初增长 12.9%。

盈利实现大幅增长，税前利润接近 900 亿元。2013 年，银行机构实现营业净收入 1 220.8 亿元，同比增加 186.1 亿元，同比多增加 141.1 亿元；取得税前利润 873.5 亿元，增长 27.0%，同比多增加 163.5 亿元。

当前资本充足水平较好。截至 2013 年末，招商银行、平安银行、农商行等 3 家中资法人银行整体资本充足水平较高。村镇银行业务整体处于起步阶段，暂无资本充足压力。深圳市 4 家外资法人银行资本充足率略有下降，但仍远超最低监管标准，短期均无须补充资本。

中间业务收入快速增长，为盈利增长提供重要支撑。2013 年，深圳银行机构累计实现中间业务净收入 303.1 亿元，同比增加 63.3 亿元，增长 26.4%。剔除系统内净利息收入的增加额部分，中间业务净收入增加额占营业净收入同比增加额的 85.7%，成为盈利增长的主要来源。

中资法人银行流动性趋紧。2013 年，三家中资法人银行流动性状况整体趋紧。招商银行和平安银行流动性指标较年初出现较大幅度下降，其中招商银行流动性覆盖率指标下降近五成，两类流动性指标均降低至 100% 以下。

（二）证券业

证券业经营主体稳中有增。2013 年末，深圳本地共有法人证券公司 17 家，辖内证券营业部 224 家，同比增加 2 家。深圳本地注册的法人基金管理公司 20 家（简称 20 家基金公司），同比新增 2 家。

证券公司收入结构深度调整。截至 2013 年底，17 家证券公司总资产、净资产、净资本总额分别为 5 061.6 亿元、1 726.3 亿元、1 006.9 亿元，比年初分别增长 26.7%、2.4%、-5.4%。2013 年共实现营业收入 333.1 亿元，增长 15.3%，实现利润总额 120.4 亿元，增长 9.6%，盈利更趋多元化。各证券公司的融资融券、定向与集合资产管理和买入返售等"泛资管"功能活跃。

期货业综合实力和盈利能力不断增强。2013 年，深圳期货业小幅增长。截至 12 月底，深圳 13 家期货公司总资产、净资产和净资本分别为 271.3 亿元、63.8 亿元和 56.3 亿元，分别比年初增长 5.7%、34.6% 和 29.7%，全年实现利润总额 6.3 亿元，增长 25.8%。13 家期货公司风险准备金合计 0.9 亿元，增长 66.7%，期货业抗风险能力有所加强。

公募基金管理效益有所提升。截至 12 月底，深圳 20 家基金公司管理的基金净值 8 123.4 亿元，同比减少 256.8 亿元。从基金公司整体业绩来看（据 Wind 统计），相对沪深 300 指数，深圳 20 家基金公司平均收益较好。

证券公司创新业务促两极分化加剧。2012 年以来，大型券商尤其是上市券商凭借资本、风控、客户资源等方面的明显优势，在资产管理等创新业务方面先行一步。

（三）保险业

法人保险机构总量位居前列。截至 12 月末，深圳共有保险法人机构 17 家，机构数量排名全国第 3 位，资产总量达 1.9 万亿元，占全国保险机构总资产的 22.9%，居全国第 2 位。

保费规模快速增长。截至 12 月末，深圳保险市场累计实现原保费收入 468.8 亿元（不含保险法人数据，下同），增长 16.8%，比全国平均增速高 5.6 个百分点。其中，财产险保费收入 172.8 亿元，增长 11.848%；人身险保费收入 296.0 亿元，增长 19.9%。

业务结构稳步改善。2013 年，深圳市保险市场业务结构不断优化。产险业务中，非车险占比达 33%，高于全国平均水平 5.8 个百分点；寿险业务中，新单期交占比达 39%，高于全国平均水平近 10 个百分点。传统寿险、意外险和健康险等保障型业务占比不断提高，保险业的传统保障功能正不断恢复。

经营效益持续向好。2013 年，深圳市产险公司承保利润率 6.03%，高于全国平均水平 5.5 个百分点。深圳各产险公司的资产规模占全国总规模的 2.7%，但实现的承保利润占全国同类公司利润总量的 30%。深圳法人保险公司整体表现出较强的盈利能力，2013 年共实现利润 284.6 亿元，增长 31.7%。

偿付能力保持稳定。纳入监测范围的 12 家深圳法人保险公司偿付能力保持稳定，截至 12 月末，该 12 家法人保险公司的偿付能力充足率均超过 150%，达到"充足Ⅱ类"的监管标准。

（四）金融业与金融稳定值得关注的方面

银行业持续发展面临压力。一是流动性管理压力骤增。二是信贷行业和期限结构集中度问题突出。三是不良贷款的风险苗头有所显现。四是资本内在补充能力不足对银行持续发展构成制约。

证券业创新风险值得重视。一是创新同质化严重，未充分激发专业投资优势。二是基金子公司创新业务风险渐显。

保险业改革转型面临挑战。一是互联网保险创新潜藏风险。二是误导销售、行业欺诈风险加大保险业改革难度。三是保险资金运用改革更加考验保险公司资金运用能力。

影子银行风险开始暴露。一是结构化固定收益产品风险已有所暴露。二是以房地产为标的的影子银行产品风险不容忽视。

金融业操作风险呈多发迹象。一是伪造、变造银行票据案件明显增多。二是部分银行头寸管理不到位，员工操作不规范，致使清算系统出现流动性问题。三是金融机构员工引发的操作风险事件增多。

三、金融市场运行状况

（一）货币市场

1. 银行间货币市场

利率波动剧烈，中枢上移。2013 年，银行间货币市场资金利率出现两次剧烈波动。6 月 20 日，7 天质押回购加权平均利率上升至 11.6%，达到历史最高点；12 月 23 日，7 天质押回购加权平均利率上升至 8.9%，创下半年新高。利率中枢整体呈上移态势。年末，同业拆借加权利率 4.2%，较上年同期上升 155 个基点；质押回购加权平均利率 4.3%，较上年同期上升 166 个基点。

交投活跃，质押回购规模大幅增长。2013 年，深圳金融机构在货币市场合计成交 26.0 万亿元，增长 24.7%，继续保持两位数增长。质押回购规模大幅增长，成交 21.0 万亿元，增长 45.5%。买断式回购成交 0.7 万亿元，同比下降 17.0%。同业拆借成交 4.2 万亿元，同比下降 23.8%。

2. 票据市场

票据贴现规模下降明显，贴现利率大幅升高。2013 年末，深圳银行承兑汇票贴现余额 601.5 亿元，同比下降 19.6%，承兑余额 2291.1 亿元，增长 22.2%。全年市场流动性出现史无前例的紧张局面，票据贴现利率从第一季度开始逐渐升高。银行承兑汇票贴现加权平均利率从第一季度的 4.9% 上升至第四季度的 6.9%。买断式转贴现加权平均利率从第一季度的 4.7% 上升至第四季度的 5.5%。

（二）债券市场

银行间债券市场交易量大幅萎缩，深交所债券交易规模大幅攀升。2013 年下半年，国债收益率不断攀升，债券价格持续下跌，成交大幅萎缩。全年，深圳金融机构在银行间债券市场交易总量为 5.7 万亿元，同比下降 37.6%。2013 年，深圳证券交易所累计债券成交金额 5.2 万亿元，增长 122.2%。

（三）证券市场

深交所股票总市值上升两成，其中创业板总市值增长超七成。截至 12 月末，深交所总发行股本 0.8 万亿股、总市值 8.8 万亿元，比年初分别增长 11.8%、22.7%。其中主板、中小板和创业板股票的市值分别为 3.6 万亿元、3.7 万亿元和 1.5 万亿元，比年初分别增长 4%、29% 和 73%。

深交所总成交额增长 66%，其中债券成交增长 122%。2013 年，深交所总成交额 29.7 万亿元，增长 66%。其中，股票、基金和债券总成交额分别为 23.9 万亿元、0.6 万亿元和 5.2 万亿元，同比分别增长 59%、17% 和 122%。债券成交总额剧增的主要原因是债券回购业务的大幅增长，后者总成交额达 5.1 万亿元，增长 1.3 倍。

投资者参与热情回升，市场整体市盈率上浮 26%。全年深交所新增开户数 528.5 万户，增长14.3%，股票交易印花税 238.5 亿元，增长 58.6%。12 月末，深交所上市股票平均市盈率 27.8 倍，比年初增长 26.1%。其中创业板股票平均市盈率 55.2 倍，比年初增长 72.5%。

（四）外汇市场

跨境资金流动波动剧烈，银行结售汇规模增速加快。2013 年，深圳跨境收支总额 5 660.8 亿美元，增长 15.9%。全年跨境收支波动剧烈。银行结售汇总额 2 546.3 亿美元，增长 28.1%，增速比上年提高 23.8 个百分点。

人民币外汇即期、衍生品市场交易量同比大幅上升，外币对外币交易量大幅下降。2013 年，深圳银行间人民币外汇即期市场交易量同比大幅上升 65.8%。人民币外汇远期交易量同比下降 76.2%，人民币外汇掉期交易量增长 70.4%，掉期交易成为汇率衍生品的主要交易方式。外币对外币市场交易量同比下降 26.0%。

（五）黄金市场

黄金价格震荡下行，波动加大。2013 年，上海黄金交易所 Au99.99 开于 335.0 元/克，收于236.5 元/克，全年跌幅 29.4%。全年除 1 月、7 月、8 月上涨外，其他 9 个月均为下跌。

深圳黄金夜市交易量大幅攀升。2013 年，深圳黄金夜市交易量 21.9 万吨，增长 93.4%；交易额1.6 万亿元，增长 35.5%。

深圳地区黄金交割出库量成倍增长。全年深圳地区交割库黄金出库量 1341.8 吨，增长117.64%，占金交所出库量的 61.1%，同比上升 7.0 个百分点。铂金交割库出库量 20.4 吨，增长 10.8%。

（六）金融市场与金融稳定值得关注的方面

同业资产比例居高不下，金融机构流动性风险隐患犹存。截至 2013 年末，深圳市中资银行同业资产仍占总资产的 19.4%，较年初仅降低 0.8 个百分点。一旦金融市场出现流动性紧张的诱发因素，高企的同业资产仍有可能使深圳法人金融机构陷入"钱荒"的境地。

受债券市场"黑天鹅"事件影响，债券型理财产品大幅亏损。2013 年第四季度，货币政策持续偏紧，"钱荒"重现，债券市场持续遭遇"黑天鹅"事件，债券价格大幅跳水。中债信用债总指数下跌 3.3%，中信标普可转债指数下跌 4.5%，跌幅惨烈。一批结构化债券型信托产品、券商资管产品、债券基金出现严重亏损。

股票发行注册制改革需将中小投资者权益保护落到实处。2013 年 11 月 30 日，《关于进一步推进新股发行体制改革的意见》正式发布，股票发行从核准制开始向注册制过渡。作为改革后首批中发行价最高的某公司 IPO，却因"新股和老股减持的比例为 1:4、控股股东通过老股转让套现 31.8 亿元"，被诟病为大股东高价套现的工具。新股发行制度市场化改革需真正将保护中小投资者利益落到实处，唯此才能促进股票市场健康长久发展。

四、金融基础设施、生态环境与金融稳定

（一）支付结算体系

支付清算系统高效平稳运行，业务量保持上升态势。2013 年，深圳大额支付系统、小额支付系统、网上支付跨行清算系统、全国支票影像交换系统和深圳金融结算系统、深圳外币实时全额支付系统等跨行清算系统运行安全、高效、稳定。2013 年，深圳各支付清算系统累计处理跨行支付业务2.5 亿笔，增长 15.4%；处理金额205.9 万亿元，增长 30.9%。

电子支付规模赶超传统非现金支付工具，移动支付业务大幅增长。2013 年，深圳办理电子支付业务 10.9 亿笔，金额 66.6 万亿元，同比分别增长 14.1% 和 32.5%。交易规模赶超传统非现金支付工具，金额为传统非现金支付工具的 1.2 倍。

支付清算体系监管措施持续完善。一是印发《深圳市跨行支付清算系统流动性风险应急处置预案》。二是每半年通报支付清算纪律执行情况，督促相关金融机构加强支付系统管理。三是启动深圳金融结算系统二期升级改造项目，强化全额清算类业务流动性风险管控措施。四是对出现清算风险的银行进行约谈，要求其完善头寸管理，理顺应急救助机制。

非金融支付机构经营规模快速增长，服务民生作用不断增强。2013 年，深圳新增 1 家法人和 7 家非法人支付机构。支付机构定位小额支付，与银行互为补充，便民、利民作用不断增强。2013 年，深圳 2 家支付机构获批为跨境电子商务试点提供外汇支付服务。

非金融支付机构监管不断探索创新。一是研究建立支付机构财务分析监测制度。二是开展针对性检查，督促支付机构规范开展业务。三是进一步规范支付机构服务行为，提高支付机构风险防范意识。四是会同市政府相关部门，制定支持扶植措施，推动支付机构发展。

（二）社会信用体系

创新模式，积极推动小额贷款公司和融资性担保公司接入金融信用信息基础数据库工作。2013 年 7 月，深圳第一批 23 家小额贷款公司和 2 家融资性担保公司接入金融信用信息基础数据库申请审核通过。在上述两类机构接入金融信用信息基础数据库的查询模式上，深圳开拓思路，大胆创新，设计了"手机短信授权码"查询模式，有效维护被查询者的知情权，保证查询的真实性。

机构信用代码全面推广，有效提升反洗钱工作效率。2013 年，深圳继续开展机构信用代码推广工作。截至年末，共发放机构信用代码 15.7 万个，配发比例达到 100%。

信用信息互联网查询开始试点，个人信用报告查询渠道不断拓宽。2013 年 10 月起，深圳地区开始试点互联网个人信用信息服务平台。参与试点的广东、广西、江苏等九省市社会公众可上网查询本人信用报告。截至 2013 年末，深圳地区申请注册用户 8 723 人，用户累计申请查询个人信用信息产品 37 006 次。

（三）金融生态环境

全面推进金融综合管理，促进深圳金融稳健发展。2013 年，深圳市中支完成 5 家新设银行业金融机构以及 63 家新设支行的开业服务与管理工作。处理重大事项报告 334 份，发布《深圳金融稳定

要情》4 期。首次完成深圳 47 家银行 2012 年度综合评价工作。

不断完善组织机制建设，金融消费权益保护工作再上新台阶。2013 年，深圳市中支制定《关于加强深圳市金融消费者权益保护工作的意见》等配套制度，不断完善金融消费权益保护工作制度体系。积极与法院、银监局、证监局、保监局沟通联系，牵头组织召开金融消费保护工作联席会议，为解决跨市场、跨行业金融消费问题奠定坚实基础。

监管部门、地方政府通力合作，创建良好金融生态秩序。2013 年，人民银行深圳市中支与深圳证监局签署证券期货监管合作备忘录。备忘录结合深圳实际，明确信息共享、联合监管等合作原则，为进一步加强监管协调、杜绝监管真空、形成监管合力奠定基础。

严厉打击非法外汇金融活动，反响强烈成效显著。2013 年，深圳严厉打击外汇违法犯罪行为，针对深圳地域特色，破获涉及深港走私、投资港股等非法换汇案件 3 起，涉案金额折合人民币达 27 亿元。开展 9 项外汇业务专项检查，检查金融机构和企业 289 家。查处外汇违规案件 186 宗，罚款 2 110.67 万元人民币。

风险为本，预防为主，反洗钱工作力度进一步加大。认真开展洗钱风险评估，全面梳理近年来可疑交易和案件信息，研判明确地下钱庄为深圳突出洗钱风险。出台指导意见，要求金融机构重心前移，按照"预防为主"的原则，开展反洗钱工作。

（四）金融基础设施、生态环境与金融稳定值得关注的方面

非金融支付机构风险管理有待提高，可持续发展问题有待解决。一是资金管理风险隐患较大。二是合规经营意识仍有待提高。三是部分机构发展规划不明晰，个别机构经营亏损严重。

征信服务需求尚未充分满足，信用信息安全有待提高。2013 年，深圳征信服务需求的日益扩大，查询柜台满负荷运行、排队现象严重。此外，深圳大部分小额贷款公司和融资性租赁公司未接入征信系统，相关信用查询需求难以满足。此外，随着信用报告在经济金融领域的广泛使用，对信息主体信用信息的保护工作越发艰巨。

五、金融创新与金融稳定

（一）金融创新状况

措施落地，前海成为深圳金融创新的主场。2012 年 6 月，国务院正式批复《关于支持深圳前海深港现代服务业合作区开放开发有关政策》，明确给予前海金融发展 8 类先行先试的政策措施。在深圳市政府及各金融监管部门的共同推动下，经过一年多的探索与实践，2013 年，前海金融改革政策落实工作初见成效。

监管创新，主动探索制度创设引导金融发展。人民银行深圳市中支、深圳银监局、深圳证监局和深圳证券交易所等机构，不断探索前海金融创新发展方向，全力支持前海创造开放的金融发展环境，主动创制管理办法，必要时采取"一事一报、一事一议、一事一批"的灵活措施，为前海金融业的腾飞发展奠基铺路。

特色创新文化，成为深圳金融机构创新发展一大亮点。过去几年，深圳金融机构的金融创新发展，重在搭建推动平台，如设立专职金融创新的部门、引进总行级创新试验室或产品研发总部等，而今是系统推进和全员参与。全面提升创新内生动力的理念已经是一种新的趋势。创新已经成为金融机构争取市场、提升效益、实现可持续发展的重要途径。通过多年的摸索与实践，各金融机构创新文化也各具特色。

服务小微企业，创新金融服务手段和方法。2013年，深圳银行业积极响应政府和监管部门金融支持小微企业发展的号召，充分发挥深圳小微企业发展态势良好、科技含量较高的市场优势，持续探索小微企业金融服务新手段、新方法。

支持新兴产业，促进深圳经济转型升级。随着深圳经济转型升级进一步加速，以文化创意、互联网、新能源、新材料等为代表的战略性新兴产业、城镇化建设得到快速发展，催生了多项支持经济转型升级的金融服务，从研发、投产到扩大生产等各阶段实现了金融服务深度对接。

开拓跨境业务，为境内外资金融通搭建金融桥梁。随着内地企业全球布局和人民币国际化进程的深入推进，深圳金融业在助力企业"走出去"和跨境人民币金融服务方面创新不断。中信证券在境外美元债发行、跨境资本中介业务、跨境并购交易等方面的系列创新，开辟了多项海外融资业务先例。

立足前海发展，跨境人民币业务类型不断丰富。随着深圳前海改革创新和开发开放各项政策逐步落实，围绕前海跨境人民币业务的各类创新层出不穷。建行深圳分行、工商银行深圳分行、招商银行深圳分行、中信银行深圳分行都分别在前海设立了二级分行，旨在充分利用前海的区位、产业、政策优势，与香港金融市场和资源深度对接，大力发展人民币跨境结算、融资等跨境金融业务。

（二）金融创新与金融稳定值得关注的方面

互联网金融对传统金融业的冲击不容忽视。当前，互联网金融异军突起，改变了传统金融业的经营模式，给金融机构、金融监管、宏观调控及金融消费保护带来了新的挑战。

跨境资金流动风险加大。随着深圳前海开发开放的不断推进，针对前海跨境业务的金融创新层出不穷。如何有效实现跨境资金流动的监测与监管、有效防范金融风险是值得思考的问题。

金融机构混业创新增加金融风险的传染性。当前，金融业发展和客户需求多元化，综合经营是金融发展的未来趋势。金融资本、金融产品、金融市场的相互渗透、相互依存、相互联系更加密切，业务关联性增强。这都增大了金融业系统性风险的可能性。如何防范跨行业的风险传递、设置有效"防火墙"是金融创新中至关重要的问题。

六、风险评估与政策建议

（一）风险评估

区域经济有效需求不够强劲。2013年，深圳消费增速明显放缓，工业品销售增速放缓，PPI指数呈下降态势。受国际市场需求低迷、贸易保护主义趋势蔓延、人民币持续升值等因素影响，外贸进出口波动较大，外贸增长质量不高，真实外需有所下降。此外，深圳金融业未来风险可能上升，房地产业未来增速可能放缓，对深圳经济发展产生一定影响。

金融业风险上升。受理财和同业业务迅猛发展、互联网金融创新等因素影响，银行业年中年末"钱荒"不断，流动性压力骤增，信贷集中问题仍然突出，不良贷款的风险苗头有所显现，资本内在补充能力存在不足，持续发展面临压力。证券业创新同质化严重，基金子公司发展创新激进，类信托业务风险渐近。保险业误导销售风险加大，互联网保险创新、险资运用改革面临挑战。以金融机构理财为代表的影子银行过快膨胀，信托理财产品风险已有所暴露。金融业操作风险增大。

金融市场波动加大，市场风险和流动性风险上升。货币市场史无前例地出现剧烈波动，7天质押回购加权平均利率创历史新高，债券价格大幅跳水，大批债券和债券型理财产品亏损严重。流动性风险时有发生。跨境资金流动波动剧烈，人民币对美元汇率加速升值，黄金价格大幅波动。证券市场IPO年底开闸，注册制改革还需将中小投资者权益保护落到实处。

金融基础设施建设、金融生态环境有待完善。社会信用体系建设有待完善，征信服务需求有待充分满足，信用信息安全有待提高。非金融支付机构风险管理有待提高，部分支付机构发展模式有待改进。证券、保险在业务创新中的洗钱风险需警惕。

金融创新与风险防范的关系需处理好。随着金融创新的不断深化，互联网金融对传统金融业的冲击增加，跨境资金流动风险加大，金融机构混业创新导致金融风险的传染性更强，科技创新的安全性还有待提升，这些问题都应妥善处理。此外，金融机构利用互联网创新产生的风险、网络平台贷款风险、互联网支付企业操作风险等，对深圳金融体系造成的不稳定因素值得关注。

（二）政策建议

2014年是全面深化改革元年，"创新驱动，质量优先"的深圳经济金融的战略发展机遇将进一步向好。深圳应顺势而为，紧紧抓住、切实用好这样的机遇，谋发展和防风险两手抓，继续保持经济金融有质量的稳定增长、可持续的全面发展。

1. 切实全面深化改革创新，深化产业升级，拉动内需，构建高质量开放型经济
2. 着力防范金融业风险，提升可持续发展能力
3. 进一步优化金融市场调控管理，推动完善改革，持续防范跨境资金流动风险
4. 进一步完善金融基础设施建设和生态环境，充分发挥金融体系基础性保障作用
5. 以前海金融创新为突破口，进一步深化金融创新，促进互联网金融规范发展
6. 严密监测和防范影子银行风险

总　　纂：张庆昉
统　　稿：余　钢　吴　燕
执　　笔：赵　灵
其他参与写作人员：蔡瑞文　杨　丹　祝　劲　胡春冬　王翔宇　桂　蟾
　　　　　　　　　　穆旖旎　丁晓松　管　高　黄海涛　袁　鉴　孟　浩
　　　　　　　　　　田光华　刘亦雯　刘丽华　张冬琴　李小琪　朱明君
　　　　　　　　　　张宝航　匡耀东　周前新